Wolfgang Effenberger

Die unterschätzte Macht

Wolfgang Effenberger

Die unterschätzte Macht

Von Geo- bis Biopolitik – Plutokraten transformieren die Welt

Vom Amerikanischen Bürgerkrieg bis zur Agenda 2030

Mit einem Vorwort von Prof. Dr. Alexander Sosnowski

zeitgeist Print & Online

4. Auflage November 2023

Bei Übernahme von Originalzitaten: Rechtschreibung, Zeichensetzung sowie Grammatik zum besseren Verständnis korrigiert, historische Schreibweisen wurden beibehalten. Übersetzungen i. d. R. durch den Autor Wolfgang Effenberger.

Redaktionsschluss: Februar 2022
Satz: Hoos Mediendienstleistung, Landau
Coverdesign und -illustration: Björn Gschwendtner, Frankfurt a. M.
Druck und Bindearbeiten: CPI books GmbH, Leck

Printed in Germany

ISBN 978-3-943007-41-1

www.zeitgeist-online.de

*»Es ist leichter, die Menschen zu täuschen,
als sie davon zu überzeugen, dass sie getäuscht worden sind.«*

Mark Twain

*»Dummheit ist ein gefährlicherer Feind des Guten als Bosheit ...
Bei genauerem Zusehen zeigt sich, dass jede starke
äußere Machtentfaltung, sei sie politischer oder religiöser Art,
einen großen Teil der Menschen mit Dummheit schlägt.
Ja, es hat den Anschein, als sei das geradezu ein soziologisch-
psychologisches Gesetz. Die Macht der einen braucht die
Dummheit der anderen ... [Der Dumme] ist in einem Banne,
er ist verblendet, er ist in seinem eigenen Wesen missbraucht,
misshandelt. So zum willenlosen Instrument geworden,
wird der Dumme auch zu allem Bösen fähig sein
und zugleich unfähig, dies als Böses zu erkennen.*

Dietrich Bonhoeffer

*»Die Macht ist bösartig und unersättlich – erst stumpft sie
uns ab gegen das Leid anderer Menschen, und dann macht
sie uns süchtig danach, denn nur das Leiden anderer verleiht
uns die Gewissheit, dass unsere Macht über sie ungebrochen ist.
Im Gegensatz dazu will wahre Autorität nur das Beste für
die Mitmenschen; ihr Wirken ist geprägt von
Mitgefühl und Gerechtigkeit ...«*

Sunzi

Inhaltsübersicht

Vorwort

»Der Mensch verlangt nicht so sehr nach Gott als nach dem Wunder.«
Fjodor Dostojewski

Unglücklich der Mensch, welcher die Welt nur durch Wikipedia kennt. Leider ist es in den letzten Jahren die Kultur der massenmedialen Präsentation, die das Verständnis von der Welt und der Geschichte prägt, und nicht menscheneigene Erfahrungen und Kenntnisse. Deshalb ist das vorliegende Buch von Wolfgang Effenberger so wichtig und aktuell, denn ob Pandemie, Klimawandel oder militärische Konfrontationen zwischen Supermächten – all das erzeugt in uns ein Gefühl der Hoffnungslosigkeit. Menschen brauchen jedoch harmonische Informationen, die sowohl auf ihrem eigenen Wissen als auch auf dem Fundament der Erfahrungen der Gesellschaft als Ganzes basieren.

Ausführlich und präzise erklärt uns Fjodor Dostojewski in »Die Brüder Karamasow« die Irrungen eines Menschen, der öfter das sieht, was er will, als das, was in der Realität existiert. Betrachtet man die aktuelle Weltlage allein anhand der Informationsseiten deutscher Medien oder sozialer Netzwerke, könnte es zu einer Fehlwahrnehmung und dem Missverständnis kommen, dass sich die Mächte nicht immer in Konfrontation befinden. Viele Politiker halten sich bei außenpolitischen Sachverhalten zurück oder interpretieren sie sogar falsch. Erst kürzlich wurde die Welt Zeuge einer neuen Tragödie in Afghanistan, wo die USA mit ihrer eigenen Operation scheiterten, nachdem sie die Welt in einen aussichtslosen Krieg geführt hatten. Vor fast 20 Jahren erklärte Washington die Notwendigkeit, den Terror zu besiegen, und startete eine gewaltige Militärkoalition, ohne aus den negativen Erfahrungen der Sowjetunion in der Region gelernt zu haben, die im Krieg am Hindukusch nicht nur Tausende Soldaten verlor, tatsächlich begann durch den Abzug der Truppen der Zusammenbruch des gesamten Landes. Die aktuelle Lage in Afghanistan könnte die Vermutung aufkommen lassen, dass auch die Supermacht USA kurz vor dem Zusammenbruch steht ...

Effenberger schreibt vor allem über die Plutokraten in den Vereinigten Staaten, doch seine Beobachtungen gelten ebenso für jede andere Supermacht. So spielen Oligarchen auch in der Geschichte Russlands eine gewichtige Rolle. Der berühmteste von ihnen übt immer noch seinen negativen Einfluss auf die Politik aus: Michail Chodorkowski verbrachte wegen krimineller Machenschaften etwa zehn Jahre im Gefängnis. Er verdiente Milliarden, als die Sowjetunion bereits am Schwanken und praktisch am Zerfallen war. Nachdem er sich am Ausverkauf des ehemaligen sozialistischen Eigentums bereichert hatte, kam er schnell auf den Geschmack. Es ist bekannt, dass er Anfang der 2000er-Jahre versuchte, ein ganzes Parlament zu kaufen, und vielen Kandidaten für das Amt des Abgeordneten finanzielle Unterstützung anbot. Er wurde schließlich wegen nachgewiesener Straftaten, einschließlich Steuerhinterziehung, verurteilt. Kaum war er aus dem Gefängnis entlassen, nahm er seine politischen Aktivitäten, sprich seine Versuche, an die Macht im Land zu kommen, wieder auf.

Alexander Sosnowski, geb. 1955 in Kiew, seit 1990 in Deutschland, widmet sich als Publizist und Referent vornehmlich den Themen Sicherheitspolitik, Russland, GUS-Staaten etc. Vor allem im russischen Fernsehen ist der deutsche Experte für seine scharfen wie sachkundigen Beiträge bekannt. Zudem arbeitete er u. a. beim Auslandssender Deutsche Welle. Seit 2014 Herausgeber von World Economy, einer Onlinezeitschrift zu wirtschaftswissenschaftlichen Themen und internationalen Beziehungen. Bücher: »Das Tschetschenen-Syndrom« (2003), »Das Georgien-Syndrom« (2010), »De Facto« (2015) und 2019 im zeitgeist-Verlag »Und immer wieder Versailles« (gemeinsam mit Willy Wimmer).

Oligarchie, die Verschmelzung von Geld und Politik, ist eine schreckliche Krake, die jenseits der Grenzen und Regeln eines Staates agiert. Effenberger arbeitet die Rolle der Oligarchen mit außergewöhnlicher Anschaulichkeit und Präzision heraus. Lesen Sie selbst, die Welt wird sich Ihnen von einer neuen Seite zeigen! Ich kann dem Autor nur gratulieren zu dem gelungenen Werk, das für das Verständnis unseres Platzes in der Welt und die Zukunft unseres Planeten enorm wichtig ist.

Alexander Sosnowski, Berlin im August 2021

Einführung

Wie kein anderes Ereignis im 20. Jahrhundert beendete der Zweite Weltkrieg die 400-jährige Vorherrschaft Westeuropas in der Welt und stellte die Weichen für den Aufstieg der neuen Supermächte USA und UdSSR. Doch die gesellschaftlichen, politischen wie wirtschaftlichen Veränderungen hatten bereits mit dem Ersten Weltkrieg begonnen, der heute als »Urkatastrophe des 20. Jahrhunderts« verstanden wird.

Als am 26. Juni 1945 die Charta der Vereinten Nationen angenommen wurde, keimte Hoffnung auf. In der Präambel wird zugesichert, die Geschlechter vor der Geißel des Krieges zu bewahren und die Grundrechte der Menschen zu achten. Für diese Zwecke wollte man Duldsamkeit üben und als gute Nachbarn in Frieden miteinander leben. Doch trotz aller Bekenntnisse zur UNO ließen sich die Großmächte weiterhin von ihren nationalen Interessen leiten und setzten in sicherheitspolitischen Fragen vornehmlich auf militärische Stärke und den Beistand von Verbündeten. Zu diesem Zweck bildeten die USA in den Jahren nach 1945 eine Reihe von Regionalpakten.[1] In Artikel 51 der UN-Charta hatten sich die einzelnen Staaten ausdrücklich das Recht auf Selbstverteidigung vorbehalten, in diesem Kontext ist auch die Gründung der NATO 1949 und des Warschauer Pakts 1955 zu sehen.

Nach Kriegsende schlossen die Vereinigten Staaten zahlreiche internationale Wirtschaftsabkommen und gründeten zudem internationale, inzwischen sehr mächtige Organisationen wie den Internationalen Währungsfonds und die Weltbank. Damit war der Weg bereitet für ein offenes und liberales Weltwirtschaftssystem. Aus der Vorgehensweise lässt sich die Trinität imperialistischer US-Politik seit 1898 ablesen: ökonomisch durch die Open-Door-Doktrin (Wilson), geopolitisch durch die erweiterte Monroe-Doktrin (Roosevelt) und pseudoreligiös durch die Manifest Destiny, die angeblich gottgebene Bestimmung zur Verbreitung der US-amerikanischen Ideologie. Dahinter steht die über die Jahre verinnerlichte Strategie der Seemacht USA, welche die permanente Kontrolle über die gegenüberliegenden Küsten zu erzwingen suchte. Dieses Denken ist noch immer bei den amerikanischen Eliten mit angelsächsischen Wurzeln zu finden.

Geschickte Unternehmer, Kaufleute und Banker konnten im Rahmen der drei Doktrinen sowie mit den damit einhergehenden Interventionen und Kriegen kaum vorstellbare Wirtschafts- und Vermögensimperien aufbauen. Diese Vorgehensweise geißelte 1922 der amerikanische Unternehmer Henry Ford in seinen Lebenserinnerungen: *»Hunderte von amerikanischen Vermögen datieren aus dem Amerikanischen Bürgerkrieg, ebenso wie Tausende von neuen Vermögen aus dem Weltkrieg stammen. Niemand kann leugnen, dass Kriege ein gutes Geschäft für diejenigen bedeuten, die diese Art von Geld lieben. Kriege sind eine Orgie von Geld nicht minder als eine Orgie von Blut.«*[2] Auch Carl von Ossietzky kam 1931 zu dem Schluss: *»Der Krieg ist ein besseres Geschäft als der Friede.«*[3] So gesehen, hat 1917, mit dem Eintritt der Vereinigten Staaten in den Ersten Weltkrieg und der russischen Oktoberrevolution, kein Entscheidungskampf zwischen Kapitalismus und Kommunismus, Pluralismus und Totalitarismus, liberal-demokratischem und staatssozialistischem System stattgefunden; vielmehr wurden diese Gegensätze propagandistisch und militärisch instrumentalisiert.

In der Literatur über die Ursachen des Kalten Krieges dominieren zwei konträre Grundauffassungen: die in der westlichen Literatur zunächst vorherrschende »traditionelle These« vom sowjetischen Expansionismus und die »revisionistische These« vom ökonomischen Imperialismus der USA. Beide Denkmodelle, in vielerlei Variationen angeboten, leiden darunter, dass sie jeweils stark emotional beladen sind. Zweifellos aber war der Kalte Krieg zu einem erheblichen Teil eine US-amerikanische Strategie zur Kontrolle der Nachkriegsweltordnung. Dabei wurden Russland und China als bedrohliche Feinde aufgebaut, um die militärische Macht der USA mithilfe der NATO und verschiedener asiatischer Verteidigungsbündnisse auszuweiten.[4] Die USA seien, wie der Philosoph James Burnham 1945 orakelte, künftig *»dazu berufen, in der Auseinandersetzung mit den anderen Supermächten die Weltmacht zu erringen«*.[5]

Während die Europäer Anfang der 1960er-Jahre gebannt auf Berlin blickten, gab es für Präsident John F. Kennedy mit Indochina bereits einen zweiten Brennpunkt im Kalten Krieg – im Rahmen der geostrategischen Vorgaben eine zwangsläufige Entwicklung, denn die Vereinigten Staaten definieren sich sowohl als eine pazifische wie auch atlantische Macht. Zugleich wollte Kennedy dem Ostblock beweisen, dass dessen »Strategie der gerechten Befreiungskriege« in der Praxis keinen Erfolg hat.

So verstanden, praktizierte er in Vietnam das Gegenteil von »massiver Vergeltung«, als er die kommunistische Expansion durch Guerillaterror zu stoppen suchte.[6] Lyndon B. Johnson wiederum, Kennedys Nachfolger, entschied sich mit seiner »Tonkin-Lüge« vom 4. August 1964 (behaupteter Torpedoangriff auf US-Kriegsschiffe) für einen Kriegskurs in Vietnam.

Zur Beratung in außenpolitischen Fragen berief die US-Regierung im Jahr 1987 Samuel Huntington in eine Strategiekommission. Er empfahl, sich vom »Hauptfeind Kommunismus« zu lösen und den Konflikten in der sogenannten Dritten Welt mehr Bedeutung beizumessen. Die Notwendigkeit dieser strategischen Neuorientierung erläuterte Huntington in seinem Weltbestseller »Kampf der Kulturen«.

Nach dem Abzug der sowjetischen Truppen aus Kabul ging das »Reich des Bösen« unter, und ein neues Menetekel tauchte auf: der von Huntington vorhergesagte Kampf der Kulturen mit dem Feindbild des fundamentalen Islamismus. Gleichzeitig verbreiteten sich im US-Verteidigungsministerium Revolutionsideen (Revolution in Military Affairs, kurz RMA).[7]

Mit den modernen Marschflugkörpern sahen sich die USA wieder in der Lage, großräumige Militäroperationen durchzuführen. Mit geringem Risiko konnte jetzt die feindliche Luftabwehr neutralisiert werden. So wurden mit Beginn der »Operation Desert Storm« (1991) erstmals 35 »intelligente« Raketen des Typs AGM-86 ALCM (»Air Launched Cruise Missile«) von B-52-Bombern aus auf Bagdad und Mossul gestartet. Nach dem Sieg über Saddam Hussein verkündete George H. Bush stolz den Beginn einer »New World Order«: *»Unser Erfolg am Golf wird nicht nur die neue Weltordnung prägen, die wir anstreben, sondern auch unsere Mission hier zu Hause«.*[8]

Heute nutzen die USA Europa als westlichen Brückenkopf Eurasiens. Vom Hauptquartier EUCOM in Stuttgart-Vaihingen aus, dem größten der fünf US-Kommandos, wird Europa geführt, und in Stuttgart-Möhringen sitzt das US-Regionalkommando AFRICOM.

Alle militärischen US-Einsätze im mittleren Osten wie in Zentralasien werden über das Rhein-Main-Gebiet abgewickelt (meist über Ramstein) – auch die Drohnenmorde.

2016 äußerte sich Bundespräsident Joachim Gauck im ARD-Interview im *Bericht aus Berlin* bezüglich der Vorgänge um den Brexit: *»Ja, da gibt es etwas, was wir heilen müssen, was wir verbessern müssen, wo wir miteinander neu diskutieren müssen. Die Eliten sind gar nicht das Problem, die Bevölkerungen sind im Moment* *das Problem, dass wir stärker wieder mit denen das Gespräch suchen.«*[9] Hatte der ehemalige DDR-Pastor hier das biblische Bild vom guten Hirten vor Augen? Jesus mit dem Lämmlein auf den Schultern? Das Gleichnis wird von den Mächtigen von jeher gern bemüht, um ihre fürsorglichen Absichten zu betonen. Doch dient es vor allem dem Zweck, die Herrschaft der Machteliten zu sichern und das verängstigte, Schutz suchende Volk zu unterjochen.

In die beabsichtigte Richtung treiben es dann die »Hütehunde«, die Propagandisten. Auf dieses wirkkräftige Bild greift auch Rainer Mausfeld in seinem Buch »Warum schweigen die Lämmer?« zurück. Häufig spüre die Masse – ähnlich wie eine Herde die Gefahr wittert –, was im Staat falsch läuft. Um dem Volk seine intuitive Erkenntnis auszureden, so Mausfeld, setze die Elite auf Meinungs- und Empörungsmanagement sowie andere raffinierte Methoden, um unsere Demokratie in einen autoritären Sicherheitsstaat zu überführen. Vor allem die Erzeugung von Angst – seit jeher Rohstoff der Macht – spielt hierbei eine gewichtige Rolle.

Nichtsdestotrotz fühlen sich die Eliten nicht sicher und forcieren deshalb die Überwachung der Menschen. Werner Meixner warnte bereits im Oktober 2018: *»Die neodigitale Revolution ist im vollen Gange und die technischen Voraussetzungen für die Abschaffung der Bürgerrechte, von Freiheit und Demokratie liegen bereits vor. Die Menschen sind durch Bequemlichkeit korrumpiert und glauben, dass Widerstand gegen die übermächtigen Konzerne nicht möglich ist.«*[10]

Die Corona-Pandemie hat der Digitalisierung nun einen Schub verliehen – ist sie der Türöffner für den Überwachungsstaat? Die Tech-Giganten arbeiten jedenfalls mit Hochdruck daran, neue Kontrollmöglichkeiten zu schaffen. So arbeitet etwa die US-Organisation ID2020 – mit vollem Namen Identity 2020 Systems Inc. –, unterstützt von Microsoft, der GAVI-Impfstoffallianz, der Rockefeller Foundation, dem International Rescue Committee, der US-Regierung, der EU-Kommission und dem UN-Flüchtlingshilfswerk UNHCR, an einer transnationalen digitalen Identität, sie umfasst Ausbildungs- und Impfnachweise, Finanzstatus, Konten sozialer Netze und natürlich die Smartphone-Daten.

Die Leitmedien reflektieren diese Entwicklung kaum noch. Nicht ohne Grund begegnen ihnen zunehmend mehr Menschen mit Misstrauen, was wiederum zu einer inflationären Verwendung des Begriffs »Verschwörungstheorie« als Pathologisierungs- und Ausgrenzungsfigur geführt hat: Wer an Verschwörungen glaubt, ist unbelehrbar und nicht diskursfähig. Im Grunde ist das verwunderlich, da diese in der politischen Welt gang und gäbe sind – es sei hier nur an die Ermordung Caesars erinnert – und es eigentlich zu den vornehmsten Aufgaben der Medien gehört, sie aufzuklären.[11]

Shoshana Zuboff, eine profilierte Analytikerin der digitalen Moderne, spricht konkret von »Überwachungskapitalismus«, dieser sei *»die Verfinsterung des digitalen Traums und dessen rapide Mutation zu einem ganz und gar neuen, gefräßigen, kommerziell orientierten Projekt«.*[12] Nach Zuboff läuft das Regime der digitalen Konzerne auf einen *»Putsch von oben«*, auf den *»Sturz der Volkssouveränität«* hinaus.

Der Überwachungskapitalismus flankiert die Transformation der Welt im Sinne einer kleinen globalistischen Elite von Plutokraten, deren wahre Ziele verborgen bleiben. 2015 verabschiedete die UN-Generalversammlung die Resolution »Transformation unserer Welt: die Agenda 2030 für nachhaltige Entwicklung«. Darin heißt es: *»Wir sind entschlossen, den Planeten vor Schädigung zu schützen, unter anderem durch nachhaltigen Konsum und nachhaltige Produktion, die nachhaltige Bewirtschaftung seiner natürlichen Ressourcen und umgehende Maßnahmen gegen den Klimawandel, damit die Erde die Bedürfnisse der heutigen und der kommenden Generationen decken kann.«*[13] Das klingt sehr edel, doch die Beteuerungen sind nur glänzende Verpackung, denn politische Programme werden nie zum Nutzen der gemeinen Bevölkerung gemacht.

Die Agenden 2021 sowie 2030 dienen allein den Interessen jener plutokratischen Elite. Unter dem Deckmantel ökologischer Sorge versteckt sich der Plan für einen totalitären Weltstaat, beherrscht von extrem reichen Menschen, während der Rest in die Versklavung geführt und in bitterer Armut leben wird. Erreicht werden soll das unter dem Vorwand der Pandemiebekämpfung und des Klimaschutzes: Seit 2020 erlebt die Welt eine Flut von Gesetzen, Erlassen und Richtlinien, die den Menschen ihre angeborenen Rechte nehmen. Und während der Großteil vertrauensselig schläft, betätigen sich andere als willfährige Söldner beim Schmieden der Ketten.

Wolfgang Effenberger, Oberthal im August 2021

I. Weichenstellung im 18. Jahrhundert

Aufklärung – der Mensch als Gestalter seiner Welt

In der ersten Hälfte des 18. Jahrhunderts wurde Europa von einer Bewegung erfasst, die als Aufklärung in die Geschichte eingehen sollte und für viele den Beginn der Moderne festlegt. Zwei philosophische Strömungen – Empirismus (sinnliche Erfahrung) und Rationalismus (Vernunft) – prägten jene Epoche. Vertreter der Erkenntnis durch Sinneswahrnehmung war John Locke (1632–1704). Für ihn setzte sich die menschliche Erfahrung und nachprüfbares Wissen allein aus der sinnlichen Wahrnehmung und Beobachtung zusammen, während René Descartes (1596–1650) der empirischen Realität und dem überlieferten Wissen Skepsis entgegenbrachte und nur mithilfe des logischen Denkens zu sicheren Erkenntnissen zu kommen glaubte. Beide Strömungen setzten jedoch stark auf den menschlichen Verstand. Erst Immanuel Kant (1724–1804) wies in seiner »Kritik der reinen Vernunft« nach, dass unser Erkenntnisvermögen äußerst begrenzt ist und unser Verstand die Welt sozusagen im Kopf »konstruiert«, es sich bei allem nichtempirischen Wissen also um reine Vorstellungen handle. Das läutete das Ende der »objektiven Realität« ein – von nun an kam dem Subjekt eine immer größere Bedeutung zu. Gleichzeitig beschränkte sich die Wissenschaft auf das Erkennbare, also die empirische Wirklichkeit, was zu einem Aufschwung der Naturwissenschaften führte. Bald galt alles, was sich nicht empirisch nachweisen ließ, als »unwissenschaftlich«.

In der Aufklärung nahm mit der wachsenden Bedeutung des Subjekts das Streben nach Freiheit Fahrt auf, bestehende Herrschaftsstrukturen – ob staatlich oder kirchlich – wurden hinterfragt und kritisiert, Toleranz, Individualismus und geistige Emanzipation gefordert. »Habe den Mut, dich deines eigenen Verstandes zu bedienen«, empfahl Kant in seiner berühmten Schrift »Was ist Aufklärung«. Freiheit bedeutete in erster Linie Eigenverantwortung – man konnte keinen Gott mehr für alles verantwortlich machen. Die vorher »gottgewollte« absolutistische Ständeordnung – ganz oben der Klerus (Bischöfe und Papst) und der Adel (Fürsten, König oder Kaiser) – wurde von den Bürgern und Bauern in Zweifel gezogen, Rufe nach Freiheit und Gleichheit wurden laut.

Leider reduzierte die Aufklärung das Denken auf eine naturabweisende, körperlose und unsinnliche Aktivität. Es galt, die Natur (und damit die Gefühle und Leidenschaften) unter Kontrolle zu bringen. So ist der gewaltsame Kampf des – strukturell männlichen – Verstandes gegen die »innere Natur«, also gegen das vorgebliche Ausgeliefertsein an die eigene Sinnlichkeit, vorrangig. Der Autor Norbert Trenkle sieht diese abgespalten und auf konstruierte »Andere« projiziert, *»die ›Frauen‹ und die ›Naturvölker‹, und in diesen ›Anderen‹ zugleich idealisiert und verachtet, begehrt und bekämpft. In diesem Sinne sind Sexismus und Rassismus untrennbar mit der Konstitution des Subjekts der Aufklärung verbunden.«*[1] Für Trenkle stellt sich die Aufklärung dar als durch und durch *»der kapitalistischen Form abstrakter Herrschaft zugehörig«*[2]. Ausdruck dieses Herrschaftsverhältnisses gegenüber der Welt ist die von Europa ausgehende Kolonisierung und Ausbeutung der »Naturvölker« im Bewusstsein der Überlegenheit der Zivilisation.

Mit der von Großbritannien ausgehenden ersten Industriellen Revolution in der zweiten Hälfte des 18. Jahrhunderts schlug auch die Stunde der Unternehmer und Finanzdienstleister. Traditionell konnte man nur mehr produzieren, indem mehr gearbeitet wurde. Durch die Aufklärung und ihre Kritik an der Macht des Hergebrachten floss nun ein innovatives Moment in die Arbeit und das wirtschaftliche Denken selbst. Der unendliche Vorrat der Zukunft konnte angezapft und damit Wachstum und Wohlstand für alle gesichert werden. Übersehen wurde dabei, dass in einer kapitalistisch orientierten Gesellschaft ein ungehindertes Konkurrenzdenken jenseits der alten Ständeordnung zu neuen Machtkonzentrationen führt.

Freimaurer – Ideenverstärker der Aufklärung

In der ersten Hälfte des 18. Jahrhunderts entstanden von England ausgehend in ganz Europa, auch in der Türkei, und auf dem Gebiet der späteren USA Freimaurerlogen – die erste deutsche 1737 in Hamburg. In Frankreich gehörten neben dem Aufklärer Voltaire (1694–1778) die führenden Köpfe der Französischen Revolution, Georges Danton und Maximilien de Robespierre, dazu. Der Slogan der Revolution »Freiheit, Gleichheit, Brüderlichkeit« entsprach den Idealen der Freimaurer jener Zeit, zu denen auch Marie-Joseph Motier, Marquis de La Fayette, und der erste US-Präsident George Washington (1732–1799) zählten. Anstelle von Gott sahen sie im »allmächtigen Baumeister aller Welten« eine Art weltordnendes Prinzip.[3] Als »Anwälte von

Freiheit und Toleranz« waren ihnen religiöse Streitgespräche bei ihren Treffen untersagt.

Eine besondere Beziehung entwickelte sich 1736 zwischen Voltaire, eigentlich François-Marie Arouet dem Jüngeren, und dem preußischen Kronprinzen Friedrich (1712–1786), der vier Jahre später als Friedrich II. den Thron bestieg. In 42 Jahren brachte es die Korrespondenz der beiden ungewöhnlichen Freimaurer auf über 600 Briefe. Neben dieser großen Zahl an schriftlichen Kontakten kam es auch zu fünf persönlichen Begegnungen, von denen eine, die längste, knapp drei Jahre dauerte, nämlich von 1750 bis 1753.[4]

Der Hohenzoller Friedrich II. gilt als ein Repräsentant des aufgeklärten Absolutismus. So bezeichnete er sich selbst als *»ersten Diener des Staates«*.[5] Er setzte für die damalige Zeit beachtenswerte Zeichen: tiefgreifende gesellschaftliche Reformen, Abschaffung der Folter und Ausbau des Bildungssystems. Neben seiner Vorliebe für geistreiche Korrespondenz und hingebungsvoll und professionell gestaltetes Musikleben am preußischen Hof machte er sich auch als unerbittlicher Feldherr einen Namen. Nach dem Siebenjährigen Krieg von 1756 bis 1763 war Preußen als fünfte Großmacht neben Frankreich, Großbritannien, Österreich und Russland anerkannt.

Der Siebenjährige Krieg (French and Indian War)

Bis 1753 hatten sich die Franzosen und mit ihnen verbündete Indianer des Ohiotals bemächtigt und Forts angelegt. Einer Ausdehnung der 13 britischen Kolonien nach Westen war nun ein Riegel vorgeschoben. Unverzüglich forderte das Kolonialamt Truppenverstärkung. Das gestaltete sich schwierig, da England bereits kriegerische Handlungen im Mittelmeerraum und in Indien – diese sollten sich weiter ausdehnen auf Vorderasien (Anatolien, das Kaukasusgebiet, die arabische Halbinsel und Iran) und Afrika – eingeleitet hatte. Das war der Beginn des ersten weltweiten Eroberungskriegs der modernen Geschichte.[6] Für diesen Krieg setzten die Briten vor allem auf Seestreitkräfte. So sah sich London nach einem geeigneten Verbündeten in Europa um. Ihm wurde die Aufgabe zugedacht, das französische Kontinentalheer so zu binden, dass sich England im Schutz seiner starken Flotte auf den Kolonialkrieg konzentrieren konnte. Wenn das preiswerte Prinzip – wo sind die Feinde meiner Feinde? – nicht verfing, mussten verlockende Angebote gemacht werden. Der ideale

Kandidat war Preußen. Obwohl Friedrich II. befürchtete, dass *»ein europäischer Brand aus der Kriegsflamme entstehen konnte, die sich im amerikanischen Wald entzündet hatte«*[7], wurde mit England ein Vertrag geschlossen, der die Zahlung jährlicher Hilfsgelder vorsah. Auch Voltaire sah die Gefahr: *»Ein in Amerika abgefeuerter Kanonenschuss konnte das Signal geben, Europa in Brand zu setzten.«*[8] Letztlich muss für Friedrich II. der Griff nach Schlesien doch zu verlockend gewesen sein. Und Londons Intrigenspiel hatte Erfolg: Frankreich, Österreich, Russland und Spanien verbündeten sich gegen England und Preußen.

Obwohl in Europa auch die preußisch-österreichischen Gegensätzlichkeiten ausgetragen wurden, ging es im Grunde um die französisch-englische Gegnerschaft, insbesondere was die Vormacht zur See und die in den indischen Kolonien betraf. Auch galt es, eine romanisch-katholische Vorherrschaft in Nordamerika zu verhindern. Das alles wurde noch von enormen Handelsinteressen übertroffen: Es ging weltweit um Märkte und billige Rohstoffe, um Besitz, der hundertmal kostbarer erschien als Europa und zehntausendmal größer war als Schlesien.

Nachdem die preußische Armee die französischen Truppen auf dem europäischen Kontinent erfolgreich binden konnte, gelang es den Briten, 1758 Louisbourg und 1760 Kanada zu erobern. Der letzte bedeutende französische Stützpunkt in Indien, Pondicherry, wurde Ende 1760 von den Engländern eingeschlossen. England hatte weitgehend seine Ziele erreicht und stellte daher im Dezember 1761 die Zahlungen an Preußen ein. Nun lag Preußen, wie sich Friedrich II. eingestehen musste, *»in der Agonie und wartete auf die letzte Ölung«.*[9] Die Russen hatten die Festung Kolbert erobert, während halb Schlesien, ganz Hinterpommern und Teile Sachsens aufgegeben werden mussten. Doch unverhofft änderte sich für Preußen die Lage mit dem Tod der Zarin Elisabeth, der Tochter Peter des Großen. Ihr Nachfolger, Peter III., ein Verehrer des Preußenkönigs, ließ sofort alle Kampfhandlungen einstellen und schloss am 5. Mai 1762 mit Preußen den Frieden von Petersburg. Im letzten Gefecht bei Burkesdorf am 21. Juli 1762 konnten die Preußen dann Österreich schlagen und zum Abzug nötigen.

Bei dem 1763 in Paris geschlossenen Friedensvertrag zwischen England und der spanisch-französischen Koalition 1763 fielen Kanada, Florida und die Osthälfte des Mississippitals sowie der Großteil der Westindischen Inseln an England. Damit ging in Amerika mehr Territorium von einer Nation an eine andere über als durch irgendein anderes Ereignis in der Geschichte dieses Kontinents.[10]

In Europa opferte London die preußischen Interessen und billigte den Franzosen sogar den Besitz von Kleve und Geldern zu. Der Steigbügelhalter Preußen, der Englands Vorherrschaft in Indien und Nordamerika sichern half, lag zerstört am Boden.

In der Londoner Deklaration vom 7. Oktober 1763 wurde den Indianern feierlich das bisherige französische Einflussgebiet ostwärts der Appalachenwasserscheide und des Ohios als »Indianerschutzgebiet« garantiert. Anstelle des französischen Gegners war nun auf einmal die englische Krone als Hindernis gegen weiteres Vordringen aufgetreten. Das verletzte den als selbstverständlich empfundenen Grundsatz der Siedler, Reichtum, Glück und Freiheit im Westen zu suchen, und sollte sich schon bald als großer Fehler erweisen.

Der Amerikanische Unabhängigkeitskrieg

Der Indian War hatte auf der einen Seite das Selbstbewusstsein der zumeist britischen Kolonisten erhöht, auf der anderen aber England tief in Schulden gestürzt. So betrug die Steuerlast der Inselbriten das Fünfzigfache der Kolonisten.[11] Zur Steuerkompensation belegte 1764 das britische Parlament eine lange Liste von Waren mit hohen Einfuhrzöllen, was bei den amerikanischen Alkoholbrennereien zu hohen Einbußen führte. Die Einnahmeerwartung lag bei 45 000 Pfund Sterling. Zum Vergleich: Die englischen Hilfsgelder an Preußen betrugen allein im Jahr 1758 670 000 Pfund.[12]

Samuel Adams (1722–1803)

Ein Jahr später traf das sogenannte Stempelgesetz die Kolonisten noch härter. Nun wurden auf Zeitungen, Druckschriften, Gerichtsurkunden, Spielkarten und Würfel Gebühren erhoben. Da die Bürger Neuenglands im britischen Parlament nicht mit über die Steuergesetze hatten abstimmen können, schlug nun die Stunde der Gegner der britischen Kolonialpolitik, wie des Kaufmanns und Brauereibesitzers Samuel Adams – noch heute ist eine Biermarke nach ihm benannt. Er sollte einer der Gründer der USA und von 1794 bis 1797 Gouverneur von Massachusetts werden.

Beim sogenannten »Massaker von Boston« am 5. März 1770 wurden fünf Kolonisten von britischen Soldaten getötet, die unverzüglich zu Märtyrern erklärt wurden. Von der Presse wurde der revolutionsfördernde Vorgang in unverantwortlicher Weise überzeichnet: Das Blut sei angeblich wie Wasser die Long Lane und einigen andere Straßen hinuntergelaufen. Heute gibt die »Encyclopaedia Britannica« den Vorfall emotionsfrei wieder: *»Der Zwischenfall war der Höhepunkt einer Serie von Schlägereien, in welchen die örtlichen Arbeiter und Seeleute mit den in Boston einquartierten Soldaten zusammenstießen. Verfolgt von einer Bande, eröffneten Soldaten das Feuer. Crispus Attucks, ein Seemann und früherer Sklave, wurde als Erster niedergeschossen. ... Samuel Adams erwies sich als geschickter Propagandist des Tages, schlau stilisierte er den Zwischenfall als einen Krieg für die amerikanische Freiheit.«*[13]

Am 16. Dezember 1773 organisierte Adams die in die Geschichte eingegangene »Bostoner Teaparty«. Als Indianer verkleidete Bostoner warfen die Teeladung dreier Schiffe in das Hafenbecken. Das britische Parlament konterte mit einem Katalog von Strafmaßnahmen. Unter anderem wurde Boston besetzt, ein königlicher Rat eingeführt und der Hafen gesperrt. Das heizte den Widerstand erst recht an. Vom 5. September bis zum 26. Oktober trat der »Erste Kontinentalkongress« zusammen und erklärte die britischen Zwangsgesetze für verfassungswidrig.

Als britische Truppen am 19. April 1775 ein Waffenlager der Miliz von Massachusetts ausheben wollte, kam es zu ersten Gefechten in Lexington und Concord, die sich dann verselbstständigten. Als Folge tagte im Mai 1775 in Philadelphia der »Zweite Kontinentalkongress« – 65 Delegierte sämtlicher Kolonien waren anwesend – und übernahm nunmehr die Regierungsgewalt. Zum Oberbefehlshaber der neu zu schaffenden amerikanischen Streitkräfte wurde der wohlhabende Pflanzer und Kriegsveteran des »French and Indian War«, George Washington aus Virginia, ernannt; weiterhin wurden der Verteidigungsfall ausgerufen, neues Papiergeld gedruckt und diplomatische Beziehungen zu verschiedenen anderen Nationen aufgenommen. Mitte Juni proklamierte schließlich London die »offene Rebellion«. Wenige Tage später, am 4. Juli 1776, wurde die Unabhängigkeitserklärung der Vereinigten Staaten verkündet. Darin wurden zum ersten Mal in der Geschichte des Westens fundamentale Menschenrechte wie das Recht auf Leben, Freiheit und auf das Streben nach Glück staatsrechtlich verankert.

Nun wurde Frankreich einer der ersten Verbündeten der im Werden befindlichen Vereinigten Staaten und griff zaghaft dem finanzschwachen Kongress unter die Arme. Am 7. Juni 1778 erklärte Frankreich England dann den Krieg. Eine Revanche für die Niederlage im Siebenjährigen Krieg? Zumindest eine gute Gelegenheit, das 1763 gestörte Gleichgewicht wiederherzustellen. Fortan unterstützte Frankreich den englischen Bruderkrieg mit Geld, Waffen und einer eigenen Flotte. Auch die anderen von England entthronten europäischen Großmächte – Spanien und die Vereinigten Niederlande – griffen unterstützend ein.

Im Spätsommer 1778 tauchte die französische Flotte vor der amerikanischen Küste auf und bedrohte die englische Versorgungsroute. Absolutistische Mächte als Geburtshelfer einer demokratisch-republikanischen Nation! Der Sieg der Aufständischen rückte immer näher. Diejenigen, die zu England und seinem König hielten, fanden sich auf der Verliererseite der Geschichte und mussten einen hohen Preis zahlen. Führende Loyalisten wurden eingesperrt und gehängt; ihr Besitz wurde konfisziert. Tausende schlossen sich der britischen Armee an, Zehntausende flohen ins Mutterland oder nach Westindien.

Diejenigen, die sich an der Rebellion beteiligt hatten, wurden ihres Wahlrechts beraubt, durften keine öffentlichen Ämter bekleiden und mussten auf den Schutz der Gerichte verzichten. Im Herrschaftsbereich des Kongresses beglaubigte das »Certificate of Americanism« die einzig zulässige politische Denkweise. Welche Bedeutung hatten da die hehren Ideale der Unabhängigkeitserklärung, welchen Stellenwert hatten Humanismus und Toleranz? Doch schnelle Rache kann manchmal einen beachtlichen Preis fordern. Ohne die Verfolgung der Loyalisten, so sinnierte hintergründig Bestseller-Autor Joachim Fernau, würden die USA heute bis zum Nordpol reichen.[14]

Am 12. April 1782 vernichteten die Briten die französische Flotte in der Seeschlacht von Les Saintes (Battle of the Saints) und sicherten damit nicht nur die britische Hegemonie in Westindien, sondern stellten die absolute Herrschaft der Briten auf allen Weltmeeren wieder her. Unter diesen Umständen war die Unabhängigkeit der Amerikaner zu akzeptieren. Blieb doch die Niederlage Großbritanniens und der Sieg der USA in der gleichen Familie – der angelsächsisch-normannischen.

Unter diesen für England günstigen Vorzeichen konnte am 3. September 1783 mit dem Segen von König George III. in Paris der Friedensvertrag unterzeichnet werden.

Nach wirtschaftlich schwierigen Jahren trat unter dem Vorsitz von George Washington am 25. Mai 1787 der Verfassungskonvent zusammen. Die 55 an-

Im Bild: Vereidigung George Washingtons (Mitte) zum ersten US-Präsidenten; weiterhin Frederick William von Steuben, Freimaurer und Drillmeister der Kontinentalarmee (1), John Jay, späterer Außenminister (2), John Adams, Vizepräsident (3), Henry Lee, Freimaurer (4), Robert R. Livingstone, Großmeister der New Yorker Freimaurer (5), Samuel Otis, Senatssekretär mit der Bibel (6), Morgan Lewis, Generalmajor im Krieg 1812 und später Großmeister der Freimauer von New York (8), Frederick A.C. Muhlenberg, Freimaurer und Sprecher des Repräsentantenhauses (9), Arthur St. Clair, Freimaurer, Generalmajor und Gouverneur der Nordwestlichen Territorien (10), George Clinton, Gouverneur von New York (11), Henry Knox, Freimaurer, Generalmajor und künftiger Kriegsminister (12).

gehenden »Verfassungsväter« waren weder vom Volk beauftragt, noch stellten sie einen Querschnitt des Volkes dar. Diese Führungselite – *»31 waren Akademiker und die Hälfte Juristen; im übrigen dominierten Kaufleute und Pflanzer«*[15] – war vermögend und zeichnete sich durch hohe Offiziersränge aus. Fünfzig von diesen aufgeklärten und liberal denkenden Männern hatten als Freimaurer ihrer Loge unabdingbaren Gehorsam geschworen. Nach zweijährigem Ratifizierungsstreit trat die maßgeblich von Freimaurern gestaltete Verfassung am 4. März 1789 in Kraft. Das Volk war zwar nicht gefragt, dafür aber in der Präambel hervorgehoben worden: *»Wir, das Volk der Vereinigten Staaten, von der Absicht geleitet, unsren Bund zu vervollkommnen, Gerechtigkeit zu verwirklichen, die Ruhe im Innern zu sichern, für die Landesverteidigung zu sorgen, die allgemeine Wohlfahrt zu fördern und das Glück der Freiheit uns selbst und unseren Nachkommen zu bewahren, haben diese Verfassung für die Vereinigten Staaten von Amerika beschlossen und in Kraft gesetzt.«*[16]

Nun fehlte nur noch der erste Präsident der Vereinigten Staaten. In der Presse wurden erfolgreich die familiären, religiösen, militärischen und zivilen Qualitäten eines monarchistisch gesinnten Pflanzers und Gutsherren aus Mount Vernon überschwänglich gepriesen. Am 30. April 1789 leistet George Washington, Stuhlmeister der Loge Alexandria (Virginia), unter freiem Himmel seinen Eid als Präsident und Oberbefehlshaber auf die Freimaurer-Bibel der St. John's Lodge Nr. 1 (New York).[17] Ein großer Tag in der amerikanischen Geschichte und auch für das Freimaurertum.

Dieser Moment in der George Washington Banquet Hall im Freimaurertempel »The Scottish Rite of Freemasonary« in Washington, D. C. ist in einem Gemälde festgehalten (siehe Abb. links).

Die Französische Revolution

Frankreichs militärische Unterstützung im Unabhängigkeitskrieg war Voraussetzung für den amerikanischen Sieg über Großbritannien gewesen. Nun litt es nun unter wirtschaftlichen Problemen, hohen Schulden und vorrevolutionären Spannungen. Wenige Monate nach Washingtons Amtsübernahme begann mit dem sogenannten Sturm auf die Bastille am 14. Juli 1789 – in Wirklichkeit war es eine friedliche Übergabe – die Französische Revolution. Bastille-Kommandant de Launey hatte vorher die weiße Fahne hissen lassen. Nach Übergabe und Plünderung zog die Menge triumphierend durch Paris, de Launeys Kopf auf einer Stange vorweg.[18]

An der Spitze der Französischen Revolution standen aufgeklärte Persönlichkeiten und Wegbereiter liberaler Ideen wie Graf von Mirabeau, Marquis de La Fayette oder Fürst Talleyrand, die ebenfalls der Freimaurerloge angehörten. Hatte die Amerikanische Revolution Freiheit und das Streben nach individuellem Glück propagiert – häufig ohne Rücksicht auf die Interessen anderer –, ging man in Frankreich noch weiter. Hier standen die klassischen Ideale jeder Zivilisation auf dem Panier: Freiheit, Gleichheit und Brüderlichkeit. Mit dem Beschluss des Konvents vom 5. September 1793 über die Einführung von Terrormaßnahmen zur Unterdrückung konterrevolutionärer Aktivitäten wurde die zweite und blutigste Phase der Revolution eingeläutet. Diese »Terrorherrschaft« unter Führung von Maximilien de Robespierre dauerte bis Juli 1794 und forderte 35 bis 40 000 Todesopfer. In diesem Zeitraum wurden auch Freimaurer zu Verfolgten. Österreich und England wurde der Krieg erklärt. Der deutsche Universalgelehrte Johann Wolfgang von Goethe ging auf Distanz: *»Ich hasse jeden gewaltsamen Umsturz, weil dabei ebensoviel Gutes vernichtet als gewonnen wird. Ich hasse die, welche ihn ausführen, wie die, welche dazu die Ursache geben.«*[19] Die Anhänger von Thomas Jefferson, einem der Gründerväter der USA und Unterstützer der Französischen Revolution, sahen in den Vorgängen einen Triumph der Freiheit, während die konservativ eingestellten und mit England sympathisierenden Föderalisten die Ereignisse und ihre Auswirkungen mit großer Sorge betrachteten. Ihnen wurde bewusst, *»was sich in Amerika ereignen könnte, wenn der ›demokratische Mob‹ dort die Regierungsgewalt übernehmen sollte«*.[20]

In der letzten Phase der Revolution (1795–1799) regierte ein Direktorium, in dem das gehobene Bürgertum tonangebend war. In dieser Zeit verlagerten sich die Aktivitäten auf die Koalitionskriege gegen andere europäische Großmächte. Ein junger Leutnant aus dem korsischen Kleinadel, Napoleon Bonaparte (1769–1821), der früh durch militärische Erfolge im Kampf gegen Aufständische aufgefallen war, wurde im Herbst 1795 als 26-Jähriger zum Général de Division befördert und kurze Zeit später zum Oberbefehlshaber im Inneren ernannt. Vier Jahre später stürzte er per Staatsstreich die Regierung in Frankreich. Als Erster Konsul wurde Bonaparte faktisch zum Alleinherrscher; sofort erklärte er die Revolution für beendet.[21]

Damit begannen Revolutionsexport und napoleonische Vorherrschaft in Europa. Am 2. Dezember 1804 krönte sich Napoleon unter Anwesenheit von Pius VII. selbst zum Kaiser. Unter dem Eindruck von Napoleons scheinbarer Unbesiegbarkeit unterzeichneten am 12. Juli 1806 in Paris 16 süd- und westdeutsche Fürsten die Rheinbundakte und erkannten damit die französische Oberherrschaft an. So endete nach 844 Jahren das Heilige Römische Reich deutscher Nation.

Am 16. Juni 1812 begann Napoleon seinen verhängnisvollen Angriff auf Russland, und zwei Tage später geschah das Unglaubliche: Die USA erklärten England den Krieg. Dadurch wurde gleichsam der zweite Amerikanische Unabhängigkeitskrieg eingeläutet. Dabei waren die USA seit 21 Jahren unabhängig! Es waren imperiale Absichten im Spiel – und eine Begründung schnell zur Hand: Kanada sollte frei und die Handelsbeschränkungen aufgehoben werden. Welche Interessen standen dahinter? Sicherlich nicht die der »kleinen Leute«.

Der amerikanische Historiker Max Savelle sieht als wichtigstes Motiv für den Krieg den Expansionsdrang nach Westen mit dem Ziel neuen Landerwerbs.[22] Auch die Briten in Kanada waren ein Dorn im Auge. Doch alle amerikanischen Versuche, nach Kanada vorzudringen, endeten schmählich. Als Napoleons Niederlage in Russland feststand und England die Auseinandersetzungen mit Frankreich beendet hatte, konnten die Briten mehrere militärische Expeditionen gegen die Vereinigten Staaten ausrüsten. In einer gewagten Operation stießen britische Heeresspitzen von Kanada und vom Golf von Mexiko vor, während Landoperationen an der Atlantikküste amerikanische Kräfte binden sollten. Im August 1814 eroberten die Briten Washington und brannten das Kapitol und das Weiße Haus nieder. An Heiligabend 1814 wurde dann in Gent Frieden geschlossen. Die US-Amerikaner hatten keines ihrer Kriegsziele erreicht. Wenige Monate später verkündete der Wiener Kongress die Ächtung Napoleons als *»Feind und Störer des Weltfriedens«*[23]. Das Böse war besiegt, und die Guten waren jetzt unter sich – wie nach jedem Krieg.

Mozarts und Goethes Visionen

Im Herbst 1784 wurde Wolfgang Amadeus Mozart in die Wiener Loge »Zur Wohltätigkeit« aufgenommen. Daneben besuchte er auch die Loge »Zur wahren Eintracht«, wo er am 7. Januar 1785 zum Gesellen befördert wurde. Laut »Internationalem Freimaurerlexikon« haben ihn die menschenfreundlichen und großzügigen Bestrebungen der Freimaurer, ihr Kampf gegen Aberglauben und Gewissensenge, die idealen Grundsätze gegenseitiger Förderung und brüderlicher Gleichberechtigung angezogen.[24] So schrieb Mozart die »Freimaurermusiken«, die wohl zur Umrahmung des Rituals gedacht waren, und natürlich »Die Zauberflöte«, die meistgespielte Oper überhaupt – rätselhaft und widersprüchlich. Sie vereint in sich Zaubermärchen und Erziehungsroman unter Verwendung von Freimaurersymbolik – manche sehen darin sogar das *»Hohelied der Freimaurerei«*[25]. Auffällig ist die starke Polarität: auf der einen Seite die böse Königin der Nacht, die sich unter dem Mantel des Guten (der Rettung ihrer Tochter Pamina aus den Fängen des angeblich bösen Dämonen Sarastro) die Herrschaft für ihr Reich der Dunkelheit sichern will, auf der anderen Seite ebenjener Sarastro, der als Priester für Licht und Weisheit steht und am Ende auch den Sieg über die dunklen Mächte davonträgt.

Die Prüfungen, denen die jungen Leute unterzogen werden, die Einweihungsrituale, die Symbolik der Zahl Drei und der Kampf Gut gegen Böse weisen auf Freimaurerideale hin – allerdings werden die hehren Rituale durch die Harlekin-Figur Papageno konterkariert und ironisiert, ähnlich wie in Shakespeares »Sommernachtstraum« durch die Schauspielertruppe eine derb-fröhliche zweite Ebene eingezogen wird. Im »Sommernachtstraum« ist das zerstrittene Herrscherpaar Titania (Nacht) und Oberon (Tag) am Ende versöhnt und die Harmonie der Kräfte wiederhergestellt; in der »Zauberflöte« indes wird die weibliche Herrscherin dämonisiert und als dunkle, böse Kraft vernichtet, während der weitgehend geschlechtslose Priester als Alleinherrscher der taghellen Vernunft übrigbleibt. Sarastros Prüfungen bestehen Tamino und Papageno nur mithilfe der zauberischen Instrumente, die sie von der Königin der Nacht (!) bekommen haben – das Reich der Eingeweihten ist elitär, wer versagt, muss draußen bleiben. Der Logenmeister Ignaz von Born, Mozarts Vorbild für Sarastro, war ein »Großinquisitor der Aufklärung«, *»der ideologische Säuberungen in Wien durchführte und die Korrespondenz seiner Widersacher geheimdienstlich überwachen ließ«.*[26]

So darf man durchaus vermuten, dass Mozart und sein Librettist Emanuel Schikaneder auch auf die totalitäre Seite der Aufklärung hinweisen wollten. *»Im Unterschied zu den meisten ihrer ›fortschrittlich ...‹ denkenden Zeitgenossen verfallen sie [Schikaneder und Mozart] dem neuen ›Reich der Vernunft‹ gegenüber nicht in idealisierende Euphorie, in blinde Vorfreude, sondern sie unterscheiden mit bestürzend klarem Vorausblick und feinstem Gespür zwischen dem ›schönen Schein‹ und der erschreckenden Wirklichkeit dessen, was sich da ankündigt.«*[27]

Die Aktualität der Zauberflöte zeigt sich genau darin, dass die Schattenseiten der totalen »Illumination« der Welt, nämlich Verlust der Ganzheit, Geringschätzung der Weiblichkeit, Unterdrückung der Affekte und männlich-elitäre Hierarchie, trotz der Märchenoberfläche deutlich werden. Aber auch die Verunsicherung der Protagonisten hinsichtlich der Einordnung von Gut und Böse (die anfänglich »gute« Königin der Nacht führt Böses im Schilde, der Diener des »guten« Sarastro, Monostatos, ist ein zwiespältiger Charakter) erscheint sehr modern.

Goethe war von der »Zauberflöte« jedenfalls so fasziniert, dass er 1795 mit einer Fortsetzung begann.[28] Nachdem die Bühnen in Wien und Bremen Goethes Entwurf abgelehnt und Freund Friedrich Schiller von einer Weiterverfolgung des Plans abgeraten hatte, veröffentlichte Goethe 1802 seinen Text für den zweiten Teil der Zauberflöte als Fragment.[29] Darin werden rituelle Praktiken, mystisch-kultische Motive und Vorstellungen erkennbar, *»die sich in der ersten ›Zauberflöte‹ und der ›Faust‹-Dichtung wiederfinden und derart eine weitere Annäherung an den ›höheren Sinn‹ dieser Rätselwerke verschaffen«.*[30]

Faust I und II

Goethe hatte am 13. Februar 1780 ein schlichtes Aufnahmegesuch für die Weimarer Loge »Anna Amalia zu den drei Rosen« eingereicht: *»Schon lange hatte ich einige Veranlassung zu wünschen, dass ich mit zur Gesellschaft der Freimaurer gehören möchte ... Es hat mir nur an diesem Titel gefehlt, um mit Personen, die ich schätzen lernte, in nähere Verbindung zu treten, und dieses gesellige Gefühl ist es allein, was mich um die Aufnahme nachsuchen lässt ...«*[31]
Ein Jahr später wurde Goethe zum Gesellen befördert. Am 10. Dezember des Jahres 1782 erreichte Goethe den IV., den sogenannten schottischen Grad und wurde in den »Inneren Orden« der »Strikten Observanz« aufgenommen. Wegen Differenzen stellte die Loge bis 1808 ihre Arbeit ein, und Goethe ging auf Distanz zu allen Logen. Dafür nahm er Kontakt zu den vom Ingolstädter Professor für Kanonisches Recht, Adam Weißhaupt, gegründeten Illuminaten auf. In dieser Zeit entstand die politische Satire »Groß-Cophta« über die Degeneration und Korruption im Ancien Régime, die für Goethe mitverantwortlich für die Französische Revolution waren – es schimmert auch eine Kritik am Logen-Hochgradsystem durch.

Sein Hauptwerk aber ist der »Faust«, dessen erster Teil 1806 beendet und zwei Jahre später veröffentlicht wurde. Goethe greift darin die historische Figur des Doktor Faustus auf, sein Faust ist der Sohn des mittelalterlichen magischen Quacksalbers, ein Wissenschaftler, der sich aber durchaus einiger magischer Formeln bedient. Das Nachfolgewerk »Faust II« wurde zu einer visionären Menschheitsparabel.

Nach der Wiedereröffnung der Loge 1808 nahm Goethe an bedeutungsvollen Veranstaltungen teil – u. a. an der Aufnahme seines Sohnes August in den Freimaurerbund. Zu seinem fünfzigjährigen Freimaurerjubiläum 1830 sandte er einen poetischen Dank. Ansonsten war Goethe, wie die Präsenzlisten der Logen ausweisen, kein aktiver Bruder, aber er war der größte Deutsche, der jemals in einer Loge den Schurz getragen hat.[32]

Ab 1825 nahm er die Arbeit am zweiten Teil des Faustdramas mithilfe seiner 20 Jahre alten Notizen wieder auf. Nach Abschluss des vierten Akts im August 1831 sagte er zu Eckermann: *»Mein ferneres Leben ... kann ich nunmehr als reines Geschenk ansehen, und es ist jetzt im Grunde ganz einerlei, ob und was ich noch etwa tue.«*[33] Am endgültigen Text hat Goethe buchstäblich noch bis zum Vorabend seines Todes gefeilt. Wenige Tage nachdem er das Manuskript im

März 1832 dann vollendet und versiegelt hatte – es sollte erst nach seinem Tod veröffentlicht werden –, starb er.

Im »Faust« beschreibt Goethe visionär einen Transformationsprozess, der sich damals schon abzeichnete und heute seinem Höhepunkt zustrebt: die Verwandlung der Welt in eine Höllenmaschinerie von sich beschleunigenden Produktions- und Verbrauchsprozessen im Zuge eines grenzenlosen Machbarkeitswahns, dem das halt- und gottlos gewordene Individuum, befeuert durch satanische Verführung, verfällt, ohne die Konsequenzen seiner Hybris zu reflektieren. Von der Erfindung des ungedeckten Papiergelds, das in eine irreversible Verschuldungsdynamik mündet, über Lüge und Täuschung in der Kriegführung, die Instrumentalisierung der Wissenschaft und die Arbeit am künstlichen Menschen bis zum großen Kolonisationsprojekt, dem Philemon und Baucis zum Opfer fallen, steigert sich im zweiten Teil der Faustdichtung die Dynamik der Ausbeutungs- und Denaturalisierungsprozesse bis zum Triumph des Teufels über den verblendeten Faust, dessen Seele schließlich nur durch den Eingriff des Weiblichen der Hölle entgeht.[34]

Goethe ahnte die Selbst- und Weltvergessenheit der Moderne voraus, er war von Grund auf ganzheitlich orientiert und betonte immer wieder die Notwendigkeit von Maß und Grenze für ein erfülltes Leben. Den Weltverbesserungsfantasien sowohl von romantischer als auch von rationaler Seite stand er äußerst skeptisch gegenüber. Vor allem die Entfremdung von der Natur durch die alles verdinglichende Nutzenorientierung erfüllte ihn mit großer Sorge. Und mit Sicherheit sind ihm auch beim Denken der Freimaurer, so menschenfreundlich es auf den ersten Blick wirkte, die Hybris der Zweckrationalität und die Komponente der Herrschsucht nicht entgangen. Gerade beim alternden Faust, der sich aufgrund seines Siedlungsprojekts unsterblich wähnt als Wohltäter der Menschheit, wird deutlich, wie genau Goethe diese Pose eines eitlen Magnaten von wirklicher Menschlichkeit zu unterscheiden wusste.

Schiller über den Dreißgjährigen Krieg

Den Kampf um ein katholisches Mitteleuropa machte Friedrich Schiller am Dreißigjährigen Krieg fest, dem 1605 zwei richtungsweisende Ereignisse vorausgingen: Im Westen wollten am 5. November die englischen Katholiken den protestantischen König von England, Jakob I., seine Familie, die Regierung und alle Parlamentarier töten. Dazu hatten sie im Palast von Westminster 2,5

Tonnen Sprengstoff vorbereitet.[35] Im Osten befand sich Russland in der so genannten Zeit der Wirren (1598–1613). Dies wollten polnische Magnaten und katholische Prälaten ausnutzen, um den Zarenthron mittels des falschen Thronanwärters Demetrius an sich zu bringen, der dann tatsächlich kurzfristig die Rolle des Zaren spielte.[36] Der Polnisch-Russische Krieg begann mit einer Offensive Polens unter der Führung des polnischen Königs Sigismund III. und endete 1618, im Jahr des Prager Fenstersturzes.

In seinem Werk »Geschichte des Dreißigjährigen Krieges« geht Friedrich Schiller mutig auf Anfang, Ursache und Initiatoren des mitteleuropäischen Unglücks unter Benennung der Untaten der führenden adeligen Kriegstreiber nebst jesuitischen Hintermännern ein. Über etwaige Folgen der Aufklärung dieser historischen Verbrechen – sie lagen ja weit über hundert Jahre zurück – schien sich Schiller indes keine großen Gedanken gemacht zu haben.

Der Anthroposoph Franz-Jürgen Römmeler geht davon aus, dass Schiller vergiftet wurde, und sieht in dem unvollständig gebliebenen Demetrius-Fragment einen Hinweis auf die Nutznießer dieses Frevels.[37] Goethe war wohl nicht nur wegen der Freundschaft so erschüttert vom frühen Tod Schillers und ließ seinen Faust II wohlweislich erst posthum erscheinen.

II. Oligarchen festigen ihren Einfluss

Geopolitische Dynamik

Nach dem Sturz Napoleons im Frühjahr 1814 beendete der Erste Pariser Frieden den europäischen Krieg. Nach Artikel 32 dieses Friedensvertrags sollte in Wien ein Kongress mit allen am Krieg beteiligten Staaten zusammentreten, um eine stabile europäische Nachkriegsordnung zu beschließen. Neben Gastgeber Metternich spielten Zar Alexander I. sowie der britische Gesandte Castlereagh eine tragende Rolle. Aufgrund von Gebietsgewinnen aus dem Friedensvertrag konnte Castlereagh Preußen neben Frankreich platzieren: Preußen sollte den traditionellen Rivalen Großbritanniens in Schach halten.[1]

Das Territorium Frankreichs war bereits vor Beginn des Kongresses im Ersten Pariser Frieden auf die Grenzen von 1792 zurückgeführt worden. Behalten durfte Frankreich die nach dem Dreißigjährigen Krieg 1648 annektierten und im Pfälzer Erbfolgekrieg 1681 eroberten Teile des Elsass. Die territorialen Neuerwerbungen Preußens in Westfalen und insbesondere im Rheinland[2] erregten zwar den Argwohn Österreichs, befanden sich aber in völligem Einklang mit den britischen Vorstellungen eines Kräftegleichgewichts: Die Festigung der machtpolitischen Position am Rhein brachte Preußen nämlich in die Verfassung, aufkeimende französische Hegemonialbestrebungen zu bremsen.[3]

Es lässt sich festhalten: Castlereagh und Metternich verfolgten in Wien eine weitsichtige Politik der Ausgewogenheit – eine wesentliche Prämisse für einen anhaltenden Frieden in Europa.

Der Amerikanisch-Britische Krieg war zugunsten der Vereinigten Staaten entschieden worden. Nun standen dem Land- und Machthunger der USA nur noch die Spanier im Weg. Ihr riesiges Kolonialreich in Süd- und Mittelamerika zerbröckelte gerade, von Mexiko bis Argentinien gewannen überall Unabhängigkeitsbewegungen – nicht zuletzt ermuntert von der US-amerikanischen Regierung – die Oberhand.

James Madison, der aus einer reichen Tabakhändlerfamilie stammende und den Ideen der Aufklärung verpflichtete vierte US-Präsident (1809–1817), behauptete, Westflorida sei ohnehin von Rechts wegen ein Teilgebiet der Vereinigten Staaten, und während der nachfolgenden Spannungen wurde Spanien – auch militärisch – unter Druck gesetzt, zur Sicherung des Friedens ganz Florida an die USA abzutreten. 1819 gab Spanien schließlich nach. Bis 1821 wurden insgesamt elf neue Staaten in die Union aufgenommen – neun davon allein westlich der Appalachen. Das stärkte das Selbst- und Sendungsbewusstsein gewisser Eliten.

US-Präsident James Monroe (1817–1825), überzeugter Anhänger der Französischen Revolution und im verlorenen Britisch-Amerikanischen Krieg zeitweise Kriegsminister, verbat sich 1823 demgemäß in seiner Jahresbotschaft an den Kongress jede Einmischung der europäischen Staaten auf dem amerikanischen Kontinent: »*Wir schulden es ... der Aufrichtigkeit und den freundschaftlichen Beziehungen, zu erklären, daß wir jedweden Versuch ihrerseits, ihr System auf irgendwelchen Teil dieser Hemisphäre auszudehnen, als gefährlich für unseren Frieden und unsere Sicherheit ansehen würden.*«[4] Angesichts der Vorgänge in Europa war das sehr mutig. Nach dem Untergang Napoleons war in Frankreich wieder ein König eingesetzt worden, und die europäischen Mächte hatten zur Bekämpfung republikanischer und liberaler Ideen 1815 erfolgreich die Heilige Allianz – ein Bündnis Russlands, Österreichs und Preußens – errichtet, der sich 1818 auch Frankreich angeschlossen hatte.

Als Nachfolger des Heiligen Römischen Reiches entstand 1815 der Deutsche Bund. Auf diesen Staatenbund hatten sich die souveränen Fürsten und freien Städte Deutschlands mit dem Kaiser von Österreich und den Königen von Preußen, Dänemark und den Niederlanden geeinigt. Er hielt bis 1866.

Im Februar 1848 – nach vorangegangenen Scharmützeln und Kriegen seit 1836 – kassierten die USA von Mexiko etwa die Hälfte seines Staatsgebiets: Texas, Oberkalifornien, New Mexiko, Arizona, Nevada, Utah sowie Teile von Kansas, Colorado und Wyoming. Die Großmächte England und Frankreich protestierten vergebens. Die plutokratische Elite der USA war überzeugt, in Gottes Auftrag (»Manifest Destiny«) den amerikanischen Kontinent zu erschließen und in Besitz zu nehmen. Die Nordstaaten, an der mexikanischen Beute nur peripher beteiligt, missbilligten den von den Südstaaten betriebenen Eroberungskrieg. Sie befürchteten nun eine Dominanz der Südstaaten.

Mitte des 19. Jahrhunderts reichten die USA also bereits vom Atlantik bis zum Pazifik, und weitblickende Männer nahmen das jenseitige Gestade ins Visier. Wie schon die Seemächte der Antike strebten sie nach Brückenköpfen an den gegenüberliegenden Küsten.

Der Festlandsbesitz Amerikas hatte sich innerhalb von nur 45 Jahren verdreifacht. Das waren Landmassen, wie sie mit Ausnahme des Zarenreichs keine europäische Macht im 19. Jahrhundert hatte erobern können. Und man konnte sie auch besiedeln, denn die Einwandererströme rissen nicht ab. 1851/52 waren es schon rund 751 000 Einwanderer, vornehmlich Deutsche, Iren und Skandinavier.[5] Dadurch wuchsen auch die Industriezentren von New York, Philadelphia, Baltimore und Chicago.

Politik der »Offenen Tür« – Gewalt eingeschlossen

Mit Blick über den Pazifik forderte der Senator von Illinois, William Semple, von Haus aus Jurist und im mexikanisch-amerikanischen Krieg Brigadegeneral, die Regierung auf, die amerikanischen Unternehmer auch bei ihrer überseeischen Expansion zu unterstützen. Das griffen die Zeitungen dankbar auf. Der *New York Herald* posaunte: »*Es ist unsere gottgewollte Bestimmung, dass wir in Asien Wurzeln fassen ...*«[6] Dem schloss sich die *Presbyterian Review* an: »*Das Tor zur Sonne, wie die Insulaner ihr Kaiserreich nennen, muss sich öffnen, freiwillig oder durch Zwang ... Die Zeit ist gekommen dank der Vorsehung Gottes.*«[7]

Am 24. März 1852 ernannte US-Präsident Millard Fillmore (1800–1874) Matthew Galbraith Perry zum Kommandeur des Ostindischen Geschwaders und befahl ihm, das abgeschottete Japan zu »öffnen«. Seine Kriegsdrohungen hatten letztlich Erfolg, und beide Nationen unterzeichneten nur eine Woche später den Vertrag von Kanagawa, in dem sie sich gegenseitig ewigen Frieden und ständige Freundschaft gelobten.

China indes hatte keinen Grund, dem Westen zu vertrauen. Im Ersten Opiumkrieg – dem Englisch-Chinesischen Krieg zwischen 1840 und 1842 – hatte die Periode der Unterwerfung Chinas begonnen. Da das Land dem japanischen Beispiel nicht folgen wollte, wurde es im Zweiten Opiumkrieg (1856–60) von England und Frankreich im Status einer Halbkolonie gehalten.

Im aufgezwungenen Vertrag von Tientsin öffnete sich China 1885 dem Handel mit Europa und gestattete europäische Gesandtschaften mit Sitz in Peking. Zusammenfassend stellt der US-amerikanische Historiker David Hoggan fest, dass es »*weder im China der Tang-Dynastie noch in der Römerzeit Trajans*« einen so »*unersättlich gefräßigen, skrupellosen und dabei heuchlerischen Imperialismus*« wie jenen der USA gegeben habe.[8] Dem stimmt der amerikanische Historiker und Philosoph Max Lerner zu: »*Die gesamte amerikanische Geschichte ist von einem ständigen Expeditionsdrang geprägt, vom Hunger nach Land, nach Macht, nach Neuem, nach Größe.«*[9]

Amerikanischer Sezessionskrieg: Mobiles Kapital schlägt immobiles

Am Vorabend des US-Bürgerkriegs schienen sich die drei großen Regionen – Nordosten, Süden und Westen – gegenseitig zu brauchen. Während der Westen seine Nahrungsmittel an den Nordosten und Süden lieferte, wanderte die Baumwolle des Südens in die Fabriken des Nordens. Zum Ausgleich gingen die Fertigprodukte des Nordostens in den Süden und Westen. Außerdem exportierten die Kaufleute des Nordostens die Überproduktion aller Regionen nach Übersee. Diese gegenseitigen Abhängigkeiten hätten eigentlich zu einem engeren Zusammenschluss führen müssen. Doch es hatte sich längst ein Ungleichgewicht ergeben: Der kapitalkräftige Nordosten beherrschte mit seinen Schiffen und Fabriken die ganze Nation.[10] Mit der Annexion der mexikanischen Gebiete wollte die Pflanzeraristokratie des Südens, die die wachsende industrielle und ökonomische Macht des Nordens als Bedrohung empfand, das Gleichgewicht wiederherstellen, wodurch wiederum die Nordstaaten um ihre Vorherrschaft zu fürchten begannen.

Die Wahl Abraham Lincolns als erstem Republikaner zum Präsidenten am 6. November 1860 verschärfte den Gegensatz zwischen Norden und Süden, wo die Demokraten vorherrschten. Das bedeutete für die Südstaaten den politischen Beginn des Bürgerkriegs.

Am 20. Dezember eröffnete South Carolina in Columbia einstimmig die Separation (Sezession). Im Januar 1861 folgten Mississippi, Florida, Alabama, Georgia, Louisiana und schließlich am 1. Februar auch Texas. Für den Advokaten Lincoln war der einseitige Austritt völkerrechtswidrig, er hätte nur im Einverständnis mit allen Staaten erfolgen dürfen.

Am 8. Februar gründeten die Abtrünnigen einen selbstständigen Bund, die »Confederate States of America« (CSA), und wählten den früheren US-Kriegsminister Jefferson Davis zum Präsidenten. Das auf Südstaatengebiet gelegene Fort Sumter sollte am 12. April von den Nordstaaten mit Soldaten und Proviant verstärkt werden, was die Artillerie der Südstaaten verhindern konnte. Damit hatten diese aber für die Öffentlichkeit – und die Geschichtsbücher – den »ersten Schuss« abgegeben. Von den insgesamt 31 Millionen amerikanischen Soldaten kämpften auf Seiten der Südstaaten lediglich 9 Millionen, von denen wiederum nur 5 Millionen der weißen Bevölkerung angehörten.[11] Ökonomisch war das Ungleichgewicht noch deutlicher: Die Industrieproduktion der Nordstaaten war etwa neunmal größer als die der Südstaaten.[12] Letzteren konnte es also weder um Eroberung noch um Niederwerfung gehen, sie wollten lediglich ihre Unabhängigkeit erhalten. Als Vorteil erwies sich, dass die Oberschicht der Südstaaten eine ausgeprägte militärische Tradition besaß und die meisten Absolventen der Kaderschmiede West Point aus den Südstaaten kamen. Es begann ein mörderisches Ringen, in dem erstmals modernste Technik zum Töten eingesetzt wurde. Ernsthafte Versuche, den Konflikt zu lösen, gab es nicht.

Das Volk wurde nicht gefragt, nur in den Gedenkreden rhetorisch bemüht. So zog sich nach dem Willen Gottes – oder war es der Wille der Wall Street? – das Morden über fünf Jahre hin. Am 9. April 1865 musste General Lee im Court House des kleinen Dorfes Appomattox vor dem Oberbefehlshaber der Unions-Armee, Ulysses S. General Grant, die bedingungslose Kapitulation der Südstaaten unterzeichnen. Dieser erste moderne Krieg, einer der mörderischsten Kriege überhaupt, kostete in den USA mehr Opfer als beide Weltkriege zusammen. In den südlichen Staaten gab es nur noch wenige Städte, die nicht zerstört waren.

Lincoln führte den Sezessionskrieg keineswegs der Befreiung der Sklaven wegen. Per Dekret entließ er sie nur in den Südstaaten in die Freiheit – die vier sklavenhaltenden Nordstaaten blieben davon unberührt. Es ging ihm um Interventionen im Ausland zur Durchsetzung eigener Interessen, denen die Pflanzer der Südstaaten skeptisch gegenüberstanden, ihnen waren die Ernte und stabile Handelsbeziehungen wichtiger. Für den industriell boomenden Norden hingegen versprachen Interventionen enorme Profite und nicht zuletzt Spekulationsgewinne.

Nachdem Lincoln am 15. April als erster US-Präsident einem Mordanschlag zum Opfer gefallen war, übernahm Stellvertreter Andrew Johnson. Er stammte als »armer Weißer« aus dem Süden. Johnson hasste zwar die Privilegien der alten Aristokratie, teilte jedoch auch das Misstrauen vieler Südstaatler gegenüber Farbigen und deren Fähigkeiten.

Als Partei des Südens konnten die Demokraten nach Kriegsende über viele Jahre politisch ausgeschaltet werden. Den Republikanern gelang es so allmählich, die Großunternehmer wie auch die Finanzelite – auch des Südens – für sich zu gewinnen und deren Interessen zu befördern. Im »Basic Reconstruction Act« vom 2. März 1867 wurde festgehalten, dass in keinem der Südstaaten, mit Ausnahme von Tennessee, eine legale Regierung bestehe. Also wurden die Gebiete kurzerhand durch fünf Militärbezirke mit diktatorischen Militärregierungen unter Nord-Generälen ersetzt. Dieser Vorgang ist infolge von Kriegen mithin nicht ungewöhnlich. In diesem Fall aber doch, denn mit seinem Vorgehen bestätigte der Norden im Nachhinein die rechtliche Begründung des Südens für den Austritt aus der Union. Der Süden hatte seinerzeit darauf verwiesen, dass der Staatenbund USA jederzeit verlassen werden könne. Mit der Entlassung der Südstaaten aus der Union schuf der Norden jetzt eigenmächtig genau den Status, um den die Konföderierten vor Ausbruch des Krieges gebeten hatten. So kam es nicht von ungefähr, dass mit der Niederlage des Südens auch die Theorie der umfassenden Staatenrechte unterging.[13] – Perfide? Unmoralisch? Nein, schlicht und ergreifend pragmatische Politik.

Die Historiografie ist von einer Einigkeit bezüglich der Ursachen und Folgen dieses Krieges weit entfernt. James F. Rhodes betrachtet ihn in seinem vielbändigen Werk als unvermeidliche Nachwehen der Industrialisierung,[14] während für Charles und Mary Beard der Krieg eine gesellschaftliche Auseinandersetzung zwischen den Kapitalisten, Arbeitern und Farmern des Nordens und Westens und der bis dahin dominierenden Pflanzeraristokratie des Südens war.[15]

Beides trifft natürlich zu, aber nicht den Kern. Im Zuge der Industrialisierung und der Ausbeutung der Kolonien vollzog sich ein Prozess, der uns heute um die letzten Reste kohärenter Lebens- und Arbeitsprozesse zu bringen droht: Der Siegeszug des mobilen Kapitals, das aus Realwerten und Produktionsprozessen virtuelle Investitions- und Spekulationsobjekte macht, deren Zerstörung gleichgültig ist, solange man daraus Profit schlagen kann. Mobiles Kapital lässt sich ohne Probleme herausziehen und woanders investieren, Human- und Produktivkapital nicht. Der Sezessionskrieg endete also vor allem mit einem Triumph des mobilen über das immobile Kapital, und das wiederum hat uns den Finanzkapitalismus beschert, dem das Schicksal der Menschen wie des Planeten herzlich egal ist, ja der sogar von Krieg und Zerstörung profitiert.

Im Juli 1868 wurden mit dem 14. Verfassungszusatz die bürgerlichen Rechte der Farbigen gegen eine ungünstige Staatengesetzgebung garantiert und das

Wahlrecht für sie gefordert – die Indianer wurden dabei natürlich nicht erwähnt. Demgegenüber wurden ehemalige Konföderierte, die früher Ämter in Einzelstaaten oder im Bund bekleidet hatten, vom Wahlrecht ausgeschlossen – und das waren nicht wenige.

Die neuen kapital- und finanzaffinen Eliten Nordamerikas hatten ihre Macht und ihren Einfluss aus einem verheerenden Bürgerkrieg gewonnen, in den mehr als 600 000 Soldaten getötet, ganze Landstriche verwüstet und blühende Städte dem Erdboden gleichgemacht worden waren. Ziel war allein die Wiederherstellung der Union und nicht die Abschaffung der Sklaverei, denn Lincoln erlaubte diese in seiner Emanzipationserklärung ausdrücklich allen Staaten, die vor dem 1. Januar 1862 in die Union zurückkehrten, sowie Maryland und Delaware.

Nach dem Bürgerkrieg wurde die Unionsarmee von den neuen Eliten bis 1890 zur Bekämpfung bzw. Ausrottung der Indianer eingesetzt. Damals lebten nur noch wenige Stämme auf dem Land ihrer Vorfahren.[16] Die überlebenden Indianer wurde in Reservate verschleppt, an die Droge Alkohol gewöhnt und systematisch ihrer Tradition beraubt. Erst mit dem Indian Citizenship Act im Jahr 1924 wurden alle Indianer zu Bürgern der Vereinigten Staaten.[17] Dennoch hat bislang noch kein US-Präsident in seiner Vereidigungsrede die Indianer erwähnt.

Übersicht über die Indianerkriege (nach Beendigung des Sezessionskriegs)[18]

1866–1867	Red-Cloud-Krieg
17. Sept. 1868	Schlacht von Beecher Island
27. November 1868	Schlacht am Washita
1869–1870	Red-River-Rebellion
1872–1873	Modoc-Krieg
1872–1884	Geronimos Krieg
14. August 1872	Schlacht von Arrow Creek
28. September 1872	Schlacht am Nordarm des Red River
27. Juni 1874	Zweite Schlacht von Adobe Walls
1874–1875	Red-River-Krieg, Goldfunde in den Black Hills

28. September 1874	Ranald S. MacKenzie zerstört 5 Indianerdörfer im Palo Duro Canyon
2. Juni 1875	Kapitulation der Comanche unter Quanah Parker
1876–1877	Krieg um die Black Hills
17. März 1876	Schlacht am Powder River
17. Juni 1876	Schlacht am Rosebud Creek
25. Juni 1876	Schlacht am Little Bighorn, George A. Custer getötet
17. Juli 1876	Schlacht am Warbonnet Creek
9. September 1876	Schlacht von Slim Buttes, American Horse getötet
21. Oktober 1876	Schlacht am Cedar Creek
25. November 1876	Dull-Knife-Gefecht
1877	Krieg der Büffeljäger
8. Januar 1877	Schlacht am Wolf Mountain
5. September 1877	Crazy Horse in Fort Robinson getötet
6. Juni 1877	Beginn des Feldzuges gegen die Nez Percé
5. Oktober 1877	Kapitulation der Nez Percé unter Chief Joseph
17. Juli 1882	Schlacht am Big Dry Wash
1885	Nordwest-Rebellion
1885–1886	Geronimos zweiter Krieg
15. Dezember 1890	Sitting Bull im Standing-Rock-Reservat erschossen
29. Dezember 1890	Massaker von Wounded Knee
30. Dezember 1890	Drexel Mission Fight, letztes Gefecht zwischen Sioux und US-Heer

Nach den unseligen Indianerkriegen sagten sich die USA mit dem Krieg gegen die Weltmacht Spanien von ihren Idealen, die in der Verfassung standen, sowie der Unabhängigkeitserklärung los und folgten nunmehr den Visionen des Britischen Empire, welche sie im Unabhängigkeitskrieg ja noch bekämpft hatten. Der koloniale Sündenfall begann mit der Eroberung der Philippinen. Von da an verstrickte sich das neue Amerika in die globalen Netze der Briten, *»welches auf Finanzen, Ausbeutung, Bevölkerungskontrolle und nicht endenden Kriegen beruht«.*[19]

Aufstieg des Geldadels: du Pont, Morgan, Rockefeller, Carnegie, Vanderbilt ...

Für die Großunternehmer vervielfachten sich die Privilegien noch durch weitere Landzuteilung, lukrative Aufträge und eine auf ihre Ziele ausgerichtete Gesetzgebung. Nach der Wahl von General Ulysses S. Grant 1869 zum Präsidenten der Vereinigten Staaten sollte die enge Verbindung zwischen Geschäftswelt und Regierung ein Stadium skandalöser Korruption erreichen. Der von Aktiengesellschaften betriebene Eisenbahnbau hatte in den 1860er-Jahren die Konjunktur vorangetrieben und einen Wirtschafts- und Erdölboom ausgelöst.

Fünf Familien bestimmten nun den wirtschaftlichen Aufschwung des kriegsgebeutelten Landes. Die vor der Französischen Revolution nach Delaware geflohene adelige Familie du Pont begann 1802 mit der Produktion von Schießpulver und bestritt im Bürgerkrieg die Lieferung von mehr als der Hälfte der Sprengstoffmenge für die Unionsarmee im Amerikanischen Bürgerkrieg. Gleichzeitig machte sich Samuel Francis Du Pont (der Einzige mit großem D) als Admiral und Blockadebrecher einen Namen. Der Erste Weltkrieg ließ die Gewinne des Unternehmens von 80 Mio. US-Dollar (1916) auf 250 Mio. US-Dollar (1918) anschwellen[20] und brachte den du Ponts die Bezeichnung »Grossisten des Todes« ein.

Auch im Zweiten Weltkrieg lieferte du Pont Kriegsgüter und spielte ab 1943 im Manhattan-Projekt[21] eine wichtige Rolle. Nach dem Zweiten Weltkrieg wurden den du Ponts Kartellabsprachen mit der I. G. Farben vorgeworfen.[22] Sie stellten Präsidentenberater, höchste Offiziere, Gouverneure und Senatoren. 1937 heiratete Ethel du Pont den Sohn des damaligen US-Präsidenten Franklin D. Roosevelt.

Während »E. I. du Pont de Nemours and Company« (kurz DuPont)[23] nach dem Bürgerkrieg vor allem Sprengstoff produzierte, stellten die aus Deutschland stammenden Rockefellers das Erdöl bereit, der aus Schottland eingewanderte Andrew Carnegie den Stahl, und die niederländische Einwandererfamilie Vanderbilt sorgte für den Transport durch die Schifffahrt und den Ausbau der Eisenbahn.

Mitten im Bürgerkrieg hatte der junge John D. Rockefeller (1839–1937) – seine Vorfahren waren aus der heute im rheinland-pfälzischen Landkreis Neuwied gelegenen Siedlung Rockenfeld, früher der Grafschaft Wied zugehörig, in die USA eingewandert – mit einem Partner eine erfolgreiche Erdölraffinerie in

Ethel du Pont 1941 mit Schwiegervater Franklin D. Roosevelt

Cleveland aufgebaut. Aus dieser wurde 1870 die Standard Oil Company, die bis 1911 die größte Erdölraffinerie der Welt werden sollte.

Bei Kriegsende erbte Andrew Carnegie (1835–1919) von Thomas A. Scott die Leitung der Western Division der Pennsylvania Railroad, die er noch im gleichen Jahr verließ, um sein eigenes Unternehmen aufzubauen. Geschickt investierte Carnegie in verschiedene Unternehmen, darunter mehrere Eisenhütten und Eisenwerke. 1870 errichtete er seinen ersten Hochofen, drei Jahre später ein Stahlwerk, das er nach dem Präsidenten seines ehemaligen Arbeitgebers Pennsylvania Railroad, J. Edgar Thompson, benannte. Das war eine gute Idee, denn schon kurz nach dem Bau erhielt Carnegie einen Großauftrag von eben diesem Unternehmen. Zu Lebzeiten galt er selbst unter seinesgleichen als unerbittlich, ließ er doch beispielsweise Arbeiteraufstände blutig niederschlagen, ohne dass die Behörden einschritten.[24]

Die Familienunternehmen waren lange vor den Silicon-Valley-Milliardären gleichbedeutend mit kaum fassbarem Reichtum, noch beflügelt dadurch, dass Dollarprinzessinnen in die britische Marlborough-Dynastie einheirateten. So ehelichte Jennie Jerome 1874 Randolph Churchill, sie wurden die Eltern von Winston Churchill. Und der Neffe von Randolph, Charles Spencer-Churchill, heiratete 1893 Consuela Vanderbilt ...

Neben den Industrie-Tycoons gab es noch den Top-Investmentbanker-Clan der Morgans, die Rothschilds der USA. Wie die legendäre europäisch verzweigte Bankiersfamilie waren auch die Morgans nicht nur im frühen Wertpapierhandel tätig, sondern machten durch ihre Kredite und Verbindungen Investitionen für die aufblühende Industrie erst möglich.

John D. Rockefeller um 1857

Die Astors – einst vom badischen Walldorf in die Neue Welt gezogen – verdankten ihren wirtschaftlichen und gesellschaftlichen Aufstieg zunächst dem Pelzhandel Ende des 18. Jahrhunderts, später waren sie die Baukönige des jungen New York.

Die weitgehend mit dem Kapital des Nordens betriebene »Reconstruction« des Südens hatte der Spekulation Auftrieb verliehen und der erfolgsorientierten Gesellschaft die entsprechenden Möglichkeiten geboten. Angesichts leichter und beträchtlicher Gewinne wurde auch die Risikobereitschaft höher. Die Verschuldung nahm immer größere Ausmaße an; Betrug, Bestechung und Korruption waren schließlich nur noch Kavaliersdelikte. Wo man heute von Raubtierkapitalismus spricht, wählten Amerikaner bereits im 19. Jahrhundert den Begriff »Robber Baron« (Raubritter), um die gnadenlosen Geschäftspraktiken der »vergoldeten Ära« zu beschreiben (siehe auch S. 63 ff.).[25]

Am 17. September 1873 krachte eine der angesehensten Banken Philadelphias, Cooke & Co., mit riesigem Getöse zusammen. Drei Tage später schloss die New Yorker Börse ihre Tore, und die Banken mussten Farbe bekennen: Zunächst gingen sechstausend Banken bankrott. Es folgten weitere zweitausend. Als Erstes traf es die kleinen Unternehmen und damit auch die »kleinen Leute«. Die Einkommen sanken, die Preise fielen, vor allem für Agrarprodukte. Arbeiter wurden entlassen und waren auf sich selbst gestellt. Die Importe aus Europa gingen um 44 Prozent zurück. Viele Arbeiter und kleine Farmer wurden an den

Rand der Existenz gedrängt. Aber auch so manche Aktionäre, denn die Industrieaktien waren ebenfalls gefallen (um 49 Prozent). Wie konnte das geschehen? Der Krieg war gewonnen, und von England hatte man doch 15,5 Millionen Dollar Schadensersatz für die Unterstützung der Konföderierten erpresst![26] Um den Zahlungsverpflichtungen an die Lieferanten des Kriegsmaterials, die Industrie, die Verpflegungswirtschaft und letztlich auch an die Soldaten nachzukommen, hatte die Regierung allerdings immer mehr Papiergeld gedruckt – natürlich ohne jegliche Deckung und mit den bekannten Folgen.

Deutsche Einigung und angelsächsische Reaktion

Der preußische Ministerpräsident Otto von Bismarck hatte die Einigungsbestrebungen Lincolns mit Sympathie verfolgt und arbeitete weiter an der Vorherrschaft Preußens. Nur zwei Jahre nach dem gemeinsam geführten Krieg gegen Dänemark 1864 erklärte Preußen seinem Bündnispartner Österreich den Krieg, der als »Deutscher Krieg« in die Geschichtsbücher einging. Die Donaumonarchie reagierte folgerichtig mit dem Austritt aus dem Deutschen Bund. Bismarck wollte den Machtkampf mit dem Kaiserreich Österreich für Preußen entscheiden und kam damit auch britischen Interessen entgegen, denen ein gesamtdeutsches Gebilde Albträume verursacht hätte.

Nach der Niederlage Österreichs wurde im Frieden von Prag (1866) der Deutsche Bund aufgelöst und an seiner Stelle der Norddeutsche Bund gegründet; damit war die Einheit Deutschlands nördlich der Mainlinie bereits vollzogen. Bismarck als Bundeskanzler schuf durch Bündnisse mit den süddeutschen Staaten die dafür notwendigen wirtschaftlichen und politischen Voraussetzungen. Das verfolgte man in Paris mit Argwohn.

Im Mai 1870 wurde Antoine Alfred Agénor, Herzog de Gramont, französischer Außenminister im Kabinett von Émile Olivier. Agénor hatte sich als Diplomat durch eine strikt antipreußische Linie ausgezeichnet. Die Vermutung, dass Kaiser Louis Napoleon III. ihn genau deshalb ernannt hatte, sollte sich bestätigen: Agénor wurde einer der zentralen Akteure im sich anbahnenden Deutsch-Französischen Krieg. Das viel beschworene Recht auf nationale Selbstbestimmung wollte Napoleon III. den Deutschen um keinen Preis zugestehen. Auch aus innenpolitischer Schwäche setzten er und sein Außenminister Gramont daher auf Konfrontation: Innere Schwierigkeiten nach außen abzulenken war seit Längerem eine bewährte Herrschaftstechnik des Bonapartismus.[27]

Nachdem 1868 die spanischen Militärs Königin Isabella II. abgesetzt hatten, wurde in den europäischen Fürstenhäusern nach einem geeigneten Nachfolger gesucht. Die Wahl fiel auf Leopold, einen Hohenzollern aus der süddeutschen Linie. Obwohl er Frankreich näherstand als den Hohenzollern - die eine Großmutter war Stéphanie de Beauharnais, eine Adoptivtochter Napoleons I., die andere die französische Prinzessin Antoinette Murat –, missfiel dies Paris. Es setzte Spanien wie auch Preußen unter Druck, woraufhin Leopold auf die spanische Krone verzichtete. Selbst das reichte nicht aus, Frankreich verlangte von Preußen vielmehr eine »Ewigkeitserklärung«: Nie sollte ein Hohenzollernprinz Anspruch auf den Thron in Spanien anmelden. Die Forderung übergab der französische Botschafter am 13. Juli dem zur Kur in Bad Ems weilenden König Wilhelm. Bismarck leitete den Inhalt verkürzt an die Presse weiter: eine Steilvorlage für die französische Kriegspartei. Napoleons Wille, Krieg zu führen, hatte längst festgestanden.

Am 16. Juli bewilligte die französische Legislative mit nur sechs Gegenstimmen Finanzmittel für einen Krieg. Die Forderung, dem Parlament Bismarcks Depesche vorzulesen, wurde als Zumutung abgetan. Am 19. Juli 1870 wurde Preußen die Kriegserklärung übergeben. Vorrangiges französisches Kriegsziel war es, eine deutsche Einigung zu verhindern. Vier Jahre zuvor, im Prager Frieden, hatte Frankreich noch einen Beitritt der deutschen Staaten südlich der Maingrenze zum Norddeutschen Bund verhindern können. Nun hoffte man ein lang angestrebtes geostrategisches Ziel verwirklichen zu können: durch Inbesitznahme von Teilen der preußischen Rheinprovinz die Ostgrenze an den Rhein zu verschieben.[28]

Obendrein schien der Krieg für die Regierung Napoleons III. ein Mittel zu sein, die innenpolitische Opposition mit einem militärischen Erfolg zum Schweigen zu bringen.[29]

Es kam jedoch anders. Nach der Niederlage in der Schlacht von Sedan ging Kaiser Napoleon III. am 2. September 1870 in Gefangenschaft.

Auch die neue republikanische Regierung vermochte es nicht, das Blatt zu wenden. Noch im Kriegszustand proklamierten die Deutschen am 18. Januar 1871 im Spiegelsaal von Versailles, an der feudalen Wirkungsstätte Ludwigs XIV., König Wilhelm von Preußen zum Deutschen Kaiser. Das empfand die französische Öffentlichkeit als das, was es war: eine nationale Demütigung. 48 Jahre später mussten die Deutschen im gleichen Saal das Friedensdiktat unterzeichnen.[30]

Drei Wochen nach der Kaiserproklamation Wilhelms, am 9. Februar 1871, ging der britische Premier Benjamin Disraeli im Unterhaus auf den immer noch nicht beendeten Krieg zwischen Frankreich und Deutschland ein. *»Dieser Krieg«*, so Disraeli, *»bedeutet die deutsche Revolution, ein größeres politisches Ereignis als die Französische Revolution des vergangenen Jahrhunderts. ... Nicht ein einziger Grundsatz unserer Außenpolitik, der noch vor sechs Monaten von allen Staatsmännern als Leitfaden anerkannt wurde, ist weiterhin gültig. Es gibt keine einzige diplomatische Tradition, die nicht hinweggefegt worden ist. Wir haben eine neue Welt, neue Einflüsse am Werk, neue und unbekannte Größen und Gefahren, mit denen wir fertig werden müssen und die zur Zeit, wie alles Neue, noch undurchschaubar sind. ... Aber was ist jetzt wirklich geschehen? Das Gleichgewicht der Macht ist völlig zerstört worden und das Land, das am meisten darunter leidet und das die Auswirkungen dieses großen Wandels am meisten spürt, ist England.«*[31]

Neuer Kurs in England

Im Sommer 1875 standen die Bosnier gegen die türkische Herrschaft auf; die Welle erfasste bald Bulgarien, und im April 1877 führte Russland Krieg gegen die Türkei. Der Friedensschluss vom März 1878 war für das Osmanische Reich schmerzhaft: Serbien, Montenegro und Rumänien bekamen Teile türkischen Gebiets zugeschlagen und wurden unabhängig, ebenso Bulgarien, das Zugang zum Ägäischen Meer bekam – ein Grund für Russland, auf Bulgarien Einfluss zu nehmen.[32] Auch fürchtete Großbritannien nun um das Mächtegleichgewicht in Europa. In dieser Situation bot sich Reichskanzler Bismarck – das Kaiserreich hatte keine Interessen auf dem Balkan – als »ehrlicher Makler« an. Auf dem Berliner Kongress im Juli 1878 wurde um eine neue südosteuropäische Friedensordnung gerungen. Bismarck und der britische Premier Disraeli waren sich sympathisch, die britischen Interessen setzten sich durch. Österreich-Ungarn erhielt gegen den Protest der Türkei das Recht, Bosnien und die Herzegowina zu besetzen, um den russischen Machtzuwachs auf dem Balkan auszugleichen.[33] Damit machte sich Österreich Russland langfristig zum Feind. Anders als Russland, das am Ende zwar den Krieg gegen die Türkei gewonnen hatte, dafür aber verhältnismäßig schlecht wegkam, waren Disraeli und sein Außenminister Lord Salisbury mit dem Ergebnis des Berliner Kongresses zufrieden: Man hatte Russland erfolgreich aus dem Mittelmeer ferngehalten und zusätzlich Zypern als Flottenbasis gewonnen.[34]

Die Grundlagen für Großbritanniens weltumspannenden Einfluss waren schon vor Elisabeth I. gelegt worden. Sie und ihre Nachfolger hatten ihn zusammen mit weitsichtigen Politikern ausgebaut. Eine nicht zu unterschätzende Rolle spielte dabei auch ein wagemutiges Unternehmertum.

Wichtige Protagonisten des chauvinistischen britischen Imperialismus waren Cecil Rhodes (1853–1902) und Alfred Milner (1854–1925), Sohn eines Arztes und der Tochter eines britischen Generals. Die Eltern wanderten nach Deutschland aus. So studierte Milner zunächst in Tübingen und dann in Oxford. Cecil Rhodes, Bergbaumagnat und drittgrößter Anteilseigner des Diamantentycoons De Beers, hatte sich bei seiner Aufnahme in die Oxforder Apollo-Loge unverhohlen zu einem elitären Imperialismus bekannt: *»Ich behaupte, dass wir die erste Rasse in der Welt sind und es für die Menschheit umso besser*

Rhodes (re.) und Milner als Motive auf historischen Karten, die Tabakwaren beigelegt waren. Sie belegen den damaligen Bekanntheitsgrad der beiden

ist, je größere Teile der Welt wir bewohnen. Ich behaupte, dass jedes Stück Land, das unserem Gebiet beigefügt wird, die Geburt von mehr Angehörigen der englischen Rasse bedeutet, die sonst nicht ins Dasein gerufen worden wären. Darüber hinaus bedeutet es einfach das Ende aller Kriege, wenn der größte Teil in unserer Herrschaft aufgeht.«[35] Aus diesem Grund müsse sich England durch Kolonisierung jedes Stück Land einverleiben: *»Herrsche oder stirb.«*[36] Milner, zunächst rechte Hand von Rhodes und nach dessen Tod sein Nachfolger, war Anhänger des liberalen Imperialismus. Auch er war überzeugt, dass England in seinen Kolonien eine Mission zu erfüllen habe. In der Realität blieben davon allerdings nur territoriale Eroberung und wirtschaftliche Ausbeutung übrig.

1885 wurde Robert Gascoyne-Cecil, 3. Marquess of Salisbury, britischer Premierminister (bis 1902). Er verfolgte eine Politik der »Splendid Isolation« und des Imperialismus. In seine Amtszeit fielen die Faschoda-Krise[37] und der zweite Burenkrieg (auch betitelt als »Milners First War«). Im Sinne von Rhodes dehnte er vor allem in Ost- und Südafrika das britische Kolonialreich aus. Als junger Premier schilderte Lord Salisbury dem neuen britischen Botschafter in St. Petersburg, Robert Morier, seine Überlegungen in Bezug auf eine Strategie, mit der Russland zu neutralisieren wäre, nämlich über seine Zahlungsschwierigkeiten. *»Wenn wir Russlands chronischer Feind werden, müssen wir unsere Anstrengungen auf diesen wunden Punkt richten.«* Russland müsse so stark wie möglich in Ausgaben getrieben werden, sodass die Bedrohung einer Revolution ständig über dem Land schwebt. Es sei *»wirklich unverwundbar in Bezug auf militärische Angriffe«*.[38] Und weiter: *»Die Zeit und das Glück könnten die Antwort auf das russische Problem bringen: Revolution, Wiederbelebung des Islam oder Krieg gegen Deutschland.«*[39]

1876 hatte Russland die Gebiete des heutigen Kirgisistans, Kasachstans und Turkmenistans erobert gehabt – das musste das Britische Empire als Bedrohung empfinden. Doch die Rivalität im großen Spiel der beiden Weltmächte bestand schon vorher, als es um die Vorherrschaft in Zentralasien und Indien ging. Salisbury hatte klug erkannt, dass ein militärischer Kampf mit dem Zarenreich auf dem eurasischen Kontinent für die Seemacht England nicht zu gewinnen war, also musste Russland eingebunden werden. Dazu gedachte er die deutschsprachigen Staaten einzukreisen sowie ein Bündnis zwischen Frankreich und Russland voranzutreiben. Später konnte sich dann auch England einer lockeren »Entente« anschließen.

Anfang 1887 traf Salisbury in Dieppe den französischen Diplomaten Graf von Chaudordy und erörterte mit ihm, wie man Russland und Frankreich einander annähern könnte.[40] Den Schlüssel dafür sahen sie in Papst Leo XIII. In Kronprinz Edward, Sohn der deutschfreundlichen Queen Victoria, fand Salisbury einen wichtigen Mitspieler. Im Herbst 1887 wurde Henry Fitzalan-Howard, der 15. Duke of Norfolk – aus einer der einflussreichsten Familien nach dem englischen Königshaus, die zudem immer dem Papst treu ergeben war –, zu Papst Leo XIII. geschickt. Er sollte ihn von der Notwendigkeit eines politischen Kurswechsels überzeugen. Der Papst sollte seine schützende Hand von den gesalbten Häuptern nehmen und sich dafür der republikanischen Idee öffnen – hier vor allem der seit 1871 bestehenden Dritten Französischen Republik. In der Folge riet der Papst den französischen Katholiken, sich der laizistischen französischen Republik, und den papsttreuen polnischen Katholiken in Russland, sich der russisch-orthodoxen Zarenherrschaft zu fügen.

Aus Dankbarkeit gab der Duke 1898 das Gesangbuch »Arundel Hymns« heraus, zu dem Papst Leo XIII. ein Vorwort in Form eines persönlichen Briefs beisteuerte: *»An Unseren geliebten Sohn Henry, Herzog von Norfolk ... In jenem England, das uns so lieb ist und dessen geistliches Wohlergehen besonders der ständige Gegenstand Unserer Gebete und Unserer apostolischen Fürsorge ist ...«*[41]

Im März 1888 wurde dann der junge russische Diplomat Alexander Petrowitsch Iswolski von Papst Leo XIII. als Gesandter des Zaren am Heiligen Stuhl akkreditiert. Iswolski, später russischer Außenminister und zu Beginn des Ersten Weltkriegs russischer Botschafter in Paris, gilt als einer der Dirigenten der Ententepolitik vor 1914. Fast gleichzeitig mit seinem Dienstantritt im April 1888 hatte Bismarck die kommende Entwicklung intuitiv erahnt: *»Menschlichkeit, Friede und Freiheit ist immer ihr Vorwand ... In Wahrheit aber schreiben die Times und die Königin im Interesse von England, das mit dem unsern nichts gemeinsam hatte. Das Interesse Englands ist, dass das Deutsche Reich mit Russland schlecht steht, unser Interesse, dass wir mit ihm so gut stehen, als es der Sachlage nach möglich ist.«*[42]

Am 25. Dezember 1890 erschien im britischen Satiremagazin *Truth* unter dem Titel »The Kaiser's Dream« eine Karte Europas, die sprachlos macht (vgl. Abb. auf der folgenden Doppelseite).

Auf dem Bild sieht der träumende Kaiser Wilhelm II. ein verwandeltes Europa: Alle europäischen Nationen sind in Republiken verwandelt, Deutschland sogar in mehrere – und Russland wurde gar auf eine »Wüste« reduziert. Oben links betreten die verarmten Monarchen ein Arbeitshaus. Darunter strahlt die phrygische Mütze: Diese ideologische Kopfbedeckung kennzeichnet den Träger als freiheitlich gesinnt und obrigkeitskritisch eingestellt. Mit der

Landkarte aus dem Jahr 1890, die eine erstaunliche Nähe zu den Staatsgrenzen zwischen 1945 und 1990 aufweist

DIARY

phrygischen Mütze wiesen sich einst die Amazonen als die geborenen Feinde der patriarchalischen Ordnung aus.

Mitte links wendet sich der Kaiser an seine Großmutter Königin Victoria und seinen Onkel Edward (»Bertie«), den Prinzen von Wales, die von Zar Alexander und Kaiser Franz Josef flankiert werden.

Mithilfe des Kronprinzen »Bertie«, des späteren Edward VII., wird die wohlwollende Politik Queen Victorias (sie war bekanntlich mit einem Prinzen aus dem Haus Coburg verheiratet) gegenüber Deutschland und Österreich umgedreht. Edward VII. ist einer der meistunterschätzten Drahtzieher und Treiber des Kampfs gegen die Mittelmächte Deutschland und Österreich.

Der 1887 von Bismarck geschlossene Rückversicherungsvertrag (ein geheimes Neutralitätsabkommen zwischen dem Deutschen und dem Russischen Reich) war dann spätestens mit der Französisch-Russischen Allianz vom 4. Januar 1894 Makulatur.

Am 5. Februar 1891 hatte Cecil Rhodes nach dem Vorbild der Jesuiten gemeinsam mit dem Sensationsjournalisten William T. Stead und Reginald B. Brett, dem späteren Lord Esher, die »Rhodes Secret Society« gegründet. Von Anfang an mit dabei waren zudem Lord Nathaniel Rothschild – mit besten Kontakten in der Welt der Banken, Investitionen und Wertpapiergeschäfte – sowie Alfred Milner. Der Zirkel gewann rasch an Größe, Macht und Präsenz, nicht zuletzt durch die Unterstützung alter Aristokratenfamilien.

Bis 1914 übte diese geheime Elite eine nachhaltige Kontrolle über Politik, Streitkräfte, Bankwesen, Presse, Südafrika und die Geschichtsschreibung aus.[43] Erklärtes Ziel war es, das British Empire über die ganze Welt auszudehnen und, so propagierte es Stead, *»die gesamte unzivilisierte Welt unter britische Herrschaft zu bringen, die Vereinigten Staaten zurück ins Empire zu holen und die gesamte angelsächsische Rasse in einem Empire zu vereinen.«*[44]

Diese rassistisch geprägte Epoche des Hochimperialismus, in der europäische Groß- und Mittelmächte ihre weltweite Ausdehnung von Herrschaftsgebieten auf Übersee-Territorien betrieben, kann auf den Zeitraum von ca. 1870 bis zum Beginn des Ersten Weltkriegs eingegrenzt werden. Das 1869 vom englischen Politiker Charles Dilke veröffentlichte Werk »Greater Britain«[45], in dem er sich für ein imperialistisches Empire einsetzte, wurde bezeichnenderweise ein Bestseller. Dadurch inspiriert, machte in Frankreich zehn Jahre später die programmatische Redewendung »La Plus Grande France« die Runde.[46]

Archibald Philip Primrose, 5. Earl of Rosebery und von 1894 bis 1895 Premierminister des Vereinigten Königreichs, definierte wenige Monate vor seiner Amtsübernahme in einer Rede am »Royal Colonial Institute« den angelsächsischen Machtanspruch in aller Klarheit: *»Wir müssen uns daran erinnern, dass es Teil unserer Verantwortung und unseres Erbes ist, dafür zu sorgen, dass die Welt, soweit sie noch von uns geprägt werden kann, angelsächsischen und nicht einen anderen Charakter erhält.«*[47]

Bei der konkreten Arbeit am Ziel einer angelsächsisch geprägten Weltherrschaft wurde nun immer deutlicher, dass der Hauptrivale in Handel und Wirtschaft nicht mehr Frankreich, sondern Deutschland war. Dazu hielt die englische Zeitung *Saturday Review* am 24. August 1895 fest: *»Im Krieg mit Deutschland würden wir viel gewinnen und wenig verlieren. Im Falle Frankreichs wäre es anders herum.«* Am 1. Februar 1896 wurde das Blatt noch deutlicher: *»Wir müssen bereit sein, Deutschland zu bekämpfen. ... Germania est delenda [dt.: Deutschland muss zerstört werden].«*[48]

1898/99: USA und Großbritannien auf imperialem Kreuzzug

An der Schwelle zum 20. Jahrhundert waren die bestimmenden Kreise in den USA und in Großbritannien bestrebt, ihr Imperium abzurunden und über andere Länder und Völker politischen und wirtschaftlichen Einfluss zu erlangen.

Der Spanisch-Amerikanische Krieg (24. April bis 12. August 1898) wurde nicht geführt, um den von den Spaniern unterdrückten Kubanern die Freiheit zu schenken, wie es noch heute gerne vermittelt wird. Vielmehr sollten geopolitische Interessen knallhart militärisch durchgesetzt werden.

Wie man heute weiß, sind Kriege schon seit langer Zeit keine spontanen oder gar zufälligen Geschehnisse mehr (wenn sie es denn je waren). Im Vorfeld müssen ausreichend Mittel bereitgestellt werden. Eine immer anspruchsvoller werdende Kriegstechnik verlangt umfassende Ausbildung, Aufklärung und vielseitige Informationsbeschaffung. Das erhöht den Planungsaufwand. Parallel dazu muss mittels gezielter Kampagnen die Bevölkerung für den kommenden Krieg gewonnen werden. Hier sind Kommunikationswissenschaftler und Generalstabsoffiziere gefragt, die für solche Vorhaben ausgetüftelte Drehbücher schreiben. Und die werden mindestens ein halbes Jahr vorher schriftlich fixiert und in entsprechende Befehle umgesetzt. Dann wird auf den passenden Anlass gewartet oder dieser der Einfachheit halber selbst inszeniert.

Die Vorgänge in und um Kuba sind dafür beispielhaft. Deutlich erscheint hier die unheilige Allianz von Ultimatum, Blockade oder auch Embargo und Krieg.[49]

Die im Niedergang befindliche und schlecht gerüstete Großmacht Spanien musste also herausgefordert werden. Die ersten Kriegsmeldungen kamen zum Erstaunen der amerikanischen Öffentlichkeit von Admiral George Dewey. Er hatte die spanische Pazifikflotte – über 12 000 Kilometer vom vermeintlichen Kriegsgegenstand Kuba entfernt – am 1. Mai 1898 in der Bucht von Manila/Philippinen angegriffen und in weniger als sieben Stunden vernichtet. Die entsprechenden Geheimbefehle hatte man Dewey bereits am 25. Februar 1898 nach dem Einlaufen in Nagasaki ausgehändigt. Zehn Tage zuvor war im Hafen von Havanna das amerikanische Schlachtschiff *USS Maine* durch eine Explosion zerstört worden. 260 Menschen verloren ihr Leben. Die USA reklamierten sofort einen Terroranschlag der Spanier – Wasser auf die Mühlen des Volkszorns und willkommener Kriegsgrund.

Erst 1976 kam Admiral Hyman G. Rickover – »Vater der Nuklearmarine« – zu dem Ergebnis, dass die Explosion der *Maine* damals durch einen Kohlebunkerbrand und eben nicht durch eine Mine verursacht wurde.[50] Bis heute zeigen viele Kriegsprovokationen der USA einen ähnlichen Ablauf – man denke nur an Vietnam oder den Irak. Während die USA mit dieser Methode 1898 in das globale Machtspiel vorstoßen konnten, ging es nun darum, sich auf der Weltbühne einen vorderen Platz zu sichern.

Für den Historiker Samuel Eliot Morison (1887–1976) haben drei Harvard-Abgänger – »politische Musketiere«, wie er sie nennt – damals maßgeblich zum Krieg gegen Spanien beigetragen: William Randolph Hearst (1883 relegiert), dessen chauvinistische Zeitung die Leser mit reißerischen Berichten über Spaniens grausame Behandlung der kubanischen Aufständischen schockierte, Henry Cabot Lodge, Senator aus Massachusetts, sowie Theodore Roosevelt, stellvertretender Marineminister. Letztere drängten US-Präsident William McKinley dazu, in den kubanischen Bürgerkrieg einzugreifen.[51]

Die »Yellow Press«[52] – voran William Randolph Hearsts *New York Journal* und Joseph Pulitzers *New York World* – hatte frühzeitig die Aufmerksamkeit der Nation auf Kuba gelenkt. Ihre Seiten füllten sensationelle Berichte über spanische

Wrack der Maine im Hafen von Havanna 1898: willkommener Kriegsanlass für die USA

Gräueltaten, von denen viele von kubanisch-amerikanischen Lobbyisten erfunden worden waren. Vergleichbar damit sind heute etwa die Aktivitäten der in Großbritannien ansässigen Syrischen Beobachtungsstelle für Menschenrechte, welche ein syrischer Oppositioneller, eigentlich ein Änderungsschneider, allein betreibt und deren Berichte sich kaum verifizieren lassen.

Nach dem überwältigenden Sieg in Manila stellte Hearst in seinem Blatt die rhetorische Frage: Wie gefällt Ihnen der Krieg des Journals? Monate zuvor hatte das 35-jährige Enfant terrible des amerikanischen Zeitungswesens das darniederliegende *New York Journal* erworben. Nun, mit all den Sensationsmeldungen, verkaufte er täglich eine Million Zeitungen und stellte damit die politische Macht der modernen Nachrichtenmedien unter Beweis. *»Unter einer republikanischen Regierung«*, schrieb Hearst im September 1898, *»formen Zeitungen die öffentliche Meinung und drücken sie aus. Sie schlagen Gesetze vor und kontrollieren sie. Sie erklären Kriege. Sie bestrafen Kriminelle, besonders die Mächtigen. Sie belohnen mit anerkennender Werbung die guten Taten der Bürger überall. Die Zeitungen kontrollieren die Nation …«*[53]

Krieg als Vehikel: Die Erfinder der Sensationspresse, Hearst und Pulitzer, im Clinch (Bild: Cartoon »yellow journalism« von Leon Barritt, 1898)

Hearst und Pulitzer waren Erzrivalen, aber ihre Zeitungen arbeiteten Seite an Seite, um den Krieg zu fördern. Heute ist das nicht viel anders – die Steuerung der öffentlichen Meinung ist durch Fernsehen und Internet sogar noch umfassender geworden.

Die damaligen Befürworter imperialistischer Intervention teilten die expansionistischen Ansichten des US-Marinekapitäns Alfred Thayer Mahan (1840–1914), zu dessen Schülern Roosevelt und Lodge gehörten. Mahans Hauptwerk war »Der Einfluss der Seemacht auf die Geschichte«, das bereits 1892 erschienen war. Für Mahan war die übergeordnete Frage an Amerika, *»ob die östliche oder die westliche Zivilisation die ganze Erde beherrschen und ihre Zukunft kontrollieren soll«.*[54] Harvard hatte Mahan bei der Abschlussfeier von 1895 mit einer Ehrendoktorwürde (LL.D.) geehrt.[55]

Am 10. Dezember 1898 unterzeichneten die Vereinigten Staaten und Spanien den Vertrag von Paris und beendeten damit offiziell den Spanisch-Amerikanischen Krieg, den US-Außenminister John Hay *»einen großartigen kleinen Krieg«*[56] nannte. Mit geringem Aufwand hatten die USA ihre Kriegsziele erreicht: die Kontrolle der Überseegebiete Spaniens und die Eroberung der Philippinen, des geopolitischen Sprungbretts nach Asien. 1898 markiert die Verwandlung der Monroe-Doktrin (1823) von einer defensiven in eine expansive Strategie: Vor Kurzem waren die USA selbst noch eine Kolonie, nun wurden sie zur imperialistischen Kolonialmacht. Als direkte Folge des Krieges annektierten die Vereinigten Staaten zudem Hawaii, Wake Island und mehrere der Samoanischen Inseln.[57] Der Krieg und Amerikas neuer Globalismus sorgten für hitzige Debatten. So etwa brachte das *Minneapolis Journal* einen kritischen Cartoon des politischen Karikaturisten Charles Bartholomew (siehe Abb. rechts).

»Eine wertvolle Ergänzung zur Verköstigung«: Uncle Sam schwelgt im »Expansion Restaurant« in überseeischen Besitztümern

Der Harvard-Historiker John T. Bethell bezeichnet den Krieg in diesem Kontext als Präventivschlag, um kolonialen Bestrebungen Russlands, Deutschlands und anderer europäischer Großmächte in Fernost zuvorzukommen.[58] Das könnte durchaus eine Rolle gespielt haben. Marineminister Theodore Roosevelt – er hatte sich während des Krieges beurlauben lassen, um auf Kuba das Reiterregiment »Rough Riders« führen zu können – erkannte nach seiner Rückkehr folgerichtig: *»Wir stehen der Tatsache gegenüber, dass wir einen neuen Platz unter den Völkern der Welt einnehmen und dass wir eine neue Laufbahn begonnen haben.«*[59]

Nun gingen die USA daran, Marinebasen aufzubauen: die ersten Schritte zur Errichtung der amerikanischen Hegemonie im Karibischen Meer und in Zentralamerika. Der Erwerb der Philippinen etablierte die USA als Macht im Fernen Osten, geeignet, die Tür nach China aufzustoßen. *»Ostasien dürfte heute der einzige Bereich sein, der bald in der Lage ist, jeden Produktionsüberschuss aufzunehmen, und dementsprechend ist Ostasien ein Preis, nach dem alle energischen Nationen streben,«* schrieb damals der Volkswirtschaftler Brooks Adams, der in seinem Werk »American Economic Supremacy« weiter folgerte: *»Unsere geographische Lage, unser Reichtum und unsere Tatkraft machen uns ganz besonders geeignet, die*

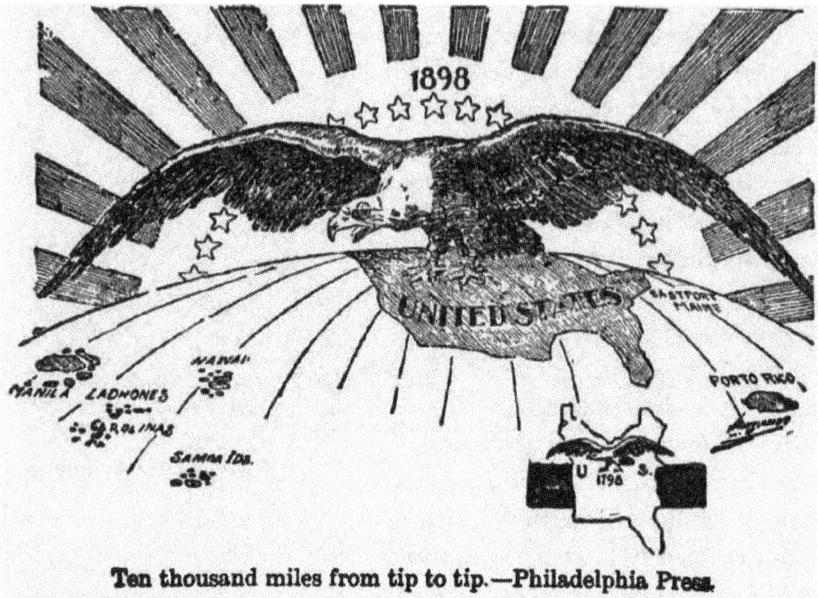

Unter den Schwingen des Seeadlers: die USA als neue Weltmacht. Die kleine Karte unten zeigt die Grenzen von 1798

Entwicklung Ostasiens in die Hand zu nehmen und es zu einem Teil unseres eigenen Wirtschaftssystems zu machen.«[60] Wenn die USA den chinesischen Markt nicht eroberten, würden sie wahrscheinlich der Auflösung verfallen, wenn sie ihn gewännen, müssten sie ein *»bedeutenderer Sitz von Macht und Wohlstand werden, als es jemals England, Rom oder Konstantinopel gewesen sind«.*[61] Roosevelt war von der Lektüre dieses Buches so angetan, dass er sich bei Brooks Adams bedankte.

Das hätte Barack Obama sicherlich auch getan. Er bezeichnete sich nämlich bereits im ersten Amtsjahr, am 13. November 2009, in einer Grundsatzrede vor seinem pazifischen Verbündeten Tokio als ersten pazifischen Präsidenten der USA, denn die *»Geschichte von Amerika und des asiatischen pazifischen Raumes sind nie enger miteinander verbunden gewesen«.*[62] Gleichzeitig kündigte er ein stärkeres Engagement in den asiatischen Ländern an und betonte den Führungsanspruch der USA in der Welt. Anfang Oktober 2011 unterstrich die damalige US-Außenministerin Hillary Clinton die neue Außenpolitik ihres »ersten pazifischen Präsidenten« als Schwenk nach Asien: *»Die Zukunft der Politik wird in Asien entschieden, nicht in Afghanistan oder im Irak, und die Vereinigten Staaten werden im Mittelpunkt der Aktion stehen.«*[63] Damit war die Verlegung des Einsatzschwerpunkts des US-Militärs vom Großraum Naher Osten nach Asien zwangsläufig. Und am 9. Februar 2012 sprach Admiral Samuel Locklear im Verteidigungsausschuss des US-Senats anlässlich seiner Nominierung zum Chef des amerikanischen Pazifik-Kommandos Klartext: *»Wir sind eine Großmacht in Asien. Die Chinesen und die anderen Länder der Region müssen begreifen, dass die USA bereit sind, dort ihre nationalen Interessen zu verteidigen.«*[64] Deutliche Worte, die belegen, dass die USA nie ein »Imperium wider Willen« waren. Ihr Weltmachtstreben zeichnete sich bereits im Spanisch-Amerikanischen Krieg ab.

Vernichtungskrieg Großbritanniens gegen die Buren

Am 29. Dezember 1895 wurde die unabhängige Südafrikanische Republik, auch Transvaal genannt, von probritischen Milizen überfallen. Deren Ziel war es, Transvaal Großbritannien einzugliedern. Der Versuch scheiterte, löste aber eine internationale Krise aus. In dieser angespannten Situation ernannte der britische Kolonialminister Joseph Chamberlain Alfred Milner zum Gouverneur der Kapkolonie und zum Hochkommissar für das Südliche Afrika. Das verschärfte die Situation. Die »geheime Elite« war zwar vorerst nur an den Bodenschätzen der Region – dem Gold Transvaals und den Diamantenvorkommen – sowie einem geschlossenen Kolonialreich interessiert. Milner jedoch wollte stillschweigend mehr, und mittels raffinierter Intrigen erreichte er es auch: Die deutlich unterlegenen Buren nahmen am 12. Oktober 1899 die Kriegshandlungen auf. Machiavelli lässt grüßen: Nicht wer zuerst die Waffen ergreift, ist Anstifter des Unheils, sondern wer dazu nötigt. In einem Schreiben an den Oberkommandierenden der britischen Truppen in Südafrika, General Lord Roberts, hatte Milner den Anstand, den wahren Sachverhalt einzuräumen: *»Es ist nicht sonderlich angenehm und mag vielen auch nicht als Ruhmestat erscheinen, beim Herbeiführen eines großen Krieges eine zentrale Rolle gespielt zu haben.«*[65]

Die Briten rechneten mit einem leichten Sieg, da ihren 500 000 Soldaten nur 40 000 Buren gegenüberstanden. Um über das Ereignis berichten zu können, schickte die konservative *Morning Post* einen jungen Korrespondenten auf den Kriegsschauplatz: den Enkel des Eisenbahn-Tycoons William K. Vanderbilt, Winston Churchill. Am 15. November schloss er sich einer Aufklärungsmission an Bord eines Panzerzuges an. Die Buren brachten den Zug zum Entgleisen und nahmen Churchill und weitere 60 Soldaten gefangen.[66]

Churchill berichtete später anderen Journalisten über die Gefangennahme und seine »kühne Flucht«. Der *Daily Telegraph* druckte einen Bericht der Agentur Reuters ab mit der Schlagzeile: *»Die Tapferkeit und Nervenstärke von Churchill wird als großartig beschrieben.«*[67] Ein Held war geboren! Im Gefangenenlager bestand Churchill allerdings darauf, als Nichtkombattant bevorzugt behandelt zu werden, und am 24. November flehte er in einen Brief Milner an, ihn vorzeitig auszutauschen; außerdem unterrichtete er ihn, dass er seine Mutter gebeten habe, ihm Briefe via Milner zu schreiben – nicht gerade Zeichen einer heldenhaften Gesinnung.[68]

Nach den ersten Erfolgen der Buren wandten die Briten die Taktik der verbrannten Erde an und pferchten Frauen und Kinder in sogenannten »Concentration Camps« zusammen. Die Kapitulation der Buren konnte schließlich nur mit der Drohung erzwungen werden, die festgehaltenen Frauen und Kinder zu erschießen.

Die USA auf dem Weg zum Global Player

Nachdem die USA im Interesse ihrer Kaufleute und Handelshäuser 1853 Japan aufgebrochen und nacheinander im Pazifik die Sprungbretter nach Asien in Besitz genommen hatten – Midway-Inseln (1867), Samoa (1878) und Hawaii (1898) –, ergriffen sie gleich zu Beginn des 20. Jahrhunderts von den Philippinen aus die Chance, in China Fuß zu fassen.

Die britische Konkurrenz war da schon viel weiter. Die chinesische Beschlagnahmung des Opiums britischer Händler wurde dort als willkommener Anlass genommen, einen Krieg zu beginnen. Im sogenannten Ersten Opiumkrieg von 1840 bis 1842 erzwangen die Briten ihren profitablen und illegalen Drogenhandel in China, was von amerikanischen Kaufleuten sehr begrüßt wurde.[69] Mit dem Ersten Opiumkrieg begann die Periode der Unterwerfung Chinas unter die wirtschaftlichen Interessen westlicher Großmächte.

In einem Zweiten Opiumkrieg von 1856 bis 1860 versuchten Großbritannien und Frankreich, das von einer Rebellion geschwächte chinesische Kaiserreich durch Demonstration militärischer Macht zu erneuten vertraglichen Zugeständnissen im Außenhandel zu zwingen.[70] Nach dem Einmarsch der britisch-französischen Truppen in der Hauptstadt Peking – der Kaiserliche Sommerpalast wurde dabei zerstört – musste China schließlich dem Drängen der Europäer nachgeben und das Land für deren Wirtschaftsinteressen öffnen, der Opiumhandel wurde legalisiert. Verbunden damit war für Großbritannien, Frankreich, Russland und die USA das Recht, in der bis dahin geschlossenen Stadt Botschaften zu eröffnen. Auch durften von nun an christliche Missionare in China aktiv werden. Der Vertrag kam also sowohl den Forderungen der christlichen Kirchen in Europa als auch denen der auf Expansion bedachten politischen Eliten nach.[71]

Im weiteren Verlauf wurde Hongkong an die Briten abgetreten und das Handelsmonopol chinesischer Kaufleute abgeschafft, fünf Vertragshäfen wurden geöffnet. Durch Folgeabkommen mit den USA und Frankreich verlor China seine Zollautonomie und musste weitere extraterritoriale Zugeständnisse machen. Nach dem Chinesisch-Japanischen Krieg zwang man China 1895 im Frieden von Shimonoseki, Taiwan an Japan abzutreten, Korea in die Unabhängigkeit zu entlassen und weitere Häfen zu öffnen.

»Gilded Age«: das vergoldete Zeitalter

In den Vereinigten Staaten wird unter »Gilded Age« die Ära zwischen 1870 und 1900 verstanden. Es war die Zeit des schnellen Wachstums vor allem der Industrie – ausgenommen in den Südstaaten – und der damit verbundenen Akkumulation riesiger Geldvermögen. Auf der anderen Seite hatte diese Entwicklung auch bittere Armut und Ungleichheit zur Folge, da Millionen von Einwanderern, viele aus verarmten Regionen, in die Vereinigten Staaten strömten und die hohe Konzentration von Reichtum sichtbarer und umstrittener wurde.[72]

Im Wettstreit der Kriegsgewinnler aus dem Bürgerkrieg, die sich am Ende des »Gilded Age« als Philanthropen zu geben wussten, wurde die unglaubliche Diskrepanz zwischen Armut und Reichtum auch von Karikaturisten aufgegriffen: Etwa als John D. Rockefeller für den Bau der Chicago University die damals unvorstellbare Summe von 26 000 000 US-Dollar und Andrew Carnegie 10 000 000 US-Dollar für die Washington University spendeten. Zum Vergleich: Der Jahresverdienst eines Industriearbeiters lag 1880 bei 380 und 1890 bei 564 US-Dollar![73]

Eine andere Karikatur zeigt eindrucksvoll die Ausbeutung der Arbeiter auf. Die Oligarchen Cyrus Field, Jay Gould, Cornelius Vanderbilt und Russell Sage

»Rivalisierende Bauherren«: die Philanthropen Rockefeller und Carnegie (Minneapolis Journal, Charles Bartholomew, 1902)

»Die Beschützer unserer Industrien« (Puck, Bernhard Gillam, 1883)

»Standard Oil als böse Krake« (Puck, Udo J. Keppler, 1904)

»Die Bosse des Senats« (Puck, Udo J. Keppler, 1889)

sitzen auf Säcken mit »Millionen«, die von Arbeitern auf einem großen schweren Floß aus niedrigen Wochenlöhnen – 6 bis 11 US-Dollar – und hohen Preisen getragen werden.

Auch die Monopol- und Konzernbildung geriet in die Kritik. Hier wird Standard Oil als Krake gezeigt, deren Tentakel sich um den US-Kongress und die Hauptstädte der Bundesstaaten sowie die Stahl-, Kupfer- und Schifffahrtsindustrie wickeln und bis zum Weißen Haus reichen.

Die Verquickung von Politik und »Big Money« ist natürlich auch Thema. Der Reformer und Karikaturist Joseph Keppler Jr., eigentlich Udo J. Keppler, stellte den Senat als einen von riesigen Geldsäcken (die Finanztrusts und Monopole der Nation) kontrollierten Ort dar. Auf der Tafel oben im Bild steht das Motto: »Das ist der Senat der Monopolisten von den Monopolisten für die Monopolisten!«

An den von den Karikaturisten aufgezeigten Fehlentwicklungen in Politik, Wirtschaft und Gesellschaft hat sich bis heute nichts geändert: Die Bill & Melinda Gates Stiftung verfügt inzwischen über ein Kapital von 46,8 Milliarden US-Dollar. In die Open Society Foundations hat der US-Investor und Börsenspekulant George Soros 18 Milliarden US-Dollar eingebracht. Und es gibt weitere sehr mächtige Stiftungen und Privatpersonen, die politisch Einfluss nehmen. Traditionell listet das Wirtschaftsmagazin *Forbes* die vermögendsten Menschen auf dem Planeten auf. Nachstehend die zehn reichsten Milliardäre weltweit mit ihren Zugewinnen während der Corona-Pandemie:

Name	**Nettovermögen (in USD)**	**Zuwachs seit März 2020**	**Unternehmen**	**Land**
Jeff Bezos	178,0 Mrd.	+ 57 %	Amazon	USA
Bernard Arnault und Familie	162,6 Mrd.	+ 114 %	LVMH Moët Hennessy	Frankreich
Elon Musk	162,1 Mrd.	+ 560 %	Tesla, Space X	USA
Bill Gates	126,5 Mrd.	+ 29 %	Microsoft	USA
Mark Zuckerberg	101,7 Mrd.	+ 86 %	Facebook	USA
Warren Buffett	95,5 Mrd.	+ 43 %	Berkshire Hathaway	USA
Larry Ellison	90,2 Mrd.	+ 53 %	Oracle	USA
Larry Page	88,6 Mrd.	+ 74 %	Google	USA
Sergey Brin	86,0 Mrd.	+ 75 %	Google	USA
Amancio Ortega	79,1 Mrd.	+ 44 %	Zara	Spanien

Stand: März 2021, Quelle: www.cbsnews.com/news/billionaire-wealth-covid-pandemic-12-trillion-jeff-bezos-wealth-tax/

Nicht dabei sind die Familien Rockefeller, Carnegie, Vanderbilt, Morgan, Aldrich, Astor, du Pont, Hearst, Hamilton usw. mit ihren seit anderthalb Jahrhunderten gewachsenen Vermögen und dem in mehreren Generationen abgesicherten Einfluss auf die Politik.

Während die Corona-Pandemie auf vielfältige Weise Opfer fordert – Tod, schwere Krankheit, Arbeitslosigkeit, Existenzverlust, Isolation – gibt es, wie in allen Krisen und Katastrophen, auch Gewinner. So stieg vom 18. März 2020 bis zum 19. Februar 2021 das Vermögen von Elon Musk von 24,6 Milliarden auf 182,6 Milliarden US-Dollar – um fast das Siebenfache. Dagegen wuchs das Vermögen von Jeff Bezos im gleichen Zeitraum vergleichsweise harmlos nur um zwei Drittel von 113 Mrd. auf 189,3 Mrd. Dollar.

Rechnet man das Vermögen seiner Ex-Frau MacKenzie Scott von 57 Milliarden Dollar am 19. Februar hinzu, hatten die beiden dank Amazon ein gemeinsames Vermögen von fast einer Viertel Billion Dollar. Wenn Bezos' 76,3 Milliarden Dollar Vermögenszuwachs an alle seine 810 000 US-Mitarbeiter verteilt würde, bekäme jeder einen Bonus von über 94 000 Dollar und Bezos wäre nicht »ärmer« als elf Monate vorher. Mark Zuckerbergs Wohlstand wuchs um satte 75 Prozent von 54,7 Mrd. US-Dollar auf 96 Mrd. US-Dollar.[74]

Das Wohlstandsgefälle dürfte 2021 wohl noch größer sein als im »Gilded Age«. Bis auf die »rivalisierenden Bauherren« dürften die anderen Karikaturen heute mehr als aktuell sein.

Wo sich die heutigen Milliardäre treffen, ist weniger bekannt – vermutlich ungezwungen auf dem Golfplatz. In der zweiten Hälfte des 19. Jahrhunderts traf sich die Finanz- und Wirtschaftselite in verschiedenen elitären Clubs. So verkehrten die Vanderbilts im New Yorker Union Club, zu dessen Mitgliedern auch die Rockefellers, Morgans, Astors, Hearts, Hamiltons und Churchills gehörten. Daneben gab es in New York noch den Knickerbocker Club. Zu den bedeutenden Mitgliedern gehörten Rockefeller, Morgan, Mellon, Astor, David-Weill, Agnelli und Roosevelt sowie Angehörige des europäischen Hochadels. Im New Yorker Yachtclub trafen sich zudem noch Gould und Bloomberg. Den New Yorker Metropolitan Club hatte 1891 J. P. Morgan mit den Vanderbilts und Roosevelts gegründet. Man kann wohl davon ausgehen, dass in diesen elitären Clubs neben dem Smalltalk auch handfeste Politik gemacht wurde.

III. Plutokraten übernehmen die Herrschaft

Die USA zeigen in China Flagge

Gegen die drohende Diskriminierung im Chinahandel forderten die USA 1899 im Interesse ihrer Handelsbarone in Großbritannien, Deutschland, Russland, Frankreich, Italien und Spanien eine »Politik der offenen Tür«, die allen Staaten die gleichen Handelschancen in China eröffnen sollte. Da die Vereinigten Staaten diese Chancen für das im Jahr zuvor annektierte Hawaii zeitgleich ausschlossen, meldete Japan öffentlich Zweifel an, und im Reich der Mitte begann sich der Widerstand gegen den halbkolonialen Status zu formieren.

Mit Duldung der Hofclique um Kaiserwitwe Cixi breiteten sich die »Faustkämpfer für Recht und Einigkeit« – vom Westen herablassend als »Boxer« bezeichnet – rasch aus. Cixi hatte in einem geheimen Edikt vom 11. November 1899 die Vizekönige in den Provinzen davor gewarnt, Frieden mit den Eindringlingen, den Europäern, Amerikanern und Japanern, zu schließen. Nun eskalierte der Konflikt. Angesichts der zu erwartenden Spannungen trafen am 31. Mai 1900 insgesamt 451 ausländische Soldaten zum Schutz ihrer Gesandtschaften in der chinesischen Hauptstadt ein (79 Engländer, 79 Russen, 75 Franzosen, 53 Amerikaner, 51 Deutsche, 39 Italiener, 32 Österreicher, 24 Japaner und weitere).[1]

Als sich im Juni die Lage zuspitzte, entsandte der britische Admiral Seymour ein internationales Expeditionskorps nach Peking. Es bestand zunächst aus 300 Engländern, 112 Amerikanern, 26 Österreichern und 40 Italienern. Auf dem Marsch nach Peking stießen im Lauf des Nachmittags des 10. Juni 1900 auch die russischen, französischen und deutschen Abteilungen unter Kapitän zur See Usedom dazu. Damit verfügte Seymour nun über fast 2000 Mann.[2]

In der Nacht vom 13. zum 14. Juni begannen die »Boxer« die christianisierten Chinesen niederzumachen und zündeten die Kirchen und Gebäude der Missionen an. Die Symbole der verhassten Europäer gingen in Rauch auf. Chinesische Soldaten hatten dem Treiben wohlwollend zugesehen, während im Palast des Prinzen Su nahe der britischen Gesandtschaft 1200 chinesische Christen Schutz fanden.

Von allen Seiten griffen nun die Chinesen das Expeditionskorps an und trieben Admiral Seymours Truppen in eine regelrechte Mausefalle, die chinesische Artillerie begann sogar zu feuern. Am 22. Juni – tags zuvor war die offizielle Kriegserklärung Chinas an die Westmächte ergangen – erteilte Admiral Seymour dem Führer des deutschen Kontingents, Kapitän zur See von Usedom, den legendären Befehl: »The Germans to the front!«

Die USA stellten trotz ihrer militärischen Verwicklung auf den Philippinen – dort hatte unter Emilio Aguinaldo der Freiheitskrieg gegen die USA begonnen[3] – mit dem speziellen Segen ihres anglophilen Außenministers John Hay der Expeditionsstreitmacht 200 Mann zur Verfügung. Damit beliefen sich im August 1898 die Kontingente aus Amerika, Deutschland, Frankreich, Großbritannien, Italien, Österreich-Ungarn, Japan und Russland auf eine Gesamtstärke von 16 000 Mann.[4]

Am 14. August 1900 eroberten diese von England angeführten Kontingente – zur Freude der bedrängten ausländischen Gesandtschaften und zum Leid der einheimischen Bevölkerung – Peking, das erneut geplündert und zu einem erheblichen Teil zerstört wurde. Für den US-amerikanischen Historiker David L. Hoggan hat der Barbarenruhm der Plünderung des schutzlosen Pekings, bei dem auch die USA enorme Beute machten, ein dauerhaftes anglo-amerikanisches Bündnis im Fernen Osten zementiert.[5]

US-Außenminister Hay hatte im Juli 1900, noch während der Belagerung der Gesandtschaften in Peking, eine zweite Note an die an China interessierten Mächte verschickt, in der er die »Politik der Offenen Tür« nicht nur für die jeweiligen Einflusszonen, sondern für ganz China forderte. Lediglich Deutschland und Großbritannien stimmten dem offiziell zu.

Die zurückliegenden Feldzüge hatten Schwachstellen bei der Bewaffnung und in der militärischen Führung aufgedeckt. US-Kriegsminister Elihu Root begann daher noch 1900 mit einer groß angelegten Reorganisation der Streitkräfte.

Nach dem Amtsantritt des 25. US-Präsidenten William McKinley (1897–1901) hatten sich die Vereinigten Staaten nicht nur von der Großen Depression von 1896 erholt, sondern verzeichneten auch einen immensen wirtschaftlichen Aufschwung. Das dürfte nicht zuletzt am siegreichen Krieg gegen Spanien gelegen haben. Zudem hatte McKinley den Goldstandard zur rechtlichen Norm gemacht. Kein Wunder, dass Unternehmer und Arbeiter gleichermaßen seiner

Ein historisches Gemälde der US-Army zeigt Soldaten des 14. Infanterieregiments beim Erklimmen der Mauern von Peking

Politik wohlgesonnen waren. Trotzdem wurde er am 6. September 1901 von einem anarchistischen und amtlichen Verlautbarungen nach geistesgestörten Attentäter namens Leon Czolgoz niedergeschossen.[6] Nach acht Tagen erlag McKinley seinen Verletzungen.

Nachfolger wurde sein Vizepräsident Theodore »Ted« Roosevelt (1858–1919), der legendäre Held und Kommandeur der Rough Riders. Roosevelt trat als Präsident das Erbe des expansionistischen Aufbruchs von 1898 an, an dem er selbst mitgearbeitet hatte. Deutlich erkannte er die Bedeutung der neuen imperialen Stellung der USA in der Weltpolitik und die damit verbundenen Herausforderungen.

Dazu muss man in Betracht ziehen, dass Roosevelt im Zeitalter eines auf Darwinismus begründeten Nationalismus aufgewachsen ist und durch seine naturwissenschaftlichen Studien selbst darwinistische Ideen angenommen hatte. Eine vom Elternhaus, das keinen Vergleich mit den großen englischen Häusern (Russell, Churchill, Cecil und Cavendish) zu scheuen brauchte, übernommene stark ethisch-religiöse Lebenseinstellung veranlasste ihn zeitlebens, sein eigenes Tun und Handeln und dasjenige seiner Mitmenschen moralisch zu bewerten.[7]

Nach dem Spanisch-Amerikanischen Krieg veränderte sich die globale außenpolitische Bedeutung der Vereinigten Staaten schlagartig. Zum ersten Mal hatten sie einen Krieg außerhalb des amerikanischen Kontinents geführt. Die Eroberungen im Pazifik mit den Philippinen als territorialem Standbein vor Ostasien ließen bereits die künftigen geopolitischen Absichten erkennen: Im Visier waren die enormen Märkte des asiatischen Festlands, allen voran Chinas. Im Hinblick auf Mittel- und Südamerika hatten die USA deutlich dokumentiert, dass sie militärisch in der Lage und gewillt waren, für ihre Interessen zu intervenieren.

Diese Politik bot sich für Asien nicht an. Einsichtige amerikanische Politiker hatten erkannt, dass die militärischen Möglichkeiten der USA für Interventionen auf dem asiatischen Festland in keiner Weise ausreichten. Es sollte zunächst die sogenannte »Dollardiplomatie«[8] eingesetzt werden. Weitblickend forderten laute Stimmen den Ausbau einer großen Handelsmarine und zu deren Schutz eine starke Flotte. Der Unterschied zum europäischen Imperialismus war also nicht sehr groß, nur hüllten die USA ihre imperiale Politik in die Aura eines freiheitlichen Sendungsbewusstseins.[9]

Dieser Trick verfing jedoch nicht bei allen Amerikanern. Nachdenkliche Menschen traten nach dem Spanisch-Amerikanischen Krieg antiimperialistischen Bewegungen bei. Die Anhänger dieser Bewegung stammten aus den unterschiedlichsten politischen Lagern. Ihre Abneigung gegen einen amerikanischen Kolonialismus brachte ihnen die abwertende Bezeichnung »Isolationisten« ein. Auch die heutige amerikanische Politik bewegt sich zwischen den Polen Isolationismus und Globalismus (bis zum Ersten Weltkrieg: Expansionismus), wobei die leiseren Töne der Mahner im Mediengeschrei der Globalisten kaum zu hören sind.

Die Expansion am Ende des 19. Jahrhunderts wurde durch die rapide Industrialisierung, verbunden mit einer verbesserten Infrastruktur und Kommunikation, ermöglicht. Das angeblich vergoldete Zeitalter der amerikanischen Gründerzeit war von einem Laissez-faire-Pragmatismus und einem rauen Materialismus gekennzeichnet, wobei die Stellung des Großunternehmertums gefestigter war denn je. Gemeinde- und Stadtverwaltungen befanden sich nicht selten in Händen korrupter Politiker. Fast die gesamte amerikanische Gesellschaft war von der Sucht nach materiellem Gewinn berauscht.

Theodore Roosevelt war, im Gegensatz zu McKinley, in den Kreisen der Hochfinanz und des »Big Business« als Sozialreformer und Feind des Großkapitals gefürchtet. Er suchte jedoch die Nation zu beschwichtigen, indem er erklärte, der Politik seines Vorgängers treu zu bleiben. Prinzipiell hatte er nichts gegen das Großkapital: Als eingefleischtem Politiker widerstrebte ihm nur die absolute Macht der Hochfinanz, die Wahlen dirigierte, Präsidenten beherrschte und die Politik erpresste. Ganz zu schweigen vom Einfluss auf die Presse.[10]

Theodore Roosevelts imperialistische Außenpolitik

Kaum war die Wahl im November 1904 vorüber und die zweite Amtszeit gesichert, setzte Ted Roosevelt bis 1909 konsequent die unter McKinley begonnene aktive Außenpolitik fort. Unter Berufung auf die Monroe-Doktrin von 1823 unternahmen die USA immer wieder bewaffnete Interventionen zur Installation einheimischer Diktatoren, die als verlängerter Arm Washingtons letztlich den Interessen des US-Kapitals dienten – zum Leidwesen der jeweiligen Völker.

In einem Zusatz zur Monroe-Doktrin beanspruchten die USA gleichsam die Polizeikontrolle und das Interventionsrecht in den lateinamerikanischen Ländern. Unter Androhung von Militäreinsätzen sollten die dortigen Staaten angehalten werden, *»ihren ›internationalen Verpflichtungen‹ nachzukommen, ›Gerechtigkeit gegenüber Ausländern‹ walten zu lassen, um den ›rückständigen Völkern‹ ›Fortschritt‹ und ›Demokratie‹ zu bringen«.*[11] Die Latinos hatten die Monroe-Doktrin schon immer gehasst, doch jetzt steigerte sich der Hass zur Raserei. Wie konnte sich der große Nachbar im Norden angesichts des Völkermords an den Indianern und des Sezessionskriegs als Moralapostel aufspielen?

Hier wird die Verlogenheit deutlich. Natürlich ging es in Wirklichkeit um handfeste geopolitische und kommerzielle Vorteile. Schon die erste Militärintervention in Nicaragua (1853) hatte die künftige Kontrolle eines Kanals zwischen Atlantik und Pazifik zum Ziel.

Als Kolumbien zögerte, den USA ein hundert Jahre währendes Nutzungsrecht für die geplante Wasserstraße einzuräumen, wurde es am 3. November 1903 von der gewaltsamen Abtrennung seiner Provinz Panama überrascht.

In Honduras intervenierten die Vereinigten Staaten 1903, 1905, 1919 und 1924, um die »Ordnung wiederherzustellen« – eine Ordnung, die die United Fruit Company brauchte, um ihre weitläufigen Ländereien, Wälder und Bergwerke optimal ausbeuten zu können.

Nach ihrer Intervention in der Dominikanischen Republik am 8. Februar 1907 rissen die USA das Zollrecht an sich. Auch Mexiko, Guatemala und Ecuador blieben nicht verschont.

Um weit zu kommen, so ein afrikanisches Sprichwort, soll man sanft reden und einen dicken Knüppel tragen. Von dieser Weisheit hielt Roosevelt sehr viel und ließ in diesem Sinne und zur Freude von Admiral Alfred Thayer Mahan von Anfang Dezember 1907 bis Februar 1909 einen großen Teil der neuen Kriegsflotte in aufsehenerregender Fahrt um die Erde dampfen.[12] Es sollte die Krönung seiner Präsidentschaft werden: Die zweitstärkste Marine der Welt demonstrierte vor aller Augen ihre Überlegenheit, Schlagkraft und Mobilität. 16 modern gepanzerte Schlachtschiffe und Kreuzer fuhren von Hampton Roads aus unter Admiral Robley Evans um die Welt: von Südamerika rund um das Kap Hoorn zur amerikanischen Westküste, weiter nach Australien, Japan und durch den Indischen Ozean und das Mittelmeer zurück zum Ausgangshafen.[13] Wem sollte diese Demonstration gelten?

Je mächtiger die Oligarchen wurden, desto größer ihr Streben nach mehr Einfluss in Wirtschaft und Politik: Der Staat sollte Monopol- und Trustbildung erleichtern und sich aus Beteiligungen zurückziehen.

Der einflussreiche US-Politiker William Jennings Bryan (1860–1925), mehrfacher Präsidentschaftskandidat der Demokraten und später Außenmi-

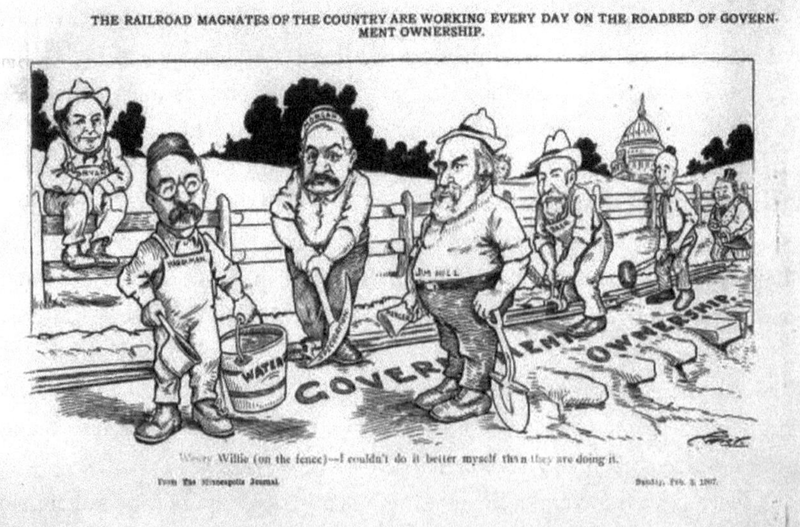

Eisenbahngewaltige als gemeine Arbeiter (Minneapolis Journal, Charles Bartholomew, 1907)

nister unter Woodrow Wilson, hatte sich mit seinem Einsatz gegen Kartelle nicht nur Freunde gemacht. Er unterstützte etwa das staatliche Eigentum an der Eisenbahn und widersetzte sich den Reformbestrebungen der Eisenbahngewaltigen. Die drängten nun auf Übernahme. Das veranlasste Charles Bartholomew zu einer Karikatur: Auf dem Zaun sitzend, beobachtet William J. Bryan die Arbeiter auf dem Gleisbett: Edward H. Harriman, J. P. Morgan, James J. Hill, George F. Baer und John D. Rockefeller. Die Zeichnung war betitelt mit: »Die Eisenbahnmagnaten des Landes arbeiten jeden Tag auf dem Gleisbett des staatlichen Eigentums«. Bryan kommentierte: »Ich könnte es selbst nicht besser machen als sie.«[14] (siehe Abb. links).

Die Bankenpanik vom Oktober 1907

Nach der Wiederwahl von Theodore Roosevelt machten sich namhafte Wall-Street-Banker für eine private Zentralbank zur Kontrolle der Kreditressourcen stark. Ohne eine solche Zentralbank würden düstere Wolken am Finanz- und Börsenhimmel aufziehen. Schon 1906 hatte Paul M. Warburg vom Bankhaus Kuhn, Loeb & Co. vor der New Yorker Handelskammer geunkt: *»Ich möchte keine Kassandra sein, aber denken Sie an meine Worte: Wenn sich die Dinge nicht bald ändern, wird über dies Land eine Börsenpanik hereinbrechen, gegen die sich alle früheren als harmlos ausnehmen werden.«*[15] Anfang 1907 legte Jacob Schiff, Leiter desselben Bankhauses, nach: *»Wenn wir über keine Zentralbank mit adäquater Kontrolle über die Kreditquellen verfügen, wird dieses Land die schwerste und weitreichendste Geldpanik in seiner Geschichte erleben.«*[16]

Im Oktober 1907 befanden sich die USA dann tatsächlich in der schwersten und weitreichendsten Finanzkrise ihrer Geschichte. Anlass war der fehlgeschlagene Versuch des amerikanischen Kupferkönigs Fritz Augustus Heinze (1869–1914), große Mengen der United Copper Company zu übernehmen. Der geplatzte Deal wirkte sich auch auf die finanzierenden Banken aus und führte innerhalb einer Woche zum Zusammenbruch des drittgrößten Trusts in New York, der Knickerbocker Trust Company. Die Vorfälle gingen als »Panik von 1907« oder auch als »Knickerbocker-Krise« in die Geschichte ein.

Die Lage verschärfte sich weiter, als die regionalen Banken in der Folge ihre Reserven von den New Yorker Großbanken abzogen. Als dann noch der Börsenkurs der Tennessee Coal, Iron and Railroad Company unter Druck geriet, wendete J. P. Morgan deren Zusammenbruch mit einer Notübernahme durch seine U. S. Steel Corporation ab – ein Schritt, der zuvor abgelehnt worden war und aufgrund der Krise vom monopolfeindlichen Präsidenten Theodore Roosevelt genehmigt werden musste.

Der damalige Präsident der Princeton University, Woodrow Wilson, feierte Morgan als Held. Dagegen geißelte Charles A. Lindbergh Sr., Kongressabgeordneter aus Minnesota, die Panik von 1907 als einen Betrug im Interesse Morgans und anderer Banken. Aber auch Roosevelt durchschaute den Coup und bestand auf einem Bankengesetz. Die jüdischen (deutsch geprägten) und christlichen (britisch geprägten) Kredithäuser einigten sich mit den Regierungsvertretern schließlich auf den »Aldrich-Vreeland Act«, der am 30. Mai 1908 verabschiedet wurde.[17] Weiter wurde eine Währungskommission (National Monetary Commission) zur Untersuchung der Vorgänge des Börsencrashs einberufen. Den Vorsitz hatte Senator Nelson W. Aldrich (1841–1915) aus Rhode Island inne.

Auf Rhode Island residierten die christlichen Bankdynastien, deren Welt überaus homogen war. Am 9. Oktober 1901 hatte Aldrichs Tochter Abby John D. Rockefeller Jr., den einzigen Sohn des seinerzeit reichsten Mannes der Welt, geheiratet. Ihr gemeinsamer Sohn Nelson A. Rockefeller (1908–1979), eines von sechs Kindern, wurde 1974 unter Gerald Ford Vizepräsident der Vereinigten Staaten. Sein Bruder David Rockefeller (1915–2017) leitete nicht nur die Geschicke der Chase Manhattan Bank, er wurde 1949 auch Direktor des Council on Foreign Relations und förderte seinen Schützling, den Russlandfeind und Geostrategen Zbigniew Brzezinski, der für ihn 1973 die Trilaterale Kommission gründete. David Rockefeller versäumte zudem kaum ein Bilderbergertreffen. Bei all diesen elitären Zirkeln geht es darum, die USA in den Rang einer unipolaren Weltmacht zu bringen. In dieser feinen Gesellschaft blieb man unter sich.

Die kleinen Banken, Kaufleute, Landwirte und Fabrikanten hatten kein großes Vertrauen in die Arbeit von Senator Aldrich und seiner Kommission und schauten besorgt auf den von Demokraten und Bankexperten vorgelegten Notfallwährungsplan.

J. P. Morgan konnte nach der Panik seine vielseitigen Aktivitäten weiter forcieren. Seinen Einfluss auf Wirtschaft, Industrie und Bankenwelt empfanden viele in den USA als übermächtig, was auch in Karikaturen zum Ausdruck kam (siehe folgende Doppelseite): Onkel Sam schaut schockiert zu, wie ein übergroßer J. P Morgan einen riesigen Schneeball aus seinen verschiedenen Investitionen schiebt, auf dem »The Morgan Influence 10 000 000 000 US-Dollar« steht. Charles Bartholomew traf den Nagel einmal mehr auf den Kopf.

1910 begab sich Senator Aldrich mit seinem Expertenteam auf eine zweijährige Tour durch Europa, um die privaten Zentralbanken in England, Frankreich und Deutschland zu konsultieren und das Währungswesen kennenzulernen. Kurz nach Aldrichs Rückkehr am 22. November 1910 bestiegen einige der reichsten und einflussreichsten Männer seinen privaten Eisenbahnwaggon und reisten unter strengster Geheimhaltung in das Club House auf Jekyll Island vor der Küste Georgias, um sich mit ihm dort zu treffen.[18] Der Club florierte bis ins frühe 20. Jahrhundert; seine Mitglieder stammten aus den reichsten Familien der Welt, vor allem den Morgans, Rockefellers und Vanderbilts.

Mit von der Partie war auch Paul Warburg, der sich bereits für die Einführung einer privaten Zentralbank in Amerika stark gemachte hatte. Warburgs Partner war Jacob Schiff, der Enkel jenes Mannes, der sich mit der Rothschild-Familie das Haus zum Grünen Schild in Frankfurt am Main teilte. In diesen Tagen war Schiff gerade dabei, 20 Millionen Dollar für die Finanzierung des Sturzes von Russlands Zaren auszugeben. Diese drei europäischen Bankiersfamilien, die Rothschilds, Warburgs und Schiffs, waren miteinander verflochten, genauso wie ihre amerikanischen Gegenstücke, die Morgans, Rockefellers und Aldrichs.[19]

Neben Paul Warburg und Nelson W. Aldrich hatten sich auf dem Grundstück der Morgans auf Jekyll Island folgende Persönlichkeiten eingefunden:[20]

- Abraham Pitt Andrew, Stellvertreter des US-Schatzministers
- Frank A. Vanderlip, Präsident von Rockefellers National City Bank of New York
- Henry P. Davison, Seniorpartner der J. P Morgan Company
- Charles D. Norton, Präsident von J. P. Morgans First National Bank of New York
- Benjamin Strong, Direktor von J. P. Morgans Bankers Trust Company

Die »Verschwörergruppe« von Jekyll Island konnte bisher nur über die Geldreserven von New York dominieren. Mit der anvisierten Zentralbank wollten sie die Reserven der ganzen Vereinigten Staaten beherrschen. Auch wollte man die US-Industrie von sich abhängig machen. Nun kam es darauf an, geschickt vorzugehen, damit der Kongress nicht misstrauisch wurde.

THE HIGH FINANCE PUMP.

The Gentlemen in the Background—That evidently is not intended for our use.

From The Minneapolis Journal. Thursday, January 23, 1908.

Die Hochfinanzpumpe. »Sie ist offensichtlich nicht für unseren Gebrauch bestimmt.« (Minneapolis Journal, Charles Bartholomew, 1908)

»Und er wächst weiter.« (Minneapolis Journal, Charles Bartholomew, 1910)

Club House (li. im Bild) auf Jekyll Island 1911

Inzwischen nahmen weltweit die Spannungen zu: 1910 hatte Japan Korea annektiert und war dabei, es rücksichtslos zu unterwerfen, im Frühjahr 1911 besetzte Frankeich die marokkanischen Städte Fes und Rabat, und am 29. September erklärte Italien dem Osmanischen Reich den Krieg, ein militärischer Konflikt, der vor allem im Mittelmeer und in Nordafrika ausgetragen wurde.

Die *New York Times* berichtete, J. P. Morgan sei Anfang Oktober 1911 in Paris eingetroffen, wo eine internationale Friedenskonferenz stattfand.Das musste ja die Karikaturisten auf den Plan rufen. In der Abbildung rechts hält ein mit den Flügeln eines Friedensengels versehener korpulenter Mann (J. P. Morgan?) Säcke mit amerikanischen Dollars in den Händen. Er steht vor einem Schrank, auf dem weitere Säcke mit Dollars gestapelt sind. Daneben stehen – Statisten gleich – kleinere Figuren mit den Händen in den Taschen, welche die Militärmächte der Welt symbolisieren sollen.[21]

»Der wirkliche Friedensengel« (Minneapolis Journal, Charles Bartholomew, 1911)

Die Gründung der Federal Reserve Bank 1913

Sobald der Morgan-Verehrer Woodrow Wilson im November 1912 gewählt war, tüftelten Morgan, Warburg, Baruch und andere Banker offen eine Gesetzesvorlage aus, die sie »Federal Reserve System« (Fed) nannten. Obwohl die ursprünglich eigentlich von dem Republikaner Nelson W. Aldrich eingebracht worden war, feierte die Führung der Demokraten das schließlich verabschiedete Gesetz als »Owen-Glass Bill«. Nach außen hin schien es so, als hätten sich Aldrich wie auch Vanderlip, beide Teil der geheimen Verschwörergruppe von Jekyll Island, gegen den ursprünglichen Gesetzentwurf gestellt. Jahre später bestätigte Vanderlip aber laut einem Artikel der *Saturday Evening Post* den Sachverhalt: *»Obwohl der Aldrich-Federal-Reserve-Plan ad acta gelegt wurde, ... waren seine wesentlichen Punkte dann letztlich doch alle in dem Plan enthalten, der angenommen wurde.«*[22]

Am 23. Dezember 1913 – unmittelbar vor Weihnachten und sechs Monate vor den Schüssen in Sarajewo – unterzeichnete Präsident Wilson die

Owen-Glass-Bill, das war die Geburtsstunde der US-amerikanischen Zentralbank. Das Geldsystem der Fed unterstand nun nicht mehr der Regierung, was bis heute so geblieben ist. Seither wird Geld aus Schulden generiert. Die Federal Reserve ist der »Geldverleiher letzter Instanz«. Sie schöpft sogenanntes Buchgeld aus Schuldverschreibungen an Banken und Regierungen. So kauft sie regelmäßig US-Staatsanleihen und stellt damit der Regierung Finanzmittel zur Verfügung (bereits 2019, also vor Corona, hatte die Fed Forderungen an die Regierung in Höhe von mehr als 2,4 Billionen US-Dollar)[23]. Diese Anleihen gelten als risikofrei, da sie mit künftigen Steuerzahlungen getilgt werden sollen. Inzwischen übersteigen die Schulden jedoch bereits das Bruttoinlandsprodukt (BIP) der USA – 2020 betrugen sie rund 127 Prozent desselben –, sie können also gar nicht mehr zurückgezahlt werden. Die globale Verschuldung näherte sich Ende 2020 der 300 000-Milliarden-Grenze und betrug knapp 400 Prozent vom BIP der gesamten Weltwirtschaft.[24] In der Strategie der ökonomischen Kriegführung sind Schulden eine Waffe, um Länder abhängig zu machen und zu beherrschen. Und diese Waffe sollte von nun immer scharf gehalten werden.

Einer der wenigen, der die wahren Absichten hinter der Fed-Gründung durchschaute, war der Kongressabgeordnete Louis McFadden (1876–1936). Vor dem Untersuchungsausschuss des US-Kongresses über die Praktiken der Federal Reserve sagte er im Juli 1932 aus: *»Herr Vorsitzender, als der Federal Reserve Act verabschiedet wurde, haben die Menschen in den Vereinigten Staaten nicht wahrgenommen, dass hier ein Weltsystem errichtet wurde, das die Ersparnisse eines amerikanischen Lehrers einem Rauschgifthändler in Macao zur Verfügung stellte. Sie erkannten nicht, dass die Vereinigten Staaten auf die Position eines Kuli-Landes [Schwellenland, Anm. d. Verf.] herabgestuft werden sollten, das nichts als Rohstoffe und schwere Güter für den Export bereitstellt. Dass Russland dazu bestimmt war, Arbeitskraft ... und ... Finanzkraft für einen internationalen Superstaat liefern sollte – einen Superstaat, der von internationalen Bankern und Internationalisten kontrolliert wird, die zusammenarbeiten, um die Welt für ihr eigenes Vergnügen zu versklaven.«*[25]

Nach der desaströsen Kriegführung im Burenkrieg hatte die britische Regierung am 4. Mai 1904 einen »Verteidigungsrat« gegründet: das Committee of Imperial Defence (CID) – man wollte auf künftige Kriege besser vorbereitet sein. Im Bericht des Gründungskomitees wurde gefordert, dass künftig *»eine definitive und auf soliden Daten beruhende Kriegspolitik formuliert werden kann«.*[26] Das CID wurde bald zu einem bedeutenden Hintergrundgremium der britischen Regierung, es arbeitete bis 1939. Im Committee wurde ab 1905 der

Aufbau eines Frankreich unterstützenden Expeditionskorps mit rund 160 000 Mann Stärke vorbereitet, außerdem die Blockade Deutschlands sowie die Einbeziehung der Dominions in die Kriegspläne – alles per Handschlag und am Parlament vorbei.

Der Direktor des CID, Konteradmiral Sir Charles Ottley, schrieb 1908 dem Ersten Seelord, eine Blockade Deutschlands sei während der gesamten drei Jahre seiner Amtszeit als Marinegeheimdienstchef ein ständiges Thema gewesen. Die Admiralität habe den Standpunkt vertreten, das Zusammenspiel aus der geografischen Lage und seiner herausragenden Seemacht gebe England hierzu eine einfache Methode an die Hand. Die Mühlen der Seestreitkräfte würden *»die deutsche Industrie sowie die Bevölkerung vielleicht nur langsam ..., aber ›überaus fein zermahlen‹. Früher oder später würde Gras auf den Straßen Hamburgs wachsen, Tod und Untergang würde sich ausbreiten«.*[27]

Die Akte mit den Kriegsplänen der Admiralität von 1907 enthält sieben Argumente:

1. Der deutsche Handel wächst rasch.
2. Der Pro-Kopf-Verbrauch von Getreide nimmt zu.
3. Deutschland wird immer stärker abhängig davon, Lebensmittel und Rohstoffe aus dem Ausland zu beziehen.
4. Es gibt nicht ausreichend neutrale Schiffe, um britische und deutsche Schiffe, die aufgrund eines Krieges festsitzen (und ansonsten Deutschland beliefern würden), zu ersetzen.
5. Aufgrund ihrer geografischen Lage können Deutschlands Handelshäfen gut durch einen starken vom Wasser aus angreifenden Gegner geschlossen werden.
6. Von dem Geld, das Deutschland aufgrund der Handelsausfälle entgehen würde, fände ein Großteil seinen Weg zwingend nach England.
7. Selbst wenn man davon ausgeht, dass Deutschland Getreide usw. auf dem Landweg beziehen würde, wären die Preise sehr hoch.[28]

Unter dem Marinenachrichtenoffizier Maurice Hankey (1908 leitender Mitarbeiter und 1912 Direktor des CID) wurden die Blockadepläne dann auf wissenschaftlichem Niveau ausgearbeitet.

Um ungehindert global ausplündern zu können, muss man nationale Strukturen auf Dauer beseitigen. 1914 ging es zunächst darum, die drei großen Dynastien

»Ein amerikanischer Rekrut« (Minneapolis Journal, Charles Bartholomew, 1914)

auf dem europäischen Kontinent zu vernichten. Diese Absicht hatte Kardinal John Murphy Farley (1842–1918), Erzbischof von New York, schon früh erkannt. Auf dem Eucharistischen Weltkongress in Lourdes Ende Juli 1914, also nur wenige Stunden vor Ausbruch des Ersten Weltkriegs, warnte er: *»Der Krieg, der in Vorbereitung ist, wird ein Kampf zwischen dem internationalen Kapital und den regierenden Dynastien sein. Das Kapital wünscht niemanden über sich zu haben, kennt keinen Gott oder Herrn und möchte alle Staaten als großes Bankgeschäft regieren lassen. Ihr Gewinn soll zur alleinigen Richtschnur der Regierenden werden... Business... einzig und allein.«*[29]

Die Spekulanten in den USA witterten in dem kommenden Krieg enorme Gewinne. Fast gleichzeitig mit der visionären Aussage Farleys nahm der amerikanische Karikaturist Bartholomew die Geschäfte mit dem Ernteausfall bei den künftigen kriegführenden Parteien aufs Korn: Vor einem Rekrutierungsoffizier steht stramm ein riesiger Weizenmann mit der Aufschrift »U. S. Crop«. Der Offizier macht sich auf einem Papier mit der Aufschrift »Recruits World War« Notizen. Auf dem am Boden liegenden Papier ist zu lesen: »Crop Failure Abroad« (Ernteausfall im Ausland).

Zeitgenössische Nachrichten berichteten später über massive Überschüsse in den USA und gestiegene Preise wegen des Weltkriegs.

Mit J. P. Morgan in die Jahrhundertkatastrophe

Mitte August 1914, keine zwei Wochen nach Kriegsbeginn, erfolgte die erste Schleusung im Panamakanal. Damit konnten die pazifische und die atlantische Flotte schnell und schlagkräftig vereint werden. Am 19. August erklärte Präsident Wilson pathetisch die Neutralität: *»Jeder Mann, der Amerika wirklich liebt, wird im wahren Geist der Neutralität handeln und sprechen, der der Geist der Unparteilichkeit und Fairness und Freundlichkeit gegenüber allen Beteiligten ist.«*[30] Damit hatte Wilson die vorherrschende isolationistische Grundstimmung sowohl innerhalb der Bevölkerung als auch im Kongress getroffen.[31] Leider hatte er die Interessen einiger Exponenten der Wall Street und der Kriegsspekulanten leichtfertig übersehen.

Einen Tag später löste Großbritannien die völkerrechtswidrige Blockade gegen Deutschland aus – ohne jegliche Kritik seitens der USA. Im britischen Unterhaus erklärte Churchill: *»Wir erzwingen die Blockade rigoros, und Deutschland steht am Rande einer Hungersnot.«*[32] Nach weiteren fünf Tagen schrieb die *Daily News: »Die Geburtenrate in den großen [deutschen] Städten liegt nun deutlich unter der Sterberate. Man kann fast mit Sicherheit davon ausgehen, dass die direkten Auswirkungen des Krieges unter der Zivilbevölkerung mehr Opfer gefordert haben, als auf dem Schlachtfeld gefallen sind.«*[33]

Die Blockade traf vor allem die Bevölkerung und dauerte bis zum 28. Juni 1919. Für das Deutsche Reich kam sie überraschend. Man brauchte fast sechs Monate für eine Reaktion, die kam dann am 4. Februar 1915 mit dem Einsatz der U-Boote.

Die Zeitung *The American Israelite* vom 18. September 1914 protestierte gegen die Kriegskoalition Englands mit Russland; englisches Blut und englische Macht würden verwendet, um einen barbarischen Zaren auf seinem schwankenden Thron zu stützen: *»Wir haben kein Interesse an der Erhaltung Russlands und noch weniger an der Erniedrigung Deutschlands. Für England ist es ebenso schlimm, an der Seite Russlands zu kämpfen als gegen Deutschland, mit dem es gar keinen Streit hat. Die Einmischung Englands in einen Kampf, dessen Hauptzweck die Erhaltung der Kosakenherrschaft ist, mit ihrer Beugung jedes menschlichen Fortschritts, wäre eine solche furchtbare Schmach für die Menschheit wie für die englischen Interessen, dass wir kaum daran zu denken wagen.«*[34]

Als sich Anfang August 1914 Millionenheere aufeinander zu bewegten, räumte der christlich gesonnene und probritisch eingestellte J. P. Morgan Jr. (1867–

1943) – unbekümmert vom neutralen Status der USA – der Bank von England weitgehende Kreditlinien ein, die London ermöglichten, den Krieg gegen Deutschland zu finanzieren.[35] Er gilt daher als Hauptgeldgeber der Entente. Das Kriegsengagement des umfassenden Morgan-Imperiums – eine Symbiose aus Finanz- und Rüstungskonzernen (»Corporate Capitalism«) – wurde im zweiten Kriegsjahr von Dale Carnegie treffend beschrieben: *»Im Jahr 1915 gab Morgan & Co. die größte Auslandsanleihe aus, die je erdacht wurde. Fünfhundert Millionen Dollar – eine halbe Milliarde – gingen über die Meere, Geld, das als notwendig angesehen wird, um effektiv Krieg zu führen ... Die Morgans wurden in den Vereinigten Staaten zu den Einkaufsagenten für die gesamten alliierten Armeen. Sie kauften Waffen und Vorräte im Wert von Milliarden und Abermilliarden von Dollar. In einem Monat gaben sie mehr Geld aus, als normalerweise in einer ähnlichen Zeitspanne über die gesamte Oberfläche des Globus gereicht wird.«*[36]

Die Produktion der erwähnten Waffen hatte Morgan Jr. in den mit ihm in Verbindung stehenden Fabriken, etwa der Remington Arms Company, vorher veranlasst. Der Transport erfolgte dann teilweise auf britischen Passagierschiffen.[37] Morgans Finanztransaktionen und Waffenlieferungen waren an sich sowohl mit dem Neutralitätsstatus der USA, den diese bis 1917 beibehielten, als auch mit internationalem Seerecht schwer vereinbar.[38] Ein schwerreicher Mann übte aufgrund seines Reichtums nicht nur politische Macht aus, sondern heizte sogar den Ersten Weltkrieg an: der Beginn einer weltweiten und nachhaltigen Transformation.

Morgan Jr. wurde von offizieller Seite in Washington durchaus toleriert – seine Machenschaften führten schließlich auch zur tragischen Versenkung des mit amerikanischem Kriegsgut beladenen britischen Passagierdampfers *Lusitania* – deklariert als Hilfskreuzer der Royal Navy – durch deutsche U-Boote am 7. Mai 1915. Der Vorfall hätte damals fast schon zum Kriegseintritt der USA geführt, da beim bis heute nicht vollständig aufgeklärten Untergang des Schiffes auch zahlreiche US-Bürger umkamen, unter ihnen sogar das Familienoberhaupt der Vanderbilts: Alfred Vanderbilt war Direktor der Fulton Chain Railway Company, Fulton Navigation Company, Raquette Lake Railway Company, Raquette Lake Transportation Company und der Plaza Bank of New York.

Zielstrebig arbeiteten die kriegsinteressierten Kreise danach weiter auf einen Kriegseintritt der USA hin.

Am 3. Juni 1916 wurde im US-Kongress der National Defense Act of 1916 verabschiedet.[39] Dieses Landesverteidigungsgesetz definiert einen signifikanten Wechsel bei der Nationalgarde im Hinblick auf Schlagkraft, Struktur und Mobilisation. Für die nächsten fünf Jahre sollte eine Stärke von 425 000 Mann aufrechterhalten werden. Nun begann die Zeit der Propaganda und der sogenannten Preparedness-Umzüge. Karnevalesk marschierten in den Großstädten an die 50 000 Kriegsbegeisterte, begleitet von Dutzenden Musikkapellen, durch die Straßen, um für den Kriegseinsatz auf dem Kontinent zu werben.

Zwölf Tage nach dem »National Defense Act« führt Präsident Wilson höchstselbst die Preparedness-Parade in Washington an

Die Präsidentschaftswahl von 1916 zwischen dem amtierenden Präsidenten Woodrow Wilson und dem Herausforderer Charles Hughes wurde von vielen Wählern als das empfunden, was es war: *»Vordergründig bekämpften sich Kandidaten, die in Wirklichkeit mit J. P. Morgan und J. D. Rockefeller unter einer Decke steckten. Die beiden letzteren Männer hatten lange vor der offiziellen Wahl-Kampagne ... bereits entschieden, dass der offizielle Kriegseintritt der USA eine absolute Notwendigkeit sei, um die Profite für die Morgan- und Rockefeller-Anleihen an die Alliierten sicherzustellen.«*[40]

Anfang März 1917 liefen bestürzende Meldungen im Washingtoner Oval Office ein: Meuterei im französischen Heer! Russland drohte zusammenzubrechen, und auf hoher See schien Deutschland mit seinen U-Booten das Rennen zu machen. Ein Sieg Deutschlands und damit der Totalverlust der Kriegsanleihen an die Entente musste mit allen Mitteln verhindert werden, denn eine Pleite des Morgan-Imperiums hätte die Implosion der Wall Street bedeutet. Die Kredite zum Vergleich: 27 Mio. US-Dollar bekam das Kaiserreich und 2300 Mio. US-Dollar die Entente.

Am 2. April 1917 forderte Wilson in einer äußerst emotionalen Rede den Kongress auf, ihm die Zustimmung zur Kriegserklärung an Deutschland zu geben. Als Grund nannte er die Versenkung von US-Handelsschiffen als *»Verbrechen gegen die Menschlichkeit«*. Dabei hatte Wilson am 9. März 1917 selbst angeordnet, die Handelsschiffe zu bewaffnen – sieben Tage danach wurden drei US-Schiffe versenkt. Und nun, 16 Tage darauf, die Kriegserklärung? Es darf davon ausgegangen werden, dass die Weichen für einen Krieg dieser Größenordnung nicht 16 Tage, sondern schon 16 Monate vorher gestellt wurden.[41]

Senator George W. Norris (1861–1944) wies in seiner Gegenrede die von Wilson angeführten Kriegsgründe zurück und zeigte – aus einem Kundenbrief der New Yorker Börse zitierend – die Interessen der Wall Street auf: »*Kanada und Japan sind im Krieg und prosperieren mehr denn je. Bei Ausbruch unmittelbarer Feindseligkeiten würden die Aktien mit erfreulichem Blick schnell, klar und hitzig reagieren. Der altmodische bull market würde sich daran ebenso erfreuen, wie beim Ausbruch des Krieges mit Spanien 1898. Dagegen würde der Beginn des Friedens die Warenpreise nach unten anpassen und höchstwahrscheinlich den Unternehmungsgeist hemmen.*«[42]

Auf die Rede Wilsons reflektierte die *Allgemeine Zeitung des Judentums* mit einem entschiedenen Hinweis auf das von Wilson betriebene Doppelspiel, »*in dem er von Anfang des Krieges an gestattete, guthieß, ja vielleicht sogar förderte, dass die amerikanischen Fabriken unsere Gegner mit Munition, Waffen und allerlei Kriegsgerät versorgten. Das hat außer Amerika kein wirklich neutraler Staat getan. Schon durch diese Unterstützung unserer Feinde haben die Vereinigten Staaten ... sich seit fast drei Jahren trotz ihrer angeblichen Neutralität als eine gegnerische Macht erwiesen. Nicht also wir, sondern sie sind die Urheber dieses Krieges.*«[43]

Als Angehörige des deutschen Volkes protestierten die Redakteure des jüdischen Blattes gegen die Suggestion, dass die Vereinigten Staaten nur mit der deutschen Regierung und nicht mit dem deutschen Volk Krieg führten. »*Wir haben keinen Krieg mit Amerika gewollt, am wenigsten mit Herrn Wilson, wir nehmen ihn auf, da er uns freventlich auferlegt wird, im Bewußtsein unseres guten Rechts und unserer heiligen Sache.*«[44]

Schon vor der amerikanischen Kriegserklärung, am 27. März 1917, lief in New York das Dampfschiff *Kristianiafjord* mit Kurs auf Petrograd aus. An Bord Leo Trotzki, mit Geburtsnamen Lew Dawydowitsch Bronstein, und seine kleine Revolutionsgarde, die von Trotzki ihren letzten Schliff auf dem Gelände der Rockefeller'schen Standard Oil in New Jersey erhalten hatte.

Drei Tage nach der amerikanischen Kriegserklärung, am 6. April 1917, stieg jenseits des Atlantiks, an der deutsch-schweizerischen Grenze, der deutsche Rittmeister Arwed von der Planitz in einen exterritorialen Sonderwaggon[45], um die Bewachung des erlauchten »Diplomatentransports« von Wladimir Iljitsch Uljanow, besser bekannt als Lenin, und weiteren 32 Revolutionären zu übernehmen. Lenin konnte die Grenze nach Russland unerkannt passieren und traf mit seinem Stab am 16. April 1917 auf dem Finnländischen Bahnhof in Petrograd ein.[46] Doch von Trotzki, der gleichzeitig ankommen sollte, keine Spur. Er kam erst einen Monat später, denn die kanadischen Behörden in Halifax legten das Schiff an die Kette, um einer russischen Revolution nicht in die Hände zu spielen. Auf höhere Weisung hin durfte Trotzki jedoch die Fahrt fortsetzen.

Entgegen anderslautender Behauptungen stand nicht Kaiser Wilhelm II. hinter dieser konzertierten Aktion, er war nicht einmal eingeweiht. Für den Transfer von Lenin waren der deutsche Kanzler Bethmann-Hollweg und der kaiserliche Geheimdienstchef Max M. Warburg zuständig. Warburg gab über seine Banken die Finanzhilfe zugunsten der Revolution an die Nye-Bank in Stockholm, die das Geld zu den Bolschewisten transferierte – insgesamt sechs Millionen Dollar in Gold.[47] In New York war Felix Warburg, der Bruder von Max und Paul, über seinen Schwiegervater Jacob Schiff an dem Geldtransfer für Trotzki beteiligt. Schiff erhoffte sich die Niederlage Russlands und soziale Veränderungen, die endlich die Knechtschaft der Juden in Russland beenden würden. Laut Schiffs Enkel John Schiff hat Jakob Schiff die russische Revolution mit ca. 20 Millionen Dollar unterstützt.[48]

In der Begleitung Trotzkis befand sich auch Charles Crane von der Westinghouse Company, Vorsitzender des demokratischen US-Finanzausschusses. Überhaupt waren einige US-Banker an der bolschewistischen Revolution interessiert. An erster Stelle J. P. Morgan, gefolgt von William B. Thompson, dem Direktor der Chase National Bank und der US Federal Reserve Bank von New York. Humanitäre Gründe oder sozialistischen Enthusiasmus kann man bei ihnen kaum vermuten, ebenso wie bei den heutigen tonangebenden Milliardären im Umfeld von Klaus Schwabs »Great Reset«, die die Menschen mit sozialistischen Visionen ködern.

Die deutsche Regierung hatte bei der Eskortierung Lenins und seiner Revolutionäre nur ein Interesse: den Zweifrontenkrieg zu beenden.

Die US-Oligarchen Morgan und Rockefeller dachten weit voraus. Nach bewährtem Rezept wollte man zunächst Chaos schaffen – auch die Konterrevolutionäre wurden unterstützt –, um dann wichtige Wirtschaftsbereiche unbemerkt zu übernehmen. Mit einer privaten Kampagne übte John D. Rockefeller 1925 Druck auf die US-Regierung aus, ihre Außenpolitik prosowjetisch zu gestalten. Damit sollte der russische Markt für das amerikanische Kapital geöffnet werden.

Der unselige Frieden von Versailles

Nach dem Ersten Weltkrieg gab es die kontinentalen Monarchien Russland, Deutschland und Österreich-Ungarn nicht mehr, ihre Territorien waren zusammengeschrumpft und zerstückelt. Friedrich Engels hatte das im Wesentlichen vorausgesehen, er täuschte sich lediglich darin, dass *»die Kronen zu Dutzenden über das Straßenpflaster rollen und niemand sich findet, der sie aufhebt«.*[49] Denn »Kronen« wurden sehr wohl aufgelesen – allerdings nicht die der Monarchen, dafür aber der Profit aus dem Krieg, nämlich von den Hintermännern des Kapitals.

Die menschenverachtende Propaganda in Frankreich, England und den USA schürte den Hass und machte einen ausgleichenden Friedensschluss mit den Mittelmächten unmöglich; die Vertreter der Sieger fühlten sich berechtigt, in Versailles (für Deutschland), St. Germain (für Österreich), Trianon (für Ungarn) und Sèvres (für die Türkei) kaum erfüllbare Friedensbedingungen zu diktieren. Anders als beim Westfälischen Frieden 1648 wurden gigantische Reparationsforderungen durchgesetzt. Churchill hatte schon 1901 vor dem Parlament gewarnt: *»Die Demokratie ist rachsüchtiger als die Kabinettspolitik, die Kriege der Nationen sind schrecklicher als die der Könige.«*[50]

Das deutsche Volk hatte im Vertrauen auf die in der Note vom 5. November 1918 von den Alliierten gegebene Zusage, der Frieden würde ein Frieden des Rechts auf der Grundlage der Vierzehn Punkte Wilsons sein, die Waffen niedergelegt. Knapp zehn Monate vorher hatte der US-Präsident in einer programmatischen Rede vor beiden Häusern des Kongresses die Grundzüge einer Friedensordnung für das vom Ersten Weltkrieg erschütterte Europa umrissen. Es sollten keinerlei geheime internationale Abmachungen mehr getroffen, die Freiheit der Meere geachtet und ein Verband von Nationen zum Zweck gegenseitiger Bürgschaften für die politische Unabhängigkeit und die territoriale Unverletzbarkeit der kleinen wie der großen Staaten gegründet werden. Unter Führung Wilsons nahmen Außenminister Robert Lansing, Präsidentenberater Edward Mandell House, Diplomat Henry White sowie Börsenspekulant und »König der Wall Street« Bernard M. Baruch (1870–1965) teil. Baruch hatte Wilsons Wahlkampf mit erheblichen finanziellen Mitteln unterstützt und beriet nun den Präsidenten, der ihn zum Vorsitzenden des Rates für Kriegsindustrie[51] berufen hatte. Die beiden jungen Neffen des Außenministers, John Foster Dulles (1888–1959) und Allen Dulles (1893–1969), baten ihren Onkel darum, zu den Friedensverhandlungen mitgenommen zu werden. Während sich Allen

Dulles dort als frisch beförderter politischer Offizier nützlich machte, ging dessen Bruder John Foster Dulles Bernard Baruch in der Reparationskommission zur Hand und klügelte geheime Details der Schuldenfinanzierung aus, die sich später für Wall-Street-Bankkunden als unschätzbar wertvoll erweisen sollten. Seine europäischen Kollegen auf der Friedenskonferenz waren junge Männer mit gleichem Ehrgeiz und Talent, darunter John Maynard Keynes (1883–1946) und Jean Monnet (1888–1979), Zögling von Clemenceau und einer der Gründerväter der Europäischen Union. So kann ohne Übertreibung gesagt werden, dass die künftige EU während der Friedensverhandlungen 1919 gezeugt wurde.

Unter Baruchs Anleitung formulierte Dulles die deutsche Alleinschuld juristisch aus. Der betreffende Artikel des Versailler Vertrags war dann der wesentliche Grund für die erste deutsche Delegation unter Graf Ulrich von Brockdorff-Rantzau, die Unterschrift zu verweigern. Um die Zustimmung zu erzwingen, wurde die Seeblockade fortgeführt und erst nach dem 28. Juni 1919 aufgehoben.[52] Noch 1943 geißelte Herbert Hoover, US-Präsident von 1929 bis 1933, die nach dem Waffenstillstand gegen Deutschland verhängte »Lebensmittelblockade« als *»brutale Tat des alliierten Militarismus«* und als sinnlose Bestrafung der Bevölkerung, *»ein schwarzes Kapitel in der Menschheitsgeschichte«.*[53]

John Maynard Keynes wertete den Vertrag als *»einen Versuch, Deutschland der Versklavung zuzuführen und als ein Gewebe von jesuitischen Auslegungen zur Bemäntelung von Ausraubungs- und Unterdrückungsabsichten«.*[54] Keynes hielt es nicht für richtig, die gesamte Verantwortung für den Kriegsausbruch einer einzigen Nation aufzuerlegen. Er betonte, dass politische Begebenheiten am Ende des 19. Jahrhunderts, wie Militarismus und Imperialismus, z. T. auch die Voraussetzungen für den Krieg mitgeliefert haben. Als er erkannte, dass *»wesentliche Änderungen der Friedensbedingungen nicht zu erreichen sein würden«,*[55] trat er am 7. Juni 1919 von seinen Ämtern zurück.

Fünf Jahre nach Sarajewo, am 28. Juni 1919, begann nachmittags Punkt drei Uhr im Spiegelsaal zu Versailles die Zeremonie der Unterzeichnung des fertigen Vertrags.[56] Gemäß Artikel 231, der sogenannten »Kriegsschuldklausel«, musste Deutschland die volle Verantwortung für den Krieg und sämtliche dadurch verursachten Schäden übernehmen. In Artikel 227 wurde der Kaiser zum Kriegsverbrecher erklärt, der *»zum Zwecke seiner Aburteilung«*[57] festzunehmen sei. Nach der durch die Blockade erzwungenen Annahme der Bedingungen der alliierten und assoziierten Mächte durch die Deutschen forderte Clemenceau die deutschen Bevollmächtigten auf, das Dokument zu unterzeichnen, der Friede sei geschlossen. Nach der Unterschrift wurde die deutsche Delegation sofort wieder hinausgebeten, während sämtliche anderen Delegationen im Saal blieben.

Vom 23. bis zum 29. Juni 1919 hatte die englische Freimaurer-Großloge alle Großmeister und Großsekretäre der Englisch sprechenden Länder nach London zur Siegesfeier eingeladen.[58] Die Vorbereitungen dafür hatten gleich nach dem Waffenstillstand begonnen. Eine solch pompöse Siegesfeier angesichts der Katastrophe, die der Krieg für ganz Europa bedeutete, ist schon bezeichnend! Unter den 8000 Freimaurern waren mehr als 500 Gesandte aus Übersee. Die US-Industriellen und Banker hatten ja auch enorm vom Krieg profitiert. Der englische Pro-Großmeister Lord Arthur Oliver verwies in seiner Rede darauf, dass die Freimaurer die weltgeschichtliche Epoche zwischen Französischer Revolution und dem Abschluss des Völkerbundes weltweit mitgestaltet hatten. Großmeister Sir Thomas Halsey sprach von seinem Stolz auf die *»Zugehörigkeit zur angelsächsischen Rasse«*, und der Großmeister von New York bekräftigte, dass *»die Grundprinzipien der anglo-sächsischen Zivilisation in den freimaurerischen Prinzipien ihren Ausdruck fanden«*.[59]

Der einflussreiche Diplomat Henry White, einer der fünf Angehörigen der offiziellen US-Delegation, war von seinem Land tief enttäuscht: *»Wir hatten dermaßen hohe Erwartungen mit diesem Abenteuer verbunden und gemeint, Gott habe uns gerufen, und nun verrichten wir die Drecksarbeit des Teufels.«*[60]

Mit der Übernahme des Finanzzentrums von Großbritannien nach dem Ersten Weltkrieg waren die USA auf dem Weg zur führenden Weltmacht. Nach dem Zweiten Weltkrieg übernahmen sie endgültig die Vorherrschaft auf dem europäischen Kontinent und kamen ihrem Ziel einer Weltregierung immer näher. Mit der Stilisierung der Sowjetunion zum großen Gegner der Freiheit konnten sie im westlichen Teil Europas römische Strukturen errichten, ohne dass ihnen das übel genommen wurde.

Eine Woche nach Versailles stand in der *Allgemeinen Zeitung des Judentums* ein trauriger Kommentar des englisch-jüdischen Autors Israel Zangwill, der schon am Anfang des Krieges seine Stimme gegen den Völkerwahnsinn erhoben hatte: *»Wir Juden, deren nationaler Gruß ›Shalom‹ (Frieden!) ist, können nur unser Haupt verhüllen, wenn wir sehen, dass die größten Vertreter der Christenheit die einzige Gelegenheit versäumten, den Frieden auf ein dauerhaftes Fundament zu stellen.«* Stattdessen hätten *»sie die Politik des ›K.O.-Schlags‹ fortgesetzt, und der*

Hunger, die Pest, das Gemetzel und die Anarchie nehmen ihren Fortgang und Dimensionen an, die in den dunkelsten Zeiten der Menschheitsgeschichte unbekannt waren«. In den verkündeten Friedensparagraphen sah er *»nur die Drachenzähne, die in Europa die Saat für künftige Kriege ausstreuen werden«*, und gestand ein, *»dass selbst ein so großer Mann wie Präsident Wilson seine Feinde in eine Friedensfalle (peace-trap) gelockt und seine eigenen Vierzehn Punkte als einen ›Fetzen Papier‹ behandelt hat«.* Nun sei es Zeit für das Volk Jesajas, aufzustehen und mahnende Worte über die Erde erschallen zu lassen. Ähnlich äußerte sich der deutsch-jüdische Autor Joseph Landau. Fast jeder der Vierzehn Punkte sei in sein Gegenteil verkehrt worden: *»Aus dem Gerechtigkeitsfrieden wurde ein Gewalt-, ein Vergewaltigungs-Unfrieden, dessen Gleichen die Weltgeschichte noch nicht gesehen hat. Ein Friede, der viele Kriege in seinem Schoße hegt.«*[61]

Der erzwungene Friedensschluss hing tatsächlich wie eine Gewitterwolke über Europa und wirkt bis heute nach. Die Vereinigten Staaten verweigerten dem Diktat ihre Unterschrift und schlossen 1921 einen eigenen Friedensvertrag mit Deutschland.

Zur Lösung der im Ersten Weltkrieg verursachten Konflikte war der Versailler Vertrag jedenfalls nicht geeignet, er erwies sich geradezu als Hemmschuh für eine friedliche Entwicklung. Einen geringfügigen Zahlungsrückstand bei den Reparationsleistungen nutzte Frankreich Anfang 1923 zur Besetzung des Ruhrgebiets. Damit wurde der deutschen Wirtschaft nochmals schwerer Schaden zugefügt und zudem die Inflation stark angeheizt. Im Oktober 1923 kostete ein Brot vier Milliarden Reichsmark. Erst mit der Währungsreform wurde die Voraussetzung für eine wirtschaftliche Gesundung geschaffen. Damit wurde Deutschland für amerikanische Anleger und Investoren wieder attraktiv.

John Foster Dulles spielte nun als Partner der internationalen Kanzlei Sullivan & Cromwell – Letzterer wurde wegen seiner Fähigkeit, scheiternde Unternehmen zu retten, auch »der Arzt der Wall Street« genannt – eine wichtige Rolle bei der Ausarbeitung eines neuen Finanzierungsplans zur Stabilisierung der deutschen Währung unter Leitung des US-Politikers und Bankers Charles G. Dawes (1865–1951).

Gemäß dem Dawes-Plan und seinem Nachfolger, dem Young-Plan[62], wurden die deutschen Reparationszahlungen reduziert, und amerikanische Firmen liehen dem deutschen Staat und den Privatunternehmen Geld. Damit zahlte Deutschland die Reparationen an Großbritannien und Frankreich, die wiede-

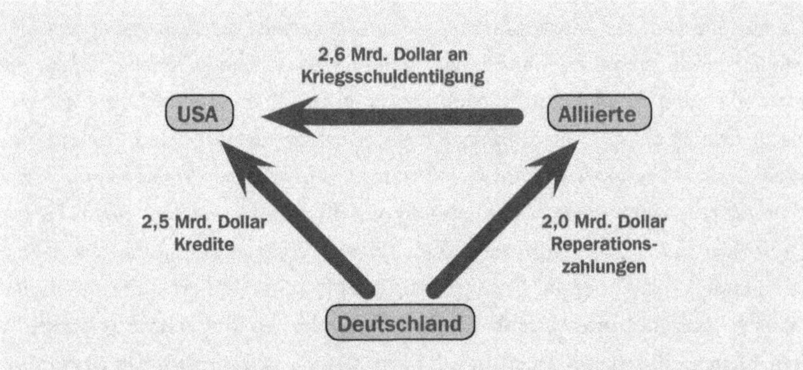

Das internationale Finanzsystem nach dem Dawes- und Young-Plan (1924–30)

rum die Gelder zur Rückzahlung ihrer eigenen Kriegskredite von den USA verwendeten (siehe Abb. oben). Die Hoffnung, damit das Reparationsproblem dauerhaft zu lösen, den wirtschaftlichen Aufschwung einzuleiten und ein gesundes Wachstum zu bewirken (was große Verkäufe amerikanischer Investitionsgüter an Deutschland mit einschloss[63]), wurde durch die Bankenkrise von 1929 zunichte gemacht.

Rudolf Steiners Zeitgeistanalyse

Der gebürtige Österreicher Rudolf Steiner (1861–1925) betrachtete die Situation in Deutschland im größeren zeit- und geistesgeschichtlichen Zusammenhang. Er war besorgt über den geistigen Zustand der Welt und begründete, basierend auf seiner ganzheitlichen Naturphilosophie sowie der Theosophie von Helena Blavatsky, die Lehre von der Weisheit des Menschen, die Anthroposophie. Sie sollte die Trennung von Geist und Materie überwinden und den Zugang zur für die menschlichen Sinne und Empfindungen erfahrbaren Welt erschließen. Steiner, heute vor allem als Vater der Waldorfpädagogik sowie der biologisch-dynamischen Landwirtschaft (Demeter) bekannt, war sowohl von der Philosophie des deutschen Idealismus beeinflusst als auch von Goethes naturwissenschaftlichen Studien und hatte zur Erkenntnistheorie promoviert. Im schweizerischen Dornach konzipierte er 1912 das erste Goetheanum; die »Hochschule für Geisteswissenschaft« brannte 1923 vollständig nieder, vermutlich durch Brandstiftung. Zwischen 1925 und 1928 wurde sie wieder aufgebaut, diesmal aus Beton und nicht mehr aus Holz. Das Gebäude wird noch heute als »zweites Goetheanum« von der Anthroposophischen Gesellschaft für diverse Zwecke genutzt.

»In Steiners Augen«, so der Historiker Peter Staudenmaier, gehörten *»die ›Friedenssehnsucht‹ und der ›Friedenswille‹ ganz einfach zur deutschen Strategie … Deswegen begrüßte er z. B. das Friedensangebot der Mittelmächte vom Dezember 1916 als aufrichtigen Versöhnungsversuch und echte Chance für einen fairen und gerechten Verständigungsfrieden, unter völliger Verkennung der tatsächlichen Lage.«*[64] Sechs Tage vor dem erwarteten Friedensangebot, am 6. Dezember 1916, wurde dort nämlich die inzwischen friedensbereite Regierung Asquith gestürzt und durch ein vierköpfiges Kriegskabinett unter Führung von Lloyd George ersetzt. Dieses Kabinett bestand aus den Hardlinern Lord Curzon, Andrew Law und Arthur Henderson sowie dem ehemaligen Kapgouverneur Alfred Milner, der Großbritannien 1899 bekanntlich in den Burenkrieg manipuliert hatte. Diese Herren schmetterten das Friedensangebot ab.

Im Sommer 1917 schrieb Steiner zwei Memoranden zu seiner Dreigliederungsidee: Durch lebendiges Nebeneinander- und Zusammenwirken der Freiheit im Geistesleben, der Gleichheit im Rechtsleben und der Brüderlichkeit im Wirtschaftsleben sollte die Einheit eines sozialen Gesamtorganismus entstehen – seine letzte Hoffnung auf eine positive Entwicklung für ein friedliches Mitteleuropa.[65] Mit zunehmender Verhärtung des Kriegs polemisierte er gegen »Wilsonismus«, »westliche Demokratie«, »Angloamerikanertum« u. Ä. – alles Themen, die den anthroposophischen Diskurs bis weit in die Weimarer Zeit hinein prägten.

In seinen Herbstvorträgen 1917 thematisierte Steiner die unheilvollen Auswirkungen des herrschenden materialistischen Weltbilds und warnte visionär vor dem Streben ideologischer »Menschheitsbeglücker«, durch Manipulationen am Körper (Impfungen), die Menschen geist- und seelenlos machten: *»Die Seele wird man abschaffen durch ein Arzneimittel. Man wird aus einer ›gesunden Anschauung‹ heraus einen Impfstoff finden, durch den der Organismus so bearbeitet wird in möglichst früher Jugend, möglichst gleich bei der Geburt, dass dieser menschliche Leib nicht zu dem Gedanken kommt: Es gibt eine Seele und einen Geist. – So scharf werden sich die beiden Weltanschauungsströmungen gegenübertreten. Die eine wird nachzudenken haben, wie Begriffe und Vorstellungen auszubilden sind, damit sie der realen Wirklichkeit, der Geist- und Seelenwirklichkeit gewachsen sind. Die andern, die Nachfolger der heutigen Materialisten, werden den Impfstoff suchen, der den Körper ›gesund‹ macht, das heißt so macht, dass dieser Körper durch seine*

Konstitution nicht mehr von solch albernen Dingen redet wie von Seele und Geist, sondern ›gesund‹ redet von den Kräften, die in Maschinen und Chemie leben, die im Weltennebel Planeten und Sonnen konstituieren. Das wird man durch körperliche Prozeduren herbeiführen. Den materialistischen Medizinern wird man es übergeben, die Seelen auszutreiben aus der Menschheit.«[66]

Steiner war kein Impfgegner aus Prinzip. Zwar hatte er sich und sein Team gegen Pocken impfen lassen, er meinte aber, dass man allgemein das Risiko einer Ansteckung durch psychische Einstellung, vor allem Furchtlosigkeit minimieren könne. In Gegenden, wo die Bevölkerung panische Angst vor einer Ansteckung habe, seien *»Erziehungsmaßnahmen«* jedoch sinnlos. *»Da muss man eben impfen. Es bleibt nichts anderes übrig. Denn das fanatische Sichstellen gegen diese Dinge ist dasjenige, was ich, nicht aus medizinischen, aber aus allgemein anthroposophischen Gründen, ganz und gar nicht empfehlen würde.«*[67]

Die Gesundheit eines Menschen war für Rudolf Steiner von seiner geistig-seelischen Haltung und Entwicklung nicht zu trennen und hatte wesentlich mit dem Vertrauen in das Zusammenspiel der lebendigen Kräfte im eigenen Organismus wie auch im Gesamtorganismus der Welt zu tun.

Die Weimarer Republik im Fokus reaktionärer Interessen

Am 16. April 1922, in einer durch Reparationsprobleme bestimmten Zeit, schloss das Deutsche Reich im italienischen Rapallo einen völkerrechtlichen Vertrag mit der Russischen Sozialistischen Föderativen Sowjetrepublik (späteres Gründungsmitglied der Sowjetunion): russisches Öl für Deutschland und deutsche Technik für Russland. Damit konnte die junge Weimarer Republik die angloamerikanischen Fesseln ein wenig lockern. Dennoch verlor Reichskanzler Joseph Wirth den Rückhalt in seiner Zentrumspartei und trat am 14. November 1922 zurück. Inzwischen hatten US-Emissäre den im idyllischen Tutzing lebenden pensionierten legendären General von Ludendorff aufgesucht, um ihn an die Spitze einer reaktionären Bewegung zu stellen. Ludendorff aber verwies auf sein Alter und gab ihnen den Rat, ein Auge auf den in München erfolgreich agierenden Adolf Hitler zu werfen.[68]

Daraufhin fuhr der zweite US-Militärattaché, der 29-jährige Captain Truman Smith, am 15. November 1922 von Berlin nach München. Bereits zu diesem Zeitpunkt wurde Hitler von seinen Anhängern als der deutsche Mussolini gefeiert.[69] Smith nahm seine Aufgabe ernst und zog beim US-Konsul

Robert Murphy, dem Kommandeur der 7. Division General Friedrich Freiherr Kreß von Kressenstein sowie beim Herausgeber der *Münchner Neuesten Nachrichten* Friedrich Trefz persönliche Erkundigungen ein. Während der US-Konsul Hitler keine große Zukunft bescheinigte, sahen Kressenstein und Trefz das anders. Also begab sich Smith zum informellen Hauptquartier der NSDAP in der Georgenstraße 42, um sich dort mit Hitlers Gönner und Geldeintreiber, dem Baltendeutschen Max Erwin von Scheubner-Richter, zu treffen. Scheubner-Richter hielt Kontakte zu den in Deutschland lebenden adligen und reichen Exilrussen, darunter Großfürstin Viktoria Fedorowna, deren Gatte Kirill Ansprüche auf den Zarenthron erhob.

Dann wurde der Captain eingeladen, Hitler bei der Abnahme einer Parade seiner Braunhemden beizuwohnen, zudem traf er sich mit Hitler persönlich. Smith zeigte sich beeindruckt: »*Ein wunderbarer Demagoge. Ich habe selten einem so logischen und fanatischen Mann zugehört. Seine Macht über den Pöbel muss immens sein.*«[70] In seinem späteren Bericht fügte er folgende Einschätzung hinzu: »*Die Frage, ob Hitlers Nationalsozialisten in Deutschland eine Rolle spielen können, die der Rolle der Fascisti in Italien entspricht, kann immer noch nicht mit Sicherheit beantwortet werden. In dem begrenzten Gebiet Bayerns, südlich der Donau, ist der Erfolg Hitlers nicht zu leugnen ... Es wird vermutet, dass nicht nur in München, sondern in ganz Deutschland, selbst unter den Fabrikarbeitern, ein fruchtbarer Boden für eine nationale Bewegung vorhanden ist ... Außerdem scheint es kaum wahrscheinlich, dass es bei den bereits erzielten Ergebnissen an Geld für die Verbreitung der Idee einer nationalen Diktatur mangeln wird. Diese Tatsachen, gepaart mit der Anziehungskraft und den rednerischen Fähigkeiten des nationalsozialistischen Führers, sprechen für eine rasche und konsequente Entwicklung der deutschen ›Fascisti‹.*«[71] Smith hatte folgerichtig erkannt, dass es Hitler nicht an in- und ausländischen Sponsoren fehlen würde, die alle mit ihren Zuwendungen Ziele der unterschiedlichsten Art verfolgten. Unter anderem ging es um ein Bollwerk gegen die um sich greifende bolschewistische Gefahr und natürlich um zukünftige Rüstungsgeschäfte.

Nun brauchte die US-Botschaft in München eine Vertrauensperson, die ein Auge auf Hitler haben sollte. Smiths Wahl fiel auf seinen Freund, den einstigen Harvard-Zögling und Kommilitonen von Franklin D. Roosevelt, Ernst Franz Sedgwick Hanfstaengl, »Putzi« genannt (1887–1975). Er war der Sohn des Münchner Kunsthändlers Edgar Hanfstaengl und seiner Frau Katharina Wilhelmina geb. Heine, die beide auf amerikanische Vorfahren aus dem Sedgwick-Clan zurückschauen konnten, welcher seit dem Unabhängigkeitskrieg Geschichte geschrieben hat.

Putzis Urgroßvater siebten Grades war Generalmajor Robert Sedgwick (1613–1656), der 1630 nach Neuengland segelte – nur zehn Jahre nach den Pilgern der Mayflower. Der Urgroßvater zweiten Grades, General John Sedgwick (1742–1820), war ein Offizier der Revolution und diente unter George Washington. Ein Großonkel gleichen Namens, General John Sedgwick (1813–1864), war der ranghöchste im Bürgerkrieg gefallene Soldat. Statuen zu seinen Ehren stehen in West Point und in Gettysburg. Der Großvater schließlich, der in Deutschland geborene Colonel William Heine (Ehemann von Catherine Sedgwick), reiste 1853 als offizieller Expeditionsmaler mit Commander Matthew Perrys nach Japan. Er kämpfte im Bürgerkrieg und war ein enger Freund von Abraham Lincoln; er trug den Sarg bei Lincolns Beerdigung. Auch Putzis Mutter stammte also aus einer sehr reichen und gut vernetzten High-Society-Familie, deren Wurzeln bis zu den ersten puritanischen Siedlern in Boston zurückreichen.

Da wundert es kaum, dass der junge Hanfstaengl sich 1905 in Harvard immatrikulierte und bald mit den Eliten des östlichen Establishments verkehrte. So war er mit Präsident Theodore Roosevelt und dem zukünftigen Präsidenten Franklin D. Roosevelt befreundet und zudem häufig zu Gast im Haus von Charles William Elliot, dem berühmten Präsidenten der Harvard University. Für den schottischen Historiker Jim MacGregor gehörten die Sedgwicks zum inneren Kreis dessen, was *»als die Bostoner Brahmanen bekannt wurde, den megareichen, mächtigen Familien der Oberschicht englischer Abstammung, die Amerika regierten. Diese amerikanischen Patrioten blieben überzeugte Anglophile und bildeten die amerikanische Seite dessen, was Professor Quigley das anglo-amerikanische Establishment nennt. Sie legten den großen Plan fest, dass die englischsprachigen Völker die Welt beherrschen sollten. Wie Gerry Docherty und ich (Jim MacGregor) gezeigt haben, waren sie für den 1. Weltkrieg verantwortlich, und wie Preparata und andere gezeigt haben, waren sie es auch für die Erschaffung Hitlers, die Finanzierung von Nazi-Deutschland und für den Zweiten Weltkrieg.«*[72] So wurde Putzi Hanfstaengl zu Hitlers ständigem Begleiter, Ratgeber und Verbindungsmann zum US-Pressekorps. Ab 1931 leitete er das Auslands-Presseamt der NSDAP. 1937 fiel er in Ungnade und floh nach England.

US-Multis expandieren in Deutschland

1928 hatte Henry Ford Weitsicht bewiesen und 40 Prozent der Einlage seiner Ford Motor A.G. of Germany in das I.-G.-Farben-Kartell transferiert. Direktor der deutschen Ford A. G. wurde Carl Bosch. Als im April 1929 die amerikanischen Ableger der I. G. Farben mit der Standard Oil of New Jersey verschmolzen und die American I. G. Farben Chemical Corporation[73] gegründet wurde, ernannte man Walter Teagle, Präsident von Standard Oil of New Jersey, zum Direktor dieses Tochterunternehmens. Henry Fords Sohn Edsel stieg in das Führungsgremium der American I. G. Farben auf.[74]

Für diesen Deal hatte die Rockefeller'sche Standard Oil an I. G. Farben 546 000 ihrer Stammaktien im Wert von 30 Millionen Dollar abgegeben. Zwischen 1926 und 1929 hatten beide Konzerne bei der Entwicklung von Hydrierprozessen zusammengearbeitet, und Standard Oil erhielt nun die Hälfte aller Rechte an dem Hydrierverfahren in allen Ländern der Welt – bis auf Deutschland. Dort konnten die Hydrierverfahren unter der Führung Amerikas kommerziell weiterentwickelt werden. Dazu wurde im Dezember 1929 erneut eine Tochter, die Standard I. G. Company, ins Leben gerufen – mit beängstigendem Erfolg.

Die US-Botschaft in Berlin war über das Engagement von Standard Oil beunruhigt und informierte im Januar 1933, also noch vor der Machtergreifung Hitlers, das amerikanische Außenministerium über die Erfolge des Hydrierverfahrens: Damit habe Deutschland in zwei Jahren genügend Öl und Gas, um einen langen Krieg zu führen.[75] Mithilfe der Dollars und des Hydrierverfahrens war Deutschland tatsächlich auf dem Weg zu Autarkie und erneuter Kriegsfähigkeit. Das Verfahren sollte die Basis von Hitlers »Öl-aus-Kohle-Programm« werden, das den Zweiten Weltkrieg mit ermöglichte.

Ein weiterer interessanter Aspekt in Bezug auf die Verbindung von Standard Oil zu I. G. Farben ergibt sich aus der Vernetzung dieser Giganten über ihre Tochterfirmen. So gehörte die Deutsch-Amerikanische Petroleum Gesellschaft (DAPAG) zu 94 Prozent der Standard Oil of New Jersey.

Ein Blick auf die Vernetzung und gegenseitige Durchdringung des Gesamtkomplexes unterstreicht die weltweite Bedeutung der I. G. Farben: Beteiligt waren Ford Motor Company (Edsel B. Ford, Carl Bosch), Standard Oil of New Jersey (Walter Teagle), die Rockefeller-Bank of Manhattan (H. A. Metz, Paul M. Warburg) und die Federal Reserve Bank of New York (Charles E. Mitchell, Walter Teagle, Paul M. Warburg).

Nachdem Owen D. Young als Chef der US-Delegation 1928 den nach ihm benannten Plan ausgehandelt hatte, verwunderte der Einstieg von General Electric (GE) in die deutsche Elektroindustrie – Young war zeitgleich Vorstandsvorsitzender von GE – kaum noch: Schon im Juli 1929 übernahm GE für 14 Millionen Mark Aktien von der AEG. Dieser Deal und weitere Einkäufe auf dem offenen Markt bescherten GE schließlich einen Anteil von 25 Prozent an der AEG. Die amerikanische Elektroindustrie war dabei, die Welt zu erobern.

Die AEG ging nicht leer aus. Ein Abkommen sicherte dem Unternehmen den Zugang zu amerikanischen Patenten und amerikanischer Technologie. Noch im gleichen Monat wurde zwischen General Electric und drei deutschen Firmen – AEG, Siemens & Halske sowie Koppel & Co., die drei hielten alle Aktien von OSRAM – die Aufteilung für Herstellung und Vertrieb von elektrischen Glühbirnen vorgenommen. Die Führungsgremien von AEG und OSRAM erhielten in den nächsten Monaten amerikanische Direktoren, und zwar hochkarätige:[76]

Gerard Swope	Aufsichtsratsvorsitzender von International General Electric, Präsident der General Electric Company, Direktor der National City Bank, Verfasser von Franklin D. Roosevelts New Deal, Mitglied in verschiedenen Organisationen Roosevelts
Owen D. Young	Vorstandsvorsitzender von General Electric, stellvertretender Vorsitzender der Federal Reserve Bank of New York, Vorsitzender des Exekutivkomitees der Radio Corporation of America (RCA), zusammen mit J. P. Morgan Verfasser des Young-Plans
Clark H. Minor	Präsident und Direktor der International General Electric, Direktor der Britisch Thomson Houston, der Compania Generale di Electricita (Italien) sowie der Japan Electric Bond & Share Company (Japan)
E. H. Baldwin	Vizepräsident der International General Electric

1930 wurden Swope, Minor und Baldwin in den Aufsichtsrat der AEG gewählt. An ihrer Seite der bekannte Hitler-Finanzier Pferdmenges von Oppenheim & Co sowie Quandt, dem 75 Prozent der Akkumulatoren Fabrik A. G. gehörten.[77]

Sosthenes Behn, Fernmeldeoberst aus dem Ersten Weltkrieg, hatte mit Unterstützung J. P. Morgans, der National City Bank und der Carnegie Corporation den expansionsfreudigen US-amerikanischen Mischkonzern ITT geschaffen. Behn bewies 1930 Weitsicht beim Einstieg in eine deutsche Holding-Gesellschaft, die Standard Elektrizität A. G. Mit der Kontrolle von 62 Prozent

Fotokollage vom Juli 1931: Owen D. Young (1874–1962) mit Presseschlagzeilen zu den Folgen seines Reparationsplans für die deutsche Wirtschaft. Der Young-Plan sollte eigentlich bis 1988 laufen, wurde aber bereits im Juli 1932 aufgehoben

der Stammaktien hatte er sich eine standfeste Basis in Deutschland geschaffen. Den zweitgrößten Anteil mit immerhin rund 31 Prozent hielt die AEG. Über die Standard Elektrizität AG wurden deren zwei Töchter, die Ferdinand Schuchart Berliner Fernsprech- und Telegraphenwerke AG und die Süddeutsche Apparate-Fabrik GmbH sowie ein Mehrheitsanteil bei der Telefon-Fabrik Berliner A. G. erworben. Damit konnte ITT die marktspezifischen Fabrikanlagen und Telefongesellschaften in Deutschland monopolisieren. Der angelsächsische Historiker und Ökonom Antony C. Sutton ist wahrscheinlich nicht der Einzige, der hier mehr als eine Zufälligkeit erkannte.[78] Während ITT in Deutschland den Telefonsektor zu kontrollieren begann, hatten W. A. Harriman & Company bereits 1925 einen Block von 625 000 Aktien der Deutsch-Atlantischen Telegraphengesellschaft erworben. Diese Gesellschaft hatte den Kabelverkehr zwischen den USA und Deutschland unter Kontrolle.

[Vesting Order Number 248]

ALL OF THE CAPITAL STOCK OF UNION BANKING CORPORATION AND CERTAIN INDEBTEDNESS OWING BY IT

Under the authority of the Trading with the enemy Act, as amended, and Executive Order No. 9095, as amended,[1] and pursuant to law, the undersigned, after investigation, finding:

(a) That the property described as follows:

All of the capital stock of Union Banking Corporation, a New York corporation, New York, New York, which is a business enterprise within the United States, consisting of 4,000 shares of $100 par value common capital stock, the names of the registered owners of which, and the number of shares owned by them respectively, are as follows:

Names	*Number of shares*
E. Roland Harriman	3,991
Cornelius Lievense	4
Harold D. Pennington	1
Ray Morris	1
Prescott S. Bush	1
H. J. Kouwenhoven	1
Johann G. Groeninger	1
Total	4,000

[1] 7 F.R. 5205.

all of which shares are held for the benefit of Bank voor Handel en Scheepvaart, N. V., Rotterdam, The Netherlands, which bank is owned or controlled by members of the Thyssen family, nationals of Germany and/or Hungary,

is property of nationals, and represents ownership of said business enterprise which is a national, of a designated enemy country or countries (Germany and/or Hungary);

(b) That the property described as follows:

All right, title, interest and claim of any name or nature whatsoever of the aforesaid Bank voor Handel en Scheepvaart, and August Thyssen-Bank, Berlin, Germany, and each of them, in and to all indebtedness, contingent or otherwise and whether or not matured, owing to them, or each of them, by said Union Banking Corporation, including but not limited to all security rights in and to any and all collateral for any or all of such indebtedness and the right to sue for and collect such indebtedness,

is an interest in the aforesaid business enterprise held by nationals of an enemy country or countries, and also is property within the United States owned or controlled by nationals of a designated enemy country or countries (Germany and/or Hungary);

Auszug aus dem US-Bundesregister

Am 6. November 1942 veröffentlichte Leo T. Crowley, Treuhänder für ausländisches Eigentum, die sieben Inhaber eines aus 4000 Aktien bestehenden Pakets bei der New Yorker Union Banking Corporation.[79] Von der genannten Zahl an Aktien hielt E. Roland Harriman 3991 Anteile und Prescott S. Bush einen (siehe Abb. oben).

Alle Aktien waren zugunsten der Bank Voor Handel en Scheepvaart N. V. Rotterdam, Eigentum der Familie Thyssen, eingetragen. Damit war für die beteiligten US-Bürger der Tatbestand eines Verstoßes gegen das US-Gesetz »Trading with the Enemy Act« (Executive Order No. 9095) erfüllt. Einwände blieben jedoch, wie so oft, folgenlos.

Auch für IBM-Gründer James Watson war Deutschland das Land, in dem man einfach investieren musste, um zu expandieren. Mit der Übernahme der Deutschen Hollerith Maschinen Gesellschaft (DeHoMag) wurden alle Tochtergesellschaften zusammengefasst und damit de facto die IBM-Europa geschaffen. Watson herrschte nun über ein ähnliches Kartell wie die I. G. Farben.

Das Bankendesaster 1929

Von 1923 an waren Märkte und Börsen ständig gewachsen. Am späten Vormittag des 24. Oktober 1929 lief das Informationsband an der New Yorker Börse jedoch hoffnungslos hinter dem Markt her. Gegen Mittag tauchten einige hässliche Gerüchte über den Zusammenbruch »dieser oder jener Firma« auf. Viele kündigten bei einer Bank Blankoverkäufe an, um ihre Bankkredite zu stützen.[80]

Um 14 Uhr 15, so erinnert sich der Börsenmakler und Schwiegersohn von Franklin D. Roosevelt, Curtis B. Dall (1896–1991), erschien Sir Winston Churchill – nach eigenem Bekunden auf einer Vortragsreise durch die Staaten – auf der Besuchergalerie der Börse als »Zuschauer«, wo er viel zu sehen bekam. Leute, die vollkommen den Kopf verloren hatten, stürzten sich aus den hohen Fenstern der in der Nähe liegenden Gebäude. Wurden an jenem Tag noch 12 894 650 Aktien gehandelt, steigerte sich der Verkauf am 29. Oktober auf 16 410 030 – ein noch nie dagewesener Rekord. Der große Aufschwung der 20er-Jahre war vorüber. Dall erinnert sich auch an eine Bemerkung Bernard Baruchs hinsichtlich des Aktienmarkts im Frühjahr 1929, *»er sähe Sturmwarnungen«*, und kam mit anderen Insidern zu dem Ergebnis, dass das Drama bereits Monate vorher geplant worden war. Im Juli 1929 hatte die Presse über einen Besuch Baruchs bei Bankiersfreunden in Südfrankreich berichtet. Weiter wurde vermeldet, dass Baruch mit Churchill Anfang August von Südfrankreich nach Schottland fuhr, um der Eröffnung der Moorhühnerjagd beizuwohnen. Im September dann wurde der Aktienmarkt von einer neuen plötzlichen Nervosität heimgesucht, die sich im Oktober zur Krise steigerte.

Bei der Analyse des Zusammenbruchs vom 29. Oktober stellte sich Curtis Dall immer wieder die Frage, ob das Treffen dieser außerordentlich einflussreichen Finanzgrößen im Juli und August in einer direkten Beziehung zu der im Oktober eröffneten *»finanziellen Moorhühner-Jagdsaison«* an der Wall Street stand. *»Ich persönlich glaube das«*, schrieb Dall.[81] Er hatte das Gefühl, dass die Gewinner der Krise, Tom Bragg, Ben Smith und Joe Kennedy, als große Blankoverkäufer fungiert hatten. Tatsächlich ist belegt, dass Joseph P. Kennedy in den Jahren 1929/30 mehr als 1 000 000 Dollar durch Leerverkäufe verdiente.[82] Die großen Gewinne an der Börse werden also nicht unbedingt im Aufschwung gemacht. Auch Baruch erbeutete eines seiner ersten Vermögen durch »bärische« Leerverkäufe von amalgamiertem Kupfer im Jahr 1901.

Dall gibt im Hinblick auf die Bankenkrise Folgendes zu bedenken: »*Wenn die allmächtige europäisch-amerikanische Geldmacht-Gruppe die Zeit für reif hielt, die Preisstruktur der Effekten hier und dort niederzureißen, um einen tatsächlich lohnenden Gewinn zu erzielen oder besser eine richtige ›Schur‹ vorzunehmen und damit zugleich Präsident Hoover auszulöschen, dann würden sie es nicht wagen, einen Rothschild, Sasoon, Warburg, Sieff, Morgan, Montefiore, Schiff oder einen Whitney auszuwählen, um die notwendigen ›Scheren‹ anzusetzen. Diese nicht gerade sehr delikate Aufgabe mußte von ganz anderen Leuten gehandhabt werden, d. h. durch neutrale und trotzdem zuverlässige Menschen.*«[83]

Joe Kennedy hatte 1929 nicht nur an der Börse spekuliert, er hatte auch schon als Politiker einen Namen. Nur zögernd war er in den politischen Kreis von Franklin D. Roosevelt und dessen Freund und Berater Louis Howe, Reporter für den *New York Harald*, getreten und hatte sich dann sehr freigebig gezeigt.

Neben Curtis Dall dokumentierte ein weiterer renommierter Zeitzeuge die verbrecherischen Machenschaften gieriger Kapitalisten. Smedley D. Butler (1881–1940), Generalmajor beim United States Marine Corps, zweimal mit der Medal of Honor ausgezeichnet, schrieb 1935 ein Buch mit dem Titel »War is a Racket« (»Krieg ist ein Verbrechen«), in dem er die Arbeitsweise der Vereinigten Staaten bei ihren Auslandseinsätzen und Kriegen, an denen er beteiligt gewesen war, beschrieb und kritisierte, einschließlich der amerikanischen Konzerne und anderer imperialistischer Motivationen, die dahinterstanden. Um aufzuklären, sprach Butler in den 1930er-Jahren auf Versammlungen, die von Veteranen, Pazifisten und kirchlichen Gruppen organisiert wurden. Es war quasi eine Beichte: »*Ich war 33 Jahre und vier Monate im aktiven Militärdienst, und damals habe ich die meiste Zeit als hochgradiger Schläger für Großkonzerne, für die Wall Street und ihre Banker verbracht. Kurz gesagt, ich war ein Gauner, ein Gangster für den Kapitalismus. 1914 habe ich Mexiko und speziell Tampico für die amerikanischen Ölinteressen gesichert. Ich habe aus Haiti und Kuba einen schönen Ort für die Jungs von der National City Bank gemacht, damit sie die Einnahmen kassieren konnten. Ich habe dabei geholfen, ein halbes Dutzend zentralamerikanische Republiken zum Vorteil der Wall Street zu vergewaltigen. Von 1902 bis 1912 habe ich Nicaragua für das internationale Bankhaus Brown Brothers gesäubert. 1916 habe ich Licht in die Dominikanische Republik für die Zuckerinteressen gebracht. 1903 habe ich geholfen, Honduras reif zu machen für die amerikanischen Früchtekonzerne. 1927 habe ich in China dafür gesorgt, dass Standard Oil unbehelligt blieb. Ich hätte Al Capone einige Tipps geben können. Das Beste, was er erreichte, war in drei Distrikten (von Chicago) mit seiner Gaunerei zu operieren. Ich operierte auf drei Kontinenten.«*[84] General Douglas MacArthur bezeichnete Butler als *»einen der wirklich großen Generäle der amerikanischen Geschichte«* und benannte die Militärbasis in Okinawa nach ihm.

Auch US-Präsident Dwight D. Eisenhower (1890–1969) »operierte« auf der ganzen Welt – und wurde sich zunehmend klar darüber, wer und was die Politik im Hintergrund bestimmte. In seiner Abschiedsrede am 17. Januar 1961 warnte er vor den Absichten der Kapital- und Wirtschaftselite: *»Wir in den Institutionen der Regierung müssen uns vor unbefugtem Einfluss – beabsichtigt oder unbeabsichtigt – durch den militärisch-industriellen Komplex schützen. Das Potenzial für die katastrophale Zunahme fehlgeleiteter Kräfte ist vorhanden und wird weiterhin bestehen. Wir dürfen es nie zulassen, dass die Macht dieser Kombination unsere Freiheiten oder unsere demokratischen Prozesse gefährdet. Wir sollten nichts als gegeben hinnehmen. Nur wachsame und informierte Bürger können das angemessene Vernetzen der gigantischen industriellen und militärischen Verteidigungsmaschinerie mit unseren friedlichen Methoden und Zielen erzwingen, sodass Sicherheit und Freiheit zusammenwachsen und gedeihen können.«*[85]

Nachdem heute die Hintermänner des militärisch-industriellen Komplexes mehr denn je Einfluss auf die öffentliche Meinung ausüben, hätte der alte General vermutlich großen Respekt vor als Verschwörungstheoretiker verunglimpften Publizisten, etwa investigativen Journalisten und Bloggern, oder auch scharfsinnigen Moderatoren.

Oberst Curtis Dall weist in seinem Buch »F. D. R.: My Exploited Father-in-law«[86] (»Mein ausgenutzter Schwiegervater«) darauf hin, dass sich Franklin D. Roosevelt, um Präsident zu werden, den internationalen Finanzmächten verpflichtete. So konnte etwa Börsenspekulant Bernard Baruch unangemeldet im Haus der Roosevelts erscheinen.

Der Demokrat Roosevelt war vom 4. März 1933 bis zu seinem Tod am 12. April 1945 der 32. Präsident der Vereinigten Staaten.

IV. Roosevelts Weg in den Zweiten Weltkrieg

Pionier- und Geldadel in Person: Franklin D. Roosevelt

Franklin Delano Roosevelt erblickte am 30. Januar 1882 auf dem Familienbesitz seiner Eltern Sara (geb. Delano) und James Roosevelt in Hyde Park/New York das Licht der Welt. In die begüterte Oberschicht des Landes hineingeboren, konnte er also eine solide amerikanische Abstammung vorweisen.

Mütterlicherseits war er mit der Delano-Familie aus Newberg/New York verbunden. Dieser Familienzweig hatte zunächst die Pioniere New Englands und dann die Persönlichkeiten des freien Unternehmertums gestellt. Darunter waren tatkräftige Seekapitäne, die sich mit ihren Segelschiffen von Fair Haven aus vor allem auf den Chinahandel spezialisiert hatten. Auf den Routen in den Fernen Osten wurde mit allem gehandelt, was entsprechend lukrativ war: Seide, Porzellan, Rum, Sklaven, Elfenbein und Edelhölzer.

Die Roosevelts standen dem kaum nach. Ihre Vorfahren waren 1640 von Holland nach New Amsterdam ausgewandert und konnten obendrein noch auf verwandtschaftliche Beziehungen zu den Familien der Vanderbilts und Astors verweisen. Isaac Roosevelt (1726–1794) war Präsident der Bank von New York und einer der ersten Senatoren gewesen. Voller Stolz durfte die Familie auch auf den 26. Präsidenten der Vereinigten Staaten blicken. Theodore Roosevelt war der Großcousin von Franklins Vater.

Nach dem Studium der Rechtswissenschaften an der Harvard University und der Columbia School of Law wurde Franklin D. Roosevelt 1907 als Anwalt in New York zugelassen und arbeitete in der Wall Street für die Sozietät von Carter, Ledyard und Milburn. Zwei Jahre zuvor hatte er eine entfernte Verwandte, Eleanor Roosevelt, geheiratet.

Nicht sonderlich belesen, misstraute er großen Theorien, konnte aber mit pragmatischem Gespür politische, soziale und wirtschaftliche Zusammenhänge instinktiv erfassen. 1910 wurde er mit 28 Jahren in den New Yorker Senat gewählt und unterstützte 1912 Präsidentschaftskandidat Wilson. Das Kampagnen-Management lag in den Händen des versierten Zeitungsmanns Louis McHenry Howe (1871–1936). Dieser hatte nicht nur ein Gespür für

Franklin D. Roosevelt im April 1932 mit seinem Berater und Freund Louis Howe

Menschen, sondern ebenso für die Politik. Roosevelt und Howe wurden fast unzertrennlich. Nach der Wahl bot Wilson Roosevelt den Posten des Unterstaatssekretärs im Schatzamt an.[1] Doch der verlangte den Posten, den sein Großcousin Teddy Roosevelt im Jahr 1897 von Präsident McKinley erhalten hatte: Unterstaatssekretär der Marine. Nach dem Wahlsieg des Republikaners Warren G. Harding wechselte Roosevelt als juristischer Vizepräsident zur Maryland Fidelity and Deposit Bank – ein überwiegend nomineller Posten in einer Morgan'schen Zweigbank mit gutem Gehalt. 1928 wurde Roosevelt dann mit knapper Mehrheit Gouverneur des Staates New York.

Nach dem Ausbruch der Weltwirtschaftskrise versammelte Roosevelt eine Gruppe von Professoren der Columbia University zu einem »Brain Trust«. Diese »Berufsdenker« sollten ihm helfen, ein umfassendes Hilfsprogramm gegen den ökonomischen Niedergang zu entwerfen. Die Idee war neu und ließ sich recht gut vermarkten.

In seinem 51. Lebensjahr wurde Roosevelt schließlich zum Präsidenten der Vereinigten Staaten gewählt. Fast hätte das im letzten Moment noch ein Anarchist verhindert: Am 15. Februar 1933 überlebte er den Attentatsversuch durch Guiseppe Zangara, weil Schaulustige ihm in den Arm fielen.

Obgleich Roosevelt in der Öffentlichkeit als »politisches Leitpferd« galt, war er für Curtis Dall nicht der überragende Staatsmann, der die Zügel in den Händen hielt, sondern eher ein »Geschütz«, das die Munition durch andere erhielt: von den nächsten Ratgebern einschließlich seiner Gattin sowie einigen Köpfen des Council on Foreign Relations. Eleanor Roosevelt (1884–1962) hatte sich ab 1929 in politischen Fragen zu einer kompetenten Kämpferin entwickelt, die sich für international-sozialistische respektive kommunistische Programme einsetzte, eine Vorliebe, die sie mit ihrer Schwiegermutter teilte. Roosevelts Präsidentschaft unterstützte zudem auch sein intimer Berater Louis

Howe, der schon früh in ihm den kommenden Mann sah und ihm die politische Bühne bereitete.[2]

Auch später noch kamen viele bedeutende Persönlichkeiten an der Präsidentengattin nicht vorbei, so etwa der New Yorker Gouverneur Alfred E. Smith oder der ehemalige Präsidentschaftskandidat Wendell Willkie, mit dem Eleanor am 10. November 1941, vier Wochen vor Pearl Harbor, Freedom House gründete. Die Organisation setzte sich entgegen der damals vorherrschenden isolationistischen Außenpolitik für einen Eintritt der USA in den Zweiten Weltkrieg auf Seiten Großbritanniens ein. Nach 1945 unterstützte Freedom House den Marshall-Plan und die Gründung der NATO. In den 1980er-Jahren förderte es die Solodarnośc-Bewegung in Polen.

Zu den Freunden der Familie Roosevelt zählten auch die Morgenthaus, Nachbarn in Hyde Park. Henry Morgenthau Sr. (1856–1946) war Absolvent der renommierten Columbia Law School und Unterstützer im Präsidentschaftswahlkampf Woodrow Wilsons. Nach dessen Wahl wurde er 1913 amerikanischer Botschafter im Osmanischen Reich, dort wandte er sich erfolglos gegen den Genozid an den Armeniern. Nach seiner Rückkehr in die Staaten widmete er sich wieder der Börse und beriet die Roosevelts uneigennützig bei vorteilhaften Aktienkäufen. Aus verlässlicher Quelle berichtet Curtis B. Dall, dass Morgenthau Sr. die schweren finanziellen Verluste im Jahr 1929 durch die Übernahme von Roosevelts Anteilen ausglich. Im Gegenzug versprach Roosevelt, *»für künftige politische Vorschläge von ›Onkel Henry‹, die er im Interesse und für das Weiterkommen seines Sohnes Henry auf den dornenreichen Lebenspfaden machen würde, zugänglich zu sein«.*[3] 1933 war die Zeit gekommen: »Onkel Henry« machte einen Vorschlag, und Henry Morgenthau Jr. wurde Minister des Schatzamts, von 1934 bis 1945 hatte er schließlich das Amt des US-Finanzministers inne. Zuvor war er als Landwirt auf seiner Farm in Fishkill, New York, mit dem Züchten von Äpfeln beschäftigt gewesen, und seine Erfahrung mit Finanzen hätte nicht einmal für eine Genossenschaftsbank gereicht. Also wurde ihm der undurchsichtige Harry Dexter an die Seite gestellt. Auf Morgenthau Jr. ging im Übrigen auch der Plan zurück, Deutschland nach dem Zweiten Weltkrieg in einen Agrarstaat umzuwandeln.

Im Januar 1933 hatte sich der Börsengewaltige Bernard Baruch zu einem zwanglosen Besuch bei den Roosevelts angemeldet und traf dort »zufällig« auf Curtis Dall. Als Berufskollegen kamen sie sich schnell näher und plauderten über Aktienanlagen. Dabei verriet Baruch, dass er mehr als ein Drittel der gesamten sichtbaren Silbervorräte der Welt besitze und in diese Investition Vertrauen habe. Dall verstand diesen »Tipp« erst, als er nach einigen Monaten in der Presse überraschend Berichte über die Anhebung des Silberpreises las: Der Kongress hatte das Schatzamt ermächtigt, den Preis zu verdoppeln.[4]

Baruch stand seit den 1920er-Jahren auch mit Winston Churchill in freundschaftlicher Verbindung und unterstützte ihn als Verwalter seines Privatvermögens. Churchill hielt große Stücke auf Baruchs Fähigkeiten als Finanzier, seit dieser ihn beim Börsenkrach von 1929 durch sein Anlagetalent vor dem Ruin bewahrt hatte.[5] Auf seinem Landsitz Hobcaw Barony in South Carolina empfing Baruch hochrangige Gäste, unter ihnen neben Churchill und Roosevelt auch General John J. Pershing und Woodrow Wilson.

Anfang März 1933 hatte die Depression ihren Tiefststand erreicht – ungefähr fünfzehn Millionen Menschen waren arbeitslos, Tausende von Banken zusammengebrochen, die Agrarpreise deckten nicht einmal mehr die Herstellungskosten. Während die Bürger um ihre Bankeinlagen zitterten, begannen Kreditinstitute, ihre Türen zu verriegeln. Am 6. März 1933, zwei Tage nach seiner Amtseinführung, ließ Roosevelt alle Banken schließen.

Als eine Woche später die »gesunden«, an das Federal Reserve System angeschlossenen Banken wieder öffneten, mussten sich 4000 andere für zahlungsunfähig erklären. Der Dollar wurde um bis zu 50 Prozent abgewertet, für Gold und Valuta wurde ein Ausfuhr- und Hortungsverbot erlassen, und der Verkauf von Wertpapieren an der Börse streng geregelt. Dafür übernahm der Staat die Garantie für Spareinlagen bis zu einer Höhe von 5000 Dollar. Am 16. Juni 1933 wurde das Bankengesetz Glass-Steagall-Act[6] vorgestellt, vom Kongress abgezeichnet und vom Präsidenten unterschrieben. Insbesondere ging es in den Abschnitten 16, 20, 21 und 32 um die Trennung von Handels- und Investmentbanking. Den Geschäftsbanken wurde die Umleitung von Geldern in spekulative Operationen und für andere Zwecke untersagt. Dieses weitsichtige Gesetz konnte für 75 Jahre weitgehend kriminelle Spekulationen und deren Auswirkungen verhindern.

Um die Arbeitslosigkeit abzubauen, etablierte Roosevelt am 31. März 1933 einen »Freiwilligen Arbeitsdienst«, ähnlich dem Reichsarbeitsdienst in Deutschland, als Teil eines »New Deal«, mit dem er die Wirtschaft zu reformieren suchte.

Da dem Geldwert nur eine geringe Wirtschaftsleistung gegenüberstand, stieg der Goldpreis, wovon Goldbesitzer unmittelbar profitierten. Roosevelt bat sie als Erste zur Kasse, denn für seinen New Deal benötigte er Geld. Zum Festpreis von 20,67 Dollar pro Feinunze (31,1 g) mussten die Bürger ihr Gold bis zum 1. Mai 1933 an die US-Notenbank verkaufen. Fortan war in den USA der private Goldbesitz bis 1974 verboten. Verstöße wurden mit bis zu 10 000 US-Dollar Geldstrafe oder Haftstrafen von bis zu zehn Jahren geahndet.

Angesichts der Fülle der mit heißer Nadel gestrickten Gesetze – in keiner Kongressperiode waren so viele und wichtige Gesetze in so kurzer Zeit verabschiedet worden –, stellt sich die Frage nach deren Vereinbarkeit. Auf der einen Seite wurde die Produktion gedrosselt, auf der anderen Seite sollten Arbeitsplätze geschaffen werden. Den Farmern wurden Prämien für brach gelassene Felder bezahlt, während gleichzeitig massenhaft Jugendliche zum Arbeitsdienst zwecks Kultivierung von Land und Forst gerufen wurden. Dieser erste New Deal, wenn auch ausgebrütet von den Hirnen des Brain-Trusts, musste zwangsläufig scheitern. Ein zweiter sollte folgen.

Warm Springs, Georgia, November 1932: Franklin D. Roosevelt (sitzend) mit Henry Morgenthau Jr. (li.) und W. Forbes Morgan, Lobbyist der Spirituosenhersteller und enger Verwandter Eleanor Roosevelts

Eine größere wirtschaftsstimulierende Wirkung hatte die Aufhebung der 1920 verhängten Prohibition. Ab Dezember 1933 flossen Bier und Schnaps wieder und stärkten zumindest zeitweilig das Vertrauen in die Regierung. Ein schwerer Schlag war das hingegen für die Verbrechersyndikate. Denn Roosevelt hatte ihnen die Geschäftsgrundlage entzogen und hoffte wohl, dass sich ihre Bosse nun der Rosenzucht widmen würden. Das sollte sich ebenfalls als Trugschluss erweisen, denn der »Brain Trust« der Gangsterbosse erwies sich als weitaus erfindungsreicher als jener von Roosevelt. Ein neues Feld wurde künstlich geschaffen: Man stieg auf Rauschgift um, und zwar nicht nur Marihuana oder ein wenig Morphium, welches die oberen Zehntausend bereits seit Beginn der 20er-Jahre kannten. Jetzt wurden Millionen von Heroin abhängig gemacht, auch über die Grenzen Amerikas hinaus.

Roosevelt und die Bank für Internationalen Zahlungsausgleich (BIZ)

Dem Gründungskomitee der BIZ, der Bank der Zentralbanken, gehörten im Mai 1930 u. a. der Teilhaber des Hamburger Bankhauses M. M. Warburg & Co., Carl Melchior, J. P. Morgan Jr. und sein Teilhaber Thomas W. Lamont an. Diese hatten bereits am Dawes- und am Young-Plan mitgewirkt.[7] Mit der BIZ sollten ursprünglich die deutschen Reparationsverpflichtungen nach dem Ersten Weltkrieg neu geregelt werden.

Bedenken über die Absichten der noch über der Fed stehenden privaten BIZ hatten im britischen Empire zu heftigen Diskussionen geführt und auch die vom 21. Juli bis 20. August 1932 in Ottawa durchgeführte British Empire Economic Conference[8] der Kolonien und autonomen Dominions nicht unberührt gelassen. Vorrangig ging es um Wege aus der Großen Depression. Im Mittelpunkt standen Vorschläge zur Wiederherstellung eines befriedigenden internationalen Währungsstandards. Allgemein wurde über eine internationale Währungsleitung diskutiert, welche die reibungslose Abwicklung des internationalen Handels und Geldverkehrs gewährleisten sollte.[9] Differenzen ließen die britische Regierungskoalition jedoch platzen.

Im Vorfeld der Konferenz von Ottawa wurde im neuseeländischen Parlament die Absicht des Empires diskutiert, die verschiedenen Geldsysteme der Dominions der Kontrolle der BIZ in Basel zu unterstellen. In einer Debatte vom 12. April 1932 warnte Captain Harold Rushworth, schwerbeschädigter

Kriegsveteran und Abgeordneter der Country Party, eindringlich davor, die parlamentarische Kontrolle an eine internationale Privatorganisation abzutreten: »*Ich bin sehr besorgt, dass unsere Delegierten auf der Ottawa-Konferenz dazu verleitet werden könnten, zuzustimmen, dass das Geldsystem dieses Dominions dem Volk weggenommen und durch eine Zentralbank (Reserve Bank) ersetzt werden soll, die wiederum mit anderen Zentralbanken in der ›Bank für Internationalen Zahlungsausgleich‹ in Basel verbunden wäre.*«[10] Er befürchtete die Kontrolle der weltweiten Geldströme durch die kleine Gruppe mächtiger Bankiersfamilien hinter der BIZ.

Vom 12. bis zum 27. Juli 1933 organisierte der Völkerbund in London vor dem Hintergrund der Weltwirtschaftskrise eine Konferenz, an der Vertreter aus 66 Staaten teilnahmen. Auch hier ging es um die Währungsstabilisierung zur Beendigung des Währungskriegs der 1930er-Jahre und um das Schuldenproblem. Die Konferenz scheiterte mit ihren Vorstellungen am Widerstand von US-Präsident Roosevelt.

Als am 27. Oktober 1933 das neuseeländische Parlament über die Ergebnisse der Konferenzen sprach, fasste Captain Rushworth zusammen: »*Wir wissen definitiv, dass es Vorschläge gibt …, die darauf abzielen, die Kontrolle der Geldsysteme generell entweder einer Organisation des Empire oder, vorzugsweise, einer internationalen Organisation zu übergeben. Dabei wird argumentiert, dass die Kontrolle über das Geld international sein sollte und dass das die einzige Lösung unserer Probleme sei. Dieser Vorschlag beinhaltet jedoch die Übergabe der Kontrolle an private Unternehmen*« und damit den Kontrollverlust des Staates.[11] Die Währungs- und Wirtschaftskonferenz konzentriere sich darauf, alle Zentralbanken in der Welt zusammenzulegen und sie unter die Leitung der BIZ zu stellen.

Rushworth sah den Hauptgrund für die Einberufung der jüngsten Konferenz darin, ein internationales Geldsystem zu schaffen, das auf Gold basiert und von den »*verantwortungslosen*« Direktoren der BIZ kontrolliert wird, und dass es nur einer Spaltung in den »*oberen Regionen der Hochfinanz*« zu verdanken war, dass sie torpediert wurde. Zusätzlich habe Präsident Roosevelt nicht nach der Pfeife der Rothschild-Gruppe tanzen wollen. Die Menschheit sei dadurch vor einer schrecklichen Katastrophe bewahrt worden. Rushworth erklärte weiter, dass die (private) »Bank of England« als Zentralbank des Empire im Gespräch sei und dass es einige Stimmen gebe, die die Übertragung der obersten Gewalt von der Regierung auf diese Bank – ein Privatunternehmen – für eine zufriedenstellende Lösung bezüglich der Geldsysteme des Empire hielten. Die

Gefahr, die in einem solchen Kontrollverlust des Staates liegt, hätten die Leute noch nicht ganz begriffen.

Am 21. November 1933 sagte Präsident Franklin D. Roosevelt zum Gründer des Council on Foreign Relations und ehemaligen Präsidentenberater Wilsons, Edward M. House: *»Die wirkliche Wahrheit … ist, wie Sie und ich wissen, dass Finanzkreise seit den Tagen von Andrew Jackson in den größeren Zentren Einfluss auf die Regierung nehmen – und ich nehme die Regierung von Woodrow Wilson nicht ganz aus. Das Land macht eine Wiederholung von Jacksons Kampf mit der [damals halbprivaten] ›Bank of the United States‹ durch – nur auf einer viel größeren und breiteren Basis.«*[12]

Im Juli 1944 bot sich für Roosevelt dann anlässlich der Bretton-Woods-Konferenz in den USA endlich eine aussichtsreiche Möglichkeit, die BIZ schachmatt zu setzen. Dort forderte die norwegische Delegation in einer Resolution, die BIZ sobald wie möglich zu liquidieren und in der Zwischenzeit eine Untersuchungskommission zu bilden, welche die Aktivitäten der Bank während der Kriegszeit prüfen sollte. Mit der Unterstützung einflussreicher amerikanischer Bankiers, die unter keinen Umständen irgendeine Aktion gegen die BIZ akzeptieren wollten, taten die Profiteure ihr Bestes, den Antrag der Norweger zu blockieren.

Leon Frazer, Chef der First National Bank of Manhattan und früherer BIZ-Präsident, meinte, jegliche Feindseligkeit gegen diese Bank sei politisch motiviert und werde teilweise von Roosevelt selbst angeheizt. Frazer ging sogar so weit, vor den Anhörungen im Kongress im Zusammenhang mit den BIZ-Operationen einen Eid abzulegen und die BIZ als die einzig logische Wahl für die Anstrengungen zum Wiederaufbau zu deklarieren.[13]

Erfolgreich konnte sich nun die BIZ-Führung zusammen mit der britischen Delegation gegen die von Roosevelt favorisierte Auflösung der Bank stemmen – das gelang sogar bis zum Tod des Präsidenten am 12. April 1945. Danach stoppten die Briten und Harry S. Truman sofort das Vorhaben.[14]

Die Bank für Internationalen Zahlungsausgleich ist bis heute aktiv. Unter dem Vorsitz des ehemaligen Bundesbankpräsidenten Jens Weidmann (Frankfurt) konferieren regelmäßig u. a. der Gouvernor der Bank of England Andrew Bailey (London), die EZB-Präsidentin Christine Lagarde (Frankfurt), der Präsident der Fed Jerome H. Powell (Washington), der CEO der Fed John C. Williams (New York), der Gouvernor der Reserve Bank of India, Shaktikanta Das, sowie der stellvertretende Gouverneur der Chinesischen Volksbank Yi Gang (Peking) – aus Russland: niemand.

Die Beziehungen zur Sowjetunion werden normalisiert

Vor dem beträchtlichen Engagement der US-Industrie und der Hochfinanz in der Sowjetunion konnte die Roosevelt-Administration nicht länger die Augen verschließen. Am 16. November 1933 erkannten die USA endlich die Sowjetunion an und nahmen diplomatische Beziehungen auf.

Nach den Revolutionswirren spendeten Katholiken den hungernden Russen zwei Millionen Dollar. Der aus einer Quäkerfamilie stammende Herbert Hoover hatte 1921 ebenfalls eine Rettungsaktion angeregt und mit der der American Relief Administration (ARA) unglaubliche 66 Millionen Dollar aufgebracht.[15] Damit hatte er zweifellos vielen Menschen in Russland das Leben gerettet. Nun folgte das Big Business: Rockefellers Chase National Bank[16] half 1922, die amerikanisch-russische Handelskammer zu etablieren, deren erster Präsident Reeve Schley war, ein Vizepräsident der Chase. 1925 entwickelten die Chase National und die russische PromBank ein komplettes Programm zur Ausfuhr von sowjetischen Grundstoffen und zur Einfuhr von Maschinen und Baumwolle aus den USA. Bereits Mitte der 1920er-Jahre lieferten die USA Maschinen im Wert von 37 Millionen Dollar. Allein International Electric verkaufte für mehr als 20 Millionen Dollar Geräte. Im Gegenzug erhielt Standard Oil die Bohrrechte für 50 Prozent der riesigen kaukasischen Ölfelder. Da spielte es auch keine Rolle, dass diese Felder bereits verstaatlicht worden waren. Und Standard Oil sicherte sich zusätzlich noch Rechte für Goldschürfungen am Amur.

Bei der Kreditvergabe an die Sowjetunion dominierten die Chase National und die Equitable Trust Co. Mit von der Partie waren auch Kuhn, Loeb & Co. sowie W. Averell Harriman. Als Bindeglied fungierte die erste kommerzielle sowjetische Bank, die Ruskombank, mit dem Amerikaner Max May als Vizepräsident an ihrer Spitze. Er war zugleich Vizepräsident der von J. P. Morgan kontrollierten Garantie-Treuhand.[17] Auch auf die russische Zentralbank[18] nahmen einige Partner von Morgan Einfluss. Die Staatsbank funktionierte nach ähnlichen Prinzipien wie die Fed. So konnte man mit ihr alle laufenden Geldgeschäfte, an denen sowjetische Unternehmen beteiligt waren, überwachen und die Operationen mit ausländischen Währungen und Wertgegenständen kontrollieren. Kapital und Kommunismus brauchten einander.

Joseph Stalin (1879–1953) hatte auf dem Parteitag 1925 die Umwandlung der UdSSR von einem Agrarland in ein Industrieland proklamiert. Während der Revolution hatten die Bolschewiken schon die landwirtschaftliche Oberschicht vernichtet. Mit Stalins Aufruf »Schlagt die Kulaken!« sollte nun auch der bäuerliche Mittelstand einer Kollektivierung weichen. Stalins industrielle Ziele erhielten in einem gewaltigen Fünf-Jahres-Plan Gesetzeskraft. Amerikanische Banken hatten das Feld vorbereitet, nun konnten sich auch US-Firmen an Stalins Aufbauwerk beteiligen. Eine ganze Expertenschar strömte aus den Vereinigten Staaten herbei, um Stalin beim Aufbau behilflich zu sein: Spezialisten für Industrie- und Montagehallen, für Traktoren und Autos und für den Telefon- und Bergbau. Ford kassierte 30 Millionen Dollar für Entwicklung und Aufbau der sowjetischen Autoindustrie an der Mündung der Oka bei Gorkij. Die Austin-Company von Ohio errichtete die erste bolschewistische Musterstadt, und die Arthur McKee Company, Cleveland, schuf für 800 Millionen Rubel das Zentrum der sowjetischen Eisen- und Stahlindustrie in Magnitogorsk. John Clader, Detroit, plante und rüstete ein Traktorenwerk in Chelyabinsk aus. Auch US-Firmen wie Westinghouse, DuPont und die Radio Corporation of America (RCA) unterstützten tatkräftig den sozialistischen Aufbau.[19]

1927 baute die Standard Oil die ersten Raffinerien in Baku, und die Tochter Vakuum Oil ließ sich die Handelsgenehmigung, russisches Öl nach Europa zu verkaufen, 75 Millionen US-Dollar kosten. Neben Standard Oil erhielt die International Barnsdale Corporation Bohrrechte. Die Amerikaner ermöglichten sogar die sowjetische Baumwollproduktion durch Bewässerung der zentralasiatischen Ebenen. Und der Schöpfer des Muscle-Shoals-Staudamms im Tennessee-Tal, Colonel Hugh Cooper, baute für die Sowjets in Rekordzeit das gigantische hydroelektrische Kraftwerk in Dnjepropetrowsk. Stalin räumte später ein, dass zwei Drittel der sowjetischen Industriekapazität nur mit Hilfe der USA entstanden seien.

Inzwischen war Stalins Konkurrent Trotzki in Ungnade gefallen. 1927 aus der Partei verstoßen, musste er zwei Jahre später das Land verlassen. Auch die russische Landbevölkerung wollte sich nicht so ohne Weiteres Stalins Willen unterordnen. So setzte dieser Lebensmittel als Waffe ein: Diejenigen, die nicht mit dem kommunistischen System kooperieren wollten, mussten elendig sterben. 1932/33 verhungerten zwischen drei und sieben Millionen Menschen. Gegenüber Churchill gab Stalin 1945 die Zahl der Opfer im Zuge der »Reorganisation der Landwirtschaft« mit zwölf Millionen an.[20]

Das konnte den amerikanischen »Aufbauhelfern« eigentlich nicht verborgen geblieben sein.

Ebenso klar war, dass die bei den Großprojekten eingesetzten russischen Arbeiter selten glühende Kommunisten waren. In den meisten Fällen waren sie unter einem Vorwand zur Zwangsarbeit verurteilt worden. Dieses üble Geschäft besorgte der Geheimdienst GPU, der sich 1934 in den NKWD umwandelte.[21] Das russische Lagersystem für die Zwangsarbeiter war bereits unter Lenin aufgebaut worden und wurde unter Stalin perfektioniert. Die Lager unterstanden dem NKWD und waren Teil der sowjetischen Wirtschaft. Fast die Hälfte des Gold- und Chromabbaus wurde durch Zwangsarbeit geleistet. Die Lager kosteten bis 1950 nochmals vier Millionen Menschen das Leben.[22]

Mit der Anerkennung durch die USA erfolgte seitens der Sowjetunion das Versprechen, sich nicht in ausländische Angelegenheiten einzumischen. Ein Versprechen, das nicht gehalten werden sollte.

1934 gehörte die Sowjetunion sogar zu den Ländern, die von den USA offiziell bevorzugt behandelt wurden. Unter den Bestimmungen des Gesetzes für Handelsabkommen[23] vom Juni 1934 hatte Außenminister Hull uneingeschränkte zweiseitige Meistbegünstigungsverträge mit der Sowjetunion sowie mit Kuba, Kanada, Frankreich und etwa zwanzig weiteren Ländern geschlossen. Das brachte im Ergebnis einen wesentlichen Aufschwung des amerikanischen Außenhandels und letztlich die Aufnahme der Sowjetunion in den Völkerbund.

Im gleichen Jahr lieferte die Ermordung des Leningrader Parteisekretärs und Stalin-Konkurrenten Sergei Kirow dem Diktator den willkommenen Vorwand, eine groß angelegte Säuberungskampagne in den eigenen Reihen durchzuführen. Ihr fielen zwei Drittel der führenden Kader, Funktionäre und Delegierten des Zentralkomitees der Kommunistischen Partei (KPdSU) zum Opfer. Beim ersten Schauprozess in Moskau im August 1936 wurden vierzehn führende Mitglieder der innerparteilichen Opposition hingerichtet, und schließlich – zusammen mit einer Reihe von Befehlshabern aus Armee und Flotte der legendäre Bürgerkriegsgeneral Marschall Tuchatschewski. Der britische Osteuropaspezialist John Erickson schätzt die Zahl der Ermordeten bei den Streitkräften auf 35 000 Kommandeure und Kommissare. Nach Andrej Sacharow wurden allein zwischen 1936 und 1939 mehr als 1,2 Millionen Mitglieder der Partei verhaftet. Nur 50 000 kamen wieder frei, die anderen wurden bei Verhören totgequält, erschossen oder sind in Lagern umgekommen. Die Gesamtzahl der Opfer kommunistischer Herrschaft werden inzwischen auf bis zu 32 Millionen beziffert.[24] Warum nahm Roosevelt davon keine Notiz? Eine interessante Erklärung für dessen kognitive Dissonanz überliefert der amerikanische Historiker George F. Kennan: Als der Stab der Botschaft in Moskau von den stalinistischen Säuberungen berichtete und eine Tyrannei enthüllte, die so schrecklich war wie die der Zaren, bezeichnete Präsident Roosevelt *»die Berichte als das Produkt einer in seinen Augen typischen Mentalität des steifen Auswärtigen Dienstes«.*[25] Um sich von den Enthüllungen nicht beunruhigen und in seinem Selbstverständnis irritieren zu lassen, schloss er kurzerhand die russische Abteilung des Auswärtigen Dienstes, löste ihre Bibliothek auf und zwang ihren Chef zum Rücktritt.

Nach zwei Amtsjahren musste sich Roosevelt eingestehen, dass die mit dem New Deal angestrebte finanzielle Sanierung und sein Versuch, die Wirtschaft zentral zu lenken, gescheitert waren. Vonseiten des Big Business blies ihm ein eiskalter Wind ins Gesicht, der Kongress wurde widerspenstig, und die oberste richterliche Gewalt hatte weite Teile des Reformprojekts für verfassungswidrig erklärt, so z. B. am 27. Mai 1935 das zentrale Gesetz des New Deal, den National Industrial Recovery Act.

Roosevelt reagierte darauf mit einem Linksruck, um seine Anziehungskraft für bisher benachteiligte Gruppen wie Arbeiter, kleine Farmer, Immigranten, US-Afrikaner und Intellektuelle zu erhöhen. Das brachte ihm die ehrenwerten Beinamen »Roter im Weißen Haus«, »Verräter seiner Klasse« oder »Aristokrat in sozialen Kleidern« ein. Gleichzeitig forcierte er Kriegsvorbereitungen. Im Juni 1935 lud Roosevelt den deutschen Emigranten und Literaturnobelpreisträger Thomas Mann zu einem Gespräch ins Weiße Haus ein. Danach bemerkte der Schriftsteller lakonisch: *»Als ich ihn verließ, wusste ich, Hitler war verloren.«*[26]

Historiker verknüpfen bis heute die amerikanischen Militärplanungen der späten 30er-Jahre für einen Krieg gegen Deutschland und Japan mit den Ereignissen des Jahres 1939, sprich dem Einrücken deutscher Truppen in die Tschechoslowakei und das Memelgebiet sowie den Angriff auf Polen ein halbes Jahr später, da ab diesem Zeitpunkt die Sicherheitsinteressen der USA berührt schienen.[27]

Dieser verbreiteten historischen Sichtweise widerspricht Colonel Henry S. Gole vehement in seinem Buch »The Road to Rainbow«, worin er bisher nicht widerlegte Beweise aufführt, die er u. a. in den Archiven des American Military Institute fand. Dabei sichtete er vor allem die Dokumente des Army

War College 1934 bis 1940 und zeigt dessen enge Verbindung mit der späteren War Plans Division auf.[28] Somit hatte der Zweite Weltkrieg mehrere Väter.

Gole, in Soldaten- wie Historikerkreisen anerkannt, kämpfte als Infanterist in Korea, diente als Offizier in Vietnam, als Militärattaché in Deutschland und als Stabsoffizier im Pentagon. So verwundert es auch nicht, dass er Mitglied der gemeinnützigen Association of the U. S. Army ist.

Die grundlegenden Konzepte der alliierten Strategie im Zweiten Weltkrieg wurden schon in dem 1960 vom Chefbüro der Militärgeschichte herausgegebenen Buch »Command Decisions« dokumentiert. Im ersten Kapitel, »Germany First«, erläutert der Historiker Louis Morton, Universitätsrektor und Oberstleutnant, die US-Kriegspläne von 1919 bis 1938 und macht die ab 1938 erfolgte strategische Anpassung deutlich.[29] Am 1. September 1939, dem Tag des deutschen Angriffs auf Polen, wurden Roosevelts Kriegsabsichten dann offenbar. Da ernannte er nämlich den erst 1936 zum Brigadegeneral beförderten Chef des Kriegsplanungsamts George Marshall an Dutzenden altbewährter Generale vorbei zum Chef des US-Generalstabs – somit saß ein politischer General im Pentagon.

Die Kriegspläne »Orange« und »Rainbow«

In den Strategien der US-Militärplaner zeigen sich nicht zuletzt die Einflüsse der Frontier-Bewegung (Westexpansion durch ständiges Vorrücken des Grenzgebiets von den Appalachen bis zum Pazifik) sowie der Maritime Strategy nach Alfred Thayer Mahan, wodurch sich die Landmacht USA zu einer globalen Seemacht wandelte – nach Mahan die Voraussetzung für Weltpolitik.[30]

Von den Offizieren in den 1920er- und 1930er-Jahren wurden zudem gern die Werke der deutschen Kriegstheoretiker Carl von Clausewitz und Colmar von der Goltz gelesen, dessen Hauptwerk »Das Volk in Waffen« Aufschluss über das Denken der deutschen Militärelite gab. Die US-Interessen vor und während des Ersten Weltkriegs reflektierend, richteten die US-Militärstrategen ihre Hauptanstrengungen zielstrebig auf Europa, wobei Deutschland zuerst besiegt werden müsse. Aus dieser Einschätzung heraus wurde ein einzigartiges Konzept erstellt, niedergelegt in den »Rainbow«-Plänen.[31] Der gegen Japan zwischen 1924 und 1938 entwickelte Kriegsplan »Orange« sah statt einer Landung Isolation und Störaktionen vor.[32]

Waren bis 1934 Planspiele mit nur einem Kriegsgegner üblich, ging man jetzt von Kriegsallianzen auf beiden Seiten aus. Mit bemerkenswerter Voraussicht wurden Szenarien entworfen, in denen die USA und ihre Alliierten in einem »Zwei-Ozeane-Krieg« gleichzeitig die nationalsozialistischen Bündnisse und Japan niederwarfen. Dabei konnten die Planer des »War College« auf die Erfahrungen mit dem komplexen und zeitaufwendigen Prozess der totalen Kriegsmobilisierung aus dem Ersten Weltkrieg zurückgreifen. Folgerichtig erkannten sie riesige Chancen für die US-Ökonomie. Diese wirtschaftlichen Perspektiven würde es den USA ermöglichen, zu überleben, wenn der Krieg nur lange genug dauern würde. Bei einer erfolgreichen Mobilisierung wäre sogar der Sieg sicher.[33]

Nicht die Einnahme von Nanking durch Japan, sondern der Beitritt Italiens zum Antikominternpakt, dem deutsch-japanischen Vertrag zur Bekämpfung der Kommunistischen Internationale (Komintern) im November 1937, machte wohl den Planern deutlich, dass ein Krieg nicht auf Japan und die USA begrenzt bleiben könnte. Jetzt wurden Drohungen oder direkte Angriffshandlungen seitens der Achse »Berlin-Rom-Tokio« in Europa und Asien für möglich gehalten.

Der englische Premier Chamberlain feierte das Münchner Abkommen[34] am 29. September 1938 noch als »Paper of Peace«, Präsident Roosevelt indes beauftragte das Militär, der Bedrohung amerikanischer Interessen im Atlantik resp. Pazifik durch einen deutsch-italienischen Angriff in Europa und einer simultanen japanischen Expansion im Fernen Osten entgegenzutreten – eine beliebte Umschreibung für Kriegspläne.[35]

Die Rainbow-Pläne 1 bis 4 ließen noch offen, ob der Krieg gegen die Achsenmächte und Japan gleichzeitig geführt werden sollte; Plan Nr. 5 sah bereits die Entsendung bewaffneter US-Streitkräfte in den Ostatlantik sowie auf den afrikanischen oder europäischen Kontinent vor, um die endgültige Niederlage Deutschlands oder Italiens herbeizuführen.

»The Merchants of Death« – Kaufleute des Todes

In den USA wirkten in den 1930er-Jahren die Erfahrungen des Ersten Weltkriegs lange fort; viele Amerikaner gelangten zu der Überzeugung, dass es in Zukunft besser wäre, sich aus den Rivalitäten der Alten Welt herauszuhalten.[36] Man ahnte oder hatte verstanden, dass Kriegsausbrüche zumeist auf die Machenschaften selbstsüchtiger Eliten zurückzuführen sind.[37] Diese Einschätzung hatte die Große Depression noch verstärkt, da die Wahrnehmung für ausbeuterische Verhältnisse geschärft wurde. Das Scheitern des New Deal, die Aufnahme der Kriegsplanungen und damit die Furcht vor einem neuen Krieg führten 1934 im US-Kongress zur Bildung eines Untersuchungsausschusses zur Aufdeckung der Umstände, die zur Teilnahme am Ersten Weltkrieg führten. Gegenstand der Untersuchung waren die Geschäfte der Rüstungs- und Bankenindustrie und im Zusammenhang damit die Frage, inwieweit Habgier ein wesentlicher Faktor bei der Beteiligung war.

Der Ausschuss wurde nach seinem Vorsitzenden, Senator Gerald P. Nye (1892–1971), »Nye-Committee« genannt.[38] George W. Norris, Abgeordneter im Repräsentantenhaus und Senator für den Bundesstaat Nebraska, hatte Nye unter 96 möglichen Anwärtern favorisiert. Das Komitee versuchte nachzuweisen, dass die USA von Bankiers, besonders dem Haus J. P. Morgan, und Munitionsfabrikanten in den Ersten Weltkrieg gedrängt worden waren. Die sogenannten »Merchants of Death« hätten, so der Vorwurf, skrupellos am Krieg verdient und die Wilson-Administration durch umfangreiche Lobbytätigkeit auf einen Kriegseintritt hin manipuliert. Dies dürfe sich nicht wiederholen.

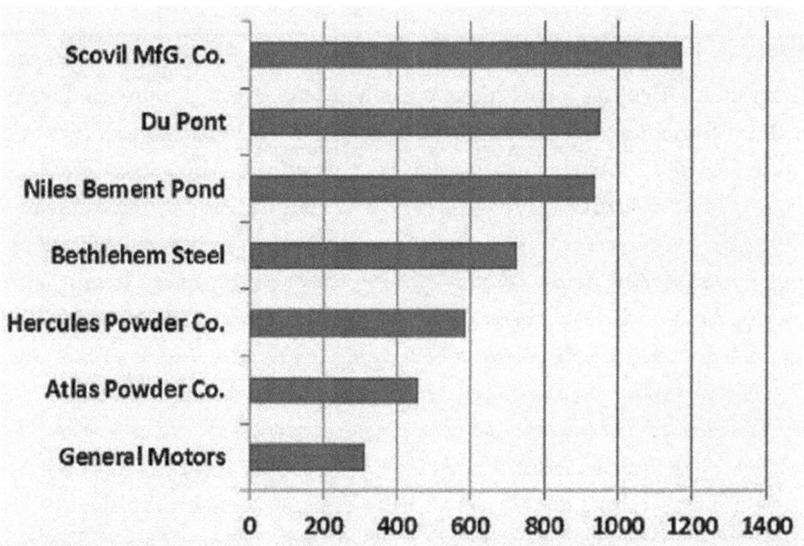

Die exorbitanten Nettogewinnzuwächse einiger Rüstungshersteller: 1915/1918 im Vergleich zu 1911/1914 (Angaben in Prozent)

1936, nach zweijährigen sorgfältigen Ermittlungen, konnte das Nye-Komitee überzeugend darstellen, dass Banker und Rüstungsindustrielle nicht nur Preisabsprachen vor und während des Krieges getroffen, sondern auch starken Einfluss auf die US-Außenpolitik genommen und so das Land in den Krieg »getrickst« hatten. 93 Anhörungen waren abgehalten und mehr als 200 Zeugen befragt worden, darunter J. P. Morgan Jr. und Pierre du Pont.[39] Offengelegt wurden die hohen Profite der Rüstungsindustrie, die engen Verbindungen der Waffenverkäufer zu Beamten des »War Department« sowie die skrupellosen Methoden, mit denen Waffen nach Lateinamerika und China verkauft wurden. Nye selbst bekräftigte (in den Senatspublikationen steht »behauptete«), der Eintritt in den Weltkrieg sei einzig auf ökonomische Interessen einiger weniger Plutokraten zurückzuführen gewesen.

Die Abbildung auf Seite 121 zeigt, dass die Nettogewinne bei DuPont während des Krieges um fast 1000 Prozent gestiegen sind! Doch auch die Zuwächse der Mitbewerber können sich sehen lassen. Apropos Kriegsprofiteure: Im US-Wahlkampf von 2008 tauchte übrigens unter Obamas größten Geldgebern der Name Morgan auf – gleich hinter Goldman Sachs und vor der Citigroup.[40] Zufall, dass ausgerechnet er, der Friedensnobelpreisträger, derjenige Präsident mit den meisten Kriegstagen ist, noch vor George W. Bush, und dass auch die meisten Drohnenmorde auf Obamas Konto gehen?[41]

1935 setzte die amerikanische Künstlerin Mabel Dwight den Profiteuren von Krieg und Krisen mit ihrer Lithografie »The Merchants of Death« ein Denkmal. Im Begleittext war zu lesen: *»Die Händler des Todes sind zäh und langlebig … ihr alleiniges Interesse ist das Eigeninteresse, ihr alleiniger Gott ist der Profit. … In der Politik richtet sich ihr Interesse auf eine starke Herrscherklasse und die Bündelung der Privilegien … Was sie jedoch nur selten begreifen, ist, dass der Tod ihr Anführer ist. Er liebt sie, denn er weiß, dass sie früher oder später seine Taschen füllen werden. Er weiß, dass sie Kriege und Revolutionen ausbrüten … ihre Hartnäckigkeit und ihre althergebrachte Dummheit übersteigen jedes verständliche Maß. Wir sprechen hier über Wesen, die ausgesprochen scharfsichtig, dabei aber unheilbar kurzsichtig sind. In diesem Land hassen sie das Ideal der Demokratie, doch sind sie froh über die lockeren Zügel und den Freiraum, den sie ihnen lässt.«*[42]

Auf der Website des US-Senats heißt es unter »Merchants of Death« lapidar: *»Die Untersuchung kam Anfang 1936 zu einem abrupten Ende.«*[43] Der Senat strich dem Komitee die Mittel, nachdem der Vorsitzende Nye auch für Ex-Präsident Woodrow Wilson belastende Anhaltspunkte gefunden hatte. So habe

»The Merchants of Death« (Lithografie von Mabel Dwight, 1935)

Wilson dem Kongress bei seiner Kriegserklärung im April 1917 wesentliche Informationen vorenthalten. In der Tat: Er hatte z. B. rechtzeitig vorher die Ladepapiere der versenkten *Lusitania* für geheim erklären lassen. Führende Demokraten, darunter der Vorsitzende des Bewilligungsausschusses, Carter Glass aus Virginia, reagierten wütend auf Nye. Er habe *»das Grab von Woodrow Wilson mit Dreck beschmiert«.*[44]

Nye war maßgeblich an der Entwicklung und Verabschiedung der Neutralitätsgesetze zwischen 1935 und 1937 beteiligt. Um die Antikriegsstimmung zu mobilisieren, half er bei der Gründung des »America First Committee« (siehe auch S. 130 ff.). 1941 beschuldigte Nye Hollywood, man versuche *»die Vernunft des amerikanischen Volkes zu betäuben«* und *»das Kriegsfieber zu wecken«.*[45]

Der Erste Weltkrieg konnte in diesem Umfang nur stattfinden, weil die Banker rechtzeitig die Weichen gestellt hatten, um Unmengen von Geld – das Blut des Krieges – sprudeln lassen zu können. Das damalige Kapital in Person, J. P. Morgan Jr., ist durch die Öffnung der Schleusen bis heute mitverantwortlich dafür, dass Krieg, Zerstörung und Ausplünderung kein Ende finden.

Senator Nye, der sich mit seiner Arbeit viele Feinde gemacht hatte, wurde erst 1966 anlässlich einer großen Ruhestandsfeier, die von Senator Everett Dirksen im Kapitol ausgerichtet wurde, die verdiente Ehrung zuteil. Die Senatoren Robert und Ted Kennedy erschienen als Gratulanten.

Ein ehrenwerter Politiker: Gerald P. Nye 1936

US-Multis rüsten Deutschland auf

Am 19. Oktober 1936 ließ US-Botschafter William E. Dodd (1869–1940) seinem Präsidenten eine höchst heikle Analyse aus Berlin zukommen. Darin offenbarte er das Wirken des amerikanischen Big Business im nationalsozialistischen Deutschland und die dadurch gestiegene Kriegsgefahr. Er konstatierte: *»Ich glaube an den Frieden als unsere beste Politik und kann nicht der Befürchtung ausweichen, die Wilson mehr als einmal mit mir in Gesprächen ... unterstrich: Der Zusammenbruch der Demokratie in Gesamteuropa wäre ein Desaster für die Bevölkerung. Aber was kann man tun? Gegenwärtig haben hier mehr als hundert amerikanische Unternehmungen Tochtergesellschaften oder Übereinkommen auf Zusammenarbeit. Die du Ponts haben in Deutschland drei Verbündete, die im Rüstungsbereich tätig sind. Ihr Hauptverbündeter ist die I.G. Farben A.G., wobei sich die deutsche Regierung mit 200.000 RM im Jahr an einer Werbemaßnahme beteiligt, die in den USA die öffentliche Meinung beeinflussen soll. Die Standard Oil Company (New Yorker Unterabteilung) transferierte im Dezember 1933 zwei Millionen Dollar nach hier und erhält nun 500.000 jährlich dafür, dass sie den Deutschen bei der Herstellung von*

Ersatzbenzin hilft, was die Kriegswahrscheinlichkeit erhöht. Standard Oil kann den gemachten Gewinn nur in Form von Gütern aus dem Land nehmen. Davon machen sie aber nur wenig Gebrauch. ... Der Präsident der International Harvester Company erzählte mir, dass ihr Umsatz um 33 % im Jahr steigt (Waffenindustrie, glaube ich), aber sie können nichts ausführen. Selbst unsere Flugzeugleute haben geheime Arrangements mit Krupp. Die General Motors Company und Ford machen hier mit ihren Tochtergesellschaften riesige Umsätze, aber sie entnehmen keine Gewinne. Ich meine, dass diese Fakten die Dinge komplizieren und die Kriegsgefahr vergrößern.«[46]

Nun, Geschichtsprofessor William E. Dodd hatte 1900 in Leipzig über Thomas Jefferson promoviert und wirkte dann an der University of Chicago, bis ihn Franklin D. Roosevelt als Botschafter nach Deutschland schickte. Das Big Business und die aktuelle Geopolitik der US-Elite schienen ihm fremd zu sein. Folglich mussten für ihn die amerikanischen Investitionen in Hitler-Deutschland und der Sowjetunion ein Rätsel bleiben. Eine Reaktion Roosevelts auf die zutreffende Analyse Dodds ist nicht bekannt. Verbittert reichte er seinen Rücktritt ein, der von seinem Präsidenten bewilligt wurde.

Dynastie Bush: Aufstieg im Schatten der Mächtigen

George Herbert Walker Bush (1924–2018) amtierte von 1989 bis 1993 als 41. Präsident der Vereinigten Staaten und war der Vater des 43. Präsidenten George W. Bush sowie des ehemaligen Gouverneurs von Florida, Jeb Bush.

George Bush Sr. war mit der Geschäfts- und Geheimdienstwelt seiner einflussreichen Großväter, väterlicherseits Samuel Prescott Bush (1863–1948) und mütterlicherseits George Herbert Walker (1875–1953), sowie seines Vaters Prescott Sheldon Bush (1895–1948), Senator aus Connecticut und Geschäftsführer der Wall-Street-Bank Brown Brothers Harriman, bestens vertraut. Die Kontakte zu den Harrimans bestanden bei beiden Familien, Bush und Walker. So waren Prescott S. Bush und E. Roland Harriman Mitglieder der handverlesenen Studentenverbindung der Universität Yale, Skull & Bones (deutsch: Schädel und Knochen), auch bekannt als »The Order of Death«, »The Order«, »The Eulogian Club« oder auch »Loge 322«.

Antony C. Sutton beschreibt in seinem Buch »America's Secret Establishment« die Bruderschaft als eine der bedeutsamsten und gefährlichsten der Vereinigten Staaten. Sie stellt eine *»imperiale Aristokratie«* dar und ist der *»Inbegriff der wohlhabendsten sozialen Schicht der Vereinigten Staaten, deren An-*

sichten weit davon entfernt sind, das demokratische Ideal zu vertreten, das vom Rest der Bevölkerung ersehnt wird. Individuell haben viele Mitglieder der Organisation bei den meisten ›False-flag‹-Operationen der Vereinigten Staaten der letzten fünfzig Jahre mitgemacht, bei der Invasion in der Schweinebucht, der Entwicklung der Nuklear-Doktrin und dem Sturz von Salvador Allende. Und sie konnten es nur außerhalb der demokratischen Institutionen tun, unter heimlicher Absprache und auf der Grundlage einer alten Bruderschaft.«[47]

Viele ehemalige Mitglieder wurden führende Vertreter in Politik (bis hin zu Präsidenten!), Geheimdiensten, Wirtschaft und Medien. Im letzten Bereich sind die Netzwerke besonders gut sichtbar: 1937 fusionierte *Newsweek* mit der Wochenzeitschrift *Today*, die 1932 vom künftigen New Yorker Gouverneur und Diplomaten W. Averell Harriman und Vincent Astor aus der prominenten Familie Astor gegründet worden war. Harriman und Astor stellten 600 000 Dollar Risikokapital zur Verfügung, und Vincent Astor war von 1937 bis zu seinem Tod im Jahr 1959 sowohl Vorstandsvorsitzender als auch Hauptaktionär.

Newsweek wurde 1961 von der The Washington Post Company aufgekauft, die sie im August 2010 für den symbolischen Preis von einem US-Dollar an den US-Industriellen Sidney Harman weiterveräußerte.[48]

Skull-&-Bones-Mitglieder finden sich auch bei den US-Geheimdiensten, ja sogar unter den Präsidenten. Einflussreiche Ehemalige helfen bis heute gelegentlich bei der Rekrutierung neuer Mitglieder nach (pro Jahr genau 15 Studenten) und bilden vor allem ein mächtiges Netzwerk. Unter Franklin D. Roosevelt war beispielweise Henry L. Stimson Kriegsminister, W. Averell Harriman Botschafter der USA in der Sowjetunion und J. Richardson Dilworth Manager der Interessen der Rockefeller-Familie.[49]

Im Kern sind Sutton zufolge etwa 20 bis 30 Familien durch Heirat mehr oder weniger weitläufig verbunden. Durch ihre Beziehungen zu global operierenden Unternehmerkreisen, hier besonders zur Banken- und Finanzelite, sollte der Einfluss dieser ehemaligen Yale-Studenten auf die Weltfinanz, wenn nicht sogar auf die Zukunft des Planeten nicht unterschätzt werden. Die Knochenmänner – inzwischen sogar Knochenfrauen – halten Schlüsselstellungen in der CIA, in der Trilateralen Kommission und im Council on Foreign Relations. Zu den bekanntesten Mitgliedern gehören drei ehemalige US-Präsidenten: William Howard Taft 1909–1913), George H. Bush (1989–1993) und George W. Bush (2001–2009). Im Wahlkampf von 2004 standen sich mit George W. Bush und John Kerry gleich zwei Mitglieder gegenüber.

Da die Namen Rothschild, Kuehn, Loeb und Warburg in den Mitgliederlisten nicht zu finden sind, lässt dies darauf schließen, dass Juden erst gar nicht aufgenommen wurden. 1913 wurde in New York dann eine eigene jüdische Studentenverbindung, die »Bruderschaft« AEPi, gegründet. Ihre elf Gründer wurden als »The Immortal 11« bezeichnet. Inzwischen ist sie die größte jüdische Verbindung weltweit mit etwa 12 000 aktiven Mitgliedern und rund 100 000 Alumni. *»Wir sind mehr als eine Burschenschaft«*, heißt es auf der Webseite. Man versteht sich als Verbindung, die Unterdrückten Stärke gibt und ein Ventil für die Ehrgeizigen ist. Zu den Alumni zählen Facebook-Gründer Mark Zuckerberg, der Star-Anwalt Alan Dershowitz oder auch der Komödiant Jerry Lewis.[50] AEPi ist in sechs Ländern aktiv: den USA, Kanada, Australien, Großbritannien, Israel und Österreich.

Zurück zur Bush-Dynastie: 1913, am Vorabend des Großen Krieges, der den unaufhaltsamen Aufstieg der USA ermöglichte, verlagerte sich mit der Gründung der Fed die Machtzentrale vom »venezianischen« London – einst war Venedig die weltweit größte Wirtschaftsmetropole – nach Manhattan – eine zwangsläufige Entwicklung.

1908 hatte sich Frank Rockefeller von der Buckeye Steel Castings Company zurückgezogen und seinen Generalmanager zum Präsidenten der Eisenbahnbau-Firma gemacht, zu deren Kunden die Harrimans zählten: Samuel P. Bush war damit zu einem der führenden US-Industriellen seiner Generation aufgestiegen.

Zur gleichen Zeit gründete George H. Walker die Investmentbank G. H. Walker & Co und nutzte die internationalen Bankenkontakte seiner Familie. Im Frühjahr 1918 wurde der Wall-Street-Bankier Bernard Baruch gebeten, den »War Industries Board« (Rat für die Kriegsindustrie) umzustrukturieren. Er platzierte mehrere prominente Geschäftsleute in Schlüsselpositionen, darunter Samuel Bush. Bush wurde Leiter der Abteilung für Kleinwaffen und Munition mit der Verantwortung für die staatliche Unterstützung von und die Beziehungen zu Munitionsfirmen und organisierte die Rohstoffbeschaffung der Wilson-Regierung.[51]

Samuels Sohn Prescott S. Bush verschoss auf dem europäischen Kriegsschauplatz als Artilleriehauptmann die Munition, die sein Vater beschaffte. Nach dem Militärdienst arbeitete Prescott für die Simmons Hardware Company; 1921 lernte er seine spätere Frau Dorothy Walker kennen. Der arrivierte George Walker war zunächst gegen eine Verbindung mit der Familie Bush, die zu diesem Zeitpunkt noch als soziale Aufsteiger galten.

1920 wurde George Walker Präsident der W. A. Harriman & Co. Investmentgesellschaft. Im Rahmen dieser Tätigkeit realisierte er die Finanzierung der Übernahme der Hamburg-Amerika-Linie durch W. Averell Harriman (nach dem Krieg ein Schnäppchen) und den Erwerb der American Ship and Commerce Corporation.

Nach der Fusion von W. A. Harriman & Co. mit dem britisch-amerikanischen Investmenthaus Brown Bros. & Co. im Januar 1931 zog sich Walker aus der Führung des Unternehmens zurück und überließ die Leitung seinem Schwiegersohn Prescott Bush.

Gerüchte über eine Verbindung zwischen der Familie Bush und der Wirtschafts- und Bankenelite der Nationalsozialisten kursieren seit Jahrzehnten. Doch erst im September 2004, zwei Monate vor der von George W. Bush angestrebten Wiederwahl, enthüllte der *Guardian* die Auswirkungen des Trading with the Enemy Act (deutsch: Gesetz zum Handel mit dem Feind) vom 13. Dezember 1941. Der *Guardian* hatte in den US-Nationalarchiven den Nachweis gefunden, dass eine von Prescott Bush geleitete Firma in die »Finanzarchitektur« des Nationalsozialismus verwickelt war. Aus den Akten, die erst 2013 für die breite Öffentlichkeit freigegeben wurden, geht hervor, dass Bush selbst nach dem Kriegseintritt Amerikas und zu einem Zeitpunkt, als es bereits bedeutende Informationen über die Pläne der Nationalsozialisten gab, eng mit jenen deutschen Unternehmen zusammenarbeitete, die Hitlers Aufstieg zur Macht unterstützten.

Weiter enthüllen die Dokumente, dass Brown Brothers Harriman, für die Bush arbeitete, als US-Basis für den deutschen Industriellen Fritz Thyssen fungierte, der Hitler in den 30er-Jahren finanzierte, bevor er sich am Ende des Jahrzehnts mit ihm überwarf. Auch dass Bush Direktor der in New York ansässigen Union Banking Corporation (UBC) war, die Thyssens US-Interessen vertrat, und auch nach dem Kriegseintritt Amerikas weiter für diese Bank arbeitete, geht aus den Dokumenten hervor. Noch belastender sind Bushs Verbindungen zur Consolidated Silesian Steel Company mit Sitz im mineralienreichen Schlesien an der deutsch-polnischen Grenze. *»Während des Krieges bediente sich das Unternehmen der Nazi-Sklavenarbeit aus den Konzentrationslagern, einschließlich Auschwitz.«*[52]

Ende 1942 wurde auf der Grundlage des Trading with the Enemy Act das Vermögen seiner Firma beschlagnahmt. 2001 reichten aus Deutschland zwei ehemalige Auschwitz-Zwangsarbeiter und Holocaustüberlebende, Kurt Julius

Goldstein und Peter Gingold, gegen die USA und die Familie Bush eine Sammelklage ein. Auf die Frage von Philipp Gessler, was einen 90-Jährigen wie ihn dazu trieb, gemeinsam mit der Internationalen Projektgruppe Auschwitz-Sammelklage (Ipas) die USA zu verklagen, antwortete Goldstein: *»Im Zweiten Weltkrieg hat es ein Gespräch gegeben zwischen dem US-amerikanischen Rabbiner Stephen Wise und dem damaligen Präsidenten Franklin D. Roosevelt. Wise bat Roosevelt, etwas zu tun gegen die Ermordung der europäischen Juden, er versprach es. Die amerikanische Seite hatte einen ausgearbeiteten Plan, die Zufahrtswege nach Auschwitz zu bombardieren – das hat der damalige Vize-Verteidigungsminister John McCloy abgelehnt. Deshalb habe ich Klage erhoben. Diese Klage wurde von einer Richterin angenommen. George W. Bush hat das Verfahren dieser Richterin entzogen, eine ihm wohl gesonnene Richterin stattdessen eingesetzt. Die wies die Klage dann ab, obwohl sie das Verfahren rechtlich nicht hätte übernehmen dürfen.«*[53]

George W. Bush ersetzte die Richterin durch Rosemary M. Collyer, die er für einen Sitz am United States District Court for the District of Columbia nominiert hatte. Die Begründung für die Klageabweisung lautete, dass die Regierung nach dem Prinzip der »staatlichen Souveränität« nicht haftbar gemacht werden kann. Jan Lissmann, einer der Anwälte der Überlebenden, argumentierte, dass Fälle von Völkermord unter internationales Recht fallen, das Regierungen für ihre Handlungen zur Verantwortung zieht. Für ihn ist das Urteil ungültig, da keine Anhörung stattgefunden habe.

Der ganze Komplex ist für die USA und vor allem für die Familie Bush höchst unerfreulich, konnte jedoch weitgehend vor der Öffentlichkeit verborgen werden.

Obwohl Prescott Bush acht Monate nach dem Kriegseintritt Amerikas auf frischer Tat ertappt wurde, als er über die UBC eine amerikanische Briefkastenfirma für die Familie Thyssen betrieb und es sich dabei um die Bank handelte, die Hitlers Aufstieg zur Macht mitfinanziert hatte, wurden seinerzeit keine Maßnahmen ergriffen und auch später nicht weiter ermittelt.[54] Es wurden lediglich seine Geschäftsanteile an der UBC enteignet. Später erhielt Bush dafür sogar 1,5 Millionen Dollar Entschädigung. Die Autorin Eva Schweitzer kommt in ihrem Buch »Amerika und der Holocaust« zu dem Urteil: *»Sie haben an den ganzen Geschäften mit der Schwerindustrie verdient und hinterher noch Entschädigungen kassiert. Ein Gutteil ihres Vermögens stammt aus Geschäften mit dem Dritten Reich.«*[55]

Haben die Behörden gegen Bones-Brüder eine Beißhemmung? Oder liegt es an deren besonderen Verbindungen zur CIA? So waren etwa William

F. Buckley, ultrakonservatives Mitglied der CIA und berühmter Propagandist, und sein Bruder James, Unterstaatssekretär für Sicherheit, Wissenschaft und Technologie in der Reagan-Administration, ebenfalls »Bonesmen«, desgleichen F. Trubee Davison, Personaldirektor der CIA. Eine lange Karriere in amerikanischen Diensten (1947 bis 1973) konnte auch Hugh Cunningham vorweisen. Schließlich war auch George H. Bush Direktor der CIA (1976/77).

Roosevelts Weg in den Krieg

Nachdem Roosevelts Sozialreformen endgültig gescheitert waren, kam es nun darauf an, die von General Robert E. Wood im America First Committee (AFC) geführte Seite der Kriegsgegner zu schwächen und die der Befürworter um den einflussreichen Publizisten und »Bonesman« Henry Luce, Gründer der Zeitschriften *TIME* (1923) und *Life* (1936), zu stärken. Das im September 1940 gegründete AFC hatte auf seinem Höhepunkt 800 000 Mitglieder und wurde u. a. unterstützt vom Flieger Charles Lindbergh, der Sprecher des Komitees wurde, dem Schriftsteller Gore Vidal, der Tochter von Theodore Roosevelt, Alice Roosevelt Longworth, und von bereits erwähntem Gerald P. Nye. Aber

Propaganda und Gegenpropaganda 1940/41 zum Eintritt der USA in den Zweiten Weltkrieg

auch Filmproduzent Walt Disney und Henry Ford zählten zu den Förderern, Letzterer vermutlich aufgrund seines Wohlwollens Hitler gegenüber, den er finanziell unterstützt hatte.

Im Januar 1938 hatte Roosevelt den Rechtsanwalt Frederic R. Coudert (1898–1972) im Weißen Haus empfangen. Coudert war während des Ersten Weltkriegs der erste Rechtsberater der britischen Botschaft in Washington gewesen und hatte damals ungeheure Summen für Agitationszwecke in Amerika zur Verfügung, was ihn zu einem reichen Mann machte. Nun sollte sich das Spiel wiederholen, nur dass die USA die Propaganda bezahlten.

Coudert lud 18 maßgebende Männer, Vertreter der amerikanischen Finanzelite und der britischen Propaganda sowie die Verbindungsleute zur amerikanischen Regierung, zur Programmformulierung in sein Büro in Manhattan, darunter Thomas W. Lamont (ab 1940 Kriegsminister), den allmächtigen Partner von J. P. Morgan, Bones-Mitglied Henry L. Stimson und den Juristen Frank L. Polk, dessen Firma zu den ständigen Rechtsberatern des Bankhauses Morgan gehörte. Weiter die Herren Nicholas M. Butler, Präsident der Columbia University und der Carnegie-Stiftung, James Conant, Präsident der Harvard University, Clark M. Eichelberger, Geschäftsführer der britisch beeinflussten League of Nations Association sowie den Journalisten William Allen White.[56]

Die Liste der von Coudert aktivierten Geldgeber war vielversprechend. Neben Morgan und Lamont fanden sich noch einige andere Morgan-Partner sowie Felix und James M. Warburg. Hatten diese Herren nicht auch ihre Finger in der I. G. Farben A.G.? Knüpften sie nicht die Fäden in der BIZ in Basel?

Die Finanzelite war ferner vertreten durch Winthrop W. Aldrich, Generaldirektor der Chase National Bank, neben J. P. Morgan einer der größten Finanzgewaltigen der Wall Street. Hatten sich nicht am 1. September 1933 Winthrop W. Aldrich, Onkel von David und Nelson Rockefeller, und dessen Kollege Henry Mann von der National City Bank mit Hitler getroffen und eine positive Zusammenarbeit angedeutet? Botschafter Dodd notierte dazu: *»Diese Banker haben das Gefühl, dass sie mit ihm zusammenarbeiten können.«*[57] Am 2. August 1933 hatte Hitler Henry Mann in Berchtesgaden schon einmal getroffen – zusammen mit Sosthenes Behn (ITT), der für Mann als Stellvertreter in Deutschland fungierte.[58]

Die Rüstungsindustrie war u. a. durch die Mitglieder des Bankhauses Lehman Brothers vertreten.

Wie 1915 witterte die Finanzelite ein ungeheures Geschäft – für ihr »Committee to Defend America by Aiding the Allies« (CDAAA) benötigte sie allerdings ein über jeden Zweifel erhabenes Aushängeschild. In dem temperamentvollen Publizisten William Allen White (1868–1944) glaubte man es gefunden zu haben. Man machte ihn im Mai 1940 flugs zum Präsidenten des Propagandakomitees. Mit den gewaltigen Geldmitteln der mächtigen Bankhäuser konnte Whites Komitee schreiend deutschfeindliche Plakate, ganzseitige Zeitungsinserate, Hetzfilme, Theaterstücke und Vorträge im Kampf gegen die Isolationisten produzieren. Doch die Herren der Wall Street hatten sich in dem hemdsärmeligen Zeitungsherausgeber der *Emporia Daily Gazette* aus dem Städtchen Emporia/Kansas getäuscht: Als White nämlich erkannte, dass in New York und Washington eine Gruppe von Kriegshetzern den Ton angab, legte er im Januar 1941 den Vorsitz des Komitees nieder. White war der irrigen Meinung gewesen, dass es darum ginge, Amerika aus dem Krieg herauszuhalten und lediglich England zu unterstützen.

Obwohl die Untersuchungskommission von Senator Nye die Rolle des Hauses Morgan während des Weltkriegs erst einige Jahre zuvor aufgedeckt hatte und durch belastendes Material untermauern konnte, ging das Spiel also unbekümmert weiter. Roosevelt und sein verschlagener Berater Harry Hopkins hatten erkannt, dass die Koalitionen der Kriegsgegner weiter aufgebrochen werden mussten. Charles Lindbergh wurde vom Weißen Haus unter der Bedingung seines Rückzugs aus dem AFC der noch zu schaffende Posten eines Luftfahrtministers angeboten, und der Republikaner Wendell Willkie wurde in die Pläne der Englandhilfe eingeweiht.

Am 21. Juni konnten Roosevelt und Hopkins, der inzwischen im Weißen Haus das Arbeitszimmer Lincolns bewohnte, eine gewaltige Bresche in die Opposition schlagen: Zwei Republikaner alten Schlags, Obristen und Verehrer der Politik Theodore Roosevelts, also Vertreter robuster Weltmachtinteressen, wurden in das Kabinett geholt. Henry L. Stimson (1867–1950) wurde Kriegsminister – dieses Amt hatte er bereits 1911 bis 1913 unter Präsident Taft inne, und Frank Knox erhielt das Marinedepartment. Stimson hatte als Generalgouverneur der Philippinen (1927/1928) seine Führungsqualitäten und als Staatssekretär seine soziale Kompetenz unter Beweis gestellt. Voller Dankbarkeit hatte er sich bei der Morgan-Bank für die ihm früher geleistete Unterstützung erkenntlich gezeigt: Er war es, der 1930 in seiner Funktion als Außenminister der Hoover-Regierung dafür gesorgt hatte, dass die deutsche Reparationsanleihe monopolartig durch das Bankhaus Morgan in den Vereinigten Staaten eingeführt wurde. Morgan hat allein an dieser Emission Millionen verdient.

Nachdem 1940 auf dem republikanischen Parteikonvent der Vorstand der mächtigen Elektrizitätsgesellschaft Commonwealth & Southern, der schwerreiche Wendell Willkie, als Präsidentschaftskandidat aufgestellt worden war (er war erst vier Jahre zuvor von den Demokraten zu den Republikanern gewechselt), musste Harry Hopkins auf dem Parteikonvent der Demokraten in Chicago die dritte Nominierung seines Präsidenten gegen den Willen einer beträchtlichen Mehrheit durchsetzen. Regierungsgeschäfte vorschützend, war Roosevelt der Versammlung ferngeblieben, und Hopkins zog alle Register, wobei er dem Konvent mitteilte, dass der Präsident nicht mehr zu kandidieren gedenke. Das zog: Am 18. Juli wurde Roosevelt erneut zum Präsidentschaftsanwärter der Demokraten gewählt, und seine Zustimmung ließ keine 24 Stunden auf sich warten.

Zeitgleich wurde im Weißen Haus fieberhaft nach Gesetzeslücken gesucht, um den bedrängten Engländern helfen zu können. Hierbei machte sich der Assistent des Generalstaatsanwalts, Benjamin Cohen, besonders verdient. Das Völkerrecht und die Einzelgesetze der amerikanischen Verfassung durften nicht verletzt werden. Auch nicht die neue Akte vom 28. Juli 1940, die dem Präsidenten jede Reduzierung der Flottenstärke ausdrücklich verbot. Am 13. August hatte die deutsche Luftwaffe mit 1300 Kampf- und 900 Jagdflugzeugen die Luftschlacht um England eröffnet. Gerüchte über eine Invasion deutscher Landstreitkräfte in England, ja sogar auf Grönland, schwirrten umher. Unter diesem Eindruck kabelte Roosevelt den Entwurf eines Tauschabkommens nach London. Hatte nicht auch Jefferson ohne die Zustimmung des Bundesparlaments ganz Louisiana aufgekauft? Das war der Dreh: England bekam 50 alte Zerstörer und eine Anzahl von Schnellbooten. Dafür erhielt der Präsident Flug- und Marinebasen in Britisch-Guayana, Trinidad, Santa Lucia, Jamaika, Neufundland und auf den Bahamas sowie einen 99-Jahre-Pachtvertrag für die Bermuda-Inseln. Am 2. September wurde dieser Tausch rechtskräftig.

Nach Churchills Amtsantritt als britischer Premierminister am 10. Mai 1940 arbeitete Bernard Baruch in führender Position an der Aufstellung des Konzepts zur britischen Kriegsfinanzierung mit. Baruch war u. a. der Schöpfer des »Leih- und Pachtgesetzes« (Lend-and-Lease-Systems, offiziell »An Act to Promote the Defense of the United States«), das es ermöglichte, die (noch) neutralen Vereinigten Staaten in die britischen Kriegsanstrengungen einzubeziehen. Dieses Gesetz ging auf eine direkte Initiative Winston Churchills zurück und ermöglichte es den Vereinigten Staaten, kriegswichtiges Material wie Waffen, Munition, Fahrzeuge, Treibstoffe, Nahrungsmittel, Flugzeuge etc. an die gegen die Achsenmächte (Deutschland, Italien, Japan) kämpfenden Staaten zu liefern.[59] Um diesen Schritt in den Krieg vor der Politik und der Nation zu rechtfertigen, bemühte Roosevelt folgendes Bild: *»Wenn es bei meinem Nachbarn brennt, dann werde ich ihm selbstverständlich meinen Gartenschlauch leihen und nicht zu ihm sagen: ›Herr Nachbar, der Schlauch hat 15 $ gekostet, Sie müssen mir jetzt die 15 $ zahlen. ... Ich will nicht die 15 $ – ich will meinen Gartenschlauch zurück, wenn Sie das Feuer gelöscht haben.«*[60]

So gelang es ihm, sich die Zustimmung der Bevölkerungsmehrheit, welche eine direkte Kriegsbeteiligung der USA ablehnte, zu sichern. Die Encyclopaedia Britannica sieht im Lend-and-Lease-Act praktisch eine Kriegserklärung der USA an Deutschland, auch Churchill bezeichnete die Maßnahme in seiner ersten Reaktion als Kriegserklärung.

Am 2. September 1940 wurden dann im Rahmen des Zerstörer-für-Stützpunkte-Abkommens 50 veraltete amerikanische 1200-Tonnen-Zerstörer als Gegenleistung für bis dahin britische Basen an die alliierten Regierungen übertragen. Damit war die Neutralität aufgehoben und eine schon seit Monaten geübte Praxis legalisiert, die den britischen Abwehrkampf gegen das Deutsche Reich in den besonders kritischen Monaten zwischen dem Sommer 1940 und dem Sommer 1941 entscheidend stärkte.

Pearl Harbor eröffnet die »Schlacht der Produktion«

Ein Schuss der Briten, der von der ganzen Welt gehört wurde, hatte 1775 den Unabhängigkeitskrieg eingeläutet. Von dem Zeitpunkt an wurde es in den USA gängige Praxis, den vorgesehenen Kriegsgegner zum ersten Schuss zu verleiten.

Arthur McCollum, Chef der Navy-Aufklärung und Ostasienexperte, hatte dem Präsidenten schon im Oktober 1940 eine Liste mit acht Maßnahmen vorgelegt, die Japan zur Aggression nötigen könnten. Eine davon bestand in der Empfehlung, *»den Großteil der US-Flotte in die Nähe Hawaiis zu verlegen«*. Roosevelt tat das.

Im Herbst 1941 lagen dem Präsidenten decodierte Mitteilungen über die Kriegsvorbereitungen Japans vor (u. a. die legendären »Ships in Harbor/Bomb

Plot«-Meldungen[61]). Roosevelt ordnete an, dass keine der Geheimnachrichten an die Kommandeure von Pearl Harbor, Admiral Kimmel und General Short, geschickt wurden.

Am 7. Dezember 1941 fand morgens um 9 Uhr beim Chef des Generalstabs, General Marshall, eine Lagebesprechung statt. Marshalls Abwehroffizier Oberst Bretton legte die letzte entschlüsselte japanische Meldung über den bevorstehenden Angriff vor. Innerhalb von 15 Minuten hätte der Generalstabschef über Marinefunk Pearl Harbor warnen können, doch er wollte später telegrafieren, weil er befürchtete, dass die Warnung von den Japanern aufgefangen würde und sich dadurch die Dinge verschlimmern könnten. Diese Logik macht auch für den leichtgläubigen Laien wenig Sinn. Marshall entschied sich merkwürdigerweise für den normalen Postweg, der über drei Stunden brauchte. So kam die Meldung erst nach dem Angriff an. Die beiden Befehlshaber von Pearl Harbor wurden zu Sündenböcken gestempelt, ihrer Kommandos enthoben sowie des Pflichtversäumnises im Dienst für schuldig befunden.[62] Beiden Offizieren wurde damit die Erlaubnis verwehrt, im Krieg für ihr Land zu kämpfen. – War Pearl Harbor das Bauernopfer für Amerikas Kriegseintritt?

Am 27. April 1995 fand unter dem Vorsitz des Senators Strom Thurmond das 10. Kimmel-Hearing statt, in dem die posthume Rehabilitierung bzw. Auszeichnung für Admiral Husband E. Kimmel auf den Weg gebracht wurde. Eingangs wurde festgestellt: *»Jede Person in diesem Raum hat einen beträchtlichen Hintergrund zu dieser Angelegenheit, die seit dem Krieg umstritten ist.«*[63]

1998 stellte der Senat fest: Admiral Kimmel und Generalleutnant Short wurden die notwendigen Geheimdienstinformationen, die den Krieg mit Japan vorhersagten und die vor einem bevorstehenden Angriff warnten, tatsächlich nicht weitergeleitet. So konnten sie sich auch nicht auf den Angriff vorbereiten.[64]

Der Angriff der Japaner erfolgte am 7. Dezember 1941, ca. 13 Uhr Ortszeit Washington. Die Übermittlung der Nachricht dauerte diesmal nicht drei Stunden, wie folgende Notiz zeigt: *»Um 13:47 Uhr – Hopkins lümmelte auf einer Couch, und FDR [Franklin D. Roosevelt, Anm. d. Verf.] war mit seiner Briefmarkensammlung beschäftigt, klingelte das Telefon auf dem Schreibtisch des Präsidenten. Marineminister Frank Knox war mit der erschreckenden Nachricht am Apparat, dass japanische Flugzeuge Pearl Harbor bombardieren würden.«*[65] Minuten später bestätigte General George C. Marshall die Angriffe auf Hawaiis Militärflugplätze. Es war Sonntag, und im Weißen Haus befanden sich nur wenige Angestellte. Sofort wurden Personal und Mitarbeiterstab alarmiert. Roosevelt informierte den Kriegsminister sowie den Außenminister und diktierte Pressesekretär Stephen Early eine Erklärung für die Medien. Für 15 Uhr berief er die militärischen Führer zu einer Kriegskonferenz.

Die Entscheidungsfindung in der Konferenz über eine geeignete Reaktion, Pressemitteilungen an die Welt versenden, eine entsprechende Rede an die eigene Bevölkerung vorbereiten, all das brauchte eine Menge Zeit – es sei denn, man ist vorbereitet. Der Präsident und Oberbefehlshaber von Armee und Marine präsentierte bereits am frühen Abend des 7. Dezember die äußerst detaillierte fünfseitige Proklamation Nr. 2525. Darin war das Vorgehen gegen in Amerika oder in befreundeten Ländern lebende ausländische Feinde mit japanischer Herkunft festgelegt. Wann hatte der Präsident diese Proklamation verfasst? Vor allem wenn man bedenkt, dass er noch unter dem Schock des Angriffs stehen musste. Zusammen mit der Zurückhaltung der Geheimdienstinformationen über den Angriff drängt sich hier schon stark der Verdacht auf, dass Japan bewusst in eine Falle gelockt wurde, um ein handfestes Argument für einen sofortigen Kriegseintritt zu erhalten.

Bereits in den Abendstunden verhaftete das FBI einige hundert legal in den USA lebende Japaner und Deutsche sowie amerikanische Bürger japanischen und deutschen Ursprungs. Erst am folgenden Tag wurden für die deutschen und italienischen »Feinde« die Proklamationen Nr. 2526 und 2527 vom Präsidenten unterzeichnet.

Am gleichen Tag noch erklärten die Vereinigten Staaten Japan den Krieg, und Roosevelt und seine industriellen Berater initiierten ein »Siegesprogramm«, das einen enormen Ausstoß an Munition und Rüstungsgütern vorsah: Die »Schlacht der Produktion« war eröffnet, die Vereinigten Staaten wurden zum »Arsenal der Demokratie« und die Bevölkerung war auf einmal in noch nie dagewesener Weise geeint.[66]

»Der Krieg ist die Gesundheit des Staates«[67] hatte schon 1918 der bekannte US-Publizist Randolph Bourne getitelt. Während der Patriotismus boomte, rückte zur Freude der Oligarchen der Klassenkampf in weite Ferne. Konzernmonopole konnten ungehindert weiterwachsen, Märkte und Einflusssphären ausgedehnt werden. Das dürfte ein elementarer Grund dafür sein, dass Krieg für die USA zum Tagesgeschäft gehört: Seit ihrer Gründung 1776 waren sie nur knapp 20 Jahre nicht an Kriegen beteiligt.[68] Der propagandistisch ausgeschlachtete Angriff auf Pearl Harbor trieb die Vereinigten

Staaten in die Welt, und er durchdrang die Seelen einer ganzen Generation von Amerikanern.[69]

Am 25. April 1945 reichten sich US-Soldaten und Rotarmisten auf den Trümmern der Torgauer Elbbrücke die Hände. Bereits am 7. Mai unterschrieb Generaloberst Alfred Jodl in Reims die bedingungslose Kapitulation, einen Tag später schwiegen in Europa die Waffen. Und nachdem die USA am 6. und 9. August 1945 über Hiroshima und Nagasaki zwei Atombomben abgeworfen hatten (der Befehlshaber der Pazifikfront, Douglas MacArthur, wurde nicht informiert und hat sich später gegen den Abwurf ausgesprochen[70]), kapitulierte am 2. September 1945 auch das japanische Kaiserreich.

Dieser erste und bisher einzige Kernwaffeneinsatz, und das gegen zwei japanische Großstädte, in denen es keine wichtigen militärischen Ziele gab, ist weltweit im Bewusstsein verankert. Weit weniger bekannt sind die tatsächlichen Motive. General Leslie Groves, der militärische Leiter des Manhattan-Projekts, suchte bewusst unbeschädigte Zielorte aus. Nur so meinte man, *»die Gewalt der Bombe genauer bestimmen«*[71] zu können. Mehr als 400 000 japanische Zivilisten wurden also getötet, um die Wirkung der neuen Waffe am lebenden Objekt zu testen! Darüber hinaus wurde die Bevölkerung durch radioaktive Strahlung genetisch geschädigt.[72] Zutreffend sieht Detlef Bald, ehemaliger Hochschullehrer an der Bundeswehruniversität München, Hiroshima als *»Metapher für Destruktivität und moralische Verwerflichkeit«.*[73]

Wenige Wochen vor Kriegsende, am 12. April 1945, starb Präsident Roosevelt. Er konnte die Früchte seiner Kriegspolitik nicht mehr ernten. Dieses Los hatte vor ihm schon zwei Präsidenten getroffen: 1865 wurde Abraham Lincoln unmittelbar nach Kriegsende erschossen, und 1919 verabschiedete sich Woodrow Wilson in geistige Umnachtung.

Als Resultat des Zweiten Weltkriegs stiegen die USA militärisch und wirtschaftlich zur Weltmacht auf: Die amerikanische Produktion stieg um das Dreifache, Pazifik und Atlantik wurden beherrscht und die Hälfte des Weltvermögens kontrolliert. Umgehend nach Kriegsende begann die sorgfältige Planung der »Postwar World«.

Roosevelts Nachfolger Harry S. Truman schob Bernard Baruch, den Berater und Freund seines Vorgängers, auf einen weniger bedeutenden Posten ab. Er ernannte ihn zum Vertreter der Vereinigten Staaten in der United Nations Atomic Energy Commission. Dort legte Baruch einen Plan zur Unterstellung der Atomwaffen unter internationale Kontrolle vor – ein bemerkenswerter Vorschlag! Das hätte jedoch die Weltmachtambitionen der Wirtschafts- und Finanzelite zumindest teilweise ausgebremst. Wollte Baruch große Politik machen und Macht an sich ziehen? Das glaubte zumindest Präsident Harry Truman, der 1946 schrieb, dass Baruch *»die Welt, den Mond und vielleicht den Jupiter regieren will – aber wir werden sehen«.*[74]

Nach dem Zusammenbruch des Dritten Reichs hatten die Alliierten ihren Sieg konsolidiert und im Rahmen der Nürnberger Tribunale die nationalsozialistischen Kriegsverbrecher abgeurteilt. Ein hoffnungsvolles Zeichen für die Welt, dass künftig Verbrechen gegen die Menschheit rücksichtslos geahndet würden. Doch die Finanz- und Konzernelite, die nach dem Ersten Weltkrieg enorme Energie, Geld und Ressourcen in den Aufstieg des Faschismus als »Wunderlösung« für das wirtschaftlichen Chaos in Europa und den USA gesteckt hatte, setzten auf die Konfrontation mit Sowjetrussland und das Fernziel einer unipolaren Welt.

Für den Journalisten und Historiker Matthew Ehret, Gründer der *Canadian Patriot Review,* gehört es zu den größten Skandalen unserer Zeit, dass die Maschinerie von Wall Street und der City of London, die Hitler und Mussolini als Rammböcke zur Durchsetzung einer neuen Weltordnung finanzierten, nie wirklich zur Rechenschaft gezogen wurden.[75]

V. Kalter Krieg: Vorstufe zur unipolaren Weltordnung

Marshallplan: US-Strategie zur Unterwerfung Europas?

Der Handschlag von Torgau war schnell vergessen, und die gerade noch verbündete Sowjetunion wurde bald zum Reich des Bösen erklärt – der sich anbahnende Kalte Krieg warf die ersten Schatten voraus.[1]

Dass die Sowjetunion ihre 12 Millionen Soldaten weiter unter Waffen hielt, wohingegen die USA das Gros ihrer 11,5 Millionen Soldaten nach dem Zweiten Weltkrieg sofort in die Heimat zurückschickten, war für die US-Falken ein willkommener Anlass, Moskau böse Absichten zu unterstellen. In den USA allerdings war die Industrie nicht zerstört, vielmehr boomte sie auf hohem Niveau. Ganz anders in der Sowjetunion: Dort hatte der Krieg große Landstriche verheert und die Industrie bis zum Ural schwer in Mitleidenschaft gezogen. Daher fehlten flächendeckend Unterbringungsmöglichkeiten und Arbeitsplätze sowohl für die Soldaten als auch für die Bevölkerung.

Am 12. März 1947 erklärte Präsident Harry S. Truman vor beiden Häusern des Kongresses: »*Wir können keine Veränderungen des Status quo erlauben, die durch Zwangsmethoden oder Tricks wie die politische Infiltration unter Verletzung der Charta der Vereinten Nationen erfolgen. Wenn sie freien und unabhängigen Nationen helfen, ihre Freiheit zu bewahren, verwirklichen die Vereinigten Staaten die Prinzipien der Vereinten Nationen. Die freien Völker der Welt rechnen auf unsere Unterstützung in ihrem Kampf um die Freiheit. Wenn wir in unserer Führungsrolle zaudern, gefährden wir den Frieden in der Welt und wir schaden mit Sicherheit der Wohlfahrt unserer eigenen Nation.*«[2]

Damit war die Lawine der sogenannten »Truman-Doktrin« losgetreten, die Kampfansage an den sowjetischen Machtbereich. Im März 1947 hatten die USA die ehemals britische Schutzmachtrolle über Griechenland und die Türkei übernommen, um einer »*sowjetischen Machtausweitung entgegenzuwirken*«, so die offizielle Darstellung.[3] Hier wurde wohl die geopolitische Absicht kaschiert, die Handlungshoheit über die Dardanellen auszuüben.

Am 5. Juni 1947 hielt US-Außenminister George C. Marshall (1880–1959), während des Zweiten Weltkriegs Generalstabschef und in seiner militärischen Laufbahn überwiegend mit Kriegsplanungen beschäftigt, im Innenhof der Harvard Universität einen elfminütigen Informationsvortrag, in dem er die »Uneigennützigkeit« der USA herausstellte. Man wolle den europäischen Ländern »demokratische Stabilität« bringen, auf deren Grundlage mithilfe der Gewerkschaften und der Sozialdemokratie der Wohlfahrtsstaat geschaffen werden sollte.[4] Am nächsten Tag wurde der Inhalt des Vortrags der Weltöffentlichkeit als Marshallplan vorgestellt, der dann bereits am 3. April 1948 als Europäisches Wiederaufbauprogramm (European Recovery Program, kurz ERP) von Präsident Truman unterzeichnet wurde. Der Weg dorthin war jedoch von List und Tücke geprägt.

Dafür, dass die USA ihr wirtschaftliches Potenzial keineswegs für eine gleichberechtigte Zusammenarbeit mit anderen Staaten nutzen wollten, spricht u. a. die Tatsache, dass im amerikanischen Kongress bereits 1946 einer großen Anleihe zugestimmt wurde, die die Möglichkeiten verbessern sollte, Großbritannien für einen Kampf gegen die Sowjetunion zu gewinnen. In der Debatte

Stabschef George C. Marshall (li.) mit Kriegsminister Henry L. Stimson im Januar 1942 beim Schmieden von Plänen zur Zukunft Europas

erklärte der damalige Senator Wheeler unverblümt: *»Soweit ich das übersehe, ist der einzige Sinn einer solchen Anleihe, die Engländer so weit zu stützen, dass sie den Kommunismus in Europa entmachten können.«*[5]

Die Hauptziele des Marshallplans – bedeutendes Instrument bei der praktischen Ausgestaltung der Truman-Doktrin – waren, den beherrschenden Einfluss der USA in den vom Krieg zerstörten westeuropäischen Staaten zu sichern, den Aufschwung der in vielen Ländern beträchtlich gewachsenen revolutionären Bewegung zu verhindern und natürlich die damaligen Volksdemokratien Osteuropas von der UdSSR abzutrennen bzw. auf den kapitalistischen Entwicklungsweg zurückzuführen. Es ging u. a. darum, die gesellschaftlichen, politischen und wirtschaftlichen Privilegien der Eliten, der großen Unternehmen, in ganz Europa aufrechtzuerhalten.[6] Vor allem galt es, Westeuropa zu einem verlässlichen Partner der USA zu etablieren. Dazu durfte es nicht zu selbstständig werden.[7] Es sollte helfen, die von Truman bereits am 16. April 1945 skizzierte künftige Außen- und Wirtschaftspolitik der USA als globaler Führungsmacht zu unterstützen.[8] Zudem sollte Westeuropa ein Grundgerüst zur europäischen Integration ausbilden und Motor der transatlantischen Kooperation werden.[9] Eine entscheidende Rolle dürfte auch der enorme Außenhandelsüberschuss der USA gespielt haben. Die Konzerne brauchten dringend neue Märkte, die Oligarchen nach den Kriegsprofiten weitere Gewinne, und die Plutokraten wollten zudem ihre Macht ausweiten.

Zur Abstimmung der Maßnahmen trafen sich die Außenminister der Alliierten am 27. Juni 1947 zu einer außerordentlichen Konferenz in Paris, die der sowjetische Vertreter Molotow bald mit der Begründung verließ, die USA mischten sich mit dem »Hilfsprogramm« in die inneren Angelegenheiten der Staaten ein: *»Bei der Erörterung aller konkreten Vorschläge, die eine amerikanische Hilfe für Europa betreffen, muss die sowjetische Delegation Einspruch gegen solche Bedingungen erheben, die eine Beeinträchtigung der Souveränität der europäischen Staaten oder eine Verletzung ihrer ökonomischen Selbständigkeit nach sich ziehen können.«*[10]

Das auf kapitalistischen Prinzipien und Freihandel aufgebaute »Hilfsprogramm« stand sozialistischen Prinzipien diametral entgegen. Zudem verlangten die USA als Gegenleistung für den Erhalt von ERP-Mitteln Einsicht in die Budgetplanungen der betreffenden Länder.[11] Es darf bezweifelt werden, dass seitens der Vereinigten Staaten ernsthaft mit einer Teilnahme der UdSSR an dem Programm gerechnet wurde – eine Mehrheit dafür im republikanisch dominierten Kongress wäre wohl fraglich gewesen. Für den US-Historiker Michael Hogan scheint es unstrittig zu sein, dass nur die westeuropäischen Staaten unterstützt werden sollten.[12]

Bereits zwei Wochen nach der Außenministerkonferenz kamen in Paris Vertreter von insgesamt 16 Staaten zusammen[13], um über gegenseitige Unterstützungsmaßnahmen und die benötigte Hilfe aus den USA zu verhandeln. Als Prinzipien wurden festgelegt: Kooperation, Hilfe zur Selbsthilfe, Liberalisierung des innereuropäischen Handels, Währungskonvertibilität sowie die Schaffung einer supranationalen Institution. Für Washington war die Zusammenlegung der drei Westzonen ein wichtiges Anliegen.[14]

Der Historiker Erich Ott bringt die Wirkung der raffinierten US-Strategie auf den Punkt: *»Die große, öffentlichkeitswirksame Aktion wurde in Verbindung mit solch wichtigen Ereignissen wie der Währungsreform, der Berlin-Blockade und dem sich verschärfenden Kalten Krieg von den Amerikanern genutzt, ihr großenteils negatives Image im Bewußtseinsbild der Bürger der West-Zone bzw. der Bundesrepublik positiv zu verändern, indem die Vereinigten Staaten sich als Retter und Helfer darstellen konnten. Die politisch-ideologische Wirkung dieser Fakten ist sicherlich als wirksamer und nachhaltiger zu bewerten – insbesondere auf die Konstituierung der Bundesrepublik und die marktwirtschaftliche Ordnung bezogen – als die tatsächlich geleistete materielle Hilfe.«*[15]

Die Verhandlungen waren schwierig, und die Ergebnisse Ende August 1947 waren für die USA noch nicht zufriedenstellend: Die Erwartungen der Europäer summierten sich auf 29 Mrd. Dollar, ohne konkrete Zusagen über eigene Leistungen.[16] Erst nach erheblichem Druck Amerikas kam es schließlich zu einer Einigung Ende September 1947, sodass die europäischen Staaten am 22. September 1947 den Vertrag unterzeichneten.[17]

Nun schlug die Stunde der Werbeagenturen. Der Marshallplan wurde mit professioneller Propaganda international als gigantisches Hilfsprogramm in den Köpfen verankert. Die Bevölkerung der empfangenden Länder wurde schon vor dem Eintreffen der Hilfen mittels Plakaten, Ausstellungen und Filmen indoktriniert.

Die umfangreichen PR-Maßnahmen wurden aus dem Hilfsbudget finanziert, und die Empfänger von Hilfsleistungen waren verpflichtet, mit Tafeln auf den Marshallplan hinzuweisen. Westdeutschland erhielt vor allem Nahrung, Treibstoff und Medikamente.

Marshallplan-Plakat in Berlin 1949

Die aus den USA importierten Waren wurden zu 90 Prozent aus dem Marshallplan bezuschusst, 10 Prozent mussten selbst bezahlt werden.[18] Den Gegenwert der Zuschüsse mussten die Empfängerländer dann allerdings in inländischer Währung in Gegenwertfonds (Counterpart Funds) einzahlen. In Deutschland verwaltet die am 16. Dezember 1948 ins Leben gerufene Kreditanstalt für Wiederaufbau (KfW) noch heute das ursprünglich aus dem Marshallplan entstandene Sondervermögen, dessen Verwendung nach wie vor durch die Economic Cooperation Administration (ECA) genehmigt werden muss.

Die USA gewährten im Rahmen des Marshallplans Gelder in Höhe von insgesamt fast 14 Milliarden Dollar, Westdeutschland erhielt davon ca. 1,4 Milliarden. Die Gesamtsumme entspricht einem heutigen Geldwert von etwa 130

Milliarden Dollar (Stand 2015).[19] Zum Vergleich: 2012 hat Deutschland zur Euro-Rettung nach der Finanzkrise von 2007/2008 Hilfsprogramme für Irland, Portugal und Griechenland betreut und eine maximale Haftung von bis zu 211 Milliarden Euro übernommen. Wird das Volumen für Hilfskredite beider Schirme einfach addiert, könnte die deutsche Gesamthaftung im schlechtesten Fall sogar auf rund 400 Milliarden Euro hochschnellen.[20]

Am 16. April 1948 gründeten die 16 am Marshallplan beteiligten europäischen Länder den Ausschuss für europäische wirtschaftliche Zusammenarbeit (OEEC), den Vorläufer der heutigen OECD. Über den Marschallplan konnten die USA fortan Druck auf Europa ausüben sowie eine enge wirtschaftliche und politische Zusammenarbeit[21] und ihre hegemoniale Stellung in Westeuropa sichern – bis heute. Mission erfüllt.[22]

Nur 20 Tage nach der Rede Marshalls in Harvard hatte dessen späterer Nachfolger als Außenminister, Dean Acheson, vor dem Repräsentantenhaus verkündet, dass die US-Regierung die Aufgabe, die deutsche Industrie wiederherzustellen, als Grundlage des Marshallplans betrachtet.[23] Ein ermutigendes Zeichen an die Großkonzerne und alten Fabrikantendynastien in Deutschland, deren Vorstände gerade auf ihre Aburteilung in Nürnberg warteten.

Mit dem Marshallplan wurde in der Tat vollzogen, was I.-G.-Farben-Mann Georg von Schnitzler – 1934 Hauptsturmführer, 1942 Wehrwirtschaftsführer und später verurteilter Kriegsverbrecher[24] – schon bei der Begrüßung der US-amerikanischen Besatzungsvertreter in der Zentrale des Chemieverbundes voraussagte: *»Meine Herren, es wird mir ein aufrichtiges Vergnügen sein, wieder mit Ihnen zusammenzuarbeiten.«*[25] Anschließend wurde er verhaftet und im I.-G.-Farben-Prozess in Nürnberg wegen »Plünderung und Enteignung« angeklagt. Am 30. Juli 1948 wurde er zu einer Gefängnisstrafe von fünf Jahren verurteilt, jedoch schon ein Jahr später entlassen. Anschließend saß er als Präsident der Deutsch-Ibero-Amerikanischen Gesellschaft vor.

National Security Act: Grundlage weltweiter amerikanischer Militärmacht

Am 26. Juli 1947 wurde der National Security Act verabschiedet, eines der wichtigsten Gesetze in der amerikanischen Nachkriegsgeschichte. Mit ihm wurde die Sicherheits- und Verteidigungspolitik auf institutioneller Ebene vollzogen. Nach einer Analyse von Harvey Sapolsky und Kollegen aus dem Jahre 2009 ist der National Security Act bis heute Grundlage weltweiter amerikanischer Militärmacht.[26]

Die wichtigsten Punkte des Gesetzes waren die Zusammenlegung des vorherigen Kriegsministeriums und des Marineministeriums, die Schaffung einer unabhängigen Luftwaffe (USAF), die Beibehaltung und Institutionalisierung des während des Krieges eingerichteten Vereinigten Generalstabs (Joint Chiefs of Staff, JCS), die Schaffung des Nationalen Sicherheitsrats (NSC) sowie die Gründung der Central Intelligence Agency, der CIA.

Walter Lippmann, einflussreicher Propagandist des Neoliberalismus und einer gelenkten Demokratie, schrieb 1947 im Zusammenhang mit der Einbindung von Griechenland und der Türkei in den Marshallplan: *»Wir haben die Türkei und Griechenland nicht deshalb ausgewählt, weil sie besonders hilfsbedürftig sind, und auch nicht deshalb, weil sie glänzende Muster für Demokratie sind, sondern weil sie das strategische Tor darstellen, das ins Schwarze Meer führt, in das Herz der Sowjetunion.«*[27]

Im Jahr 2021 ist dieses strategische Tor für die US-/NATO-Aktivitäten weit geöffnet. Im Rahmen des mehrmonatigen Manövers Defender Europe 21 finden die Schwerpunktaktivitäten in der Region des Schwarzen Meeres statt: ein sichtbarer Erfolg der offenen Aggressivität der Truman Doktrin und des Marshallplans.

Am 7. April 1950 stellte das US-Außenministerium ein 66-seitiges Top-Secret-Memorandum fertig: United States Objectives and Programs for National Security, häufig als NSC-68 bezeichnet.[28] Es gehört zu den strategisch bedeutsamsten Dokumenten, die während des Kalten Krieges verfasst wurden (die Verschlussakte wurde erst 1975 freigegeben). Darin kamen die Strategen zu dem Ergebnis, *»dass die sowjetische Bedrohung bald durch die Hinzufügung weiterer Waffen, einschließlich Atomwaffen, zum sowjetischen Arsenal stark vergrößert werden würde«*. Sie argumentierten, dass die beste Vorgehensweise darin bestünde, *»mit einer massiven Aufrüstung des US-Militärs und seiner Waffen zu antworten«*.[29]

Doch Aufrüstung war nicht alles. Parallel liefen Destabilisierungsmaßnahmen und proamerikanische Regime-Changes in den Nachbarländern der Sowjetunion, die das Gegenteil der angeblichen Friedens- und Stabilitätsziele bewirkten. Auftakt zu einer Reihe gewaltsamer, völkerrechtswidriger Umstürze bildete 1953 der Sturz des demokratisch gewählten iranischen Ministerpräsidenten Mohammad Mossadegh in einer Geheimoperation namens Ajax. CIA-Chef Allen Dulles stellte dafür eine Million US-Dollar zur Verfügung – für *»jedwede Maßnahme«*, die geeignet war, *»zum Sturz Mossadeghs zu führen«.*[30] Sein Bruder, US-Außenminister John Foster Dulles, wies den amerikanischen Botschafter in Teheran an, putschwillige Iraner als Helfer zu rekrutieren.[31]

Tim Weiner, Journalist der *New York Times*, zitierte 2007 bezüglich der Rolle der CIA in der Operation Ajax eine Aussage des Analytikers und Agency-Mitglieds Ray S. Cline aus dem Jahr 1976: *»Das Problem mit diesem scheinbar brillanten Erfolg war der extravagante Eindruck der Macht der CIA, den er erschuf. Es war kein Beweis dafür, dass die CIA Regierungen stürzen und Herrscher einsetzen konnte; es war ein Einzelfall, in dem gerade zur richtigen Zeit in der richtigen Weise das richtige Quantum Beihilfe geleistet wurde. Dadurch, dass die CIA sich die Gefolgschaft von Soldaten und Straßengesindel gekauft hatte, konnte sie den Gewaltpegel schaffen, der zur Durchführung eines Putsches ausreichte. Geldsummen wanderten in bestimmte Hände, und diese Hände führten einen Regierungswechsel herbei.«*[32] Dieses Muster war 2014 auch in der Ukraine zu erkennen.

Der Putsch im Iran zahlte sich vor allem für die Ölfirmen aus: 1954 übernahm ein internationales Konsortium die Förderung und Vermarktung des iranischen Erdöls für die nächsten 25 Jahre. Dabei wurde der Anteil britischer Firmen auf 40 Prozent reduziert – bei gleichzeitigem Einstieg von fünf amerikanischen Ölgesellschaften mit zusammen 40 Prozent Geschäftsanteil. 14 Prozent holte sich die niederländische Firma Royal Dutch Shell und 6 Prozent das französische Unternehmen CFP (später Total).[33]

Am 4. Juni 2009 gestand Präsident Barack Obama in seiner Rede an die islamische Welt als erster US-Regierungschef öffentlich ein, was die CIA jahrzehntelang geleugnet hatte: *»Mitten im Kalten Krieg spielten die Vereinigten Staaten eine Rolle beim Sturz einer demokratisch gewählten iranischen Regierung.«*[34] Ein Geständnis ohne Einsicht. Denn Obama und sein Vizepräsident Joe Biden spielten im Februar 2014 selbst die zentrale Rolle beim Putsch gegen den demokratisch gewählten Präsidenten der Ukraine, Wiktor Janukowytsch, bei dem geostrategische Ziele im Hinblick auf die Zerstörung Russlands im Vordergrund standen ...

Nur zwei Jahre nach Verabschiedung des National Security Act wurde die NATO gegründet. Anlässlich der Ratifizierung des Nordatlantikvertrags im Juli 1949 formulierte US-Senator Arthur Vandenberg einen globalen Anspruch, dessen Konturen erst heute, nach dem Zusammenbruch und den darauf folgenden Eroberungskriegen, so richtig deutlich werden: *»Jetzt sind wir unvermeidlich der Führer und die Stütze der freien Menschen in der gesamten freien Welt.«*[35]

Die dazu notwendige militärische Arbeitsteilung legte Stabschef General Omar N. Bradley dem Kongress recht offen dar: *»Erstens werden die Vereinigten Staaten mit den strategischen Bombenangriffen betraut ..., denn die erste Priorität in der gemeinsamen Verteidigung ist unsere Fähigkeit, Atombomben zu transportieren. Zweitens wird die Kriegsmarine der Vereinigten Staaten und der westlichen Seemächte die Hauptseeoperationen, einschließlich des Schutzes der Seewege, durchführen. Die Westeuropäische Union und die übrigen Staaten werden die Verteidigung der eigenen Häfen und Küsten übernehmen. Drittens sind wir der Meinung, dass der Hauptteil der Landstreitkräfte aus Europa kommen sollte.«*[36] Die Kriegslasten wie Verletzte und territoriale Verwüstung sollten also möglichst die Europäer übernehmen. Daraufhin wurde der Bau des für die damalige Zeit riesigen Flugzeugträgers *United States* mit 65 000 t zugunsten der Konstruktion des strategischen Bombers B 36 gestrichen.[37]

Bereits auf seiner ersten Sitzung Mitte September 1949 in Washington schuf der NATO-Rat mehrere strategische Gremien: Das Defence Committee, bestehend aus den Verteidigungsministern, das Military Committee mit den Generalstabschefs der beteiligten Länder und die sogenannte »Ständige Gruppe«, bestehend aus drei hohen Offizieren Frankreichs, der USA und des Vereinigten Königreichs als Exekutivorgan des Militärausschusses; hinzu kamen fünf regionale Planungsgruppen.[38]

Mitte November traf sich der NATO-Rat erneut. Nun wurden das Defence Financial and Economic Committee (Finanz- und Wirtschaftsausschuss für Verteidigung) und das Military Production and Supply Board, ein Ausschuss für Rüstungsproduktion und Versorgung geschaffen.[39]

Die Einbindung der Europäer in die Finanzierung und militärische Versorgung wurde schon bei den Bedingungen für eine Waffenhilfe an die künftigen NATO-Partner vorbereitet: Am 28. Oktober 1949 wurde der Mutual Defence Assistance Act (Gesetz über gegenseitige Verteidigungshilfe) in jeweils bilateralen Abkommen mit den Nationen, die US-Waffenlieferungen erhielten, umgesetzt. Die Hilfen waren natürlich an eine Reihe multilateraler Verpflichtungen gebunden.[40] Alle NATO-Verbündeten, die Rüstungshilfe beantragt hatten, mussten sich z. B. verpflichten:

> »*a) die von Amerika erhaltenen, militärischen Hilfeleistungen und Materialien zur Verwirklichung der Ziele und Zwecke des Atlantikpakts zu verwenden, d. h. im Kriegsfall die jetzt in Ausarbeitung begriffenen strategischen Pläne zu befolgen;*
> *b) das erhaltene Material nicht ohne Zustimmung weiter zu verkaufen oder an eine andere Nation weiterzugeben;*
> *c) wenn immer möglich, den Vereinigten Staaten ihrerseits Hilfe zukommen zu lassen.*«[41]

Den ersten Entwurf (SG/I), betitelt als »Das strategische Konzept zur Verteidigung des nordatlantischen Raums«, erstellte die Ständige Gruppe bereits am 10. Oktober 1949.[42] Einen Tag später leitete der Militärausschuss dieses Dokument mit der neuen Kennung DC 6 dem Verteidigungsausschuss zu. Nach dieser Veränderung wurde es das erste Strategiedokument der NATO, das auf ministerieller Ebene gebilligt wurde, veröffentlicht am 1. Dezember 1949 unter der Kennziffer DC 6/1.[43] In der Präambel wurde die Übereinstimmung der Ziele des NATO-Vertrags mit den Grundsätzen der UNO-Charta festgehalten. Für diese Zwecke sollten die politischen, wirtschaftlichen, psychologischen und militärischen Mittel der Bündnispartner integriert werden.[44]

Der Präambel folgen die Grundsätze für eine Verteidigung im Bündnis: gemeinsames Handeln in der Verteidigung gegen bewaffnete Angriffe durch Selbst- und gegenseitige Hilfe, Leistungen der Partner nach ihrem Vermögen, Einsicht, dass wirtschaftlicher Wiederaufbau und wirtschaftliche Stabilität wichtige Elemente der Sicherheit sind, ein Maximum an Effizienz der Streitkräfte mit einem Minimum an Personalkosten und Materialaufwand als Ziel der Verteidigungsplanung, Aufgabenerfüllung durch die Nation, die geografisch, ökonomisch und/oder militärisch am besten geeignet ist.[45]

Die strategischen Planungen der USA umfassten von Dezember 1945 – erster Kriegsplan JIC 329/1: ein atomarer Überraschungsangriff auf 20 Städte der UdSSR – bis Oktober 1949 dreizehn weitere Operationspläne.[46] Am 19. Dezember 1949 wurde vom Vereinigten Generalstab dann der Plan Dropshot zur Durchsetzung der Kriegsziele der Vereinigten Staaten gegenüber der UdSSR verabschiedet, in dem es hieß: »*Am oder um den 1. Januar 1957 ist den Vereinigten*

Staaten durch einen Aggressionsakt der UdSSR und/oder ihrer Satelliten ein Krieg aufgezwungen worden.«[47]

Der beabsichtigte Krieg hat bis heute nicht stattgefunden: 1957 verhinderte ihn der piepsende Sowjetsatellit Sputnik – das Pentagon musste eine Beobachtung aus dem All befürchten. Anlässlich der Kubakrise 1963 waren es J. F. Kennedy und Nikita Chruschtschow, die uns vor einem Atomkrieg bewahrten, und 1989 hisste Michael Gorbatschow die weiße Fahne, bevor Ronald Reagan den Krieg der Sterne einleiten konnte. Mit dem Putsch 2014 in der Ukraine hat sich die Kriegsgefahr jedoch wieder dramatisch erhöht. Der Trump-Administration war es zu verdanken, dass der große Krieg bis 2020 ausblieb – mit Biden als Präsident stehen wir nun jedoch kurz vor der Eskalation.

Knapp an der atomaren Katastrophe vorbei

Seit 1949 haben sich die Kriegsplanungen des Pentagon immer auch auf die strategischen Planungen der NATO ausgewirkt. In den Medien wird die NATO nach wie vor als Verteidigungsbündnis dargestellt; dabei wird häufig der Eindruck erweckt, dass sie zu Beginn des Kalten Krieges als Gegengewicht zum Warschauer Pakt entstanden sei – dabei war es umgekehrt:[48] Das Bündnis in Osteuropa wurde erst 1955 gegründet, acht Tage nach Aufnahme der Bundesrepublik Deutschland in die NATO.

In der Hochphase des Kalten Krieges befanden sich in den gut gefüllten Arsenalen der Endlösung auf beiden Seiten vielfache »Overkill-Kapazitäten«, wie Atomwaffen auch umschrieben wurden, während an ABC-Waffen sowie meteorologischer Kriegsführung – Technologien zur Pasteurisierung der gesamten Biosphäre – noch gearbeitet wurde. Mit den Erfahrungen des ersten und zweiten »Vorbereitungskrieges« wurden die Menschen in Ost und West zudem nun massenmedial auf die *»Gestaltwerdung brueghelscher Höllenfahrten und eines planetarischen Totentanzes«*[49] eingestimmt und durch Angstschürung vor der Apokalypse für die gigantische Aufrüstung gefügig gemacht.

In den monatlichen Übungen der nuklearen Streitkräfte der USA – bekannt als »Raketenbedrohungskonferenz« – wurde der Kriegsplan durchdekliniert: 12 500 Ziele in den Staaten des ehemaligen Warschauer Pakts sollten von ca. 10 000 Kernwaffen angegriffen werden, *»im schlimmsten Fall – und davon gingen wir immer aus – alle gleichzeitig«*,[50] so General George Lee Butler, 1991 und 1992 Oberbefehlshaber des Strategischen Luftkommandos, der wichtigsten nuklearen Abschreckungsmacht der Nation mit Bombern, Tankflugzeugen, Aufklärungsflugzeugen und Interkontinentalraketen, und zugleich oberster Kernwaffenberater des Präsidenten. General Butler gestand später ein, dass die Welt *»dem atomaren Holocaust nur durch eine Mischung aus Sachverstand, Glück und göttlicher Fügung«* entging, wobei Letzteres wohl den größten Anteil gehabt habe.[51] Kernwaffen, so Butler, seien eine Art biologische Zeitbomben, welche die Erde und ihre Bewohner *»auf Generationen hinaus«* vergifte. Er selbst habe dreißig Jahre gebraucht, um zu verstehen, *»worum es bei der Fähigkeit zur nuklearen Kriegführung überhaupt geht«*. Nun aber müsse er erkennen, *»dass vieles von dem, woran ich glaubte, entweder falsch, höchst vereinfacht, außerordentlich brüchig oder einfach moralisch untragbar war«*. Der Kalte Krieg mit seiner *»Anhäufung des Kernwaffenarsenals in einem geradezu grotesken Ausmaß«* sei *»ebensosehr das Ergebnis von Furcht, Ignoranz und Gier, von Egoismus und Machtstreben, von Glücksspiel und Profitsucht, wie die Folge der scheinbar so eleganten Abschreckungstheorien«*.[52]

Zu einer ähnlichen Einschätzung kam der Verfasser dieses Werkes. Als atomarer Wirkungsberater 1973/74 hätte er im »Verteidigungsfall« einen atomaren Sperrzug führen müssen. Ihm waren die unvorstellbaren Zerstörungspläne westlicher Strategen einschließlich der entsprechenden Dienstvorschriften bestens bekannt, was ihn schließlich zur Beendigung seiner Offizierslaufbahn bei der Bundeswehr veranlasste und zum Friedensmahner werden ließ.

Die »Nukleare Planungsgruppe« der NATO hatte für 1973 zwischen Weser und Weichsel 2200 Atomzielpunkte festgelegt.[53] Die verantwortlichen Planer nahmen dabei die nachhaltige Zerstörung Mitteleuropas billigend in Kauf. Was für ein Denken! Nach der Auflösung des Warschauer Pakts im März 1991 löste sich auch die »Nukleare Planungsgruppe« auf. Doch durch die Ukraine-Krise wurde sie 2015 wieder aktiviert.

Es wäre äußerst tragisch, wenn Thomas Manns Appell aus dem Jahr 1953 ungehört verhallen würde. Er hatte im amerikanischen Exil die Neigung der USA erkannt, *»Europa als ökonomische Kolonie, militärische Basis, Glacis im zukünftigen Atom-Kreuzzug gegen Russland zu behandeln, als ein zwar antiquarisch interessantes und bereisenswertes Stück Erde, um dessen vollständigen Ruin man sich aber den Teufel scheren wird, wenn es den Kampf um die Weltherrschaft gilt.«*[54]

Krieg gegen den selbst geschaffenen Terror

Unmittelbar nach den Terroranschlägen am 11. September 2001 setzte die NATO erstmals in ihrer Geschichte kollektiv den Verteidigungsfall (Bündnisfall) nach Artikel 5 des NATO-Vertrages vorläufig in Kraft.[55] Artikel 5 sieht in Absprache mit den Regierungen der Mitgliedstaaten die Wiederherstellung und Wahrung der Sicherheit des nordatlantischen Gebiets vor. Der Terroranschlag wurde ohne jegliche Beweise sofort als ein bewaffneter Angriff auf den Bündnispartner USA eingestuft. Noch in der Nacht vom 11. auf den 12. September erschien in den amerikanischen Medien das bekannte Doppelmotiv: auf der linken Seite der berstende Turm und rechts das Konterfei des saudisch-arabischen Terroristen Osama bin Laden – er wurde prompt als Drahtzieher ausgemacht.

Der seit 1999 von den USA gejagte bin Laden war zuvor 20 Jahre lang auf der Gehaltsliste der CIA. Im Rahmen der von Präsident Jimmy Carter am 3. Juli 1979 unterzeichneten Direktive zur heimlichen Unterstützung der Opposition gegen das prosowjetische Regime in Kabul war er seinerzeit rekrutiert worden. Die CIA heuerte aus allen arabischen Ländern Aktivisten des islamischen Fundamentalismus an, um sie als »heilige Krieger« gegen die Regierung Afghanistans einzusetzen: Es entstand die Organisation al-Qaida (zu Deutsch: die Basis).

Zur Finanzierung der Guerillas – am Kongress vorbei – organisierte die CIA zusammen mit dem Geheimdienst Pakistans den Drogenanbau vor Ort und in den »befreiten« Gebieten Afghanistans: Rauschgift als Zahlungsmittel für verdeckte Geheimdienstoperationen. Carters Sicherheitsberater, der einflussreiche Geostratege Zbigniew Brzezinski, bestätigte den Zusammenhang in einem Interview mit der französischen Wochenzeitung *Le Nouvel Observateur* vom 21. Januar 2021.[56] Darin lobte Brzezinski Carters Idee, die letztlich die Pandorabüchse des islamischen Terrorismus öffnete: »*Sie hat die Russen in die afghanische Falle gelockt ... An dem Tag, als die Sowjets offiziell die Grenze überschritten, habe ich Präsident Carter im Kern geschrieben: ›Wir haben jetzt die Gelegenheit, der UdSSR ihren Vietnamkrieg zu verschaffen.‹ In der Tat hat Moskau fast zehn Jahre lang einen für das Regime unerträglichen Krieg führen müssen, einen Konflikt, der die Demoralisierung und letztlich das Auseinanderbrechen des sowjetischen Imperiums nach sich gezogen hat.*«[57]

Unabhängig davon, ob man der Behauptung Jimmy Carters, dass der Einmarsch der Sowjetunion am 25. Dezember 1979 eine große Bedrohung für den Westen und »*die größte Bedrohung für Europa seit dem Zweiten Weltkrieg*«[58] darstellte, nun zustimmen mag oder nicht, kann kein Zweifel daran bestehen, dass er einen historischen Wendepunkt markierte. »*Die Invasion und die Besetzung Afghanistans stellten die größte sowjetische Militäraktion seit dem Zweiten Weltkrieg dar, während die US-Unterstützung für den antisowjetischen Widerstand die wichtigste paramilitärische Operation der Reagan-Doktrin war*«, so der US-Historiker David N. Gibbs.[59]

Am 2. Mai 2011 gab Präsident Obama den Befehl zur Geheimoperation Geronimo, bei der Osama bin Laden erschossen wurde. Für die US-Regierung stand zweifelsfrei fest, dass das Terrornetzwerk al-Qaida hinter den Anschlägen vom 11. September 2001 steckte, und George W. Bush drohte am 20. September 2001: »*Jede Nation, die den Terroristen Unterschlupf gewährt oder sie unterstützt, wird von uns als feindliches Regime betrachtet.*« Vor diesem Hintergrund wurden die Kriege in Afghanistan und im Irak geführt.

Laut Untersuchungsbericht kamen 15 der Attentäter aus Saudi-Arabien. Trotzdem heißt es dort abschließend, dass es keine Beweise für eine Beteiligung der Saudis gibt. Da stellt sich die Frage, warum 28 Seiten des Berichts von George W. Bush persönlich als geheim eingestuft wurden und sich bisher weder Obama noch Trump trauten, diese Seiten freizugeben. Für die Untersuchung und den Bericht zeichnete der demokratische US-Senator Bob Graham verantwortlich, ehemaliger Gouverneur von Florida und damals Vorsitzender des Geheimdienstausschusses im US-Senat. In aller Offenheit gab er am 31. Mai 2016 im deutschen Fernsehen bekannt: »*In den 28 Seiten geht es vor allem um die Frage, wer die 9/11-Attentäter finanziert hat. Und die Erkenntnisse zeigen eindeutig auf Saudi-Arabien.*«[60] Als sogenannter »Hintergrundstaat« hätte der Terrorangriff Saudi-Arabien zur Last gelegt werden und gemäß *Artikel* 51 UN-Charta entsprechend reagiert werden können. Um jedoch die Kriege gegen Afghanistan und den Irak zu rechtfertigen, müsste zunächst der völkerrechtlichen Frage nachgegangen werden, ob sogenannte »Non-state Actors« überhaupt einen bewaffneten Angriff im Sinne von Artikel 51 UN-Charta verüben können. Der österreichische Historiker und Verleger Hannes Hofbauer verneint das. Er kommt nach eingehender Untersuchung zu dem Ergebnis, dass Artikel 51 keine derartige »*Metamorphose*« erlebt habe: Ein bewaffneter Angriff setze zwingend die Zurechnung zu einem »*Hintergrundstaat*« voraus.[61]

Der gestiegenen Terrorgefahr seit Carters Anwerbung islamistischer Glaubenskämpfer wurde bislang mit wenig probaten Mitteln begegnet. Es gilt vielmehr, die wirklichen Ursachen des Terrors zu beseitigen. Die Zündschnur ist sicherlich schon im unseligen Sykes-Picot-Abkommen von 1916 gelegt worden, als britisch-französische Einflussgebiete willkürlich festgelegt und dadurch weit zurückreichende traditionelle Strukturen zerstört wurden. Hier wären schon die Vereinten Nationen gefordert gewesen. Der Krieg gegen den Terror ist nicht die Lösung, sondern provoziert lediglich noch weitere Gewalt. Deeskalation ist notwendiger denn je. So gilt es jetzt, die OSZE zu stärken und unabhängiger von Washington zu machen. Die NATO wäre dafür mit Bestimmtheit das unpassendste Instrument. Die nichtwestliche Welt erkennt in ihr ohnehin nur das, was es schon immer war: ein militärisches Kriegsbündnis, das wirtschaftliche und strategische Interessen des Westens, insbesondere der USA, absichern soll.[62]

Jonathan Power, Kolumnist der *International Herald Tribune,* stimmte im Februar 2017 Donald Trumps Ansicht zu, *»dass die NATO ›obsolet‹ sei. Das Bündnis könne die aktuellen Probleme Europas nicht lösen. Die NATO könne man nicht als Bündnis gleichwertiger Partner einstufen. Auch im Kampf gegen den Terror kann die NATO als Militärverband nicht viel ausrichten. Im Inland sieht sich jede Regierung individuell mit diesem Problem konfrontiert. Die Einsätze gegen Al-Qaida und den ›Islamischen Staat‹ in Syrien und im Irak führen die USA, Großbritannien, Frankreich und Russland auf eigene Faust.«*[63]

VI. Die Software der Weltherrschaft

Council on Foreign Relations: Personifikation des US-Imperialismus

Nach dem Ersten Weltkrieg, 1921, gründete eine Gruppe wohlhabender und einflussreicher Amerikaner – darunter David Rockefeller, Herbert Hoover, Allen W. Dulles und Walter Lippmann – unter Federführung des Präsidentenberaters Colonel House in Zusammenarbeit mit dem deutschstämmigen Bankier Paul M. Warburg den Council on Foreign Relations (CFR, deutsch: Rat für ausländische Beziehungen), der heute noch parteiübergreifend die Außenpolitik der USA maßgeblich beeinflusst.

Inzwischen hat der Rat 4500 Mitglieder, darunter 250 Unternehmen. Die Ratsmitglieder werden allein von der Ratsleitung ausgewählt, eine Initiativbewerbung ist fruchtlos. Die *New York Times* betonte 1966 die Exklusivität der Sitzungen des CFR: »*Die Gespräche und Seminare des Rates sind streng vertraulich. Eine Indiskretion kann ein Grund für die Kündigung oder Suspendierung der Mitgliedschaft sein.*«[1]

Somit bündelt sich in den Händen des Vorstands und der leitenden Mitarbeiter eine erhebliche Machtkonzentration, was in vielen Fällen durch die außergewöhnlich langen Dienstzeiten unterstrichen wird. John W. Davis, Whitney H. Shepardson, Allen W. Dulles, R. C. Leffingwell und Frank Altschul waren alle mehr als 30 Jahre lang als Direktoren tätig.

Hamilton Fish Armstrong leitete in den ersten 50 Jahren als Redakteur die Geschicke der hauseigenen Zeitschrift *Foreign Affairs* und war zudem von 1928 bis 1972 Mitglied des Vorstands. Die Hauptgeldquellen sind Mitgliedsbeiträge, Spenden von Mitgliedern, Stiftungen und Unternehmen sowie Einkommen aus Investitionen. So gibt es bei Bedarf auch größere Zuwendungen. In ihrem 1977 erschienenen brisanten Werk »Imperial Brain Trust« führen der Historiker Laurence H. Shoup und der investigative Journalist William Minter ein Beispiel an: »*Als der Council 1929 ein eigenes Gebäude erwerben wollte, steuerte Council-Direktor Paul Warburg 25.000 Dollar zu der benötigten Summe bei, John D. Rockefeller II sogar noch mehr. Als der Rat 1945 in ein neueres und größeres Gebäude expandierte, wurde das Haus von Mrs. Harold I. Pratt gestiftet, deren Ehemann ein Vermögen von*

Standard Oil besaß.«[2] Und Vizepräsident Frank Altschul steuerte 1955 200 000 Dollar für einen neuen Flügel des Harold Pratt House bei. 1966 spendeten die Kinder der IBM-Firmenlegende Thomas Watson eine Million Dollar.

Bis in die frühen 1950er-Jahre wurde der prominenteste Platz innerhalb des Council, so Shoup und Minter weiter, *»von Männern eingenommen, die mit Morgan-Interessen verbunden waren. Seit den 1950er Jahren haben die Rockefeller-Interessen die Hauptrolle bei der Leitung von Ratsangelegenheiten übernommen. Aber es wurde immer darauf geachtet, Teilnehmer einzubeziehen, die mit anderen Zentren der finanziellen Macht in New York verbunden waren.«*[3]

Eine aktive Rolle in der Führung des Rats spielte der umtriebige Allen Dulles, Mitarbeiter von Sullivan & Cromwell und späterer CIA-Direktor. Er diente als Präsident wie auch als Vizepäsident. Sein Rechtspartner Arthur H. Dean trat 1955 in den Vorstand ein. Die deutsch-jüdische Finanzgemeinde war im ersten Vorstand des Council mit Otto H. Kahn und Paul M. Warburg, beide von Kuhn & Loeb, gut vertreten. Als sie in den frühen 1930er-Jahren aus dem CFR ausschieden, trat Frank Altschul, der mit der Lehman-Goldman-Sachs-Gruppe verbunden war, in den Vorstand ein, so als ob er den leeren Platz füllen wollte.[4] Altschul spielte als Council Secretary ab 1944 und Vizepräsident von 1951 bis 1971 sowie als bedeutender Wohltäter eine wichtige Rolle und

Mitglieder des Council on Foreign Relations besetzen in Politik und Wirtschaft nicht selten Schlüsselpositionen (im Bild links W. Averell Harriman, seit 1923 Mitglied des Council, mit Dean Acheson 1967 im Weißen Haus)

ist einer der Männer, die am engsten mit der Organisation in Verbindung gebracht werden. CFR-Direktor Leon Fraser war der First National City Bank verbunden. Enge Verbindungen zur Finanzoligarchie bestanden auch bei den CFR-Größen Douglas Dillon und »Bonesman« W. Averell Harriman, der etwa wichtige Ämter unter mehreren US-Präsidenten besetzte. Harriman war u. a. Botschafter in Moskau, später in London, und 1948 Koordinator des Marshallplans; er reiste 1951 als Vermittler nach Teheran, als es um die Verstaatlichung der Anglo-Persian Oil Company ging. Zudem saß er einer NATO-Kommission vor, die die westlichen Verteidigungspläne studierte.

Seit den Recherchen von Shoup und Winter ist bekannt, wie fest der Rat in der *»Kapitalistenklasse der Vereinigten Staaten verankert ist und eine bewusste Initiative des dominierenden Sektors dieser Klasse, der New Yorker Finanzoligarchie darstellt …, die mit der Regierung und allen existierenden internationalen Agenturen zusammenarbeiten und sie alle in konstruktiven Einklang bringen wollte«.*[5] In der Leitungsspitze des Council war stets ein führender Anwalt oder Banker der Wall Street vertreten. Darin sehen die beiden Autoren ein Indiz für eine besondere Führungsrolle jener Kreise.

1921 sollte der Rat die USA für eine imperiale Rolle auf der Weltbühne fit machen – nach dem Vorbild Großbritanniens, welches die Weltpolitik im 19. Jahrhundert nicht nur durch sein Kolonialreich, sondern auch durch einen noch größeren informellen Einflussbereich dominiert hatte.[6] Shoup und Winter gehen so weit, den CFR für die Personifikation des US-Imperialismus schlechthin zu halten. Der Rat habe die amerikanische Regierung u. a. auch in den mörderischen Vietnamkrieg hineinmanipuliert.

Man darf getrost behaupten, dass es dem Council spätestens ab dem Zweiten Weltkrieg weitgehend gelang, seine Bestrebungen gegenüber der Regierung durchsetzen, eben nicht zuletzt dadurch, dass Ratsmitglieder bis in hohe Regierungsämter vorstießen. Das darf nicht darüber hinwegtäuschen, dass man im Rat auch mal unterschiedlicher Meinung ist und über den Weg zum Ziel gelegentlich kontrovers gestritten wird. Als »Experten« ist es den Ratsmitgliedern jedoch zumeist gelungen, über ein komplexes Netzwerk von Kanälen die öffentliche Debatte zu dirigieren und die politischen Entscheidungsträger und Meinungsführer auf der Linie einer »seriösen« Politik zu halten.

In den 1950er-Jahren kam die neu organisierte Ford Foundation hinzu. Sie leistete 1953 ihren ersten größeren Beitrag in Höhe von 100 000 Dollar zur

Finanzierung des ersten Jahres einer Studie über die Beziehungen zwischen den Vereinigten Staaten und der Sowjetunion unter dem Vorsitz von John J. McCloy. Passenderweise wurde McCloy noch im selben Jahr Vorsitzender des Council, der Ford Foundation und der Chase Bank.[7]

In ihrem 1997 erschienenen Buch porträtieren die Autoren Walter Isaacson und Evan Thomas neben George Kennan, Dean Acheson, Charles Bohlen und Robert Lovett wohlwollend auch John McCloy und W. Averell Harriman. Der Titel des Werks: »The Wise Men: Six Friends and the World They Made« (Die weisen Männer: Sechs Freunde und die Welt, die sie machten). So wird Geschichte festgeschrieben.

Hundert Jahre nach seiner Gründung ist der CFR bedeutender denn je und leitet, von der Öffentlichkeit weitgehend unbemerkt, das westliche Flaggschiff als Navigationsoffizier. Der Niedergang der Macht der Vereinigten Staaten stellt ihn heute allerdings vor neue Probleme.

Unterdrückungswerkzeuge Eroberung, Raub und Verschuldung

Bereits in der Mitte des Ersten Weltkriegs erkannte der österreichische Literat und Herausgeber Franz Blei (1871–1942) die Motive hinter der Expansionspolitik der von ihm so genannten neueren Staaten mit ihren Besetzungen und Eroberungen als *»vom industriellen Kapitalismus erzwungene Raubpolitik«*. Als Beispiele nannte er die Philippinen (USA, 1898), die Burenrepubliken (Großbritannien, 1899), Marokko (Frankreich, 1911), Korea (Japan, 1911) oder Tripolis (Italien, 1911). Der politische Sinn dieser Raube sei gleich Null, ihr merkantiler evident.[8] Den merkantilen Expansionszwang sah Blei strukturell bedingt: *»Die modernen Großmächte haben alle eine kapitalistische Struktur und ihr sozialer Mechanismus selber treibt sie zu Eroberungskriegen gegen Länder und Völker, die noch nicht kapitalistisch sind oder deren Kapitalismus noch rudimentär ist: Sie müssen, ihrem Wesen folgend, über diese Länder und Völker die kapitalistische Abhängigkeit bringen, müssen das Gewicht, unter dem sie leben, verteilen, um selber weiterleben zu können.«*[9]

Die sozialistisch inspirierte Kritik vieler Intellektueller an der imperialen Struktur des Kapitalismus wurde später von den Nationalsozialisten aufgegriffen; trotzdem landeten Franz Bleis Bücher – in einer seiner Zeitschriften debütierte Franz Kafka, und er war befreundet mit dem Gründer der Sozialdemokratischen Arbeiterpartei Österreichs, Viktor Adler – auf dem Scheiterhaufen.

Heute ist der Einfluss der Geldelite auf die Politik der Staaten ins Unermessliche angewachsen, und die Vorgehensweise ist brutaler und zugleich subtiler als je zuvor, wie es der US-amerikanische Politaktivist und Schriftsteller John Perkins in seinem erschütternden Enthüllungsbuch »Bekenntnisse eines Economic Hit Man: Unterwegs im Dienst der Wirtschaftsmafia« aufzeigt. Er hat der Öffentlichkeit die Augen geöffnet über den Ausbau des US-Imperiums auf Kosten der Dritten Welt, über seine Skrupellosigkeit und seinen Treibsatz, die »Herrschaft der Großkonzerne«, welche er als »Corporatocracy« bezeichnet.

Auch von konservativer Seite gab es schon 1918 Kritik am Expansionsdrang des modernen Kapitalismus. Joseph Eberle (1884–1947), deutscher Publizist und Herausgeber der katholischen österreichischen Zeitschrift *Schönere Zukunft,* zu deren Aufgabe er unter dem Nationalsozialismus 1940 gezwungen wurde, ging im letzten Kriegsjahr den tieferen Ursachen der Völkerkatastrophe nach und stellte fest, dass in der ernsten Kriegsliteratur des In- und Auslands der Kriegsgrund nicht in der Verteidigung von Freiheit und Kulturidealen gesehen wurde, wie von den Führern des modernen Kapitalismus und Kommerzialismus propagiert, sondern in von London und Paris aus gesteuerten Wirtschaftsinteressen, die letztlich auch das Eingreifen der USA bedingten. Eberle verweist in diesem Zusammenhang auf die europäischen Autoren Chamberlain, Sombart, Scheler und Sibichenfel und zitiert aus dem Buch »Der Geist des chinesischen Volkes und der Ausweg aus dem Krieg« des chinesischen Gelehrten und Politikers Ku Hung Ming: *»... der Geist des Kommerzialismus , aus Feigheit und Selbstsucht erwachsend, besonders in Großbritannien und Amerika zur Herrschaft gekommen, sei der größte Feind der Menschheit. Dieser Geist, und nicht der preußische Militarismus, sei Quelle und Ursprung des Weltkriegs.«* [10]

Treffend stellt Eberle fest, dass das Kapital das Bedürfnis habe zu wachsen – ins Grenzenlose. *»In solcher Lage kann ein Weltensturm, ein Krieg wie eine Erlösung empfunden werden. Er vernichtet ungeheure Werte und schafft das Bedürfnis nach neuen. Er schafft neue Konjunkturen, Konzessionen, Absatzmöglichkeiten, Kreditbedürfnisse. Er bringt riesige Verschuldungen der Staaten, aber diese Verschuldung ist eben Gewinn für Plutokraten. Schon vor Jahren berechneten französische Finanzleute, selbst ein unglücklicher Krieg werde für die großen Geldleute Frankreichs noch gewinnbringend sein. ... Nie waren die Bilanzen der großen Bank- und Industrieunternehmungen glänzender als in den Jahren 1915 bis 1918. Kleinere Verluste und Risikos verblassen neben den Riesengewinnen; größere Einbußen aber werden immer geschickt auf die Schultern der Massen, des Staates abgewälzt. Die amerika-*

nische Presse hat 1916 und 1917 offen betont, die Verlängerung des Krieges liege im Interesse des einträglichen Lieferungs- und Anleihegeschäfts.«[11] Erstaunliche Einsichten, nach wie vor aktuell.

Nach dem Anschluss Österreichs war Eberle ständigen Schikanen der Gestapo ausgesetzt. 1941 schließlich wurden er und die gesamte Belegschaft der *Schöneren Zukunft* verhaftet. Die Anklage gegen Eberle lautete: »Störung und Zersetzung der Erziehungsarbeit des Führers«. Nach seiner Einlieferung in ein Konzentrationslager wurde die Zeitschrift als erste der großen religiösen verboten.

Bekenntnisse eines Wirtschaftskillers

Der bereits erwähnte Insiderbericht »Confessions of an Economic Hit Man« von John Perkins stand 2004 sieben Wochen lang auf Platz 1 der Bestsellerliste der *New York Times.* Bevor Perkins nach seinem Studium 1968 von der internationalen Consultingfirma Chas. T. Main (heutiger Mischkonzern Parsons Main Inc. und damals Hauptkunde der Weltbank) angestellt wurde, führte er ein erfolgreiches Bewerbungsgespräch mit dem US-amerikanischen Geheimdienst NSA.[12] Also war er nicht offiziell US-Agent, ihm wurde aber bedeutet, dass er vordergründig als Unternehmensberater, in Wirklichkeit aber als NSA-Instrument arbeiten würde. Entsprechend hätten ihn Drohungen und Bestechungen auch zunächst davon abgehalten, ein Enthüllungsbuch zu schreiben, erklärt Perkins die 20-jährige Lücke zwischen dem Buch und seinem letzten Einsatz.[13] Chas. T. Main war damals ein weltweiter Akteur in der Versorgungsindustrie, der viele weitreichende Ingenieurleistungen erbrachte, vornehmlich zur Entwicklung der Wasserressourcen.

John Perkins' Bestseller bestätigte, was zuvor als Verschwörungstheorie abgetan wurde

Die Aufgabe von Perkins bestand vor allem darin, geopolitisch wichtige Entwicklungsländer zu besuchen und den dortigen Machthabern völlig überzogene Milliardenkredite für neue Infrastruktur zu vermitteln, die finanziell gar nicht zu stemmen waren. Die Economic Hit Men arbeiteten *»mit gefälschten Bilanzen, gefälschten Wahlen, Provisionen, Erpressung, Sex und Mord. Sie spielen ein Spiel, das so alt ist wie der Imperialismus, das jedoch in Zeiten der Globalisierung neue und furchtbare Dimensionen angenommen hat.«*[14]

Mit überteuerten Großprojekten, etwa Wasserkraftwerke in Ecuador, Elektrifizierungsprojekte in Indonesien, Flughäfen in Mittelamerika, und der damit einhergehenden Verschuldung sollen diese Länder in eine Abhängigkeit gebracht werden, um geopolitische US-Interessen (Militärbasen) wie auch politisch-ökonomische (proamerikanische Abstimmung in der UN, Zugriff auf Ressourcen) im Land durchzusetzen. Economic Hit Men betrügen als hochbezahlte Profis arme Länder rund um den Erdball um Billionen von Dollar und schleusen Geld von der Weltbank, der U. S. Agency for International Development (USAID) sowie anderen Auslands-»Hilfsorganisationen« in die Kassen großer Konzerne und in die Taschen der Finanzdynastien, welche die natürlichen Ressourcen der Erde kontrollieren.[15] Unter USAID wird häufig US-Hilfe verstanden, vermutlich war diese Verwechslungsgefahr bei der Namensgebung beabsichtigt. Tatsächlich jedoch koordiniert diese Organisation gemeinsam mit den US-Geheimdiensten die Entwicklungsaktivitäten im Sinne der Außenpolitik der Vereinigten Staaten. Im Pentagon nennt man das »Other Operations Than War« (OOTW, siehe auch S. 220 f.). Nicht einsichtige Staatschefs, so Perkins, seien von den USA mit geheimdienstlicher Hilfe aus dem Weg geräumt worden. Er nennt in seinem Buch explizit die früheren Präsidenten Panamas und Ecuadors, Omar Torrijos und Jaime Roldos, die beide 1981 bei Flugzeugabstürzen ums Leben kamen.[16]

Wenn die Folterwerkzeuge der Economic Hit Men nicht überzeugen, kommen laut Perkins die Jackals – Schakale – zum Zug, der von der CIA sanktionierte schwere Mob, der Putsche und Revolutionen schürt und auch vor Mord, Entführung und Attentaten nicht zurückschreckt. Wenn die Schakale versagen, wie es im Irak der Fall war, kommt das Militär ins Spiel.[17] Als 1953 der Präsident von Guatemala in seinem Land einen Teil der riesigen Plantagen des US-Konzerns United Fruit Company enteignete und an Kleinbauern verteilte, wurde er wenig später mit CIA-Unterstützung aus dem Amt geputscht, und amerikanische Piloten bombardierten die Hauptstadt. Der damalige CIA-Direktor Allen Dulles und sein Bruder, Außenminister John Foster Dulles, waren die Firmenanwälte, der US-Botschafter bei den Vereinten Nationen, Henry Cabot Lodge, war United-Fruit-Großaktionär. In einem Hollywood-Thriller würde man so etwas als zu platt kritisieren – es war aber Realität.[18]

Die von den Economic Hit Men ausgehandelten Milliardenkredite, berichtet Perkins, seien dann ausschließlich in Aufträge für US-Großkonzerne wie die Bechtel Corporation und Halliburton geflossen. Vor allem habe er für die traditionell US-geführte Weltbank und die US-Entwicklungshilfebehörde manipulierte Finanzpläne aufgestellt, um die Kredite zu rechtfertigen: *»Es ist gar nicht schwer, einen vermeintlich immensen Anstieg des Bruttosozialprodukts vorzugaukeln, wenn man mit den Daten geschickt trickst.«*[19] Dabei würde das meiste Geld die USA nie verlassen, sondern lediglich von den Banken in Washington zu den Konzernzentralen in Houston, New York oder San Francisco umgeleitet.

Tatsächlich klingen Perkins' Bekenntnisse über die Verquickungen amerikanischer Politik und Wirtschaft gar nicht so unglaublich, wenn man sich an manche Vorgänge aus der jüngeren Vergangenheit (massive Einflussnahme in Brasilien, Venezuela, Kolumbien usw.) erinnert. Ähnlich dubios und gut dokumentiert sind die Verwicklungen der Administration George W. Bushs mit der Ölindustrie und dem Großkonzern Halliburton, der eine führende Rolle bei der Ausplünderung des Irak spielte. Mit einem frei erfundenen Kriegsgrund[20] – der Irak verstecke Massenvernichtungswaffen – eröffneten die USA und eine Koalition von Willigen[21] am 21. März 2003 mit massivem Bombardement Bagdads ihre Großoffensive. Innerhalb von 48 Stunden wurden im Rahmen der Angst-und-Schrecken-Strategie (»Shock and Awe«) mehr als 3000 satellitengesteuerte Bomben vor allem auf die Zivilbevölkerung abgeworfen, der Kollateralschaden wurde eiskalt in Kauf genommen. Das dadurch verursachte menschliche Leid lässt sich kaum überblicken.

Noch während des Bombardements erklärte der neokonservative US-Verteidigungsminister Donald Rumsfeld, Ziel des Krieges sei es u. a., dem irakischen Volk die ihm gehörenden Ölfelder und Naturressourcen zu sichern und den Irakern zu helfen, die Bedingungen für einen raschen Übergang zu einer repräsentativen Regierung zu schaffen.[22]

Nachdem Präsident Bush Jr. am 1. Mai 2003 stolz der Welt »Mission accomplished« verkündet hatte, erließ er schon drei Wochen später die Executive Order 13303.[23] Diese Anordnung offenbarte die imperiale Absicht der USA: die Ausplünderung des Irak und hier vor allem die Kontrolle über die irakischen Öleinnahmen, zudem die nominelle Kontrolle eines von den Vereinten Nationen geschaffenen Entwicklungsfonds für den Irak – mit Beratung durch die Weltbank und den Internationalen Währungsfonds. Der zweite Teil des Plans gilt dem umfassenden Rechtsschutz der US-Interessen am irakischen Öl. Amerikanischen Ölfirmen, allen voran Exxon-Mobil und ChevronTexaco, wurde absolute Straffreiheit zugesichert, auch bei Menschenrechtsverletzungen (etwa Zwangsarbeit) und Umweltdelikten.[24] Sollte ein amerikanischer Öltanker mit irakischem Öl eine Ölkatastrophe verursachen, durfte der Konzern nicht haftbar gemacht werden – unabhängig davon, ob die Havarie vor einer irakischen oder einer nordamerikanischen Küste passiert wäre. Die hehren Kriegsziele von Rumsfeld erwiesen sich als Makulatur.

Der damalige deutsche Bundeskanzler Gerhard Schröder hatte am 3. April 2003 in seiner Regierungserklärung eine Nachkriegsordnung für den Irak gefordert, in der die Ölvorkommen und natürlichen Ressourcen dem irakischen Volk zugutekommen. Im Nahen und Mittleren Osten müsse ein politischer Stabilisierungsprozess in Gang kommen, der für alle in der Region lebenden Völker eine Perspektive auf ein Leben in Frieden und Wohlstand eröffne. Davon ist die Region inzwischen weiter entfernt denn je. Da war die damalige CDU-Partei- und Fraktionschefin Angela Merkel war mit ihrer Forderung, »*die Einigung Europas dürfe sich niemals gegen die Vereinigten Staaten von Amerika richten. Die Aufgabe für die Zukunft heiße nicht nur Wiederaufbau in Irak, sondern auch Wiederaufbau von NATO und UN*«[25], schon realistischer. NATO und UN scheinen größere Schnittmengen zu haben als gemeinhin vermutet. Und so verwundert es kaum, dass George W. Bush seinen politischen Berater, den Expansionisten Paul Wolfowitz, 2005 von dessen Posten als stellvertretender US-Verteidigungsminister zum Präsidenten der Weltbank beförderte.

Im Nachwort der englischen Auflage von »Economic Hit Man« (2006) beklagt Perkins, dass die vorgeschlagenen Bedingungen für den damaligen Schuldenerlass der Dritten Welt durch die G8-Staaten diese Länder zwingen, ihre staatlichen und gesellschaftlichen Infrastrukturen (Gesundheit, Bildung, Energieversorgung, Wasser u. a.) an Privatkonzerne zu verkaufen und ihre Subventionen für einheimische Betriebe einzustellen, andererseits aber die Subventionen der G8-Staaten an deren bevorzugte Unternehmen zu akzeptieren, ebenso wie Handelsbarrieren auf Importe, die G8-Industrien bedrohen.

2005, als die deutsche Ausgabe »Bekenntnisse eines Economic Hit Man« erschien, war das Buch sogar dem Deutschlandfunk eine Rezension wert, wenn auch die Zustimmung am Ende stark relativiert wird: *»Wüsste man nicht inzwischen so viel über die illegalen Aktivitäten der US-Geheimdienste zur Destabilisierung von Regierungen, zum Sturz von missliebigen Staatschefs, würde man die Bekenntnisse dieses so genannten Economic Hit Man, also Wirtschaftskillers, auf den großen Haufen von Verschwörungstheorien packen. ... Herausgekommen ist ein engagiertes Schuldbekenntnis, bisweilen arg simplifizierend, moralisierend, generalisierend. Statt konkreter und neuer Beweise: Bekenntnisse und seitenlange Aufzählungen längst bekannter, andernorts bereits abgedruckter Hintergründe. Trotz vieler Details fehlen die wirklich harten Fakten, sensationelle Enthüllungen sucht man vergebens. Man muss ihm glauben – oder auch nicht.«*[26]

Der Theologe Jim Garrison, Autor u. a. von »The Darkness of God: Theology After Hiroshima« (1982), »The Russian Threat: Myths and Realities« (1983) und »America as Empire: Global Leader or Rogue Power?« (2004) sowie Gründer der Gorbatschow-Stiftung und des State of the World Forum, setzt sich wie Perkins für die Schaffung einer nachhaltigeren globalen Zivilisation ein und bestätigt dessen Analysen voll und ganz: *»Jeder, der weiß, wie die Weltbank oder der internationale Währungsfonds arbeiten, könnte bestätigen, dass das, was John Perkins in seinem Buch beschreibt, grundsätzlich stimmt. Es gibt einen Grund, warum unsere Entwicklungshilfe und der ganze Einsatz von Weltbank und Währungsfonds die Lage verschlimmert und nicht verbessert: Alles ist so konstruiert, nicht den Ärmsten zu helfen, sondern diese Länder einfach zu benutzen, um westliche Unternehmen weiter zu bereichern. So läuft der Hase.«*[27]

Perkins hatte 2016 mit »The New Confessions of an Economic Hit Man« nachgelegt. Im Buch werden u. a. Hit-Man-Aktivitäten von 2004 bis 2015 aufgelistet. Die deutsche Ausgabe erschien im Februar 2021 unter dem Titel »Das Vermächtnis eines Economic Hit Man«. Heute ist Perkins Vorsitzender der Dream Change Coalition, einer weltweiten Graswurzelbewegung von Menschen unterschiedlicher Kultur und Herkunft, die sich nach eigenem Bekunden *»für eine Bewusstseinsänderung und einen nachhaltigen Lebensstil für den Einzelnen und für die Weltgemeinschaft einsetzen«.*[28]

Die verkaufte »Wahrheit«: Wie uns Nachrichtenagenturen in die Irre führen

Damit die Öffentlichkeit nicht mitbekommt, welche Interessen hinter den sogenannten »humanitären Interventionen« stecken, müssen sie in den Medien als notwendig und alternativlos verkauft werden, was dadurch erleichtert wird, dass die Bevölkerung in demokratischen Staaten auf die Vielfalt der Medien vertraut – Gleichschaltung gibt es ja schließlich nur in Diktaturen. Wenn alle Leitmedien ins gleiche Horn blasen, wird dies vielfach als Bestätigung gesehen. Das Idealbild wahrhaftiger Berichterstattung wird erhalten, indem die Informationen gleich an der Quelle, nämlich bei den Agenturen selektiert werden, sodass vieles gar nicht an die Öffentlichkeit gelangt und die Bewertung eines Ereignisses praktischerweise gleich mitgeliefert wird. Zudem werden vielfach PR-Meldungen NATO-affiner Denkfabriken übernommen, die Nichtkundigen als redaktionelle Beiträge erscheinen.

Schon vor 50 Jahren schrieb der ehemalige leitende dpa-Redakteur Manfred Steffens: *»Über 99 % aller Nachrichten ... gelangen nie vor das Auge des Lesers, weil sie als zu unbedeutend, zu fragmentarisch, zu polemisch oder – nach den jeweils herrschenden Vorstellungen – zu unsittlich aussortiert werden.«*[29] Steffens sah in der

Mächtige Nachrichtenmacher ihrer Zeit, die Agenturgründer Charles-Louis Havas (li.) und Paul Julius Reuter

Selektion von Informationen durch die Redaktion ein grundsätzliches Element jeder Berichterstattung.

Heute verzichten die großen Medien weitgehend auf eigene Recherche und kaufen Informationen bei den verbliebenen, meist marktbeherrschenden Nachrichtenagenturen. Deren Geschichte reicht bis ins 19. Jahrhundert zurück: 1835 rief Charles-Louis Havas in Paris die Agence Havas ins Leben, Vorläufer der Agence France-Presse (AFP). In Deutschland gründete Bernhard Wolff das Telegraphische Correspondenz-Bureau und Paul Julius Reuter die Reuters Telegraphic Comp. Incorporated. Zwischen 1870 und 1934 beherrschte das vielfach kritisierte Wolff-Reuter-Havas-Kartell den weltweiten Nachrichtenmarkt.

Der Geschichtswissenschaftler Volker Barth schreibt in seiner Habilitationsschrift »Wa(h)re Fakten: Wissensproduktionen globaler Nachrichtenagenturen 1835–1939«: *»Nachrichtenagenturen strukturieren die Wahrnehmung ... und bestimmen, wie der Mensch die Umwelt erfährt. Der Einfluss dieser zentralen Akteure ... ist kaum hoch genug einzuschätzen. Mit Ausnahme von Meldungen eigener Korrespondenten beziehen Zeitungen, TV- und Radiosender sowie elektronische Informationsanbieter sämtliche Nachrichten von Agenturen ... (Sie) selektieren, klassifizieren und redigieren Informationen und entscheiden somit, welches lokale Ereignis ... zu einem globalen Event avanciert.«* Als *»journalistische Dienstleistungsunternehmen«* stellen sie *»die Ware Nachricht«* her, um aus deren Verkauf einen Gewinn zu erzielen. Also bieten sie vor allem Meldungen an, *»die den Erwartungen ihrer Kunden entsprechen. Dennoch definieren sich Nachrichtenagenturen als Wahrheitsgaranten und versprechen glaubwürdige, verlässliche Nachrichten«*, ja sie postulieren deren *»Faktizität und Neutralität«.*[30] Barth verweist auf den unvermeidlichen Interessenkonflikt, der dadurch entsteht, dass die Agenturen einerseits kunden- und profitorientiert arbeiten, andererseits Vollständigkeit und Wahrhaftigkeit beanspruchen. *»Sie verkaufen die Ware Nachricht.«*

Die Deutsche Presse-Agentur (dpa) entstand 1949 aus dem Zusammenschluss der Agenturen der westlichen Besatzungsmächte, die Bundesrepublik hat also keine unabhängige Nachrichtenagentur. Dennoch ist es bis weit in die 1970er-Jahre insgesamt noch ein weites Nachrichtenspektrum bei den Agenturmeldungen festzustellen. So blieben die US-Machenschaften zum Einstieg in den Vietnamkrieg 1964, bei dem der sogenannte Tonkin-Zwischenfall als Vorwand diente, nicht verborgen. Da Teile der Medien nicht nachließen, auf diesen Vorgang hinzuweisen, beschuldigte sie US-Vizepräsident Spiro Agnew der antiamerikanischen Manipulation.[31]

Im Zuge der Globalisierung ab den 1990er-Jahren beschleunigte sich auch die Konzentration der Informationslieferanten in den Händen weltweit agierender Medien- und Finanzmogule. Mit der medial erfolgreich aufbereiteten Brutkastenlüge (siehe S. 174 f.) erhielten die USA 1991 die Zustimmung zum Einstieg in den Zweiten Golfkrieg. Als Kriegsgrund gegen den Irak 2003 (Dritter Golfkrieg) dienten angebliche Beweise der Existenz von Massenvernichtungswaffen. Im November 2005 räumte George W. Bush zum Ärgernis mancher proamerikanischer Meinungsmacher ein, dass die herangezogenen Beweise jeder Grundlage entbehrten, vermied aber das Wort Manipulation.[32]

Im April 2008 übernahm die kanadische Thomson Corporation, deren Schwerpunkt im Finanzdienstleistungsgeschäft liegt, die britische Nachrichtenagentur Reuters. Die Familie Thomson, eine der reichsten der Welt,[33] hält 55 Prozent von Thomson Reuters und kontrolliert somit das Unternehmen.[34] Nach eigenen Angaben bedient Thomson Reuters Märkte, *»die für das globale Wachstum und den Wohlstand von grundlegender Bedeutung sind«*. Seine Unternehmen *»fördern die Rechtsstaatlichkeit, unterstützen die Transparenz und Reaktionsfähigkeit der Finanzmärkte und treiben die Entdeckung in der Wissenschaft voran ...«* Dass die Welt *»von Daten überschwemmt«* werde, sei nicht das Problem, sondern *»der Mangel an guten Filtern. In einer zunehmend lärmenden Welt ... versetzt Reuters seine Kunden in die Lage, die oft schwachen Signale zu erkennen, die in großen, lauten Datensätzen verborgen sind und die auf profitable Investitionen hinweisen oder subtile Verbindungen zwischen Rechtsinstanzen aufzeigen.«* Hierfür gebe das Unternehmen seinen Kunden *»Werkzeuge an die Hand ..., um schneller bessere Entscheidungen zu treffen. Wir glauben, dass die richtigen Informationen in den richtigen Händen zu erstaunlichen Dingen führen können. Wir nennen dies ›The Knowledge Effect‹.«*[35] – In euphemistischer Sprache wird hier dem Kunden Profit im halb legalen Bereich angeboten, zudem die Filterung der Informationen, welche allein im Interesse der mächtigen Finanzelite liegt.

Reuters betreibt auch einen sogenannten Faktenchecker, der u. a. bei sozialen Medien wie Facebook mitentscheidet, was als Fake News zu gelten hat. Während der Coronakrise nahm der Einfluss dieser vorgeblich unabhängigen Faktenchecker erheblich zu. Prekär dabei: James C. »Jim« Smith, bis Februar 2020 CEO bei Reuters und aktuell Vorsitzender der Thomson Reuters Foundation, sitzt zudem im Verwaltungsrat des Pharmariesen Pfizer. Daneben ist Smith noch Mitglied im internationalen Wirtschaftsrat des Weltwirtschaftsforums sowie in den internationalen Beiräten des British American Business Council und des Atlantic Council.[36]

Solche Interessenkonflikte scheinen kein Einzelfall zu sein. Der US-Kongressabgeordnete Thomas Massie konnte aufzeigen, dass ein anderer Faktenchecker, der ebenfalls für Facebook tätig ist, Factcheck.org, indirekt vom Impfstoffhersteller Johnson & Johnson finanziert wird.[37]

Neben dem Giganten Thomson Reuters bieten auch die Associated Press (AP) und die Agence France-Presse internationale Nachrichten an, die in der westlichen Hemisphäre auf Online- und Socialmedia-Plattformen, in TV, Radio und Printmedien verbreitet werden. Die drei global agierenden Nachrichtenagenturen mit Sitz in New York, London und Paris scheinen das unsichtbare Netz hinter dem Mediensystem zu bilden und haben immer dasselbe im Angebot – zu erkennen ist das daran, dass die westlichen Medien seit einigen Jahren unisono über dieselben Themen berichten und oftmals sogar dieselben Formulierungen verwenden, nämlich die der Agenturmeldung. Das gilt auch für Bilder, Ton- und Videoaufnahmen. Was wie ein Beitrag der lokalen Zeitung, des beliebten Radiosenders oder der *Tagesschau* aussieht, sind in Wirklichkeit geringfügig umformulierte Meldungen aus New York, London und Paris – so stellt man sich eigentlich die Berichterstattung in den vom Westen so geschmähten Diktaturen vor.

Swiss Propaganda Research – spezialisiert auf geopolitische Propaganda in Schweizer und internationalen Medien – schrieb in einer Studie vom Juni 2016, dass *»Regierungen, Militärs und Geheimdienste die globalen Agenturen als Multiplikator für die weltweite Verbreitung ihrer Botschaften (nutzen). Die transatlantische Vernetzung der etablierten Medien gewährleistet dabei, dass die gewünschte Sichtweise kaum hinterfragt wird.«*[38] Der Vorwurf wird durch eine Untersuchung der Syrien-Berichterstattung dreier führender Tageszeitungen aus Deutschland, Österreich und der Schweiz untermauert: *»78 % aller Artikel basieren ganz oder teilweise auf Agenturmeldungen, jedoch 0 % auf investigativer Recherche. Zudem sind 82 % aller Kommentare und Interviews USA/NATO-freundlich, während Propaganda ausschließlich auf der Gegenseite verortet wird.«*[39]

Neben den drei globalen Agenturen und der dpa gibt es noch die Austria Presse Agentur (APA) und die Schweizerische Depeschenagentur (Keystone-SDA), darüber hinaus die chinesische Staatsnachrichtenagentur Xinhua und die russische Rossija Sewodnja.

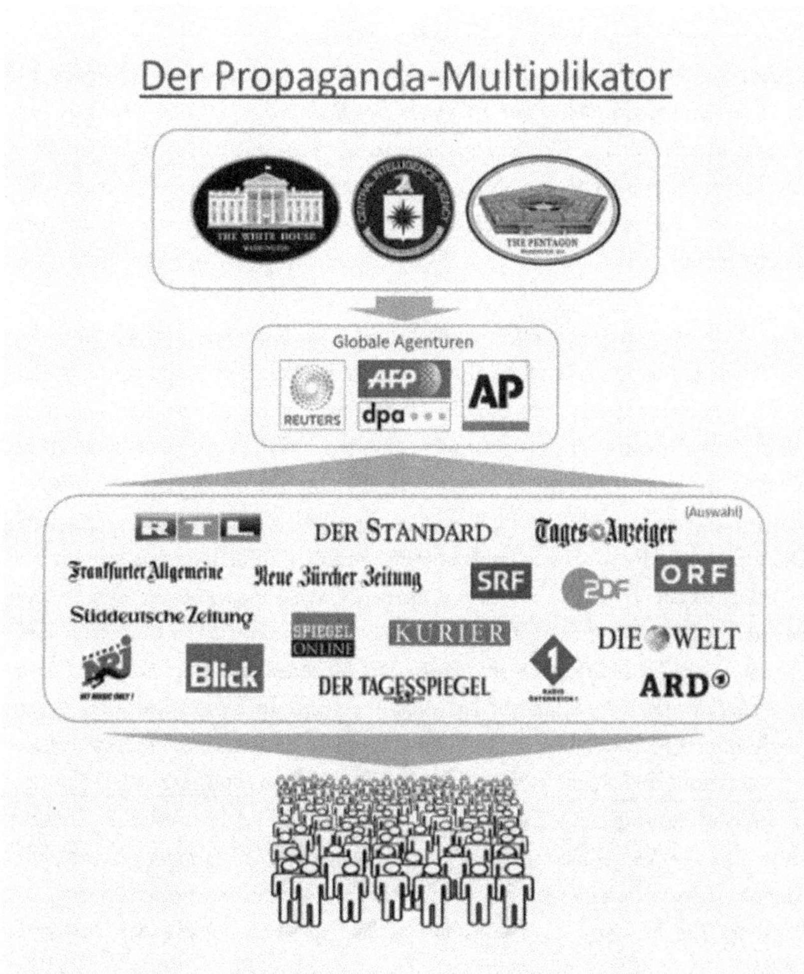

»Der Propaganda-Multiplikator« (nach Swiss Propaganda Research)

Der US-amerikanische Gesellschaftskritiker Noam Chomsky hat herausgearbeitet, dass den Medien in bürgerlichen Demokratien vor allem die Aufgabe der »Gedankenkontrolle« der Bürgerinnen und Bürger zukommt.[40] Diese Funktion wird für immer größere Bevölkerungsteile angesichts der vom Westen unterstützten Kriege und Kriegsvorbereitungen sowie der Migration und nicht zuletzt der Corona-Politik deutlich. Die Mehrheit, ja selbst die meisten Journalisten, die ihre Informationen von den vermeintlich neutralen Agenturen beziehen, folgen jedoch dem durch die »Leitmedien« vorgegebenen Weltbild, denn man glaubt, dies sei authentisch und vollständig.

»Nachrichtenagenturen stehen selten im Blickpunkt des öffentlichen Interesses«, konstatiert der österreichische Medienmanager Wolfgang Vyslozil. *»Dennoch sind sie ... Schlüsselinstitutionen mit substanzieller Bedeutung für jedes Mediensystem. Sie sind das unsichtbare Nervenzentrum, das alle Teile dieses Systems verbindet.«*[41] Als Torwächter entscheiden sie darüber, welche Nachrichten so relevant sind, dass sie weitergeleitet werden, also welche Ereignisse mitteilenswert sind und welche nicht.

Jens Wernicke, ehemaliger Geschäftsführer, Gesellschafter und Herausgeber von *Rubikon News*, fragt in dem Buch »Lügen die Medien? Propaganda, Rudeljournalismus und der Kampf um die öffentliche Meinung« den Medienkritiker Walter van Rossum, der als Journalist für den WDR, den Deutschlandfunk, für *Die Zeit*, die *Frankfurter Allgemeine Zeitung*, die *Frankfurter Rundschau*, den *Freitag* und andere arbeitete: *»Sagen Sie, lügen die Medien nun oder nicht?«* Daraufhin gibt Rossum wieder, was Peter Scholl-Latour kurz vor seinem Tod geäußert hatte: *»Wenn Sie sich einmal anschauen, wie einseitig die hiesigen Medien, von taz bis Welt, über die Ereignisse in der Ukraine berichten, dann kann man wirklich von einer Desinformation im großen Stil berichten. Ähnliches fand und findet ja bezüglich Syrien und anderen Krisenherden statt.«* In Scholl-Latours letztem Buch »Der Fluch der bösen Tat« bezichtige der Auslandsberichterstatter, der sich stets auf seine eigene Recherche sowie vielfältigen internationalen Kontakte verlassen konnte, seine Branche der Propaganda und Hirnwäsche. Rossum: *»Nur lässt er offen, ob die mediale Propaganda eigenen Überzeugungen entstammt oder ob die Journalisten selbst Opfer organisierter Gehirnwäsche geworden sind. Das ist in der Tat die Frage. Und überdies eine, die gar nicht so leicht zu beantworten ist.«*[42]

Im Frühjahr 2021 war dann von Jens Wernicke Folgendes zu hören: *»Um einer weiteren Kriminalisierung kritischen Denkens zuvorzukommen, habe ich in den letzten Tagen meinen gesamten materiellen Besitz, der nicht in zwei Koffer passte, verschenkt und bin nach Lateinamerika ausgewandert. Das geschah zwar schweren Herzens, stellte jedoch nach allen Recherchen die einzige Möglichkeit dar, rechtssicher und vollumfänglich legal zu erreichen, was es zu erreichen gilt: den Fortbestand mindestens eines kritischen Mediums im deutschen Sprachraum absolut sicherzustellen.«*[43]

Auch Volker Bräutigam, das Gewissen der öffentlich-rechtlichen Medienanstalten – er hat zehn Jahre für die *Tagesschau* gearbeitet – sieht die Situation kritisch: Ein grundsätzliches Problem bestehe darin, dass die Nachrichtenredaktion ARD-aktuell *»ihre Informationen hauptsächlich aus drei Quellen bezieht: den Nachrichtenagenturen DPA/AP, Reuters und AFP«*. Der für ein Thema zuständige Redakteur könne *»gerade noch einige wenige für wesentlich erachtete Textpassagen auf dem Schirm auswählen, sie neu zusammenstellen und mit ein paar Schnörkeln zusammenkleben«.*[44] Und Ulrich Teusch, Professor für Politikwissenschaft, Publizist und Sachbuchautor, schreibt im Vorwort zu »Mega Manipulation. Ideologische Konditionierung in der Fassadendemokratie« von Ullrich Mies (Hrsg.): *»Ob New York Times, Le Monde oder der Guardian, ob FAZ, Süddeutsche oder Die Welt, ob CNN oder BBC, ob ARD oder ZDF – sie alle unterdrücken absichtsvoll wichtige Nachrichten. Sie alle gewichten einseitig, pushen also die ihnen genehmen Informationen und halten die unangenehmen weit unten. Sie alle versehen Nachrichten mit einem Spin, liefern die Meinung, die man dazu haben soll, gleich mit. Sie alle messen mit zweierlei Maß, bedienen sich verbindlicher Sprachregelungen, konstruieren interessengeleitete Narrative, fahren Kampagnen, betreiben Propaganda. Und sie tun es alle auf die gleiche Weise. Es herrscht ein frappierender medialer Gleichklang. Statt vitaler Pluralität erleben wir eine stetig wachsende Homogenisierung des Mainstreams.«*[45]

Propaganda: Wegbereiter und Begleiter aller Kriege

Laut Duden wird unter Propaganda die *»systematische Verbreitung politischer, weltanschaulicher o. ä. Ideen und Meinungen mit dem Ziel, das allgemeine Bewusstsein in bestimmter Weise zu beeinflussen«*[46] verstanden. Wenn die Menschen beeinflusst werden, gesünder zu leben, indem sie sich körperbewusst ernähren und sich ausreichend in Bewegung halten, dann ist das eine positive Propaganda, wissentlich für einen gesundheitsschädigenden Konsum zu werben – hier sei an die Marlboro-Werbung mit dem genussvoll rauchenden Cowboy erinnert –, ist eine negative.

Ethisch noch verwerflicher ist Kriegspropaganda. Ein schockierendes Beispiel ist die nachgewiesene Manipulation, die zum Zweiten Golfkrieg führte (17. Januar bis 28. Februar 1991). Im Ersten Golfkrieg (1980–1988) kämpfte der Irak, finanziert von Saudi-Arabien und Kuweit sowie technisch und taktisch unterstützt von den USA, der Sowjetunion, China, Frankreich, Deutschland und Italien gegen den vom postrevolutionären Chaos geschwächten Nachbarn Iran. Dieser wurde vorwiegend von Syrien, Libyen und Israel unterstützt. Im großen Stil kaufte der Irak bei 150 multinationalen Rüstungskonzernen, darunter 24 aus den USA, Rüstungsgüter – Idealfall für den militärisch-industriellen Komplex.[47] Der achtjährige Krieg löste keine Probleme, sondern schuf nur neue und verschuldete zudem den Irak über die Maßen.

Zwei Jahre später wollten nun die USA gegen Saddam Hussein in den Krieg ziehen, mit dem sie im Ersten Irakkrieg noch verbündet waren und dessen Gasangriff auf die Kurden 1988 toleriert wurde. Wie ist ein derartiger Schwenk der Bevölkerung zu vermitteln? Durch geschickte Propaganda – pardon, Public Relations.

Doch zunächst zu dem diplomatischen Verwirrspiel der USA mit Kuwait und dem Irak. Am 8. August 1988, nur einen Tag nachdem Iran einem Waffenstillstand mit Irak zugestimmt hatte, erhöhte Kuwait unter Bruch des OPEC-Vertrags drastisch seine Ölproduktion, vor allem aus dem Rumaila-Feld an der Grenze zu Kuwait, dessen Ölreichtum in den späten 60er-Jahren entdeckt wurde und das zu 98 Prozent auf irakischem Territorium liegt.[48] Als der Irak im Ersten Golfkrieg gegen den Iran kämpfte, nutzte Kuwait die Gelegenheit, seine Grenze nordwärts zu verschieben und 900 Quadratmeilen – inklusive des Rumaila-Ölfelds – zu besetzen. Mit Schrägbohrtechnologie aus den USA (der aus Kalifornien stammenden Santa Fe Drilling Corporation) pumpten die Kuwaitis das Öl dann ab, um es an die irakischen Kunden zu verkaufen, die der Irak wegen des Kriegs nicht beliefern konnte.[49] Dem Irak drohte bald der finanzielle Erstickungstod.[50] Im Gegensatz zu den Saudis verlangten die Kuwaitis dann ihre Kredite mit Zinsen zurück.[51] Gab es hier vielleicht Absprachen mit den USA, die eine Provokation Saddam Husseins brauchen konnten, um im Fall seines Einmarschs einen Kriegsgrund gegen ihn zu haben?

1987 wurde General Norman Schwarzkopf Jr. Befehlshaber des 1983 gegründeten US-Regionalkommandos CENTCOM. Dazu war auch der Kriegsplan 1002 als neue US-Interventionsstrategie entwickelt worden: Jeder Bedrohung amerikanischer Interessen in der Golfregion sollte mit militärischen Mitteln entgegengewirkt werden.[52] Ein Jahr nach Ende des Ersten Golfkriegs wurde der CENTCOM Kriegsplan 1002 umgeändert in CENTCOM Kriegsplan 1002-90, wobei die letzten Ziffern für das Jahr 1990 standen. Als Kriegsgegner gab es nunmehr nur noch den Irak, und Schwarzkopf ließ entsprechende Planspiele entwickeln – darunter auch die Möglichkeit einer irakischen Invasion Kuwaits.

Im Mai 1990 hatte das Zentrum für strategische und internationale Studien (CSIS), eine Denkfabrik in Washington, in einer Studie den Ausgang eines Kriegs zwischen den Vereinigten Staaten und dem Irak prognostiziert. Major James Blackwell (a. D.), ein Mitarbeiter dieser Studie, verbreitete das Ergebnis im Pentagon sowie unter Kongressabgeordneten und Rüstungsfirmen.[53] Der Historiker Mansur Khan weist in seiner Dissertation akribisch nach, dass nicht zuletzt wegen der Abhängigkeit der USA von Kuwaits Petrodollarreichtum eine definitive Komplizenschaft zwischen Kuwait und den USA gegen den Irak bestanden hatte.[54]

Aber es gibt noch einen weiteren Aspekt. Khan zufolge waren Präsident George H. W. Bush und andere Toprepublikaner *»mit Charles Keating, einem ›Savings & Loans‹-Kriminellen befreundet, dessen finanzielles Reich bankrott machte und damit viele Investoren mit in den finanziellen Ruin zerrte. Während der ›mid-term‹-Kongresswahlen 1990 verloren Bush und seine Partei den Budget-Kampf.«*[55] Bei dem Banken- und Versicherungsskandal ging es um die gigantische Summe von ca. 500 Milliarden Dollar.[56] Auch George W. Bush wurde wegen brisanter Aktienverkäufe im Vorfeld des Zweiten Golfkriegs ein Verstoß gegen Insiderregeln vorgeworfen. Er verkaufte am 22. Juni 1990 Aktien von Harken Energy Corp im Wert von 848 560 Dollar.[57] Wenige Wochen später marschierte der Irak in Kuwait ein, und die Harken-Aktien stürzten rapide ab. *»Nur George W. Bush war rechtzeitig ausgestiegen – und zwar auf nicht ganz legale Weise: Wie das* Wall Street Journal *im April 1991 berichtete, informierte er die Börsenaufsicht erst acht Monate nach Ablauf der gesetzlichen Frist über den Verkauf«*, hieß es in der Zeitung *Neue Solidarität.*[58]

Nachdem am 23. Juli die *Washington Post* unter Verwendung nicht genannter Quellen aus dem Pentagon berichtete, dass im Fall der Einnahme von kuwaitischem Territorium durch den Irak, um damit politischen Druck auf Kuwait auszuüben, die USA wahrscheinlich nicht direkt in Aktion treten würden, bestellte Saddam Hussein sofort die US-Botschafterin April Glaspie zu sich.[59] Deren vielzitierter Satz *»Wir haben zu Ihrem Grenzkonflikt ... keine Meinung«*[60] mag Saddam Hussein die Entscheidung für den Einmarsch erleichtert haben. Und die unmittelbaren Reaktionen nach der irakischen Invasion schienen das auch zu bestätigen. Es kamen, wie zu erwarten war, aus Washington zwar Proteste, aber sie waren alle relativ mild und zurückhaltend, realpolitisch gesehen also ziemlich belanglos. Präsident Bushs unmittelbare Reaktion auf die Invasion überraschte die Weltöffentlichkeit durch ihre Milde. Drei Tage später spreizte der Seeadler seine linke, mit Pfeilen bewehrte Kralle. Präsident Bush begann, Saddam Hussein zu dämonisieren, und bezeichnete ihn als Diktator, »Hitler« und Menschenrechtsverletzter, kritisierte die Invasion als Vergewaltigung und forderte unverzüglich den bedingungslosen Rückzug der Iraker. Warum drei Tage später? Saddam sollte erst einmal in Kuwait Fuß fassen und die Beute an sich reißen.[61]

Nicht nur bei den angeblichen Massenvernichtungswaffen Saddam Husseins wurde dreist gelogen, sondern ebenso bei der Gräuelpropaganda. Am 10. Oktober 1990 trat ein 15-jähriges Mädchen vor der US-Menschenrechtskommission Human Rights Caucus als Zeugin auf: Sie sagte, sie habe freiwillige Arbeit im Al-Adnan-Krankenhaus in Kuwait-Stadt geleistet und dabei beobachtet, wie irakische Soldaten in der Entbindungsstation kuwaitische Babys aus ihren Brutkästen gerissen und zu Boden geworfen hätten, um sie dann dort sterben zu lassen. Ihren Namen, sagte sie, wolle sie aus Angst vor Verfolgung geheim halten.

Das US-PR-Unternehmen Hill & Knowlton produzierten einen brillanten »Nachrichtenfilm« über das Hearing und verbreitete ihn weltweit. Millionen Menschen sahen das Video in den *NBC Nightly News.*[62]

Am 27. November 1990 wiederholte die junge Zeugin namens Nayirah ihre Schilderungen der angeblichen Schreckenstaten irakischer Soldateska sogar vor dem UN-Sicherheitsrat, gemeinsam mit einem weiteren Augenzeugen, der als Chirurg Dr. Behbehani vorgestellt wurde und nach eigenen Angaben einem Begräbnis von 40 ermordeten Babys beigewohnt hatte. An den Wänden waren großformatige Fotos zu sehen, welche die Folteropfer von Saddams Truppen in Kuwait zeigten.[63] Erst später stellte sich heraus, dass Nayirah die Tochter des kuwaitischen Botschafters as-Sabah in den USA war und Behbehani in Wirklichkeit Zahnarzt. Er gab nach dem Krieg offen zu, dass er gelogen hatte.[64]

Bekannt wurde zudem, dass Bushs früherer Stabschef Craig Fuller als Präsident von Hill & Knowlton in die PR-Kampagne verwickelt war, die – eine der teuersten überhaupt – offenbar gezielt gestartet wurde, um den Zweiten Golfkrieg zu legitimieren und zweifelnde Politiker sowie die Bevölkerung von der Notwendigkeit des Waffengangs zu überzeugen. Präsident Bush kam nicht weniger als sechs Mal auf Nayirahs Geschichte zurück und überzeugte damit Kongressabgeordnete und Senatoren. Hill & Knowlton kassierten für ihre Bemühungen allein in den ersten 90 Tagen mehr als 5,5 Millionen, insgesamt sollen es 10,8 Millionen US-Dollar gewesen sein.[65]

Der US-Senat stimmte schließlich mit 52 zu 47 Stimmen für einen Krieg gegen den Irak, was 1991 zum Zweiten Golfkrieg führte. Ein Golfveteran gab seine Empfindungen so wider: »*Wir wußten über den Irak so gut wie nichts ... Darüber hinaus hörten wir nur, die Iraker hätten in Kuwait Frauen vergewaltigt und Babies in Brutkästen getötet. ... Wir dachten nur, was sind das für Tiere. ... Als ich in den Irak einmarschierte, fühlte ich Hass. Ich wollte Rache, obwohl ich selbst gar keine Iraker kannte und mit Kuwait und der ganzen Politik dort nichts zu tun hatte. Es war eben die Stimmung. Wie alle darüber redeten. Was man uns damals erzählte. ... Die Iraker waren der Feind, der Feind war böse, und ich hasste den Feind.*«[66] Es ist seit der britischen Propaganda nach dem deutschen Einmarsch in Belgien im August 1914 immer das gleiche Vorgehen – so wie in Libyen 2011 oder in Syrien 2012; jüngst kursierten die Fälle Nawalny in Russland und Protassewitsch in Belarus.

Am 16. Januar 1991 begann unter Führung der USA die »Operation Wüstensturm« zur Befreiung von Kuwait. Mit dem Begriff »Operation« wird die Wahrnehmung eines brutalen Kriegs weitgehend verdrängt, die Bezeichnung lässt die ganze Sache wie ein natürliches Ereignis erscheinen, gleichsam entfacht von den Kräften der Natur. Die Medien sprachen davon, dass der Krieg während der ersten Nacht in »Wellen« ausbrach. Bomben »regneten« auf ihre Ziele nieder und Flugzeuge »donnerten« durch die Nacht. Diese Metaphern gaben dem Krieg einen Hauch von Unvermeidlichkeit. Darüber hinaus mythologisierten die Medien den Krieg, von einer »Kraftprobe« war die Rede, ein Konflikt zwischen Gut und Böse schien dahinterzustehen.[67]

Am Beispiel der Manipulationen im Zusammenhang mit dem Zweiten Golfkrieg wird überdeutlich, wie ein kleiner elitärer Zirkel mithilfe enormer Geldmittel die Welt jederzeit mit gezielten propagandistischen Maßnahmen in einen Krieg manipulieren kann. Der wird nicht nur militärisch ausgetragen, sondern richtet sich seit Ende des 19. Jahrhunderts zunehmend gegen die Zivilbevölkerung, ein Beispiel für eine entgrenzte Kriegführung findet sich bereits im Burenkrieg (1899–1902).

Im 20. Jahrhundert sollte die Totalisierung noch weiter voranschreiten. Um Kriegsbereitschaft herzustellen, bedient man sich umfassender Propaganda, bei der immer hehre Ziele genannt werden: die Welt sicher für die Demokratie zu machen (Wilson 1917), sie vor Diktatoren wie Hitler, Saddam Hussein oder Gaddafi zu schützen oder Machthaber daran zu hindern, Fassbomben auf ihr Volk zu werfen. Stets geht es darum, das Böse zu vernichten und die Sicherheit im Land zu garantieren. Ausgeblendet bleiben alle anderen Aspekte wie Macht- und Wirtschaftsinteressen, die Kriegsverbrechen der eigenen Soldaten oder auch das Leid der Bevölkerung.

Vor jedem Krieg sind die Pläne dazu bereits abgeschlossen, die Befehle vorbereitet und die Drehbücher für die Propaganda geschrieben. Es wird nichts dem Zufall überlassen. Die Menschen sollen nicht mehr selbstständig denken und sich zweifelsfrei aufseiten der »Guten« wähnen. Dafür sorgt die »Öffentlichkeitsarbeit« – heute PR bzw. Public Relations, wie es der Begründer der modernen Propagandatheorie Eduard Bernays (1891–1995, Neffe von Sigmund Freud), benannte. Vor einer geplanten kriegerischen Auseinandersetzung werden für teures Geld Werbeagenturen beauftragt, so etwa Scholz & Friends im »Informationskrieg« der herrschenden Corona-Politik. Die Bundeszentrale für politische Bildung fasst zusammen: *»Die staatlichen Akteure verfolgen dabei das Ziel, das eigene Handeln im Zusammenhang mit einem Krieg in der öffentlichen Wahrnehmung in einem möglichst positiven Licht erscheinen zu lassen. Die mediale Darstellung eines Kriegsereignisses soll nach Möglichkeit gemäß ihrer Deutung erfolgen. Zumindest soll die eigene, aktiv verbreitete Wahrnehmung des Krieges oder eines Kriegsereignisses akzeptiert und von den Medien weitertransportiert werden.«*[68]

Bernays geht von der Notwendigkeit aus, dass ein demokratisches Staatswesen mittels Öffentlichkeitsarbeit zu lenken sei, und definiert moderne Propaganda als das stetige, konsequente Bemühen, Ereignisse zu formen oder zu schaffen mit dem Zweck, die Haltung der Öffentlichkeit, ihr Denken und Handeln nicht bloß im einzelnen Individuum, sondern insgesamt zu beeinflussen. Solcherart widmeten sich Propagandatechniken *»vor allem der Anatomie der Gesellschaft mit ihren zahllosen, verästelten und miteinander verwobenen Gruppierungen. Sie sehen den Einzelnen nicht nur als Zelle innerhalb der Gesellschaft, sondern als Zelle, die in gesellschaftlichen Einheiten organisiert ist. Wird der Nerv des Organismus ›Gesellschaft‹ an einem sensiblen Punkt gereizt, wird automatisch eine Reaktion bei bestimmten anderen Elementen dieses Organismus hervorgerufen.«*[69]

Vater der Public Relations: Edward Bernays (1891–1995)

Bernays sah nicht nur die technischen Möglichkeiten für eine landesweite Steuerung der öffentlichen Meinung gegeben, sondern auch die Notwendigkeit dazu: *»Je komplexer unsere Zivilisation wird und je deutlicher sich zeigt, wie nötig die im Hintergrund arbeitenden Führungsinstanzen sind, desto konsequenter werden die* *technischen Mittel zur Steuerung der öffentlichen Meinung entwickelt und eingesetzt. Mithilfe von Druckerpresse, Zeitung, Eisenbahn, Telefon, Telegraph, Radio und Flugzeug können Gedanken rasch, ja sogar zeitgleich im ganzen Land verbreitet werden.«*[70] Das Internet hat hier noch einmal neue Dimensionen eröffnet.

Im Gegensatz zu Bernays, der die Instrumente der PR als nützlich und positiv einstufte, sah der amerikanische Publizist Walter Lippmann (1889–1974) in der Steuerung und Manipulation der öffentlichen Meinung eine Gefahr für die Demokratie.[71] Heute kann man darin sogar eine Gefahr für die Menschheit erkennen. In dem Buch »Mega-Manipulation: Ideologische Konditionierung in der Fassadendemokratie«[72] hält Herausgeber Ullrich Mies fest: *»Die Politik der etablierten Kräfte in Deutschland wird von einer marktradikalen und kriegsaffinen Allparteienkoalition gesteuert. Die Bewusstseinsindustrie reflektiert und verstärkt diese Ideologien. Dass Verfassungsstaat und Demokratie dabei unter die Räder kommen, nehmen die Ideologen billigend in Kauf. Es geht nicht mehr allein um Medienmanipulation und Propaganda, es geht um psychologische Kriegsführung, Informationskrieg und zunehmend um Zensur gegen die Zivilgesellschaft.«*[73]

Mies fragt nach: *»Warum finden Manipulation und Propaganda überhaupt statt, wenn ›wir‹ – wie immer behauptet – in gut funktionierenden westlichen Demokratien leben? Was sagt es über die Qualität der Demokratie aus, wenn sich die sogenannten Repräsentanten des Volkes und die Regierungen des ›freiheitlichen Westens‹ für ihre kranke Politik die Zustimmung ihrer Völker nur noch mit Hilfe von Manipulationen und Propaganda sichern können? Und was bedeutet es, wenn zumindest Teile der Öffentlichkeit dennoch erkennen, dass Politik nahezu ausschließlich gegen die überwiegende Mehrheit betrieben wird und ihre Lebensrealität mit den propagierten Narrativen nicht in Einklang zu bringen ist? Sind ›wir‹ dann nicht bereits in einer neuen Herrschaftsform angekommen? Ist die gezielte Verwirrung ... des ›Souveräns‹ nicht der eindeutige Beweis für den Fassadencharakter der westlichen Demokratien?«*[74]

Zur gezielten Verwirrung tragen in nicht zu unterschätzendem Maße Nichtregierungsorganisationen (NGOs) und sogenannte Stiftungen bei. Exemplarisch sei hier auf die im März 2020 von dem Arzt und Comedian Eckart von Hirschhausen gegründete »Stiftung Gesunde Erde – Gesunde Menschen« (GEGM) verwiesen. Sie hat es sich nach eigenem Bekunden zur Aufgabe gemacht, *»die Bedeutung des Klimawandels für die menschliche Gesundheit zu vermitteln und zu zeigen, wie mit nachhaltigen Lebensmodellen Erde und Menschen gesund bleiben* *können ... Es geht uns deshalb um Kommunikation. Wir wollen eine Klimakommunikation, die die Menschen erreicht und Distanz überwindet – lösungsorientiert, humorvoll, verständlich, beseelt, visionär.«*[75] So nahm Hirschhausen im November 2021 an der UN-Klimakonferenz (COP) in Glasgow teil. Dort erfuhr er von persönlichen Schicksalen, wie das einer Mutter aus London, deren kleine Tochter das weltweit erste anerkannte Todesopfer von dreckiger Luft ist. So edel dieser Einsatz ist, macht es doch stutzig, dass in der genannten Stiftung wieder einmal das Leid und die Umweltzerstörung durch Kriege nicht thematisiert wird. Ächtung des Krieges? Fehlanzeige. Hirschhausen wird als aggressiver Impfbefürworter gern in die Talkshows eingeladen und nimmt für eine WDR-Dokumentation als Proband an einer klinischen Corona-Impfstoffstudie teil.[76]

Ein Jahr nach der Gründung der GEGM erhielt Hirschhausen 1 399 984 Dollar von der Bill & Melinda Gates Stiftung.[77] Wofür? Für seine Impfwerbung? Oder ist die Summe gar eine indirekte Spende an die Grünen, die als Partei bekanntlich keine Gelder aus dem Ausland annehmen dürfen? In jeden Fall hat die Zuwendung ein »Gschmäckle«, denn die GEGM kämpft exakt für das, womit der Oligarch Bill Gates Milliarden verdient.

Der Tiefe Staat

Über den Tiefen Staat wird in den USA vor allem seit der Präsidentschaft Donald Trumps kontrovers gestritten: Für David Stephenson Rohde etwa, US-amerikanischer Investigativjournalist der *New York Times,* gibt es ihn nicht, für den kanadischen Politologen und ehemaligen Diplomaten Peter Dale Scott hingegen ist er real.[78]

Tatsächlich ist es nicht ganz einfach, den Tiefen Staat zu erkennen. Denn er beginnt da, wo die Behörden unter Einfluss einer mächtigen, aber nicht demokratisch legitimierten Elite eine eigene politische Agenda verfolgen, vorbei an den vom Volk gewählten Instanzen Präsident und Parlament. Eisenhower nannte diese Elite 1961 den militärisch-industriellen Komplex. Dahinter stehen letztlich die Interessen der Finanzelite.[79] Eisenhowers Analyse hat heute nichts an Aktualität eingebüßt, die Netzwerke sind sogar eher noch umfassender und raffinierter geworden. So bündelt sich etwa bei der US-Bundespolizei FBI sowie im Geheimdienst CIA inzwischen eine kaum vorstellbare Machtfülle. Beide Institutionen wurden teilweise entgegen ihrem offiziellen Auftrag zur Unterdrückung demokratischer Prozesse und zur Verhinderung von Aufklärung genutzt.

Bereits J. Edgar Hoover (1895–1972) – ab 1924 der sechste Direktor des Bureau of Investigation und von 1935 bis zu seinem Tod der erste Direktor des nunmehr umbenannten Federal Bureau of Investigation (FBI), verfolgte mit eiserner Faust und krankhafter Obsession »unamerikanische Umtriebe«, dabei schreckte er nicht vor Abhöraktionen, Einbrüchen und Erpressung zurück, um belastendes Material in die Hände zu bekommen. Mehrere US-Präsidenten sagten im Rückblick, sie hätten Hoover gern gefeuert, aber sich nicht getraut – weil sie nicht genau wussten, was der FBI-Chef gegen sie persönlich in der Hand hatte.[80]

John Foster Dulles diente unter Eisenhower von 1953 bis 1959 als Außenminister, sein Bruder Allen von 1953 bis 1961 als Direktor der CIA – er war auch Mitglied der nach ihrem Vorsitzenden Earl Warren benannten Kommission, die 1963 die Umstände des Kennedy-Attentats untersuchte. Weiterhin gehörten ihr der frühere Weltbankpräsident John Jay McCloy und der spätere US-Präsident Gerald Ford an. Kennedy hatte Allen Dulles 1961 wegen des Geheimdienst-Desasters bei der US-Invasion in der kubanischen Schweinebucht gefeuert. Von Beginn an verfocht Dulles trotz mehrerer Ungereimtheiten energisch die These, dass allein Lee Harvey Oswald für Kennedys Ermordung verantwortlich war. Die Ungereimtheiten konnten nicht aufgeklärt werden, da die entsprechenden Zeugen, allen voran Oswald selbst, der Reihe nach auf mysteriöse Weise verstarben.[81] Im September 1964 wurde der Abschlussbericht der Kommission, der Warren-Report, mit dem eindeutigen Ergebnis veröffentlicht, dass der Marxist Lee Harvey Oswald allein für das Attentat verantwortlich sei und dass es keinen wie auch immer gearteten Verschwörungshintergrund gäbe. Laut einer Umfrage bezweifelten zwei Drittel der US-Bürger das Ermittlungsergebnis.[82]

1992 beschloss der US-Kongress, dass alle Akten zu den Ermittlungen nach dem 26. Oktober 2017 öffentlich gemacht werden sollen. Trump ordnete denn auch die Freigabe von an die 3000 Geheimakten an. Doch noch immer hielten FBI und CIA einige hundert Dokumente zurück. Nicht einmal der US-Präsident selbst und der Kongress kommen also letztlich gegen deren Macht an.

Immerhin wurden im Juni 1972 im Hauptquartier der Demokratischen Partei, dem Watergate-Gebäude in Washington, Einbrecher auf frischer Tat ertappt, als sie dort Abhörwanzen anbringen und Dokumente fotografieren wollten. Die Auftraggeber kamen aus dem Umfeld von Präsident Richard

Nixon, dessen Wiederwahl anstand. Die Aufdeckung sorgte damals für einen handfesten Skandal, und Nixon trat unter der Last der Vorwürfe im August 1974 zurück.

1975 setzte der Senat dann einen Ausschuss ein, das Church Committee, benannt nach dem Vorsitzenden Frank Church, um eine umfassende Prüfung der nationalen Geheim- und Sicherheitsdienste durchzuführen und deren Missbrauch durch das Büro des Präsidenten aufzuklären. Im gleichen Jahr noch erfuhr die Öffentlichkeit, dass die National Security Agency (NSA) seit den 1940er-Jahren im Rahmen von Geheimverträgen mit allen großen Telegrammgesellschaften internationale Fernschreiben amerikanischer Bürger gesammelt und analysiert hatte. Später führte die NSA ein weiteres Watch-List-Programm ein, um die Kommunikation von Schlüsselfiguren der Bürgerrechts- und Anti-Vietnamkrieg-Bewegung sowie anderer prominenter Bürger abzufangen. Im April 1976 gab das Komitee seinen Abschlussbericht heraus, darin kam es zu dem Schluss, dass CIA, FBI, NSA, der Internal Revenue Service (IRS) und andere Geheimdienste konzertierte Kampagnen der Inlandsspionage durchgeführt hatten, welche die verfassungsmäßigen Rechte der Bürger bedrohten.[83]

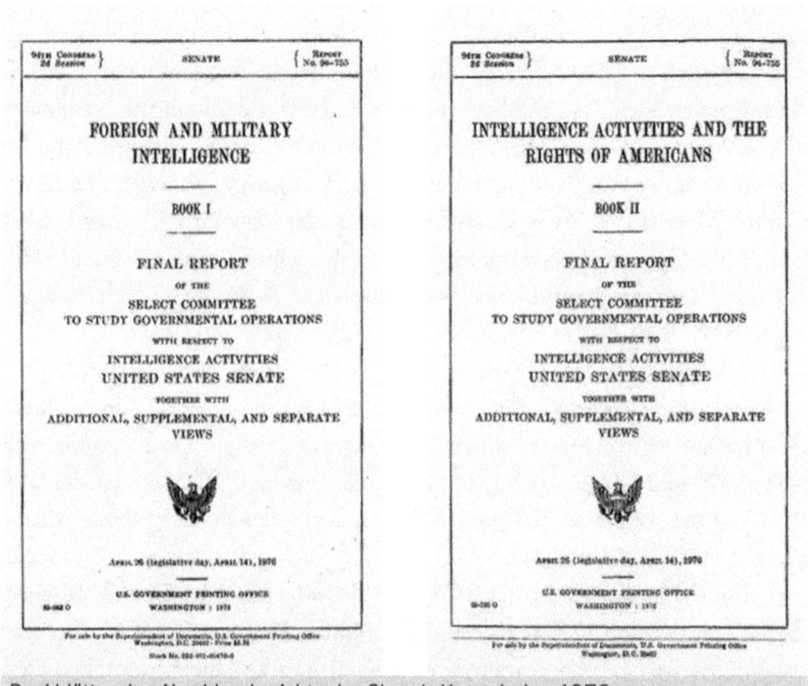

SENATE

FOREIGN AND MILITARY INTELLIGENCE

BOOK I

FINAL REPORT OF THE SELECT COMMITTEE TO STUDY GOVERNMENTAL OPERATIONS WITH RESPECT TO INTELLIGENCE ACTIVITIES UNITED STATES SENATE TOGETHER WITH ADDITIONAL, SUPPLEMENTAL, AND SEPARATE VIEWS

U.S. GOVERNMENT PRINTING OFFICE WASHINGTON

SENATE

INTELLIGENCE ACTIVITIES AND THE RIGHTS OF AMERICANS

BOOK II

FINAL REPORT OF THE SELECT COMMITTEE TO STUDY GOVERNMENTAL OPERATIONS WITH RESPECT TO INTELLIGENCE ACTIVITIES UNITED STATES SENATE TOGETHER WITH ADDITIONAL, SUPPLEMENTAL, AND SEPARATE VIEWS

U.S. GOVERNMENT PRINTING OFFICE WASHINGTON

Deckblätter des Abschlussberichts der Church-Kommission 1976

Um Derartiges in Zukunft zu verhindern, schlug das Church-Komitee die Schaffung eines Aufsichts- und Untersuchungsausschusses für die Nachrichtendienste vor.[84]

Hier einige Beispiele für den Missbrauch staatlicher Dienste, die vom Church-Komitee untersucht wurden:

- Ex-Soldat Christopher Pyle hatte aufgedeckt, dass die US-Army im Januar 1970 im eigenen Land Antikriegsproteste und -aktivisten überwachte.[85]
- *Washington Post* und *New York Times* berichteten, dass das FBI Ende März 1971 Programme zur Überwachung und Zersetzung von Bürgerrechtsgruppen initiiert hatte. Später wurde bekannt, dass Counter Intelligence Programs (COINTELPRO) bereits seit der McCarthy-Ära 1956 liefen, womit das FBI zwischen 1956 und 1971 linksgerichtete Organisationen diskreditiert, manipuliert und überwacht hatte.[86]
- Trotz massivem Druck der Regierung veröffentlichte die *New York Times* im Juni 1971 die sogenannten »Pentagon-Papiere« über das langjährige geheime politische und militärische Engagement der USA in Vietnam vor und während des Vietnamkriegs.[87]
- Der Investigativjournalist und Pulitzerpreisträger Seymour Hersh (geb. 1937) enthüllte 1974 die »Familienjuwelen« der CIA: geheime Operationen zur Ermordung ausländischer Staatschefs sowie Putsche. Er entdeckte zudem massive Überwachungsoperationen gegen politische Gegner des Vietnamkriegs in den USA unter dem Codenamen »Operation Chaos«.[88]
- Nach dem Tod George H. Bushs 2018 publizierte der mittlerweile legendäre Seymour Hersh brisante Enthüllungen über den 41. Präsidenten der USA. Hersh war einst in der Watergate-Affäre maßgeblich an der Demontage von Richard Nixon beteiligt gewesen. Ihm zufolge installierte Bush als Vizepräsident (1981–1989 unter Jimmy Carter) pragmatisch einen Schattengeheimdienst, der diskret illegale Operationen wie politischen Mord erledigte. Mit seinem verborgenen Netzwerk hinterging Bush seinen Präsidenten, die CIA sowie das Pentagon – und entzog sich damit jeglicher Kontrolle.[89]

Die Aufdeckung von Mordanschlägen im Auftrag der USA, etwa auf Fidel Castro, Patrice Lumumba, Rafael Trujillo, General René Schneider und Ngo Dinh Diem, erregte besondere Aufmerksamkeit. Die Church-Kommission beschäftigte sich auch mit der Untersuchung von Menschenversuchen mit Drogen und Folter im Rahmen des Projekts MK-ULTRA, einem geheimen Forschungsprogramm der CIA zur Bewusstseins- und Gedankenkontrolle, initiiert von Allen Dulles.[90] Die Ermittlungen ergaben, dass verschiedene Abgeordnete beider Kammern über einzelne Operationen informiert worden waren. Es fehlte aber an einer Koordination und an klaren Verantwortlichkeiten, sodass sie es vorzogen zu schweigen.

Unter dem Druck der Veröffentlichungen erließ Präsident Gerald Ford schließlich die Executive Order 11905, ein verbindliches Verbot an alle US-Regierungsstellen und deren ausführende Organe, ausländische Staatschefs gezielt zu töten oder derartige Operationen zu planen. Aus dem Church Committee gingen die ständigen Ausschüsse zur Kontrolle der Nachrichtendienste im US-Senat, das Select Committee on Intelligence, und im Repräsentantenhaus das United States House Permanent Select Committee on Intelligence hervor.

Angesichts all der negativen Enthüllungen gründete US-Präsident Reagan in der zweiten Hälfte der 1970er-Jahre das National Endowment for Democracy (NED), um *»demokratische Institutionen auf der ganzen Welt durch private, nichtstaatliche Bemühungen zu unterstützen«,*[91] d. h. die rufschädigenden Aktivitäten auszulagern. Die Beschreibung »nichtstaatlich« ist Teil des Images, Teil des Mythos. In Wirklichkeit wird das NED natürlich von der Regierung finanziert, wie aus dem Finanzbericht in jeder Ausgabe des Jahresberichts deutlich hervorgeht. Es ist Teil der Operations Other Than War (Tradoc 525-5) und unterstützt subversive Aktivitäten weltweit – es handelt sich also um eine Organisation, die genau das Gegenteil von dem tut, was ihr Name besagt. Als NGO führte sie die subversive Arbeit der CIA in neuem Gewand weiter – nun nicht mehr verdeckt, sondern ganz offen. Der Publizist William Blum nennt NED ein Meisterwerk der Politik, der Öffentlichkeitsarbeit – und des Zynismus.[92]

Im Krieg gegen den Terror wurden bei Operationen von US-Nachrichtendiensten ethische und juristische Grenzen immer wieder überschritten. Ab 2005 entwickelte sich deshalb eine Diskussion über die Rechte des Präsidenten, solche Aktivitäten zu erlauben. Man denke an die von George W. Bush eingeführte Praxis, missliebige Personen einfach per Drohneneinsatz zu töten.

Der US-Präsident als höchster Richter und Henker hatte die Tötungsbefehle zu unterschreiben. Für die Verteidiger westlicher Werte ist das anscheinend kein Grund, diese Morde zu verurteilen. Mit Drohnenangriffen haben die USA inzwischen mehrere Tausend Menschen gezielt und ohne Prozess hingerichtet, darunter auch US-Bürger. Hinzu kommen massenhafte Lauschangriffe der NSA, wie von Edward Snowden 2013 enthüllt.

Im März 2014 riefen 16 ehemalige Mitarbeiter des Church Committee angesichts der globalen Überwachungs- und Spionageaffären zu einer fundamentalen Überarbeitung der Geheimdienstaufsicht in den USA auf und forderten einen Untersuchungsausschuss, der die Praktiken sowie die zugrundeliegenden Gesetze öffentlich untersuchte und bewertete:[93] *»Wir ... schreiben heute als Zeugen der Geschichte und als Bürger mit jahrzehntelanger kollektiver Erfahrung im Kongress, in den Bundesgerichten, in der Exekutive und in der Geheimdienstgemeinschaft. Wir schreiben heute, um den Kongress zu ermutigen, einen Church-Ausschuss für das 21. Jahrhundert einzurichten – einen speziellen Untersuchungsausschuss, der eine gründliche und öffentliche Untersuchung der gegenwärtigen Praktiken der Geheimdienste, die die Rechte der Amerikaner beeinträchtigen, vornehmen ... soll. Ein solcher Ausschuss würde in gutem Glauben mit dem Präsidenten zusammenarbeiten, öffentliche und private Anhörungen abhalten und wäre befugt, Dokumente zu beschaffen. Ein solches Vorgehen des Kongresses ist dringend erforderlich, um das Vertrauen der Bürger in die Geheimdienste und faktisch in unsere Bundesregierung wiederherzustellen.«*[94]

Peter Dale Scott setzt sich in seinen politischen Sachbüchern mit der US-amerikanischen Politik, hier besonders mit der Außenpolitik auseinander, wobei er die Begriffe Tiefenpolitik und Parapolitik geprägt hat. Der Tiefenpolitik ordnet Scott eine ineinander verflochtene, der öffentlichen Kontrolle unzugängliche Struktur innerhalb und außerhalb des Staatsapparats zu, die Prozesse von historischer Tragweite in Gang setzt, z. B. den Vietnamkrieg oder das Attentat auf John F. Kennedy. Parapolitik wiederum finde auf der Ebene der Entscheidungsfindung statt, sie basiert auf einer systematischen, in Einzelfällen auch unbewussten Ausblendung rationaler Kriterien. Das Hauptaugenmerk legt Scott auf verdeckte Operationen der USA im Ausland, darin liege eine Eigendynamik, die die Politik der USA selbst negativ beeinflusse. Der Krieg gegen die Drogen ist für ihn nur ein Vorwand, um den militärisch-industriellen Komplex zu bedienen und die strategische Versorgung mit Erdöl aus Lateinamerika, vor allem Kolumbien, mit militärischen Mitteln zu sichern. In seinem Buch »Die Drogen, das Öl und der Krieg« zeigt er die Kooperation der

CIA mit Drogenproduzenten und -händlern in Mittelamerika, dem Goldenen Dreieck und Afghanistan auf.[95]

Al-Qaida-Mitglieder wurden Scott zufolge im Kosovo-Krieg von den USA unterstützt. Heute erfülle die Region die Funktion eines Durchgangsgebiets sowohl für den Drogentransfer als auch für eine für den Westen bedeutsame Albania-Kosovo-Gas-Pipeline (ALKOGAP).

Der 2007 erstmals von Scott verwendete Begriff vom Tiefen Staat fand sich 2016 im US-amerikanischen Wahlkampf: Der Tiefe Staat, so hieß es, stelle sich gegen Trump – und umgekehrt. Trump selbst unterstützte dies, indem er sich gegen internationale Verteidigungsbündnisse und Handelsabkommen aussprach, die von Republikanern wie Demokraten bejaht wurden, sowie durch sein Versprechen, den *»Washingtoner Sumpf trocken zu legen«*.[96] In der Auseinandersetzung um den Tiefen Staat herrschten zwei Definitionen vor: Auf der einen Seite standen diejenigen, die ihn *»als ein ›Konglomerat von Insidern‹ ansahen, das all jene umfasst, die außerhalb und innerhalb des traditionellen Staates«* das Land regieren, egal wer im Weißen Haus sitzt, auf der anderen Seite diejenigen, die ihn auf *»den Sicherheits- und Überwachungsapparat, die Kriegsmaschinerie«*[97] beschränken wollen.

Beide Definitionen aber lassen die beherrschende Rolle des großen Geldes aus, so Scott, das, was früher als Wall Street bezeichnet wurde. Neben Peter Dale Scott heben auch die ernsthaften Studien von Mike Lofgrens »The Deep State« und Philip Giraldis »Deep State America« die Bedeutung der Geld- und Finanzmächtigen hervor.[98]

Peter Dale Scott (geb. 1929), Deep-State-Kritiker der ersten Stunde

Für Scott ist der Tiefe Staat *»ein System, so schwer zu definieren, aber auch so real und mächtig wie ein Wettersystem«*.[99] Es sind dynamische Kräfte, die sich ständig verändern – vor allem vor dem Hintergrund eines supranationalen Milieus der globalen Milliardärselite. Nur achtzig von ihnen besitzen zusammen so viel wie die 3,5 Milliarden Menschen, die die untere Hälfte der Welteinkommensskala besetzen. *»Dank der enormen Zunahme des globalen Reichtums in den letzten Jahren hat die ›globale Machtelite‹, die sich jährlich in Davos trifft, nun weit mehr Einfluss darauf, wie* *die Welt regiert wird, als diejenigen, die sich jährlich in der Generalversammlung der Vereinten Nationen treffen.«*[100] Diese US-Elite muss dem Tiefen Staat keine Anweisungen geben, er ist bereits so strukturiert, dass er deren Bedürfnisse an der Wall Street und anderswo berücksichtigt. Der Politikwissenschaftler David Rothkopf, ehemals Mitglied der Clinton-Administration, verwendet den Begriff »Schattenelite« und meint damit diejenigen, deren Einfluss aus illegalen oder unkonventionellen Mitteln stammt.[101]

Naomi Klein schreibt den Sieg Trumps dem Neoliberalismus der Demokraten und dem Aufstieg einer Davoser Klasse zu (Stichwort Weltwirtschaftsforum): einem globalen Netzwerk von Bank- und Tech-Milliardären, gewählten Führern, die es sich mit ihrer neoliberalen Politik gemütlich machen sowie Hollywood-Prominenten, die das Ganze glamourös erscheinen lassen.[102] Bevor Steve Bannon Trumps Chefstratege wurde, sagte er als geschäftsführender Vorsitzender von *Breitbart News* in einer Rede im Vatikan, *»dass die arbeitenden Männer und Frauen in der Welt es leid sind, sich von dem diktieren zu lassen, was wir die Partei von Davos nennen«.*[103]

Die Einflussnahme der Geld- und Finanzelite auf Präsidenten und Präsidentschaftskandidaten dürfte so alt sein wie die USA. Trump war wohl kaum der erste Kandidat, der öffentlich gegen das Banken-Establishment antrat und dabei selbst heimlich Geld von Großbankern annahm. So tat es Hitler 1933, so tat es Obama 2008. Der griff in seiner letzten Wahlkampfrede *»die Gier und Verantwortungslosigkeit der Wall Street«* an. Aber es wurde später enthüllt, dass Wall-Street-Banker und Finanzinsider, hauptsächlich von Goldman Sachs, 42,2 Millionen US-Dollar für Obamas Wahlkampf aufgebracht hatten, mehr als für jeden anderen Kandidaten in der Geschichte.[104]

Der Tiefe Staat kann vermutlich nur mit einem Kraken verglichen werden, der mit seinen Tentakeln im Meeresgrund wühlt. Um die Vorgänge zu verstehen, muss – wie schon immer in der Geschichte – nach den Geldgebern der Macht gefragt und die Spur des Geldes verfolgt werden. Immerhin hat auch der Whistleblower Edward Snowden den Begriff benutzt, um die Macht von Geheimdiensten plus Ministerialbürokratie in den USA zu beschreiben.

Werkzeuge der Mächtigen: NGOs

»Wer beherrscht die Welt?«, so fragte Noam Chomsky 2016. Neben den Großmächten, also Staaten als Akteuren müsse man auch die *»Herren der Menschheit«* im Blick haben – damit zitiert Chomsky den schottischen Moralphilosophen, Aufklärer und Begründer der klassischen Nationalökonomie Adam Smith (1723–1790). Waren es damals die englischen Kaufleute und Fabrikanten, so sind es heute *»multinationale Konglomerate, riesige Finanzinstitutionen, weltweite Handelsketten und dergleichen«*. Der Linguist Chomsky hält es für ratsam, sich der *»elenden Devise«* bewusst zu sein, nach der »die Herrschenden« agieren: Alles für uns selbst und nichts für die anderen – das kannte man sonst nur als *»bitteren, unablässigen Klassenkampf«*.[105]

Ein Beispiel für »die Herrschenden« ist neben den Rockefellers (Bilderberger, Trilaterale Kommission) sicherlich George Soros mit seinen Open Society Foundations. Dieser Megaspekulant und *»Staatsmann ohne Staat«*[106] hat mehr Einfluss an der Wall Street und der City of London als J. P. Morgan zu Beginn des 20. Jahrhunderts. Soros hat Finanz- bzw. Spekulationsgeschichte geschrieben: 1992 führte sein Angriff gegen das britische Pfund zum Rückzug Großbritanniens aus dem Europäischen Währungssystem, und Premierminister John Major beerdigte sein Vorhaben, Großbritannien in die geplante Eurozone zu führen.

Ende Januar 2015, eine Woche vor der Münchner Sicherheitskonferenz – hier durfte Soros neben Staatschefs als Redner auftreten –, erschien im Feuilleton der *FAZ* ein gemeinsamer Appell des Plutokraten mit Bernard-Henri Lévy, dem schwerreichen Philosophen mit Hang zur großen Politik: »Aufruf an die EU: Wir müssen der Ukraine helfen.«[107] 2004 hatte Soros dort die Orangene Revolution finanziert, in Zusammenarbeit mit dem National Endowment for Democracy und anderen vom US-State Department gesteuerten NGOs.

Eine führende Rolle bei der Errichtung der »neuen Ukraine« spielte im Rahmen des Open-Society-Netzwerks auch die International Renaissance Foundation (IRF). Zusammen mit anderen »Philanthropen« wie David Rockefeller und Bill Gates gründete Soros 2009 den »Good Club« in New York mit dem Ziel, die Welt zu retten, d. h. sie nach den Vorstellungen der Mitglieder umzuformen.[108] Hierfür stehen diesen selbst ernannten Lenkern des Weltgeschicks zunächst einmal unvorstellbare Geldmittel zur Verfügung, die sie effektiv einsetzen: in Medien, Politik, Kunst, Militär, Stiftungen, Thinktanks und

Graswurzelbewegungen. Das muss nicht immer offen erfolgen, mit Geschick lassen sich auch erfolgreiche, angesehene Organisationen unterwandern.

Begleitet von dem Kampfruf »No Border, no Nation« verfolgen die Globalisten das Ziel einer »neuen Weltordnung«. Sie wollen über alle Grenzen hinweg jeden Punkt dieser Erdkugel nach ihren Vorstellungen frei ausbeuten können, was ähnliche Verwüstungen hinterließe wie eine biblische Heuschreckenplage. Dazu muss die ganze Erde zur Freihandelszone werden. Die geplante transatlantische Freihandelszone (TTIP) und die von US-Präsident Trump gekündigte transpazifische (TPP) haben auf der einen Seite Russland und auf der anderen Seite China ausgeschlossen, die in dem US-Militärstrategiepapier Tradoc 525-3-1 vom November 2014 als größte Bedrohung dargestellt wurden.

TTIP und TPP wurden euphemistisch Freihandelsabkommen genannt, in Wirklichkeit sollten sie die Interessen globaler Investoren sichern, also die Macht derer, die Noam Chomsky als die »Herren der Welt« ausgemacht hat.

Das Instrument Campaigning

Eine sehr beliebte Form der Einflussnahme auf Politik und Bevölkerung ist das sogenannte Campaigning: Mit Protestmails und Online-Petitionen wird das Vertrauen der kritischen Bürger gewonnen und der Eindruck erweckt, man wolle gemeinsam mit ihnen gegen den Raubbau ein Zeichen setzen. Es lohnt sich, die führenden Campaigning-Organisationen Avaaz und Campact einmal unter die Lupe zu nehmen.

Am 14. Oktober 2016 wurde der Autor in München auf dem Weg von der Staatsbibliothek zum Marienplatz zufällig Zeuge einer groß angelegten Kampagne gegen das Freihandelsabkommen CETA. In der Ludwigsstraße, in Höhe des Bayerischen Staatsministeriums des Innern, wurden Pakete mit Unterschriften zu einer Mauer aufgestapelt. Dahinter standen Demonstranten, in deren geschulterten Rucksäcken große Einzelbuchstaben steckten, die zusammen den Aufruf »STOP CETA« ergaben.

Mitverantwortlich für die Aktion war u. a. der Kampagnenbetreiber Campact. Spontan fragte sich der Autor zu dessen Repräsentanten durch und bot seine Mitarbeit an. Dieser schien genervt und erklärte, Campact sei ein

Stop-CETA-Aktion in München am 14. Oktober 2016

internetbasiertes Beteiligungsforum, mit dem Protest-E-Mails oder -Anrufe gebündelt in Form von Online-Petitionen an politische Entscheidungsträger gerichtet werden können. Eine direkte Mitarbeit sei nicht möglich, da die Leitung einem geschäftsführenden Vorstand aus drei Personen obliege, der an zwölf Vollmitglieder berichte. Es war eindeutig: Eine demokratische Willensbildung findet hier nicht statt!

Nachdem man mit eingängigen Themen – bessere Lebensmittel, Einschränkung eines ungebremsten Freihandels etc. – Vertrauen gewonnen hat, kann man Campact schließlich für die Interessen menschenverachtender globaler Profiteure und gegen die an der Nase herumgeführten Bürger einsetzen.

Campact und Avaaz sind Abkömmlinge der 1998 gegründeten US-Organisation und Online-Plattform MoveOn.org. 2012 waren nach eigenen Angaben über 7 Millionen Menschen via MoveOn aktiv. Campact wurde nach deren Vorbild geschaffen und dürfte dorthin enge Kontakte unterhalten. Es fällt auf, dass MoveOn vornehmlich die Demokratische Partei unterstützt, so sprach man sich einst gegen ein Amtsenthebungsverfahren gegen Bill Clinton aus. 2007 zählte MoveOn zu den Mitbegründern von Avaaz, einer international tätigen NGO, die als Erstes eine Kampagne zum Thema Klimawandel startete und damit ihre Nähe zum Klima-Popstar der Demokraten Al Gore (»Eine unbequeme Wahrheit«) offenbarte.

Die politischen Forderungen von Avaaz liegen exakt auf der Linie der von den US-Neokonservativen verfolgten geostrategischen Ziele. In Syrien arbeiten Avaaz sowie Syria Campaign Hand in Hand mit den sogenannten Weißhelmen (Syria Civil Defense), einer dubiosen Organisation, die 2013 von dem vormaligen britischen Offizier und Militärberater der Vereinigten Arabischen Emirate James Le Mesurier gegründet worden war. Sie erhielt dennoch den Alternativen Nobelpreis und war auch für den Friedensnobelpreis 2016 vorgeschlagen – die passenden Kampagnen initiierte Avaaz. Die Weißhelme ergriffen in Aleppo eindeutig Partei für die islamistischen Terroristen und agierten als deren Propagandawerkzeug im Sinne von Clintons Kriegspolitik – sie posierten sogar bewaffnet mit Al-Nusra-Kämpfern.[109] Vom deutschen Außenministerium wurden die Weißhelme bis September 2016 mit sieben Millionen Euro unterstützt.[110]

»Open Society« klingt zunächst ähnlich positiv wie »Freihandel«. In offene Zivilgesellschaften ohne nennenswerte staatliche Kontrolle können die Globalisierer jedoch leicht eindringen und ihrer Gier freien Lauf lassen; aus diesem Grund hat Putin auch Soros bzw. seinen Organisationen die Tür gewiesen. Warum aber fördert George Soros Organisationen, die offensichtlich gegen die Agenda der »Herrschenden« Kampagnen führen? Erstens ist es immer gut, wenn man die Gegenbewegung gleich selbst kontrolliert; damit hat man auch ein Stimmungsbild der Bevölkerung und weiß, womit man sie füttern muss. Zweitens hatten die Campact-Kampagnen ohnehin nie eine Chance, TTIP oder CETA zu verhindern, das weiß Soros ganz genau. Sie dienen den Globalisten zur Tarnung und zum Aufbau von Vertrauen. Am Beispiel der Weißhelme in Syrien kann man sehen, wie erfolgreich diese Strategie ist. Noch erfolgreicher ist dann nur noch der Kampf für eine intakte Natur: Bären und Bienen müssen gerettet werden.

Bei allen derartigen internetbasierten Organisationen fällt nicht nur Effekthascherei und die rührselige Art und Weise der Präsentation auf, sondern vor allem die deutliche Rücksichtnahme gegenüber global agierenden US-Konzernen. Der Schriftsteller und Liedermacher Hartmut Barth-Engelbart präzisiert: *»Vor den Auftraggebern für Massenmord durch Giftgas, Drohnen, vor den IS-Fi-*

nanzierern und -Ausbildern und -Ausrüstern und -Erfindern haben Campact und MoveOn nicht gewarnt. Im Gegenteil. Soros hat die Clinton-Wahlkampagne mit mindestens 10 Millionen Dollar direkt unterstützt.«[111]

Weitgehend unbemerkt wird auf den Schlachtfeldern der Welt Uranmunition eingesetzt, und das mit fürchterlichen Folgen: Beim Einschlag von Uranmunition entsteht ein Aerosol, dessen verstrahlte Nanopartikel durch Atmung oder mit der Nahrung in den Körper gelangen und das menschliche Erbgut verändern können. Die Folgen: Krebs, Geburtsschäden und Missbildungen. Viele Gegenden sind für Jahrhunderte kontaminiert.[112] Und Avaaz mit Sitz in New York thematisiert das merkwürdigerweise ebenso wenig wie die Abschaffung der Todesstrafe in den USA.

Wer steckt hinter Avaaz? Die Organisation wurde 2007 von dem Kanadier Ricken Patel gemeinsam mit dem ehemaligen demokratischen Kongressabgeordneten Tom Perriello gegründet. Patel arbeitete zuvor als Freiwilliger für die von Soros gegründete und größtenteils finanzierte Organisation MoveOn, die auch Obamas Wahlkampf 2008 unterstützte.[113] Hier lernte der nunmehrige Geschäftsführer von Avaaz, Internet-Tools für Aktionen einzusetzen. Weiter war Patel für die International Crisis Group (Soros u. a.) als Konfliktanalyst tätig gewesen. Diese liefert »Lösungsvorschläge« zu internationalen Krisen und wird als maßgeblicher Ansprechpartner für Regierungen, die UN (samt Untergliederungen wie Weltbank) sowie die EU angesehen und von westlichen Regierungen, Stiftungen und Konzernen finanziert. So wundert es nicht, dass Avaaz immer auf der Seite der US-geförderten Rebellen zu finden ist. 2009 wurde Patel vom Weltwirtschaftsforum in Davos zum Young Global Leader gekürt.

Vor der Gründung von Avaaz arbeitete Patel für folgende Organisationen: die Rockefeller Foundation, die Simons Foundation, die Bill & Melinda Gates Stiftung sowie das International Center for Transitional Justice, eine US-NGO mit Sitz in New York, die nach einer von der Ford Foundation durchgeführten Strategiekonferenz 2001 gegründet wurde, um Gräueltaten und Menschenrechtsverbrechen vor Gericht zu bringen. Doch bis heute ließen die USA ihren Vasallen Raschid Dostum, der im November 2001 an die 3000 Taliban in Container presste und dann in der Wüste krepieren ließ, nicht vor Gericht stellen. So ist das bei Verbrechen von US-Verbündeten – sie werden unter den Teppich gekehrt. Das gilt natürlich auch für die extralegalen Drohnenmorde durch den US-Präsidenten. Dazu gibt es natürlich keine Internetkampagne.

2009 wählte die *Huffington Post* Patel zum »Ultimate Gamechanger in Politics«, also zum ultimativen Politikveränderer. Der Avaaz-Präsident gehört ganz offensichtlich zur globalen Superklasse, er arbeitete sein ganzes bisheriges Leben lang ausschließlich für US-amerikanische Eliten bzw. deren Projekte. Patel, so die Zeitung, »*hat ein vorrangiges Ziel: Die weltweite öffentliche Meinung zu einem entscheidenden globalen Schlüsselfaktor zu machen – vom Klima über Sicherheit bis zu Menschenrechten*«.[114] Und wer macht die öffentliche Meinung? Die Massenmedien, Ricken Patel, Avaaz?

Kritiker bezeichnen Avaaz als Service für Pseudoaktivisten, »*die sich dort mit dem geringstmöglichen Aufwand das gute Gewissen erkaufen können, etwas gegen das Unrecht in der Welt getan zu haben*«.[115] Die meisten Menschen fragen nicht weiter nach dem Verursacher von Unrecht, so auch beim Thema Flüchtlingsströme. Der Grund für das Leid der Menschen im Nahen und Mittleren Osten, in der Ukraine, in Nigeria und anderswo kann eindeutig benannt werden: Es sind die weltweiten US-Kriege und die Gier des Kapitals. Im Irak und in Afghanistan sind Millionen Menschen entwurzelt, auf der Flucht oder obdachlos, nur wenige haben das Glück, in Europa Zuflucht zu finden (siehe auch »Versuch einer Analyse nach acht Jahren Krieg in Afghanistan« im Anhang).

Jeder, der im Sinne von Menschenwürde und Bewahrung der natürlichen Ressourcen unterwegs ist, sollte also nicht nur fragen: Wer beherrscht die Welt, sondern auch: Wer steckt hinter den humanitären Parolen? Oftmals stößt man hierbei leider auf die gleichen Organisationen. Und immer wieder taucht der Name George Soros auf. Am 18. Oktober 2017 widmete Das Erste dem Tycoon eine 53-minütige Sendung mit dem Titel »Ein nicht unumstrittener Multimilliardär«.[116] Darin, so hieß es, sollte der Behauptung nachgegangen werden, dass Soros Staaten ins Chaos stürze, in Europa die Flüchtlingspolitik diktiere und Regierungen absetzen könne.

Doch zunächst wurde der Menschenfreund hervorgekehrt: »*In den vergangenen Jahrzehnten spendete er große Summen seines Privatvermögens an Organisationen und Personen, die sich für Freiheit und Demokratie einsetzen. 18 Milliarden spendete er an die Open Society Foundations, wie Vertreter des Stiftungsverbunds mitteilten. Damit ist Soros' Stiftung die zweitgrößte in den USA nach der Organisation von Microsoft-Gründer Bill Gates, so die New York Times.*« Soros finanziert die Münchner Sicherheitskonferenz, sitzt dort im Beirat und »*gibt mit 19 anderen Mitgliedern Ratschläge für die strategische Ausrichtung einer der bedeutendsten Veranstaltungen zum Thema Sicherheitspolitik weltweit*«. Weiter fördert er den einflussreichen Washingtoner Think Tank Atlantic Council sowie das Chatham House und das International Institute for Strategic Studies mit Sitz in Großbritannien, ebenso die Organisation Transparency International und das internationale Friedensforschungsinstitut SIPRI in Schweden. Die Quelle seiner Einnahmen seien Investmentfonds, mit denen er an den Börsen spekuliert. Zu seinem 23-fachen Milliardenvermögen *»halfen ihm eine enorme Risikobereitschaft und ein feines Gespür für Marktentwicklungen«.*[117]

Unterschlagen wurde hier die Verurteilung von Soros durch Frankreichs höchstes Strafgericht, den Kassationshof in Paris, am 14. Juni 2006 wegen Insiderhandel. Er habe von Übernahmeplänen für die damals gerade privatisierte Bank Société Générale gewusst und einen Millionengewinn mit Aktien des Unternehmens gemacht.[118] Soros habe Ungleichgewichte im Finanzsystem ausgenutzt. So wird seine Wette gegen das britische Pfund im Jahr 1992 schöngeredet. Damit hatte er in wenigen Tagen fast eine Milliarde Dollar gewonnen. 1997 profitierte er dann von der Währungskrise in Asien. Verlierer waren in beiden Fällen natürlich die Steuerzahler, die für die Verluste aufkommen mussten. Malaysias ehemaliger Ministerpräsident Mahathir bin Mohamad erklärte ihn deswegen zum Staatsfeind Nummer Eins. Auch in der sich 2007 anbahnenden Finanzkrise in den USA war Soros aktiv und erzielte erneut hohe Gewinne mit seinem Quantum Fund.

Soros ist zudem der Hauptgeldgeber der Europäischen Stabilitätsinitiative (ESI), die 1999 nach dem völkerrechtswidrigen Kosovokrieg in Sarajewo gegründet wurde. Die ESI ist das »Architektenbüro« des sogenannten »Merkel-Plans«, der zur Migration aufruft. Zu den Förderern von ESI gehören auch die schwedische Entwicklungsbehörde Swedish International Development Cooperation Agency (SIDA), die Stiftung Mercator, die Open Society Foundations und die ERSTE österreichische Spar-Casse Privatstiftung. Frühere Förderer waren u. a. die Robert-Bosch-Stiftung, die Rockefeller-Stiftung, die Europäische Kommission, das Auswärtige Amt, der German Marshall Fund of the United States und die Körber-Stiftung.

Es wird an einem strategischen Korridor gearbeitet, der *»grenzüberschreitend ein koordiniertes Handeln in Ursprungs-, Transit- und Zielländern ermöglicht«.*[119] Ein Memorandum der Soros-Stiftung vom 10. Mai 2016 sprach sich dafür aus, die europäische Flüchtlingskrise als *»neue Normalitat«* zu sehen, denn sie eröffne den Soros-Stiftungen neue Chancen, die Einwanderungspolitik weltweit zu beeinflussen.[120]

Bezeichnend für die Doppelzüngigkeit von MoveOn.org und seinen europäischen Ablegern Avaaz und Campact sowie der vom Tiefen Staat kontrollierten Medien war die einhellige Diffamierungskampagne gegen Donald Trump, dessen Wahl zum Präsidenten 2016 wohl eine Art Betriebsunfall darstellte, denn er wollte tatsächlich gegen die globalen Profitgeier vorgehen. Am 22. Dezember 2016 erschien in *The Globalist* der Artikel »Trump vs. Globalism«. Darin wurde darauf hingewiesen, dass die Trump-Koalition den Globalismus als eine Form des liberalen Elitismus oder sogar als einen linken Versuch wertet, traditionelle amerikanische Werte zu umgehen, wobei die Begriffe »amerikanisch« und »global« als polare Gegensätze zu betrachten seien.[121] Und damit sich die Leser ein eigenes Bild machen können, wurde auf Links von Gegnern sowie Unterstützern des Globalismus verwiesen.

Es macht schon sehr stutzig, dass die Campaigner erst ihre ganze Kraft einsetzten, um die Freihandelsabkommen zu verhindern, und sich dann aufmachten, Trump, der genau das vorhatte, zu verunglimpfen. Einen Tag nach seiner Amtseinführung fand in Washington und vielen Städten weltweit ein »Marsch der Frauen« statt. Gemeinsam mit 56 anderen Gruppen agierte vorneweg die American Humanist Association, die viele Bedenken gegen Trump hatte, die UniteWomen.org, welche auf Twitter für Obama warb, Planned Parenthood, die in einen Skandal um Embryonenhandel verwickelt war, sowie der National Resources Defense Council, der Trumps Umweltpolitik bekämpfte – alle Organisationen sind einträchtig verbunden im Netzwerk von George Soros.[122]

Welche Ziele werden hier wirklich verfolgt? Die Motive der NGOs klingen ausnehmend gut und edel, ihre Methoden sind jedoch perfide. Sie versprechen Frieden, Menschenrechte und Demokratie und arbeiten für das Gegenteil: Krieg, Gewalt und Terror. In kaum vorstellbaren Umfang beeinflussen sie die neuere Geschichte und sind in alle geopolitischen Entwicklungen involviert.

Wissenschaft im Dienst der Mächtigen am Beispiel Corona-Pandemie

Die Forderung, dass die Wissenschaft beweisbar, nachprüfbar und zweckfrei sein müsse, stellte bereits der griechische Philosoph Thales von Milet (624–547 v. Chr.) auf. Auf Aristoteles (384–322 v. Chr.) geht dann die heutige Wissenschaftstheorie zurück. Für ihn ist Wissenschaft ein zusammenhängendes System aus Aussagen, Theorien und Verfahrensweisen, das strengen Prüfungen der

Geltung unterzogen wird und mit dem der Anspruch objektiver, überpersönlicher Gültigkeit verbunden ist.[123]

Während der Renaissance nahmen die Naturwissenschaften in Europa einen unerhörten Aufschwung. Das Primat empirischer Nachprüfbarkeit erstreckte sich bald auch auf die Philosophie: Grundlegende Fragen der menschlichen Existenz wurden nicht mehr metaphysisch beantwortet, sondern durchgehend dem kritischen Zweifel unterworfen (Descartes). So entwickelten sich die neuzeitlichen Wissenschaften als empirisch-technisches, rein kausales Erklärungssystem der Naturphänomene, was zur Dekonstruktion herkömmlicher Glaubensgewissheiten führte. Anfang des 20. Jahrhunderts geriet das naturwissenschaftliche Denkgebäude dann durch die Relativitätstheorie und die Quantenphysik ins Wanken – lineare Welterklärungsmodelle wurden obsolet, denn die Wirklichkeit erwies sich als ein äußerst komplexes System von gegenseitigen Einflüssen und Korrespondenzen. *»Wo Wirkungen untersucht werden, gibt es kein Kontinuum von Ursache und Folge, sondern es gibt Abläufe und Entscheidungen«*, erklärt der ehemalige Direktor im Max-Planck-Institut für Experimentelle Medizin in Göttingen, Friedrich Cramer. *»Die Biologie enthält also, genauso wie die Physik und wie die Geisteswissenschaften, für die das schon lange akzeptiert ist, ein Element des Indeterminismus*[124]*. Erst seit man das weiss, seit man die Eigensche Evolutionsmathematik, die Mendelschen Vererbungsregeln, das Verhulstsche Wachstumsgesetz kennt, erst seit man um die limitierte Prognostizierbarkeit komplexer Systeme weiß, kann man auch in der Biologie daran gehen, den ihr eigenen Indeterminismus methodisch und logisch durchzuarbeiten, wie das die Quantenmechanik für die Physik getan hat.«*[125]

Unabhängig davon setzte sich zweckrationaler Fortschrittsoptimismus in den Wissenschaften fort; funktionelle, kausale Erklärungssysteme erstreckten sich immer mehr auch auf Sozial- und Geisteswissenschaften. Das ist nicht zuletzt den Sachzwängen geschuldet, etwa der Entwicklung vermarktbarer Produkte, der Einflussnahme durch mächtige Geldgeber, den speziellen Interessen von Politik und Militär usw. So sponsern Konzerne Lehrstühle und lenken hierdurch die Forschung in eine bestimmte Richtung.

Wie weit das gehen kann, erleben wir gerade im Zusammenhang mit der Corona-Pandemie: Vom Ideal einer unabhängigen Wissenschaft sind Anfang des 21. Jahrhunderts nur noch Fragmente übriggeblieben. Corona wird in vielfältiger Weise in die Geschichte eingehen, nicht zuletzt weil in dieser bedrohlichen Situation nicht nur jeglicher wissenschaftlicher Diskurs unterbunden wurde, sondern nichtregierungskonforme Wissenschaftler sogar ausgegrenzt und diffamiert wurden. Im März 2021 hörte man nicht einmal mehr auf die Weltgesundheitsorganisation, obwohl diese ohnehin zum Großteil von Bill Gates finanziert wird. Deren Prognose, dass die Pandemie unabhängig von Massenimpfungen ein baldiges Ende finden würde, wurde von der deutschen Politik ignoriert. Im gesamten Corona-Komplex ging es von Beginn an nicht um wissenschaftlich abgesicherte Entscheidungen, sondern um ökonomische Interessen multinationaler Konzerne sowie um politische Interessen.

Wer sich kritisch äußerte, spürte schnell die harte Hand der Mächtigen, etwa Christoph Lübke, Professor für Wirtschaftsethik an der Technischen Universität München: Weil er einige Corona-Maßnahmen für überzogen hielt, entließ ihn Ministerpräsident Markus Söder kurzerhand aus dem Ethikrat. Dass die Politik von ihrer Machtfülle rücksichtlos Gebrauch macht, ist zwar enttäuschend, aber leider schon länger üblich. Dass es dagegen weder bei den Medien noch beim Wissenschaftsbetrieb einen Aufschrei gibt, ist erbärmlich; die allseits praktizierte Linientreue zeigt, wie tief dieses Land bereits gesunken ist.

Auf der Website des Bundesministeriums für Bildung und Forschung wird natürlich ein anderes Bild vermittelt: *»Die Akademien der Wissenschaften in Deutschland betreiben Grundlagenforschung, engagieren sich für den interdisziplinären Austausch und beraten Gesellschaft und Politik unabhängig und wissenschaftsbasiert bei der Beantwortung von Zukunftsfragen.«*[126] Die 1652 gegründete Leopoldina, die älteste dauerhaft existierende naturforschende Akademie der Welt, tritt ihrem Leitbild zufolge für *»Freiheit und Wertschätzung der Wissenschaft«* ein, trägt zum Wohle von Mensch und Natur und zu einer *»wissenschaftlich aufgeklärten Gesellschaft«* bei und überschreitet im interdisziplinären Diskurs *»thematische, fachliche, politische und kulturelle Grenzen«*. Weiter legt die Leopoldina in ihrer Funktion als Politikberater *»fachkompetent, unabhängig, transparent und vorausschauend Empfehlungen zu gesellschaftlich relevanten Themen vor. Sie begleitet diesen Prozess mit einer kontinuierlichen Reflexion über Voraussetzungen, Normen und Folgen wissenschaftlichen Handelns.«*[127]

Von diesem Wunschbild hat sich die Traditionsakademie schon lange verabschiedet. Am 8. Dezember 2020 forderte sie etwa eine sehr deutliche Verschärfung des Lockdowns. Diese Einflussnahme sah der Wirtschaftsphilosoph an der Universität Lausanne, Michael Eisfeld, selbst Mitglied der Leopoldina, als ein *»ganz eindeutiges Beispiel von politischem Missbrauch von Wissenschaft«* und warnte vor einer Instrumentalisierung durch die Politik: Die beteiligten Wissenschaftler hätten sich *»von der Macht verführen lassen«* und *»alle wissenschaftlichen Standards und jegliche Verantwortung über Bord geworfen«*.[128] Nach Eisfelds Ansicht zieht die Bundesregierung derzeit vor allem jene Wissenschaftler zu Rate, die bereit sind, das zu sagen, was die Regierung hören will. In einem transparenten, öffentlichen und kritischen Diskurs hätte die Regierung ihre Corona-Politik nie durchsetzen können, und der Schaden, den diese Vorgehensweise für die Menschen im Land hinsichtlich ihres Verhältnisses zu Politik und Wissenschaft angerichtet hat, ist noch gar nicht abzusehen.

Im März 2020 begann mit dem ersten Lockdown die Mediendauerbeschallung im Stil des von den US-Streitkräften im Krieg erfolgreich praktizierten Shock and Awe, einer Taktik, deren Ziel es ist, durch eine oder mehrere Schockwirkungen die Bevölkerung handlungsunfähig zu machen. Angewendet wurde diese durch Christian Drosten, Leiter der Virologie an der Charité Berlin und des Fachbereichs Virologie bei Labor Berlin, und Lothar Wieler, Tierarzt und seit März 2015 Präsident des Robert Koch-Instituts, sowie SPD-Gesundheitsexperte Karl Lauterbach, seit Dezember 2021 Bundesgesundheitsminister. Das Innenministerium hatte zu Beginn der Pandemie den Auftrag für ein Rechenmodell an das Robert Koch-Institut und andere Institutionen vergeben mit der klaren Vorgabe, Grundlagen für *»Maßnahmen präventiver und repressiver Natur«* zu liefern. Und schon nach vier Tagen lag das mit Geheimhaltungsgrad versehene Papier »Wie wir Covid-19 unter Kontrolle bekommen«[129] vor. Sieht so wissenschaftliche Unabhängigkeit aus? Hier dient Angst als politisches Herrschaftsinstrument!

Erlösung wurde durch eine weltweite Impfkampagne versprochen und im Schulterschluss mit Bill Gates wurden alle Hoffnungen öffentlichkeitswirksam darauf gesetzt. Allein der deutsche Impfstoffhersteller Biontech erhielt 2020 an die 400 Millionen Euro staatliche Forschungsgelder.[130] Anträge des deutschen Medikamentenherstellers Biotest auf bescheidene staatliche Zuschüsse zur Erforschung von Medikamenten zur Covid-19-Behandlung wurden dagegen abschlägig beschieden. Impfstoff- und Medikamentenentwicklung sollten doch gleiche Priorität haben! Diese Kurzsichtigkeit im Denken und Handeln lässt sich nur schwer mit der angeblichen Alternativlosigkeit erklären, denn eine erfolgreiche medikamentöse Behandlung ist sehr wohl eine Alternative. Es geht in dieser schwierigen Zeit darum, dass ein offener wissenschaftlicher Diskurs geführt werden kann. Es darf nicht sein, dass einige wenige, der Politik genehme Wissenschaftler das Feigenblatt für eine selbstgefällige und autoritäre

Politik liefern. Leider wurde unter Dauerkanzlerin Angela Merkel Alternativlosigkeit zur Staatsdoktrin erhoben. Alternativlos aber ist nur der Tod.

Dabei wäre auch ein anderer Ansatz möglich gewesen, den Thomas Hardtmuth, Arzt sowie Dozent für Gesundheitswissenschaften und Sozialmedizin an der Dualen Hochschule Baden-Württemberg, am 12. Mai 2020 vorstellte: »*Eine Erregungswelle geht um die Welt, die einerseits zerstörerische und krankmachende Wirkungen zeigt, andererseits aber auch die Chance bietet, sehr viel zu lernen und einen zivilisatorischen Entwicklungsschritt zu tun. Ein systemwissenschaftlicher Ansatz zeigt, dass Pandemien weniger ein virologisches, als vielmehr ein erweitertes, immunologisches Verständnis erfordern. Die eindimensionale Fokussierung auf Viren, Infektionsketten und Worst-Case-Szenarien verstellt den Blick für die entscheidenden, psychosozialen und gesellschaftlichen Einflüsse auf die Immunsysteme der Menschen.*«[131]

Das Immunsystem des Menschen ist in Funktion und Aufgabe ein Wunder der Natur. Organe, Zellen und Botenstoffe reagieren und kooperieren in komplexer Weise miteinander. Das System schützt vor Krankheitserregern und beseitigt erkrankte oder unbrauchbare Zellen im Innern des Körpers. Bei schweren Infektionen ist der Mensch gefordert, den Abwehrkampf mit Hilfe von Ruhe, Wärme, vitaminreicher Ernährung und gegebenenfalls Medikamenten zu unterstützen.[132] Faszinierend ist zudem »das Gedächtnis« des Immunsystems. Bei einem bereits erfolgreich bekämpften Erreger reagiert die Abwehr unverzüglich, ohne dass der Körper Anzeichen einer Erkrankung zeigt.

Bei der Bekämpfung der Corona-Pandemie spielt jedoch unser Immunsystem nicht einmal eine untergeordnete Rolle, im Gegenteil: Ohne hinreichende wissenschaftliche Absicherung wird es per Dekret mutwillig durch Messenger-RNA- oder die Vektor-Impfung manipuliert. Die notwendige wissenschaftliche Untersuchung der Impfschäden wird aus politischer Notwendigkeit gebremst, Obduktionen werden häufig verhindert.[133] Wo sind die mutigen Ärzte, die bei einem wenige Tage nach der Impfung Verstorbenen als Todesursache vermerken: Nicht bekannt. Dann nämlich müsste die Staatsanwaltschaft ermitteln. Und die Langzeitfolgeschäden der hektischen Massenimpfung sind noch gar nicht abzusehen.

Am 8. Mai 2019 fand in Berlin der von den CDU/CSU-Bundestagsmitgliedern Hermann Gröhe und Georg Nüßlein initiierte Kongress »Globale Gesundheit stärken – UN-Nachhaltigkeitsziel umsetzen« statt. Begrüßt wurden eine Reihe von Botschaftern, der Generaldirektor der WHO Tedros Adhanom

Ghebreyesus sowie Vertreter der Gates-Stiftung. In ihrer Rede kam Merkel gleich im zweiten Satz auf den Schwerpunkt des Kongresses zu sprechen: »*Wer sich gesund ernährt, sich ausreichend bewegt, wer auf Rauchen verzichtet, zu Vorsorgeuntersuchungen geht und wer sich impfen lässt – um nicht zuletzt eine deutsche Diskussion aufzunehmen, die vom Bundesgesundheitsminister im Augenblick mit großem Nachdruck und zu Recht, wie ich ausdrücklich sagen will, geführt wird –, der kann Zivilisationskrankheiten vermeiden.*«[134]

Ebenso wichtig sei, dass auch wirtschaftlich schwächeren Ländern Forschungsfortschritte zugutekommen. So würden heute neue Impfstoffe durch die Coalition for Epidemic Preparedness Innovations (CEPI) weitergegeben, an der sich auch die Gates-Stiftung beteiligt. »*Auch dabei müssen wir darauf achten, dass wir unsere Ziele eben koordiniert angehen*«, so die Kanzlerin. Damit war die globale Agenda vorgegeben.

Die Wissenschaft ist in Teilen zur Wissenschaftsdiktatur als Hilfswerkzeug einer Machtelite verkommen, die einen Weltanschauungskrieg führt und die »*wissenschaftliche Anwendung von Propaganda, Terror und staatlichem Druck als Mittel zur Sicherstellung eines ideologischen Sieges über den Feind*«[135] benutzt.

Die Welt in den Klauen der Milliardäre

Bereits 1848 beschrieben Karl Marx und Friedrich Engels im »Manifest der kommunistischen Partei« visionär, wie der Kapitalismus die Welt verändert oder verändern wird, indem das Kapital jene Regionen in Besitz nimmt, in denen die Ressourcen und die billigsten Arbeitskräfte zu finden sind. Die heutige kapitalistische Kolonisierung mit dem Outsourcing der Produktion in Billiglohnländer – euphemistisch Globalisierung genannt – führt immer mehr zur offenen Ausbeutung, in der Folge zu Verelendung und Verwüstung.

»*Die Bourgeoisie*«, so Marx und Engels, »*hat alle bisher ehrwürdigen und mit frommer Scheu betrachteten Tätigkeiten ihres Heiligenscheins entkleidet. Sie hat den Arzt, den Juristen, den Pfaffen, den Poeten, den Mann der Wissenschaft in ihre bezahlten Lohnarbeiter verwandelt.*«[136] Ersetzt man nun »die Bourgeoisie« durch »Milliardäre«, ist die Aktualität beklemmend. Das Bedürfnis dieser Herrschaften nach Ausweitung der Rohstoff- und Absatzmärkte jagt sie über die ganze Erdkugel und hat »*zum großen Bedauern der Reaktionäre den nationalen Boden der Industrie unter den Füßen weggezogen. Die uralten nationalen Industrien sind vernichtet worden und werden noch täglich vernichtet.«*[137] Letzteres geschieht schleichend. Die nationalen Industrien können mit den Global Playern nicht mithalten, da diese sich der Verantwortung für Gesellschaft und Natur entziehen und dadurch ihre Produkte billig anbieten können: »*Die wohlfeilen Preise ihrer Waren sind die schwere Artillerie, mit der sie alle chinesischen Mauern in den Grund schießt, mit der sie den hartnäckigsten Fremdenhass der Barbaren zur Kapitulation zwingt.«*[138] Es kommt zu Monopolisierung und Kartellen, die den Mittelstand strangulieren. »*Die ... kleinen Industriellen, Kaufleute und Rentiers, die Handwerker und Bauern, alle diese Klassen fallen ins Proletariat hinab, teils dadurch, dass ihr kleines Kapital für den Betrieb der großen Industrie nicht ausreicht und der Konkurrenz mit den größeren Kapitalisten erliegt, teils dadurch, dass ihre Geschicklichkeit von neuen Produktionsweisen entwertet wird.«*[139]

Das Manifest von Marx und Engels liest sich zwar weitgehend wie eine Beschreibung der heutigen Situation, nur muss man feststellen, dass auch große Betriebe, die sich nicht wie globale Heuschrecken verhalten, sondern in ihrem Ursprungsland bleiben und dort Arbeitsplätze erhalten und Steuern zahlen, mit den globalisierten Konzernen nicht mehr mithalten können. In den USA leben inzwischen fast 50 Millionen Bürger von Lebensmittelmarken, die Infrastruktur steht vor dem Kollaps, und die meisten Industriearbeiter haben keine Perspektive mehr.

Siebzig Jahre nach dem Kommunistischen Manifest ging der deutsche Geschichtsphilosoph Oswald Spengler (1880–1936), der den Universalhistoriker Arnold J. Toynbee stark beeinflusste, in seinem Buch »Preußentum und Sozialismus« der Frage nach, ob Sozialismus ein Instinkt oder ein System sei. Laut dem deutschen Philosophen und Soziologen Theodor W. Adorno sagte er die Entwicklungen seiner Zeit richtig voraus, so erkannte er in dem schwerreichen britischen Unternehmer Cecil Rhodes – in der Hochphase des Imperialismus einer der führenden Akteure des Wettlaufs um Afrika – einen Privatmann, der Länder eroberte, und in den »*amerikanischen Milliardären Privatleute, die Länder durch eine untergeordnete Klasse von Berufspolitikern beherrschen*«.[140] Spengler stellte dem amerikanischen »Milliardärssozialismus« den »preußischen Beamtensozialismus« gegenüber. »*Zum ersten gehört ein Mann wie Carnegie, der zuerst einen großen Teil des gesamten Volksvermögens in Privatvermögen verwandelt und ihn dann in glänzender Weise ganz souverän für öffentliche Zwecke ausgibt.«*[141]

Die transnationalen Konzerne bzw. die dahinterstehenden Finanzeliten scheinen die Welt fest im Griff zu haben. In diesem »Privatsozialismus« sah

Spengler nichts anderes als die diktatorische Verwaltung von Volkseigentum, die sich vom Sozialismus des Beamten und Funktionärs nicht unterscheide. In Spenglers Werk fehlt die Unterscheidung zwischen national und international agierenden »Milliardärssozialisten«. Das soll hier in einer Gegenüberstellung von Schlagworten sowie Institutionen nachgeholt werden, die Übergänge sind dabei natürlich fließend:.

Der janusköpfige Milliardärssozialismus

Nationale Oligarchie	**Internationale (Finanz-)Oligarchie**
Souveränität benötigt Grenzen	No borders, no nations
Zum bedingten Wohl der Bürger	Zerschlagung bürgerlicher Strukturen
Multipolare Friedensordnung	Unipolare Friedensordnung
Stärkung der Regionen	Globaler Zentralismus
Gewisse Form von Nachhaltigkeit	Ausplünderung/Verwüstung, fauna- und florafeindliche Kartellgesetze
Wirtschaftliche Autonomie	Erpressbarkeit durch Monopolisierung
Achtung anderer Nationen	Abbau von Völkerrecht und Rechtstaatlichkeit
Geordneter Handel	Ungebremster »Freihandel«
Trennbankensystem	Schrankenlose Spekulation, ungezügeltes Shareholder-Value-System
Ausgewogene Handelsbilanz	Unterjochung durch Verschuldung
Starker Mittelstand	Vernichtung des Mittelstands, Kriegsbereitschaft zur Zerstörung von Staaten
Überparteiische, unabhängige Einrichtungen wie das U. S. Institute of Peace	Thinktanks wie Washingtoner Brookings Institute, Chatham House, Trilaterale Kommission, Bilderberger etc. Organisationen wie UN, IWF, Weltbank u. Ä. Bank für Internationalen Zahlungsausgleich, International Institute of Finance, Group of Thirty NGOs wie Open Society, Campact, Avaaz etc.

In den Wirtschaftswissenschaften erkannte Spengler eine »Philosophie des modernen Engländers«, die seinem Sinn für Kampf, Erfolg und Besitz entspreche und mit der er seine Anschauung der wirtschaftlichen Praxis seit dem 18. Jahrhundert in alle Köpfe des Kontinents gepflanzt habe.[142] So verschmelzen heute ganz in der Tradition der Bank of England ab 1694 die Instanzen von IWF bis EZB – also Finanzmacht und Politik –, oft jenseits des Einflusses von Parlamenten und juristischer Kontrolle.[143] Zur besseren Lenkung und als Mitt-

Oswald Spengler um 1929

ler zwischen gewählten Politikern und Bankern wurden in Großbritannien und den USA in den vergangenen hundert Jahren um die neu geschaffenen Geldmachtzentren herum im Sinn der supranationalen Finanzoligarchen zahlreiche internationale Denkfabriken und Lobbygruppen installiert, etwa der Council on Foreign Relations oder die Trilaterale Kommission.

So abgefedert, geht der Raubbau an der Natur zugunsten der Profitinteressen der Finanzwelt ungehindert weiter. Dabei helfen den Großinvestoren bei ihren kriminellen Machenschaften sogar UN-Institutionen. Ungesetzliche Landenteignung ist die Grundlage dieser Zugriffe, deren Endprodukte dann paradoxerweise auch noch als »nachhaltig« angepriesen werden. Nachhaltig ist dabei allein der steigende Börsenwert der betreffenden Unternehmen.[144]

Der ehemalige I. G.-Farben-Funktionär und spätere Staatssekretär im Auswärtigen Amt, Walter Peter Hallstein, wurde 1958 der erste Vorsitzende der Kommission der Europäischen Wirtschaftsgemeinschaft. Er hatte ein reines Industriekartell zur Profitmaximierung der Oligarchen und für die Banken einen zwangsfinanzierenden Schuldensozialismus vorgedacht, der den europäischen Mittelstand dahinraffen sollte. Zusammen mit dem IWF und anderen NGOs hilft die Bank für Internationalen Zahlungsausgleich (BIZ), Kriege und Verarmung in die Welt zu tragen. Die BIZ ist eine Institution, die eine hundert Jahre alte feudale Agenda aus der Hand der übermächtigen Finanzelite umsetzt. Die Kriege dieser Mafia führen die im Verschuldungsniedergang aufgehetzten Staaten in Europa und anderswo. Wo die Hetze nicht fruchtet, wird der Boden dafür mit importiertem Terror bereitet. Siehe Libyen, Syrien, Ukraine etc.

Ein frühes Beispiel für das Wirken kapitalmächtiger Finanziers ist im Zusammenhang mit dem Russisch-Japanischen Krieg von 1904 zu beobachten. Beide Kriegsparteien suchten im Vorfeld auf dem internationalen Finanzmarkt nach Geldgebern. Japan wurden zunächst wegen seiner geringen Reputation an den Finanzmärkten Anleihen verweigert, bis eine Gruppe einflussreicher britischer Bankiers mit direkten Verbindungen zu König Edward VII. den Kontakt zwischen Japan und dem US-Bankier Jacob H. Schiff, bestens bekannt mit US-Präsident Roosevelt, herstellte. Schiff gab als Motiv für seine Kreditbereitschaft die russischen Pogrome gegen Juden an. Nach einer ersten Anleihe von über 50 Millionen US-Dollar folgten weitere Kredite; damit ermöglichte Schiff Japan den Zugang zu den Finanzmärkten in New York und London.[145] Die militärischen Erfolge erhöhten Japans Attraktivität für die Finanzmärkte zusätzlich und ließen es den mit Russland ausgefochtenen Wettstreit um die Finanzmärkte gewinnen.[146] Von den Kriegskosten in Höhe von rund 600 Millionen Dollar konnte Japan somit 408 Millionen durch Anleihen aus Übersee finanzieren. Dadurch konnte es sich als Großmacht etablieren, während die Wall Street zum globalen Finanzzentrum aufstieg.[147]

Auf der anderen Seite führte vor allem die britische Presse einen Informationskrieg gegen die ohnehin geschwächte Bonität Russlands. Nur französische Bankiers gewährten aus Rücksicht auf ihren Bündnispartner Russland Finanzmittel.

Der von Zar Nikolaus II. ausgerufene »internationale Krieg« um die Finanzen, mit denen ein Großteil der Kriegskosten aus Anleihen kommen sollte, ging verloren und brachte das Zarenreich schließlich an den Rand des Bankrotts. Nach der dramatischen Niederlage Russlands auf dem fernöstlichen Kriegsschauplatz brachen dort Unruhen aus.

Während der US-Präsidentschaft von Donald Trump wurden keine neuen Kriege begonnen und einige Brandherde eingehegt. Unter Biden flammen die Provokationen jetzt wieder auf, in der Ukraine wie im Nahen Osten. Putin hat dem Druck lange stand- und sich sogar bei den Angriffen des ukrainischen Militärs auf die rebellischen Provinzen im Donbass zurückgehalten. Ende 2021 hat er die NATO eindringlich um Sicherheitsgarantien gebeten, da er befürchten musste, dass auch die Ukraine in die EU und letztlich in die NATO aufgenommen wird – die Sicherheitsgarantien wurden abgelehnt.

Ende Februar sind russische Truppen in die Ukraine einmarschiert – laut Putin handelt es sich dabei um eine »spezielle Militäroperation«. Ein kriegerischer Angriff hätte wohl anders ausgesehen, offenbar will er einen Weltkrieg vermeiden. Den Europäern wird schlagartig bewusst, wie brenzlig die Situation ist, doch die Hetze in den westlichen Medien heizt den Konflikt weiter an. Gibt es überhaupt noch eine nennenswerte Gegenkraft, oder hat die globale Finanzelite, die von einem Krieg in Europa profitieren würde, längst die Welt im Griff?

Kurz vor der Präsidentschaftswahl am 23. Oktober 2016 hielt Donald Trump eine viel beachtete Rede auf dem Soldatenfriedhof von Gettysburg.[148] Es war jener Ort, an dem 158 Jahre zuvor die blutigste Schlacht des Amerikanischen Bürgerkriegs ausgetragen wurde. Zur Einweihung des Ehrenfriedhofs am 19. November 1863 hielt der damalige republikanische Präsident der Union, Abraham Lincoln, genau dort eine der bekanntesten Reden in der amerikanischen Staats- und Verfassungsgeschichte: *»Vor 87 Jahren gründeten unsere Väter auf diesem Kontinent einen neuen Staat in Freiheit. ... Gegenwärtig führen wir einen großen Bürgerkrieg, in dem erwiesen werden wird, ob dieser Staat ... Bestand haben kann. Wir sind hier auf einem großen Schlachtfelde dieses Krieges versammelt. Wir sind hierhergekommen, einen Teil dieses Schlachtfeldes den Kämpfern als letzten Ruheplatz zu weihen, die hier ihr Leben hingaben, damit dieser Staat leben könne, ... dass diese Nation unter Gottes Fügung zu neuer Freiheit geboren werde und dass die Herrschaft des Volkes durch das Volk und für das Volk nicht von dieser Erde verschwinde.«*[149]

Nach der verlustreichen Schlacht in Antietam/Maryland erließ Lincoln eine revolutionäre Proklamation, die nur noch von der Unabhängigkeitserklärung übertroffen wurde:[150] Ab 1. Januar 1863 sollten *»alle Menschen, die als Sklaven gehalten werden, innerhalb jedes Staates ..., dessen Bürger sich in Rebellion gegen die Vereinigten Staaten befinden, von nun an und für immer frei sein.«*[151] Die Sklaven der Staaten auf Unionsseite, die von dem Erlass natürlich nicht betroffen waren, obwohl er zu ihrer Befreiung die Macht gehabt hätte, ließ Lincoln aus »militärischer Notwendigkeit« weiter in Ketten. Die Befreiung würde, so erklärte er, die Produktivkräfte der Konföderation schwächen und so das Kriegsende schneller herbeiführen. Damit hatte er sich jedoch verrechnet. Die Sklaven des Südens erhoben sich nicht, sie legten auch nicht die Arbeit nieder oder sagten sich von ihren Herren los.

Wenn man bedenkt, dass die Bevölkerung der Nordstaaten etwa 22 Millionen ausmachte gegenüber neun Millionen im Süden, einschließlich der rund vier Millionen Sklaven, wird der Sinn der einseitigen Sklavenbefreiung Lincolns erkennbar. Ohnehin hatten die Südstaaten gegen das weit überlegene nördliche Industriepotenzial mit viermal so vielen Fabriken, einer sehr gut ausgebauten Infrastruktur und vor allem einem aufkommenden Bankensystem kaum eine Chance. Dieser Krieg wurde unter dem Deckmantel der Sklavenbefreiung allein für die Vorherrschaft der Industrie und der Banken des Nordens geführt. Am Ende stand der Sieg des mobilen über das immobile Kapital des Südens (Plantagen).

Ein »Greenback« aus dem Jahr 1862, die erste Ein-Dollar-Banknote aus Papier, wegen ihres grünlichen Schimmers so genannt. Sie zeigt Salmon P. Chase, Finanzminister unter Lincoln. Der berühmte Slogan »In God we trust« (Wir vertrauen auf Gott) kam erst 1957 auf die Scheine

Die Banker übernahmen dann auch die Macht. Mit dem Ausbruch des Bürgerkriegs 1861 war der Finanzbedarf dramatisch gestiegen; die Union der Nordstaaten wurde zum Vater einer nationalen Währung. Im Fiskaljahr 1860/61 hatte die US-Regierung insgesamt 67 Millionen Dollar ausgegeben, die durch die Zolleinnahmen mehr als gedeckt waren. Schon im Kriegsjahr 1862 verbrauchte die Unionsregierung 475 Millionen und 1865 1,3 Milliarden – bei Einnahmen von nur etwas über 300 Millionen Dollar.[152] Neben Staatsanleihen wurde das gigantische Defizit durch die Ausgabe staatlich autorisierter Banknoten, der »Greenbacks«, kompensiert.

Mit Gründung der Fed 1913 war die Kontrolle über das Geldwesen endgültig in privater Hand, die Schuldenschraube drehte sich weiter. Bereits wenige Monate nach Ausbruch des Ersten Weltkriegs hatte JPMorgan Chase die Vermittlerrolle zwischen der französischen Regierung und amerikanischen Geschäftsleuten übernommen; im Januar 1915 legte die Bank gegen den Widerstand von Außenminister William Jennings Bryan eine 450-Millionen-Dollar-Anleihe auf, die die volle Zustimmung Wilsons und seines Finanzministers und Schwiegersohns, William Gibbs McAdoo, fand. Letzterer veranlasste, dass die Fed nun ein »allgemeines Kreditsystem« für die Alliierten organisierte – ein Schritt, der später den Kriegseintritt der USA wegen des drohenden Verlustes der Anleihen unausweichlich machte. Für die Morgan-Gruppe sollte es sich auch als sehr vorteilhaft erweisen, dass es in England zu Beginn des Kriegs keine zentralisierte Beschaffungspolitik gab. Die britischen Vorräte an Munition und Versorgungsgütern aller Art reichten nur für einen Feldzug von drei Monaten. Ein Komitee des US-Handelsministeriums von Finanzleuten, Reedern und Industriellen sollte mithelfen, Pläne für den Notfall zu entwerfen.[153]

Mit Eintritt der Vereinigten Staaten in den Ersten Weltkrieg brachte die Fed »Liberty Bonds« (Kriegsanleihen) unters Volk, was die Inflation anheizte. Auch der Aufbau der Sowjetunion nach der bolschewistischen Revolution bot gute Gewinnchancen, so wie der Börsenrausch in den 20er-Jahren, den die Fed alimentierte – bis am 25. Oktober 1929, dem Schwarzen Freitag, die Spekulationsblase platzte. Dem Tritt auf die finanzielle Bremse folgte Deflation: Die Preise fielen, der Kapitalverkehr versiegte, es begann die Große Depression. US-Präsident Herbert Hoover installierte 1932 die Reconstruction Finance Corporation (RFC), einen Bankenrettungsfonds, der mit Fed-Milliarden faule Kredite und Papiere aufkaufte.

Mit dem Regierungsantritt Roosevelts 1933 begann eine ausgesprochen sowjetfreundliche Phase der amerikanischen Außenpolitik. Innenpolitisch kam es als Reaktion auf das Klima der Korruption zum New Deal, denn finanzielle Manipulationen und Insiderhandel hatten nach dem Börsenkrach mehr als 5000 Banken kollabieren lassen. Eine Serie von Wirtschafts- und Sozialreformen sollte nun aus der Weltwirtschaftskrise führen. Um den geschwächten Dollar zu stützen, erließ Roosevelt das bereits erwähnte Goldbesitzverbot (vgl. S. 110 f.). Zugleich modifizierte er das 1932 unter Präsident Hoover erlassene Trennbankensystem mit dem Glass-Steagall-Act, der eine institutionelle Trennung des Einlagen- und Kreditgeschäfts einerseits und des Wertpapiergeschäfts, also der Spekulation, festschrieb.

Der Zweite Weltkrieg brachte den USA dann endgültig die Vorherrschaft auf dem europäischen Kontinent – die Sowjetunion wurde zum unerbittlichen Gegner. Während des Krieges fuhren die internationalen Konzerne gigantische Gewinne ein, und im anschließenden Chaos konnte günstig eingekauft werden. Präsident John F. Kennedy unternahm 1963 mit seiner Executive Order 11110 den Versuch, Silberdollars parallel zu den formal goldgedeckten Greenbacks zu etablieren. Doch unter seinem Nachfolger Lyndon B. Johnson wurde dies nicht weiterverfolgt. Eine einschneidende Entscheidung traf dann Richard Nixon, der 1971 die Goldbindung aufhob.

1999, nach dem völkerrechtswidrigen Krieg gegen Jugoslawien, hebelte Präsident Bill Clinton mit dem Finanzdienstleistungsmodernisierungsgesetz das bewährte Trennbankengesetz aus, was enorme Spekulationsblasen und in der Folge die Finanzkrise von 2008 verursachte. Die Kontrolle über die gesamte US-Finanzdienstleistungsbranche, einschließlich Versicherungsgesellschaften, Pensionsfonds, Wertpapierfirmen usw., war auf eine Handvoll Finanzkonglomerate und deren assoziierte Hedgefonds übertragen worden.[154]

Senator Byron Dorgan, Demokrat aus North-Dakota, hatte den Gesetzentwurf vehement bekämpft und im Kongress vor den Folgen gewarnt. Die traten dann auch nach dem Crash von 2008 ein: Bankenpleiten und Verelendung: 2,5 Mio. Kinder obdachlos, ebenso ein großer Teil der Veteranen.

Obama versprach Anfang 2009, die Banken besser zu beaufsichtigen. Trotz des Appells von Senator Dorgan, das Trennbankengesetz wieder einzuführen, geschah nichts. Kein Wunder, war doch einer der größten Gewinner der Abschaffung dieses Gesetzes der Megaspekulant George Soros. Ihm und weiteren Hedgefondsmogulen hatte Obama seinen Einzug in das Weiße Haus zu verdanken: Im Juni 2004 hatte Soros für den »Auserwählten der Linken« eine Kampagne organisiert, die für Obamas Einzug in den Senat sorgte.[155]

2008 tauchte unter den größten Geldgebern für Obamas Wahlkampf der Name J. P. Morgan auf – gleich hinter Goldman Sachs und vor der Citigroup. Während es Obama abgelehnt hatte, Glass-Steagall zu revitalisieren, versprach es Hillary Clintons demokratischer Mitbewerber Bernie Sanders Anfang Januar 2016. Clinton wurde bei ihrer Bewerbungsrede als Präsidentschaftskandidatin von einem Zuhörer gefragt, ob sie dieses Gesetz wieder einführen würde. Sie ignorierte seine Frage und ließ den Mann aus dem Saal tragen. Donald Trump traf dann mit seinem Versprechen der Wiedereinführung von Glass-Steagall den Nerv der Bevölkerung vor allem in den Staaten des mittleren Westens, wo die Menschen einen tief sitzenden Hass gegen eine Machtelite entwickelt hatten, die Milliarden mit Finanzspekulationen verdient hatte und der ihre Nöte gleichgültig waren. Hinzu kommt eine grundsätzliche Abneigung der Arbeiter und Farmer gegenüber Karrierepolitikern, die nie einer »wirklichen Arbeit« nachgegangen sind und daher auch nicht für kompetent gehalten wurden, Probleme der realen Welt zu lösen. Der Bauunternehmer Trump wollte nun dafür sorgen, dass die transnationalen Konzerne wieder in die Verantwortung genommen wurden, dass sie Steuern zahlten und Arbeitsplätze schafften.

Doch auch Trump gelang es nicht, das Trennbankengesetz wieder einzuführen. Die Wall Street und die City of London, ebenso wie deren Jünger in der EU, werden das stets mit allen Mitteln zu verhindern suchen. Immerhin hat die Finanzoligarchie die Schlacht um die transatlantische und die transpazifische Freihandelszone verloren. Sie ist also keineswegs unbesiegbar.

Ebenso wie Lincoln es 1863 tat, beschwor Trump im Oktober 2016 in Gettysburg die Einheit des Landes. Sei das Land im Bürgerkrieg in Nord und Süd gespalten gewesen, so laufe jetzt die Trennungslinie zwischen Arm und Reich. Trump verurteilte die Art und Weise, wie die Regierung und die Wall Street die Regeln des Spiels gegen gewöhnliche Amerikaner gerichtet hatten – *»in jedem fünften Haushalt hat niemand einen Job.«*[156] Weiter wandte er sich gegen die Machtkonzentration in den Medienkonzernen und bezeichnete sich auch selbst als Opfer der US-Eliten. Er forderte seine Landsleute auf, am »großen Glauben und Optimismus« des amerikanischen Charakters festzuhalten, sich gegen Demagogie zu wenden und das demokratische Ideal der Gerechtigkeit hochzuhalten.[157]

In seiner Antrittsrede am 20. Januar 2017 kündigte er einen radikalen Kurswechsel an. Trump forderte eine große nationale Anstrengung, um den Globalisierungsverlierern – nicht nur in den USA – wieder Hoffnung und Perspektive zu geben. Eine weitere Verschlechterung der Infrastruktur, das Wachsen der Staatsverschuldung und der Zahl von in prekären Verhältnissen lebenden US-Bürgern könne in einem Bürgerkrieg enden. Ein derartig geschwächtes Amerika sei eine Gefahr für den Frieden.

»Wenn eine militärisch schwache Nation die Ausbeutung natürlicher Reichtümer behindert, dann wird der Krieg ausbrechen, sobald die wirtschaftlichen Notwendigkeiten der militärisch stärkeren Mächte durch ihre eigenen natürlichen Reichtümer nicht mehr gedeckt werden«, prognostizierte der amerikanische Militär-

philosoph Homer Lea bereits 1912.[158] Ob sich das Finanzkartell beschneiden lässt? Nach dem erneuten Regierungswechsel im Weißen Haus, wo nun ein altersschwacher Präsident Joe Biden seine Reden vom Teleprompter abliest, ist das unwahrscheinlicher denn je. Die Wall Street und die CIA-Strategen haben das Land anscheinend wieder fest im Griff. Krisenhaft könnte die Entwicklung werden, wenn das US-Schuldenniveau immer mehr Drittstaaten dazu veranlasst, den Status des US-Dollars als Weltreservewährung zu überdenken.[159]

Geldstaubsauger BlackRock

1985 gründeten das CFR-Mitglied Stephen A. Schwarzman (»Black«) und Peter G. Peterson (»Stone«, engl. Übersetzung des griech. Petros) in New York den Private-Equity-Fonds Blackstone. Schwarzman hatte 1965 zusammen mit George W. Bush in Yale studiert und war zeitgleich Mitglied von Skull & Bones. Nach dem Studium stieg er 1978 bei Lehman Brothers zum Managing Director auf. Peterson dagegen zog es schon früh in die Politik: 1971 war er Assistent von Präsident Nixon, ab 1972 Handelsminister. Dann wechselte er ebenfalls zu Lehman Brothers. Von 2000 bis 2004 war er Vorstandsvorsitzender der New York Fed und von 1985 bis 2007 Vorsitzender des CFR.[160]

Die beiden im Finanzwesen wie in der Politik bestens vernetzten Männer konnten 1988 Larry Fink mit einer Kreditlinie von 5 Millionen US-Dollar zu Blackstone locken.[161] Inzwischen ist Fink Aufsichtsrats- und Vorstandsvorsitzender beim weltgrößten Vermögensverwalter: BlackRock[162]. Der Erfolg ist nicht zuletzt dem Datenanalysesystem ALADDIN zu verdanken. Das Akronym für die Risikomanagementplattform von BlackRock steht für »Asset, Liability and Debt and Derivative Investment Network«. Dieses Softwaretool behält den Handel im Auge und analysiert Anlagen im Wert von mehr als 18 000 Milliarden US-Dollar für 200 Finanzunternehmen. Der digitale Dämon durchforstet täglich Hunderte Milliarden an Transaktionen und Daten am Finanzmarkt und verfolgt neben den weltweiten Rohstoffpreisen vier Milliarden Aktienbewegungen an der New Yorker Börse.[163] Dazu beobachtet ALADDIN die Fed und die europäischen Zentralbanken.

Hatte sich George W. Bush Anfang 2001 noch mit Topleuten des Energieriesen Enron umgeben und Obama sowie Trump mit Experten von Goldman Sachs, vergab Biden das Amt des stellvertretenden Finanzministers an Adewale »Wally« Adeyemo, den ehemaligen Berater und Stabschef von BlackRock-CEO Larry Fink, während der Global Chief Investment Strategist bei BlackRock, Michael Pyle, nun als Wirtschaftsberater von Vizepräsidentin Kamala Harris wirkt. Und Brian Deese, ehemals Global Head of Sustainable Investing bei BlackRock, wurde von Biden zum Leiter des nationalen Wirtschaftsrats und damit zum Chefberater des Präsidenten in Wirtschaftsfragen ernannt.

Im Anteilskorb des Finanzgiganten BlackRock finden sich die Top 30 des Dow Jones sowie zahlreiche andere Unternehmen. Egal, ob Nahrungs-, Genuss-, Hygiene- oder Reinigungsmittel, ob Strom, Gas oder Öl, ob Telefoneinheiten oder Briefmarken gekauft werden – BlackRock ist immer dabei. Die Hersteller sind börsennotiert, und BlackRock hält dicke Aktienpakete, etwa an Nestlé, Novartis, Sulzer, Swiss Life, UBS oder der Credit Suisse. Die *Zeit*-Korrespondentin Heike Buchter bezeichnet die Firma als den »schwarzen Fels« in der Brandung des Schweizer Aktienindex.[164] Weltweit ist sie verbunden mit *»dem Rohstoff-Riesen Glencore, ferner J. P. Morgan Chase, Citigroup und Bank of America, Exxon, Chevron, Apple und McDonald's, Rüstungsriesen wie Raytheon, Lockheed oder General Dynamics. Das Geld steckt auch in Wohn- und Gewerbeimmobilien sowie in privaten US-Gefängnissen. Wie selbstverständlich ist BlackRock auch in Russland engagiert. Beteiligungen an Gazprom, Lukoil oder Sberbank gehören zum alltäglichen Geschäft des Riesenkalmars.«*[165]

Das Investmentunternehmen verwaltet inzwischen ein Vermögen von atemberaubenden 9500 Milliarden US-Dollar. Zur Einordnung: Das ist mehr als das Doppelte des deutschen Bruttoinlandsprodukts.[166] Damit übt BlackRock mehr Macht aus als die US-Notenbank und die meisten Regierungen auf diesem Planeten. Das ist schon schwer hinzunehmen, doch völlig inakzeptabel ist, dass der Finanzgigant praktisch keinerlei Regulierung unterliegt.

Als die Finanzmärkte Anfang 2019 scheinbar am Rand einer ähnlich schweren Krise wie nach dem Untergang von Lehman Brothers 2008 standen, entwickelte ein Team ehemaliger Zentralbanker bei BlackRock einen »Notfall«-Rettungsplan für den Fed-Chef Jerome »Jay« Powell. Im Gegenzug übertrug Powell ohne Ausschreibung BlackRock die Aufgabe, sämtliche Anleihekäufe der Fed zu verwalten. Nicht einmal die Anleihen, in die BlackRock selbst investierte, waren davon ausgenommen.[167] Interessenkonflikte? Fehlanzeige.

Im gleichen Jahr verstärkte CEO Larry Fink die Zusammenarbeit mit Klaus Schwab, dem Propagandisten des großen Neustarts und technokratischen Chef des Weltwirtschaftsforums (WEF), der sich seit rund 40 Jahren für die Globalisierung der Wirtschaft stark macht. Fink sitzt nun mit im Boot des WEF und wird *»das gewaltige Gewicht von BlackRock für das weltgrößte Schneeballsystem in die Waagschale werfen – die ESG-Investitionen (ESG steht für ›environment, social, governance‹, also Anlagekriterien, die bewerten, ob etwas gut für die Umwelt, die Gesellschaft und verantwortungsvolle Unternehmensführung ist)«*, so der Publizist F. William Engdahl.[168] Mit diesen Vorgaben könnte die vermutlich größte Kapitalumschichtung in der Geschichte der Menschheit eingeläutet werden. Die Dollars werden aus Branchen wie Öl, Gas oder Kohle abgezogen und in handverlesene »woken« (aufgewachte) Unternehmen gepumpt. Diesen Prozess wird die *New York Times* sicherlich laut bejubeln, ist BlackRock seit 2017 doch der größte Aktionär der Zeitung.

In einem Brief an Vorstände der mit BlackRock in Kontakt stehenden Firmen stellte Fink 2021 abermals die Bedeutung des Klimawandels und der Covid-19-Pandemie als Herausforderung, aber auch als Chance für Unternehmen in den Vordergrund.[169] Chance vor allem für BlackRock. Das bereinigte Nettoergebnis kletterte im ersten Quartal des Jahres um 16 Prozent auf 1,2 Milliarden US-Dollar.[170] Im zweiten *Quartal* gab es sogar eine Steigerung um 28 Prozent. Damit wuchs das verwaltete Vermögen um 30 Prozent auf 9,5 Billionen US-Dollar.[171]

Goldman Sachs konnte im ersten Quartal 2021 im Vergleich zum Vorjahresquartal den Nettogewinn auf 6,7 Milliarden Dollar versechsfachen. Und die Großbank JPMorgan erreichte im ersten Quartal 2021 einen Nettoquartalsgewinn von 14,3 Milliarden Dollar, also in etwa eine Verfünffachung – was sich deutlich auf die Aktienkurse auswirkte.[172]

Die vier apokalyptischen Reiter

Die Boten des nahenden Weltuntergangs haben nicht nur den Weg in die Annalen der Popkultur – Mystery-Serien wie »Charmed« oder Computerspiele wie »World of Warcraft« – gefunden, sondern auch in die moderne Sachliteratur. Der US-Publizist Dean Henderson hat in seinem Buch »Big Oil & their Bankers in the Persian Gulf: Four Horsemen, Eight Families and their Global Intelligence, Narcotics and Terror Network«[173] (Big Oil und seine Bankiers am Persischen Golf: Vier Reiter, acht Familien und ihr globales Geheimdienst-, Rauschgift- und Terrornetzwerk) untersucht, in welchen zeitgenössischen Ausprägungen man die apokalyptischen Reiter heute erkennen könnte. Das Ergebnis ist nicht überraschend, auch er resümiert: Das Schicksal der Welt wird nicht von Parlamenten oder Institutionen wie der UNO entschieden, sondern in ganz anderen Zentren der Welt, die man finde, indem man der Spur des Geldes folgt. Für Henderson agieren die wirklichen Entscheidungsträger der westlichen Welt aus der zweiten Reihe heraus, als Hauptaktionäre der »vier apokalyptischen Reiter des Bankenwesens«, zu denen die Bank of America, JPMorgan Chase, die Citigroup und Wells Fargo gehören, die ihrerseits die »vier Reiter des Erdöls« (ExxonMobil, Royal Dutch/Shell, BP und Chevron Texaco) kontrollieren. Das Monopol der Hauptaktionäre erstreckt sich jedoch über das Ölgeschäft hinaus, laut US-Börsenaufsichtsbehörde SEC handelt es sich hier um die zehn führenden Aktieninhaber praktisch aller vom Magazin *Fortune* gelisteten 500 umsatzstärksten Unternehmen.[174]

Der Einfluss der Bankiersfamilien auf die Weltwirtschaft sollte nicht unterschätzt werden, daneben bestimmen sie die großen Politikfelder, befördern Agenden (Klima, 2030 etc.) und Kriege, kontrollieren Bildung und Wissenschaft (über Forschungsgelder und finanzierte Lehrstühle) und lassen die Medien wie auch NGOs für sich arbeiten. Henderson entlarvt die jahrhundertealte Kabale der globalen Oligarchen, deren Macht auf der Hegemonie über die drei wertvollsten Rohstoffe des Planeten basiert: Öl, Waffen und Drogen, kombiniert mit dem Besitz der Zentralbanken. »*Henderson … folgt der Spur des schmutzigen Geldes … zu den miteinander verflochtenen acht Familien, die – von ihrer Basis in*

Die vier Reiter der Apokalypse (Gemälde von Viktor Vasnetsov, 1887). In der Offenbarung des Johannes sollen sie Jesus Christus helfen, Gerechtigkeit herzustellen. In der oberen Bildmitte finden sich das Lamm Gottes (sinnbildlich für Jesus Christus) und ein Buch mit sieben Siegeln. Die Reiter kommen hervor, sobald die Siegel geöffnet werden: Jeder steht für eine Plage der Menschheit: Machtmissbrauch der Obrigkeit, Krieg, Teuerung und Hungersnot sowie Tod und Pest

der Londoner City aus – die Vier Reiter des Öls, den globalen Drogenhandel und die permanente Kriegswirtschaft kontrollieren. … eine außergewöhnliche Enthüllung der Mächte und Ereignisse, die uns, den Menschen, einen hohen Tribut abverlangen.«[175]

Im Folgenden sind die zehn weltgrößten Banken nach Marktkapitalisierung aufgeführt, darunter fünf US-amerikanische und fünf chinesische Finanzinstitute (Stand 30. April 2021):[176]

Rang	Bank	Land	Marktkapitalisierung (in Mrd. US-Dollar)
1	JPMorgan Case & Co.	USA	466,4
2	Bank of America	USA	347,3
3	Industrial & Commercial Bank of China	China	270,0
4	China Merchants Bank	China	204,9
5	China Construction Bank	China	199,5
6	Wells Fargo & Co.	USA	186,6
7	Agriculturual Bank of China	China	169,7
8	Morgan Stanley	USA	154,4
9	Citigroup Inc	USA	148,7
10	Bank of China	China	138,9

Die höchstplatzierte europäische Bank ist die in Großbritannien ansässige HSBC Holdings (Platz 13), eine international agierende Großbank.

Der Marketingguru und gefeierte Wirtschaftsprofessor Scott Galloway stellt in seinem Buch »The Four« die Tech-Giganten Amazon, Apple, Facebook und Google als moderne apokalyptische Reiter vor.[177] Galloway zerlegt deren Strategien und zeigt auf, wie sie uns mit einer Schnelligkeit und in einem Ausmaß manipulieren, an die andere nicht herankommen. Trotz vielfältiger Skandale (Datenleaks, Steuerflucht) sind sie mächtiger und erfolgreicher denn je. Man kann sie weder ignorieren noch boykottieren. Sie haben mit ihren Geschäftsmodellen die Regeln des Wirtschaftslebens und die Voraussetzungen für Erfolg neu definiert, auch, so Galloway, indem sie grundlegende menschliche Bedürfnisse ansprechen: Amazon archaische Jäger- und Sammlerinstinkte, Google unseren Drang nach Wissen, Facebook den nach Verbindung zu anderen Menschen und Apple den Wunsch nach einer besonderen Zugehörigkeit.[178] Gerade in Zeiten von Covid-19 schlagen diese Geschäftsideen und -strategien voll durch.[179] Wie groß ist die Macht eines Unternehmens, das ohne Prüfinstanz das Konto eines US-Präsidenten sperren kann?[180] Die Erfolgsgeschichte der Unternehmen ist abzulesen am Aktienkurs (Share price):

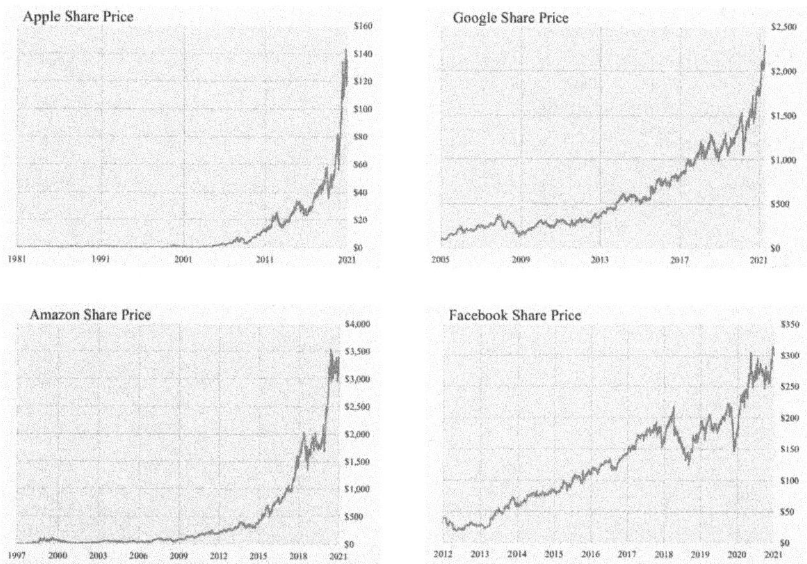

Aktienkursentwicklung der der vier größten Big-Tech-Player

Mitten in der Coronakrise schreiben Amerikas Tech-Konzerne Rekordzahlen: Speziell Apple präsentierte im vierten Quartal 2020 einen Gewinn von 28,75 Milliarden US-Dollar (+ 29 Prozent).[181] Bei Amazon verdreifachte sich im dritten Quartal der Gewinn auf 6,3 Milliarden Dollar, der Aktienkurs stieg um mehr als 70 Prozent.[182] Der Google-Mutterkonzern Alphabet zeigt ebenfalls einen Gewinnsprung. Der Nettogewinn schoss im Jahresvergleich um fast 60 Prozent nach oben auf 11,2 Milliarden Dollar.[183] Und auch bei Facebook blieb ein Gewinn von 7,85 Milliarden Dollar übrig – ein Plus von 29 Prozent.

Wie in jeder Krise – ob Bankencrash, Krieg oder Flucht und Vertreibung – immer gab es sie und wird es sie geben: Menschen, die mit dem Leid anderer ihr Vermögen machen und damit ihre Macht weiter ausbauen können.

VII. Die schöne neue Welt der Eliten und Geostrategen

Kriegstreiber USA – Schöpfer einer neuen Weltordnung durch »Chaos«?

In der Präambel der am 17. September 1787 verabschiedeten Verfassung der Vereinigten Staaten von Amerika, der United States Constitution, heißt es: *»Wir, das Volk der Vereinigten Staaten, von der Absicht geleitet, unseren Bund zu vervollkommnen, die Gerechtigkeit zu verwirklichen, die Ruhe im Innern zu sichern, für die Landesverteidigung zu sorgen, das allgemeine Wohl zu fördern und das Glück der Freiheit uns selbst und unseren Nachkommen zu bewahren, setzen und begründen diese Verfassung für die Vereinigten Staaten von Amerika.«*[1]

Wenn die Verfassungsväter heute einen Blick auf ihr Land werfen könnten, würden sie vermutlich erschrecken. Die USA führen mit 655 Häftlingen pro 100 000 Einwohner weltweit die Statistik der Gefängnisinsassen an (Stand 3. September 2020). Es folgen Thailand (544), Brasilien (357), Russland (346), Türkei (335), Iran (294), China (121) Frankreich (97), Deutschland (71) und Japan (39).[2] Das lässt Rückschlüsse auf Defizite beim Umgang mit der Gerechtigkeit zu.

Von einer Ruhe im Inneren kann angesichts der Spaltung des Landes, der häufigen Ausschreitungen und Unruhen samt der damit einhergehenden Gewalt auch nicht gesprochen werden. Eher ist ein Bürgerkrieg zu erwarten. Für die Landesverteidigung musste bis zum 11. September 2001 auch kaum gesorgt werden. Dafür intervenierten die USA immer wieder beim südlichen Nachbarn Mexiko oder versuchten Kanada zu erobern (Kriegserklärung der Vereinigten Staaten an Großbritannien am 18. Juni 1812).

Und das allgemeine Wohl? Die Pandemie hat die Arbeitslosenquote in den USA in die Höhe getrieben. Immer mehr Menschen müssen sich in die Schlangen vor den Lebensmittelausgaben einreihen.[3] Bilder, die man vorher nur aus kommunistischer Zwangsbewirtschaftung kannte.

Ohne je selbst von einem anderen Staat angegriffen worden zu sein, haben die USA in ihrer nunmehr 236-jährigen Geschichte insgesamt 219 Mal militärisch interveniert: Sie haben Krieg geführt oder waren an Putsch- und Umsturzversuchen auf dem Territorium eines anderen Staates beteiligt. Die permanente Kriegführung hat eine kleine Wirtschafts- und Finanzelite im Land reich gemacht und in der restlichen Welt unendliches Leid erzeugt – mit Millionen von Toten und Entwurzelten und unüberschaubarem Chaos. Hierin sind die USA in der Tat die absolute Nummer eins.

Erklärlich werden die immer neuen Kriege und damit verbundenen Flüchtlingsströme u. a. durch die Theorien von Thomas P. M. Barnett, US-amerikanischer Militärgeostratege und von 1998 bis 2004 Professor am U.S. Naval War College. Nach 9/11 wurde Barnett zudem mit der Transformation der Streitkräfte betraut.[4] In einem seiner Projekte wurde der Einfluss der fortschreitenden Globalisierung auf die Spielregeln internationaler Politik samt Auswirkungen auf die Rolle des US-Militärs untersucht.[5] Fazit: Die »Spielregeln« werden nicht mehr vonseiten der Staaten festgelegt, sondern sind durch die Globalisierung vorgegeben. Nach Barnett müssen hierfür vier dauerhafte und ungehinderte »Flows« (Ströme) gewährleistet sein:

1) der Strom von Einwanderern: Die moderne Völkerwanderung fungiert als globaler Konfliktherd;
2) der Strom von Erdöl, Erdgas und allen anderen Rohstoffen;
3) das »Herausströmen« von Krediten und Investitionen sowie das »Hereinströmen« von Profiten;
4) der weltweite Strom amerikanischer Sicherheitskräfte zur Sicherung des Weltfriedens.[6]

2003 begann die US-Presse, die Chaostheorie des politischen Philosophen Leo Strauss (1899–1973) publik zu machen. Ihm zufolge kann im »kreativen Chaos« der »Schöpfer der neuen Ordnung« unbemerkt von ihm gewünschte Strukturen etablieren. Um die Ressourcen eines Landes langfristig zu plündern, sollte man es also nicht besetzen, sondern die staatlichen Strukturen dort zerstören. Ohne Staat keine Armee, und ohne feindliche Armee kein Risiko für eine Niederlage. Die betroffene Bevölkerung wird ihrem Schicksal überlassen.[7]

Seit dem Krieg gegen Libyen sind aber aus den USA kritische Stimmen von namhaften Politikern und Intellektuellen zu hören. Am 5. November 2012 hielt der republikanische Präsidentschaftskandidat Ron Paul (geb. 1935) nach 36 Jahren politischer Tätigkeit im Kongress seine aufrüttelnde Abschiedsrede

US-Militärstratege Thomas P. M. Barnett (geb. 1962)

mit wegweisenden moralisch-ethischen Lösungen für eine bessere Zukunft. Die Rede dürfte in die Annalen des Kongresses eingehen. Eingangs betonte Paul, seine Ideale seien 1976 die gleichen gewesen wie 2012: Förderung von Frieden und Wohlstand durch strikte Einhaltung der Prinzipien der individuellen Freiheit. Für ihn erzeugen Freiheit, Privateigentum und einklagbare, freiwillige Verträge Wohlstand. Dessen seien sich die USA in ihrer frühen Geschichte sehr wohl bewusst gewesen. Doch mit der Gründung der Federal Reserve und der Einführung der Einkommenssteuer bei gleichzeitiger Einschränkung gewisser bürgerlicher Freiheiten seien exzessive Haushalts- und Militärausgaben ermöglicht worden. Die Gesellschaft in den Vereinigten Staaten sei heute eine ganz andere, als von den Gründern beabsichtigt. Schon beim Schreiben der Verfassung 1787 hätten Skeptiker vor der heutigen Entwicklung gewarnt. Ron Paul: *»Die heimtückische Aushöhlung unserer Freiheiten und die Beruhigung, die uns unser großer Reichtum gab, ermöglichten die Entwicklung zu der gefährlichen Periode, in der wir jetzt leben. Heute sind wir in fast allen Belangen von der Großzügigkeit der Regierung abhängig. Unsere Freiheiten sind eingeschränkt, und die Regierung agiert außerhalb der Rechtsstaatlichkeit; sie schützt und belohnt diejenigen, die die Regierung kaufen oder zwingen, ihre Forderungen zu erfüllen.«*[8] Er nannte einige Beispiele (Auszug):

- Unerklärte Kriege sind an der Tagesordnung, Präventivkriege werden hingenommen.
- Die Wirtschaft ist grob verzerrt durch ein zutiefst fehlerhaftes Geldsystem.
- Die Verschuldung wächst exponentiell.
- Der Drohnenkrieg, den wir weltweit führen, wird schlecht für uns enden, da sich wegen der unschuldigen Opfer und der Missachtung

internationaler Gesetze Hass aufbaut. Wenn wir erst einmal finanziell geschwächt und militärisch herausgefordert sind, wird uns viel Unmut entgegenschlagen.

- Das Militär kann inzwischen amerikanische Bürger verhaften und auf unbestimmte Zeit festhalten, ohne Anklagen oder einen Prozess.
- Sanktionen werden eingesetzt, um Länder zu bestrafen, die unsere Befehle nicht befolgen.
- Bailouts (Rettungsaktionen) und Garantien für alle Arten von Fehlverhalten sind Routine.

Dann konfrontierte Ron Paul den Kongress mit Fragen:

- Warum ist es politischer Selbstmord für jeden, das American Israel Public Affairs Committee (AIPAC) zu kritisieren?
- Warum opfern wir so viel, um uns unnötig in Grenzstreitigkeiten und Bürgerkriege auf der ganzen Welt einzumischen und ignorieren die Ursache der tödlichsten Grenze der Welt – der zwischen Mexiko und den USA?
- Warum ändert ein Wechsel der Regierungspartei nichts an der Politik?
- Warum wurden 2008 die großen Banken, die großen Konzerne, ausländische Banken und Zentralbanken gerettet, und die Mittelschicht verlor ihre Jobs und ihre Häuser?
- Warum glauben so viele in der Regierung und der Administration, dass die Schaffung von Geld aus dem Nichts Wohlstand schafft?
- Warum verstehen die Menschen nicht, dass Krieg immer Wohlstand und Freiheit zerstört?
- Warum gibt es so wenig Bedenken gegen die Executive Order, die dem Präsidenten die Befugnis gibt, eine »Tötungsliste« zu erstellen, auf der auch amerikanische Staatsbürger stehen?
- Warum wird Patriotismus als blinde Loyalität gegenüber der Regierung und den Politikern, die sie leiten, angesehen und nicht als Loyalität gegenüber den Prinzipien der Freiheit und der Unterstützung für das Volk?

Echter Patriotismus ist nach Paul die Bereitschaft, die Regierung herauszufordern, wenn sie im Unrecht ist. Unter dem Vorwand, »Gutes zu tun« und

»Schlimmeres« zu verhindern, würden Kriege initiiert und gerechtfertigt. Das Ergebnis sei in den meisten Fällen Zerstörung und Chaos. Paul zitiert in diesem Zusammenhang die zynische Aussage der ehemaligen Außenministerin Madeleine Albright, der Verlust von 500 000 Irakern, zumeist Kindern, in den 1990er-Jahren durch amerikanische Bomben und Sanktionen sei »es wert« gewesen, um »das Gute« zu erreichen. Dabei, so Ron Paul, versinke der Irak heute im Chaos.

Auch der von der *New York Times Book Review* als wichtigster Intellektueller der Gegenwart bezeichnete Noam Chomsky (geb. 1928), der seit seinem Protest gegen den Vietnamkrieg in den 60er-Jahren als furchtloser Kritiker der US-Politik gilt, stellte kurz nach Ron Pauls fulminanter Rede im Kongress seinem Land ein denkbar schlechtes Zeugnis aus: Die USA würden sich im Ausland aggressiv benehmen, sich an kein einziges internationales Gesetz oder an das Völkerrecht halten, auch nicht an die Menschenrechtscharta, und hätten keinen Respekt vor der Souveränität anderer Staaten. Washington begehe eigentlich genau die Verbrechen, die es damals beim Nürnberger Prozess 1946 selbst mit seinen Staatsanwälten und Richtern verurteilt habe: Führen eines Angriffskriegs und Völkermord – es breche also die eigenen Gesetze. Durch die Folgen der vielen Staatsstreiche, militärischen Interventionen und Angriffskriege, welche die USA seit dem Zweiten Weltkrieg geführt hätten, seien 20 Millionen Menschen getötet worden.[9] Dabei fehlen noch die vielen Millionen Menschen, die vor den Kriegen der USA fliehen mussten, z. B. aus Afghanistan und Syrien.

Anfang 2014 ging Robert M. Gates, ehemaliger CIA-Chef und Verteidigungsminister unter Bush und Obama, in seinen Memoiren mit der von ihm da-

Bedeutende zeitgenössische Kritiker in den USA: Noam Chomsky, Ron Paul, Robert M. Gates, Paul Craig Roberts (v. l.)

mals mit verantworteten Außenpolitik der USA hart ins Gericht und kritisierte die Arroganz, mit der die US-Elite Russland nach dem Zusammenbruch der UdSSR behandelt hat. Dabei nahm er sich selbst nicht aus: 1992 war er in einer beflaggten Botschaftslimousine als Sieger durch das Kremltor gefahren. Im Nachhinein empfand er die Integration vieler der einstigen Mitgliedstaaten in die NATO als großen Fehler. Die sofortige Einrichtung von US-Basen in

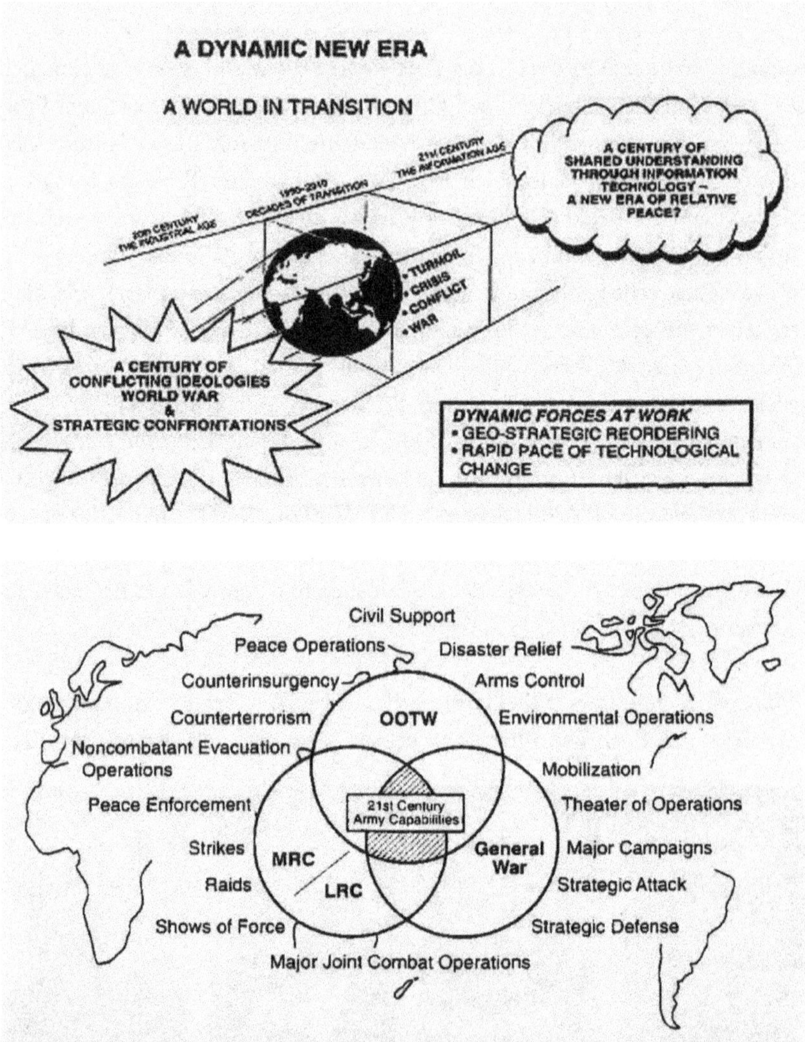

Aus dem militärischen Strategiepapier Tradoc 525-5: »Welt im Übergang« und »Andere Operationen als Krieg (OOTW)

Rumänien und Bulgarien bezeichnet er als Provokation, ebenso das Ignorieren der historischen Beziehung Russlands zu Serbien sowie den Versuch, Georgien und die Ukraine in die NATO zu bringen.[10]

Während bundesdeutsche Historikergranden in den Nachkriegsjahren bemüht waren, die USA als ein Imperium »wider Willen« darzustellen, beweisen zumindest die letzten 20 Jahre das Gegenteil. Mit großem Propagandaaufwand wurden die Kriege in ein hehres Gewand gekleidet: Stärkung der weltweiten Demokratie, Befreiung einer Nation von ihrem dämonischen Diktator, Sicherung der Menschenrechte (früher Völkerrecht) usw. Zur Vorbereitung eines Kriegs gibt es allerdings seit 1994 mit Tradoc 525-5 klare Vorgaben, das Strategiepapier legt die Rolle der US-Streitkräfte für das 21. Jahrhundert – ein Jahrhundert *»des weltweiten Kriegs widerstrebender Ideologien«* – fest. Man befinde sich in einer dynamischen Ära, einer *»Welt im Übergang«* – eine blumige Umschreibung für blutige Kriege.[11]

Neu eingeführt wurde die Handlungsanweisung »Operations Other Than War« (OOTW; Andere Operationen als Krieg). Mithilfe ziviler Unterstützung, sogenannten »Friedensoperationen«, Katastrophenhilfe usw. sollen Strukturen aufgebaut und über die Stufen Aufruhr, Krise, Konflikt der Weg in den Krieg geebnet werden, so geschehen in Libyen, Syrien und in der Ukraine, wo er sich bisher nur auf den östlichen Teil begrenzt.

Truppenbewegungen und verhallende Warnungen

Ein streitbarer und kompetenter Kritiker der US-Politik ist Paul Craig Roberts (geb. 1939), einst stellvertretender Finanzminister in der Regierung Reagan. Er wies im April 2014 auf das hinter den Propagandalügen stehende Ziel hin, das im Gegensatz zu den Imperial- und Territorialinteressen früherer Zeiten in einer Welthegemonie bestünde. Roberts sah in der Intervention in Libyen vor allem den Versuch der USA, das Wirtschaftswachstum Chinas zu bremsen. Und das Agieren der US-Geheimdienste im Zusammenhang mit den Aufständen in Syrien interpretierte er als Maßnahme gegen die russische Militärpräsenz im Mittelmeerraum.

Roberts fragte in diesem Zusammenhang, ob Obama eigentlich realisiert habe, *»dass er die USA und deren Vasallenstaaten in einen Krieg mit Russland und China hineinführt«*,[12] oder ob er von seinen neokonservativen Redenschreibern und Regierungsoffiziellen in dieses Desaster hineinmanövriert wurde. Er verwies auf die Entstehungsgeschichte des Ersten Weltkriegs, der ein Produkt von nur vier oder fünf Leuten gewesen sei. Drei Staatsmänner hätten sich dabei besonders hervorgetan: Raymond Poincaré, Staatspräsident von Frankreich, Sergej Sasonow, Außenminister Russlands und Alexander Iswolski, Russlands Botschafter in Frankreich. Für Roberts avancierte diese französisch-russische Allianz zu dem Instrument, das den ganzen Krieg dirigierte. Die britische Regierung sei aufgrund der Inkompetenz oder Dummheit ihres Außenministers Grey in dieses Bündnis hineingezogen worden.

Heute könnten die offensichtlichen Lügen der US-Regierung den Willen zum Krieg kaum noch kaschieren. In Obamas Rede im Brüsseler Palast der Künste am 26. März 2014 habe dieser sich zu der Aussage verstiegen, „*dass Washingtons Zerstörung des Irak – die etwa eine Million Todesopfer forderte, vier Millionen Flüchtlinge zur Folge hatte, die Infrastruktur des Landes einäscherte, zu einer Explosion der konfessionellen Gewalt führte und überall Ruinen hinterließ – nicht annähernd so schlimm sei wie eine russische Akzeptanz der Selbstbestimmung aller Krim-Bewohner*«.

Die westlichen Leitmedien enthielten sich jeder Kritik. Dass Europa einen derartig unhaltbaren Vergleich ohne Protest hinnahm, sei ein Skandal, und mache uns mitschuldig an einem Krieg. Und die Forderung Obamas, mit mehr NATO-Truppen in Osteuropa Russland einzudämmen, könnte laut Roberts dazu führen, dass sich Russland wie seinerzeit das Deutsche Reich umzingelt fühlt, und zum Befreiungsschlag veranlasst werden könnte. Absicht? »*Die rücksichtslose Politik Obamas*«, so Roberts, »*ebnet eben jenen Weg, wie Kriege in der Welt beginnen.*« Insgesamt warnte er vor der Gefahr eines Krieges zwischen den USA, China und Russland und warf der amerikanischen Regierung einen waghalsigen und leichtsinnigen Umgang mit den beiden mächtigen Ländern vor, welche »*auf sehr waghalsige Weise*« unter Druck gesetzt würden. »*Unser Verhalten ist leichtsinnig und gefährlich. Sobald Russland und China zu dem Schluss gelangen, dass man die Amerikaner nicht mit rationalen Mitteln in den Griff bekommen kann, ist der Weg für alle Arten von Eskalationen geöffnet … Hier liege die tatsächliche Gefahr: Wir riskieren einen großen Krieg.*«[13]

Die Befürchtungen von Paul Craig Roberts sind in beklemmender Weise wahr geworden, was ihn veranlasste, im Dezember 2021 noch einmal eindringlich vor der Kriegsgefahr zu warnen: »*Gott stehe den Russen und uns allen bei, wenn die Provokationen Washingtons ihren Marsch in den Krieg fortsetzen.*«[14] Gegen China wurde das bekannte Operationsbesteck bereits ausgepackt: Agitation und Propaganda, Sanktionen, Destabilisierung von China-Anrainern durch islamistische Terrorgruppen, Zündeln in der Straße von Taiwan und an der chinesischen Westgrenze. Nicht zu vergessen der Aufruhr in Hongkong. All das steht in Übereinstimmung mit dem Tradoc-Papier von 1994. Auch im Vorfeld Russlands läuft bereits der Aufmarsch für den geplanten Krieg.

NATO-Strategen und global agierende Finanz- und Wirtschaftsoligarchen sind dabei, Europa in einen Krieg mit Russland zu hetzen. Seit dem Zerfall der Sowjetunion hat sich die NATO entgegen den Absprachen immer weiter in Richtung Russland ausgedehnt. Höhepunkt war der Putsch in der Ukraine 2014, der nachweislich von den USA mit fünf Milliarden Dollar eingefädelt wurde. Die überwiegend russisch sprechenden Bewohner der Krim wehrten sich in einem Referendum gegen das Vorhaben der neuen prowestlichen ukrainischen Regierung, Ukrainisch als Amtssprache einzuführen, und stimmten mehrheitlich für den Beitritt zur Russischen Föderation. Dadurch wurde eine NATO-Marinebasis auf der Krim verhindert.

Anfang Januar 2017 landete in Bremerhaven eine ganze US-Panzerbrigade an, die an die NATO-Ostflanke nach Polen und Litauen verlegt wurde. Von diesem größten Aufmarsch seit Ende des Kalten Kriegs nahmen damals weder die Medien noch die Friedensbewegung Notiz. Seither haben Manöverumfang und -dichte der NATO in der Region ständig zugenommen, bei Großmanövern wird seit 2020 jeweils eine ganze Panzerdivision in Bremerhaven ausgeladen und auf dem Landweg nach Polen oder ins Baltikum verlegt. Der Generalinspekteur der Bundeswehr, Eberhard Zorn, meinte hierzu, die *»anspruchsvollste Aufgabe der Bundeswehr«* sei, mit Eurofightern den Luftraum über dem Baltikum zu sichern (!), während Akteure mit globalen Interessen wie Russland und China den internationalen Frieden störten. Wörtlich schrieb er: *»Wir beteiligen uns wesentlich am zentralen Abschreckungsinstrument, der Nato-Speerspitze, die wir 2023 wieder anführen. Unsere Heeresbrigaden führen multinationale Verbände zur Unterstützung Litauens. Und unsere Marine ist in allen Nato-Einsatzverbänden in Mittelmeer, Nord- und Ostsee aktiv. ... Durch unsere Lage mitten im europäischen Nato-Gebiet sind wir Drehscheibe alliierter Truppenbewegungen und rückwärtiger Operationsraum, damit aber auch potentielles Angriffsziel. Wir befinden uns nach wie vor in Reichweite konventioneller und nuklearer Waffen.«*[15]

Wenige Wochen später übte die Bundeswehr mit Tornados des taktischen Luftwaffengeschwaders 33 bei der NATO-Übung »Steadfast Noon« die nukleare Teilhabe. Der Verband ist auf dem Fliegerhorst Büchel in der Eifel stationiert, wo nach offiziell nicht bestätigten Angaben taktische US-Kernwaffen vom Typ B61 lagern. Weitere sind wohl in Italien, Belgien, der Türkei und den Niederlanden deponiert.[16] Das Schreckensszenario eines Atomkriegs ist zurückgekehrt.

Allumfassende Kriegsvorbereitungen

Im März 2021 begann das Großmanöver »Defender Europe 21«; es dauerte mit vielen Einzelmanövern bis Juni an:[17]

Name der Übung	**Zeitraum**	**Beteiligte Länder (Ort)**
GRIFFIN LIGHTING 21	01.-12.3.	Polen/Baltikum
NATO ADVISORY LIAISON	01.-16.3.	Pristina
TEAM PRE-DEPLOYMENT TRAINING (NALT) I 21, KFOR ST I 21	09.-17.3.	Pristina
RAMSTEIN GUARD 1 21 DNK	21.-25.3.	Dänemark
NOBLE JUMP I 21	19.2.-10.4.	Italien
DYNAMIC MASTER 21	12.-13-4.	Vereinigtes Königreich
RAMSTEIN GUARD 2 21	12.-23.4.	Niederlande
STEADFAST COBALT 21	12.-30.4.	Europa
RS TE II 21 (Resolute Support Training Event II 21)	13.-22-4.	Polen/Baltikum
LOYAL BONUS I 21	18.-22.4.	Türkei
RAMSTEIN GUARD 3 21	03.-14.5.	Portugal
DYNAMIC MERCY – L 21	10.-21.5.	Ostsee
CWIX 21	10.-22.5.	Polen
RS KLT I 21	12.-20.5.	Niederlande
(Resolute Support Key Leader Training I 21, NOBLE JUMP II 21	19.5.- 01.6.	Rumänien
STEADFAST DEFENDER 21	20.5.-22.6.	Rumänien/Bulgarien/Ungarn

NATO-Übungen von März bis Juni 2121 (Quelle: https://shape.nato.int/nato-exercises)

Die Massierung der Manöver in Osteuropa begann 2015 – ein Jahr nach dem Maidan-Putsch. 2017 initiierte die EU die Ständige Strukturierte Zusammenarbeit (SSZ), englisch Permanent Structured Cooperation (PESCO). Fast alle Mitgliedsstaaten – darunter auch das neutrale Österreich – beteiligen sich an diesem gleichsam »militärischen Schengen«. Die zusammengeschlossenen Länder verpflichten sich zur dauerhaften Erhöhung ihres Verteidigungshaushalts und zu gemeinsamen Rüstungsprojekten. Die Einhaltung der bindenden Vereinbarungen wird durch EU-Institutionen kontrolliert. Bisher konnte die militärische Achse des europäischen Sicherheitsregimes massiv ausgebaut werden. Anlässlich der Unterzeichnung von PESCO meinte die damalige deutsche Verteidigungsministerin Ursula von der Leyen: *»Jetzt ist endlich das Momentum für den großen Sprung da.«*[18]

Hauptübungsziel von »Defender 21« ist die schnelle Verlegung von Soldaten und Material aus den USA per Schiff nach Europa und dann über den Landmarsch Richtung Russland. Der Landmarsch soll auch für schwere Kettenfahrzeuge problemlos erfolgen. PESCO soll sicherstellen, dass die Infrastruktur für die Verbesserung der militärischen Mobilität in Europa optimiert wird. Medienberichten zufolge will sich das NATO-Land Türkei in der EU-Sicherheits- und Verteidigungspolitik einbringen. Mitte Mai 2021 soll Ankara beim niederländischen Verteidigungsministerium um die Teilnahme an einem milliardenschweren Projekt zur Verbesserung der militärischen Mobilität im Rahmen der Ständigen Strukturierten Zusammenarbeit gebeten haben. Die Niederlande koordinieren das Projekt.[19]

Zur gleichen Zeit schlossen sich in Kiew drei ehemalige Sowjetrepubliken mit dem Ziel einer gemeinsamen Aufnahme in die EU zusammen, der ukrainische Außenminister Dmytro Kuleba twitterte zufrieden: *»Die Ukraine, Georgien und Moldawien sind nun offiziell das Assoziierte Trio. Heute schließen wir uns auf unserem Weg zur europäischen Integration in diesem in Kiew geschaffenen neuen Format zusammen.«*[20] Alle drei Staaten haben Zugang zum Schwarzen Meer, zufällig Schwerpunkt des letztjährigen NATO-Manövers. US-Generalleutnant Ben Hodges, Ex-Kommandeur der U.S. Army Europe (2014 bis 2017), schrieb 2020 in einem Strategiepapier, dass Russland im Schwarzen Meer zwar zu stark sei, als dass die NATO die *»Kontrolle gewinnen«* könne, aber die transatlantische Koalition könne die russische Schwarzmeerflotte *»verwundbar machen«*.[21] Der Schwerpunkt der Kriegsübung lag bislang in der Ostseeregion, der wegen steigender Spannungen zwischen dem Westen und Russland geostrategische Bedeutung zukommt.[22] Das Manöver hatte dies zusätzlich verstärkt. Steht der Schwarzmeerregion nun Ähnliches bevor? Im Mai 2021 wurden immerhin rund 30 000 Soldaten aus 21 NATO-Staaten und aus fünf dem Bündnis nahestehenden Ländern – Bosnien-Herzegowina, Kosovo, Moldawien, die Ukraine und Georgien – in Richtung Schwarzes Meer verlegt und hielten dort zahlreiche-Gefechtsübungen ab. In Bulgarien lief das Manöver »Noble Jump«

(19. Mai bis 2. Juni), im Atlantik »Maritime Live Exercise« (20. bis 28. Mai) und in Deutschland »Command Post Exercise« (12. bis 20. Mai).

Am 20. Mai 2021 berichtete die US-Armeezeitung *Stars and Stripes* über ein weiteres Manöver mit Artilleriewaffen in Grafenwöhr, beteiligt an »Dynamic Front« waren 1800 Soldaten aus 15 Ländern. US-Brigadegeneral Christopher Norrie, der das 7th Army Training Command befehligt, erklärte, Ziel sei es, *»sicherzustellen, dass die Artilleristen des Heeres in Deutschland im Konfliktfall Feuereinsätze mit einer beliebigen Anzahl von verbündeten Landstreitkräften überall in Europa koordinieren können«.*[23] Im Gegensatz zu den Kriegen im Irak und in Afghanistan bedeute ein Konflikt mit Russland in Europa, dass man es mit einem Gegner zu tun habe, der in der Lage sei, selbst Präzisionsschläge mit großer Reichweite abzufeuern. Die USA und ihre Verbündeten würden sich nun auf die Verbesserung der Fähigkeit konzentrieren, im Krisenfall eine große Anzahl von Truppen und Ausrüstung schnell zu verlegen. Norrie verwies darauf, dass die Übungen der Langstreckenartillerie mit einem breiteren Vorstoß zur Verbesserung der geforderten Fähigkeiten einhergehen müssen. Diese Forderungen und die Maßnahmen von PESCO zur Infrastruktur lassen den offensiven Charakter der strategischen Übungen deutlich werden. Für Russland müssen all diese US/NATO-Aktivitäten beängstigend wirken.

Laut General Norrie wurde »Defender 21« aus der Besorgnis über ein aggressiveres Russland heraus entwickelt. Der General scheint hier das US-Strategiepapier Tradoc 525-3-1 ausgeblendet zu haben, dass bereits ein halbes Jahr nach dem völkerrechtswidrigen Putsch in Kiew vorgestellt wurde und die »Full Spectrum Dominance« der USA zu Land, zu Wasser und in der Luft propagiert. Wichtigste Gegner: die Konkurrenzmächte China und Russland.[24]

Kalter Krieg reloaded

Am 10. November 2021 berichtete die britische Zeitung *The Sun*, dass das 56. US-Artilleriekommando erstmals nach Ende des Kalten Krieges *»reaktiviert«* worden sei, dabei handelt es sich um einen Großverband der United States Army mit Sitz im Ortsbezirk Mainz-Kastel der Stadt Wiesbaden, der mit nuklearen Hyperschall-Langstreckenraketen vom Typ »Dark Eagle« ausgerüstet ist. Er war 1987 im Rahmen des INF-Vertrags aus Deutschland abgezogen

Die USA »reaktivieren« einen Atomwaffenstützpunkt in Deutschland, ausgerüstet mit der Hyperschallrakete »Dark Eagle«

worden. Der Befehlshaber, Generalmajor Stephen Maranian, erklärte, die Rückkehr biete *»den US-Streitkräften in Europa und Afrika bedeutende Möglichkeiten«* für Multi-Domain-Operations (MDO) und ermögliche *»die Synchronisierung von gemeinsamen und multinationalen Feuern und Waffenwirkungen sowie den Einsatz künftiger Boden-Boden-Langstreckenfeuer«.*[25]

Nach Angaben der US-Army vom 22. Oktober 2021 sollen MDO dafür sorgen, dass die gemeinsamen NATO-Streitkräfte Heer, Marine, Luftwaffe, Marineinfanterie und Weltraumstreitkräfte *»einem nahezu gleichwertigen Gegner, der in der Lage ist, die USA in allen Bereichen [Luft, Land, See, Weltraum und Cyberspace] anzugreifen, sowohl im Wettbewerb [um militärische Überlegenheit] als auch im bewaffneten Konflikt begegnen und besiegen können«.*[26] Weiter wird in dem Konzept beschrieben, wie im Zeitraum 2025 bis 2050 Gegner abgeschreckt und erfolgreich bekämpft werden können. Dazu böten MDO den Befehlshabern zahlreiche Optionen *»für die Durchführung gleichzeitiger und aufeinander folgender Operationen unter Einsatz von Überraschungseffekten und der raschen und* *kontinuierlichen Integration von Fähigkeiten in allen Bereichen ..., um den Gegner in mehrere Dilemmas zu stürzen und so physische und psychologische Vorteile sowie Einfluss und Kontrolle über das operative Umfeld zu gewinnen«.*[27]

Wir erleben heute einen Rückfall in jene höchst gefährliche Phase des Kalten Krieges Anfang der 80er-Jahre, als der Nachrüstungsbeschluss durchgepeitscht wurde und die veralteten Pershing-I-Raketen durch Pershing II ersetzt wurden. Die Reichweitensteigerung von 800 auf 1200 Kilometer war für den Laien nicht dramatisch, wohl aber für die Fachleute im Kreml. Denn damit konnten Befehlsstände rund um Moskau in nur wenigen Minuten ausgeschaltet und Reagans Traum vom »Enthauptungsschlag« Wirklichkeit werden. Die Vision »Victory is possible« (»Der Sieg ist möglich«) geisterte damals durch die Hallen des Capitols. Washington sollte die Zerstörung der Sowjetmacht anstreben *»sowie die Entstehung einer Weltordnung, die mit westlichen Wertvorstellungen vereinbar ist«*, schrieb der britisch-amerikanische Militärstratege Colin Spencer Gray.[28]

Gegen den Willen der Bevölkerung und ungeachtet aller Proteste billigte der Bundestag am 22. November 1983 die Stationierung der Pershing-II-Raketen und Marschflugkörper.

Vor 40 Jahren: Proteste gegen den NATO-Doppelbeschluss. Wo bleibt der Aufschrei heute?

Tausende demonstrierten 1983 gegen die Stationierung von amerikanischen Raketen vom Typ Pershing II in Mutlangen. Sogar Soldaten der Bundeswehr waren mit flotten Sprüchen dabei.[29]

Heute aber, in Zeiten von Corona – oder liegt es an der permanenten Kriegspropaganda gegen Russland? –, wird der Aufstellung der Raketensysteme durch die NATO kaum Beachtung geschenkt. Die Bevölkerung erfährt erst gar nichts davon, denn den Medien ist westliche Aufrüstung keine Schlagzeile mehr wert. Der britische Premier Boris Johnson meinte bei einem Bankett mit Würdenträgern der Londoner City sowie aus Deutschland, Frankreich, Italien und anderen Ländern, die Europäer stünden bald *»vor der Wahl …, sich entweder immer mehr russische Kohlenwasserstoffe durch riesige neue Pipelines in die Venen zu spritzen oder sich für die Ukraine einzusetzen und die Sache des Friedens und der Stabilität zu unterstützen«.*[30] Johnson, der den Kriegsbefürworter Winston Churchill zu seinen politischen Helden zählt, rät dazu, Europa solle auf die Lieferung von Erdgas aus Russland verzichten und stattdessen die Ukraine und Polen »verteidigen«. Stolz verweist er auf britische Soldaten, die an der polnisch-belarussischen Grenze Stacheldrahtzäune bauen, um den Flüchtlingsstrom aus Weißrussland zu stoppen, und stellt dies im Orwell'schen Neusprech als Beispiel für die »Verteidigung Europas« hin. Seine Worte zeigen die militärische Eskalation seit dem vom Westen inszenierten Staatsstreich in der Ukraine, welche nunmehr auf einen gefährlichen Höhepunkt zustrebt.

Hoffen wir nur, dass den Kriegstreibern aus England und den USA noch in die Speichen gegriffen werden kann. Es wäre äußerst tragisch, wenn das feierliche Versprechen in der Präambel zur UNO-Charta, Toleranz zu üben und miteinander in guter Nachbarschaft zu leben, endgültig im Mülleimer der Geschichte landen würde. Die UNO von 1945 wie auch der Völkerbund von 1919 sind aus dem strategischen Denken der Sieger entstanden, denen, im Gegensatz zum Westfälischen Frieden von 1648, der Wille zu Frieden und Versöhnung fehlte. So wundert es nicht, dass heute die nicht verheilten Wunden des Ersten Weltkriegs überall wieder aufbrechen, während vonseiten der USA nach wie vor eine imperiale Geopolitik verfolgt wird, wie es der Gründer und Direktor der Denkfabrik Strategic Forecasting (Stratfor), George Friedman, 2015 deutlich machte: *»Das primäre Interesse der USA, wofür wir seit einem Jahrhundert Kriege führen – Erster und Zweiter Weltkrieg und Kalter Krieg – waren die Beziehungen zwischen Deutschland und Russland. Weil vereint sind sie die einzige Macht, die uns bedrohen kann, und unser Interesse war es immer, sicherzustellen, dass das nicht eintritt.«*[31]

Vor diesem Hintergrund ist eine von Deutschland ausgehende Bedrohung für Russland zwingend und somit auch die Neuaufstellung des 56. US-Artilleriekommandos logisch. Es ist an der Zeit, endlich eine aus dem Willen zum Frieden erwachsene Völkergemeinschaft zu bilden. Das aber wird nur möglich sein, wenn wir uns nicht mehr verängstigen lassen, alles hinterfragen und uns von einer einseitigen Erinnerungskultur verabschieden, die in Wahrheit ein Deckmantel des Vergessens und eine Brutstätte der Beschwichtigung ist.[32] An dieser Stelle sei an den grünen Außenminister der rot-grünen Kriegskoalition Joschka Fischer erinnert, der den völkerrechtswidrigen Angriffskrieg gegen Serbien 1998 mit »Nie wieder Ausschwitz« rechtfertigte. Ohne Wahrhaftigkeit gegenüber der Geschichte kann es keinen nachhaltigen Frieden geben. Deshalb müssen die europäischen Staaten den imperialen Plänen einer kleinen plutokratischen US/UK-Elite Einhalt gebieten!

Die Kriegspropaganda nimmt Fahrt auf

Am 24. November 2021 titelte *t-online.de:* »Plant Putin einen Krieg?« Der Westen sei in Alarmbereitschaft, denn: *»An der russisch-ukrainischen Grenze versammelt der Kreml knapp hunderttausend Soldaten und Panzer, im Weltraum schießt Moskau mit einer Rakete einen eigenen Satelliten ab. Russische Bomber, die mit atomaren Sprengköpfen bewaffnet werden können, fliegen nach Belarus oder werden von Nato-Kampfflugzeugen über der Nordsee abgefangen. Der belarussische Machthaber Alexander Lukaschenko erpresst die Europäische Union mit Flüchtlingen, mit Rückendeckung von Russlands Präsident Putin.«*[33]

Die geschilderte »Eskalation« stützt sich vor allem auf Satellitenbilder und Berichte des ukrainischen Verteidigungsministeriums – das klingt ja sehr vertrauenswürdig! Hier sei an die »streng geheimen« Satellitenbilder erinnert, die im September 1990 angeblich bewiesen, dass bis zu 250 000 irakische Truppen und 1500 Panzer an der Grenze zu Saudi-Arabien standen und den wichtigsten Öllieferanten der USA bedrohten. Die *St. Petersburg Times* in Florida veröffentlichte indes sowjetische Satellitenbilder, die zur nämlichen Zeit aufgenommen wurden und nur leere Wüste zeigten.[34]

Am 11. März 2021 setzte der ukrainische Präsident Wolodymyr Selensky den Beschluss »Über die Strategie der Entbesetzung und Wiedereingliederung des vorübergehend besetzten Gebiets der Autonomen Republik Krim und der

Stadt Sewastopol«[35] in Kraft. Hier fällt vor allem die kreative Wortschöpfung »Entbesetzung« auf. Mit seinem Dekret befindet sich Selensky im Einklang mit der 2014 im US-Kongress verabschiedeten Resolution H. Res. 758, die *»das Vorgehen der russischen Föderation unter Präsident Wladimir Putin als eine Politik der Aggression gegen Nachbarstaaten mit dem Ziel der politischen und wirtschaftlichen Dominanz«* betrachtet.[36] Gebetsmühlenartig wird die Russische Föderation in dem Beschluss beschuldigt, in die Ukraine einmarschiert zu sein und deren Souveränität verletzt zu haben. Am Ende der langen Reihe weiterer meist unbewiesener oder zumindest fraglicher Vorwürfe – etwa Computerattacken in den USA durchzuführen, 2008 in Georgien einmarschiert zu sein, an Syrien Waffen verkauft zu haben etc. – folgen 22 Forderungen, die den Präsidenten dazu auffordern, auf die Verbündeten in Europa und anderen Staaten der Welt hinzuwirken, gezielte Sanktionen gegen die Russische Föderation zu verhängen sowie den Abzug der russischen Truppen vom ukrainischem Territorium durchzusetzen. Die Einsatzbereitschaft der US- sowie der NATO-Streitkräfte sei zu überprüfen und die aus der Beistandsklausel erwachsene Verpflichtung zur kollektiven Verteidigung ernst zu nehmen.

Das Kongress-Urgestein Ron Paul bezeichnete die Resolution als *»eines der übelsten Gesetze«* überhaupt.[37] Auch der kanadische Ökonom Michel Chossudovsky sorgte sich um die weltweite Sicherheit. Für ihn hatte das Abgeordnetenhaus Präsident Obama, zugleich Oberkommandierender der US-Streitkräfte, praktisch »grünes Licht« für eine militärische Konfrontation mit Russland gegeben. Dass damit *»möglicherweise das Leben von hunderten Millionen Menschen weltweit beeinflusst (werde), wurde in den Medien praktisch völlig ausgeblendet«.*[38] Bis heute weiß die Öffentlichkeit kaum etwas davon! Paul Craig Roberts sah damals in der Resolution gegen Russland ein Paket von Lügen.[39] Für ihn ist die Kriegsgefahr heute realer denn je, zumal wir mittels einer orchestrierten »Fake-Covid-Pandemie« in eine Tyrannei geführt werden.[40]

Warum Russland *»so viele Streitkräfte gegen die NATO eingesetzt«* habe, fragte im November 2021 auch der christliche US-Blog *The Saker.*[41] Dazu ist zunächst ein Blick auf die geografische Situation von elementarer Bedeutung: Russland ist in fünf Militärbezirke eingeteilt. Moskau liegt im westlichen Militärdistrikt, gerade einmal 800 Kilometer trennen es von Kiew. Heutzutage wird die gesamte Ukraine de facto von der NATO kontrolliert, die während des »ersten Kalten Krieges« noch ca. 2300 Kilometer entfernt war (Amberg – Moskau). Auch weniger als 200 Kilometer südlich von Sankt Petersburg stehen NATO-

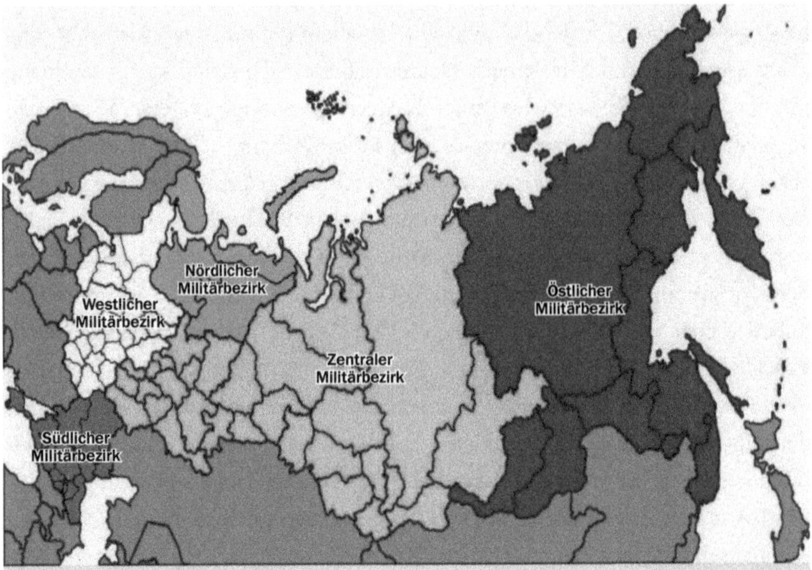

Die fünf Militärbezirke Russlands

Truppen – jener Stadt, die von 1941 bis 1944 von der Deutschen Wehrmacht eingekesselt war mit dem Ziel, die Einwohner dem Verhungern preiszugeben; rund eine Million Zivilisten starben bei der Leningrader Blockade.

Angesichts der immer näher rückenden NATO-Truppen und -Manöver muss man sich also nicht darüber wundern, dass Russland seine berühmte 1. Garde-Panzerarmee als strategische Reserve für den westlichen Militärbezirk reaktiviert hat.

Die leidvolle russische Geschichte ist durch drei aus dem Westen kommende Angriffswalzen gekennzeichnet: den Polnisch/Litauisch-Russischen Krieg (1609–1618), den Russlandfeldzug Napoleons 1812 und Hitlers Russlandfeldzug 1941–1945. Vergessen sind auch nicht die Kriege, die vom neu erstandenen Polen unmittelbar nach dem Ende des Ersten Weltkriegs geführt wurden,[42] vor allem der Polnisch-Sowjetische Krieg 1919 bis 1921. Unter Ausnutzung des Bürgerkriegs in Russland versuchte Polen den historischen Grenzverlauf von 1772 wiederherzustellen und eine osteuropäische Konföderation der Staaten zwischen Schwarzem Meer und Ostsee unter polnischer Führung zu schaffen. Józef Piłsudskis Wunsch nach einem »Intermarum« erlebt heute eine Neuauflage, allerdings mit Führungsanspruch der USA.

Seit 1945 versucht das westliche Imperium, den Krieg mit Russland zu provozieren.[43] Nach der Auflösung des Warschauer Pakts und der Sowjetunion 1991 nahmen die Kriegsvorbereitungen Fahrt auf, und man nutzt jede Chance, um Russland zu schädigen und aus der Reserve zu locken. So berichtete Ende November 2021 der russische Verteidigungsminister Sergei Schoigu, dass bei den Übungen der strategischen Streitkräfte der USA unter dem Titel »Global Thunder« zehn strategische Bomber den Einsatz von Atomwaffen gegen Russland aus westlicher und östlicher Richtung geübt hätten. Die Entfernung zur Staatsgrenze habe dabei lediglich 20 Kilometer betragen. Hinzu kamen *»etwa 30 Flüge zu den Grenzen der Russischen Föderation«*, zweieinhalbmal so viel wie im entsprechenden Zeitraum des Vorjahres.[44]

Während bei den USA nur einmal der Feind vor der Haustür stand – das war 1812, nach der Kriegserklärung an Großbritannien –, blickt Russland also auf eine ganz andere Geschichte zurück. Nach allem, was vonseiten des Westens unternommen wurde, um das Land in die Knie zu zwingen, kann nicht davon ausgegangen werden, dass die Russen den westlichen Führern auch nur ein Wort glauben. Eines dürfte sicher sein: Sie werden keinen vierten Überraschungsangriff zulassen. Vielleicht aber blufft der Westen ja auch nur und setzt auf einen Regime Change, schließlich wurde Russland nicht angegriffen, als es am schwächsten war. Wie dem auch sei, man muss davon ausgehen, dass die NATO als Prätorianergarde der westlichen Plutokraten ihre Offensivpläne gegen Russland nicht aufgeben wird, denn die Geostrategen haben das Axiom von Halford Mackinder nicht vergessen: Wer über das Herzland herrscht, beherrscht Eurasien, und wer über Eurasien herrscht, beherrscht die ganze Welt.

Der Einfluss eines zusammenbrechenden westlichen Finanzsystems auf die vermeintlichen geopolitischen Sachzwänge ist kaum vorstellbar. Auch kann nicht ausgeschlossen werden, dass sich der Konflikt verselbständigt und der kriegsauslösende Impuls von Polen und der Ukraine ausgeht, vor allem wenn entsprechende Rückendeckung kommt, indem etwa Ex-Bundeskanzlerin Merkel sich angesichts des Debakels an der polnisch-belarussischen Grenze demonstrativ auf die Seite Polens stellte: Belarus habe Migranten ins Land gelockt und wolle die *»Destabilisierung der ganzen Europäischen Union«* herbeiführen.[45] – Zweitausend Migranten sollten hier destabilisierend wirken, die fast zwei Millionen von Merkel 2015 eingeschleusten Migranten aber nicht? Merkel verstieg sich sogar zu der Feststellung, dass sie und der polnische Ministerpräsident die gleiche Meinung hätten. Wie das? Merkel öffnete damals die Grenzen, doch Morawiecki ließ zum Schutz Polens das Militär auffahren. Ein Fall von kognitiver Dissonanz?

Laut der gemeinsamen deutsch-amerikanischen Erklärung vom 21. Juli 2021 wollen die Vereinigten Staaten und Deutschland die Souveränität der Ukraine garantieren, deren territoriale Unversehrtheit, Unabhängigkeit und den von ihr eingeschlagenen europäischen Weg. Dreimal wird hervorgehoben, man wolle *»gegen russische Aggression und russische destruktive Aktivitäten«* in der Ukraine und darüber hinaus vorgehen und Russland zur Rechenschaft ziehen.[46] Außerdem betonen beide Staaten nachdrücklich ihre Unterstützung der Drei-Meere-Initiative (durch zwölf Staaten der Europäischen Union vom Baltikum bis Kroatien und Bulgarien) und ihre Bereitschaft zur Stärkung der Konnektivität von Infrastrukturen und der Energiesicherheit in Mittel- und Osteuropa. Deutschland sagt zu, seine Zusammenarbeit mit dieser Initiative auch durch finanzielle Unterstützung von Vorhaben in den Bereichen regionale Energiesicherheit und erneuerbare Energien auszuweiten. So werden wohl wieder einmal die Großreichträume einiger Nationalisten für das Schüren des Kriegsfeuers genutzt.

Mediale Aufrüstung

1982 suchte Präsident Ronald Reagan mit der National Security Decision Directive 54 (NSDD-54) den Sowjetblock zu destabilisieren und Moskaus Einfluss auf Osteuropa zu schwächen. Regierungen, die vom Sozialismus zurücktraten, liberale Reformen durchführten und ihre Unabhängigkeit von Moskau zeigten, würden, so versprach Reagan, von amerikanischer Unterstützung profitieren. Zu den Anreizen gehörten etwa der Zugang zu Krediten oder die Mitgliedschaft im Internationalen Währungsfonds.

Seit 1984 ermutigt auch der Milliardär George Soros zum Dissens. Wie bereits erwähnt, waren seine Open Society Foundations an den farbigen Revolutionen der letzten 30 Jahre maßgeblich beteiligt. Hatte er interne Informationen, oder handelte er sogar im Auftrag der US-Regierung? Es ist jedenfalls anzunehmen, dass seine Operationen in Absprache mit dem US-Außenministerium und der CIA konzertiert wurden. Das Netzwerk der Open Society Foundations unterstützte studentische Gruppen durch die Verteilung kostenloser Kommunikationsmittel (Fotokopierer, Laptops und Handys), *»um den Zugriff der Kommunistischen Partei auf Informationen zu brechen«*[47] und um antirussische

Propaganda zu verbreiten. Das diente der Vorbereitung zum Regime Change in der Ukraine und in Georgien. Dass Soros den Putsch in der Ukraine 2014 unterstützt hat, ist bewiesen.[48] Inzwischen wird am Systemwechsel in Belarus und Russland gearbeitet.

Die Methode ist stets die gleiche: Staatliche Strukturen werden mittels »Protesten« so lange unterminiert, bis die Staatsgewalt reagieren muss, was man dann als diktatorisch anprangern kann. In dem entstehenden Durcheinander kann man, wie es die Chaostheorie proklamiert, dann ungehindert die eigenen (mafiösen) Strukturen etablieren. Selbstverständlich ist Soros auch in den westlichen Gesellschaften als Meinungsmacher aktiv, er finanziert z. B. neben der Kampagnenorganisation Campact (vgl. S. 187 ff. sowie 370) auch das Zensurorgan Correctiv.[49]

Sogenannte Qualitätsmedien, in denen man bis zu den 90er-Jahren noch kritische Kommentare und Stellungnahmen lesen konnte, sind inzwischen komplett auf Linie gebracht, wie etwa das wiederholte Russland-Bashing des *Spiegel* zeigt. Und die *Zeit* setzt noch eins drauf mit dem russlandfeindlichen Kommentar »Deutschlands schallendes Schweigen« des britisch-deutschen Journalisten Alan Posener Ende April 2021. Er empfahl der *»kulturellen Linken«*, sich von ihrem Schuldkomplex gegenüber Russland zu befreien, indem sie sich von der Vorstellung löst, der Frieden mit dem Nachbarn sei *»um beinahe jeden Preis ... wegen des deutschen Überfalls auf die Sowjetunion 1941 eine moralische Pflicht. Zu den Hauptopfern des deutschen Vernichtungskriegs im Osten gehörten neben Polen und Balten vor allem die schon von Stalin geschundenen Ukrainer. Es müsste daher zur deutschen Staatsräson gehören, die Demokratie in diesem neuen Staat genauso wie in Polen und den baltischen Staaten zu fördern, ihm Sicherheit in der NATO zu geben und einen Weg zur Mitgliedschaft in der Europäischen Union zu weisen. Das schallende deutsche Schweigen hierzu übertönt fast die laute russische Propaganda.«*[50] Diese Argumentation dürfte für den geplanten Krieg gegen Russland als Steilvorlage dienen.

Doch es gab auch schon andere Stimmen. Fünf Wochen nach der Vorstellung des Tradoc-Pamphlets Ende Oktober 2014 warnten Roman Herzog, Gerhard Schröder und mehr als 60 andere Persönlichkeiten aus Politik, Wirtschaft, Kultur und Medien vor einem Krieg und riefen zum Dialog mit Russland auf: »Wieder Krieg in Europa? Nicht in unserem Namen!« Die Bundesregierung müsse ihrer Verantwortung für den Frieden in Europa gerecht werden. Eine neue Entspannungspolitik könne aber nur auf der Grundlage gleicher Sicherheit für alle und mit gleichberechtigten, gegenseitig geachteten Partnern Erfolg haben. »*Das Sicherheitsbedürfnis der Russen ist so legitim und ausgeprägt wie das der Deutschen, der Polen, der Balten und der Ukrainer.*« Russland aus Europa hinausdrängen sei »*unhistorisch, unvernünftig und gefährlich für den Frieden*«, und jene, die es versuchten, seien gescheitert, »*zuletzt das größenwahnsinnige Hitler-Deutschland, das 1941 mordend auszog, auch Russland zu unterwerfen*«. Seit dem Wiener Kongress 1814/15 gehöre Russland zu den anerkannten Gestaltungsmächten Europas. Die Abgeordneten des Deutschen Bundestages hätten über die Friedenspflicht der Bundesregierung zu wachen. »*Wer nur Feindbilder aufbaut und mit einseitigen Schuldzuweisungen hantiert, verschärft die Spannungen ... Einbinden statt ausschließen muss das Leitmotiv deutscher Politiker sein.*« Hierzu müssten auch die Medien »*ihrer Pflicht zur vorurteilsfreien Berichterstattung überzeugender nachkommen als bisher*«, statt ganze Völker zu »*dämonisieren*«. – »*Es geht um Europa. Es geht darum, den Menschen wieder die Angst vor Krieg zu nehmen. Dazu kann eine verantwortungsvolle, auf soliden Recherchen basierende Berichterstattung eine Menge beitragen.*«[51]

Am 3. Oktober 1990 hatte Bundespräsident Richard von Weizsäcker verkündet: »*Der Kalte Krieg ist überwunden. Freiheit und Demokratie haben sich bald in allen Staaten durchgesetzt. ... Nun können sie ihre Beziehungen so verdichten und institutionell absichern, dass daraus erstmals eine gemeinsame Lebens- und Friedensordnung werden kann. Für die Völker Europas beginnt damit ein grundlegend neues Kapitel in ihrer Geschichte. Sein Ziel ist eine gesamteuropäische Einigung. Es ist ein gewaltiges Ziel. Wir können es erreichen, aber wir können es auch verfehlen. Wir stehen vor der klaren Alternative, Europa zu einigen oder gemäß leidvollen historischen Beispielen wieder in nationalistische Gegensätze zurückzufallen.*«[52]

Bis zum Ukraine-Konflikt wähnten wir uns in Europa auf dem richtigen Weg. Weizsäckers Mahnung ist heute, ein Vierteljahrhundert später, aktueller denn je. Für einen Aufruf wie den von 2014 würde man heute wohl kaum 60 Prominente finden, denn sie würden vermutlich als »Putin-Versteher« an den medialen Pranger gestellt. Merkwürdig genug, dass bereits das Verstehen der Position der anderen Seite geächtet wird, wo wir uns in unserer westlichen »Diskursgesellschaft« doch so viel auf den Dialog und das gegenseitige Verständnis einbilden. Dass aber ein echter gesellschaftlicher Diskurs inzwischen unmöglich geworden ist, zeigt die Ausgrenzung namhafter wissenschaftlicher Experten bei der öffentlichen Corona-Debatte.

Atomkrieg wieder reale Möglichkeit

Willy Wimmer, ehemaliger parlamentarischer Staatssekretär im Verteidigungsministerium, wies im März 2021 darauf hin, dass er vielleicht einer der wenigen in Deutschland sei, die *»konventionell und nuklear Krieg geführt«* hätten. Damit spielte er auf die letzte große NATO-Übung WINTEX/CIMEX 1989 an, bei der er die Rolle des deutschen Verteidigungsministers übernommen hatte.[53] *»Und ich kann vor dem Hintergrund der Dinge, die ich erfahren habe, nur sagen, dass jeder in sich gehen muss, wenn er leichtfertig in Europa wieder damit spielt, Auseinandersetzungen, Putsche, Kriege, globale Entwicklungen, die zum Krieg führen, betreibt. Was ich damals in den Übungen gesehen und erlebt habe, bedeutet nur eins: Schon im konventionellen Krieg bleibt von uns nichts übrig. Und wer Konsequenzen aus dem vergangenen Jahrhundert ziehen will, muss in Europa den Menschen in den Mittelpunkt stellen und unbedingt am Frieden festhalten.«*[54]

Am 20. April 2021 diskutierten zwei hochrangige US-Militärs die von den USA wahrgenommene Bedrohung aus Russland und China und die erforderlichen Schritte des Pentagons für eine glaubwürdige Abschreckung. Admiral Charles A. Richard, Kommandeur des US Strategic Command (StratCom), verwies darauf, dass man es zum ersten Mal gleichzeitig mit zwei nuklearfähigen Gegnern zu tun habe, chinesische und russische Fortschritte erodierten die konventionelle Abschreckung der USA. Armee-General James H. Dickinson, Kommandeur des U. S. Space Command, stellte fest, dass Chinas Raumfahrtunternehmen schnell wachsen und inzwischen mehr als 400 Satelliten in die Umlaufbahn gebracht haben. Weiter baut China schnell militärische Weltraumkapazitäten auf, darunter Sensor- und Kommunikationssysteme sowie zahlreiche Anti-Satellitenwaffen.[55]

In einem Tweet veröffentlichte StratCom eine beunruhigende Erkenntnis: *»Wir müssen von der Möglichkeit ausgehen, dass ein Konflikt zu Bedingungen führen kann, die einen Gegner sehr schnell dazu bringen könnten, den Einsatz von Atomwaffen als seine letzte schlechte Option zu sehen.«*[56] Schon im Februar 2021 hatte Admiral Richard das Pentagon instruiert, die Wahrscheinlichkeit eines Atomkriegs von »fast unmöglich« in »sehr reale Möglichkeit« umzustufen.[57] Dass diese Ungeheuerlichkeit in der westlichen Welt nicht wahrgenommen wurde, lag wohl an der im Kalten Krieg eingeübten Realitätsverweigerung. Oder es ging unter durch die unermüdlich gerührte Propagandatrommel gegen Putin und die Berichte über das Vorgehen gegen Nawalny, russische Militärmanöver an der Westgrenze, Sanktionen, Ausweisung von Diplomaten etc.

Ein Atomkrieg wäre für Russland eine Katastrophe. Angesichts der Kriegsgefahr formulierte Putin am 15. Dezember 2021 einen Vertragsentwurf zwischen der Russischen Föderation und den Vereinigten Staaten von Amerika über Sicherheitsgarantien. Dazu gehört auch ein Abkommen über Maßnahmen zur Gewährleistung der Sicherheit der Russischen Föderation und der Mitgliedsstaaten der Nordatlantikvertrags-Organisation (NATO). Die von Russland gewünschten Sicherheitsgarantien sollen schriftlich festgehalten und in einen Rechtsrahmen gestellt werden, was bei der Auflösung des Sowjetblocks durch Gorbatschow, der den mündlichen Zusicherungen vertraut hatte, versäumt wurde.

In der Präambel wird festgestellt, dass sich die Beziehungen zwischen Russland und der NATO in einer langwierigen Krise befinden und in den Brüsseler Beschlüssen des NATO-Gipfels 2018 die Linie der militärisch-politischen »Eindämmung« Russlands weiter verfolgt wird. Das gälte auch für den langfristigen Kurs des Ausbaus der NATO-Koalitionsfähigkeiten zur Schaffung von Truppenverbänden und zur weiteren Verbesserung der militärischen Infrastruktur in der Nähe der russischen Grenzen.

Es folgt eine Aufzählung von für Russland bedrohliche Maßnahmen durch USA/NATO:

- stetige Zunahme der militärischen Präsenz und forcierter Ausbau der militärischen Infrastruktur in Osteuropa und den baltischen Staaten;
- Steigerung von Anzahl und Intensität der Militärübungen des Bündnisses;
- Beteiligung Schwedens, Finnlands und anderer Partnerstaaten an den militärischen Aktivitäten des Bündnisses;
- erhöhte Aktivitäten von Marine und Luftwaffe im Ostseebereich;
- die Gefährdung der NATO-Russland-Grundakte von 1997 durch Pläne für eine dauerhafte Stationierung von US-Truppen;
- die allmähliche und systematische Zerstörung einer wirksamen europäischen Sicherheitsarchitektur samt den Normen des Völkerrechts;
- die immer noch bestehende einseitige Entscheidung der NATO, die praktische Zusammenarbeit mit Russland auf militärischem und zivilem Gebiet auszusetzen.

Russland erkenne in *»all diesen Maßnahmen ... langfristig destabilisierende Folgen für die regionale und die gesamte euro-atlantische Sicherheit«*, habe aber trotzdem

»nicht die Absicht, sich in die aufgezwungene und sinnlose Konfrontation hineinziehen zu lassen«. Man glaube *»weiterhin fest an die strategische Gemeinsamkeit der Ziele ... der euro-atlantischen Region zur Aufrechterhaltung von Frieden und Stabilität und zur Bekämpfung gemeinsamer Sicherheitsbedrohungen – internationaler Terrorismus, Verbreitung von Massenvernichtungswaffen, Drogenhandel und Piraterie«.* Zu einer *»breit angelegten gesamteuropäischen Sicherheitszusammenarbeit auf der soliden Grundlage des Völkerrechts«* gäbe es nach wie vor *»keine wirkliche Alternative«.* Russland sei *»bereit, die Beziehungen zur NATO auf der Grundlage der Gleichberechtigung zu entwickeln, um die umfassende Sicherheit in der euro-atlantischen Region zu stärken. Die Tiefe und der Inhalt dieser Beziehungen werden von der gegenseitigen Bereitschaft des Bündnisses abhängen, die legitimen Interessen Russlands zu berücksichtigen.«*[58]

Die Forderung Russlands nach Sicherheitsgarantien und das Verlangen, als gleichberechtigter Partner anerkannt zu werden, wurde trotz vieler Gespräche Ende Januar vom Westen abgelehnt. Dabei hatte die Präambel der Vereinten Nationen vom 26. Juni 1945 damals den Weg gewiesen, indem sie die Bewahrung künftiger Geschlechter vor der »Geißel des Krieges« und den Glauben an die Grundrechte der Menschen und die Gleichberechtigung der Nationen an die erste Stelle setzte. Ganz klar wird dort das Ziel formuliert, das Völkerrecht zu achten und *»unsere Kräfte zu vereinen, um den Weltfrieden und die internationale Sicherheit zu wahren«* sowie *»als gute Nachbarn in Frieden miteinander zu leben«.*[59]

NATO 2030: United for a New Era

Am 25. November 2020 veröffentlichte eine NATO-Expertengruppe das Dokument »NATO 2030: United for a New Era«.[60] Vorsitzende waren der ehemalige Verteidigungsminister Thomas de Maizière, der 2011 die deutsche Truppe in Afghanistan aufrüstete, sowie der ehemalige US-Staatssekretär für europäische und eurasische Angelegenheiten, Aaron Wess Mitchell.[61] Mitchell studierte u. a. an der Edmund A. Walsh School of Foreign Service, einer führenden Schule für internationale Beziehungen und Geopolitik an der Georgetown University in Washington.

Übereinstimmend wird in dem Bericht das strategische Konzept aus dem Jahr 2010 bemängelt, da es noch auf der Basis von halbwegs freundschaftlichen Beziehungen zu Russland und unter völliger Ausblendung Chinas verfasst worden sei. Nun trägt die offizielle »NATO-Strategie 2030« der Anweisung an die Streitkräfte von 2014 Rechnung, sich darauf vorzubereiten, die von Russland und China ausgehende Gefahr zu beseitigen. *»Die Welt der NATO wird in den nächsten 10 Jahren anders sein als die sowohl während des Kalten Krieges als auch in den Jahrzehnten unmittelbar danach gewohnte. Sie wird eine Welt konkurrierender Großmächte sein, in der aggressive autoritäre Staaten mit revisionistischen außenpolitischen Agenden darauf abzielen, ihre Macht und ihren Einfluss auszuweiten.«*[62] Das ist direkt an Russland und China gerichtet. *»Die NATO muss den von China ausgehenden Sicherheitsherausforderungen mehr Zeit, politische Ressourcen und Aktivitäten widmen.«* Dazu wird eine stärkere NATO-Präsenz insbesondere im Indischen Pazifik gefordert.[63] Die indo-pazifische Region als neuer Aufgabenschwerpunkt der NATO!

In einem Spiegel-Interview vom 4. Dezember 2020 ging Ex-Außenminister Heiko Maas auf den Inhalt der neuen NATO-Strategie ein: Mit Blick auf die kommende Präsidentschaft von Joe Biden seien die Europäer bereit, im Bündnis mit den USA Frieden, Demokratie und Menschenrechte zu garantieren. Dazu werde der europäische Pfeiler der NATO weiter gestärkt und sicherheitspolitische Verantwortung übernommen – *»vom Sahel über das Mittelmeer bis in den Nahen und Mittleren Osten«*. Maas traf dann eine Aussage, die an Selbstüberschätzung nichts zu wünschen ließ: *»Wir dürfen nicht noch einmal ein Vakuum lassen, wie etwa in Libyen oder Syrien, das dann von anderen gefüllt wird, von Russland oder der Türkei. Autokratischen Akteuren dürfen wir keine Räume mehr für ihre Spielchen bieten.«*[64] Dafür aber den »demokratischen Akteuren der freien Welt«? Die haben nur 27 Tage nach 9/11 Afghanistan mit Krieg überzogen, obwohl eine Beteiligung Afghanistans bis heute nicht nachgewiesen werden konnte. Noch im Februar 2021 wurde das Afghanistanmandat im Bundestag um zehn Monate verlängert – und dann kam der überraschende Rückzug. Am 29. Juni 2021 verließ die letzte Maschine der Luftwaffe diskret Afghanistan. Für den Spiegel-Kommentator Christoph Reuter hat der 20 Jahre dauernde Bundeswehreinsatz sein Ziel nicht erreicht: *»Ist die Bundeswehr an ihrem Anspruch gescheitert, Afghanistan als ein stabiles, demokratisches Land zu verlassen? Zweifellos ja.«*[65]

Seit dem 12. September 2001 befindet sich die westliche Wertegemeinschaft im »Krieg gegen den Terror«. Schon Ende desselben Monats hatte das Pentagon die Zerstörung der Länder Irak, Syrien, Libanon, Libyen, Somalia,

Sudan und Iran beschlossen.[66] Es fehlte nun nur noch der Iran. Russland hat sich erst 2014 in Syrien engagiert. Wie kann ein deutscher Außenminister die Tatsachen derart verdrehen und dann noch versprechen, im Bündnis mit den USA Frieden, Demokratie und Menschenrechte zu garantieren?

Einen klaren Blick hat sich dagegen Paul Craig Roberts bewahrt. Anlässlich des Brexit-Votums schrieb er, die EU und die NATO seien *»bösartige Institutionen«*, die von den USA kreiert wurden, *»um die Souveränität der europäischen Völker zu zerstören. NATO und EU ermöglichen Washington die Kontrolle über die westliche Welt. Unter dieser Tarnung wird Washingtons Aggression erst möglich. Ohne EU und NATO kann Washington Europa und das Vereinigte Königreich nicht in einen Konflikt mit Russland zwingen. Ohne EU und NATO hätte Washington in den letzten 15 Jahren nicht sieben muslimische Länder zerstören können, ohne als Kriegsverbrecher gehasst und isoliert zu werden.«*[67] Unbestreitbar haben EU/NATO auch in Libyen und Syrien ihre völkerrechtswidrigen Spielchen gespielt.

Menschliche Optimierung für Krieg und Kontrolle

Im Frühjahr 2021 stellte die Abteilung Development, Concepts and Doctrine Centre (DCDC, Zentrum für Entwicklung, Konzepte und Doktrinen) des britischen Verteidigungsministeriums und das Amt für Wehrplanung der Bundeswehr die gemeinsame Studie »Human Augmentation. The Dawn of a New Paradigm« (Menschliche Optimierung. Der Beginn eines neuen Paradigmas) vor. Dabei gehe es darum, *»wie sich neue Technologien wie Gentechnik, Bioinformatik und die Möglichkeit von Gehirn-Computer-Schnittstellen auf die Zukunft der Gesellschaft, der Sicherheit und der Verteidigung auswirken könnten«*. Die NATO-Militärs sehen in Human Augmentation *»den Beginn einer neuen Ära strategischer Vorteile mit möglichen Auswirkungen auf das gesamte Spektrum der Streitkräfteentwicklung«* und weisen auf ausgereifte Technologien hin, z. B. personalisierte Ernährung, Wearables und Exoskelette.[68]

Unter Wearables sind Computertechnologien zu verstehen, die am Kopf oder am Körper getragen werden; sie sind Teil des »Internets der Dinge« und sollen die Tätigkeit in der realen Welt durch (Zusatz-)Informationen, Auswertungen und Anweisungen unterstützen. Dazu liefern die Computer eine erweiterte Wirklichkeit mithilfe von Daten aus der Außenwelt, *»die über Smartphones* *und Datenbrillen angezeigt und in die Texte und Bilder eingeblendet werden. Anwendungsfelder sind Produktion und Logistik genauso wie polizeiliche und militärische Operationen.«*[69]

Ein Exoskelett, auch Außenskelett oder Roboteranzug, stützt den Bewegungsapparat. Das ist im Kriegseinsatz natürlich sehr von Vorteil, wo Soldaten bei langen Märschen und im Kampf Spezialausrüstung, Bewaffnung und Munition bis zu 50 kg tragen; diese Kampfgewichte könnten nun auf 90 Kilo gesteigert werden.[70]

Die britisch-deutsche Militärstudie verweist auch auf weitere Technologien der Zukunft, *»die ein größeres Potenzial versprechen, wie Gentechnik und Gehirn-Computer-Schnittstellen«*. Im Vorwort schreiben die Generalmajore Darrell Amison und Wolfgang Gaebelein, *»dass der Bereich der Human Augmentation das Potenzial hat, Gesellschaft, Sicherheit und Verteidigung in den nächsten 30 Jahren zu verändern. Wir müssen jetzt damit beginnen, die Auswirkungen dieser Veränderungen zu verstehen und sie zu unserem Vorteil zu gestalten, bevor sie uns aufgedrängt werden … Unsere potenziellen Gegner werden nicht den gleichen ethischen und rechtlichen Überlegungen unterliegen wie wir, und sie entwickeln bereits Fähigkeiten zur Human Augmentation. Unsere größte Herausforderung wird darin bestehen, uns auf diesem Gebiet einen Vorteil zu verschaffen, ohne die Werte und Freiheiten zu gefährden, die unsere Lebensweise untermauern.«*[71] Hier ist sie wieder, die militärische Logik des linearen Denkens und die damit einhergehende Überheblichkeit bezüglich des eigenen ethisch-moralischen Handelns. Wie immer werden die Tugenden der westlichen Wertegemeinschaft bemüht, ohne zu hinterfragen, ob auch danach gehandelt wird, und ohne die Realität wahrzunehmen: illegale Kriege, Völkerrechtsbrüche, Folter usw.

Das Verlangen, Menschen zu überwachen und bei Bedarf bestrafen zu können, ist sehr alt. Einen Höhepunkt aber hat dieses kranke Denken mit dem am 30. Oktober 2007 beim Münchener Patentamt eingereichten Antrag zur Überwachung und sogar Tötung von Menschen per implantiertem Chip erreicht. Die *Augsburger Allgemeine* erläuterte am 8. Mai 2009: *»Neben einem Modell A, das nur zur Überwachung dienen soll, gebe es ein Modell B, das als zusätzliches Element über eine ›Strafkammer‹ verfüge. Diese könne mit einem giftigen Mittel wie zum Beispiel Cyanid gefüllt werden, das vom Körper isoliert werde, ›außer wenn wir diese Person aus Sicherheitsgründen eliminieren wollen, dann wird dieses Mittel in seinen Körper durch Fernsteuerung über die Satelliten freigesetzt‹.«*[72] Damals ließ das Patentamt verlauten, dass auf Erfindungen, die gegen die guten Sitten oder die öffentliche Ordnung verstoßen, keine Patente erteilt würden. Wäre das heute auch noch der Fall?

Auch der geplante ungehemmte Einsatz von mechanisch-elektronischer Technik bis hin zur Biotechnologie – einschließlich Drogen – zur Erhöhung der Leistungssteigerung von Soldaten ist erschreckend. Endziel dürfte die Verchippung und damit die totale Versklavung des Großteils der Menschheit sein. Wenn nur ein Bruchteil der hierfür verbrauchten finanziellen und geistigen Mittel in die Friedenssicherung einfließen könnte, sähe die Welt vermutlich anders aus.

Pandemiebekämpfung mithilfe der Bundeswehr

Am 8. Dezember 2021 wurde Olaf Scholz (SPD) zum neunten Kanzler der Bundesrepublik gewählt. Der neuen rot-grün-gelben Regierung wünschte Bundespräsident Steinmeier *»eine glückliche Hand zum Wohle des Landes«* und ermahnte angesichts der großen Herausforderungen Klimawandel, Digitalisierung, internationaler Wettbewerb und Migration zum Handeln.[73] In dieser Aufzählung hatte Steinmeier vor dem Hintergrund der letzten 117 Jahre deutscher Geschichte das Wichtigste vergessen: die Wahrung des Friedens, und zwar nach innen und außen. Denn ohne Frieden ist alles andere nichts.

Schon in den Wochen der Koalitionsverhandlungen weckten die designierten Kabinettsmitglieder mit ihrer antirussischen Propaganda Erinnerungen an die rot-grüne Kriegskoalition von 1998, den völkerrechtswidrigen NATO-Angriff auf Restjugoslawien. Am 30. November stellte Scholz dann Generalmajor Carsten Breuer, bisher Leiter des Kommandos Territoriale Aufgaben der Bundeswehr, als künftigen Leiter des Corona-Krisenstabs vor. Damit hatte nach Italien und Portugal nun auch Deutschland einen General an der Stabsspitze.[74] Hätte eine konservative Regierung diese innenpolitisch heikle Aufgabe einem Militär übertragen, hätte das einen Sturm der Entrüstung hervorgerufen. Scholz, Habeck und Lindner wurde dagegen allseitig Respekt gezollt. Die *Süddeutsche Zeitung* sprach gar von einem »Wow«-Effekt. Die Personalie komme einer Sensation gleich. *»Gut möglich, dass Breuers Gesicht bald ähnliche Bekanntheit erlangt wie das des Virologen Drosten.«*[75] Davon kann ausgegangen werden.

Breuer, der am General Staff College in Fort Leavenworth, Kansas die Generalstabsausbildung abschloss, verfügt über Erfahrungen bei Kampf- und Auslandseinsätzen im Kosovo und in Afghanistan, zudem bewegte er sich geschmeidig auf dem geölten Parkett des Verteidigungsministeriums. 2015 machte ihn Verteidigungsministerin Ursula von der Leyen zum Beauftragten für das »Weißbuch der Bundeswehr 2016«, worin die Bundesregierung den Auftrag der Bundeswehr definiert, auf Seite 15 wird gar der Anspruch erhoben, das *»oberste sicherheitspolitische Grundlagendokument Deutschlands«* zu sein. Dass ein solches allein in der politischen Enge des Verteidigungsministeriums entsteht, signalisiert allein schon ein fragwürdiges Verhältnis zur Demokratie – nicht verwunderlich, dass darin keine Ursachenanalyse der Kriege und Bürgerkriege nach Auflösung der Sowjetunion 1991 und den Krieg gegen den Terror 2001 erfolgte. Ebenso fehlt eine Bewertung der Rolle Deutschlands und der militärischen Niederlagen, z. B. in Afghanistan. Stattdessen wurden im Weißbuch 2016 die alten Feindbilder nach Vorgabe des US-Langzeitstrategiepapiers Tradoc 525-3-1 bedient, worin Russland und China als Hauptbedrohung gelten. Zudem wird die Nutzung der digitalen Kommunikation zur Beeinflussung der öffentlichen Meinung durch Steuerung von Diskussionen, sozialen Netzwerken und Informationsmanipulation als besondere Herausforderung betrachtet. Folgerichtig wird seither aktiv daran gearbeitet.

Hofft die Herrschaftselite, dank Generalmajor Breuer ihr Manipulationsmonopol gegen die »Internet-Demokratie« sichern zu können? Werden demnächst die *»Bürger in einer allgegenwärtigen und allumfassenden Gesundheitskontrolle«*[76] komplett am digitalen Gängelband der großen US-IT-Unternehmen geführt?

Unbestreitbar steckt Deutschland heute wieder in einer großen Krise, ähnlich wie beim linksextremistischen Terror der Rote Armee Fraktion (RAF), der im Jahr 1977 seinen Höhepunkt erreichte. Doch damals wurde trotz der schwer bewaffneten und zu allem entschlossenen Terroristen nicht nach militärischer Unterstützung gerufen. Und nun soll im Kampf gegen einen unsichtbaren Feind, ein Virus, das nur in seltenen Fällen zu schwerer Krankheit und Tod führen kann, die Bundeswehr zur Kontrolle der Bevölkerung eingesetzt werden?

Durch Covid-19 ist das Land in seinem Bestand nie bedroht gewesen. Trotzdem werden *»Rechtsgüter, die bislang als unveräußerlich galten, im Turbogang ausgehöhlt oder suspendiert. Wieder tagen Gremien, die vom Grundgesetz nicht vorgesehen sind, doch im Unterschied zu damals treffen sie Entscheidungen,* *die schwerwiegend und langfristig in Freiheit und körperliche Integrität jedes Einzelnen eingreifen.«*[77] Bei der RAF-Krise wurden wesentliche Rechtsgüter und Grundrechte nicht aufgegeben, heute aber werden viele von den Vätern und Müttern des Grundgesetzes ersonnene rechtliche und institutionelle Vorkehrungen zur Sicherung der Demokratie über Bord geworfen: der Föderalismus, die Gewaltenteilung, der Parlamentsvorbehalt, die Unabhängigkeit der Justiz und – nicht zuletzt – die Grundrechte.[78] Nach dem Grundgesetz, Art. 87a, darf die Bundeswehr zunächst nur im Verteidigungsfall im Inneren eingesetzt werden: zur *»Abwehr einer drohenden Gefahr für den Bestand oder die freiheitliche demokratische Grundordnung des Bundes oder eines Landes kann die Bundesregierung, wenn die Voraussetzungen des Artikels 91 Abs. 2*[79] *vorliegen und die Polizeikräfte sowie der Bundesgrenzschutz nicht ausreichen, Streitkräfte zur Unterstützung der Polizei und des Bundesgrenzschutzes beim Schutz von zivilen Objekten und bei der Bekämpfung organisierter und militärisch bewaffneter Aufständischer einsetzen.«*[80] Diese Voraussetzungen sind nicht gegeben.

Bislang wurde die Bundeswehr nur bei Naturkatastrophen, etwa bei Waldbränden oder Flutkatastrophen wie jüngst im Ahrtal, auf Anforderung eines Bundeslandes oder auf Weisung der Bundesregierung im Inneren einge-

Bundeswehrgeneräle als oberste Pandemiebekämpfer? Li. Generalmajor Carsten Breuer, Leiter des neuen Bund-Länder-Corona-Krisenstabs im Bundeskanzleramt, re. Generalstabsarzt Hans-Ulrich Holtherm, Leiter Abteilung 6, Gesundheitsschutz, Gesundheitssicherheit und Nachhaltigkeit im BMG

setzt. Die neue Koalition ist nun dabei, Krieg gegen die eigene Bevölkerung zu führen! Und mit Krieg gegen Russland wird zumindest gedroht.

Eine weitere Entscheidung, einem General wichtige Funktionen in einer Demokratie zu übertragen, liegt zwei Jahre zurück und wurde weitgehend übersehen: Generalarzt Hans-Ulrich Holtherm übernahm Anfang März 2020 die im Bundesministerium der Gesundheit (BMG) neu eingerichtete Abteilung »Gesundheitsschutz, Gesundheitssicherheit, Nachhaltigkeit« mit Referaten zum nationalen und internationalen Krisenmanagement. Deren Konzeption reicht zurück ins Jahr 2019, als *»noch niemand damit (rechnete), dass wir Anfang des Jahres 2020 eine beginnende Pandemie zu bewältigen haben würden«*, so Holtherm in einem späteren Interview.[81]

Das BMG ließ verlauten, dass Holtherm Experte in Fragen des öffentlichen Gesundheitsdienstes im Inland sei sowie durch Erfahrungen mit der Bundeswehr im Ausland auch *»sachkundig in der Krisenreaktion und -prävention«.*[82] Neben Auslandseinsätzen im Irak, in Afghanistan, im Kongo, in Dschibuti und im Kosovo war er bereits 2009 im Zuge der H1N1-Pandemie von der Bundeswehr nach Berlin abgeordnet worden und gehörte 2014 auch dem ressortübergreifenden Ebola-Krisenstab an.

Am Tag des Dienstantritts von General Holtherm hatte Christian Drosten, Virologe und Institutsdirektor an der Charité in Berlin, noch verlauten lassen: *»Diese Krankheit ist eine milde Erkrankung. Das ist eine Erkältung in erster Linie. Eine Erkältung, die mehr die unteren Atemwege betrifft, und die ist im Prinzip für gesunde Menschen gar kein Problem.«*[83] Er warnte vor allzu viel Panik, und Gesundheitsminister Spahn lehnte Grenzschließungen weiterhin ab.

Vier Wochen vorher, am 2. Februar 2020, ging Chefarzt Clemens Wendtner von der Klinik für Infektiologie in der Münchner Klinik Schwabing – dort wurden sieben der zwölf Corona-Infizierten in Deutschland behandelt – noch davon aus, dass die Sterblichkeit deutlich unter einem Prozent liegt, eher sogar im Promillebereich. Das sei eine ähnliche Größe wie bei der Influenza. *»Mit einer sehr, sehr gefährlichen Erkrankung hat das nicht viel zu tun.«*[84]

Und noch am 13. März beschwichtigte Lothar Wieler, Chef des Holtherm unterstehenden Robert Koch-Instituts: *»Alles, was wir bisher von dieser Krankheit gelernt haben, ist, dass vier von fünf Menschen, die mit dem Virus infiziert werden, nur leichte Symptome haben oder gar keine Symptome. An ihnen wird die Krankheit mehr oder weniger spurlos vorbeigehen.«*[85]

Zahlenverwirrspiele

Am 4. Januar 2022 meldete die US-Versicherungsfirma OneAmerica einen 40-prozentigen Anstieg der Todesfälle bei den 18- bis 64-Jährigen in den Vereinigten Staaten. Der Vorstandsvorsitzende J. Scott Davison ergänzte: *»Wir erleben im Moment die höchsten Sterberaten, die wir in der Geschichte dieses Geschäfts je gesehen haben.«*[86] Bei der Gelegenheit ist erwähnenswert, dass sich einige Versicherungen bereits der Haftung bei Impfnebenwirkungen entziehen wollen, indem sie entsprechende Klauseln in ihre Verträge einbauen. So etwa der ADAC, in dessen Statuten es nun heißt: Die Unfallversicherung leistet keine Zahlungen bei *»Impfschäden aufgrund angeordneter Massenimpfungen«*.[87]

Ende September 2021 veröffentlichte der globalisierungskritische kanadische Wirtschaftswissenschaftler Michel Chossudovsky[88] seinen aufrüttelnden Artikel »Verbrechen gegen die Menschlichkeit: Völkermord«. Einführend zitierte er aus dem Appell Holocaustüberlebender – u. a. Rabbi Hillel Handler, Hagar Schafrir, Sorin Shapira, Mascha Orel und Morry Krispijn: *»Wir, die Überlebenden der Gräueltaten, die während des Zweiten Weltkriegs an der Menschheit begangen wurden, fühlen uns verpflichtet, unserem Gewissen zu folgen. ... Ein weiterer Holocaust größeren Ausmaßes findet vor unseren Augen statt. Wir fordern Sie auf, dieses gottlose medizinische Experiment an der Menschheit sofort zu beenden. Es ist ein medizinisches Experiment, auf das der Nürnberger Kodex angewendet werden muss.«*[89] Chossudovsky zufolge soll die weltweite Impfung von 7,9 Milliarden Menschen in mehr als 190 Ländern durchgesetzt werden, gefolgt von der Einführung eines digitalisierten »Impfpasses« – ein milliardenschweres Geschäft für Big Pharma. Eine bittere Ironie sieht er darin, dass Pfizer, ein Pharmakonzern, der bei der Vermarktung des Impfstoffs auf dem gesamten Planeten eine dominierende Rolle spielt, beim US-Justizministerium vorbestraft ist. Chossudovsky beleuchtete die offiziellen Zahlen aus der EU, dem Vereinigten Königreich und den USA vom 15. September 2021. Durch die mRNA-Impfstoffe waren bis dahin ungefähr 40 666 Todesfälle und 6,6 Millionen unerwünschte Zwischenfälle *(»adverse events«)* gemeldet worden.

Der US-amerikanische Impfpionier und Molekularbiologe Robert Malone wies Anfang 2022 ebenfalls darauf hin, *»dass ein Massenopfer-Ereignis«* durchlebt werde, *»das sehr nach Völkermord aussieht«*. Bei dem *»größte(n) Experiment an Menschen in der aufgezeichneten Geschichte«* habe es keine Möglichkeiten gegeben,

»sich über die potenziellen Risiken zu informieren, die von einer internationalen korrupten Kabale, die unter der Flagge der ›Trusted News Initiative‹ operiert, sowohl aus dem Internet als auch aus dem öffentlichen Bewusstsein methodisch gelöscht wurden«.[90]

Malone ist Koautor von Pionierstudien zur Entwicklung der Lipofektion (Überführen der DNA in das Zellinnere) mit mRNA, einer wesentlichen Technik bei späteren RNA-Impfstoffen.[91] Obwohl es noch nie zuvor gelungen sei, den gesamten Planeten mit einer in den menschlichen Körper eingebrachten synthetischen mRNA zu immunisieren, solle nun weltweit »immunisiert« werden. Dabei sei der Impfstoff kein Projekt einer zwischenstaatlichen Einrichtung der WHO, es handle sich um eine private Initiative. Die milliardenschweren Eliten, so schreibt Chossudovsky, *»die das Impfstoffprojekt weltweit finanzieren und durchsetzen, sind Eugenisten, die sich der Entvölkerung verschrieben haben«.*[92] Von den Stiftungen Rockefeller sowie Bill und Melinda Gates wird die Einrichtung eines weltweiten digitalen Informationssystems zur Ausstellung sogenannter »Digitaler Zertifikate für Covid-19« großzügig finanziert.

Bei dem nur bedingt zugelassenen Impfstoff – es existiert nur eine fragwürdige Studie, und die ist vom Hersteller selbst – fehlt, wie sonst im Pharmabereich üblich, der genaue Beipackzettel, durch den man sich darüber informieren könnte, dass durch den mRNA-Impfstoff die Selbstheilungskräfte nachhaltig irritiert bzw. stark eingeschränkt werden. Er *»dringt in Zellkerne ein, unterdrückt den DNA-Reparaturmotor des menschlichen Körpers, wird Explosion von Krebs, Immunschwäche, Autoimmunkrankheiten und beschleunigte Alterung auslösen«.*[93]

Die Kaufverträge zwischen Hersteller und Regierung sind deshalb verständlicherweise geheim, da die Hersteller jegliche Haftung ablehnen, die so auf den Käufer abgeladen wird. Da ist man nicht überrascht, dass die Gesundheitsbehörden aktiv daran beteiligt sind, die durch den mRNA-Impfstoff verursachten Todesfälle und Schädigungen zu verschleiern, während sie die Zahl der Todesfälle mit oder durch Covid-19 aufbauschen. Vorausblickend gab das Robert Koch-Institut (RKI) im März 2020 eine Empfehlung heraus, von Obduktionen abzusehen: *»Eine innere Leichenschau, Autopsien oder andere aerosolproduzierende Maßnahmen sollten vermieden werden. Sind diese notwendig, sollten diese auf ein Minimum beschränkt bleiben.«*[94] Dem widersprachen der Bundesverband Deutscher Pathologen (BDP) und die Deutsche Gesellschaft für Pathologie (DGP): Es sei im Gegenteil notwendig, weitere Erkenntnisse über die Erkrankung und deren oft erstaunlich fulminanten Verlauf zu gewinnen und offene Fragen zu beantworten.[95]

Um erkrankte Personen wirkungsvoll therapieren zu können, muss man wissen, was bei der Erkrankung im Körper passiert, und die Autopsie ist hier das probate Mittel. Daher ist es völlig unverständlich, warum kaum Tote obduziert wurden. Transparenz scheint nicht gewollt zu sein. Die aggressiven Maßnahmen zur Durchsetzung der Massenimpfung, die sogar vor Kleinkindern nicht haltmacht, dazu eine Propaganda, die jahrmarktübliche Techniken aufweist, sind wenig geeignet, das Vertrauen in die Regierenden zu fördern, auch wenn diese ständig die Sorge um die Gesundheit der Bevölkerung im Munde führen.

Damit alle hospitalisierten Coronafälle den Ungeimpften in die Schuhe geschoben werden konnten, wurde am 8. Mai 2021 eine Verordnung erlassen, die Covid-19-Schutzmaßnahmen-Ausnahmenverordnung (SchAusnahmV): Personen gelten demnach als nicht geimpft, bei denen Atemnot, neu auftretender Husten, Fieber und Geruchs- oder Geschmacksverlust auftreten.[96]

Am 14. Juli 2021 meldete die *Südwestpresse,* dass die 7-Tage-Inzidenz, also die Zahl der binnen sieben Tagen gemeldeten Neuinfektionen pro 100 000 Einwohner, laut RKI am Vortag bei 6,5 und am Mittwoch der Vorwoche bei 5,1 gelegen habe.[97] Die Kommastellen sollten wohl Wissenschaftlichkeit suggerieren. Wollte man einen weiteren Lockdown rechtfertigen? Die Dramaturgie lässt es trotz der Lächerlichkeit des damaligen Infektionsgeschehens vermuten. 6,5 von 100 000, und das waren noch nicht einmal Kranke, sondern lediglich positiv Getestete. Diese Zahl unterbot die Definition für eine seltene Erkrankung (5:10 000) um das Achtfache! Dabei handelt es sich bei Covid-19 sicherlich nicht um eine seltene Erkrankung, selten sind lediglich die schweren Verläufe.

Dann stiegen die Inzidenzzahlen weiter, wofür die Delta-Variante verantwortlich gemacht wurde. Doch sollte es stutzig machen, dass bei forcierter Durchimpfung und zunehmender Zahl an Genesenen die Inzidenzzahlen ansteigen. Sie müssten doch eigentlich sinken? Und der Druck auf Impfunwillige wurde verstärkt: Ab dem 1. August 2021 bestand wieder eine generelle Anmelde- und Testpflicht für Einreisende ab zwölf Jahren nach Deutschland.[98]

Um das Instrument Lockdown weiterhin warm zu halten, führte das RKI unter Verwendung der Hospitalisierungszahlen einen zusätzlichen Leitindikator ein.[99] Dieser scheint aber noch fragwürdiger zu sein: Zur Einrichtung und zum Unterhalt von Intensivbetten hat am 9. Juni 2021 der Bundesrechnungshof einen Bericht an den Haushaltsausschuss des Bundestags verfasst. Danach entsprach die Zahl der am 1. Januar 2020 tatsächlich aufgestellten Intensivbetten zuzüglich der im Jahr 2020 geförderten Intensivbetten *»nicht der Zahl der am 1. Januar 2021 gemeldeten aufgestellten Intensivbetten. Anfang März 2021 lagen dem Gesundheitsministerium (BMG) nach eigener Aussage keine validen Informationen zur Zahl der tatsächlich aufgestellten Intensivbetten zu den Stichtagen 1. Januar 2020 und 1. Januar 2021 vor.«*[100]

Für nicht vertretbar hält es der Bundesrechnungshof, *»dass das BMG auf eine exakte Feststellung der zunächst vorhandenen Intensivbetten verzichtete ... und damit die Überprüfung der Förderung auf ihre Wirksamkeit vereitelte«.*[101] Abschließend forderte der Bundesrechnungshof das Gesundheitsministerium auf, den Verbleib und die tatsächliche Einsatzbereitschaft der mithilfe der Förderung geschaffenen Intensivbetten zu klären.

Tatsächlich ging die Zahl der Intensivbetten zwischen dem 12. Mai 2020 und dem 18. November 2021 von 31 375 auf nur noch 22 229 zurück. Die steigende Auslastungszahl stand also in direktem Zusammenhang mit dem Abbau der Betten.[102] Wie soll das RKI da einen transparenten Leitindikator rund um die Auslastung der Intensivkapazitäten schaffen?

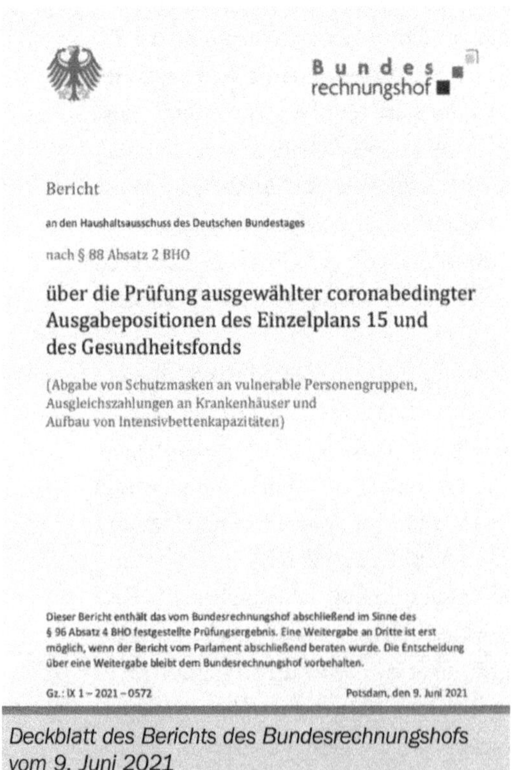
Bundes rechnungshof

Bericht

an den Haushaltsausschuss des Deutschen Bundestages

nach § 88 Absatz 2 BHO

über die Prüfung ausgewählter coronabedingter Ausgabepositionen des Einzelplans 15 und des Gesundheitsfonds

(Abgabe von Schutzmasken an vulnerable Personengruppen, Ausgleichszahlungen an Krankenhäuser und Aufbau von Intensivbettenkapazitäten)

Dieser Bericht enthält das vom Bundesrechnungshof abschließend im Sinne des § 96 Absatz 4 BHO festgestellte Prüfungsergebnis. Eine Weitergabe an Dritte ist erst möglich, wenn der Bericht vom Parlament abschließend beraten wurde. Die Entscheidung über eine Weitergabe bleibt dem Bundesrechnungshof vorbehalten.

Gz.: IX 1 – 2021 – 0572 Potsdam, den 9. Juni 2021

Deckblatt des Berichts des Bundesrechnungshofs vom 9. Juni 2021

Eine bedenkenswerte Antwort auf die teils irrationalen Vorgänge während der Pandemie findet sich in der Schrift »Wie soll es weitergehen?« des ehemaligen parlamentarischen Beraters im Deutschen Bundestag, Sebastian Friebel. Für ihn versuchen Politik und Leitmedien die Krise zu nutzen, *»um von schwerwiegenden politischen und wirtschaftlichen Veränderungen abzulenken, die im Windschatten der Pandemie umgesetzt werden und für die Corona ›wie gerufen‹ kommt. Weiterhin will man erreichen, dass die Menschen in ihrer Angst vor dem Virus Maßnahmen und dauerhafte Einschränkungen akzeptieren, die angesichts* *der Situation in keiner Weise gerechtfertigt sind und die den gesellschaftlichen Frieden sowie die wirtschaftliche Existenz von Millionen Menschen bedrohen.«*[103]

Friebel will mit seinem Bericht aufzeigen, wie die Pandemie für fremde Ziele missbraucht wird. Und er möchte erreichen, *»dass die Menschen hier eine öffentliche Debatte über die Zusammenhänge einfordern, weil dies bisher von Medien und Politik mit allen Mitteln verhindert wird«.*[104] Ein Beispiel dafür findet sich in der Talkshow *Markus Lanz* vom 13. Juli 2021. Lanz nötigte die Abgeordnete der Linken Sahra Wagenknecht, Ehefrau von Oskar Lafontaine, dazu, eine Aussage ihres Mannes zu verteidigen, die Lanz als *»hart an der Verschwörungstheorie«* bezeichnete. Dieser hatte in einem langen Beitrag auf Facebook geschrieben: *»Obwohl immer mehr Menschen geimpft sind, ... benutzen Covid-Heulbojen – an vorderster Stelle Karl Lauterbach – die Delta-Variante, um erneut zu warnen und Schreckensszenarien in die Welt zu setzen. Dabei zeigt sich immer mehr, dass die sogenannten Experten Arm in Arm mit der Pharmaindustrie den Teufel an die Wand malen, um möglichst viele Leute mit den Impfstoffen mit ›bedingter Marktzulassung‹ zu impfen und den nächsten Lockdown vorzubereiten. Dabei verlieren die ›Experten‹ allmählich ihre Glaubwürdigkeit.«*[105]

Trotzig hatte Bundeskanzlerin Merkel am 19. Februar 2021 verkündet: *»Die Pandemie ist erst besiegt, wenn alle Menschen auf der Welt geimpft sind.«*[106] Mit einer derart unerreichbaren Prämisse lässt sich der Bedrohungszustand mit den entsprechenden Maßnahmen natürlich jahrelang aufrechterhalten.

Das Festhalten an den restriktiven Coronabeschränkungen bei niedrigen Hospitalisierungszahlen erscheint merkwürdig und verstärkt den Verdacht, dass hinter den Pandemiemaßnahmen eine andere Absicht steht. Bei der Recherche stieß der Autor auf weitere Merkwürdigkeiten, z. B. auf eine überraschende Fünfjahresprognose (2020–2025) in der sogenannten Deagel-Liste mit gewichtigen Informationen zu 189 Staaten aller Kontinente.[107] Ein Blick auf die Website zeigt, dass es sich hierbei nicht um durchgeknallte Blogger oder eine bizarre Trolling-Übung handeln kann. Deagel scheint sensible Daten (etwa zu hochrangigen Rüstungsgütern) aus Verteidigungsunternehmen und Regierungsbehörden wie der CIA zu erhalten, wertet diese aus und verkauft sie.

Auf der Liste wird auch die Entwicklung der Wirtschaftskraft und Bevölkerungszahl der einzelnen Länder prognostiziert und die Veränderung der Weltbevölkerung auf einer Weltkarte aufgezeigt: USA, Kanada, Australien, Neuseeland, West- und Teile Osteuropas sowie des Orients (Israel, Türkei, Saudi-Arabien) sind die Verlierer. Zufall?[108]

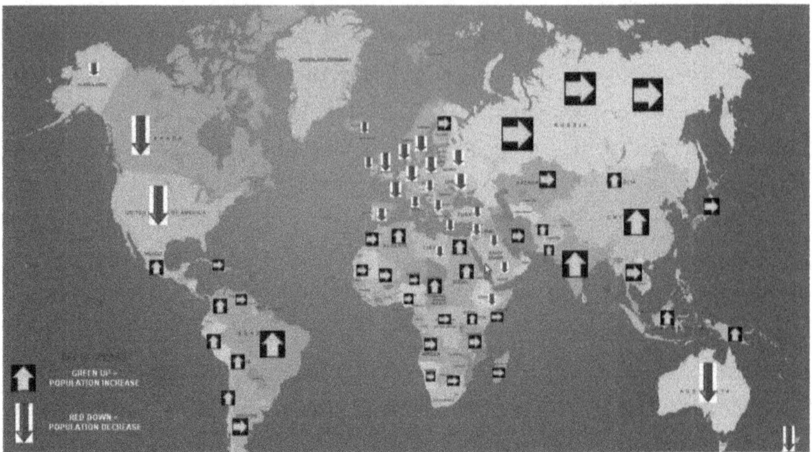

Daten der Deagel-Liste aus 2020 visualisiert: Prognose der Bevölkerungszahlen für 2025 (Legende: Abnahme (Pfeil nach unten), Zunahme (Pfeil nach unten), gleichbleibend (waagrechter Pfeil)

In diesen Ländern geht auch sonst alles den Bach runter: Bruttoinlandsprodukt, Pro-Kopf-Einkommen und Kaufkraft. Warum gerade in den Ländern der westlichen Wertegemeinschaft? Ein möglicher Krieg kann das Phänomen nicht erklären, weil dann auch China und Russland stark in Mitleidenschaft gezogen wären. Auch eine weitere Pandemie mit einem noch tödlicheren Virus vermag nicht so trennscharf zu unterscheiden. Bleibt nur noch eine tiefgreifende Wirtschaftskrise mit fatalen Verwerfungen, die viele Menschen zur Flucht veranlassen könnten.

Auch der legendäre Börsenguru Doug Casey ist nicht in der Lage, sich einen Reim auf Deagel zu machen, verwies aber am 25. April 2021 auf seine Voraussagen der letzten Jahre, »*dass der Dritte Weltkrieg im Grunde genommen ein biologischer Krieg sein wird. Natürlich wird er auch wesentliche konventionelle, nukleare, weltraumgestützte und KI/Computer-Elemente enthalten, aber seine schwerwiegendste Komponente wird biologisch sein. Im Wesentlichen werden Bakterien und Viren eingesetzt, um den Feind auszulöschen. Die Chancen stehen gut, dass es zwischen den USA und China sein wird. Aber da jeder mit einem CRISPR*[109] *in seiner Garage das Genom und die DNA von fast allem und jedem hacken kann, sind den Möglichkeiten keine Grenzen gesetzt.*«[110] Deagel sagt nicht explizit, was genau das große Absterben verursachen wird. Casey weist auf die vielen Vorteile der biologischen Kriegführung gegenüber der chemischen und atomaren hin:

- Sie zerstört kein Material;
- eine Biowaffe kann auf spezifische Rassen/Gruppen hin strukturiert werden;
- sie ist billig herzustellen;
- sie benötigt kein ausgeklügeltes Trägersystem;
- der Nachweis ist schwierig – man kann Dritten die Schuld geben.

Ein weiterer »Vorteil« sei, dass der Angriff von einer nichtstaatlichen oder gar kriminellen Organisation ausgehen kann.[111]

Über die Firma Deagel ist recht wenig zu erfahren. Es findet sich nicht mal ein Impressum. Wer steckt nun hinter der Liste? Oder ist sie womöglich nur eine Finte, um Unruhe zu stiften?

In dem Blog LimitsToGrowth.de findet sich ein aufschlussreicher Kommentar zur Deagel-Liste mit Zitaten von der Website. Titel des Beitrags: »Covid-Krise als Lebensverlängerung des sterbenden westlichen Systems mittels ›Great Reset‹? Demnach soll nach Ansicht der Deagel-Verfasser die Corona-Pandemie dazu genutzt werden, *»das Leben dieses sterbenden Wirtschaftssystems durch den sogenannten ›Great Reset‹ zu verlängern«*. Sie sei *»ein weiterer Versuch, den Verbrauch natürlicher Ressourcen dramatisch zu verlangsamen und damit die Lebensdauer des gegenwärtigen Systems zu verlängern. Es kann für eine Weile wirk-*

Deagel.com: Wie kommen die Betreiber der Website zu ihren recht ausgefeilten Ergebnissen?

sam sein, aber letztendlich wird es nicht das Endergebnisproblem lösen und nur das Unvermeidliche hinauszögern. Die herrschenden Kerneliten hoffen, an der Macht zu bleiben, was im Grunde das Einzige ist, was sie wirklich beunruhigt.«[112] Und die ahnungslose Masse möchte von der kommenden Entwicklung nichts wissen und ist bereit, für das Zurückerhalten der »Normalität« alles zu glauben und alles zu tun. Die Wahrheit würde verstörend wirken und wird daher abgewehrt.

Diesen Zusammenhang hat schon vor über hundert Jahren der Begründer der Massenpsychologie Gustave Le Bon (1841–1931) erkannt: »*Nie haben die Massen nach Wahrheit gedürstet. Von den Tatsachen, die ihnen missfallen, wenden sie sich ab und ziehen es vor, den Irrtum zu vergöttern, wenn er sie zu verführen vermag. Wer sie zu täuschen versteht, wird leicht ihr Herr, wer sie aufzuklären versucht, stets ihr Opfer.«*[113]

Am 8. Mai 2021 interviewte der kritische Zeitbeobachter, Autor und Herausgeber Ullrich Mies den Diplomingenieur und ehemaligen Amtsarzt Dieter Langer im Philosophischen Salon Köln zum Thema Corona.[114] Mies engagierte sich schon früh bei Attac und in der Antikriegsbewegung; Langer fing im August 1990 als *Amtsarzt* und Leiter des Gesundheitsamts des Kreises Lübben an. Seine Aussage, dass z. B. die Übersterblichkeit 2020 und 2021 eindeutig mit dem jeweiligen Lockdown zusammenfällt, unterfütterte Langer mit überzeugenden Grafiken. Beim ersten Lockdown vom 23. März bis zum 30. April 2020 machte er eine Übersterblichkeit von 8361 Toten aus. Unter Berücksichtung demographischer Gründe verbleiben 7000 Tote als Kollateralschaden.[115] Beim zweiten Lockdown zwischen dem 3. November 2020 und dem 20. Februar 2021 gab es eine Übersterblichkeit von 56 535 zusätzlichen Todesfällen – abzüglich demographischer Einflüsse verbeiben 52 000 vor allem durch Kollateralschäden hervorgerufene Todesfälle.[116]

Auch die Intensivbettenbelegung nahm Langer kritisch unter die Lupe; er kam schon vor dem alarmierenden Bericht des Rechnungshofs auf ähnliche Fragwürdigkeiten. Im Sommer 2020 wurden 3000 überflüssige Intensivbetten abgebaut. Dazu kam ein beachtlicher Leerstand. Die wenigsten Intensivbetten waren mit positiv auf Corona getesteten Patienten belegt.

Ebenso wie Langer hat der Wirtschaftsinformatiker und Ex-Bundeswehroffizier Marcel Barz als »Zahlenexperte« die Übersterblichkeit unter die Lupe genommen. Auf der Grundlage der Sonderauswertungen der Sterbedaten des Statistischen Bundesamts ging er der Frage nach, ob die aktuell vom Deutschen

Bundestag auch für das Jahr 2021 verlängerte »epidemische Lage von nationaler Tragweite« noch fundiert haltbar ist.[117]

Beim Vergleich der Sterbefallzahlen von 2019 mit dem Folgejahr sind 2020 absolut gesehen rund 46 000 Tote mehr zu verzeichnen als 2019. Für den Wissenschaftler Barz ist diese Zahl für einen Vergleich unzulässig. Beide Jahre müssen auf eine gemeinsame Bezugsgröße normiert werden, und zwar unter Berücksichtigung von Schaltjahr, Bevölkerungswachstum, demografischem Wandel und Alterspyramide. Bei den in die Untersuchung einbezogenen letzten neun Jahren ragte zu seiner Überraschung das Jahr 2012 heraus (gilt ebenso für Schweden). Dann verglich Barz die unterschiedlichen Altersgruppen und kam ebenfalls zu erstaunlichen Ergebnissen: Bei keiner Altersgruppe fand sich 2020 nach der Bereinigung der Zahlen eine höhere Sterbefallzahl! Die Zahlen auf der Internetseite des Bundes seien, so Barz, eindeutig falsch dargestellt worden.

Das Fazit von Barz: Mit den Sterbefallzahlen in Deutschland ist keine Pandemie nachweisbar.

Der Informatiker Tom Lausen, Autor des kürzlich erschienen Buches »Die Intensiv-Mafia«, hat zusammen mit anderen Informatikern, Ingenieuren, Notärzten und Anwälten anhand der täglichen Daten des DIVI-Intensivregisters zu den freien und belegten Behandlungskapazitäten in der Intensivmedizin von etwa 1300 Akutkrankenhäusern in Deutschland die Intensivbettenkapazitäten aus dem Jahr 2020 untersucht: *»Anhand von AOK-Daten bis Ende Juli 2020 wurde analysiert, dass 10,8 Prozent aller stationären Covid-19-Fälle mindestens einmal verlegt wurden. Unter den beatmeten Patienten waren es 31,9 Prozent.«*[118] Auch hier resultieren also Ungenauigkeiten, wie etwa Mehrfachzählungen in der Belegung, auf die sogar das Intensivregister in seinen Tagesberichten hinweist.

Sahra Wagenknecht machte im März 2021 publik, dass 2020 6000 Intensiv-Betten und 9000 Pflegekräfte abgebaut wurden.[119] Eigentlich undenkbar in einer Pandemie, es sei denn, man möchte bewusst einen Engpass schaffen.

Einfluss auf die Intensivbetten-Politik hat sicherlich auch Paragraph 21 des Krankenhausfinanzierungsgesetzes (KHG): »Ausgleichszahlungen an Krankenhäuser aufgrund von Sonderbelastungen durch das neuartige Coronavirus SARS-CoV-2«. Die Bundesregierung zahlte also 2020 Geld an Krankenhäuser, die ihre Intensivbettenkapazitäten vergrößerten. Dies verleitete wohl einiger

Hospitäler zu betrügerischem Vorgehen, der »Intensivbettenschwindel« schaffte es sogar als Schlagzeile in die Medien. Unter den in Verdacht geratenen Einrichtungen ist auch das Universitätsklinikum Schleswig-Holstein (UKSH), das für 234 neu geschaffene Betten immerhin 11,7 Millionen Euro erhielt. Vorstandsvorsitzender des Klinikums ist Jens Scholz, der Bruder von Bundeskanzler Scholz. Der u. a. von George Soros finanzierte »Faktenchecker« *Correctiv* verlautbart, es gäbe *»keinerlei Hinweise darauf, dass das UKSH fiktive Intensivbetten meldete.«* Dass Jens Scholz von Zahlungen der Bundesregierung an das Krankenhaus profitiert hat oder in den angeblichen Betrug verwickelt war, sei ebenfalls nicht belegt.[120] Glaubwürdig?

Eine weitere irreführende Zahlenspielerei war Ende November 2020 die Nachricht von Biontech/Pfizer, dass ihr Impfstoff gegen Covid-19 *»zu 90 Prozent wirksam«* sei (inzwischen sogar zu 95 Prozent!), was in den Medien freudig verbreitet wurde. Der Berliner Psychologe Gerd Gigerenzer, der Dortmunder Statistiker Walter Krämer, die STAT-UP-Gründerin Katharina Schüller und RWI-Vizepräsident Thomas K. Bauer hinterfragen mit ihrer »Unstatistik des Monats« sowohl jüngst publizierte Zahlen als auch deren Interpretationen. Für November 2020 wurde die Behauptung von Pfizer restlos zerpflückt. Die Prozentangabe bedeute nur eine *»relative Risikoreduktion, die sich auf die Zahl der Infizierten bezieht, aber keine absolute Reduktion, die sich auf alle Geimpften bezieht«.*[121] Der Unterschied zwischen relativer und absoluter Risikoreduktion lässt sich verständlich am Beispiel der Grippeschutzimpfung für Menschen zwischen 16 und 65 Jahren erklären. Im Allgemeinen liege die Wirksamkeit dieser Impfung bei etwa bei 50 Prozent, was heiße, *»dass von je 100 Personen ohne Impfung zwei eine bestätigte Influenzainfektion bekamen, und von je 100 Personen mit Impfung nur eine«.*[122] Diese 50-Prozent-Angabe bedeutet aber nicht, dass 5 von 10 Geimpften vor der Grippe geschützt sind. Ebenso beziehen sich die 90 Prozent von Pfizer nur auf die Reduktion von Infektionen, nicht von schweren Erkrankungen oder gar Todesfällen.

Wie können die Medien derartige Angaben von Pfizer kritiklos übernehmen, nur um Menschen zur Impfung zu bewegen? Vor allem vor dem Hintergrund, dass der US-Pharmakonzern Pfizer 2009 eine Strafe von 2,3 Milliarden Dollar zahlen musste, nach Angaben des US-Justizministeriums damals die höchste, die je in Zusammenhang mit »Betrug im Gesundheitswesen« verhängt wurde. Schon 2004 hatte sich Pfizer bereit erklärt, für das vermarktete Epilepsie-Medikament Neurontin eine Strafe von 430 Millionen Dollar zu bezahlen, da es Studien zufolge erwiesenermaßen nicht half.[123]

Am 21. Dezember 2020 erteilte die Europäische Arzneimittel-Agentur Pfizer eine bedingte Zulassung für den mRNA-Impfstoff Comirnaty, die am 3. November 2021 verlängert wurde.

»Es besteht keine Besorgnis«, so der MDR am 6. Dezember 2021, *»dass eine bedingte Zulassung in der EU ausläuft«.*[124] Während inzwischen die Ampelkoalition eine Impfpflicht fordert – im Wahlkampf wurden derartige Absichten in den Bereich der Verschwörungstheorien verwiesen –, wird vorläufig die ungeimpfte Bevölkerung unter massivem Druck gesetzt und weiter ausgegrenzt. Bei Hinweisen auf Impfschäden werden dagegen wieder Verschwörungstheorien unterstellt. So wurden in der MDR-Sendung *Brisant* vom 10. November 2021 spät auftretende Schäden durch eine Impfung nahezu ausgeschlossen, da der Impfstoff nach dem Piks im Körper abgebaut würde. *»Die Wahrscheinlichkeit, nach einer Corona-Schutzimpfung unter gravierenden Nebenwirkungen zu leiden, ist so gering, dass es deutlich wahrscheinlicher ist, schwer an dem Virus zu erkranken.«*[125]

Bei der kritiklosen Unterstützung der Impfkampagne durch die öffentlich-rechtlichen Medien wundert es nicht, dass die am 10. Dezember 2021 vom Center for Disease Control and Prevention, kurz CDC, gesammelten Daten des VAERS (Vaccine Adverse Event Reporting System) zu den Impfschäden nahezu unbeachtet blieben. Es ist das wichtigste, von der US-Regierung finanzierte System zur Meldung unerwünschter Impfstoffreaktionen in den USA. An VAERS wurden *»zwischen dem 14. Dezember 2020 und dem 3. Dezember 2021 insgesamt 946.463 Berichte über unerwünschte Ereignisse nach Verabreichung von Covid-Impfstoffen übermittelt. Die Daten umfassten insgesamt 19.886 Meldungen von Todesfällen ... und 150.946 Meldungen von schweren Verletzungen«.*[126] Allein bezogen auf die USA wurden zwischen dem 14. Dezember 2020 und dem 3. Dezember 2021 681 962 unerwünschte Ereignisse, darunter 9136 Todesfälle und 58 503 schwere Verletzungen, gemeldet.

Die Verordnung Nr. 507/2006 der EU-Kommission über die bedingte Zulassung von Humanarzneimitteln vom 29. März 2006 schreibt unter Punkt 1 bei Arzneimitteln mit bedingter Zulassung eine verstärkte Arzneimittelsicherheit (Pharmakovigilanz) vor. Das beinhaltet eine laufende und systematische Überwachung der Sicherheit eines Fertigarzneimittels, um unerwünschte Wirkungen zu entdecken, da nur so Maßnahmen zur Risikominimierung ergriffen werden können. Werden hier entsprechende behördliche oder gar rechtliche Schritte unternommen?

Patentierte biologische Waffen?

Als der von Biontech/Pfizer entwickelte mRNA-Impfstoff bereits verabreicht wurde, machte der ehemalige Vizepräsident und leitende Wissenschaftler des Unternehmens, Michael Yeadon, Schlagzeilen, als er die Notwendigkeit eines Impfstoffs zur Beendigung der Pandemie rundweg ablehnte. Im amerikanischen Online-Magazin *Lifesitenews* griff er die Regierungspropaganda vor allem hinsichtlich der sich ständig verändernden Varianten an. Yeadon befürchtet, dass die Pandemie zu etwas weit Schlimmerem ausgenutzt werden könnte, als es die Kriege und Massaker des 20. Jahrhunderts waren.[127]

Seine Hauptargumente:

- Inzwischen hätten sich Medien und Big-Tech-Plattformen alle der gleichen Propaganda und der Zensur der Wahrheit verschrieben.
- Pharmafirmen hätten bereits damit begonnen, nicht benötigte »Auffrisch«-Impfstoffe (Booster) für die Varianten zu entwickeln.
- Aufsichtsbehörden wie die U.S. Food and Drug Administration und die European Medicines Agency hätten angekündigt, dass, da diese Auffrischungsimpfstoffe so ähnlich sein werden wie die notfallzugelassenen vorherigen Injektionen, die Pharmafirmen nicht verpflichtet werden, *»irgendwelche klinischen Sicherheitsstudien durchzuführen«*.
- Das bedeute praktisch, dass selbst designte mRNA-Impfstoffe *»vom Computerbildschirm eines pharmazeutischen Unternehmens in die Arme von Hunderten von Millionen von Menschen gehen, [also] irgendeine überflüssige genetische Sequenz injiziert wird, für die es absolut keine Notwendigkeit oder Rechtfertigung gibt«*.
- Warum tun sie das? Da kein positiv zu wertender Grund dafür ersichtlich ist, könnte die Verwendung von Impfpässen zusammen mit einem Banken-Reset zu einem Totalitarismus führen, wie ihn die Welt noch nie gesehen hat. Erinnere man sich an die Bösartigkeit von Stalin, Mao und Hitler, bleibe die »Massenentvölkerung« ein logisches Ergebnis.

So weit Yeadon, der keinen Zweifel daran hat, dass sehr große Organisationen die Pandemie – wenn sie sie schon nicht geplant haben – zumindest für ihre Zwecke nutzen. Schützenhilfe erhält er von David Martin, CEO von M-CAM International und Gast in der 60. Sitzung des Corona-Ausschusses. Den

Ausschuss gibt es seit Mitte Juli 2020; er hinterfragt in mehrstündigen Live-Sitzungen kritisch die Hintergründe der Coronapolitik der Bundes- und Landesregierungen und untersucht die Folgen der massiven Beschränkungen für die Menschen.

In der Sitzung vom 9. Juli 2021 waren neben David Martin auch Robert Malone, der klinische Psychologe Gary Sidley sowie die Autoren Ullrich Mies und Wolfgang Effenberger eingeladen. Martins Redebeitrag im Ausschuss trug den Titel »Milliarden von Menschen wurde eine patentierte Biowaffe injiziert«.[128]

1998 gründete er M-CAM, ein internationales Emissions- und Analystenhaus für immaterielle Vermögenswerte – inzwischen in 168 Ländern der größte Versicherer in diesem Segment. Unter der Leitung von Martin unterstützte die Firma Aufsichtsbehörden und politischen Entscheidungsträger bei der Modernisierung des Banken-, Immaterialgüter-, Steuer- und Rechnungslegungsrechts. Dazu arbeitete er eng mit dem US-Kongress, den Finanz- und Handelsministerien der Vereinigten Staaten, der Europäischen Union und vielen anderen Ländern und Gremien zusammen.[129]

Da in seinen Aufgabenbereich vor allem auch Schutzrechte fallen, ist er ein ausgewiesener Fachmann bei allen Fragen rund um die Corona-Patente. M-CAM beobachtet nicht nur, wer in die Patentvorgänge involviert ist, sondern schützt auch die Interessen einer Vielzahl von Organisationen und Einzelpersonen. Aufgabe ist es, so Martin, die weltweit entwickelten Innovationen

Patentrechtsexperte David Martin in der 60. Sitzung des Corona-Ausschusses

zu beaufsichtigen, insbesondere im Hinblick auf die wirtschaftlichen Aspekte. In diesem Zusammenhang wurden über 4000 Patente geprüft, die rund um das SARS-Coronavirus erteilt wurden. Dazu wurde ein umfassender Überblick über die Finanzierung aller Modifikationen des Virus erstellt, die zu SARS als einer Unterklasse der Beta-Coronavirus-Familie führten. Da Martin in dem Gespräch nicht alle 4000 Patente durchgehen konnte, hat er dem Ausschuss ein im Frühjahr 2020 veröffentlichtes Dokument zukommen lassen.

M-CAM prüfte die gemeldete Gensequenz, die angeblich als neuartiges Coronavirus isoliert und vom ICTV, dem internationalen Komitee für die Virustaxonomie der Weltgesundheitsorganisation, auch so bezeichnet wurde, anhand der Patentunterlagen, die im Frühjahr 2020 verfügbar waren. Es wurden über 120 Hinweise darauf gefunden, dass kein neuartiges Coronavirus entdeckt worden war. Denn bereits ab dem Jahr 1999 wurden Patente beantragt, in deren Unterlagen sich Aufzeichnungen über Sequenzen fanden, denen Neuartigkeit zugeschrieben wurde. Bis dahin hatten sich die Patentierungen zum Thema Coronavirus ausschließlich auf die Veterinärwissenschaften bezogen, und Pfizer war die erste Firma, die ein Patent für einen Impfstoff gegen das Coronavirus beantragte, und zwar für den Spike-Protein-Virus-Impfstoff gegen das Hunde-Coronavirus. Dieser Antrag beinhaltete konkret das S-Spike-Protein – also das, was angeblich »über Nacht« entdeckt worden war. Die erste Anmeldung wurde am 28. Januar 2000 eingereicht – vor 21 Jahren.[130]

Anthony Fauci, langjähriger Leiter des National Institute of Allergy and Infectious Diseases (NIAID), sah in der Veränderungsfähigkeit des Coronavirus einen potenziellen Kandidaten als Träger für HIV-Impfstoffe. Im Jahr 1999 finanzierte Fauci die Forschung an der University of North Carolina in Chapel Hill, um ein infektiöses Coronavirus zu entwickeln. Im April 2002 wurde dann das Patent für ein infektiöses, replikationsgestörtes Coronavirus angemeldet, das speziell auf das menschliche Lungenepithel abzielte (US-Patent 7279327). SARS-CoV wurde also vor dem ersten SARS-Ausbruch in Asien erfunden und patentiert, dieser erfolgte erst Monate später.

Anfang 2000 wurde Martins Organisation gebeten, Verstöße gegen den Vertrag über biologische und chemische Waffen zu überwachen. Im September 2001 hielten nicht nur die Terroranschläge auf das World Trade Center die US-Bevölkerung in Atem, sondern auch die Anthrax-Ereignisse. In diesem Zusammenhang untersuchte der Kongress ein ungewöhnliches Verhalten im Zusammenhang mit dem Bayer-Medikament Ciprofloxacon, das zur Behandlung von Anthrax-Vergiftungen eingesetzt wurde. Im Herbst 2001 begann M-CAM mit der Überwachung einer enormen Anzahl von bakteriellen und viralen Erregern, die vom NIH, NIAID, USAMRIID, dem Programm für Infektionskrankheiten der US-Streitkräfte, und einer Reihe anderer internationaler Agenturen patentiert wurden. Die Sorge von Martins Mitarbeitern war, dass das Coronavirus nicht nur als potenziell manipulierbarer Erreger für einen möglichen Einsatz als Impfstoff-Vektor in Betracht kam, sondern ganz klar auch als Kandidat für eine biologische Waffe. Die erste öffentliche Berichterstattung dazu fand vor dem Ausbruch von SARS in der zweiten Hälfte des Jahres 2001 statt.

Der Ausbruch der Viruserkrankung in China 2002 reichte in das Jahr 2003 hinein. Im April reichte das CDC für die Gensequenz des SARS-Coronavirus eine Patentanmeldung ein (US-Patent 7220852). Darin sieht Martin einen Verstoß gegen Titel 35 des U. S. Codes, Abschnitt 1001, da natürlich vorkommende Substanzen nicht patentiert werden können. Dieses Patent und weitere davon abgeleitete deckten die Gensequenz des SARS-Coronavirus ab sowie auch die Mittel zu dessen Nachweis mittels RT-PCR-Test (Polymerase-Kettenreaktionstest). »*Wenn man sowohl das Patent auf das Gen selbst als auch das Patent auf seinen Nachweis besitzt*«, so Martin, »*hat man einen raffinierten Vorteil, weil man in der Lage ist, nicht nur die Herkunft des Virus, sondern auch seinen Nachweis zu 100 Prozent zu kontrollieren.*«[131] Alles läge quasi in einer Hand, die wissenschaftliche wie auch die kommunikative Kontrolle.

Drei Tage nach der CDC-Anmeldung des Patents auf das SARS-Coronavirus 2003, hatte die Firma Sequoia Pharmaceuticals aus Maryland bereits ein Patent auf antivirale Mittel zur Behandlung und Kontrolle von Infektionen durch Coronaviren eingereicht. Die Behandlung war also bereits drei Tage nach der Patentanmeldung des Virus verfügbar! Wie ist so etwas möglich? Die Firma Sequoia Pharmaceuticals, später Ablynx Pharmaceuticals, wurde von Pfizer, Crucell (heute Janssen Vaccines) sowie Johnson & Johnson aufgekauft, und das Patent vom 28. April 2003 wurde herausgegeben und veröffentlicht, bevor das CDC-Patent zugelassen wurde. Martin sieht in diesen Vorgängen das Bild einer kriminellen Verschwörung, der Erpressung und der Absprache erfüllt. Ablynx – gehört nun zu Sanofi – meldete Anfang Juni 2008 eine Reihe von Patenten zum neuartigen Merkmal des SARS-CoV-Virus an. Zum gleichen Zeitpunkt interessierte sich das Defense Advanced Research Program (DARPA) in den USA aktiv für das Coronavirus als biologische Waffe. In den 73 Patenten, die zwischen 2008 und 2019 erteilt wurden, sind alle Elemente enthalten, die bei SARS-CoV-2 angeblich neu waren.[132]

Martin zitierte zum Abschluss seines Vortrags den britisch-amerikanischen Zoologen und Experten für Infektionsepidemiologie Peter Daszak, er hatte 2015 geäußert: *»Wir müssen das öffentliche Verständnis für die Notwendigkeit medizinischer Gegenmaßnahmen, wie z. B. eines Pan-Influenza- oder Pan-Coronavirus-Impfstoffs, erhöhen. Ein wesentlicher Faktor sind die Medien, und die Wirtschaft folgt dem Hype. Wir müssen diesen Hype zu unserem Vorteil nutzen, um zu den wirklichen Herausforderungen zu gelangen. Investoren werden darauf reagieren, wenn sie am Ende des Prozesses einen Gewinn sehen.«*[133] Mit dieser Aussage bestätigt Daszak, dass es weder in China oder sonstwo ein Laborleck gab: Es handelte sich um eine absichtliche Biowaffenherstellung von Spike-Proteinen, die in Menschen injiziert werden sollten, um sie von einem Pan-Coronavirus-Impfstoff abhängig zu machen.

Martin zufolge wurde das Drehbuch für die Pandemie vom Biotech- und Pharmagiganten Merck am 6. Januar 2004 anlässlich der Konferenz »SARS und Bioterrorismus«[134] geschrieben. Von Merck stammt auch der Begriff »The New Normal«, den westliche Politiker mit Beginn der Maßnahmen sofort in ihr Vokabular übernahmen. *»Wir müssen verstehen, dass wir so lange mit dem Virus leben müssen, wie es keine Medikamente und insbesondere keinen Impfstoff gibt«*, sagte Ex-Kanzlerin Angela Merkel am 20. April 2020. *»Wir bewegen uns in eine neue Normalität – eine Normalität, die nicht kurz sein wird, sondern die längere Zeit anhalten wird«*, ergänzte der damalige Vizekanzler Olaf Scholz in der Pressekonferenz nach dem Gespräch mit den Ministerpräsidentinnen und -präsidenten.[135]

Am 19. September 2019, ein Vierteljahr vor Ausbruch der Pandemie, veröffentlichte die WHO ihre Publikation »Eine Welt in Gefahr«. In dieser Momentaufnahme waren Empfehlungen früherer hochrangiger Gremien und Kommissionen nach der H1N1-Grippepandemie 2009, dem Ebola-Ausbruch 2014 bis 2016 eingeflossen sowie die von ihr selbst in Auftrag gegebenen Berichte und andere Daten. Zutage traten schlecht oder gar nicht umgesetzte Empfehlungen und gravierende Lücken in der Gesundheitsvorsorge. *»Zu lange haben wir einen Kreislauf aus Panik und Vernachlässigung zugelassen, wenn es um Pandemien geht: Wir verstärken unsere Bemühungen, wenn es eine ernsthafte Bedrohung gibt, und vergessen sie schnell wieder, wenn die Bedrohung nachlässt. Es ist* *längst an der Zeit zu handeln*«, schreiben Gro Harlem Brundtland und Elhadj As Sy im Vorwort.

Die Forderungen im weiteren Text sind schon orwellianisch: »*Alle Länder müssen starke Systeme aufbauen. Die Regierungschefs müssen einen nationalen hochrangigen Koordinator mit Autorität und politischer Verantwortlichkeit ernennen, der den Ansatz der gesamten Regierung und der gesamten Gesellschaft leitet, und routinemäßig sektorübergreifende Simulationsübungen durchführen, um eine effektive Bereitschaft aufzubauen und zu erhalten. Sie müssen der Einbindung der Gemeinschaft in alle Bereitschaftsmaßnahmen Vorrang einräumen, Vertrauen aufbauen und mehrere Interessengruppen einbeziehen (z. B. Gesetzgeber, Vertreter der Sektoren Gesundheit von Mensch und Tier, Sicherheit und auswärtige Angelegenheiten, den privaten Sektor, lokale Führungskräfte sowie Frauen und Jugendliche).*«[136] Starke Systeme und ein Koordinator mit Autorität – das hört sich an wie die Vorstufe zu einer diktatorischen Weltregierung. Es geht also darum, eine offene wissenschaftliche und gesellschaftliche Debatte im Keim zu ersticken und jegliche Opposition zu diskreditieren. Diese »Maßnahmen« kosten sehr viel Geld – Geld, das die ohnmächtigen Bürger über ihre Steuerzahlungen aufbringen müssen.

Am 7. Dezember 2018, nur neun Monate vor der WHO-Publikation, hatte der Rat der Europäischen Union Empfehlungen »*zur verstärkten Zusammenarbeit bei der Bekämpfung von durch Impfung vermeidbaren Krankheiten*« herausgegeben. Zunächst wird festgehalten, dass Impfungen eine der wirksamsten und kostengünstigsten Maßnahmen im Bereich der öffentlichen Gesundheit sind, »*die im 20. Jahrhundert entwickelt wurden, und nach wie vor das wichtigste Instrument für die Primärprävention von übertragbaren Krankheiten*«.[137] Dann wird der Fokus auf den Kampf gegen die Verbreitung von »*Desinformation*« durch soziale Medien und »*militante Impfgegner*« gelegt. Dadurch würden wachsende Skepsis und Ängste vor »*unbewiesenen Nebenwirkungen*« geweckt. Wörtlich heißt es in den Empfehlungen: »*Es muss gehandelt werden, um den Dialog mit den Bürgerinnen und Bürgern zu verstärken, ihre tief sitzenden Bedenken und Zweifel bezüglich des Impfens zu verstehen und diese Fragen auf Grundlage individueller Bedürfnisse anzugehen.*« Dieser »Dialog« wird also von oben nach unten geführt mit dem Ziel, den fehlgeleiteten unwissenden Bürgerinnen und Bürgern ihre »falschen Vorstellungen« auszutreiben.

Eine besondere Rolle wird den Beschäftigten im Gesundheitsbereich zuerkannt: »*Wenn die Durchimpfungsraten bei Beschäftigten im Gesundheitsbereich im*

Hinblick auf die nationalen Empfehlungen als unzureichend erachtet werden, sollten Schritte zum Schutz dieser Beschäftigten und ihrer Patienten unternommen werden.« Also eine Impfpflicht für Beschäftigte im Gesundheitsbereich, wie sie im März 2022 in Deutschland kommen soll. Was den Impfschutz für Kinder angeht, wird in den Schlussfolgerungen des Rats eine bessere Überwachung und mehr Informationsaustausch bei den Impfprogrammen eingefordert. Private Verantwortung und persönlicher Datenschutz ade!

Der Aktionsplan der Kommission zu Fake News und online verbreiteter Desinformation wurde zeitgleich, am 5. Dezember 2018, veröffentlicht. Er *»soll auf EU-Ebene dazu beitragen, eine Strategie gegen die Verbreitung von Fehlinformationen zu entwickeln, und die Mitteilung der Kommission zur Bekämpfung von Desinformation im Internet*[138] *befasst sich mit den Herausforderungen der Verbreitung von Fehlinformationen über Online-Plattformen«*. Gegen Kritik soll also massiv vorgegangen werden. Wie das geht, wissen wir inzwischen: mit Diffamierungen namhafter Wissenschaftler und mit Einschüchterungen durch die Staatsanwaltschaft (Hausdurchsuchungen). Parallel dazu Sperrung der Beiträge und Ächtung durch die IT-Gewaltigen (z. B. Twitter und YouTube).

Bereits 2012 stimmten die Gesundheitsminister bei der Weltgesundheitsversammlung dem Globalen Impfaktionsplan zu, und 2014 verabschiedete das Regionalkomitee der WHO für Europa den Europäischen Impfaktionsplan 2015–2020. Weiterhin empfiehlt der Rat der Europäischen Union seinen Mitgliedstaaten zur Erhöhung der Durchimpfungsrate, Impfpläne auf nationaler und/oder regionaler Ebene zu entwickeln und umzusetzen, eine Impfkoalition zur koordinierten Öffentlichkeitsarbeit einzuberufen sowie die bestehenden Partnerschaften und die bestehende Zusammenarbeit mit internationalen Akteuren zu stärken (WHO, SAGE, Global Health Security Initiative, Health Security Agenda, Unicef, GAVI, CEPI usw.).

Im Gegensatz dazu hat die Parlamentarische Versammlung des Europarats am 27. Januar 2021 unter dem Titel »Covid-19-Impfstoffe: ethische, rechtliche und praktische Überlegungen« die Resolution 2361 verabschiedet, in der es u. a. heißt: *»Die Versammlung fordert daher die Mitgliedsstaaten und die Europäische Union dringend auf … im Hinblick auf die Sicherstellung einer hohen Durchimpfungsrate, sicherzustellen, dass die Bürger darüber informiert werden, dass die Impfung nicht verpflichtend ist und dass niemand unter politischen, sozialen oder sonstigen Druck gesetzt wird, sich impfen zu lassen, wenn er dies nicht möchte; sicher-*

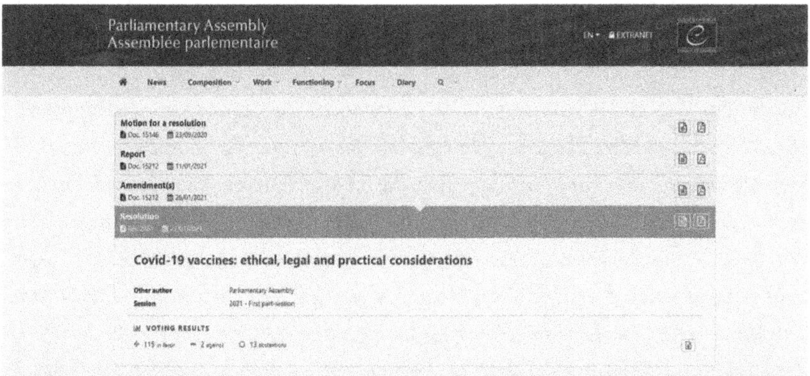

Resolution des Europarats vom 27. Januar 2021: keine Impfpflicht, keine Diskriminierung wegen Impfungen, kein Impfpass, kein politischer Missbrauch von Impfzertifikaten. Wird diese parlamentarische Entscheidung Bestand haben?

zustellen, dass niemand diskriminiert wird, weil er nicht geimpft wurde, aufgrund möglicher Gesundheitsrisiken oder weil er nicht geimpft werden möchte …«[139]

Der Europarat empfiehlt also, von Impfzwang und Diskriminierung Nichtgeimpfter Abstand zu nehmen, während im Rat der Europäischen Union der Impfzwang durchaus starke Befürworter hat. Die beiden Institutionen klingen zwar ähnlich, dürfen aber nicht verwechselt werden: Der Europarat wurde am 5.Mai 1949 auf Betreiben des American Committee for a United Europe gegründet und umfasst heute 47 Staaten mit insgesamt 820 Millionen Bürgern.[140] Er ist institutionell nicht mit der Europäischen Union verbunden, auch wenn beide die Europaflagge und die Europahymne verwenden. Die zentrale Zuständigkeit des Europarats betrifft den Schutz der Menschenrechte, während bei der EU wirtschaftliche und militärpolitische Interessen (NATO) im Vordergrund stehen.

Der 1974 gegründete Europäische Rat hingegen wird repräsentiert durch die Staats- und Regierungschefs der EU-Länder. Das halbjährliche Treffen wird auch als EU-Gipfel bezeichnet. Daneben gibt es noch den Rat der Europäischen Union (Ministerrat).

Teil des Europarats ist auch der Europäische Gerichtshof für Menschenrechte (EGMR) in Straßburg. Die Resolution des Europarats gegen den Impfzwang kommt aber von der Parlamentarischen Versammlung des Europarats, deren Entschließungen im Gegensatz zu den Urteilen des EGMR nur »empfehlenden Charakter« haben. Der EGMR hat dagegen am 8. April 2021 ein gegenläufiges Urteil gefällt.[141] Dieses bezieht sich auf Impfungen von Kindern gegen Masern, Tetanus und Hepatitis B in Tschechien, erlaubt aber eine Assoziation zur Covid-19-Impfung. *»Der Europäische Gerichtshof für Menschenrechte (EGMR) hat mehrere Klagen gegen Pflichtimpfungen für Kinder abgewiesen ... Es ging um sieben Kinder aus fünf Familien, die nicht entsprechend den staatlichen Vorgaben geimpft wurden ... die Familien (mussten) die Konsequenzen wie eine Geldbuße oder des – auf die Vorschule beschränkten – Schulausschlusses tragen. Diese Folgen stellten zwar einen Eingriff in das Recht auf Achtung des Privat- und Familienlebens dar, urteilte das Gericht. Dieser sei aber gerechtfertigt angesichts der legitimen Ziele und der Verhältnismäßigkeit der Regelungen. ... Es gehe auch um die Gesundheit anderer, insbesondere solcher Menschen, die nicht geimpft werden könnten und deshalb indirekt von den Impfungen anderer profitierten.«*[142]

Für die Redakteure der *Neuen Rheinischen Zeitung*, Anneliese Fikentscher und Andreas Neumann, deutet alles darauf hin, *»dass wir es beim ›Europarat‹ und dem zugehörigen ›Europäischen Gerichtshof für Menschenrechte‹ – wie schon der Zusammenhang mit dem von der Ford Foundation, der Rockefeller-Stiftung und regierungsnahen Unternehmensgruppen finanzierten und zur Förderung eines ›freien und vereinigten Europas‹ geschaffenen ›American Committee for a United Europe‹ nahelegt*[143] *– im Wesentlichen mit Organen des US-Imperiums zu tun haben, von denen nicht zu erwarten ist, dass sie sich gegen dessen Interessen wenden – auch und gerade nicht in Sachen des Corona-Geschehens, bei dem es für die dahinter stehenden Kreise des Großkapitals um alles oder nichts geht«.*[144] Der »Great Reset« zur Rettung des Kapitalismus auf Kosten von Milliarden Menschen dürfe aus deren Sicht nicht scheitern.

Eine Untermauerung dieser Aussage lieferte 2020 der französische Anwalt und Leiter des European Center for Law and Justice, Grégor Puppinck. Mit seiner Analyse der jährlichen Finanzberichte des Europarats deckte er die Verstrickung von Soros und Gates in Organisationen wie die UN, die WHO, den Europarat und vor allem den Europäischen Gerichtshof für Menschenrechte auf. Demzufolge waren der Spekulationsmilliardär George Soros mit seinen Open Society Foundations und das von Bill Gates gegründete Unternehmen Microsoft die größten Geldgeber des Europäischen Gerichtshofs für Menschenrechte.[145] Den Handlungsanweisungen des Rats der Europäischen Union sind vor allem die westlichen Regierungen unkritisch nachgekommen.

Derartiges Wohlverhalten wird wohl belohnt: Bundeskanzlerin Angela Merkel erhält am 15. Juli 2021 aus der Hand des Präsidenten der Johns-Hopkins-Universität (Paul H. Nitze School of Advanced International Studies) in Washington D. C, Ronald Joel Daniels, den Doktorhut. Ein Doktorhut für wissenschaftliche Verdienste im Kampf gegen Covid-19? Man ahnt es bereits: Die Johns-Hopkins-Universität wurde von der Bill & Melinda Gates Stiftung in der Vergangenheit großzügig mit Mitteln ausgestattet – allein zwischen 2010 und 2020 flossen mehr als 200 Mio. Dollar an die Privatuniversität. Offizieller Verwendungszweck waren Programme zur Familienplanung ...[146]

Dagegen kann der frühere Regensburger Bischof Gerhard Ludwig Müller nicht mit einer Auszeichnung rechnen – ganz im Gegenteil. Er sprach in einem Interview im Dezember 2021 das aus, was wie ein offenes Geheimnis scheint: dass nämlich hinter den Maßnahmen gegen die Pandemie eine finanzkräftige Elite stecke. *»Leute, die auf dem Thron ihres Reichtums sitzen«*, sähen *»jetzt eine Chance, ihre Agenda durchzusetzen«*, so Müller, der seit 2013 Kardinal im Vatikan ist und im Juni 2021 dort zum Richter am höchsten Gericht ernannt wurde. Explizit nannte er den Namen des Spekulanten George Soros. Müller weiter: Von Leuten wie Bill Gates oder dem Chef des Weltwirtschaftsforums in Davos, Klaus Schwab, wolle er *»eigentlich nicht geschaffen und erlöst werden«*. Es handelte sich wohl um eine Anspielung auf die transhumanistische Komponente der Agenda 2030.

Seitens der Medien hieß es sogleich, Müller bediene antisemitische Stereotypen und seine Aussagen seien als *»größtenteils verschwörungsideologisch«* zu bewerten.[147]

Agenda 2030 und Great Reset

Seit 1971 findet jedes Jahr Ende Januar in Davos im Schweizer Kanton Graubünden das Treffen des Weltwirtschaftsforums (World Economic Forum, WEF) statt, gegründet vom deutschen Unternehmer und Wirtschaftswissenschaftler Klaus Schwab. Von 1972 bis 2003 Professor für Unternehmenspolitik an der Universität Genf, hatte er als Student an der Harvard Kennedy School (HKS) ein Seminar bei Henry Kissinger belegt, und er pflegt bis heute enge Kontakte in die USA, vor allem zu David Gergen, Kommunikationsdirektor unter den Präsidenten Ford und Reagan sowie Berater von Clinton und Außenminister Warren Christopher. David Gergen ist Mitglied des einflussreichen Council on Foreign Relations und der Trilateralen Kommission. Sein Freund

Klaus Schwab sitzt im achtköpfigen Steuerungskomitee der Bilderberger. Die Einladung für die jeweils dreitägige Konferenz mit bis zu 3000 Personen aus Industrie, Politik, Finanzwesen, Militär und Medien spricht der Vorsitzende in Absprache mit seinem Lenkungsausschuss aus. Vor ihrer Wahl zum Kanzler bzw. zur Kanzlerin wurden etwa Schröder und Merkel eingeladen. Auch Macron war vor seiner Wahl zum Präsidenten da, ebenso wie etliche andere Präsidenten.

Als treibende Kraft des WEF – auch bekannt als »internationale Organisation für öffentlich-private Zusammenarbeit« – gehört Schwab zu den am besten vernetzten Männern der Welt. Die Krönung seines Wirkens soll der angestrebte Great Reset werden, um *»unsere globale Zivilisation zum ausdrücklichen Nutzen der Eliten des Weltwirtschaftsforums und ihrer Verbündeten umzugestalten«.*[148] Der Rest der Menschheit brauche keinen Besitz und werde dennoch glücklich sein. Was veranlasst den umtriebigen, liebenswürdig erscheinenden Mann, sein Leben dieser Aufgabe zu widmen? Hat er nur das Gute der Menschen im Sinn? Oder hat der Sohn eines NS-Kollaborateurs, der in einem Vorzeigebetrieb Zwangsarbeiter ausbeutete und die Nazis bei der Entwicklung der ersten Atombombe unterstützte, ganz andere Vorstellungen?[149]

Klaus Schwab lebt seit über 50 Jahren in der Schweiz und hat zwei erwachsene Kinder: Nicole Schwab gründete 2009 das Gender Equality Project mit, und der mit einer Chinesin verheiratete Olivier Schwab leitet das WEF-Büro in Peking. Da Schwabs Mutter und seine Ehefrau aus der Schweiz kommen, regte deren Bundespräsident Ueli Maurer im Herbst 2019 an, ihm den Schweizer Pass zu geben. Das stieß auf Widerstand. Bundespräsidentin Simonetta Sommaruga (SP) lehnte ab. In ihrer Partei ist der Weltwirtschaftsgipfel verpönt und Schwab als abgehobener Oberglobalisierer verschrien. Auch das Bundesamt für Justiz unter Karin Keller-Sutter (FDP) lehnte ab.[150]

Zu Recht wird auch moniert, dass Schwabs Auffassung, zu hohe Managergehälter seien *»nicht mehr sozial verträglich«*, nur eine Leerformel sei.[151] Angesichts seines eigenen Jahressalärs von rund einer Million Schweizer Franken stellte die Schweizer Radio- und Fernsehgesellschaft SRF diese Gehaltshöhe den laufenden öffentlichen Zuschüssen an das WEF gegenüber und verwies darauf, *»dass das Forum keine Bundessteuern zahlt«.*[152] Die *Süddeutsche Zeitung* bemängelte ebenfalls das Finanzgebaren. Das WEF sei zu einer wie ein Familienunternehmen geführten *»Gelddruckmaschine«* geworden, kritisiert wurde vor allem die geringe Transparenz der Finanzberichte des WEF, da weder Einnahmen noch Ausgaben aufgeschlüsselt würden.[153]

Zu den alljährlichen Treffen schwebt eine handverlesene Elite aus Milliardären und CEOs der großen Konzerne in ihren Privatjets sowie verschiedene Regierungslenker in die schweizerische Bergidylle ein, um nach Lösungen für die drängenden Weltprobleme zu suchen. Die Ächtung von Kriegen, vor allem der illegalen Kriege der USA, sowie des Einsatzes von atomarer Munition standen allerdings bisher noch nicht auf dem Programm. 2021 waren Konzern- und Geldadel sowie die politische Elite coronabedingt nur virtuell zugeschaltet.

Der Hauptsitz des WEF ist Cologny im Schweizer Kanton Genf. Darüber hinaus werden Büros in New York, Tokio und – wie schon erwähnt – in Peking unterhalten. 2016 eröffnete das Forum das Center for the Fourth Industrial Revolution in San Francisco. Das WEF wird von seinen rund 1000 Mitgliedsunternehmen finanziert. Seit 2005 zahlen sie 42 500 Schweizer Franken (CHF) Jahresgebühr und für die Teilnahme ihres Präsidenten noch einmal 18 000 CHF. Industrie- und strategische Partner bezahlen jeweils 250 000 CHF bzw. 500 000 CHF, um maßgeblich an den Initiativen des Forums mitwirken zu können.[154] Hier diskutiert ein kleiner Zirkel Lösungen für die Weltprobleme, die seine Mitglieder und deren Vorgänger selbst erschaffen haben.

In dieser Gruppe der unbestreitbar Mächtigen hat auch George Soros seine Auftritte. 2013 warnte er davor, dass die Sparpolitik Deutschlands ins Verderben führe; er befürchtete sogar einen Währungskrieg. Dagegen lobte er die geldpolitischen Lockerungen der USA unter Obama.[155] Inwieweit stecken seine eigenen Interessen hinter diesen Aussagen? Immerhin hat er mit Währungsspekulationen eine Menge Geld verdient. Anfang Oktober 2013 forderte Soros Deutschland auf, sich für einen Schuldenschnitt Griechenlands stark zu machen, dessen Schulden auf ca. 175 Prozent der jährlichen Wirtschaftsleistung anstiegen waren.[156] Gleichzeitig hatte Griechenland das Interesse von US-Hedgefonds-Managern auf sich gezogen. Sie hatten in den angeschlagenen Finanzsektor investiert und wetteten auf dessen Erholung. So hielt z. B. der Investmentfonds von Paulson & Co beträchtliche Anteile an der Piraeus Bank und der Alpha Bank. Nun drängten die Hedgefonds-Inhaber die griechische Regierung, eine Reprivatisierung der Branche zu beschleunigen.

George Soros auf dem WEF-Jahrestreffen 2010 in Davos

2015 kritisierte Soros das erweiterte EZB-Programm zum »Ankauf von Vermögenswerten« in Form von europäischen Staatsanleihen, dies würde die weltweite Spaltung zwischen Arm und Reich verstärken, vor allem die Aktionäre massiv unterstützen und die Löhne weiter unter Druck halten.[157] 2016 beschrieb Soros die wirtschaftliche Lage in Asien als problematisch und erklärte, dass China mit hoher Wahrscheinlichkeit einen starken Wirtschaftseinbruch erleben werde.[158] 2019 bezeichnete er Chinas Staatschef Xi Jinping als den *»gefährlichsten Gegner offener Gesellschaften«* und hielt ihm vor, mit Künstlicher Intelligenz einen Überwachungsstaat aufbauen zu wollen.[159]

George Soros, von den Alphamedien als Philanthrop und Star-Investor gefeiert, hat die Größe und den Einfluss eines Staatsmanns. In Davos lädt er alljährlich über hundert Gäste, darunter Finanzminister und Chefredakteure, zum Abendessen ein, lässt sich feiern und gewährt Audienzen. Ganz anders Russlands Präsident Putin. Er hielt ein Jahr nach der Banken- und Wirtschaftskrise beim 39. Davoser Jahrestreffen 2009 die Eröffnungsrede. Darin warnte er vor Protektionismus und vor zu vielen staatlichen Interventionen in der bestehenden Wirtschafts- und Finanzkrise und verwies auf die Sowjetunion als Beispiel staatlicher Überregulierung.[160] Die Abhängigkeit vom Dollar als einziger globaler Reservewährung bezeichnete er als *»Gefahr für die Weltwirtschaft«*[161] und empfahl, sämtliche faulen Finanzwerte in den Bilanzen der Banken offenzulegen und abzuschreiben. Dies sei ein schmerzhafter Prozess, der aber eine Ausweitung der Krise verhindere.[162]

In seiner WEF-Rede am 27. Januar 2021 ließ Putin einen bemerkenswerten Satz fallen: *»Die Ära des Versuchs, eine unipolare Welt aufzubauen, ist vorbei.«* Überall auf der Welt sehe er unterschiedliche Entwicklungszentren mit eigenen Modellen, politischen Systemen und sozialen Institutionen; er hält es für extrem wichtig, *»Mechanismen für die Harmonisierung ihrer Interessen zu* *entwickeln«.*[163] Angesichts der offensiven US-amerikanischen Geo- und Rüstungspolitik dürften Russland und China aktuell vor allem ein Interesse an der Verhinderung eines großen Kriegs haben. Beide Länder favorisieren eine multipolare Friedensordnung.

2016 stand das Treffen des Weltwirtschaftsforums unter dem Motto »Die vierte industrielle Revolution meistern«. Die Bedeutung des Themas war daran zu erkennen, dass Vizepräsident Joe Biden, Außenminister John Kerry, Verteidigungsminister Ashton Carter, Justizministerin Loretta Lynch und Gesundheitsministerin Sylvia Mathews Burwell aus den USA anreisten. Biden forderte damals die Regierungen dazu auf, sich auf die Kernaufgaben des Staates zu konzentrieren, und warnte vor Arbeitsplatzverlusten durch die Digitalisierung.[164] Vor allem betonte er die Risiken für den Mittelstand, den er als *»Gewebe, das die Gesellschaft zusammenhält«*, bezeichnete. Die Digitalisierungsgewinne durch progressive Steuergesetze sollten laut Biden gerechter verteilt werden, um den Mittelstand zu stärken und eine Spaltung der Gesellschaft zu verhindern. Die zunehmende Ungleichheit zwischen Arm und Reich sei ein Wachstumshemmnis und der Nährboden für eine Radikalisierung; er wies auf die essenzielle Bedeutung von Bildung und Infrastruktur für die Schaffung neuer Arbeitsplätze hin und bezeichnete sich selbst als *»Mittelklassen-Joe«.*[165] Wie glaubwürdig ist diese Aussage von einem Mann, der einen Großteil seines politischen Lebens damit verbracht hat, den US-Staat Delaware zur attraktiven Steueroase für Oligarchen und global agierende, mittelstandsfeindliche Konzerne auszubauen?

Auch Klaus Schwab warnte 2016 vor den Gefahren einer weiteren Verschmelzung der physikalischen und digitalen Welt, die Digitalisierung habe das Potenzial, *»die Menschheit zu Robotern zu machen und uns unsere Seele zu nehmen«*. Um dies zu verhindern, forderte er von den Teilnehmern einen größeren Willen zur aktiven Gestaltung der laufenden Veränderungsprozesse.[166]

Vorausschauend hatte Schwab 2004 die Stiftung The Forum of Young Global Leaders (YGLs) gegründet, eine einzigartige Gemeinschaft, die sich nach eigenen Angaben aus den außergewöhnlichsten Persönlichkeiten aus allen Regionen der Welt zusammensetzt. Die Mitglieder sind junge Führungskräfte, die verschiedensten Sparten und Disziplinen angehören und aus allen Teilen der Welt stammen. Sie werden für sechs Jahre berufen und dürfen zum Zeitpunkt der Berufung das 40. Lebensjahr noch nicht vollendet haben.[167] Nach dem Ablauf ihrer Zugehörigkeit können Mitglieder der YGL Alumni Community beitreten.[168] Die Mitglieder unterhalten die 2030 Initiative, die einen Aktionsplan zur Verwirklichung der Vision einer idealen Welt im Jahr 2030 zum Ziel hat.[169]

Nicht ganz ohne Stolz ließ Schwab 2017 über seine Schützlinge verlauten: *»Gestern war ich auf einem Empfang für [Kanadas] Premierminister Trudeau, und ich weiß, dass die Hälfte dieses Kabinetts, oder sogar noch mehr, Young Global Leaders des Weltwirtschaftsforums sind ... Das ist [auch] in Argentinien und in Frankreich der Fall, wo der Präsident ein Young Global Leader ist.«*[170] Weitere prominente YGLs sind neben Emmanuel Macron der amtierende Premierminister von Belgien, Alexander De Croo, die ehemalige Umweltministerin von Dänemark Ida Auken sowie Ska Keller, Vorsitzende der Fraktion Die Grünen/EFA und MEP.[171] Auch die Hollywood-Promis Ashton Kutcher und Leonardo DiCaprio, Medienmagnat Mark Zuckerberg, die Internet-Unternehmer und Google-Gründer Larry Page und Sergey Brin sowie Österreichs Ex-Bundeskanzler Sebastian Kurz oder auch Neuseelands Premierministerin Jacinda Ardern wurden ausgewählt.[172] Prominente Mitglieder aus Deutschland sind Ex-Bundesminister für Gesundheit Jens Spahn sowie Außenministerin Annalena Baerbock.[173]

Neben den rund 1300 YGLs gibt es seit 2011 noch die »Global Shapers«, ein Netzwerk von 20- bis 30-jährigen zukünftigen Führungskräften, die von 437 Standorten (sogenannten »Hubs«) in 150 Ländern aus operieren, um einen *»positiven Einfluss auf die jeweilige lokale Community zu erzielen«*.[174]

2007 veröffentlichten die YGLs die Studie »Zukünftige Kartierung einer globalen Agenda«. Darin zeigten sie auf, wie die globale, regionale und industrielle Agenda beeinflusst werden kann.[175] Als drängendste Probleme bis zum Jahr 2030 wurden die globale Erwärmung, die 59 Prozent der Befragten für die wichtigste Herausforderung der nächsten zwei Jahrzehnte halten, die Erschöpfung der Ressourcen (37 Prozent) und die asymmetrische Kriegführung (27 Prozent) angesehen. Während die Nationalstaaten an Bedeutung verlieren, prognostizieren 86 Prozent der YGLs, dass multinationale Konzerne und Einzelpersonen an Macht gewinnen werden. China wird von 88 Prozent als der künftig führende Nationalstaat gesehen, gefolgt von den USA, Indien und Russland, wobei Deutschland, Frankreich und das Vereinigte Königreich deutlich an Macht verlieren werden. Schließlich werden noch die Zunahme der Stimmen für extremistische Parteien in Europa und die Konzentration von individuellem Reichtum als Probleme gesehen.

Im Vorwort der Studie schreibt Klaus Schwab: »*Um die Debatte anzuregen, haben die Young Global Leaders … das ›Future Mapping for the Global Agenda‹ entwickelt. Dieses Unterfangen zielt darauf ab, schwache Signale, Schlüsseltrends und ihre Wechselbeziehung zu kartieren, um besser zu verstehen, wie sie das Führungsumfeld in den kommenden Jahrzehnten verändern werden.*« Abschließend bedankte sich Schwab bei den Mitwirkenden der Studie und bei Roland Berger Strategy Consultants für ihre Unterstützung.[176]

The Great Reset – Neustart oder Transformation?

Anfang Juni 2020 kündigte Klaus Schwab eine Initiative an, die helfen solle, dass die Welt nach der Pandemie als besserer Ort dasteht. Covid-19 biete die Möglichkeit, dass »*unsere ökonomischen und sozialen Grundlagen*«[177] neu gestartet werden können. Als Problemfelder listete Schwab neben Corona auch Staatsverschuldung und Klimakrise auf. Die Welt soll widerstandsfähiger gegen Überraschungen wie andere Arten von Viren sowie integrativer und gerechter und schließlich grüner gemacht werden. Dazu könne nicht zum System eines nach dem Zweiten Weltkrieg entstandenen Multilateralismus zurückgekehrt werden, es brauche eine Reform des internationalen Systems: »*Wir müssen neue Dimensionen des Welthandels implementieren, z. B. alles, was mit dem elektronischen Handel zu tun hat und so weiter.*«[178] Schon 2016 hatte das WEF in einem Werbevideo acht Vorhersagen für die Welt im Jahr 2030 getroffen:

1. Die Menschen sind besitzlos. Güter sind kostenlos oder werden vom Staat geliehen.
2. Die USA als führende Supermacht sind abgelöst – eine Handvoll Länder wird dominieren.
3. Organe werden nicht transplantiert, sondern gedruckt.
4. Der Fleischkonsum wird minimiert sein.
5. Massive Vertreibung von Menschen wird stattfinden mit Milliarden von Flüchtlingen.
6. Zur Begrenzung des CO_2-Ausstoßes wird global ein exorbitanter Preis festgelegt.
7. Die Menschen können sich darauf vorbereiten, zum Mars zu fliegen …
8. Das westliche Wertesystem wird bis zum Zerreißen belastet sein …[179]

Anfang Juli 2020 veröffentlichte Klaus Schwab zusammen mit Thierry Malleret, Volkswirt bei der Europäischen Bank für Wiederaufbau und Entwicklung in London sowie Stratege einer großen russischen Investmentbank, das Buch »Covid-19: The Great Reset«[180]. Ohne jegliche menschliche Regung begrüßen Schwab und Malleret die Pandemie darin als Vorbote eines sozioökonomischen Umbruchs und verbinden sie so mit ihren futuristischen Vorschlägen. Der US-amerikanischen Journalistin Diane Johnston zufolge handelt es sich dabei um *»technokratisches Psychogeschwätz, … um zu verkünden, dass die Pandemie bereits dabei sei, die menschliche Mentalität so zu verändern, dass sie sich an die neue Realität anpasst, die sie für unvermeidlich halten«.*[181]

Nach dem Szenario des WEF wird die Welt bis 2030 einen radikalen Verwandlungsprozess durchlaufen. Künstliche Intelligenz wird die Art und Weise, wie Menschen heute arbeiten und leben, grundlegend verändern. Ein Teil der Menschheit wird nicht mehr gebraucht und darf sich nur mehr bespaßen lassen. Dieses Bild vor Augen, sprach auf dem letzten WEF-Treffen in Davos der israelische Historiker Yuval Harari eine eindringliche Warnung aus: *»Während die Menschen in der Vergangenheit gegen die Ausbeutung kämpfen mussten, wird im 21. Jahrhundert der wirklich große Kampf gegen die Bedeutungslosigkeit geführt werden, … es wird sich eine neue ›nutzlose Klasse‹ bilden … Und diese … wird durch eine immer größer werdende Kluft von der immer mächtigeren Elite getrennt sein.«*[182]

Die indische Globalisierungskritikerin und Sydney-Friedenspreisträgerin Vandana Shiva sagte es noch deutlicher: *»Beim Great Reset geht es um die Aufrechterhaltung und Ermächtigung der unternehmerischen Extraktionsmaschine und das Privateigentum am Leben.«*[183] Das könnte der versteckte Sinn der Massenimpfungen sein: Die Menschen sollen einer gentechnischen Manipulation unterzogen werden mit dem Ziel der elektronischen Steuerung – die Menschheit als Gegenstand eines gigantischen Glücksspiels skrupelloser Hasardeure.

Die Visionen der technokratischen Elite sind nicht neu. Schon in der ersten Hälfte des 19. Jahrhunderts wurden vor allem von Henri de Saint-Simon und später von Karl Marx radikale Theorien von gemeinschaftlicher Arbeit und gemeinschaftlichem Eigentum entwickelt. Für Saint-Simon waren nützliche Mitglieder einer Gemeinschaft diejenigen, die aktiv an Dienstleistungen und vor allem an der Produktion von Gütern mitarbeiteten. Sein utopischer Sozialismus hat in seiner kalten Durchorganisiertheit und Nützlichkeitsorientierung große Ähnlichkeit mit den Reset-Fantasien der westlichen Eliten. Die Totali-

»Wild plakatiert« in Österreich, den Niederlanden und nun auch Deutschland: Aufklärungskampagne zum Great Reset (Bildmitte: Klaus Schwab)

tarismuserfahrungen des 20. Jahrhunderts sollten uns aber eigentlich eines Besseren belehrt haben: Systeme zur Weltverbesserung, die dem Einzelnen und Natürlichen keinen Raum mehr lassen, führen konsequent in eine Hölle des Zwangs und der Menschenverachtung.

Vordenker des Great Reset: Henri de Saint-Simon (1760–1825)

Die Politik jedenfalls folgt einer vielsagenden Dramaturgie. Nur einen Tag nach der Ankündigung des damaligen österreichischen Bundeskanzlers und Schwab-Günstlings Sebastian Kurz am 25. Februar 2021, im nationalen Alleingang einen »grünen Impfpass« einzuführen, einigten sich die 27 EU-Staaten auf einen gegenseitig anerkannten Impf-Nachweis mit personalisiertem *QR-Code* (Abk. für engl. Quick Response = schnelle Antwort) für Geimpfte. Angela Merkel kündigte daraufhin an, dass bis zum Sommer, also innerhalb von drei Monaten, die technischen Voraussetzungen dafür geschaffen seien, die Impfpässe der einzelnen Länder miteinander über eine Datenbank zu vernetzen, so laute *»die politische Vorgabe«.*[184] Die »eiserne Kanzlerin« setzte damit Vorgaben um, die bereits 2018 (!) von der EU beschlossen worden waren.[185] In der »Roadmap on Vaccination«[186] (Fahrplan der Impfungen) ist gemäß Kommissionsvorschlag ein gemeinsamer Impfpass für EU-Bürger allerdings erst ab 2022 vorgesehen. Dank Covid-19 konnte dies nun früher umgesetzt werden.

Ebenfalls 2018 gab die EU eine Studie heraus,[187] worin der von der Weltgesundheitsorganisation definierten zögerlichen Impfbereitschaft in der EU nachgegangen wird, diese sei *»komplex und kontextspezifisch«*, variiere *»je nach Zeit, Ort und Impfstoff«* und werde *»von Faktoren wie Selbstzufriedenheit, Bequemlichkeit und Vertrauen beeinflusst«.*[188] Ein gemeinsamer Impfausweis/Pass für EU-Bürger solle für mehr Impf-Akzeptanz sorgen.

Schon länger treibt die WHO die Entwicklung eines digitalen Impfpasses voran, der weltweit einheitlich sein soll. Wer die Förderer des Projekts sind, verriet sie am 17. August 2021 ganz unverhohlen auf ihrer Website: *»Diese Arbeit wurde von der Bill and Melinda Gates Foundation, der Regierung von Estland, der Fondation Botnar, dem Staat Kuwait und der Rockefeller Foundation finanziert. Die Ansichten der Förderer haben den Inhalt dieses Dokuments nicht beeinflusst.«*[189]

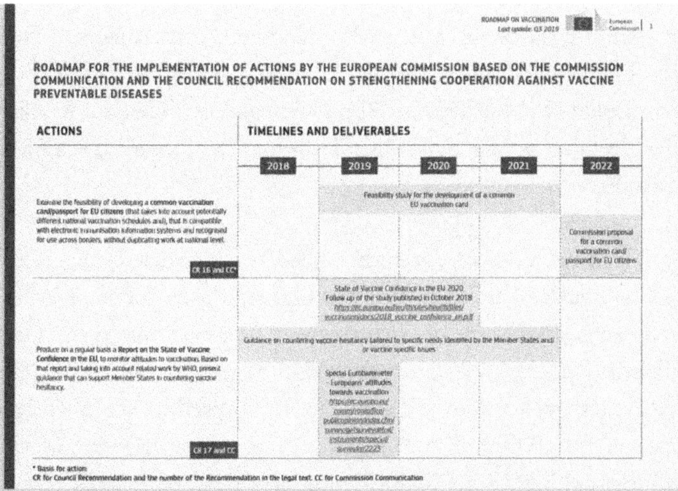

ROADMAP ON VACCINATION
Last update: Q3 2019
European Commission | 1

ROADMAP FOR THE IMPLEMENTATION OF ACTIONS BY THE EUROPEAN COMMISSION BASED ON THE COMMISSION COMMUNICATION AND THE COUNCIL RECOMMENDATION ON STRENGTHENING COOPERATION AGAINST VACCINE PREVENTABLE DISEASES

ACTIONS	TIMELINES AND DELIVERABLES
	2018 – 2019 – 2020 – 2021 – 2022
Examine the feasibility of developing a **common vaccination card/passport for EU citizens** (that takes into account potentially different national vaccination schedules and), that is compatible with electronic immunisation information systems and recognised for use across borders, without duplicating work at national level. CR 16 and CC*	Feasibility study for the development of a common EU vaccination card (2019–2021); Commission proposal for a common vaccination card/passport for EU citizens (2022)
Produce on a regular basis a **Report on the State of Vaccine Confidence in the EU**, to monitor attitudes to vaccination. Based on that report and taking into account related work by WHO, present guidance that can support Member States in countering vaccine hesitancy. CR 17 and CC	State of Vaccine Confidence in the EU 2020 Follow up of the study published in October 2018; Guidance on countering vaccine hesitancy tailored to specific needs identified by the Member States and/or vaccine specific issues; Special Eurobarometer – Europeans' attitudes towards vaccination

* Basis for action:
CR for Council Recommendation and the number of the Recommendation in the legal text. CC for Commission Communication

»Roadmap on Vaccination«: Die rechtlichen Voraussetzungen für einen elektronischen Impfnachweis wurden von der EU bereits 2018 geschaffen

Das Konzept sieht vor, dass alle sieben Milliarden Menschen auf der Erde den Impfpass dauernd mit sich führen sollen – auf Papier oder in digitaler Form.

Am 23. Februar 2022 wurde bekannt gegeben, dass die WHO einen Großauftrag an die Telekom-Tochter »T-Systems« vergeben hat, den 194 Mitgliedsstaaten der Gesundheitsorganisation *»ein technisches Rahmenwerk für die Einführung von digitalen Impfzertifikaten zur Verfügung (zu) stellen«*. Es soll QR-Codes auf elektronischen Impfnachweisen über Ländergrenzen hinweg überprüfbar machen.[190] T-Systems hatte bereits die »Corona-Warn-App« mitentwickelt und auch das EU-Gateway für die Impfzertifikate programmiert (»grüner Pass«).

Zu dieser Entwicklung passt, dass nun dank der Whistleblowerin Astrid Stuckelberger – sie war 20 Jahre lang für die Weltgesundheitsorganisation tätig – durchgesickert ist, dass im Januar 2022 in Genf eine Dringlichkeitssitzung abgehalten wurde, in der es um die Ausweitung der Kompetenzen der WHO im Falle von Pandemien oder anderen Katastrophen ging.[191] Die WHO-Satzung solle dann, so Stuckelberger, Vorrang vor der Verfassung der Mitgliedsländer haben. Aus der Nichtregierungsorganisation wird also demnächst eine Regierungsorganisation?

Die mit Corona einhergehenden Freiheitseinschränkungen machen die Menschen mürbe und erhöhen – wie von den politischen Weichenstellern gewünscht – die Impfakzeptanz. Aber das ständige Wechselspiel von Hoffnung und Angst könnte auch eine andere Reaktion auslösen, nämlich den Verlust des Vertrauens in die Handlungsfähigkeit und den guten Willen der Regierungen. Das ist vergleichbar mit dem ständigen Hin- und Herbiegen eines Drahtes: Er bricht irgendwann.

Wer kennt sich noch aus im Datendschungel von Neuansteckungen, Fallzahlen, Inzidenz und R-Wert? Mit dem Auf und Ab dieser Zahlen wird bewusst jongliert. Ursprünglich sollte der Inzidenzwert 50 nicht übersteigen. Dann forderten Politiker einen Wert unter 35, einige sogar einen unter 10 und ganz Verwegene strebten die 0 an (»Zero-Covid«). Derweil ist das Verhältnis von 50 Infizierten auf 100 000 Einwohner völlig aus der Luft gegriffen. Um eine Zehnerpotenz gekürzt (5 auf 10 000), wird diese Relation in der Europäischen Union für eine »seltene Krankheit« verwendet.[192]

Ein Blick auf die Zahl der Coronatoten bestätigt den Eindruck. Die Johns Hopkins University gibt die Zahl der zwischen 20. Januar 2020 und 16. Februar 2021 an Corona Verstorbenen mit 2,5 Millionen an.[193] Bezogen auf eine Weltbevölkerung von 7500 Millionen fällt es auch da schwer, von einer gefährlichen Pandemie zu sprechen. Vor allem, wenn man berücksichtigt, dass nicht zwischen »an« und »mit« dem Virus verstorben unterschieden wird.

Segelt das Corona-Trio Big Pharma, Politik und Medien unter falscher Flagge? Wird da unter Vortäuschung eines angeblich dringend notwendigen Gesundheitsschutzes ein Großangriff auf Freiheit, Menschenrechte und Demokratie vorbereitet? Soll durch permanente Lockdowns der Mittelstand plattgemacht und die Bevölkerung in die Arme der Großkonzerne getrieben werden? Über Tests, Apps, Impfpass und die erzwungene digitale Kommunikation sowie über elektronische Bezahlung ist eine nie dagewesene Überwachung möglich – damit steuern wir auf eine globale Diktatur zu.

Es ist schon auffällig, wie kritiklos westliche Politiker die globalistischen Ideen von Gates, Soros, Schwab & Co vorantreiben. Mit dem EU-Impfpass werde uns großzügig unsere »Freiheit« zurückgegeben, die uns doch vorher rechts- und faktenwidrig geraubt wurde! Und dieser Impfpass erfordert eine ständige Aktualisierung, denn das Impfen wie das Testen wird in absehbarer Zeit nicht aufhören. Eindeutiges Indiz dafür ist der Aufkauf des britischen Covid-Schnelltest-Herstellers Mologic samt dem Schwesterunternehmen Global Access Diagnostics durch Bill Gates und George Soros – alles angeblich aus reiner Menschenliebe und im Sinne der weltweiten Gesundheitsgerechtigkeit.[194] Zwei umstrittene Globalmilliardäre haben also weitreichende Kontrolle über Herstellung und Verkauf der Schnelltests. Da besteht die Gefahr, dass die Pandemie künstlich am Leben gehalten wird, zumal Gates ja auch noch an den Impfungen verdient.

Auch lässt sich der Verdacht der Manipulation dieser Tests nicht von der Hand weisen. Inzwischen sind Details über den Impfdosen-Kaufvertrag zwischen der Bundesregierung und Biontech/Pfizer durchgesickert, wonach Letztere von jeglicher Schadenhaftung freigestellt sind: *»Der Käufer erkennt an, dass die langfristigen Wirkungen und die Wirksamkeit des Impfstoffs derzeit nicht bekannt sind und dass der Impfstoff unerwünschte Wirkungen haben kann, die derzeit nicht bekannt sind ... Der Käufer erklärt sich hiermit bereit, Pfizer, Biontech (und) deren verbundene Unternehmen ... von und gegen alle Klagen, Ansprüche, Aktionen, Forderungen, Verluste, Schäden, Verbindlichkeiten, Abfindungen, Strafen, Bußgelder, Kosten und Ausgaben freizustellen, zu verteidigen und schadlos zu halten.«*[195]

Diese sittenwidrigen Vereinbarungen haben Oskar Lafontaine zu einem wütenden Facebook-Post veranlasst. Tatsächlich lässt allein die Tatsache, dass es sich hier um einen geheimen Vertrag handelt, den Verdacht krimineller Machenschaften aufkommen. Geheimverträge haben zumeist das Ziel, die Rechtsstaatlichkeit zu umgehen. Sind Behörden mit im Spiel, untergräbt das auf besonders perfide Weise die demokratische Grundordnung. Eine solche Vorgehensweise ist bei der Beschaffung eines Medikaments mit nichts zu rechtfertigen. Wird dabei noch eine »Sondergerichtsbarkeit« erzwungen, so hat das absolut nichts mit Marktwirtschaft, sondern eher mit mafiösem Verhalten zu tun, denn die Pharmakonzerne nutzen in erpresserischer Weise ihre Monopolstellung aus.

Die politisch Verantwortlichen haben es unterlassen, die Öffentlichkeit darüber zu informieren, dass sie von den Pharmakonzernen erpresst wurden und anscheinend eine zu schlechte Verhandlungsposition innehatten, um bessere Bedingungen auszuhandeln. Zudem wurden sie gezwungen, die Knebelbedingungen selbst nach Vertragsauflösung noch zehn Jahre lang geheim zu halten. Nach Paragraph 138 BGB Abs. 1 ist allerdings ein Rechtsgeschäft, das gegen die guten Sitten verstößt, nichtig: *»Als sittenwidrig im Sinne dieser Vorschrift ist ein Rechtsgeschäft zu beurteilen, wenn es nach seinem aus der Zusammenfassung von Inhalt, Beweggrund und Zweck zu entnehmenden Gesamtcharakter mit den grundlegenden Wertungen der Rechts- und Sittenordnung nicht zu vereinbaren ist.«*[196]

Ohne couragierte Bürger und Politiker, die den Betrug aufdecken und sich dagegen zur Wehr setzen, werden die westlichen Demokratien endgültig zum Spielball globalistischer Führungsoffiziere.

Hirnchips, Eugenik und die »vierte industrielle Revolution«

Dem kanadischen Journalisten und Historiker Matthew Ehret, Gründer der *Canadian Patriot Review*, bereitet der wachsende Einfluss von Eugenikern Unbehagen. Trotzdem ist er der Meinung, dass es auf lange Sicht niemandem nützt, ein solches Thema zu ignorieren, denn *»Lieblinge des Weltwirtschaftsforums wie Yuval Harari protzen mit Konzepten wie ›die neue globale nutzlose Klasse‹, die durch künstliche Intelligenz, Gentechnik, Automatisierung und die Vierte Industrielle Revolution eingeläutet werden«.*[197] Andere Davos-Gewaltige wie Klaus Schwab fordern offen eine mit Mikrochips ausgestattete Weltbevölkerung, die sich mit einem einzigen Gedanken in ein globales Netz einklinken kann, während Elon Musk und Mark Zuckerberg für »Neuralink« werben, um die Menschheit durch die Verschmelzung mit Computern in einer neuen Epoche der Evolutionsbiologie »relevant zu halten«. Führende darwinistische Genetiker wie James Watson und Richard Dawkins sprechen sich offen für Eugenik aus, *»während sich Technokraten in Herrschaftspositionen konsolidieren, denen der Great Reset als Vorwand für den Einstieg in eine neue post-nationalstaatliche Ära dient.«*[198]

Der Tech-Milliardär Elon Musk lässt bereits Geräte zur Kommunikation zwischen dem menschlichen Gehirn und Computern, ein sogenanntes »Brain-Computer-Interface« entwickeln, um mit der kommenden Künstlichen Intelligenz mithalten zu können. Musk träumt von der Digitalisierung des Gehirns und will eines Tages Sprachkenntnisse ins Hirn hochladen, Gedanken digital übertragen und das menschliche Gedächtnis abspeichern.[199]

Im Mai 2021 wurde bekannt, dass der deutsche Tech-Geldgeber Christian Angermayer zusammen mit dem Facebook-Investor Peter Thiel bei Blackrock Neurotech, Salt Lake City, eingestiegen ist, um ebenfalls Hirnchips herzustellen. Die Technologie soll es gelähmten Patienten ermöglichen, wieder zu kommunizieren oder Gliedmaßen zu bewegen.[200] Und Anfang Juli 2021 gab das Technologieunternehmen Merck eine Kooperationsvereinbarung mit Innervia Bioelectronics, Tochterunternehmen von Inbrain Neuroelectronics mit Sitz in

Barcelona/Spanien, im Innovationsfeld Bioelectronics bekannt.[201] Dieses soll die vielversprechenden Eigenschaften von Graphen (besteht aus Kohlenstoffatomen) in Sachen Miniaturisierung, Präzision und Effizenz bei der Modulation eines bestimmten Hirnnervs (Veganusnerv) zur Anwendung bringen. Die mithilfe von Graphen entwickelten KI-Plattformen sollen in Zukunft die Funktionalität des Gehirns nachahmen und neuartige Anwendungsbereiche schaffen. Inbrain bietet bereits KI-Lösungen für Finanzdienstleistungen, das Gesundheitswesen und die Cybersicherheit an. Robert Spoelgen, Leiter der Abteilung Bioelectronics des Merck Innovation Center: »*Bioelektronische Geräte sind in der Lage, direkt mit dem Nervensystem zu kommunizieren. Die Aufzeichnung von Nervensignalen und deren Kombination mit anderen zugänglichen physiologischen Daten wird zu einem besseren Verständnis von Krankheiten führen und eine personalisierte Therapie ermöglichen.*« In hirnsteuernden »Biokreisen« auf der Basis von Graphen wird eine sehr reale Technologie gesehen; sie könnte »*zur Behandlung von Epilepsie und der Parkinson-Krankheit*« eingesetzt werden.[202] Die zweifellos positiven Anwendungsmöglichkeiten dieser Technologie könnten jedoch auch in ganz anderer Absicht von denen eingesetzt werden, die diese Technologie

Eugenik als Selbststeuerung menschlicher Evolution? (Logotext der zweiten Internationalen Eugenik-Konferenz, New York 1921)

kontrollieren, wie Beispiele aus jüngerer Zeit beweisen: »*Fernsehen, Impfstoffe, das Internet, Atomkraft, Robotik usw. – enden sie alle in den Händen von verrückten, völkermordenden Globalisten, die sie als Waffen gegen die Menschheit einsetzen?*«[203]

1869 prägte der britische Anthropologe Francis Galton (1822–1911) den Begriff Eugenik für die »*Wissenschaft, die sich mit allen Einflüssen befaßt, welche die angeborenen Eigenschaften einer Rasse verbessern*«.[204] Die Thematik bekam im Verlauf des desaströsen Burenkriegs (1899–1902) aufgrund des Mangels an tauglichen Rekruten sowie der Angst vor außenpolitischem Bedeutungsverlust und innenpolitischer Degeneration besondere Bedeutung. Den ressourcenverschlingenden Krieg hatten der Gold- und Diamantentycoon Cecil Rhodes und seine rechte Hand Alfred Milner vom Zaun gebrochen. Es ging ausschließlich um die Profitinteressen einer kleinen Schicht von Kolonialherren. Dieser englische Krieg, der erste unter den Bedingungen der »Massendemokratie«, stärkte nach einer langen Periode des Liberalismus die Eugenikbewegung, welche sich für eine kraftvollere Rolle des Staates aussprach.[205]

Im Verlauf des Burenkriegs wurde deutlich, dass das Empire seinen Zenit überschritten hatte. Durch seine Beobachtungen und Analysen des Kriegs zwischen Sparta und Athen hatte der Grieche Thukydides vor mehr als 2400 Jahren messerscharf geschlossen, dass es unweigerlich zu militärischen Konflikten kommen muss, wenn eine alte Großmacht durch eine neue ersetzt wird – heute als »Thukydides-Falle« bekannt. Das galt in der zweiten Hälfte des 19. Jahrhunderts für die Briten ebenso wie für die USA heute. Anfang März 2021 wurde der chinesische General Xu Qiliang deutlich: »*China muss rüsten, weil es Scharmützel mit der alten Weltmacht USA für unausweichlich hält*«.[206]

Da Großbritannien aber Ende des 19. Jahrhunderts den ersten Platz nicht kampflos räumen wollte, wurde in den imperialen Netzwerken nach einer neuen Großstrategie gesucht. Dabei tat sich besonders der junge und ehrgeizige Biologe Thomas Huxley (1825–1895) hervor, Großvater dreier bekannter Brüder: des Biologen und UNESCO-Generalsekretärs Julian Huxley (1887–1975), des Schriftstellers Aldous Huxley (1894–1963) sowie des Humanmediziners Andrew Fielding Huxley (1917–2012). Thomas Huxley war einflussreicher Unterstützer sowohl des Empirismus David Humes als auch der Evolutionstheorie Charles Darwins, was zu seinem Beinamen »Darwin's Bulldog« führte. Mit umfangreichen Forschungen und wissenschaftlichen Publikationen hatte Huxley großen Einfluss auf die Entwicklung der Naturwissenschaften im 19.

Jahrhundert. Ende 1864 gründete er mit gleichgesinnten Naturwissenschaftlern den X-Club. Dort trafen sich die neun Mitglieder – unter ihnen der Soziologe und Evolutionstheroretiker Herbert Spencer – bis März 1892 regelmäßig.[207]

Wappen der Fabian Society (1884)

Ab 1884 versammelten sich unter Führung von Sidney und Beatrice Webb sowie von George Bernard Shaw eugenikbegeisterte Intellektuelle auch in der Fabian Society.[208] Bald zog die Gruppe führende imperiale Koryphäen an, darunter Thomas Huxleys Schüler H. G. Wells, Science-Fiction-Autor und später britischer Weltkriegspropagandist, zudem Lord Halford Mackinder, den Begründer der Herzlandtheorie, John Maynard Keynes und Lord Bertrand Russell. Die Gruppe gründete eine Schule, an der sie talentierte junge Mitglieder der globalen Elite indoktrinierte: die London School of Economics. Viele Fabianer waren im Jahr 1900 an der Gründung der Labour Party beteiligt, die Verfassung der Fabian Society, von Shaw geschrieben, weist viele Parallelen zu deren Gründungsdokumenten auf. Im Wappen führt die Fabian Society den Wolf im Schafspelz.

1902 wurde in Oxford die Denkfabrik Round Table Group unter Kontrolle der »Rassenpatrioten« George Parkin und Cecil Rhodes rechter Hand Lord Alfred Milner gegründet.[209] Bald entstanden Zweigstellen im gesamten Commonwealth; in Carrol Quigleys posthum veröffentlichtem Werk »Anglo-American Establishment« werden sie beschrieben.[210] Die »Roundtables« wurden aus dem Vermögen des Diamantenmagnaten Cecil Rhodes finanziert, ihr Mandat wurde in dessen »Testament« von 1877 festgelegt: *»Lasst uns eine solche Gesellschaft gründen, eine Kirche für die Ausdehnung des britischen Empire. Eine Gesellschaft, die ihre Mitglieder in jedem Teil des Britischen Reiches haben sollte, die mit einem Objekt und einer Idee arbeitet, wir sollten ihre Mitglieder an unseren Universitäten und unseren Schulen platzieren und die englische Jugend beobachten, die durch ihre Hände geht, nur einer vielleicht unter Tausend hätte den Verstand und die Gefühle* *für ein solches Objekt, er sollte in jeder Hinsicht getestet werden, er sollte getestet werden, ob er ausdauernd ist, im Besitz von Beredsamkeit, ohne Rücksicht auf die kleinlichen Details des Lebens, und wenn er als solcher gefunden wird, dann gewählt und durch einen Eid verpflichtet, für den Rest seines Lebens in seinem Land zu dienen. Er sollte dann, wenn er keine Mittel hat, von der Gesellschaft unterstützt und in den Teil des Reiches geschickt werden, in dem man ihn für notwendig hält.«*[211]

1907 gründete Francis Galton die Eugenics Educational Society (nach 1926 British Eugenics Society), in der der Biologe und gefeierte Sozialreformer Julian Huxley starken Einfluss hatte, zunächst neben John Maynard Keynes als Sekretär und später als Präsident. Mit seinem Bruder Aldous arbeitete er hart daran, in die sehr großen Fußstapfen ihres Großvaters Thomas Huxley zu treten. 1946 gründete Julian Huxley eine zentrale Organisation der Vereinten Nationen: die United Nations Education, Science and Cultural Organization (UNESCO). Deren Aufgabe sei es, mittels Bildung, Wissenschaft und Kultur eine Form von weltpolitischer Einheit ins Auge fassen, *»sei es durch eine einzige Weltregierung oder auf andere Weise, als einziges sicheres Mittel zur Vermeidung von Kriegen ... In ihrem Bildungsprogramm kann sie die ultimative Notwendigkeit einer weltpolitischen Einheit betonen und alle Völker mit den Auswirkungen der Übertragung der vollen Souveränität von einzelnen Nationen auf eine Weltorganisation vertraut machen.«*[212] Damit outete er sich bereits 1946 als Anhänger einer New World Order.

Thomas Huxley mit Enkel Julian, dem Bruder von Aldous (um 1893)

Zudem bricht er eine Lanze für die Eugenik – ein Jahr nachdem die Verbrechen der Nationalsozialisten in der Welt bekannt geworden waren: *»... in jedem Fall scheint es wahrscheinlich, dass das tödliche Gewicht der genetischen Dummheit, der körperlichen Schwäche, der geistigen Instabilität und der Krankheitsanfälligkeit, die bereits in der menschlichen Spezies vorhanden sind, sich als zu große Last erweisen wird, um einen wirklichen Fortschritt zu erreichen. Obwohl es also ganz richtig ist,* *dass jede radikale eugenische Politik für viele Jahre politisch und psychologisch unmöglich sein wird, wird es für die UNESCO wichtig sein, dafür zu sorgen, dass das eugenische Problem mit größter Sorgfalt untersucht wird und dass die Öffentlichkeit über die auf dem Spiel stehenden Fragen informiert wird, damit vieles, was jetzt undenkbar ist, zumindest denkbar wird.«*[213]

Julian Huxley leitete die UNESCO von 1946 bis 1948 als Generaldirektor. 1948 gründete der kanadische Psychiater G. Brock Chisholm (1896–1971) die der UNO angegliederte Weltgesundheitsorganisation WHO mit dem Ziel, die geistige und körperliche Gesundheit der Menschheit zu fördern. Weiterhin ging es auch Chisholm um die Errichtung einer New World Order: »*Um eine Weltregierung zu erreichen, ist es notwendig, den Individualismus, die Treue zur Familientradition, den nationalen Patriotismus und die religiösen Dogmen aus den Köpfen der Menschen zu entfernen.«*[214] Im gleichen Jahr rief Julian Huxley die International Union for the Conservation of Nature ins Leben und setzte damit die Umweltbewegung in Gang.

Nachdem UNESCO und WHO fest etabliert waren, wurde 1948 noch eine dritte Organisation gegründet, um die Finanzierung der globalen psychischen Gesundheit voranzutreiben: die World Federation of Mental Health (WFMH), die hauptsächlich von der Macy Foundation finanziert wurde, so der Historiker Anton Chaitkin.[215] Die Macy Foundation wiederum wurde 1930 unter der Leitung von General Marlborough Churchill (eines Cousins von Winston Churchill) gegründet, der von 1919 bis 1929 für den militärischen Nachrichtendienst »Schwarze Kammer«[216] verantwortlich war. Seine neue Stiftung war ein Teil der Rockefeller-Maschine und wurde als Kanal benutzt, um Geld in die »Gesundheitswissenschaften« mit Schwerpunkt Eugenik zu stecken.

In den folgenden Jahren arbeiteten UNESCO, WHO und WFMH eng mit Universitäten, Forschungslabors und verdeckten militärischen Einrichtungen zusammen. So wurde auch das geheime MK-Ultra-Forschungsprogramm über Möglichkeiten der Bewusstseinskontrolle koordiniert. Neben militärischen Zielen sollte eine »geistig gesunde« Gesellschaft im Sinne der Globalisten angestrebt werden, die frei sein sollte von Verbindungen zum Christentum, dem Glauben an Wahrhaftigkeit, Patriotismus sowie der Bindung an die Familie.

Im Dezember 2015 organisierten die Nationale Akademie der Wissenschaften, die Nationale Akademie der Medizin, die Chinesische Akademie der Wissenschaften und die Royal Society of the UK in Washington D. C. ein internationales Gipfeltreffen zu den jüngsten wissenschaftlichen Entwicklungen im Bereich des Gen-Editierens beim Menschen und den damit verbundenen ethischen und politischen Fragen.[217] Der Konferenzvorsitzende, Nobelpreisträger David Baltimore, US-amerikanischer Mikrobiologe und Virologe und einer der Wegbereiter der Gentechnik, erinnerte in seiner Grundsatzrede an die visionären Worte von Julian Huxley: »*Wir stehen an der Schwelle einer neuen Ära der Menschheitsgeschichte.*«[218] Auf dem Gipfel wurde eine revolutionäre Technologie zur Genveränderung, die Genschere, bekannt als CRISPR (Clustered Regularly Interspaced Short Palindromic Repeats), vorgestellt.[219] Die Entdeckerinnen, die Französin Emmanuelle Charpentier und die US-Amerikanerin Jennifer Doudna, erhielten dafür 2020 den Chemie-Nobelpreis.[220] Mit diesem Verfahren können DNA-Sequenzen für immer gezielt verändert und verschiedene Mutationen induziert werden. Was aber, wenn es in die falschen Hände gerät?

Unter Umgehung der Food and Drug Administration (FDA) wurden in den USA Gentherapie-Technologien, die sich als Impfstoffe ausgeben, mit großem Druck durchgesetzt und die CRISPR-Technologie als Schlüssel bei der Bekämpfung der neuen mutierenden Stämme von Covid-19 gepriesen.[221]

In Deutschland schuf man die rechtlichen Voraussetzungen im Juli 2009, als im Rahmen einer Anpassung des Arzneimittelgesetzes an europäische Verordnungen eine kleine, aber weitreichende Gesetzesänderung im Bundestag beschlossen wurde: Impfstoffe durften fortan nicht mehr nur Antigene enthalten, sondern auch »rekombinante Nukleinsäuren« (§ 4 AMG). Da auch künstliche mRNA unter rekombinante Nukleinsäuren fallen, ist es hierzulande seither möglich, Gentherapeutika als Impfstoffe zu bezeichnen.[222] Obmann der CDU im Gesundheitsausschuss des Bundestags, der den Gesetzesentwurf billigte, war zu jener Zeit Jens Spahn, der spätere Gesundheitsminister ...

Die EU-Kommission zog am 14. September nach. Mit der Richtlinie 2009/120/EG zur Änderung der Richtlinie 2001/83/EG des Europäischen Parlaments und des Rates zur Schaffung eines Gemeinschaftskodexes für Humanarzneimittel im Hinblick auf Arzneimittel für neuartige Therapien gilt seither: »*Impfstoffe gegen Infektionskrankheiten sind keine Gentherapeutika.*« (Absatz 2.1, Anhang). Dadurch kommt es vereinfacht ausgedrückt zu der kuriosen Situation, dass Gentherapeutika zwar als Impfstoffe bezeichnet werden dürfen, rechtlich aber keine sind!

Die offensichtliche Verbindung zwischen Eugenik-Organisationen von gestern und dem Aufstieg der modernen mRNA-Operationen im Zusammenhang mit GAVI und Oxfords Astra Zeneca wurde von der Enthüllungsjournalistin

Whitney Webb 2020 aufgedeckt.[223] Besteht überhaupt noch Hoffnung, dass die Gentechnologie den Interessen der Menschheit dient und die Wertschätzung von menschlichem Leben, Familie, Glaube und nationaler Souveränität gewahrt bleibt?

1961 verfasste Julian Huxley im Schweizer Kanton Waadt das Manifest von Morges, eine Streitschrift für die moderne Ökologiebewegung. Dies führte zur Gründung des World Wildlife Fund (WWF) zusammen mit Prinz Philip Mountbatten und Prinz Bernhard der Niederlande, beide Neo-Malthusianer, also Anhänger der Theorie der »Bevölkerungsfalle« des britischen Ökonomen Thomas Robert Malthus (1766–1834). Er forderte 1798 eine weltweite Geburtenkontrolle im Sinne einer sozialdarwinistischen Auslese. *»Heute finden sich neo-malthusianische Ansätze nicht nur bei den extrem Rechten, sondern auch in ökologischen Bewegungen wieder. In Debatten um ökologische Fußabdrücke, Ressourcenausbeutung oder ›Grenzen des Wachstums‹ gibt es nicht selten Verweise auf eine nötige Beschränkung der Weltbevölkerung oder gar das Problem einer ›Überbevölkerung‹«*, heißt es vonseiten der Fachstelle für Radikalisierungsprävention und Engagement im Naturschutz.[224]

Wie ist nun eine Weltregierung, die eugenische Verbesserung der Menschheit und die moderne Ökologiebewegung unter ein Dach zu bringen? Nur im Rahmen einer globalen Diktatur. Schon der Philosoph Immanuel Kant hatte betont, dass Rechtstaatlichkeit allein in souveränen Staaten möglich sei. Bis vor Kurzem war die eugenische Verbesserung des Menschen, obwohl immer wieder von totalitären Regimen angestrebt, nur eine Chimäre, ein unheilvoller Wahn, doch beim heutigen Stand der transhumanistischen Forschung könnten solche technokratischen Fantasien bald Wirklichkeit werden. So verdienstvoll viele Aktivitäten der Ökologiebewegung auch sein mögen, im Moment erweckt sie den Eindruck einer auf den Klimawandel fixierten Hilfstruppe der globalen NWO-Konstrukteure. Wo hat sie jemals gegen die unvorstellbaren Umweltzerstörungen durch Kriege, etwa mittels »Agent Orange« zur Entlaubung der Wälder in Vietnam oder den tonnenweisen Einsatz von panzerbrechender Munition, deren Projektile abgereichertes Uran enthalten, protestiert? Uran 238 ist schwerer als Wolfram und deshalb hervorragend zum Durchdringen von Panzerungen geeignet. Zugleich kann der US-Atomschrott dabei kostengünstig entsorgt werden. Diese Munition wird vor allem von amerikanischen Erdkampf-Bombern (A10) zur Panzerabwehr eingesetzt.

Die Kriegsverbrechen im Irak, in Bosnien und im Kosovo hat Frieder Wagner in seinem Dokumentarfilm »Todesstaub – Deadly Dust« festgehalten. Bei der Explosion von Uranmunition wird eine Wolke winziger radioaktiver Nanopartikel mit einer Halbwertszeit von 4,5 Milliarden Jahren freigesetzt, die eingeatmet tödliche Krebstumore verursachen und den genetischen Code aller Lebewesen für viele Generationen deformieren können. In den betroffenen Ländern sind inzwischen ganze Regionen unbewohnbar geworden.

Der deutsche Tropenarzt und Epidemiologe Siegwart-Horst Günther – er leitete 1991 ein Kinderkrankenhaus in Basra und unterstützte vorher in Lambaréné Albert Schweitzer – machte nach dem Golfkrieg 1991 als Erster auf die verheerenden Folgen solcher Urangeschosse aufmerksam. In Deutschland wurde er dafür diskreditiert und verfolgt.[225]

Anders in Österreich. Dort erhielt Günther am 18. Oktober 2007 in der Residenz zu Salzburg den Nuclear-Free-Future-Award in der Kategorie Aufklärung. In seiner Dankesrede sagte er: *»Als ich 1991, nach dem 1. Golf-Krieg, entdeckte, dass die Alliierten in diesem für mich völkerrechtswidrigen Krieg Uran-Geschosse eingesetzt hatten, mit allen ihnen schon damals bekannten schrecklichen Konsequenzen, war ich wegen dieser Ungeheuerlichkeit zutiefst empört. Krieg sollte heute sowieso obsolet sein, aber der Einsatz dieser Munition und Bomben aus abgereichertem Uran ist eine Menschen und Umwelt verachtende Ungeheuerlichkeit.«*[226]

Der Bombenterror gegen Vietnam, Serbien, Irak usw. hat neben dem unvorstellbaren Leid der Betroffenen die Umwelt und damit auch das Klima nachhaltig geschädigt. Auch die weltweiten Manöver vor allem der westlichen Wertegemeinschaft belasten allein durch den Energiebedarf die Umwelt stark. Dazu der unersättliche Bedarf an Ressourcen für die Rüstung. Fast unbemerkt forschen die Militärs nach Möglichkeiten zur Beeinflussung des Wetters (Geo-Engineering), um auch noch Tsunamis und Erdbeben zu erzeugen. Neben der giftigen Entlaubung großer Landstriche kam es in Vietnam im Rahmen von Project Popeye der CIA zwischen 1966 und 1972 zu mehr als 2300 Wolkenimpfungen mit Silberjodid über dem Ho-Chi-Minh-Pfad. Ziel war es, diesen wichtigen Verkehrsknotenpunkt durch die Verstärkung des Monsunregens für den nordvietnamesischen Nachschub unpassierbar zu machen und Ernteausfälle zu verursachen.[227] Das UN-Umweltkriegsübereinkommen verbiete zwar seit 1978 militärische Wettermanipulationen, doch, so Siegwart-Horst Günther: *»Tatsache ist, dass bis heute kein einziges derartiges militärisches Experiment* *gestoppt worden ist. Da Geo-Engineering auch im internationalen Rechtsraum noch nicht definiert ist, wird eine Kontrolle a priori unmöglich gemacht.«*[228]

In diesem Zusammenhang sprach 1997 der damalige US-Verteidigungsminister William S. Cohen in einem Briefing sogar von einem »Wetterkrieg«: *»Andere betreiben sogar eine Art Öko-Terrorismus, bei dem sie das Klima verändern sowie Erdbeben und Vulkane durch den Einsatz elektromagnetischer Wellen aus der Ferne auslösen können. ... Es gibt also viele schlaue Köpfe da draußen, die Wege finden, wie sie andere Nationen in Angst und Schrecken versetzen können. Das ist real, und das ist der Grund, warum wir unsere Bemühungen intensivieren müssen.«*[229]

An all diesen diabolischen Entwicklungen sind die Architekten des Great Reset mitbeteiligt. Heute favorisieren sie eine »vierte industrielle Revolution« und wollen mittels Automatisierung und künstlicher Intelligenz den Großteil der Menschheit überflüssig machen. Der Starphilosoph des Weltwirtschaftsforums Yuval Harari hat diese Aussicht wiederholt beschrieben: *»Technologie kann die menschliche Gesellschaft und den eigentlichen Sinn des menschlichen Lebens auf vielfältige Weise stören – von der Schaffung einer globalen nutzlosen Klasse bis hin zum Aufkommen von Datenkolonialismus und digitalen Diktaturen.«*[230] Yuval Harari ist überzeugt, dass die Menschen für ihre Gesundheit bereit sind, ihre Privatsphäre aufzugeben und sie *»in die Hände der neuen Götter zu legen«*.[231] Gerät nun der Hebel der Evolution von der Selbstorganisation der Natur in die Obhut der neuen Götter wie Google, Facebook und WEF?

Das Tavistock-Institut und der Great Reset

Im April 2021 veröffentlichte das Tavistock-Institut, eine aus der Kriegspropaganda des Ersten Weltkriegs hervorgegangene sozialwissenschaftliche Forschungsorganisation, den Artikel »Erwachsene im Raum«. Darin wird vor allem auf Klaus Schwabs Buch »Covid-19: The Great Reset« eingegangen und auf dessen Kernaussage verwiesen, dass wir uns auf eine *»wütendere Welt«* vorbereiten müssen. Die Systeme auf der ganzen Welt müssten handeln, um sicherzustellen, dass die *»zurückgelassenen«* Menschen Berücksichtigung finden. *»Viele Branchen, das Gesundheitswesen und die digitale Wirtschaft werden durch die Krise gestärkt werden, während diejenigen, die persönliche Interaktionen benötigen, und andere kleine Unternehmen nicht überleben werden.«*[232] Vor der Tür stehe die grüne Wirtschaft, die Digitalisierung der globalen Ordnung und eine *»vierte industrielle Revolution«* der Innovation. Das alles rufe emotionale Dynamiken hervor. Führungskräfte müssten *»sich auf eine wütende Bevölkerung und Arbeitnehmer, die mit Traumata, Stress und Ängsten zu kämpfen haben, einstellen«.*[233]

An dieser Stelle bringt sich das Tavistock-Institut selbst ins Spiel und verweist auf sein zertifiziertes Programm »Dynamics @ Board Level«, das entwickelt wurde, *»um die obersten Vorstandsmitglieder, Coaches und Berater darin zu unterstützen, mit dem neuen Kontext zu arbeiten und die Fähigkeit zu finden, zu denken und nicht von den unausgesprochenen und manchmal unbewussten Kräften überwältigt zu werden, die Irrationalität und destruktives Verhalten antreiben. In der Lage zu sein, in der Position des Erwachsenen zu bleiben, wird ein deutlicher Vorteil für die Vorstände im digitalen Zeitalter sein, da wir mit der Verschmelzung unserer physischen, digitalen und biologischen Identitäten konfrontiert sind.«*[234]

Das liest sich noch recht harmlos. Um die tieferen Absichten zu erkennen, muss die Geschichte des Instituts beleuchtet werden. Für den Kriegseintritt 1914 musste die britische Bevölkerung von ihrer starken Antikriegshaltung nach dem Burenkrieg weggeführt werden. Die Massenmanipulation gelang dank der willigen Kooperation von Nachrichten- und Kommunikationsmedien. Zudem begann über J. P. Morgan auch die Fed im gleichen Jahr für die Entente »segensreich« zu wirken. Auf Weisung der Regierung unter Herbert Henry Asquith wurde im August 1914 das War Propaganda Bureau (WPB, deutsch: Kriegspropagandabüro) von Schatzkanzler David Lloyd George gegründet, nach dem Sitz des Hauptquartiers auch »Wellington House« genannt. Eine der ersten Publikationen war Anfang 1915 der »Bryce-Report«, der, in 30 Sprachen übersetzt, der deutschen Armee systematische Folter an belgischen Zivilisten vorwarf.[235]

1916 wurde die erfolgreiche Propagandatechnik in den USA angewendet, um dort ebenfalls Kriegsbereitschaft zu entfachen. Für diejenigen, die sich nicht für den Krieg gegen die »Barbaren« begeistern wollten, führte Wellington House den abfälligen Begriff »Isolationist« ein. 1917 wurde das Propagandabüro vom Department of Information abgelöst, aus dem das Ministry of Information im Crewe House hervorging. 1921 schließlich wurden die Operationen an das auf dem Gelände der Sussex-Universität liegende Tavistock Institute of Human Relations übertragen, geleitet von Generalmajor John Rawlings Rees (1890–1969), der vorher an der British Army Psychological Warfare Bureau School (Schule für psychologische Kriegführung) tätig war. Neben Rees hatten vor allem der »Meister der Manipulation«[236] Edward Bernays und der aus Deutschland stammende Kurt Lewin, einer der einflussreichsten Pioniere der Psychologie, starken Einfluss auf die Weltpolitik.

Heutiger Sitz des Tavistock-Instituts in London

Auf dem Weg zur angestrebten neuen Weltordnung erkannte das Institut in der Betonung des Schutzes der Weiblichkeit und der Achtung vor ihrer Würde einen Stolperstein. 1922 wurde Tavistock auf das Werk des deutschen Philosophen Oswald Spengler aufmerksam, der in der Missachtung der Weiblichkeit ein Zeichen der Degeneration großer Kulturen sah. Spengler verwies in »Der Untergang des Abendlandes« darauf, dass sich Griechen und Römer bis zu ihrem Untergang dem sozialen, religiösen, moralischen und spirituellen Fortschritt und dem Schutz der Weiblichkeit verschrieben hatten. Die *»gebärende Frau wurde als tapfere Kriegerin begrüßt und die an der Geburt gestorbene unter denselben Formeln bestattet wie die in der Schlacht gefallenen Helden«*.

»Erst das Weib ohne Rasse«, so Spengler, *»das Kinder nicht haben kann oder will, das nicht mehr Geschichte ist, möchte die Geschichte der Männer machen, nachmachen. Und umgekehrt hat es einen tiefen Grund, wenn man die anti-politische Gesinnung von Denkern, Doktrinären und Menschheitsschwärmern als altweiberhaft bezeichnet. Sie wollen die andere Geschichte, die des Weibes, nachmachen, obwohl*

sie es nicht – können.«[237] Das Denken Spenglers und der Tavistock-Strategen bewegte sich auf parallelen Bahnen – jedoch mit entgegengesetzter Zielsetzung. Während Spengler vor dem kulturellen und zivilisatorischen Untergang warnte, erkannten die angelsächsischen Strategen in den genannten Symptomen eine Möglichkeit zur Destabilisierung der traditionellen Kultur im Hinblick auf die von ihnen angestrebte Transformation der Weltgesellschaft.

Nun ging der ganze Druck dahin, *»den Westen durch einen Angriff auf das Weibliche und auf die rassische, moralische, spirituelle und religiöse Grundlage, auf der die westliche Zivilisation ruhte, zu ›demokratisieren‹«.*[238] Bei der Umformung nahmen sich die Tavistock-Planer das antike Rom zum Vorbild, wo ehemalige Sklaven und eingewanderte Fremde die Bürgerrechte verliehen bekommen und in der Folge die einheimische Elite verdrängt hatten. Das Institut baute den Weg in den Zweiten Weltkrieg erfolgreich mit aus und half anschließend, die Ziele der 1924 gegründeten Frankfurter Schule umzusetzen. 1930 übernahm der Philosoph Max Horkheimer deren Leitung, unter ihm wurde später die »Kritische Theorie« entwickelt.[239] Während des Dritten Reichs musste die Frankfurter Schule an die US-Columbia Universität wechseln. Nach dem Krieg kehrte sie zurück, beherrschte in den 1960er-Jahren die Soziologie und beeinflusste die Studentenbewegung. Die 68er-Bewegung kritisierte die bestehenden Verhältnisse in jeder nur denkbaren Hinsicht. *»Ihre destruktive Kraft war weitaus größer als ihre konstruktive«*, hieß es am 22. Juni 2014 in einem Beitrag des Deutschlandfunks. Vor dieser Destruktion schien nichts sicher zu sein: *»religiöser Glauben, weltanschauliche Überzeugungen, wissenschaftliche Gewissheiten, staatsbürgerliche Pflichten und Tugenden. Der gesamte Katalog an so genannten Sekundärtugenden wurde infrage gestellt. Die Kritik am Überkommenen, dem Traditionsbestand der Gesellschaft, war ätzend wie ein Säurebad.«*[240]

Der deutsch-amerikanische Philosoph, Politologe und Soziologe Herbert Marcuse wurde bei der Vortragsreihe »Das Ende der Utopie« im Juli 1967 von Studenten der Freien Universität Berlin wie der Messias eines neuen Zeitalters begrüßt.[241] Aus heutiger Sicht war das Programm äußerst erfolgreich: Jugendliche und Kinder wurden ihren Eltern entfremdet, Frauen gegen Männer und Promiskuitive gegen Monogame aufgehetzt. Die Idealisierung der »freien Entfaltung der Persönlichkeit« ersetzte soziale Verhaltensweisen durch Egoismus, der Drogenhype führte zu sozialer Verantwortungslosigkeit. Damit einher ging die Zerstörung der christlichen Kulturmatrix, in der die Familie einen ähnlich hohen Stellenwert hatte wie z. B. im Islam. Die Frau wurde degradiert zum Sexobjekt.

1962 stand die Welt bei der Kuba-Krise vor dem atomaren Abgrund, dann folgten über zehn Jahre Vietnamkrieg. Dieser und die permanente Bedrohung eines Atomkriegs erleichterten es Tavistock, die junge Generation zu beeinflussen und mit der Illusion grenzenloser Freiheit – Sex & Drugs & Rock'n'Roll – eine Gegenkultur zu etablieren. Auch Pop- und Rockmusik wurde von Tavistock gezielt eingesetzt; die Kritik am Vietnamkrieg und an der konsumorientierten Gesellschaft wurde in Bahnen gelenkt, die mit der New-World-Order-Agenda kompatibel waren – besser kann Tarnung nicht sein.

Kriege brechen nicht aus: Sie werden geplant und nach Drehbuch inszeniert. Neben den militärischen Planspielen ist dabei vor allem die Vorbereitung und Einstimmung der Bevölkerung auf die kommenden Kriegsereignisse von großer Bedeutung. Im NATO-Sprachgebrauch hat sich in diesem Zusammenhang der Begriff »Psychological Operations« (*PSYOP*) durchgesetzt.[242] Dank der Unterstützung von Tavistock war es der NATO möglich, 1999 Serbien 72 Tage und Nächte lang zu bombardieren und damit ungestraft davonzukommen. Damit verletzte die NATO alle vier Genfer Konventionen, außerdem die Haager Landkriegsordnungen, die Nürnberger Protokolle und die Satzung der Vereinten Nationen. Die von US-Verteidigungsminister Rumsfeld angewandte

Edmund Aloysius Walsh (re.), Gründer der einflussreichen Georgetown University, 1939 bei einer Rede vor dem Senatsausschuss

Shock-and-Awe-Strategie mit einem Platzregen aus Marschflugkörpern und Bomben auf die Zivilbevölkerung in Bagdad funktionierte tadellos. Das ist nur möglich, wenn der Präsident und seine Berater davon ausgehen können, dass es keinen Protest seitens der eigenen Bevölkerung gibt.

Schon in den frühen 1930er-Jahren erhielt das Tavistock-Institut erhebliche Zuwendungen vom Rockefeller Brothers Foundation Fund.[243] 1938 wurden an der ältesten römisch-katholischen und von Jesuiten geleiteten, renommierten Georgetown University alle Lehrpläne entsprechend den Vorgaben des Tavistock Brain Trust Teams modifiziert. Bekannt ist die Elite-Universität vor allem für ihre Fakultäten Politikwissenschaft/Internationale Beziehungen, Wirtschaftswissenschaft und Rechtswissenschaft, die jeweils zu den besten der USA gehören.

Die Georgetown University School of Foreign Service wurde 1919 vom Jesuitenpater Edmund Aloysius Walsh SJ (1885–1956), Professor für Geopolitik und Berater der US Chief of Counsel bei den Nürnberger Prozessen, gegründet – sechs Jahre bevor der United States Foreign Service installiert wurde. Sie zählt zu den führenden Einrichtungen ihrer Art weltweit.[244] Georgetown ist Mitglied der Association of Jesuit Colleges and Universities. Unter den bekanntesten Abgängern finden sich der ehemalige US-Präsident Bill Clinton (er führte 1999 den Krieg gegen Restjugoslawien und hob im Interesse der Spekulationsbanken das Trennbankengesetz auf, vgl. S. 205 f.) sowie weitere US-Politiker wie Madeleine Albright, Richard Armitage, Anthony Fauci, Robert Gates, Alexander Haig, Henry Kissinger oder John Podesta. Aus dem Umfeld von Politikerfamilien kommen Hunter Biden, Paul Pelosi und Ivanka Trump sowie ehemalige Staatsoberhäupter oder Ministerpräsidenten wie der Portugiese José Manuel Barroso, Präsident der EU-Kommission, oder der libanesische Präsident und Unternehmer Saad Hariri. Auch Königshäuser sind vertreten, durch König Felipe VI. von Spanien oder den König von Jordanien, Abdullah II. bin Al-Hussein. Der erste EU-Präsident Walter Hallstein durfte drei Jahre nach seiner Entlassung aus der US-Kriegsgefangenschaft eine einjährige Gastprofessur an der Georgetown University antreten.[245] Georgetown-Studenten werden u. a. intensiv für die US-Regierung und für Karrieren im Finanz- und Investmentbanking rekrutiert.

1982 gründeten Madeleine Albright und Henry Kissinger zusammen mit der Georgetown University ein Seminar, bei dem ausgewählte Führungskräfte einmal im Jahr für eine Woche mit Größen der Politik aus dem Alumni-Netzwerk – CEOs, Staats- und Regierungschefs – außenpolitische Themen diskutieren. Bisher haben 900 Teilnehmer aus 100 Ländern das Seminar besucht. Um teilnehmen zu können, muss eine Einladung eines Alumnus oder eines Mitarbeiters der Georgetown University vorliegen.[246]

Das Tavistock-Institut hat auch direkten Einfluss auf den Kurs amerikanischer Denkfabriken wie der Brookings Institution, welche *»fundierte Forschung zu betreiben«* wünscht, *»die zu neuen Ideen für die Lösung von Problemen der Gesellschaft auf lokaler, nationaler und globaler Ebene führt«*,[247] das Esalen Institute, ein seit 1962 bestehendes gemeinnütziges Zentrum für humanistisch ausgerichtete interdisziplinäre Studien und Kongresse in Big Sur, Kalifornien, oder die Heritage Foundation, ein Think Tank mit größtem Einfluss auf die US-Politik.[248] Weitere von Tavistock beeinflusste Denkfabriken sind das Hudson Institute, 1961 von Zukunftsforscher Herman Kahn sowie Max Singer und Oscar Ruebhausen gegründet, das Massachusetts Institute of Technology (MIT; Gründungsorganisation und Sitz des World Wide Web Consortium; am MIT arbeiteten die Urväter der Hacker-Szene wie Richard Stallman, Jay Sussman und Tom Knight[249]), der National Defense Resources Council *(»Wir kombinieren die Expertise von rund 700 Wissenschaftlern, Anwälten und Advokaten mit der Kraft von mehr als drei Millionen Mitgliedern und Online-Aktivisten, um die drängendsten Probleme unseres Planeten anzugehen«[250])* sowie das National Institute for Mental Health, eines der 27 Institute und Zentren, welche die National Institutes of Health (NIH) bilden, die größte biomedizinische Forschungseinrichtung der Welt. Das NIH ist Teil des U. S. Department of Health and Human Services.[251] Hinzu kommen die Rand Corporation (nach dem Ende des Zweiten Weltkriegs gegründet, um die Streitkräfte der USA zu beraten), das Stanford Research Institute *(»Unsere Mission: Gemeinsam schaffen wir weltverändernde Lösungen, die die Menschen sicherer, gesünder und produktiver machen«[252])* und die Wharton School, 1881 von Joseph Wharton als erste universitäre Business School der Welt konzipiert.

Tavistock pflegt auch zum Unternehmensbereich Kontakte:[253] zu Hewlett Packard, einem der führenden US-amerikanischen PC-Produzenten, McDonald Douglas (bis zur Fusion mit Boeing im Jahr 1997 einer der weltweit größten Hersteller von zivilen und militärischen Flugzeugen), IBM, Microsoft, Apple Computers (IT-Industrie), Wells Fargo Bank of America (US-amerikanisches Finanzdienstleistungsunternehmen), Bechtel Corporation (das größte

Bau- und Anlagenbau-Unternehmen der USA), Halliburton (Zulieferer verschiedener Produkte an Unternehmen aus der Erdöl- und Energieindustrie und auch für Unternehmen der öffentlichen Hand), Raytheon (1997 fusionierte der US-amerikanische Rüstungs- und Elektronikkonzern mit Hughes Aircraft) sowie der Carlyle Group (auf Ölstrategien spezialisiert, Hauptaktionäre: die Familien Bush, Bin Laden und Baker).

Verbindungen zu Tavistock finden sich auch beim Club of Rome, dem Council on Foreign Relations, der Trilateralen Kommission, dem German Marshall Fund, der Mont Pelerin Society, der Ditchley Group, der Forschungsloge Quatuor Coronati – die 1951 gegründete Loge mit heute über 1200 Mitgliedern will dreifach für die Bruderschaft der deutschen Freimaurer wirken: als Forschungsloge, als Wissensloge und als Kommunikationsloge[254] –, der Bank für Internationalen Zahlungsausgleich, der Weltbank und dem Internationalen Währungsfonds.

Eine besondere Rolle spielen die Beziehungen von Tavistock zu den Bilderbergern, einem seit 1954 jährlich stattfinden Abstimmungstreffen von Spitzenpolitikern und Oligarchen, dessen Existenz lange Zeit als Verschwörungstheorie galt, bis die Bilderberger mit eigener Homepage und Teilnehmerlisten aufwarteten.[255] Klaus Schwab, zu dessen Freunden auch der Jesuitenpapst Franziskus zählt, bestimmte über viele Jahre aus dem inneren Zirkel heraus deren Ziele mit. Hier kann er neben Davos mit den von ihm ausgewählten Persönlichkeiten weitgesteckte politische Ziele abstimmen. Auch europäischer Adel findet sich auf der Einladungsliste der Bilderberg-Konferenzen: die niederländische Königin, der spanische König und die spanische Königin, Norwegens Kronprinz und Vertreter der britischen Krone. Die Bilderberg-Teilnehmer sind in einem globalen privaten Machtnetz verflochten, sie agieren in der von David Rockefeller (mit Verbindung zu Morgan/Rothschild) 1973 gegründeten Trilateralen Kommission, dem Council on Foreign Relations, dem American Enterprise Institute for Public Policy Research zusammen mit Regierungen, Konzernen, Banken und den ihnen gehörenden und von ihnen kontrollierten Massenmedien.

Kritiker des elitären Zirkels fordern immer wieder Transparenz. Sie sind nicht damit einverstanden, dass sich demokratisch gewählte Politiker oder die Inhaber großer Medienverlagshäuser hinter verschlossenen Türen mit hochrangigen Vertretern von Militär, Geheimdiensten, Bankenwesen und Großkonzernen treffen – und das noch auf Kosten der Steuerzahler! –, um weltweit politische Weichen zu stellen. Russen, Chinesen, Afrikaner oder Araber fehlen auf der Einladungsliste, denn alles jenseits der mit der NATO-Mitgliedschaft gleichgesetzten »westlichen Wertegemeinschaft« wird konsequent ausgegrenzt und immer wieder die gleiche Sichtweise reproduziert und verfestigt. Die westlichen Finanzminister sind also beim Thema Geopolitik oder Energie- und Rohstoffpreise unter sich bzw. zusammen mit den Granden von BP oder Shell.

Am 21. Mai 1992 skizzierte Henry Kissinger auf dem Bilderberg-Treffen in Evian in Frankreich ein damals noch irreal wirkendes Szenario, das heute jedoch angesichts der das Kapitol sichernden Nationalgarde beklemmend aktuell klingt: *»Heute wären die Amerikaner empört, wenn UN-Truppen in Los Angeles einmarschieren würden, um die Ordnung wiederherzustellen; morgen werden sie dankbar sein! Das gilt besonders, wenn man ihnen sagen würde, es gäbe eine Bedrohung von außen, ob real oder verkündet, die unsere Existenz bedroht. Dann werden alle Völker der Welt die Führer der Welt anflehen, sie von diesem Übel zu erlösen. Die eine Sache, die jeder Mensch fürchtet, ist das Unbekannte. Wenn dieses Szenario präsentiert wird, werden die Rechte des Einzelnen bereitwillig für die Garantie ihres Wohlergehens aufgegeben werden, die ihnen von ihrer Weltregierung gewährt wird.«*[256]

Kissinger hat recht: Jeder Mensch fürchtet das Unbekannte. Das betrifft auch ein sich ständig veränderndes, weltweit verbreitetes Virus. Hinzu kommt noch das Menetekel einer globalen Klimakatastrophe. In der Folge geraten die Menschen, die sich entweder nicht impfen lassen oder kein Elektroauto anschaffen wollen, in eine Falle: Sie werden als Bedrohung für die Gemeinschaft angesehen. Über allem schwebt außerdem ständig die Gefahr eines sogar nuklearen Krieges. Was macht das alles mit den Menschen? Verängstigt, wie sie sind, werden sie mobilisiert für den Kampf gegen das »Böse«: den politischen Feind, die Andersdenkenden, die »Ungläubigen«. Aufkommendes Misstrauen gegen die Regierenden wird in Entrüstung über die »Schädlinge« umgeleitet: Hier wird eine behauptete Demokratie inszeniert, dort eine unterdrückende Diktatur gebrandmarkt.

Durch umfassende Indoktrinierung der Massen hatten die Sozialwissenschaftler des Tavistock-Instituts eine tiefgreifende Wirkung auf die moralische, geistige, kulturelle, politische und wirtschaftliche Politik der USA und Großbritanniens. Sie optimierten Taktik und Strategie des Wellington House von 1914, um die USA in den Zweiten Weltkrieg und in die Kriege gegen Korea, Vietnam, Serbien, Afghanistan, Irak, Libyen und Syrien zu manipulieren.

»Wir sind eine Non-Profit-Organisation, die Sozialwissenschaften auf aktuelle Fragen und Probleme anwendet«, schreibt das Tavistock-Institut über sich selbst.[257]

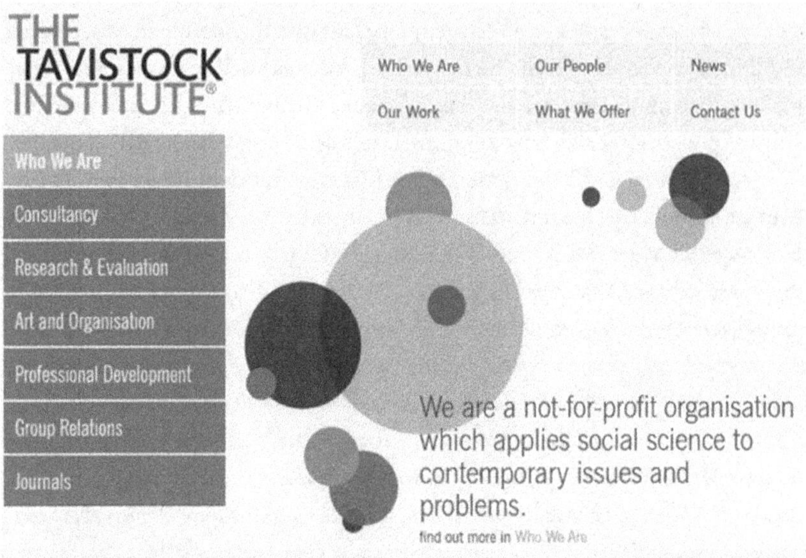

Website des Tavistock-Instituts (Screenshot)

Das ist ja zunächst einmal ein guter Zweck. Aber die Vergangenheit lehrt, dass die angeblich hehren Ziele solcher Institutionen nach dem altrömischen Rechtsgrundsatz »Cui Bono?« – Wem nutzt es? – kritisch hinterfragt werden müssen.

Tavistock breitet seit einhundert Jahren seine Tentakel über ganz Amerika aus: politisch, sozial und wirtschaftlich. Über dem Netzwerk assoziierter Institutionen wacht eine eigene Philosophie und Psychologie. Als Meister der Manipulation greifen sie ins Leben jedes einzelnen Menschen ein. Sie arbeiten, wie aufgezeigt, meist von der zweiten oder dritten Reihe aus: hinter den Kulissen in Think Tanks, politischen Zirkeln und im Lobbyraum der Regierungen.

Eine derartige Organisation braucht erhebliche finanzielle Mittel, die zum großen Teil vom amerikanischen Steuerzahler aufgebracht werden. Einer der größten Beitragszahler heute ist die Rockefeller Foundation, hinzu kommen George Soros und sein Freund und Geschäftspartner in der Tavistock Group, Joe Lewis. Deren Investmentfirma mit Sitz auf den Bahamas machte 1992 zusammen mit Soros ein Vermögen mit ihrer Wette auf den Absturz des britischen Pfunds.

Seit sich die Oligarchen auf die leeren Throne geschwungen haben, funktioniert in dieser Welt nichts mehr so, wie es vielleicht einmal überliefert war. Begriffe wie Moral, Ethik, Ehre, Anstand und Verantwortung sind weitgehend dem eigenen Vorteilsstreben gewichen. Die heutigen Macher kämpfen mit allen Mitteln um die Herrschaft über Verstand und Seele der Bevölkerung. Regiert wird die Welt von Plutokraten und global agierenden Konzernen, die nun auf die »vierte industrielle Revolution«, auf Künstliche Intelligenz und den Transhumanismus setzen.

Unheilige Trinität? Neoliberalismus – 9/11 – Afghanistan

Am 30. August 2021, einen Tag vor dem definitiven Abzugstermin der USA aus Afghanistan, erschien im *ipg-journal* der Friedrich-Ebert-Stiftung (SPD) der kriegsbefürwortende Artikel »Für dich zieh ich in den Krieg« der für *The Atlantic* schreibenden Autorin Anne Applebaum. Vorangestellt ein Bild mit der Unterschrift: »Genug geredet.«

Das *ipg-journal* versteht sich *»als engagierte Debattenplattform für Fragen internationaler und europäischer Politik. Wir wollen nicht nur beschreiben, sondern auch Impulse geben durch kritische Interpretationen und Bewertungen. Das Themenspektrum umfasst außen-, sicherheits-, und entwicklungspolitische Fragen ebenso wie Herausforderungen der europäischen Integration und globale Umweltfragen.«*[258] In diesem Themenspektrum sucht man die wichtigste Voraussetzung vergebens, vor allem auch was die globalen Umweltfragen betrifft: das Streben nach Frieden und Ver-

IPG

AUSSEN- UND SICHERHEITSPOLITIK 30.08.2021 | Anne Applebaum

Für Dich zieh ich in den Krieg

Es lohnt sich, für die freiheitliche Demokratie zu kämpfen. Aber nicht jeder Kampf lässt sich mit Konferenzen oder Diplomatie gewinnen.

DPA

Genug geredet

Bellizismus in Reinkultur: Wiederkehr der Kriegstreiber

ständigung. Die seit 1945 nicht enden wollenden Kriege schaffen nicht nur unendliches Leid für die betroffenen Menschen, sondern zerstören auch nachhaltig die Umwelt (etwa der weiter vorne beschriebene Einsatz von Agent Orange zur Entlaubung der Wälder oder die verwerfliche Anwendung des Geoengineering, um das Länderdreieck Laos, Kambodscha und Vietnam in eine Schlammwüste zu verwandeln, damit der Vietcong nur unpassierbare Nachschubwege vorfindet). Für jeden erkennbar endeten die US-Kriege in Vietnam und Afghanistan in einer Katastrophe. Probleme wurden nicht gelöst, sondern nur verschärft – und neue geschaffen. Ein Perpetuum mobile der Zerstörung und Ausbeutung für den Profit des militärisch-industriellen-finanziellen Komplexes.

Anne Applebaum bezeichnet jedoch die – teuer bezahlte – Erkenntnis »Dieser Konflikt lässt sich nicht militärisch lösen« als eine der *»vielen nichtssagenden und sinnentleerten Äußerungen, die westliche Politiker in regelmäßigen Abständen immer wieder von sich geben«.*[259] Sie sieht im Fall von Kabul einen hilfreichen Weckruf: *»Während wir und unsere europäischen Verbündeten die ›ewigen Kriege‹ vielleicht leid sind, sind die Taliban nicht im Geringsten kriegsmüde, ebenso wenig wie die Pakistanis oder die Regime in Russland, China und Iran.«* Diese Länder würden in den *»freiheitlichen Demokratien eine mächtige und gefährliche Ideologie sehen, die ihre Macht bedroht und überall dort, wo sie existiert, besiegt werden muss. Sie werden Korruption, Propaganda und auch Gewalt einsetzen, um dieses Ziel zu erreichen. Das werden sie in Syrien und in der Ukraine tun und auch innerhalb der USA, der EU und Großbritanniens.«*[260]

Applebaum betrachtet den Kampf zur Verteidigung der freiheitlichen Demokratie als militärisch und nicht nur ideologisch notwendig. Er lasse sich nicht immer *»mit Worten, Argumenten, Konferenzen oder Diplomatie, mit dem Engagement von Menschenrechtsorganisationen, mit VN-Deklarationen und leidenschaftlichen Besorgnisbekundungen der EU führen. Oder vielmehr: Man kann versuchen, den Kampf mit diesen Mitteln zu führen, aber dann wird man ihn verlieren.«*[261]

Dass ein derart friedensfeindlicher und kriegsbefürwortender Artikel in dem Organ der Friedrich-Ebert-Stiftung erscheinen kann, macht sprachlos. Denn ein Kampf, der unter verlogenen Prämissen wie »westliche Werte«, »Freiheit und Demokratie« oder »Nation Building« – in Wirklichkeit aber für die Freiheit des Neoliberalismus, sprich Kapitalismus – geführt wird, muss scheitern. Herbert Krüger, ehemaliger Bezirksleiter der Industriegewerkschaft Bergbau, Chemie, Energie, schreibt: *»Freiheit und demokratische Entwicklungen lassen sich nicht mit Knobelbechern in ferne Länder tragen. Panzerketten und Drohnenmorde schaffen ausschließlich Feindschaft.«*[262] Der Neoliberalismus ist nicht die

Rettung, sondern der Auslöser von Konflikten, die Chaos, Leid und Tod über die geschundenen Bevölkerungen bringen.
Während Applebaum den Westen auf künftige Kriege gegen Russland und China vorbereitet, erinnert Michel Chossudovsky, Direktor des Zentrums für Globalisierungsforschung, daran, *»dass diese beiden Länder, die heute als Feinde aufgelistet sind, diejenigen sind, die, als sie im Zweiten Weltkrieg mit den Vereinigten Staaten verbündet waren, den Sieg über die nationalsozialistische faschistische Achse Berlin-Rom-Tokio mit dem höchsten Preis an menschlichen Leben bezahlt haben – etwa 26 Millionen aus der Sowjetunion und 20 Millionen aus China, verglichen mit etwas mehr als 400 000 aus den Vereinigten Staaten«*.[263]

Die Zahl der Toten durch die ununterbrochene Serie an Kriegen, Staatsstreichen und anderen subversiven Operationen der Vereinigten Staaten seit 1945 werde auf 20 bis 30 Millionen geschätzt.[264] Das sind etwa doppelt so viele, wie insgesamt Soldaten im Ersten Weltkrieg starben.

Dass die USA weiterhin nach Universalherrschaft streben, erkennt man daran, dass sie die Welt mit sechs Regionalkommandos überspannt haben und an die 800 Militärbasen in fremden Ländern und in Überseeregionen betreiben, die meisten um Eurasien herum. Diese »Power Projection« veranschaulicht den

11. September 2001: Verteidigungsminister Donald Rumsfeld (links Mitte) führt die Senatoren Carl Levin (zu seiner Rechten) und John Warner zum beschädigten Teil des Pentagons

Charakter des US-Imperiums. Die Anzahl von fremden Militärbasen aller anderen Staaten der Welt beläuft sich lediglich auf etwas mehr als fünf Prozent davon.[265] Ein Großteil der US-Basen ist sicher nicht zum Schutz der betreffenden Länder gedacht, sondern zur Absicherung eigener Wirtschaftsinteressen und im Zweifelsfall zum Eingreifen bei unliebsamen politischen Entwicklungen.

Am 11. September 2001 wurde die Welt Zeuge der Terrorangriffe auf die USA. Präsident George W. Bush, der den Tag mit einer Bildungsveranstaltung in Florida begonnen hatte, saß mit spärlichen Informationen an Bord der *Air Force One,* um 10:41 Uhr wurde er von seinem Vizepräsidenten Dick Cheney – dieser befand sich im Bunker des Weißen Hauses und traf die Entscheidungen[266] – angewiesen, zum Strategischen Luftkommando nahe Omaha/Nebraska zu fliegen. Damit war Bush an den Entscheidungen des Tages nicht mehr beteiligt.

Nach dem Einschlag ins Pentagon um 9:37 Uhr suchte US-Verteidigungsminister Donald Rumsfeld nicht umgehend den Bunker auf, sondern inspizierte medienwirksam die getroffene Gebäudeseite.

Am Folgetag sprach Bush von einem *»monumentalen Kampf«*, den *»das Gute gegen das Böse«* zu führen habe und den es gewinnen werde. Die USA hätten es mit einem neuen Feind zu tun, der *»aus dem Schatten«* zuschlage, danach davonrenne und sich verberge. Zuvor hatte Außenminister Colin Powell die amerikanische Bevölkerung auf einen langfristigen Konflikt eingestimmt und erklärt, die USA würde auf die Anschläge *»wie auf einen Krieg«* antworten.[267] Und das ohne jegliche Beweislage. Bis heute ist etwa nicht nachgewiesen, dass ein Linienflugzeug in das Pentagon gerast ist.

Sieben ehemalige CIA-Mitarbeiter haben die offizielle Version von 9/11 aufs Schärfste kritisiert und eine neue Untersuchung gefordert.[268] *»Ich glaube, wenn man es ganz einfach ausdrücken will, dann kann man sagen, es gibt eine Vertuschung. Der Untersuchungsbericht ist ein Witz«*[269], sagte Raymond McGovern, ein CIA-Beamter mit einer 27-jährigen Laufbahn, der in den 70er-Jahren Vorsitzender der nationalen Geheimdienstanalyse (National Intelligence Estimates) war. Auch Generalmajor Albert Stubblebine, Ex-General des United States Army Intelligence and Security Command (INSCOM) und ehemaliger oberster Luftbildauswerter, kritisierte die offizielle Version der Ereignisse in einer 2006 entstandenen Videoproduktion mit dem Titel »One Nation Under Siege«: *»Wenn ich mir nun das Loch im Pentagon ansehe und dann die Größe eines Flugzeugs, dass angeblich das Pentagon getroffen hat. Und ich sage, das Flugzeug passt nicht in dieses Loch. Was hat also das Pentagon getroffen? Was hat es getrof-*

fen? Wo ist es? Was geht hier vor?«[270] Die Antwort könnte der Kreml geben. Am 11. September 2001 wurde Präsident Wladimir Putin von seinem Generalstab darüber informiert, *»dass ein russischer Satellit den Abschuss einer Rakete von einem Navy-Schiff vor der Küste Washingtons auf das Pentagon beobachtet hatte«*.[271] Putins Versuch, Bush zu erreichen, misslang, da Dick Cheney an diesem Tag die Befehlsgewalt an sich genommen hatte.

Zeitgleich mit den Entführungen fand damals eine gemeinsame Luftraumübung des North American Aerospace Defense Command (NORAD) von Kanada und den USA statt, bei der die Abwehr derartiger Angriffe geübt werden sollte. Am Tag darauf sollte eine weitere Übung stattfinden, um die Abwehr eines Bio-Terror-Angriffs zu simulieren.[272] Das war sehr weitsichtig, denn schon bald nach 9/11 tauchten Briefe mit Milzbranderregern in der US-Post auf. Fünf Amerikaner wurden getötet. Die panische Angst vor einer Anthraxinfektion beherrschte die amerikanische Öffentlichkeit bald noch mehr als der 9/11-Schock. Erstmals in der Geschichte wurde der Kongress geschlossen, und schnell war Saddam Hussein als Täter ausgemacht – ein unmittelbarer Krieg gegen den Irak drohte.[273] Doch die Spur führte schließlich 2008 zu dem Mikrobiologen und Forscher für B-Waffen am Biowaffenlabor in Fort Detrick, Bruce E. Ivins. Er hatte bis zu 30 000 Menschen den tödlichen Sporen ausgesetzt. Vor der Festnahme nahm er sich das Leben.

George W. Bush aber sprach am 12. September 2001 von einem neuen Feind. Den hatte das Training and Doctrine Command (Tradoc) schon im August 1994, in der Anweisung 525-5, *»Eine Welt im Übergang«*, festgeschrieben (vgl. auch S. 182 und 220 ff.). Anstatt den Kommunismus zu bekämpfen, werde man im 21. Jahrhundert gegen nationalen und religiösen Extremismus vorgehen müssen. Hatte man im 20. Jahrhundert dauerhafte Verbündete, so seien sie im 21. Jahrhundert nur noch Verbündete auf Zeit. Die US-Armee müsse zwei Prämissen beachten: *»den rapiden technischen Wandel, Kampfroboter und Drohnen ... und die Neuordnung der Geostrategie«*.[274]

1997 wurde dann die neokonservative Denkfabrik Project for the New American Century (PNAC) ins Leben gerufen.[275] Im September 2000 publizierte PNAC einen 80-seitigen Bericht mit dem Titel »Rebuilding America's Defenses: Strategies, Forces and Resources for a New Century«. Ziel war eine sichere Grundlage für die Machtprojektion der USA in der ganzen Welt. Dieser *»Transformationsprozess«* werde sich *»wahrscheinlich über einen langen Zeitraum*

General Wesley Clark: Krieg gegen den Terrorismus war vor 9/11 geplant

erstrecken, wenn nicht ein katastrophales und auslösendes Ereignis – wie ein neues Pearl Harbor – eintritt«. 2021 – 20 Jahre nach dem Terroranschlag – besteht nach Thierry Meyssan das Problem nicht darin, zu wissen, wie die Anschläge verübt wurden, *»sondern zu wissen, warum die Vereinigten Staaten an diesem Tag mit einem Verstoß gegen ihre eigene Verfassung reagiert haben, warum sie in den darauffolgenden Tagen tiefgreifende Reformen ihrer Institutionen durchgeführt haben, die ihr Wesen verändert haben«.*[276] Dabei überrascht die unglaublich Schnelligkeit der tiefgreifenden Reaktion der US-Regierung nach innen und außen. Zwei Tage nach 9/11 passierte das Gesetz zur Bekämpfung des Terrorismus 2001 (Combat Terrorism Act) den Kongress.

Bereits am 20. September 2001 erfuhr General Wesley Clark im Pentagon durch Zufall, dass in den nächsten fünf Jahren sieben Länder militärisch angegriffen werden sollten: Irak, Syrien, Libanon, Libyen, Somalia, Sudan und der Iran.[277]

Der Iran ist bis heute das einzige Land auf der Liste, das noch nicht angegriffen wurde. Doch flogen am 7. Oktober 2001 – also nur 25 Tage nach den Terrorangriffen – amerikanische und britische Bomber die erste Welle gegen strategische Ziele in Afghanistan. Von den 19 mutmaßlichen Attentätern kamen 15 aus Saudi-Arabien, aber niemand aus Afghanistan.

Am 26. Oktober 2001 verabschiedete der US-Kongress ein eilig geschnürtes 342 Seiten langes Gesetzeswerk zur »Einigung und Stärkung Amerikas durch Bereitstellung geeigneter Instrumente«[278], um den Terrorismus aufzuhalten bzw. zu verhindern. Es ermöglicht Einschnitte in die »Bill of Rights« und beschränkt verfassungsrechtlich garantierte Freiheiten. Die Anzahl der unter Terrorismusverdacht fallenden Taten wurde erheblich erweitert, Hausdurchsuchungen erleichtert, die Zusammenarbeit zwischen Polizei und Militär verstärkt.[279] Zur Umsetzung wurde das Heimatschutzministerium (Homeland Security Department) geschaffen, ausgestattet mit einer politischen Polizei, die jeden US-Bürger ausspionieren kann. Laut *Washington Post*, die dies 2011 offenlegte, »*hat es 835.000 Beamte eingestellt, davon 112.000 heimlich, d. h. ein Spion pro 370 Einwohner, was die USA zum orwellischsten Land der Welt macht*«.[280] Der als politischer Flüchtling in Russland lebende Edward Snowden hat die systematischen Überwachungspraktiken der NSA 2013 enthüllt. Im sogenannten Werte-Westen wurde ihm das Asyl verweigert, da die USA ihn als Kriminellen betrachten.[281]

Am 29. Oktober 2001 schuf Verteidigungsminister Donald Rumsfeld das Amt für die Umwandlung der Streitkräfte (Office of Force Transformation), das er Admiral Arthur Cebrowski anvertraute. In der Rumsfeld/Cebrowski-Doktrin[282] geht es darum, im Interesse des Finanzkapitalismus nicht mehr zu versuchen, Kriege zu gewinnen, sondern sie so lange wie möglich andauern zu lassen. Ganz im Sinne des Neocon-Philosophen Leo Strauss: weltweites Chaos erzeugen, um es »kreativ« zu nutzen. Ziel ist es, die lokalen staatlichen Strukturen zu zerstören, damit die natürlichen Reichtümer ohne politische Kontrolle ausgebeutet werden können. US-Colonel Ralph Peters fasste es so zusammen: »*Stabilität ist Amerikas Feind.*«[283]

Weiter schlagen Rumsfeld und Cebrowski vor, »*dass globalisierte Mächte wie Russland und China nicht bekämpft werden sollten. Vielmehr müssen sie Zugang zu den eroberten natürlichen Reichtümern erhalten, aber gezwungen werden, Lizenzgebühren an die Vereinigten Staaten zu zahlen, um sie nutzen zu können.*«[284] Kriege, Drohungen oder Destabilisierung sind Methoden, um andere Länder willfährig zu machen und sie anschließend auszubeuten. Als Bundespräsident Horst Köhler am 21. Mai 2010 auf dem Rückflug von einem Besuch in Afghanistan in einem Hörfunkinterview zaghaft auf diesen Zusammenhang hindeutete, dass im Notfall auch »*militärischer Einsatz*« notwendig sei, »*um unsere Interessen zu wahren, zum Beispiel freie Handelswege*«[285], führte dies zu einem Sturm der Entrüstung. SPD-Parlamentsgeschäftsführer Thomas Oppermann tönte: »*Wir wollen keine Wirtschaftskriege.*«[286] Der Chef der Linksfraktion Gregor Gysi griff das Staatsoberhaupt direkt an und nannte dessen Worte unverantwortlich. Der Grünen-Fraktionschef Jürgen Trittin meinte sogar, der Bundespräsident stünde damit nicht mehr auf dem Boden des Grundgesetzes. Dass gerade SPD und Grüne, die 1999 den völkerrechtswidrigen Krieg gegen Serbien mit zu verantworten hatten und mit den Linken auch alle illegalen Kriege der USA nach 9/11 unterstützt haben, hier moralisierend den Zeigefinger hoben, zeigt vollends die Verlogenheit der westlichen Politik. Nachdem der Druck auf Köhler immer größer wurde, trat er zehn Tage später zurück. Ein Jahr darauf kritisierte er den Umgang mit seinen damaligen Äußerungen scharf und vermutete parteipolitische Instrumentalisierung: *»Das Interview sei im Vorfeld der Diskussion um die Verlängerung des Afghanistanmandats der Bundeswehr ›bewusst missverstanden‹ worden als Rede zur Befürwortung von Wirtschaftskriegen.«*[287]

Der unmittelbar nach dem 11. September begonnene Krieg gegen den Terrorismus ist auch mit dem Fall von Kabul nicht beendet. Im Irak, in Libyen, in Syrien, im Jemen und im Libanon haben sich Chaos und bürgerkriegsähnliche Zustände erfolgreich etabliert. Zuvor waren Libyen und der Libanon Verbündete der Vereinigten Staaten, die sich inzwischen selbst in einem Zustand befinden, der sich schnell zu einem Bürgerkrieg ausweiten kann.

Anfang 2022: Krieg oder Frieden?

Gegen Ende des Jahres 2021 spitzte sich der Konflikt zwischen der von den USA unterstützten Ukraine und Russland dramatisch zu. Am 17. Dezember 2021 veröffentlichte Moskau den Entwurf eines bilateralen Vertrags mit Washington, der Garantien für den Frieden vorsieht, sowie den Entwurf eines Abkommens zu dessen Umsetzung.[288]

Am 30. Dezember 2021 führten die Präsidenten Biden und Putin ein Telefongespräch und kamen überein, dass sie einen ernsthaften und substanziellen Dialog führen wollten. Die Verhandlungen sollten am 10. Januar in Genf und dann im Rahmen des Russland-NATO-Rates am 12. Januar in Brüssel stattfinden, am 13. Januar sollten Verhandlungen mit der OSZE folgen.

Am 2. Januar 2022 kam es im Westen Kasachstans zu Protesten der Bevölkerung, nachdem sich die Regierung geweigert hatte, die Preise für Flüssiggastreibstoff weiterhin durch Subventionen niedrig zu halten, sodass sie in der Folge doppelt so hoch waren. Obwohl Präsident Qassym-Schomart Toqajew die Gaspreise dann deckelte, kam das Land nicht zur Ruhe. In der Folge drangen Demonstranten in die Büros der Regierungspartei Nur Otan ein, übernahmen die Kontrolle über zahlreiche öffentliche Gebäude oder setzten sie teilweise in Brand, stürmten nationale Fernsehsender, zerstörten Militärfahrzeuge und entwaffneten Soldaten.

Am Nachmittag des 5. Januar wurde gemeldet, dass der Flughafen der Metropole Almaty im Süden des Landes besetzt worden war.[289] Noch am Abend bat Präsident Toqajew die Organisation des Vertrags über kollektive Sicherheit (OVKS) um Beistand. Das Sicherheitsbündnis, geschlossen durch Russland, Kirgisistan, Armenien, Weißrussland und Tadschikistan, reagierte schnell und schickte Armeeangehörige in die ehemalige Sowjetrepublik Kasachstan, was angesichts der brisanten Situation in der Ukraine kaum verwunderlich ist. Schon am nächsten Tag trafen auf dem inzwischen befreiten Flugplatz von Almaty 2500 Soldaten ein. Während China Toqajew unterstützte und erklärte, dass von externen Kräften dirigierte Farbrevolutionen inakzeptabel seien, äußerte sich der Westen erwartungsgemäß besorgt über die Entsendung von OVKS-Truppen.

Der unter Hochverrat stehende ehemalige kasachische Premier Karim Massimov (ganz re.) mit dem Oligarchen Kenes Rakishev und dessen »Geschäftspartnern« Joe und Hunter Biden (v. l. n. r.). Quelle: Kazhakhstani Initiative on Asset Recovery, vermutlich 2019[292]

Bereits in den Nachtstunden des 7. Januar waren das Stadtzentrum und alle Verwaltungsgebäude in Almaty mit Ausnahme eines der Krankenhäuser vollständig unter Kontrolle der staatlichen Sicherheitskräfte. Insgesamt gab es Dutzende Tote auf beiden Seiten und ca. 1000 Verletzte.[290] Unter dem Verdacht, Hochverrat begangen zu haben, wurde der ehemalige Chef des kasachischen Inlandsgeheimdienstes Karim Massimov, nachdem er schon vorher im Zuge der gewaltsamen Proteste entlassen worden war, festgenommen.[291]

US-Außenminister Antony Blinken kommentierte die Situation in Kasachstan, er hinterfragte die Rolle der OVKS und warnte die kasachische Führung vor Hilfe aus Russland: *»Eine Lektion der jüngsten Geschichte ist, dass sich die Russen, wenn sie einmal in deinem Haus sind, mitunter nur sehr schwierig loswerden lassen.«*[293] Das russische Außenministerium bezeichnete diese Äußerung als »rüpelhaft« und »giftig«, verteidigte den OVKS-Einsatz in Kasachstan und nannte ihn völlig legitim.

Russlands Lektion der Geschichte sei: *»Wenn US-Amerikaner in deinem Haus aufgetaucht sind, ist es manchmal schwer, am Leben zu bleiben, ohne ausgeraubt und vergewaltigt zu werden.«*[294] Auch die Urbewohner des nordamerikanischen Kontinents sowie Koreaner, Vietnamesen, Iraker, Panamaer, Jugoslawen, Libyer, Syrer und viele andere Unglückliche hätten diese Erfahrung gemacht.

Am 9. Januar teilte das kasachische Innenministerium mit, dass bei den schweren Unruhen landesweit über 5000 Menschen festgenommen wurden. Ihnen werde u. a. die Zerstörung von mehr als einhundert Einkaufszentren oder Bankgebäuden zur Last gelegt, sagte Innenminister Erlan Turgumbajew.[295] Währen der Unruhen seien etwa 400 Fahrzeuge zerstört worden, die meisten davon Polizeiwagen. Für den 10. Januar 2022 ordnete Präsident Tokajew einen Tag Staatstrauer an. Der landesweite Ausnahmezustand solle bis zum 19. Januar gelten.

Die frühe Einschätzung Chinas, dass es sich bei den gewaltsamen Protesten um den Versuch einer »farbigen Revolution« handelt, scheint noch untertrieben zu sein. Der gezielte Angriff auf den Staat und die Bereitschaft, schon in einem sehr frühen Stadium brachiale Gewalt anzuwenden, lässt auf einen gelenkten Putschversuch schließen. Wie in der Ukraine waren nationalistische Gruppierungen am Werk, die die Aktionen gut vorbereitet durchführten. Nicht auszuschließen, dass sie von ehemaligen Afghanistankämpfern unterstützt wurden.

Wer hätte ein Interesse am Umsturz in Kasachstan? Dessen Nordgrenze zu Russland ist über 7000 km lang und die Südostgrenze zu China knapp 1600 km. Die politische Lage ist deshalb sowohl für die innere als auch für die äußere Sicherheit Russlands und Chinas von entscheidender Bedeutung. Für die NATO aber ist Kasachstan ein strategisch wichtiger »Flugzeugträger«. Die gewalttätigen Unruhen lassen also den Verdacht aufkommen, dass hier mit den bekannten Instrumenten die Gespräche auf höchster Ebene torpediert werden sollten. John Herbst, während der Orangenen Revolution 2004 amerikanischer Botschafter in der Ukraine, macht jedenfalls klar: *»Moskaus Forderungen sind einfach inakzeptabel.«*[296]

Am 10. Januar 2022 begannen die Gespräche zwischen der stellvertretenden US-Außenministerin Wendy Sherman und ihrem russischen Amtskollegen Sergei Rjabkow in Genf, Brüssel und Wien. Im Vorfeld forderte Herbst schnellere Waffenlieferungen an die Ukraine. Er glaubte, dass die Krise in Kasachstan die Ukraine retten könnte.[297] Mit dieser Einschätzung lag er daneben, da die Unruhen in Kasachstan innerhalb von Stunden niedergeschlagen wurden.

Agenda 2030: die totale Ermächtigung der Kapitalelite

Hauptverantwortlich für die fragile Situation in der Welt scheinen die Kreise zu sein, die mittels Krieg, Zerstörung und Leid zu riesigem Vermögen gekommen sind und dieses machtpolitisch nutzen. Zum militärisch-industriellen ist heute der digital-finanzielle Komplex hinzugekommen, eine Interessengemeinschaft der größten IT-Unternehmen und mächtigsten Vermögensverwalter. Zu Ersteren zählen Apple, die Google-Mutter Alphabet, Amazon, Microsoft und Meta (ehemals Facebook), zu Letzteren BlackRock, Vanguard, State Street und Fidelity. Der Wirtschaftsjournalist Ernst Wolff betrachtet sie als die größten Profiteure und wichtigsten Drahtzieher hinter den Kulissen der aktuellen Krise.[298] Die fünf IT-Unternehmen verzeichnen zurzeit den unfassbaren Börsenwert von 9,1 Billionen Dollar. Das Bruttoinlandsprodukt Deutschlands, Frankreichs und Italiens zusammen beträgt dagegen nur 8,6 Billionen Dollar. Die vier Vermögensverwalter, die alle auch maßgeblich an allen IT-Unternehmen beteiligt sind, verwalten insgesamt 22,6 Billionen Dollar. Zum Vergleich: Das Bruttoinlandsprodukt aller 28 Staaten der Europäischen Union betrug 2020 zusammen 15,7 Billionen Dollar. Die geballte Marktmacht der IT- und Finanzunternehmen wird noch dadurch verstärkt, dass sie auch Hunderttausende anderer Unternehmen kontrollieren, weil sie deren Digitalisierung organisieren und so Einsicht in deren Datenfluss haben. Ernst Wolff sieht in Big Tech einen Tumor, der im Verlauf der vergangenen Jahre in alle Wirtschaftszweige metastasiert hat und sie inzwischen vollständig beherrscht. Seiner Meinung nach braucht man angesichts dieser Fakten nicht viel Fantasie, *»um zu dem Schluss zu gelangen, das es sich beim ›digital-finanziellen Komplex‹ um das globale Machtzentrum handelt, um das sich alles dreht«.*[299]

Als Ende März 2020 – die Welt (bis auf China) schaute weitgehend fassungs- und zunächst ratlos auf die Corona-Pandemie – mit einem »Shutdown« der Wirtschaft reagiert wurde, hatte der Mittelstand unter den Maßnahmen zu leiden, der Konzernkapitalismus aber konnte mit breiter öffentlicher Akzeptanz im Zuge der kontrollierten Zerstörung großer Teile der Weltwirtschaft ungeahnte Gewinne erwirtschaften.

Bereits 2015 wurde unter dem Deckmantel der nachhaltigen Entwicklung bei der UNO die Agenda 2030 konzipiert und von den Mitgliedstaaten übernommen. Im Juni 2019 unterzeichneten WEF-Gründer Klaus Schwab und UN-Generalsekretär António Guterres eine Partnerschaft zwischen den beiden Organisationen. Der erste Punkt dieses Abkommens regelt – wenig überraschend – die Finanzierung der Agenda 2030 durch das WEF.

Die 46 Seiten der Agenda verkünden das Paradies auf Erden – unversehrtes Leben in unversehrter Natur, Wohlstand, Frieden und Wirtschaftswachstum – und beinhalten die Verpflichtung, das alles bis 2030 zu ermöglichen. In der »vierten industriellen Revolution« kommt der Mensch nur als Entscheidungs-

Die 17 Ziele der Agenda 2030

träger, Manager, Dienstleister, Konsument, Angestellter, Arbeiter, Arbeitsloser, Aktivist, Aufständischer usw. vor, als zu schützendes, isoliertes Individuum und evolutionär zu überwindendes Wesen.[300]

Die von Schwab anvisierte Transformation der Weltwirtschaft spiegelt – in einen Schwall aus Euphemismen gekleidet – die Interessen der führenden Großunternehmen wider, der IT-, Digitalisierungs- und Überwachungsbranche, des Finanzsektors und der Pharmaindustrie. Die Kapitalelite wäre damit nach einem halben Jahrhundert angesichts einer drohenden ökologischen und ökonomischen Katastrophe am Ziel. Nun müssen nur noch die letzten demokratischen Prozesse ausgehebelt werden, die der totalen Ermächtigung jener Elite im Weg stehen. Was übrig bleibt, sind Pseudorepubliken, in denen demokratisch nicht legitimierte Strukturen dominieren. Dabei handelt es sich nicht nur um den deregulierten Finanzsektor, etwa IWF, Weltbank, diverse Zentralbanken und private Finanzriesen wie BlackRock und andere. *»Starke Einflüsse kommen heute auch aus anderen privatwirtschaftlichen Initiativen wie diversen Foundations (Bill and Melinda Gates Foundation, Rockefeller Foundation, Bertelsmann Foundation …) mit angeblich humanitären Intentionen und einem Anspruch auf Gemeinnützigkeit.«*[301]

All diese Zusammenhänge zu durchschauen ist bei einer vom Geld abhängigen Medienlandschaft nur sehr schwer möglich. Deshalb liegt die Hoffnung bei den alternativen Medien und bei den Menschen, die sich nicht freiwillig in ihre Entrechtung fügen. Angesichts des gegenwärtigen Zustands der Welt ist ein gesamtgesellschaftlicher Reset tatsächlich unumgänglich, allerdings im Sinne eines Umdenkens als Voraussetzung für eine lebenswerte Zukunft in Frieden, Freiheit und Wahrheit. Dieser Reset muss jedoch auf ein demokratisches Fundament gestellt werden.

Es ist an der Zeit, dass die Bevölkerung ihre demokratisch verfasste Gesellschaft selbst verteidigt, die Friedensliebe nach innen und außen fördert und Völker und Länder in ihrer Souveränität bekräftigt, anstatt bedenken- und willenlos mit den USA und der NATO bei völkerrechtswidrigen Kriegen oder Regime Changes, der Ausbeutung und Zerstörung natürlicher Ressourcen und der Technisierung zwischenmenschlicher Prozesse mitzumachen.

An dieser Stelle ist all denen zu danken, die sich schon unmittelbar nach Ereignissen von 9/11 um Aufklärung bemüht haben, allen voran Daniele Ganser, Thierry Meyssan und Matthias Bröckers.

Blaupause durch Huxley und Orwell?

In der ersten Hälfte des vergangenen Jahrhunderts erschienen zwei bekannte Zukunftsromane, in denen jeweils eine erschreckende menschenfeindliche Gesellschaftsordnung dargestellt wird: Aldous Huxleys »Schöne neue Welt« (1932) und George Orwells »1984« (1949). Huxley beschreibt in einer alptraumhaften Vision die Zustände des Jahres 2450: Regiert wird die Gesellschaft von Wissenschaft und Effizienz. Emotionen und Individualität sind ausgerottet, es gibt nur wenige persönliche Beziehungen. Mittels einer Glücksdroge werden die Menschen, die in Kasten eingeteilt sind, vom kritischen Denken abgehalten.

Der Sozialist und Spanienkämpfer George Orwell – eigentlich Eric Arthur Blair – stellt in »1984« einen totalitären Überwachungsstaat dar. Schon in seinem Essay »Why I Write« (1936) betonte er die Notwendigkeit, seit dem Spanischen Bürgerkrieg immer wieder vor Totalitarismus warnen zu müssen.[302] Der Roman spielt im diktatorisch geführten Ozeanien (Nord- und Südamerika, britische Inseln, Australien und südliches Afrika), daneben gibt es noch zwei weitere Staaten, Eurasien und Ostasien. In Ozeanien unterdrückt eine vom unsichtbaren Großen Bruder geführte Parteielite (Innere Partei) die restlichen Parteimitglieder (Äußere Partei) sowie die breite Masse des Volkes, die »Proles«, überwacht von der allgegenwärtigen Gedankenpolizei, die mit nicht abschaltbaren Geräten alles erfasst und im Staatsfernsehen den Hass auf den jeweiligen Staatsfeind schürt. Für den Aufbau der Regierung parodierte Orwell die berühmte Rede Roosevelts über die »Four Freedoms«. Zudem ließ Orwell

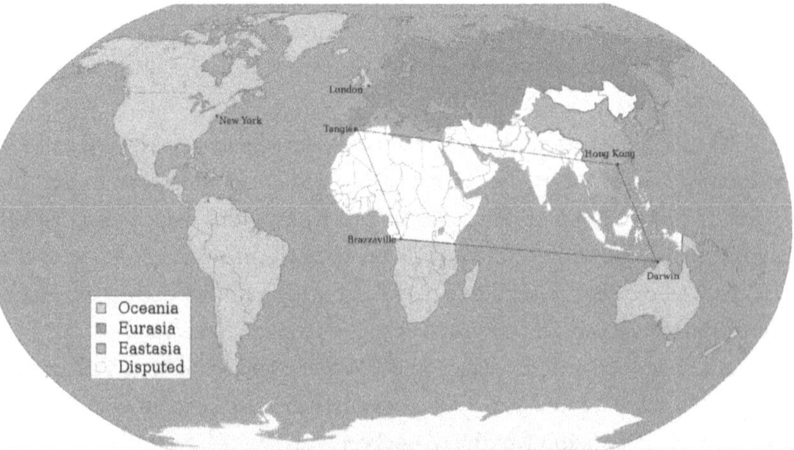

Fiktive Aufteilung der Welt in George Orwells »1984«

seine Erfahrungen als Mitarbeiter bei der BBC, damals dem Ministerium für Information[303] unterstellt, einfließen.[304]

Zur Unterdrückung der Bevölkerung ist neben der Kontrolle der Gedanken die Deutungshoheit über die Vergangenheit unabdingbar. So passt mit erheblichem Aufwand das Ministerium für Wahrheit alle existierenden historischen Dokumente der gegenwärtigen Parteilinie an, nach dem Motto »Die Partei hat immer recht«. Auch positive Berichte über in Ungnade Gefallene werden umgeschrieben oder Ereignisse oder Personen einfach gelöscht. Der häufige

Aus vier wird einer – das vielleicht populärste Beispiel von Geschichtsklitterung: Stalin ließ nach und nach in Ungnade gefallene Kameraden vom Foto entfernen

Wechsel der Kriegsgegner wird dem Bewusstsein der Bevölkerung entzogen, indem die *Times* alle historischen Ausgaben laufend anpasst und unter Beibehaltung des Datums neu druckt. Die nicht mehr in die Parteilinie passenden Exemplare werden aus den Archiven genommen und vernichtet. Ein berühmtes Vorbild dafür ist möglicherweise eine Fotografie Stalins und seiner Parteigenossen Kirow, Schwernik und Komarow, die nach und nach wegretuschiert wurden (siehe Abb. auf S. 313).

In »1984« regiert »Big Brother« mit eiserner Faust, sogar die Opposition erweist sich als von der Geheimpolizei selbst inszeniert, um Widerständige abzufangen und mittels Folter und Gehirnwäsche umzuerziehen. Die Bürger werden ständig beobachtet; sie haben keine Privatsphäre, und ihre Sprache wird verdreht. Ansätze dazu sind auch hier und heute schon zu beobachten – so *»als 2020 Unruhen von fröhlichen Nachrichtensprechern als ›größtenteils friedliche Proteste‹ beschrieben wurden, selbst als hinter ihnen Stadtblöcke in Flammen aufgingen und Menschen auf den Straßen verbluteten«.*[305]

Während die Menschen in Orwells kommunistischer Dystopie durch Schmerzen und Unterdrückung kontrolliert werden, hatte Huxley eine andere Vision. In »Schöne neue Welt« werden die Menschen analog zur westlich-kapitalistischen Gesellschaft kontrolliert, ohne dass sie es merken, nämlich indem man sie durch Vergnügen zerstreut. Sie sind so gründlich konditioniert worden, dass sie ihre Knechtschaft lieben. An diesem Punkt ist eigentlich kein externer autoritärer Herrscher mehr nötig. Hitlers Erfolg führte Huxley denn auch vor allem auf die effiziente Form der NS-Propaganda zurück, wobei das Radio in vollem Umfang genutzt wurde und man so in der Lage war, einer immensen Masse von Menschen seinen Willen aufzuzwingen. Im Fernsehen erkannte Huxley ungeahnte Steigerungsmöglichkeiten. Eine autoritäre Regierung könne damit die Öffentlichkeit effektiv einer Gehirnwäsche unterziehen. Vor allem Kinder sind leicht beeinflussbar. In der Legende von Hameln folgen sie dem Flötenspiel des Rattenfängers – heute werden idealistische junge Menschen von raffiniert inszenierten Idolen wie der medial präsenten Greta Thunberg eingefangen und indoktriniert. Weiterhin sah Huxley kommende technische Möglichkeiten, mit denen das rationale Denken des Menschen mit perfekter Manipulation umgangen werden kann.[306] Heute steht uns das unmittelbar bevor mit der 5G-Funktechnik und der Schnittstelle Mensch-Maschine.

Die technokratischen Globalisten im Umfeld des WEF mit ihren Aufrufen wie »No Border, No Nation« oder »Build Back Better« scheinen Huxley und Orwell sehr genau gelesen zu haben. Die beiden Bücher beschreiben eine Zukunft, die den Menschen alles raubt, was mit einem gesunden, freien, kreativen, zielgerichteten und selbstverantwortlichen Leben in Verbindung gebracht werden kann. Die Agenda 2030 enthält das ominöse Diktum, dass *»man nichts besitzen und glücklich sein wird«*. Die unausgesprochene Implikation dabei ist, dass die Ressourcen der Welt der technokratischen Elite gehören und von ihr kontrolliert werden und dass die bevormundete Bevölkerung für die vorübergehende Nutzung von absolut allem bezahlen muss.[307]

Um globale Kontrolle zu schaffen, müssen Reichtum, Macht und Überwachung zentralisiert werden. Deshalb müssen wir uns dringend für Dezentralisierung und Regionalisierung einsetzen.

Epilog

Die Situation in Europa nach 1945 weist Parallelen zu der nach dem Peloponnesischen Krieg auf. Dieser griechische Bürgerkrieg wurde in zwei Etappen geführt: von 431 bis 421 v. Chr. und von 414 bis zur Niederlage Athens 404 v. Chr., wobei die Kampfhandlungen nahezu die gesamte griechischsprachige Welt umfassten. Beide Kriege wurden mit beispielloser Brutalität geführt und ließen nichts als Zerstörung, Verschuldung und Armut zurück. Zuvor war Griechenland das Land der Philosophen und Staatsmänner wie Perikles (490–429 v. Chr.), mit seinem Namen sich der Ausbau der Attischen Demokratie und die glanzvollen Bauprogramme auf der Athener Akropolis, doch nach dem verheerenden Krieg war die Republik tief verändert: Die vorangegangenen Eroberungen hatten soziale Ungleichheit hervorgebracht und die Schere zwischen Arm und Reich auseinanderdriften lassen. In der Endphase des Krieges kam es dann zum Umsturz des Jahres 411 v. Chr. und zur Herrschaft der Vierhundert, auch das waren Oligarchen. Der Sieg Spartas über Athen gelang in letzter Minute mit materieller Hilfe des Perserreichs. Athen wurde 404 v. Chr. zur Kapitulation gezwungen.

Auch der von dem Historiker Ernst Nolte sogenannte »europäische Bürgerkrieg« wurde in zwei Etappen geführt: von 1914 bis 1918 als Erster Weltkrieg und von 1939 bis 1945 als Zweiter. Da Großbritannien und Frankreich als etablierte Kolonialmächte mit Kriegsbeginn 1914 auch ihre Kolonien einbezogen, entwickelte sich daraus schnell ein weltumspannender Krieg.

Der Erste Weltkrieg konnte von den Entente-Mächten indes erst gewonnen werden, als die USA 1917 auf ihrer Seite gegen die Mittelmächte in den Krieg eintraten. Griechenland wurde nach dem Peloponnesischen Krieg romanisiert, Europa nach dem Zweiten Weltkrieg amerikanisiert, hier wie dort wurde die alte Zivilisation zerstört. In den USA hatte der Bürgerkrieg im 19. Jahrhundert den Superreichen den Weg zu Macht und Einflussnahme geebnet. Die Oligarchie kommt ohne »Kaiser« aus, wobei deren Protagonisten in der Regel die erste Reihe auf der Bühne meiden. Es gibt aber auch Ausnahmen wie die Dynastien Bush oder Rockefeller.

Als die heutige Finanzministerin im Kabinett Biden, Janet Yellen, Anfang 2014 das Präsidentenamt der US-Notenbank Federal Reserve Board übernahm, stellte US-Senator Bernie Sanders im Joint Economic Committee des Kongresses eine entscheidende Frage: *»Sind die Vereinigten Staaten eine Oligarchie?«*[1] Dabei bezog er sich auf die beängstigende Studie von Martin Gilens und Benjamin Page, welche den Nachweis geliefert habe, dass *»eine kleine Zahl von extrem reichen Leuten«* die Macht übernommen habe. Sanders folgerte, *»dass Amerikas Selbstdarstellung als demokratische Gesellschaft nicht länger aufrechtzuerhalten sei, wenn die Politik von mächtigen Wirtschaftsorganisationen und einigen Superreichen bestimmt wird.«*[2]

Wenn multinationale Konzerne und Globalmilliardäre ihre Interessen dabei tatsächlich, wie beteuert, am Gemeinwohl ausrichten würden, hätte Platon (427–347 v. Chr.) sicherlich nichts einzuwenden gehabt, doch sah er die Oligarchie diesbezüglich im Kontrast zu den Herrschaftsformen Monarchie, Aristokratie und Demokratie, wobei die Übergänge aber fließend seien.

Beim Verfall von Rom lassen sich ähnliche Beobachtungen machen. Der deutsche Geograph und Historiker Carl Neumann (1823–1880) hat die Vorgänge im Hinblick auf die Rolle der Oligarchen untersucht und kam zu dem Ergebnis, dass sie bemüht waren, alle, die nicht zu ihrem Kreis gehörten, *»vom Genuss der Rechte und Vortheile auszuschliessen«*, und sie *»von den Aemtern und dadurch auch vom Senat fernzuhalten«.*[3] Für Neumann stellten die Oligarchen ihre persönlichen Interessen über die des Staates, das Ergebnis war ein leidenschaftlicher Kampf um Reichtümer, es sei letztlich darum gegangen, *»den Andern durch die Erwerbung materieller Mittel zu überflügeln«.*[4]

Die heutige Weltmacht USA wird nicht ohne Grund von vielen als »neues Rom« bezeichnet – man denke an die weltweiten Stützpunkte und die nach außen hin unabhängigen NATO-Vasallenstaaten. Die Gründerväter haben den Bezug selbst hergestellt, als sie nach dem Unabhängigkeitskrieg die neue Hauptstadt errichteten. Hierfür wurde 1791 der französische Militäringenieur Pierre L'Enfant beauftragt; ihm wird nachgesagt, dass er das konstitutionelle Prinzip von Amerika, die Gewaltenteilung, auch im Stadtgrundriss von Washington sichtbar werden lassen wollte.[5] Das römische Vorbild ist durch die Verwendung der klassischen Säulenordnungen dorisch, ionisch und korinthisch ohnehin unverkennbar. Wie in Rom wurde das Kapitol, Sitz der Legislative, also der Gesetzgebung, zudem auf einem Hügel, dem Capitol Hill, platziert. Am 18. September 1793 legte George Washington nach freimaurerischem Ri-

Washington D. C.: Rückgriff auf Rom und Freimaurersymbolik

tus den Grundstein – das freimaurerische Element gehört zum zentralen Erbe der Amerikanischen Revolution.

Von den fünf Grundpfeilern der Freimaurerei – Freiheit, Gleichheit, Brüderlichkeit, Toleranz und Humanität –, Erbe der Amerikanischen Revolution, sind heute in den Vereinigten Staaten nur noch Fragmente zu erkennen. Die Ideale werden zwar in fast jeder Staats- und Nichtregierungsorganisation als Leitlinien angeführt, dienen meist aber nur als Vorwand für imperialistische Zwecke, etwa bei »humanitären Interventionen« oder destabilisierenden Maßnahmen, z. B. der Organisation und Unterstützung einer »Demokratiebewegung« vor einem geplanten Regime Change.

Seit ihrer Gründung führen die USA weltweit Kriege, dazu haben sie Eurasien mit Militärbasen umstellt und den Globus in US-Militärkommandos aufgeteilt. Hinzu kommen in jedem Winkel der Erde US-Geheimdienst- und Abhöraktivitäten.

Allein nach dem Zweiten Weltkrieg haben sie gegen mehr als 20 Länder offen oder verdeckt Krieg geführt und millionenfaches Leid und Chaos erzeugt. Die »gescheiterten Staaten« (Failed States) wurden regelrecht herbeigebombt und damit jene Flüchtlingsströme verursacht, die über das Mittelmeer nach Europa gelangen – kaum je aber über den Atlantik bis in die USA.[6]

Die Kriege und bewaffneten Konflikte samt dem nachfolgenden Aufbau spülen Milliarden in die Kassen der Rüstungskonzerne sowie der Finanz- und Investmentindustrie. Der militärisch-industrielle Komplex ist in den USA heute mächtiger denn je. Und was die Freimaurerei angeht, dürfte es ähnlich sein wie bei den hierarchisch strukturierten Kirchen: Auf der unteren Ebene finden sich noch Idealisten, an der Spitze geht es nur um Macht und Einfluss.

Zu den USA als gewalttätiger Nation gibt es unzählige Publikationen. Erwähnt seien hier »Imperium USA – Die skrupellose Weltmacht«[7] sowie »Pax americana – Die Geschichte einer Weltmacht von ihren angelsächsischen Wurzeln bis heute«[8]. In beiden Büchern wird aufgezeigt, wie sich Gewalt seit der Kolonialisierung als destruktive »Problemlösung« – einem roten Faden gleich – durch nahezu alle Aspekte der Gesellschaft, der Politik und der Geschichte der USA zieht.

Von der Oligarchie zur Plutokratie ist der Weg nicht mehr weit. Der deutsche Journalist Horst von Buttlar schrieb im August 2020, die USA wirkten immer öfter *»wie eine inszenierte Demokratie, manche sprechen schon von einer Plutokratie«.*[9] Unter Plutokratie wird heute die Herrschaft eines kleinen Prozentsatzes der Reichen und Vermögenden verstanden, verkürzt auch als »Herrschaft des Geldes«.

Auch der ehemalige US-Regierungsmitarbeiter Kevin Philipps ist der Meinung, dass es eine zu enge Verbindung von Geld und Politik gibt.[10] Seine Analyse der Geschichte des US-Reichtums beginnt mit den Kriegsgewinnen nach dem Unabhängigkeits- und dem Bürgerkrieg. Im 20. Jahrhundert folgten nach dem Ersten Weltkrieg enorme Reichtumsschübe mit zwischenzeitlichen Vermögenseinbrüchen (1921/22 und 1929/30 nach dem Platzen der Spekulationsblase),[11] unter Franklin D. Roosevelt gab es in den 1930ern eine politische Kultur *»der sich widersprechenden New-Deal-Gesetzgebung mit einer zentralistischen Steuerung von Wirtschafts- und Sozialpolitik, die auch auf der erstmaligen Frage nach der demokratischen Verträglichkeit von irrationalen Millioneneinkommen beruhte«.*[12] Nach dem Zweiten Weltkrieg kam ein neuerlicher Boom, verstärkt durch den Kalten Krieg. Die Bankenkrise von 2008 und die Pandemie 2020 haben die Vermögenszuwächse aufseiten der Gewinner noch einmal explodieren lassen. Den Preis für diesen Reichtum haben nach Philipps die armen, überarbeiteten und gestressten Amerikaner benachteiligter Ethnien zu zahlen. Spitzenmanager verzeichnen Steigerungsraten von mehreren hundert Prozent bis zu einer Milliarde Dollar im Jahr; der Mindestlohn beträgt nur wenige Dollar.

Die Wahlkämpfe, selbst für einen Sitz im Repräsentantenhaus, werden mit Spenden in Millionenhöhe finanziert. Somit wird das passive Wahlrecht de facto von jenen ausgeübt, die über das nötige Geld verfügen bzw. über die Unterstützung derer, die es haben, um die horrenden Kosten der Werbeagenturen zu übernehmen. Noam Chomsky verwies in einem Interview auf die Wahlkampagne von Barack Obama im Jahr 2008 und den Einfluss der PR-Agenturen auf den Wahlerfolg.[13] Die US-Werbeindustrie prämiert auf ihren Jahresversammlungen die jeweils beste Marketingkampagne des Jahres, damals fiel die Wahl auf Obama, dessen Kampagne sogar die von Apple Computers übertraf.

Laut Chomsky ist eines der Ziele der PR-Industrie, uninformierte Konsumenten zu schaffen, die irrationale Entscheidungen treffen und durch Täuschung zum Kauf von Produkten verleitet werden, die sie eigentlich nicht brauchen. Gleiches geschähe in der Werbung für die Kandidaten der Parteien. So spricht Chomsky auch nicht von Demokraten und Republikanern, sondern ausschließlich von der Business-Partei. Aus gutem Grund werde nicht über Inhalte gesprochen, sondern etwa die nette Familie des Kandidaten bzw. der Kandidatin in den Vordergrund gestellt. Und 2012 standen nicht die 23 Millionen fehlenden Arbeitsplätze – eine menschliche und auch wirtschaftliche Katastrophe – im Fokus des Wahlkampfs, sondern das für die Bevölkerung zweitrangige öffentliche Defizit.

Bereits vor 30 Jahren zeigte Chomsky in seinem auch heute noch höchst aktuellen Buch »Media Control« auf, wie Ereignisse geformt, präsentiert und ausgewählt werden. In seiner Analyse sind die Medien, ohne direkter staatlicher Kontrolle zu unterliegen, einerseits Propagandainstrumente der Außenpolitik, *»andererseits dienen sie der gesellschaftlichen Herstellung von Konsens, unterdrücken Nachrichten, die die Bevölkerung verunsichern könnten, und mildern sie ab, sodass an der Einstellung der politischen Führung kein Zweifel aufkommt. Dazu gehört die Methode, Verbrechen des ›Feindes‹, wer immer es gerade sein mag, akribisch zu beleuchten und mit dem Vergrößerungsglas zu untersuchen, während eigene Untaten oder die verbündeter Staaten relativiert werden.«*[14]

Jeffrey A. Winters, Professor für Politik an der Northwestern University, beschreibt in seinem Buch »Oligarchy« die neue Form bzw. letzte Form der Oligarchie, die »Civil Oligarchy«.[15] Für sie steht die Verteidigung des Reichtums an erster Stelle ihrer politischen Agenda, ganz gleich ob im alten Rom oder in der Neuzeit.

Das Schreckgespenst der Superreichen ist die progressive Besteuerung. So blüht in den USA eine »Wealth-Defense-Industry« – es gibt Unternehmen, die sich ausschließlich um die Belange der Supervermögenden kümmern und ihnen helfen, jährlich gewaltige Summen dem Fiskus vorzuenthalten, etwa mithilfe von Briefkastenfirmen oder Steueroasen.[16] Die ausschließliche Fixierung auf Vermögenssicherung bzw. -zuwächse hat einige Oligarchen dazu gebracht, eine ungeheure Dynamik in ihren politischen Aktivitäten zu entwickeln, man denke nur an die Impfobsession von Bill Gates oder das Engagement Warren Buffets, der weltweit Abtreibungen unterstützt. Neben diesem projektbezogenen Einsatz operieren die Stiftungen von Rockefeller, Ford oder Soros mit einer politischen Zielrichtung, wie sie in der Agenda des WEF deutlich werden. Sie, die keine demokratische Legitimation vorweisen können und bisher an Krieg, Zerstörung, Spekulation und Ausplünderung Unsummen verdient haben, wollen die Welt in eine bestimmte Richtung transformieren. Und die Geschichte zeigt uns: Den Oligarchen geht es immer um die Absicherung ihres Vermögens und ihrer Macht. Der große Rest muss klein und unter Kontrolle gehalten werden.

In seiner Rede vom 28. Januar 2021 beim WEF-Gipfel wies Wladimir Putin darauf hin, dass die Pandemie die Widersprüche in der Welt verschärft habe, zu beobachten sei *»eine scharfe Polarisierung der öffentlichen Ansichten, das Anwachsen des Populismus, des Rechts- und Linksradikalismus«.*[17] Es scheint eine Korrelation zwischen der Polarisierung und der Entfernung der Gesellschaft von der Wahrheit zu geben. Für George Orwell ist das wirklich Beängstigende am Totalitarismus *»dass er das Konzept der objektiven Wahrheit angreift: Er gibt vor, die Vergangenheit wie die Zukunft zu kontrollieren.«*[18] Von einer umfassenden Kontrolle der Geschichtsnarrative, wie sie in »1984« vorherrscht, sind wir gar nicht mehr so weit entfernt – Meinungen werden in den Medien »generiert«, und die Empörung über Abweichler wird regelrecht geschürt, zu erkennen an den Reaktionen auf die Internet-Aktion »#allesdichtmachen« vom Frühjahr 2021, bei der 52 deutsche Schauspieler und Schauspielerinnen ihre Kritik an der Corona-Politik deutlich werden ließen. Unverzüglich ging ein Shitstorm los, die Akteure wurden moralisch verächtlich gemacht und medial in die Nähe von Neonazis und Verschwörungstheoretikern gerückt. Die Schauspielerin Meret Becker bekam sogar Morddrohungen. Die Pandemiehysterie hat die Öffentlichkeit in einem kaum vorstellbaren Maß gespalten und den Hass auf

Menschen, die nicht nur anders denken, sondern vor allem auch Fragen stellen, noch größer werden lassen. Dabei hatten die Schauspieler nur vom Recht der freien Meinungsäußerung Gebrauch gemacht und ebenso wie die parlamentarische Opposition die Diskussionskultur in unserem Land kritisch hinterfragt.

Zwar waren einige dem öffentlichen Druck nicht gewachsen und distanzierten sich schnell wieder von der Aktion, doch auf die schnelle Empörung folgte Verständnis und wachsende Zustimmung. Immer mehr Filmschaffende solidarisierten sich mit den in den sozialen Netzwerken grob angegriffenen Schauspielern und verteidigten die Meinungsfreiheit und Integrität der Beteiligten.[19]

Es gibt also Hoffnung! Neben aller Konformität der Mainstream-Medien – bzgl. neutraler, ja auch nur wahrheitsgemäßer Berichterstattung ein Totalausfall – und des mentalen Gleichschritts gibt es noch den mündigen Bürger, den Widerstand gegen eine ideologiebasierte Gesellschaft. Damit der Kreis der Informierten größer wird, kann der ständig wiederholten Lüge nicht oft genug die Wahrheit entgegengesetzt werden: *»Die Staatsform, welche die affirmative Begeisterung aller braucht, heißt Diktatur. Nur eine Diktatur ist abhängig von Cheerleadern, wiedergekäuten Losungen, ideologischer Festigkeit und einem Paradiesversprechen, das dem Esel Volk wie eine Möhre vor der Nase geschwenkt wird, auf dass er beim Erträumen seiner Zukunft die Schläge der Gegenwart auf dem Rücken nicht spüre.«*[20]

Für den Weg in die Zukunft scheint es keinen Fahrplan zu geben, wenn man an das Chaos der Corona-Osterruhe 2021 denkt. Auf Druck von Kanzlerin Angela Merkel hatte der Bund-Länder-Gipfel in einer nächtlichen Mammutsitzung einen schärferen Lockdown über die Feiertage beschlossen, der letztlich aber nicht umsetzbar war. Prompt machte die Kanzlerin einen Rückzieher und gab Fehler zu.[21] Offenkundiges politisches Versagen in dieser Krise? Es mag vielleicht eine partielle Planlosigkeit gewesen sein, aber die seitenlange Liste der erlassenen deutschen Gesetze und Verordnungen sowie Allgemeinverfügungen und weiteren generell-abstrakten Regelungen auf Bundesebene und Länderebene infolge der Pandemie spricht eine andere Sprache.[22] Dieser Wust an freiheitseinschränkenden Maßnahmen ist nur vergleichbar mit dem unmittelbar nach 9/11 durchgepeitschten Patriot-Act in den USA.

Die im Wesentlichen von Finanz- und Digitalindustrie kontrollierten Konzerne des WEF streben eine *»Zentralisierung der politischen Macht in überstaatlichen*

Ein Plakat mit Symbolcharakter

Institutionen wie den Vereinten Nationen, der EU und dem Internationalen Währungsfonds IWF an«.[23] Mit dieser Zentralisierung wird der Aufbau eines Überwachungs- und Unterdrückungsapparats einhergehen.

Der Bundeslockdown und seine Rezeption zeigen jedenfalls deutlich, dass weder Unfähigkeit noch Dummheit des politmedialen Komplexes vorliegen, sondern dass alle zu wissen scheinen, was zu tun ist. Widerspruch zur offiziellen Lesart wird nicht geduldet, Abweichler werden abgestraft, selbst der Anstand bleibt auf der Strecke: Vor Corona traten Politiker schon bei kleinsten Vergehen zurück, heute kleben sie selbst bei größeren Skandalen an ihrem Posten. So als ob es eine Mission zu erfüllen gelte, eine Agenda durchzupeitschen ...

Wir sind inmitten eines zweiten großen Gesellschaftsexperiments auf bundesdeutschem Boden, das erste begann 2015 mit dem Eintreffen der Flüchtlingswelle. Seither werden bestehende Gesetze ausgehebelt bzw. neue geschaffen wie das Infektionsschutzgesetz, mit dem nach Gusto unter Erklärung eines Notstands den Bürgern die grundrechtlich garantierten Freiheiten auf unbestimmte Zeit aberkannt werden können.

Am 20. August 2020 hatte Bundestagspräsident Wolfgang Schäuble die Katze aus dem Sack gelassen: *»Die Corona-Krise ist eine große Chance. Der Widerstand gegen Veränderung wird in der Krise geringer. Wir können die Wirtschafts- und Finanzunion, die wir politisch bisher nicht zustande gebracht haben, jetzt hinbekommen.«*[24]

Vorbild dabei scheint China zu sein, das ein ausgeklügeltes »Social-Credit-System« eingeführt hat: Brave Bürger, die den Spielregeln des Regimes folgen, werden belohnt, solche hingegen, die mit dem Werte- und Normenraster in Konflikt geraten, gesellschaftlich benachteiligt oder sogar öffentlich an den Pranger gestellt.[25] Enorme Fortschritte bei der Nutzung Künstlicher Intelligenz und Abermillionen installierter Überwachungskameras machen dies möglich.

Doch genau der Vorsprung, den China in diesem Sektor hat, bereitet den USA Sorge. Aus diesem Grund wurde 2018 die National Security Commission on Artificial Intelligence, kurz NSCAI, ins Leben gerufen. Geleitet wird die Kommission von niemand geringerem als Eric Schmidt, früher CEO und Vorsitzender von Google, später bei Alphabet – und Bilderberg-Konferenz-Teilnehmer. Im Team dabei sind auch alle anderen namhaften Big-Tech-Firmen, dazu Waffenhersteller wie Lockheed Martin, hochrangige Vertreter der US-Army und von US-Geheimdiensten, selbst Soros' Open Society Foundations mischen mit. Die NSCAI soll nun Empfehlungen erarbeiten, wie *»die Entwicklung Künstlicher Intelligenz, maschinelles Lernen und damit verbundenen Technologien vorangetrieben werden können, um die nationalen Sicherheits- und Verteidigungsbedürfnisse der Vereinigten Staaten umfassend zu erfüllen«.*[26] Es gilt, China sogar noch zu übertreffen.

Im März 2021 legte das Gremium einen 756 Seiten umfassenden Abschlussbericht vor, auf mehr als der Hälfte werden konkrete Maßnahmen vorgeschlagen, etwa in den Bereichen »Vorbereitung auf KI-gestützte Cyberkonflikte«, »KI und Kriegführung«, »KI und die Zukunft der nationalen Geheimdienste« oder – besonders brisant – »demokratische Werte aufrechterhalten: Privatsphäre, bürgerliche Freiheiten und Bürgerrechte bei der Nutzung von KI für die nationale Sicherheit«.[27] Angeraten wird zudem eine jährliche Verdopplung der Ausgaben für KI-Forschung und -Entwicklung von derzeit 2 Mrd. US-Dollar auf 32 Mrd. im Jahr 2026. Ein großes Ziel könnte auch die Zusammenführung der bestehenden KI-Systeme zu einer sogenannten Super-KI sein. Funktionieren kann so ein System jedoch nur, wenn so viele Daten wie möglich in digitaler Form vorliegen. Bargeld etwa ist da ein Störenfried.

Das Jahr 2020 könnte als das Jahr in die Geschichte eingehen, in dem eine kleine Wirtschafts- und Finanzelite mithilfe der im Irakkrieg angewendeten US-Taktik »Shock and Awe« die Menschheit nachhaltig verunsichern und in Ketten legen konnte. Kernziel der Vertreter einer »neuen Weltordnung« – hierzu zählen die Zirkel Bilderberger, Club of Rome, Council on Foreign Relations, Trilaterale Kommission sowie diverse Stiftungen (Rockefeller, Ford, Bill und Melinda Gates, Clinton, Soros usw.) – dürfte die Zerstörung der bisheri-

Deckblatt des Abschlussberichts der National Security Commission on Artificial Intelligence, März 2021

gen Gesellschaftsstrukturen sein. Wirtschaftlich geht es dabei um die Abschaffung von Eigenständigkeit und regionaler Versorgung, gesellschaftlich um das Aufweichen traditioneller und familiärer Bindungen sowie der Einbettung in Vereine und kulturelle Gemeinschaften.

Die Vision einer Welt isolierter, bindungsarmer und finanziell wie psychisch abhängiger Einzelpersonen lässt Erinnerungen an die totalitären Systeme des 20. Jahrhunderts aufkommen. Die Menschen, die das Dritte Reich oder die Diktaturen in Osteuropa erlebt haben, erkennen in Demonstrationsverboten, Reisebeschränkungen, Zensur und Diffamierungen, die bis zum Existenzverlust gehen, durchaus Parallelen und äußern sich oft kritisch und besorgt. Der Großteil der im Wohlstand aufgewachsenen deutschen Bildungsbürger aber lässt sich durch zum Propagandainstrument verkommene Medien und deren Frontorganisationen wie der »Correctiv-Faktencheck« manipulieren. Doch das durch die Leitmedien veröffentlichte Narrativ zu den Themen Corona, Klima, Russland oder NATO bildet keineswegs das Gesamtspektrum ab. Großen Teilen der Bevölkerung wird damit die Möglichkeit genommen, sich selbst ein realistisches Gesamtbild zu machen.

Dabei ist der Auftrag des öffentlich-rechtlichen Rundfunks in Art. 5 Abs. 1 des Grundgesetzes festgeschrieben und im Rundfunkstaatsvertrag geregelt, er lautet *»durch die Herstellung und Verbreitung ihrer Angebote als Medium und Faktor des Prozesses freier individueller und öffentlicher Meinungsbildung zu wirken und dadurch die demokratischen, sozialen und kulturellen Bedürfnisse der Gesellschaft zu erfüllen«.*[28] Heute mag es wie Hohn klingen, dass der öffentliche-rechtliche Rundfunk zur Ausgewogenheit verpflichtet ist, *»um Meinungspluralität zu erzeugen«*, und *»stets eine unabhängige, sachliche und überparteiliche Berichterstattung«*[29] postuliert wird.

Doch nicht nur die Medien beteiligen sich direkt oder indirekt an der Täuschung der Menschen, nach Noam Chomsky ist das ganze Bildungs- und Berufsausbildungssystem ein sehr ausgeklügelter Filter, *»der einfach Leute aussortiert, die zu unabhängig sind, die selbständig denken, die nicht wissen, wie man sich unterordnet und so weiter – weil sie für die Institutionen dysfunktional sind«.*[30] Wie konnte dieser Wandel so unbemerkt vollzogen werden? Der mündige Bürger ist offenbar nicht mehr erwünscht.

Im Wissenschaftsbetrieb ist eine ähnliche Entwicklung zu beobachten. So werden die Kollateralschäden der rigiden Corona-Maßnahmen ausgeblendet – die Fassade steht ja noch. Dabei gibt es schon Nachbarn, die nicht mehr wissen, wie sie die Miete bezahlen sollen, Firmen, die insolvent sind und völlig isolierte alte Menschen, die sich nichts sehnlicher wünschen, als sterben zu dürfen. Der Generalsekretär der Welthungerhilfe, Mathias Mogge, bilanzierte im Juli 2021, dass zwischen 80 und 130 Millionen Menschen durch die Auswirkungen von Covid-19 in den Hunger getrieben wurden. Darüber hinaus gäbe es z. B. in Simbabwe einen totalen Verfall der Wirtschaft.[31] Und während die Meldungen über die Zahl der Coronatoten die Leute verängstigen – was sie wohl auch sollen –, finden sich so gut wie keine Meldungen über Impfschäden und die damit zusammenhängenden Todesfälle.[32]

Die Demokratie in den USA und Westeuropa ist in weiten Teilen bereits ausgehöhlt und soll mit dem Great Reset ganz abgeschafft werden. Eine machtbesessene Gruppe von Plutokraten steuert hinter dem Vorhang der Pandemiebekämpfung auf einen internationalen Totalitarismus zu – und das weitgehend unbemerkt von einer gebannt auf das Virus starrenden Öffentlichkeit. Zum vermeintlich Besten der Bürger wird mit raschem Schritt auf einen ökosozialistischen Zwangskollektivismus zugesteuert (»Green New Deal«[33]).

Zur Transformation Europas gehört auch die gezielte Entwurzelung einerseits und die Überfremdung durch Migration andererseits. Einige alte weiße Multimilliardäre – die im Übrigen auch hinter Organisationen wie Black Lives Matter stehen und sie finanzieren – wollen Gott spielen und mittels KI und Transhumanismus den Menschen mit der Maschine verschmelzen. Das bedeutet die totale Kontrolle. Der Weg dahin geht über soziale Distanz und menschliche Entfremdung hin zu einer Fusion des westlichen Neoliberalismus mit der modernen Form des chinesischen Kommunismus. Die forcierte Impfung inklusive Verleumdung der Kritiker und Deklassierung der Nichtgeimpften ist bereits ein Mittel dazu. Und bei den mRNA-Injektionen liegt der

Verdacht nahe, dass sich hinter der Impfaktion eine genetische Manipulation verbirgt.

Fällt es den Menschen nicht auf, dass Informationen unterdrückt und sogar Wissenschaftler von internationalem Rang diffamiert werden, die Voraussetzungen für eine freie, demokratische Gesellschaft also nicht mehr gegeben sind? Schon Ferdinand Lasalle (1825–1864) wusste: *»Alle große politische Aktion besteht in dem Aussprechen dessen, was ist, und beginnt damit. Alle politische Kleingeisterei besteht in dem Verschweigen und Bemänteln dessen, was ist.«*[34]

Als am 23. Juni 2021 der britische Zerstörer *HMS Defender* in die nach dem Referendum der Krimbevölkerung vom 16. März 2014 nicht mehr ukrainischen Hoheitsgewässer eindrang, versuchte russisches Militär das zu verhindern. Die bewusste Provokation durch die NATO nur eine Woche nach dem hoffnungsvollen Treffen zwischen Biden und Putin, der das Treffen als eine Art Morgenröte in den Beziehungen zwischen Russland und den USA einschätzte, erhöht im Schwarzen Meer und auch im Chinesischen Meer die Schlagzahl der Kriegstrommeln.

Die Eskalation vor der Krim veranlasste die Medienurgesteine Friedhelm Klinkhammer und Volker Bräutigam zu ihrem erhellenden Artikel »Moskau: Der nächste Eindringling wird versenkt«, in dem sie die hochgefährliche kriegstreiberische Propaganda der *Tagesschau* anprangern. Zudem hielten sie fest, *»dass nicht nur der Irak, Syrien und Libyen Zeugnis ablegen für die Rechtlosigkeit, Infamie und Unmenschlichkeit des Weltherrschers USA und seiner Vasallen. Die zahllosen Kriege der ›Westlichen Wertegemeinschaft‹ und deren vernichtende Sanktionspolitik*

A/RES/72/190 **Die Menschenrechtssituation in der Autonomen Republik Krim und der Stadt Sewastopol (Ukraine)**

Besorgnis darüber, dass etablierten regionalen und internationalen Mechanismen zur Überwachung der Einhaltung der Menschenrechte und nichtstaatlichen Menschenrechtsorganisationen kein sicherer und uneingeschränkter Zugang zur Krim gewährt wird,

1. *verurteilt* die Rechtsverletzungen, Übergriffe und diskriminierenden Maßnahmen und Praktiken der russischen Besatzungsbehörden gegenüber den Bewohnerinnen und Bewohnern der vorübergehend besetzten Krim, einschließlich der Krimtataren, sowie gegenüber Ukrainerinnen und Ukrainern und Angehörigen anderer ethnischer und religiöser Gruppen;

2. *verurteilt außerdem*, dass die Russische Föderation die besetzte Krim unrechtmäßig ihren Gesetzen, ihrer Rechtsprechung und ihrer Verwaltung unterstellt hat, und verlangt, dass die Russische Föderation ihren völkerrechtlichen Verpflichtungen hinsichtlich der Achtung des auf der Krim vor der Besetzung geltenden Rechts nachkommt;

3. *fordert* die Russische Föderation *nachdrücklich auf*,

a) allen ihr als Besatzungsmacht aus dem anwendbaren Völkerrecht erwachsenden Verpflichtungen nachzukommen;

Auszug aus der UN-Resolution 72/190, verabschiedet am 19. Dezember 2017 haben noch weniger mit demokratischen und humanitären Idealen zu tun als die mittelalterlichen Kreuzzüge mit Glaubensstärke und christlicher Nächstenliebe.«[35]

Ein Blick in die Resolution der UN-Generalversammlung klärt auf (siehe auch Abb. links): Unter Punkt 1 werden die Rechtsverletzungen der russischen Besatzungsbehörden gegenüber den Bewohnerinnen und Bewohnern der von Russland »vorübergehend besetzten« Krim verurteilt, während unter Punkt 3a die Russische Föderation nachdrücklich aufgefordert wird, »allen ihr als Besatzungsmacht aus dem anwendbaren Völkerrecht erwachsenden Verpflichtungen nachzukommen«[36] Dazu gehört eigentlich auch die Grenzsicherung.

Auf dieser Grundlage hatte das britische Kriegsschiff also gegen internationales Recht verstoßen; die Maßnahme der Russischen Föderation zur Abwendung der Grenzverletzung war somit rechtens und das Eindringen eines fremden Kriegsschiffs in die Gewässer rund um die Krim illegal. Die *Tagesschau* hingegen berichtete, für den überwiegenden Teil der Weltgemeinschaft sei die Krim gemäß dem Völkerrecht weiter Bestandteil der Ukraine – die Briten hätten somit kein russisches Hoheitsrecht verletzt. Klinkhammer und Bräutigam konterten: *»Erstens: ›Weltgemeinschaft‹ ist ein transatlantischer Kampfbegriff. Er verschleiert, dass nur eine knappe Mehrheit, nämlich 100 von 194 Staaten, die Krim im Jahr 2014 als weiterhin ukrainisch erklärte; mehr als 50 Zwergstaaten hatten zu dieser Mehrheit beigetragen (u. a. Monaco, Tuvalu, Andorra, Liechtenstein, Malta, Nauru, San Marino, Palau, Marshallinseln). Der anspruchsvoll ›überwiegende Teil der Weltgemeinschaft‹ repräsentiert nicht mal ein Drittel der Weltbevölkerung. Zweitens: Anders, als ARD-aktuell zu suggerieren versucht, blieb das See-Recht von alldem unberührt.«*[37]

Die gezielten Provokationen von NATO-Schiffen im Schwarzen Meer sah Willy Wimmer im Zusammenhang mit dem G7-Treffen der führenden westlichen Industrienationen Anfang Juni 2014, bei dem nicht an den 22. Juni 1941, den Tag des deutschen Überfalls auf die Sowjetunion, und das damit verbundene globale Verhängnis erinnert wurde, sondern an die Atlantik-Charta vom 14. August 1941, in der die angelsächsischen Kriegsziele festgelegt worden waren. Wimmer sieht in dieser Diskrepanz verhängnisvolle Zeichen für die Zukunft: *»Beides geht auf diesem Globus nicht: als Konsequenz aus der Menschheitskatastrophe ›Zweiter Weltkrieg‹ einerseits die Charta der Vereinten Nationen hochzuhalten, andererseits ... den Siegeszug der Atlantik Charta auf dem Globus zu vollenden. ... Die Atlantik-Charta mit ihrem angelsächsischen Dominanzverhalten, verbunden mit dem*

Commonwealth und der amerikanischen Fähigkeit, Zwangskoalitionen herzustellen, stoßen auf Mächte, die in sich bereits diese Fähigkeiten global unter Beweis stellen können und nicht bereit sind, fremde Interessen für sich verbindlich zu erklären.«[38]

Am 1. Juli 2021 hob der chinesische Staatschef Xi Jinping in seiner Rede anlässlich der Feierlichkeiten zum hundertsten Jahrestag der Gründung der Kommunistischen Partei Chinas diese Grundfrage als zentrales, globales Element hervor. Dem Ausland gegenüber betonte er, dass China keine aggressiven oder hegemonialen Absichten hege. *»Man werde jedoch niemals zulassen, dass fremde Mächte das chinesische Volk tyrannisierten, unterdrückten oder versklavten«.*[39] An dieser Stelle sei an den im Westen verdrängten Ersten Opiumkrieg (1839–42) erinnert. In der Folge wurde China zwischen Großbritannien, USA und Japan in Einflussgebiete aufgeteilt – das Land wurde ausgebeutet und in einen halbkolonialen Status gestürzt. Wer noch einmal etwas Derartiges versuchen sollte, so Xi unter besonders großem Jubel und Applaus, werde ein Blutvergießen erleben, *»ein Blutvergießen an einer Großen Mauer aus Stahl«*, die aus dem *»Fleisch und Blut«* von mehr als 1,4 Milliarden Chinesen gebaut worden sei.[40]

Das bewusste Zündeln von USA/NATO/EU gegenüber Russland lässt darauf schließen, dass eine kriegerische Auseinandersetzung durchaus nicht unerwünscht ist. Die Kräfte, die die alte Welt heruntergewirtschaftet haben und damit für Kriege, Hunger und Leid verantwortlich sind, setzen ihr altes Spiel fort. Dabei ist das Militär mit seinen Manövern und Kriegen der größte Umwelt- und Klimazerstörer überhaupt. Begründet werden die militärischen Aktionen wie immer mit dem Einsatz für Demokratie und Menschenrechte. Als Ziel des G7-Gipfels im Juni 2021 im britischen Cornwall nannte Ex-Außenminister Heiko Maas eine gemeinsame Linie *»gegen autoritäre Regime in der Welt«*[41]. Das Ergebnis wird verbrannte Erde sein.

Paul Craig Roberts zufolge spielt Washington mit seinen fortgesetzten Provokationen gegenüber Russland ein gefährliches Spiel; mit der Etablierung und Unterstützung des nationalistischen Regimes in der Ukraine, das seit 2014 im Donbass Krieg gegen die dortige Bevölkerung führt und Ende Februar 2021 ein Gesetz zur »Entbesetzung der Krim« verabschiedet hatte, ist ein Atomkrieg in Europa in gefährliche Nähe gerückt.[42] Putins Invasion zeigt deutlich, dass die rote Linie überschritten wurde. Europa sei geraten zu erkennen, dass Washington auf dem Rücken der Europäer seine eigenen Machtziele durchsetzt und die NATO im Extremfall keine Sicherheit bietet.

Nach zwei verheerenden Weltkriegen sollte Deutschland eigentlich aufgrund seiner geografischen Lage sowie seiner geistigen Kultur die Empfehlungen Goethes beherzigen, »*weltempfänglich und weltneuschaffend*« zu sein, »*die Herzen weit offen für den großen Geist der Welt, groß durch Verstand und Liebe, durch Mittlertum und Geist, denn Mittlertum ist Geist*«.[43]

An der Schwelle zum 20. Jahrhundert formulierte Lenin in seinem Werk »Über die Volksfeinde« seine Gedanken zur Lösung der Gesellschaftsprobleme der damaligen Zeit: »*Es würde genügen, 50 bis 100 Bankmagnaten zu verhaften, die größten Meister im Plündern der Staatskasse und in dunklen Bankgeschäften. Es würde genügen,* sie auf einige Wochen festzusetzen, *um ihre Machenschaften aufzudecken, um allen Ausgebeuteten zu zeigen, ›wer den Krieg braucht‹. Sind die Machenschaften der Bankkönige aufgedeckt, so könnte man sie freilassen, nachdem man die Banken und Syndikate der Kapitalisten und alle Unternehmer, die für den Staat ›arbeiten‹, unter die Kontrolle der Arbeiter gestellt hat.*«[44] Auch Rosa Luxemburg sah im Zusammenbruch des Kapitalismus samt Enteignung der Privatunternehmer und die Vergesellschaftung der Produktionsmittel die Voraussetzung für eine bessere und friedlichere Gesellschaft.[45]

Mit Ideologien, die nicht über das lineare Denken hinauskommen und Naturgesetze ignorieren, wird es jedoch nicht gelingen, eine bessere Zukunft aufzubauen. Naturgesetze sind weder demokratisch noch pluralistisch, noch können sie per Mehrheitsvotum beeinflusst werden, und die menschliche Existenz ist durch eine Unzahl komplexer und zumeist noch unerforschter Naturgesetze bestimmt. Darüber sich leichtfertig hinwegzusetzen könnte schwerwiegende Folgen haben. Um mündige und denkfähige Bürger zu erhalten, muss das unabhängige Denken schon von der Grundschule an trainiert werden. Dazu müssen Informationen und Sachverhalte möglichst neutral und sachlich vermittelt werden – das geht nur über repressionsfreie Bildungsstätten. Nur mündige Bürger sind in der Lage, Mitgestalter zu sein.[46]

Der langjährige Leuchtturm im US-Kongress, der Arzt Ron Paul, hielt am 5. November 2011 eine Abschiedsrede, die in aller Deutlichkeit die größten Gefahren aufzeigt, denen das amerikanische Volk heute ausgesetzt ist und die das Ziel einer freien Gesellschaft behindern. Hier nur einige Stichpunkte: »*Der kontinuierliche Angriff auf unsere bürgerlichen Freiheiten, der die Rechtsstaatlichkeit und unsere Fähigkeit, den Ansturm der Tyrannei zu widerstehen bedroht ... die Leichtigkeit, mit der wir in den Krieg ziehen ... eine finanzpolitische Krise als Folge der übermäßigen Verschuldung ... sowie die Gefahr der zentralen Wirtschaftsplanung durch die Federal Reserve.«*[47] Er warb eindringlich für ein Regierungssystem, dass von den moralischen Prinzipien des Friedens und der Toleranz geleitet wird. Nach Paul waren die Gründer der USA überzeugt, dass eine freie Gesellschaft nicht ohne ein moralisches Volk existieren kann. Bekümmert konstatierte er: *»Heute hat die in der Verfassung niedergeschriebene Rechtsstaatlichkeit für die meisten Amerikaner wenig Bedeutung, besonders für diejenigen, die in Washington D. C. arbeiten.«*[48]

Wann werden die Menschen in ihrer Mehrheit erkennen, dass ihnen schon lange die Wahrheit vorenthalten wird und sie emotional von Psychopathen auf und hinter der politischen Bühne missbraucht werden? Diese Erkenntnis wird für viele schwer zu verdauen sein. Wer will sich schon eingestehen, unter falschen Vorzeichen gelebt zu haben? Nach den Diktaturen 1945 und 1989 haben das die meisten Menschen auch erst verstanden, als die Ist-Situation mit Lügen nicht mehr zu bemänteln war. Das Eingeständnis, getäuscht worden zu sein, bedeutet, die eigene Wahrnehmung und Bewertung infrage zu stellen. Dazu muss man wissen, dass es normal ist, sich mal zu täuschen, zu irren, Fehler zu machen. Dazu braucht es Selbstsicherheit, auf die nicht frühzeitig genug durch Elternhaus und Schule hingeführt werden kann.

Noam Chomsky ist überzeugt, dass wir ein angeborenes Freiheitsbedürfnis besitzen.[49] Dieses Freiheitsbedürfnis machte bereits 1549 Etienne de la Boëtie zum Gegenstand seiner Streitschrift »Von der freiwilligen Knechtschaft des Menschen«. Boëtie betonte, *»dass wir nicht nur im Besitz unserer Freiheit, sondern auch mit dem Trieb, sie zu verteidigen, geboren werden«.*[50]

Angesichts der menschenverachtenden Weltherrschaftsdoktrinen mit ihren zerstörerischen Ergebnissen muss der Einsatz für Frieden und Gerechtigkeit absolute Priorität erhalten. Der Globus darf nicht länger Spielball einer verantwortungslosen Finanzoligarchie sein, die den Boden für eine rücksichtslose Ausbeutung bereitet. Eine gewissenlose Geldelite führt Krieg gegen das Menschsein. 2022 wird wohl das Jahr der Entscheidung werden, ob wir in einer globalen Gesundheits- und Klimadiktatur landen oder nicht. Und vor allem ob wir in Folge des Kriegs in der Ukraine wieder in einen verheerenden Weltkrieg hineingezogen werden.

Über Covid-19 zur Agenda 2030 – eine Chronik der Transformation

»Diät, Injektionen und Verbote werden von klein auf die Art von Charakter und Überzeugungen hervorbringen, die die Behörden für wünschenswert halten, und jede ernsthafte Kritik an den Machthabern wird psychologisch unmöglich. Selbst wenn alle unglücklich sind, werden sich alle für glücklich halten, weil die Regierung ihnen sagt, dass sie es sind.«

Bertrand Russell, 1963

▶ 28. April 1997: US-Verteidigungsminister Cohen über Bio- und Klimawaffen

In einem Briefing erklärt William S. Cohen, Verteidigungsminister unter US-Präsident Clinton, *»dass einige Länder versucht haben, so etwas wie ein Ebola-Virus zu konstruieren, und das wäre, gelinde gesagt, ein sehr gefährliches Phänomen.«*[1] Cohen geht noch weiter: Wissenschaftler könnten versuchen, Krankheitserreger zu entwickeln, die so spezifisch sind, dass sie bestimmte ethnische Gruppen einfach ausrotten. Andere wiederum entwickelten z. B. Insekten, die ausgewählte Ernten zerstören können, oder seien sogar an einer Art Öko-Terrorismus beteiligt, bei dem sie das Klima verändern oder Erdbeben und Vulkanausbrüche aus der Ferne auslösen können – mithilfe elektromagnetischer Wellen (vgl. auch S. 289). Er stütze sich dabei auf Aussagen des Zukunftsforschers Alvin Toffler, der u. a. für seine Arbeiten zur digitalen Revolution bekannt wurde.

▶ 31. Oktober 1997: Patentanmeldung eines Verfahrens zur Manipulation von Nervensystemen

Neben der Behandlung von Schlaflosigkeit, Zittern, epileptischen Anfällen und Angststörungen könne das Verfahren (US-Patent 6017302A), so heißt es, als nicht tödliche Waffe eingesetzt werden, um Schläfrigkeit und Desorientierung bei den Zielpersonen hervorzurufen.[2]

▶ 28. Januar 2000: Erster Corona-Impfstoff patentiert

Pfizer lässt einen Spikeproteine produzierenden Impfstoff schützen (US-Patent 63722224) – als Vakzin für Hunde.[3]

▶ 22. bis 23. Juni 2001: Dark Winter

Beim Pandemie-Planspiel Dark Winter wird eine von unbekannten Angreifern ausgelöste Pockenepidemie simuliert. Von diesem Zeitpunkt an werden aber nicht mehr nur Biowaffenangriffe, sondern auch natürliche Pandemien geprobt.[4]

▶ September 2001: Anthraxanschläge in den USA

Nach dem Attentat vom 11. September tauchen in der US-Post Briefe mit Milzbranderregern auf. Fünf Amerikaner sterben, 17 werden krank. Die panische Angst vor einer Anthrax-Infektion beherrscht daraufhin die amerikanische Öffentlichkeit fast noch mehr noch als der 9/11-Schock. Erstmals in der Geschichte der USA wird der Kongress geschlossen. Schnell ist Saddam Hussein als Täter ausgemacht, die Spur führt schließlich aber zu dem Mikrobiologen Bruce Edwards Ivins im Biowaffenlabor U. S. Army Medical Research Institute of Infectious Diseases in Fort Detrick.[5] Er hatte bis zu 30 000 Menschen den todbringenden Sporen ausgesetzt. Bevor er verhaftet werden kann, nimmt er sich das Leben.[6]

▶ 19. April 2002: US-Patent zur Herstellung rekombinanter Coronaviren

Noch vor dem ersten Ausbruch von SARS in Asien melden Christopher M. Curtis, Boyd Yount und Ralph Baric ein Patent für ein Verfahren zur Herstellung rekombinanter Coronaviren an (US-Patent 7.279.372). Die Forschung war seit 1999 durch das US-Gesundheitsministerium unterstützt worden.[7]

▶ 2002/2003: SARS erscheint auf der Bildfläche

In 30 Ländern, auf sechs Kontinenten, erkranken insgesamt mehr als 8000 Menschen an einem »schweren akuten respiratorischen Syndrom«, kurz SARS, 744 sterben.[8]

TIME-Magazine *vom 5. Mai 2003*

▶ 8. bis 10. September 2003: Global Mercury

An der Übung Global Mercury zur Ergreifung von Gegenmaßnahmen bei einem Pockenausbruch sind neben den USA die EU-Kommission, das Robert Koch-Institut (Deutschland) sowie Institutionen aus Frankreich, Großbritannien, Italien, Japan, Kanada und Mexiko beteiligt.[9]

▶ 14. Januar 2005: Atlantic Storm

Beim Pandemie-Planspiel Atlantic Storm wird ein terroristischer Angriff mit Biowaffen simuliert. Organisator ist u. a. das Center for Transatlantic Relations der Johns Hopkins University, großzügige finanzielle Unterstützung gewährte die Alfred P. Sloan Foundation, der German Marshall Fund of the United States sowie die Nuclear Threat Initiative. Im Gegensatz zu den bisherigen Simulationen sind bei dieser Übung hochrangige Politiker dabei, etwa Madeleine Albright als US-Präsidentin oder Werner Hoyer (FDP) als deutscher Bundeskanzler. Anschließend wird beschlossen, der WHO eine zentrale Rolle bei der Bekämpfung von Pandemien zuzuweisen.[10]

TIME-Magazine *vom 9. Februar 2004 und 17. Oktober 2005*

▶ 2004/2005: Die Vogelgrippe grassiert

»Wird die nächste menschliche Pandemie in Asien ausgebrütet?«, fragt das *TIME-Magazine* am 9. Februar 2004.[11] Das größte Pharmaunternehmen der Welt, Hoffmann-La Roche, schürte die Angst: *»Das Vogelgrippevirus H5N1 könnte möglicherweise der Auslöser einer neuen Pandemie mit bis zu 7 Millionen Todesopfern werden.«*[12]

▶ 29. März 2006: Verordnung der Europäischen Kommission über die bedingte Zulassung von Humanarzneimitteln (EG Nr. 507/2006)

Punkt 3: »*... der Nutzen für die öffentliche Gesundheit, den die sofortige Verfügbarkeit des Arzneimittels auf dem Markt mit sich bringt, (sollte) das Risiko aufgrund noch fehlender zusätzlicher Daten überwiegen.*« Und Punkt 11: »*Bei Arzneimitteln mit bedingter Zulassung ist eine verstärkte Pharmakovigilanz (Arzneimittelsicherheit) sehr wichtig*«[13], also die laufende und systematische Überwachung der Sicherheit eines Fertigarzneimittels, um ggfs. entsprechende Maßnahmen zur Risikominimierung ergreifen zu können.

▶ Juni/August 2009: Schweinegrippe – WHO sieht höchstmögliche Pandemiestufe

TIME-Magazine *vom 24. August 2009*

Nach der Streichung von zwei wesentlichen Definitionen reicht es fortan zur Ausrufung einer Pandemie, dass sich ein Erreger schnell und massiv in mindestens zwei der sechs WHO-Regionen ausbreitet. Wie viele Menschen tatsächlich daran sterben oder erkranken, ist kein Kriterium mehr.

Wieder wird Panik geschürt: »*... Millionen von Menschen (könnten) mit der Schweinepest infiziert werden. Wie schlimm wird es werden?*«[14] In Deutschland fordert Christian Drosten, damals Leiter des Instituts für Virologie der Uniklinik Bonn, zur umfassenden Impfung auf. Die Bundesländer ordern 34 Millionen Impfstoffdosen, von denen dann wegen mangelnder Impfbereitschaft 29 Millionen vernichtet werden müssen.[15] Von den Geimpften erkranken in Europa insgesamt etwa 15 000 Menschen an Schlafzwang (Narkolepsie), Nervenkrankheiten, allergischen Schocks, Gesichtslähmungen sowie Gefäß- und Gehirnentzündungen.[16]

In Schweden und Finnland werden Hunderte Impfschäden durch Pandemrix nachgewiesen, ein Mittel des Pharmakonzerns GlaxoSmithKline. Brisant: Drosten hatte 2004 den GlaxoSmithKline-Förderpreis für Klinische Infektiologie bekommen. Inzwischen ist Pandemrix längst vom Markt verschwunden.

▶ Juli/September 2009: Definition von Gentherapeutika geändert

Mit der EU-Richtlinie 2009/120/EG vom 14. September 2009 wird die bisherige Regelung dahingehend geändert, dass Impfstoffe gegen Infektionskrankheiten nicht als Gentherapeutika gelten. Bereits im Juli war im Deutschen Bundestag beschlossen worden, dass Gentherapeutika als Impfstoffe bezeichnet werden dürfen (siehe auch S. 286).

▶ Mai 2010: Strategiepapier der Rockefeller-Stiftung

In dem Dokument »Scenarios for the Future of Technology and International Development« findet sich auf den Seiten 18 und 19 eine aufschlussreiche »Regieanweisung«, die den Titel »Lock Step« trägt: An die Wand gemalt wird *»eine Welt der strengeren Regierungskontrolle von oben nach unten und einer autoritären Führung, mit begrenzter Innovationskraft und wachsendem Widerstand der Bürger.«*[17] Das wird 2020/21 Wirklichkeit.

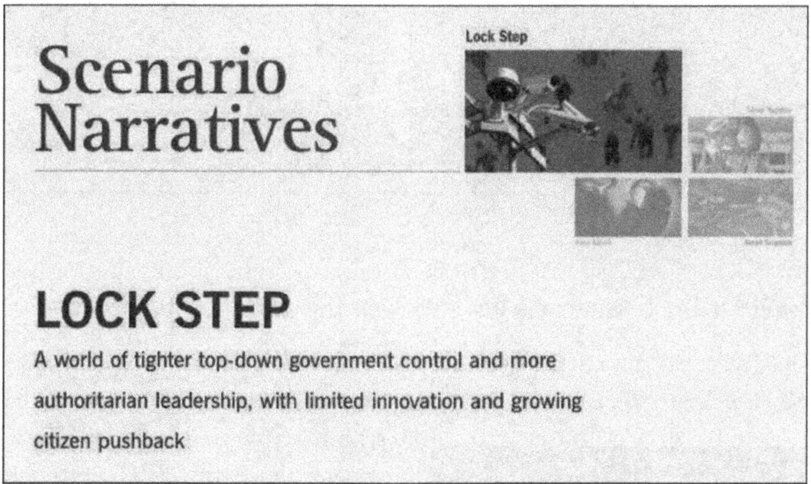

Kapitel »Lock Step« im Strategiepapier der Rockefeller Foundation

▶ Mai 2010: Deutsches Patent zur Gehirnmanipulation (DE11200319 T5)

Mithilfe von sogenannter »Schwarmtechnologie« ist es nun möglich, dass winzige RFID-Chip-Implantate sowohl auf das Nervensystem einwirken als auch im Gehirn aktiv werden können. Daneben existieren bereits unzählige US-Patente zur Gehirnmanipulation.

▶ 2011: »Infected« – Bildergeschichte der EU

In dem Bildroman »Infected« wird eine 2006 von Peking ausgehende Pandemie skizziert. Am Ende der Geschichte stellt die Führungsriege der EU ihre Erfolge im Kampf gegen das Virus heraus: *»Die Verluste wurden auf weniger als eine Million Menschenleben begrenzt, und die Ausbreitung des Virus B-1049 konnte in nur sechs Wochen gestoppt werden, nachdem das freiwillige pharmazeutische Notfallkonsortium in großem Maßstab die Phase der Impfstoffproduktion eingeleitet hatte.«*[18]

Auszug aus der Graphic Novel »Infected«

▶ 2013/14: Ausstrahlung der britischen Thriller-Fernsehserie »Utopia«

Der Trailer beginnt mit der Feststellung: *»Es ist keine Pandemie nötig, damit sich die Menschen impfen lassen – nur die Angst vor einer Pandemie.«*[19] Die Serie wurde schließlich abgesetzt und jede Fortsetzung durch die BBC untersagt. Die dritte Staffel scheint ohnehin heute in der realen Welt ihre Fortsetzung zu finden.

Screenshot aus dem fünfzehnminütigen Trailer

▶ 2014 bis 2017: Ebola und Zika

Die nächsten Viren erscheinen medial am Horizont. Kommt eine neue Seuche? *TIME* warnt am 15. Mai 2017 auf dem Titelbild: »*Wir sind nicht bereit für die nächste Pandemie.*«

TIME-Magazine vom 13. Oktober 2014, 16. Mai 2016 und 15. Mai 2017

▶ Mai 2018: Clade X.

Ziel der Pandemieübung Clade X. des Johns Hopkins Center for Health Security sei es, strategische Entscheidungen zu veranschaulichen, welche die Welt verfolgen müsse, »*um eine Pandemie zu verhindern oder ihre Folgen zu mindern, falls die Prävention fehlschlägt*«.[20]

▶ Juni 2018: Steuerung des menschlichen Gehirns mittels RNA-Impfstoffen

Der CIA-Neurobiologe Charles Morgan erklärt an der Militärakademie West Point, wie es die unter den Akronymen CRISPR (Clustered Regularly Spaced Short Palindromic Repeats) und DREADS (Designer Receptor Exclusively Activated by Designer Drugs) bekannten Technologien ermöglichen werden, Körper und Geist zu kontrollieren.[21]

▶ 13. August 2018: NSCAI wird gegründet

Die National Security Commission on Artificial Intelligence, kurz NSCAI, wird eingerichtet, um Empfehlungen abzugeben, wie »*die Entwicklung von künstlicher Intelligenz, maschinellem Lernen und damit verbundenen Technologien«* vorangetrieben werden könne, *»um die nationalen Sicherheits- und Verteidigungsbedürfnisse der USA umfassend zu erfüllen«*[22] (siehe auch S. 325).

▶ Oktober 2018: US-Labore entwickeln Biowaffen in ehemaligen Sowjetrepubliken

Bei einem offiziellen Briefing berichtet das russische Verteidigungsministerium, dass amerikanische Spezialisten im georgischen Zentrum für öffentliche Gesundheitsforschung, 2013 mit US-Hilfen finanziert, biologische Waffen entwickelt haben. Generalmajor Igor Anatoljewitsch Kirillow, Chef der russischen Strahlen-, Chemie- und biologischen Verteidigungstruppen, gibt weiter bekannt, dass die USA im gleichen Jahr auch im kasachischen Almaty in ein Biosicherheitslabor investiert haben, und zwar die stolze Summe von 102 Millionen Dollar. Beide Labore seien Teil eines ganzen Netzwerks amerikanischer Forschungszentren zur Herstellung von Massenvernichtungswaffen.[23] Der Standort sei bewusst gewählt worden, um einige der tödlichsten Krankheitserreger, wie Milzbrand und Cholera, untersuchen und lagern zu können.[24] Sogenannte Factsheets der US-Regierung belegen indes, dass das Pentagon auch in der Ukraine Biolabore finanziert – zehn an der Zahl seit 2012.[25]

The Economist vom 22. November 2018

▶ Dezember 2018: Die Zeitschrift *The Economist* prophezeit die Welt in 2019

Eine seltsame Mixtur aus okkulter und konkreter Symbolik ziert die Dezember-Ausgabe 2018 des *Economist.* Was will uns der Illustrator damit sagen?

▶ Mai 2019: EU-Kommission erstellt Roadmap für Impfungen

Mehr als ein halbes Jahr vor Ausbruch der Covid-19-Pandemie präsentiert die Europäische Kommission einen Fahrplan für Impfungen. Er sieht auch einen gemeinsamen Impf- und Reisepass für EU-Bürger bis 2022 vor.

▶ Mai 2019: CDU/CSU-Kongress »Globale Gesundheit stärken«

Am 8. Mai 2019 – 74 Jahre nach der deutschen Kapitulation – finden sich hochrangige Gäste im Berliner Reichstag zu einer Tagung zum UN-Nachhaltigkeitsziel »globale Gesundheit« ein. Unter den Teilnehmern sind WHO-Chef Tedros Adhanom Ghebreyesus, der Virologe Christian Drosten, Joe Cerell von der Bill & Melinda Gates Foundation oder auch Jeremy Farrar vom Wellcome Trust, der zweitgrößten Gesundheitsstiftung der Welt. Zu den Rednern gehören Angela Merkel, Jens Spahn, Hermann Gröhe, Gerd Müller, Anja Karliczek und Georg Nüßlein. Nüßlein, Mitinitiator des Kongresses, scheidet Anfang März 2021 wegen Korruptionsverdachts im Zusammenhang mit dem Ankauf von Corona-Schutzmasken aus der CDU/CSU-Bundestagsfraktion aus.[26]

▶ Juni bis August 2019: Angst vor erneuter Finanzkrise

In der Bank für Internationalen Zahlungsausgleich (BIZ) läuten die Alarmglocken: In ihrem Jahreswirtschaftsbericht ist die Rede von »*Überhitzung … auf dem Markt für fremdfinanzierte Kredite*«, wo sich, ähnlich wie 2008, »*die Kreditstandards verschlechtert*« hätten.[27]

Am 9. August werden dann »*unkonventionelle geldpolitische Maßnahmen*« gefordert, um »*die Realwirtschaft vor einer weiteren Verschlechterung der finanziellen Bedingungen zu schützen*«.[28]

Am 15. August veröffentlicht die Investmentfirma BlackRock, die Aktien- und Rentenfonds im Wert von rund 7 Billionen Dollar verwaltet, ein Weißbuch mit dem Titel »Dealing with the next downturn«. Darin fordert sie die US-Notenbank auf, dem Finanzsystem schnellstmöglich Liquidität zuzuführen, um »*einen dramatischen Abschwung*« zu verhindern.[29]

Vom 22. bis zum 24. August treffen sich G7-Zentralbanker in Jackson Hole, Wyoming, um Maßnahmen zu diskutieren. James Bullard, Präsident der St. Louis Federal Reserve: »*Wir müssen einfach aufhören zu denken, dass nächstes Jahr alles wieder normal sein wird.*«[30]

▶ 12. September 2019: Global Vaccination Summit

Auf dem »Globalen Impfgipfel« wird vonseiten der Europäischen Kommission und der WHO dazu aufgerufen, digitale Technologien zu nutzen, um die Effektivität von Impfprogrammen zu überwachen.

▶ 17. September 2019: Geldpolitisches Notprogramm der Fed

Die Fed beginnt, wöchentlich Hunderte von Milliarden Dollar in die Wall Street zu pumpen. Sie folgt dabei der BlackRock-Empfehlung vom 15. August. Es überrascht daher nicht, dass die Fed BlackRock im März 2020 mit der Verwaltung des Rettungspakets als Reaktion auf die »Covid-19-Krise« beauftragt.[31]

▶ 19. September 2019: Donald Trump unterzeichnet die Executive Order 13887

Mit dieser Direktive wird eine nationale Impf-Taskforce eingerichtet, die einen Fünf-Jahresplan entwickeln soll mit dem Ziel, *»den Einsatz flexiblerer und skalierbarer Technologien zur Impfstoffherstellung zu fördern und die Entwicklung von Impfstoffen zu beschleunigen«*. So könne auch einer »Grippepandemie« entgegengewirkt werden, die *»im Gegensatz zur saisonalen Grippe ... das Potenzial hat, sich schnell über den Globus zu verbreiten, eine größere Anzahl von Menschen zu infizieren und hohe Krankheits- und Todesraten in Bevölkerungsgruppen zu verursachen«*.[32]

▶ Oktober 2019: Event 201

Am 18. Oktober – drei Monate vor Bekanntwerden der ersten Corona-Fälle – veranstalten das Weltwirtschaftsforum, das Johns Hopkins Center for Health Security und die Bill & Melinda Gates Stiftung die Pandemiebereitschaftsübung Event 201, eine Weiterführung von Clade X. Es geht hierbei auch um Maßnahmen zur Eindämmung weltweiter wirtschaftlicher und gesellschaftlicher Konsequenzen.[33] Mit dabei sind Vertreter der Weltbank, des Pharmakonzerns Johnson & Johnson, der Hotelkette Marriott, des Logistikkonzerns UPS, von Lufthansa Group Airlines, NBC Universal Media, der US-Gesundheitsbehörde CDC sowie ein Ex-Direktor der CIA. Wissenschaftler aus den Bereichen Virologie und Epidemiologie sind hingegen nicht eingeladen.

▶ November 2019: Gates-Stiftung spendet an das RKI

Die Bill & Melinda Gates Stiftung spendet rund 250 000 Dollar an das Robert Koch-Institut. Eine weitere Spende über knapp 500 000 Dollar wird im November 2021 folgen.[34]

▶ Dezember 2019/Januar 2020: Die »Corona-Welle« rollt an

Das WHO-Länderbüro China informiert am 31. Dezember 2019 über Fälle von Lungenentzündung unbekannter Ursache. Kurz darauf wird ein neuartiges Coronavirus identifiziert: SARS-CoV-2.

Beim Treffen des Weltwirtschaftsforums in Davos vom 21. bis zum 24. Januar werden auch Impfungen diskutiert.

Am 23. Januar verhängt China über Wuhan und andere Städte in der Provinz Hubei eine Ausgangssperre.

Am 27. Januar meldet das bayerische Gesundheitsministerium den ersten Coronavirus-Fall in Deutschland.

▶ Januar 2020: Neue Abteilung im Gesundheitsministerium in Vorbereitung

Kaum hat Generalarzt Hans-Ulrich Holtherm am 15. Januar das Kommando über das Bundeswehrkrankenhaus Ulm übernommen, wird er nach Berlin beordert. Bundesgesundheitsminister Spahn bespricht sich mit ihm über die neu einzurichtende, militärisch geführte Abteilung 6.

▶ 6. Februar 2020: Prof. Dr. Clemens Wendtner gibt Entwarnung

Clemens Wendtner, Chefarzt der Klinik für Infektiologie in München, wo sieben Corona-Infizierte behandelt werden, geht von einer Sterblichkeit deutlich unter einem Prozent aus – ähnlich wie bei der Influenza. *»Mit einer sehr, sehr gefährlichen Erkrankung hat das nicht viel zu tun.«*[35]

▶ 27. Februar 2020: Krisenstab der Bundesregierung nimmt Arbeit auf

Auf Grenzschließungen und Eventabsagen meint Gesundheitsminister Spahn noch immer verzichten zu können.

▶ 2. März 2020: Generalarzt Holtherm wird Leiter von Abteilung 6

Die Abteilung 6 wird von Generalarzt Holtherm übernommen mit dem Aufgabenbereich »Gesundheitsschutz, Gesundheitssicherheit, Nachhaltigkeit«. Holtherm kann Auslandseinsätze im Irak, in Afghanistan, im Kongo, in Dschibuti und im Kosovo nachweisen und war bereits 2009 im Zuge der H1N1-Pandemie von der Bundeswehr in das Gesundheitsministeriums abgeordnet. 2014 gehörte er dem ressortübergreifenden Ebola-Krisenstab an.[36]

▶ März 2020: Milde Erkältung oder gefährliche Pandemie?

Auf der Bundespressekonferenz am 2. März 2020 erklärt Christian Drosten von der Berliner Charité, der bereits bei der Schweinegrippe 2009 als Experte in Erscheinung trat, dass es sich bei Corona um eine *»milde Erkältung«* handele.[37] Die WHO indes ruft am 11. März Covid-19 als Pandemie aus. Noch am 13. März prognostiziert Lothar Wieler, Chef des Robert Koch-Instituts, bezüglich Covid-19, *»dass vier von fünf Menschen, die mit dem Virus infiziert werden, nur leichte Symptome haben [werden] oder gar keine Symptome. An ihnen wird die Krankheit mehr oder weniger spurlos vorbeigehen.«*[38]

▶ 14./18. März 2020: Regierung warnt vor Fake News zu geplanten Einschränkungen

Am 14. März wehrt sich das Gesundheitsministerium gegen »Fake News«: Es stimme nicht, dass man massive Einschränkungen des öffentlichen Lebens plane (siehe Abb. rechts). Am 18. März twitterte Regierungssprecher Steffen Seibert, dass Bundeskanzlerin Angela Merkel verspricht, die Bevölkerung *»transparent zu informieren«*.

▶ 22. März 2020: Strategiepapier »Wie wir Covid-19 unter Kontrolle bekommen«

Am 22. März wurde ein 17-seitiges Strategiepapier des Bundesministeriums des Innern öffentlich. Es trägt den Titel »Wie wir Covid-19 unter Kontrolle bekommen« und hat es in sich. Zentrales Ziel sei es, eine *»Schockwirkung«* zu erzielen, z. B. durch prognostizierte horrende Sterbeziffern: Am 27. Mai 2020 sollen es knapp 1,2 Millionen sein.[39]

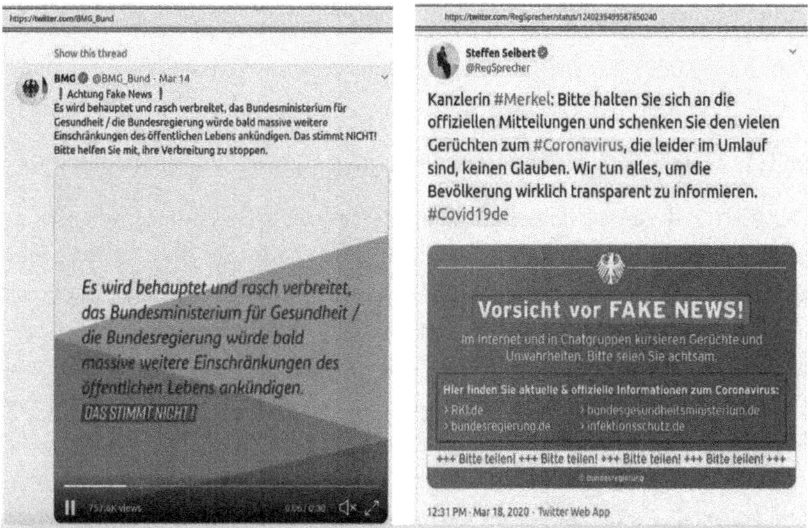

Twitter-Meldungen der Regierungsbehörden

Das Pamphlet schreckt nicht einmal davor zurück, Kinder zu instrumentalisieren. Wörtlich heißt es: »*Wenn sie dann ihre Eltern anstecken, und einer davon qualvoll zu Hause stirbt und sie das Gefühl haben, Schuld daran zu sein, weil sie z. B. vergessen haben, sich nach dem Spielen die Hände zu waschen, ist es das Schrecklichste, was ein Kind je erleben kann.*«[40] Zudem sollte ein historischer Bezug hergestellt werden – getreu der Formel: 2019 = 1919 (Spanische Grippe) + 1929 (Schwarzer Freitag).

Um das Testen schneller und effizienter zu machen, sei längerfristig der »*Einsatz von Big Data und Location Tracking unumgänglich*«. Alle positiv getesteten Personen müssten isoliert werden, sei es zu Hause oder in einer Quarantäneanlage; dies müsste noch genauer abgeklärt werden. Weiter heißt es: »*Sobald diese Maßnahmen einmal eingespielt sind, können sie relativ kostengünstig über mehrere Jahre hinaus die wahrscheinlich immer wieder aufflackernden kleinen Ausbrüche sofort eindämmen.*«[41] Im schlimmsten Fall drohe die Gefahr, »*dass dies die Gemeinschaft in einen völlig anderen Grundzustand bis hin zur Anarchie verändert*«.[42]

Auf die kleine Anfrage der AfD-Fraktion (Drucksache 19/19742) gab der Bundestag die Verfasser des Strategiepapiers preis: Boris Augurzky, Roland Döhrn und Christoph M. Schmidt vom RWI – Leibniz-Institut für Wirtschaftsforschung; Hubertus Bardt und Michael Hüther vom Institut der Wirtschaft Köln; Heinz Bude, Uni Kassel; Otto Kölbl, Universität Lausanne sowie

Maximilian Mayer, University of Nottingham Ningbo China (UNNC).[43] Die Aufzählung offenbart einmal mehr die Dominanz der Wirtschaft.

▶ 24. März 2020: Maßnahmenpapier des Bundesinnenministeriums

Das BMI stellt einen »Maßnahmenkatalog zur dauerhaften Eindämmung/Kontrolle der Pandemie und zur Vermeidung gesellschaftlicher Kollateralschäden« auf.[44] Er basiert vor allem auf den Eingaben der Universitäten Bonn, Lausanne und Nottingham Ningbo China, des europaweiten Open-Innovation-Netzwerks Crowdhelis Ltd. COVID-19 Helis und der Stiftung Wissenschaft und Politik (SWP). Zielsetzung u. a.: Schutz der Demokratie vor gesellschaftlicher Radikalisierung und vor einem massiven Vertrauensverlust in demokratische Abläufe und Institutionen sowie die regelmäßige Information der Bevölkerung und Folgenabschätzung über die eingesetzten Maßnahmen zur Vermeidung einer unkontrollierten Ausbreitung von Fake News.

▶ 24. März 2020: RKI rät von Autopsien bei Coronatoten ab

Der genaue Wortlaut: *»Eine innere Leichenschau, Autopsien oder andere aerosolproduzierende Maßnahmen sollten vermieden werden. Sind diese notwendig, sollten diese auf ein Minimum beschränkt bleiben.«* [45]

▶ 25. März 2020: »Epidemische Lage von nationaler Tragweite«

Der Deutsche Bundestag stellt eine »epidemische Lage von nationaler Tragweite« fest (BT-PlPr 19/154, S. 19169C).

▶ 26. März 2020: Microsoft-Patent in Richtung »Internet of Humans«

Die Weltorganisation für geistiges Eigentum (WIPO) veröffentlicht eine Patentschrift der Firma Microsoft, welche die Möglichkeiten des Messens und Monitorings von Körperaktivitäten aufzeigt, die weit über eine reine Überwachung hinausgehen.

▶ 30. März 2020: Corona auf dem Cover

Das Coronavirus wird auch beim *TIME-Magazine* Schwerpunktthema.

▶ April 2020: Propagandafeldzug startet

Die PR-Agentur Scholz & Friends wird vonseiten der Bundesregierung bei einem Budget von 22 Millionen Euro beauftragt, die Kampagne in Sachen Corona zu orchestrieren.

Die EU etabliert derweil ein »Schnellwarnsystem für Desinformation«. Es darf nur noch die offizielle Meinung gelten.[46]

TIME-Cover vom 30. März 2020

▶ 10. April 2020: Guterres betont Gefahr von Bioterrorismus

UN-Generalsekretär António Guterres spricht von einer Bedrohung des internationalen Friedens und der Sicherheit durch etwaige künftige Angriffe durch Bioterroristen.

▶ 12. April 2020: Bill Gates tritt in den Tagesthemen auf

Am Ostersonntag darf sich Bill Gates in den Tagesthemen in einem fast zehnminütigen Interview über seine Zukunftsvorstellungen auslassen: *»Wir werden den zu entwickelnden Impfstoff letztlich sieben Milliarden Menschen verabreichen.«*

▶ 20. April 2020: »Eine neue Normalität«

Kanzlerin Angela Merkel verkündet: *»Wir bewegen uns in eine neue Normalität«* – der damalige Vizekanzler Olaf Scholz ergänzt: *»eine Normalität, die nicht kurz sein wird, sondern die längere Zeit anhalten wird«.*[49]

▶ Mai/Juni 2020: Geberkonferenz und Spendengipfel

Am 4. Mai wird eine Geberkonferenz per Video einberufen, um Spenden für den Kampf gegen Covid-19 zu sammeln. Die EU und verschiedene europäische Regierungen sagen spontan 7,4 Milliarden Euro Steuergelder zur Unterstützung der globalen Impfaktion zu. Ergänzend dazu findet am 27. Juni im Rahmen der Kampagne »Global Goal: Unite for Our Future« ein Spendengipfel statt, so dass insgesamt 15,9 Mrd. Euro mobilisiert werden können, davon stammen *»11,9 Mrd. von den Mitgliedstaaten, der Kommission und der Europäischen Investitionsbank«.*[47] Andere Geber steuern rund 265 Mio. Euro bei, darunter die Gates-Stiftung ca. 100 Mio. Inzwischen ist bekannt, wem die Milliarden zuflossen – rund 5 Mrd. Euro wurden schon im Mai 2020 überwiesen:

- 2,6 Mrd. Euro an die WHO (Großsponsor: Gates-Stiftung);
- 1,1 Mrd. Euro an die CEPI (Mitgründer: Gates-Stiftung);
- 488 Mio. Euro an die GAVI (Gründer: Gates-Stiftung);
- 257 Mio. Euro an Covid-19-Therapeutics-Accelerator (Mitgründer: Gates-Stiftung, CEPI, GAVI);
- 60 Mio. Euro an die Foundation for Innovative New Diagnostics (FIND, Hauptgeldgeber: Gates-Stiftung);
- 15,7 Mio. EUR an den Global Fund (Hauptgeldgeber: Gates-Stiftung);
- Mind. 700 Mio. Euro für nationale Covid-19-Forschungsprojekte.[48]

▶ 6. Juni 2020: 750-Millionen-Dollar-Deal der Gates-Stiftung

MSN berichtet über einen 750-Millionen-Dollar-Deal der Bill & Melinda Gates Stiftung zur Herstellung eines Covid-19-Impfstoffs, von dem die Pharmafirma AstraZeneca bis Jahresende zwei Milliarden Packungen auf den Markt bringen soll. Dem Mittel Hydroxychloroquin wird indes jegliche heilende Wirkung abgesprochen.[50]

▶ 22. Juni 2020: Verfassungsgericht bekommt neuen Präsidenten

Der Jurist Stephan Harbarth wird oberster Verfassungsrichter. Seine Ernennung rief viel Kritik hervor. So stehen Vorwürfe im Raum wegen Verstößen gegen das Abgeordnetengesetz (Annahme von Zahlungen ohne Gegenleistung) und wegen Interessenkonflikten aufgrund seiner früheren Tätigkeit als Rechtsanwalt. Harbarth ist seit 2018 Richter am BVG. Von 2009 bis 2018 war er CDU-Bundestagsabgeordneter, von 2016 bis 2018 sogar stellvertretender Vorsitzender seiner Fraktion, u. a. für die Bereiche Innen und Recht.[51] Er gilt als Duzfreund Angela Merkels und als ihr »*Parteisoldat*« in Karlsruhe.[52]

▶ Mitte Juli 2020: Außerparlamentarischer Corona-Untersuchungsausschuss nimmt Arbeit auf

Da der Bundestag mit Ausnahme der AfD-Fraktion keinen parlamentarischen Untersuchungsausschuss einrichten will, wird die Stiftung Corona-Ausschuss gegründet, um die Ereignisse rund um die Pandemie und die Maßnahmen dagegen aufzuarbeiten.[53] Besonders tun sich dabei die Rechtsanwälte Reiner Fuellmich und Viviane Fischer hervor.

▶ 1. und 29. August 2020: Großdemos für Frieden und Freiheit in Berlin

Im August treffen sich Kritiker der Corona-Maßnahmen zu zwei Demonstrationen in Berlin, vermutlich den bislang größten der Nachkriegszeit in Deutschland. Während die Veranstalter bei beiden Kundgebungen von einer siebenstelligen Teilnehmerzahl ausgehen, sprechen die Medien konzertiert von lediglich 20 000 Teilnehmern. Da spätestens ist bei Zeitzeugen, die vor Ort waren, die Glaubwürdigkeit der Mainstreampresse passé.

▶ 30. August 2020: Gen-Mücken gegen Malaria?

Die Gates Foundation fördert auch den Kampf gegen Malaria, so etwa über das Aussetzen gentechnisch veränderter Mücken. Dazu sei ab 2021 ein Pilotversuch in Florida geplant, wie *Telepolis* berichtet. Die Gates-Stiftung unterstützt das »Weltmoskitoprogramm«, gemeinsam mit dem Wellcome Trust seit 2010 mit 133 Mio. Dollar.[54] Bereits 2008 überwies sie Forschungsgelder in Höhe von 100 000 Dollar an Hiroyuki Matsuoka von der Jichi Medical University, Japan, zu Erforschung der sogenannten »fliegenden Spritze«. Gemeint sind transgene Stechmücken, die mit ihrem Sekret bei einem Stich einen Impfstoff injizieren.[55]

▶ 18. November 2020: Ausgleichszahlungen bei hoher Intensivbettenbelegung

Bei einer Inzidenz von über 70 – in allen Landkreisen Deutschlands inzwischen der Fall – sollen Krankenhäuser bei einer Auslastung der Intensivbetten über 75 Prozent Ausgleichszahlungen aus dem Gesundheitsfonds erhalten.

▶ 30. Dezember 2020: Kampagne »Deutschland krempelt die #Ärmelhoch« startet

Die von Scholz & Friends entwickelte millionenschwere Werbekampagne geht in die erste Phase. Hierzu gehören Videospots, Anzeigen, Plakate und Radiospots.[56]

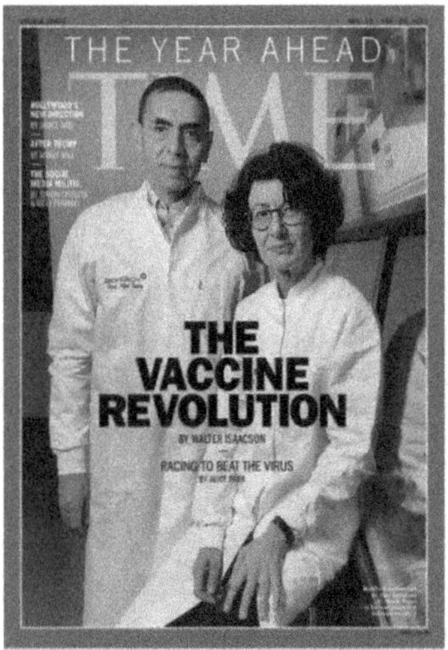

TIME-*Cover vom 18. Januar 2021 mit den Biontech-Gründern Özlem Türeci und Uğur Şahin*

▶ 21. Januar 2021: »Die Impf-Revolution«

Bereits Mitte November 2020 hatte sich die EU bis zu 300 Millionen Impfdosen von Pfizer und Biontech vertraglich gesichert. Laut *Guardian* errechneten Marktanalysten der Investmentbank Morgan Stanley, dass die beiden Pharmafirmen 2021 damit rund 13 Milliarden Dollar Umsatz generieren würden.[57]

▶ Am 27. Januar 2021: Europarat betont Freiwilligkeit der Impfung

Die 47 Staaten der Parlamentarischen Versammlung des Europarates beschließen, die Impfung gegen Covid-19 sollte freiwillig sein. Im Wortlaut heißt es: Die Versammlung fordert die Mitgliedsstaaten und die EU auf sicherzustellen, dass die Bürger darüber informiert werden, *»dass die Impfung NICHT verpflichtend ist und dass niemand politisch, gesellschaftlich oder anderweitig unter Druck gesetzt wird, sich impfen zu lassen, wenn er dies nicht selbst möchte«.*[58] Rechtlich bindend ist das für die Mitgliedstaaten jedoch nicht.[59]

▶ 8. Mai 2021: Status »nicht geimpft« bei Atemnot, Husten, Fieber und Geruchs- oder Geschmacksverlust

Die Covid-19-Schutzmaßnahmen-Ausnahmenverordnung, kurz SchAusnahmV, vom 8. Mai 2021 überführt Geimpfte mit entsprechenden Corona-Symptomen quasi über Nacht in den Ungeimpften-Status.[60] Nebeneffekt: Die Statistik wird zugunsten der Geimpften »bereinigt«.

▶ 1. Juni 2021: Vertragsentwurf von Pfizer/Biontech geleaked

Eine Geheimabsprache[61] von Pfizer/Biontech mit Albanien wird von Transparency International ins Netz gestellt. Ganz vorne im Vertrag wird festgeschrieben, dass die vereinbarten Abnahmemengen auch dann gelten, wenn zweckmäßigere Impfstoffe oder wirksame Medikamente auf den Markt kommen sollten (Ziffer 2.1). In den Ziffern 8.1 bis 8.4 befreien sich Pfizer/Biontech aus jeglicher Haftung für irgendwelche Schäden, und sämtliche Drittbeteiligte (Produktion, Distribution, Vermarktung sowie auch die Impfstoff-Verabreicher) gleich mit (vgl. auch S. 248 und 279 f.). Abschließend wird festgehalten, dass der Inhalt des Vertrags bis zehn Jahre nach Vertragsauflösung strikt geheim gehalten werden muss.[62]

Im Fall einer Klage gegen Pfizer/Biontech wegen nachgewiesener Impfschäden müssen die Vertragspartner nicht nur sämtliche Kosten (Anwalt, Gericht, Vergleich, Entschädigungen), sondern auch etwaige Bußgelder übernehmen. Solche unlauteren Verträge verleiten Regierungen dazu, Impfschäden zu bagatellisieren. Vor dem Hintergrund der Förderung von Biontech durch die Bundesregierung mit bislang 375 Millionen Euro[63] – hinzu kommt ein 100 Millionen Euro umfassender Kredit der Europäischen Investitionsbank – erscheint der ganze Vorgang geradezu grotesk.

▶ Juni 2021: »Fauci-Gate« – 3200 Seiten E-Mails mit brisantem Inhalt veröffentlicht

Aus den geleakten E-Mails des US-Immunologen und medizinischen Chefberaters des US-Präsidenten, Anthony Fauci, geht hervor, dass er bereits Anfang 2020 eindeutige Hinweise auf den künstlichen Ursprung von SARS-CoV-2 erhielt und sich dazu mit Kollegen beriet.[64] Daraufhin folgte eine raffinierte Vertuschungskampagne, denn wissenschaftliche Arbeiten und öffentliche Verlautbarungen sollten dazu beitragen, die legitime Diskussion darüber, ob ein Virus aus einem Labor in Wuhan die Covid-19-Pandemie ausgelöst haben könnte, im Keim zu ersticken. Vertreter der Laborleck-Theorie sollten zudem als Verschwörungstheoretiker diffamiert werden.[65]

Ein Motiv für die Vertuschung könnte auch die »Gain-of-Function-Forschung« (GOF) gewesen sein, die darauf abzielt, potenziell gefährliche Viren noch ansteckender oder tödlicher zu machen.[66] Fauci selbst hatte die GOF-Forschung unter der Obama-Administration nach Wuhan verlagert und sie dort mit amerikanischen Steuergeldern finanziert, so der Hamburger Physiker Roland Wiesendanger gegenüber *Tichys Einblick*. *»Das ist aus amerikanischer*

Sicht eine absolute Katastrophe, weil man eigentlich 1989 ein Antibiowaffengesetz verabschiedet hat, um genau das zu verhindern – damit Know-how eben nicht aus Amerika nach China transferiert wird und damit chinesische Institutionen nicht in die Lage versetzt werden, gefährliche Viren, gefährliche Erreger im Labor herstellen zu können. Er wäre persönlich haftbar nach amerikanischem Recht, wenn sich das als bewiesen herausstellen würde – Fauci müsste mit einer langjährigen Haftstrafe rechnen. Und für die Virologen, die dabei waren, darunter auch Christian Drosten, galt natürlich, dass ein solches Ereignis die Virologie insgesamt so stark beschädigt hätte, wie Chernobyl die Kernkraftforschung.«[67] Drosten hatte sich 2014 zusammen mit anderen Wissenschaftlern (»Scientists for Science«) für die Aufrechterhaltung der hochriskanten GOF-Forschung stark gemacht.[68]

▶ 3. Juli 2021: EMA-Datenbank: 25 Prozent der Verdachtsfälle von Covid-Impfnebenwirkungen sind schwere

Die Europäische Arzneimittel-Agentur EMA listet 665 525 Verdachtsfälle auf. Viele davon sind als schwer kategorisiert, nämlich 166 790 (Todesfälle nicht eingeschlossen).[69]

Über sechs Phasen in die Tyrannei

(von Henry Makow, übersetzt aus dem Englischen)[80]

Phase 1: Simulieren Sie eine Bedrohung und erzeugen Sie Angst (Dezember 2019 – März 2020)

- Eine Plandemie auslösen
- Töten Sie Zehntausende älterer Menschen
- Steigern Sie die Zahl der Fälle und Todesfälle
- Positionierung der Impfung als einzige Lösung von Anfang an
- Alle Aufmerksamkeit auf Covid-19 lenken

  Ergebnis: (fast) allgemeine Panik

Phase 2: Aussaat des Unkrauts und Spaltung (März 2020 – Dezember 2020)

- Verhängung zahlreicher unnötiger, freiheitsraubender und verfassungswidriger Zwangsmaßnahmen
- Lähmung des Handels und der Wirtschaft

Verdachtsfälle Nebenwirkungen aufgrund Covid 19 Impfung	Stand 12.06.21	Stand 19.06.21	Stand 26.06.21	Stand 03.07.21
Biontech Pfizer	223.594	238.435	255.715	269.640
Astrazeneca	282.634	292.283	303.763	317.503
Moderna	45.622	49.323	56.331	63.155
Janssen	10.220	11.262	12.777	15.227
Gesamt	562.070	591.303	628.586	665.525

Kumulierte Darstellung (aus der EMA-Datenbank)

▶ 3. August 2021: Lobby-Netzwerke der Pandemie

Das Center for Global Development, die Covid Collaborative, das Center for Strategic and International Studies (CSIS) und drei Abteilungen der Duke University schreiben einen Offenen Brief an die Biden-Administration. Der US-Präsident soll alle Staats- und Regierungschefs dazu bewegen, sich vor der Generalversammlung der UN zu verpflichten, bis Mitte des Folgejahres 70 Prozent der Weltbevölkerung zu impfen.[70] Sechs Wochen später bereits kündigt Biden eine globale Impfkampagne an: »*Wir müssen in die Vollen gehen!*« Die *Ta-*

- Beobachten Sie die Unterwerfung einer Mehrheit und den Widerstand einer rebellischen Minderheit
- Stigmatisierung der Aufständischen und Schaffung einer horizontalen Spaltung
- Zensur von Dissidentenführern
- Bestrafung von Ungehorsam
- PCR-Tests verallgemeinern
- Verwirrung zwischen Fällen, Infizierten, Kranken, Krankenhausaufenthalten und Toten schaffen
- Alle wirksamen Behandlungen disqualifizieren
- Hoffnung auf einen Rettungsimpfstoff
- Ergebnis: (fast) allgemeine Panik.

Phase 3: Eine verräterische und tödliche Lösung bringen. (Dezember 2020 – Juni 2021)

- Angebot eines kostenlosen Impfstoffs für alle
- Versprechen von Schutz und Rückkehr zur Normalität

gesschau berichtet: *»Als organisatorischen Rahmen hob Biden eine transatlantische Impfpartnerschaft aus der Taufe. … Ziel sei es, bis September kommenden Jahres 70 Prozent der Weltbevölkerung geimpft zu haben.«*[71] Einmal mehr demonstriert das »Corona-Netzwerk« seinen Einfluss.[72]

▶ 25. August 2021: Offener Brief Holocaust-Überlebender an die EMA

In dem Schreiben wird den Arzneimittelagenturen u. a. vorgeworfen, gegen den Nürnberger Kodex von 1947 zu verstoßen: *»Seit Wochen rufen Sie zur Ächtung der Nichtgeimpften auf. Wenn vor 80 Jahren die Juden als Verursacher von Infektionskrankheiten verteufelt wurden, sind es heute die Ungeimpften. Sie werden zu Unrecht beschuldigt, das Virus zu verbreiten. Die körperliche Unversehrtheit, die Freiheit zu reisen, die Freiheit für Arbeit, jedes Zusammenleben wurde den Menschen genommen, um ihnen die Impfung aufzuzwingen. Kinder werden gegen den Willen ihrer Eltern zur Impfung überredet«*. Die daraus resultierende Forderung ist kurz und eindeutig: *»Wir fordern Sie auf, dieses grässliche medizinische Experiment an der Menschheit sofort zu stoppen.«*[73]

- Festlegen eines Ziels für die Herdenimmunisierung
- Simulieren Sie einen teilweisen Aufschwung der Wirtschaft
- Verschweigen von Statistiken über Nebenwirkungen und Todesfälle durch Injektionen
- Ausgeben der Nebenwirkungen der Injektionen als »natürliche« Auswirkungen des Virus und der Krankheit
- Wiedereinführung des Begriffs der Variante als natürliche Mutation des Virus
- Rechtfertigung der Aufrechterhaltung von Zwangsmaßnahmen durch Nichtanwendung der Schwelle für die Herdenimmunität
- Bestrafung der Angehörigen der Gesundheitsberufe für die rechtswidrige Ausübung von Pflege und Heilung
- Ergebnis: Zweifel und Gefühle des Verrats bei den Impf-Befürwortern, Entmutigung bei den Gegnern

▶ 25. August 2021: »Epidemische Lage von nationaler Tragweite« weiter verlängert

In einer namentlichen Abstimmung im Bundestag wird erneut eine epidemische Lage von nationaler Tragweite festgestellt. Es ist bereits die fünfte Verlängerung seit dem 25. März 2020.[74]

▶ 31. August 2021: US-Patent zur Fernverfolgung geimpfter Menschen

Das von Gal Ehrlich (Pfizer) angemeldete Verfahren zur Fernverfolgung geimpfter Menschen wird als US-Patent 11107588B2 genehmigt.[75] Das System umfasst eine Vielzahl elektronischer Vorrichtungen, die Anweisungen zum Erzeugen einer ID enthalten und diese Information mit einer anderen elektronischen Vorrichtung austauschen kann.[76]

Phase 4: Installation der Apartheid und des QR-Codes (Juni 2021 – Oktober 2021)

- Freiwillig für Engpässe planen
- Führen Sie den Impfpass (QR-Code) ein, um die Geimpften zu belohnen und die Resistenten zu bestrafen
- Schaffen Sie eine Apartheid der Privilegierten gegen die anderen
- Entziehung des Rechts auf Arbeit oder Studium für Nichtgeimpfte
- Entzug von Grundversorgungsleistungen für nicht geimpfte Personen
- Verhängung von PCR-Zahlungstests für Nichtgeimpfte
- Ergebnis: Erste Phase der digitalen Kontrolle, Verarmung der Gegner

Phase 5: Chaos und Kriegsrecht einführen (November 2021 – März 2022)

- Ausnutzung des Mangels an Waren und Lebensmitteln
- Verursache die Lähmung der Realwirtschaft und die Schließung von Fabriken und Geschäften
- Lassen Sie die Arbeitslosigkeit explodieren.

▶ 15. September 2021: Nebenwirkungen der Corona-Impfstoffe werden deutlich

Für die EU, das Vereinigte Königreich und die USA werden bislang insgesamt 40 666 Todesfälle durch Covid-19-Injektionen sowie 6 626 502 unerwünschte Ereignisse (»Adverse Events«) registriert (Stand: 15. September 2021).[77] Allerdings wird nur ein Bruchteil der Nebenwirkungen gemeldet. Die Dunkelziffer wird als sehr hoch eingeschätzt.

▶ 23. September 2021: EU-Entschließungsantrag zur Entschädigung von Impfopfern

Im Entwurf des Entschließungsantrag B9-0475/2021 (letzte Aktualisierung am 14. Oktober 2021), der von der französischen EU-Abgeordneten Virginie Joron eingereicht wurde, heißt es:

»A. in der Erwägung, dass die Europäische Arzneimittel-Agentur bereits rund eine Million Fälle von Nebenwirkungen nach der Impfung mit COVID-19-Impfstoffen aufführt: 435 779 Fälle beim Impfstoff von Pfizer BioNTech, 373 285 Fälle

- Verabreichen Sie eine dritte Dosis der Impfung
- Nehmt die Ermordung der lebenden alten Männer auf
- Zwangsweise Impfung für alle einführen
- Verstärken Sie den Mythos der Varianten, der Wirksamkeit des Impfstoffs und der Immunität der Herde
- Dämonisieren Sie die Impfgegner, und machen Sie sie für die Toten verantwortlich
- Verhaftung der Oppositionsführer
- Jedem eine digitale Identität aufzwingen (QR-Code): Geburtsurkunde, Personalausweis, Reisepass, Führerschein, Krankenversicherungskarte ...
- Verhängung des Kriegsrechts zur Niederschlagung der Opposition
- Ergebnis: Zweite Stufe der digitalen Kontrolle. Inhaftierung oder Beseitigung von Oppositionellen

Europäisches Parlament

23.9.2021

ENTSCHLIESSUNGSANTRAG

eingereicht gemäß Artikel 143 der Geschäftsordnung

zur Einrichtung eines europäischen Fonds zur Entschädigung der Opfer der „COVID-19-Impfstoffe"

– Comirnaty (Pfizer, BioNTech)
– COVID-19-Impfstoff Janssen
– Spikevax (Impfstoff von Moderna)
– Vaxzevria (Impfstoff von AstraZeneca)
Virginie Joron

Entschließungsantrag des Europaparlaments (Deckblatt)

Phase 6: Streichung der Schulden und Dematerialisierung des Geldes (März 2022 – September 2022)

- Auslösung des Wirtschafts-, Finanz- und Börsenkollapses, des Bankrotts der Banken
- Die Verluste der Banken auf den Konten ihrer Kunden zu retten
- Aktivieren Sie den »Great Reset«
- Geld entmaterialisieren
- Schulden und Kredite streichen
- Das digitale Portfolio einführen (digitale Brieftasche)
- Beschlagnahme von Immobilien und Land
- Verbieten Sie alle globalen Medikamente
- Bestätigen Sie die Verpflichtung, halbjährlich oder jährlich zu impfen
- Einführung von Lebensmittelrationierungen und einer Diät auf der Grundlage des Codex Alimentarius
- Ausdehnung der Maßnahmen auf Schwellenländer
- Ergebnis: Dritte Stufe der digitalen Kontrolle
- Ausdehnung der Neuen Weltordnung auf den gesamten Planeten

beim Impfstoff von AstraZeneca, 117 243 Fälle beim Impfstoff von Moderna und 27 694 Fälle beim Impfstoff von Janssen;

B. in der Erwägung, dass diese Nebenwirkungen mitunter schwerwiegend ausfallen; in der Erwägung, dass beispielsweise etwa 75 000 Personen nach der Verabreichung des Pfizer-Impfstoffs schwerwiegende neurologische Nebenwirkungen erlitten haben sollen;

C. in der Erwägung, dass nach Angaben der Europäischen Arzneimittel-Agentur die Verabreichung von COVID-19-Impfstoffen für rund 5 000 Personen in der Europäischen Union tödliche Folgen hatte: bei 4198 Personen beim Impfstoff von Pfizer, bei 1053 Personen beim Impfstoff von AstraZeneca, bei 392 Personen beim Impfstoff von Moderna und bei 138 Personen beim Impfstoff von Janssen;

D. in der Erwägung, dass die Europäische Kommission die Kaufverträge ausgehandelt hat und dabei kein Interesse an der Haftung der Arzneimittelhersteller zeigte; in der Erwägung, dass die Mitglieder des Europäischen Parlaments bei den Verhandlungen keinen Zugang zu den Verträgen hatten;

1. fordert die Kommission auf, einen Fonds zur Entschädigung der Opfer von COVID-19-Impfstoffen einzurichten; 2. beauftragt seinen Präsidenten, diese Entschließung der Kommission und den Mitgliedstaaten zu übermitteln.«[78]

▶ 5. Oktober 2021: ARD-Redakteur hört wegen Corona-Lügen auf

Ole Skambraks, zwölf Jahre redaktionell tätig, erträgt die einseitige Berichterstattung über Corona nicht mehr und kündigt.[79] Ihm zufolge gibt es keinen wahrhaftigen Diskurs und Austausch mehr, in dem sich alle Teile der Gesellschaft wiederfinden können, obwohl gerade die öffentlich-rechtlichen Medien zu Unabhängigkeit und Objektivität verpflichtet seien. Vom Mainstream abweichende Meinungen würden unterdrückt oder schlecht gemacht: »*Wissenschaftlerinnen und Experten, die in der Zeit vor Corona respektiert und angesehen waren, denen Raum im öffentlichen Diskurs gegeben wurde, sind plötzlich Spinner, Aluhutträger oder Covidioten.*« Etwas sei schiefgelaufen: »*Plötzlich nehme ich einen Tunnelblick und Scheuklappen wahr und einen vermeintlichen Konsens, der nicht mehr hinterfragt wird.*«[80]

▶ 13. Oktober 2021: »Quarantäne-Camps« in Australien

Bedenkliche Entwicklungen werden aus Australien gemeldet. Neben Ausgangssperren, Impfzwang und Polizeieinsätzen sollen dort spezielle Lager für Tausende Menschen gebaut werden, die sich nicht an die Regeln halten.[81]

▶ 25. Oktober 2021: Ex-Pfizer-Vizepräsident Yeadon äußert sich kritisch

Michael Yeadon, bis 2011 Vizepräsident von Pfizer, sieht die Welt Ende Oktober 2021 an der Schwelle zu Phase 5 des dystopischen Fahrplans des Publizisten Henry Makow (siehe Kasten ab S. 352).

Impfwerbeanzeige, so auch erschienen im kostenlosen Lokalblatt Starnberger Anzeiger *vom 3. November 2021*

▶ 29. Oktober 2021: Geimpfte und Ungeimpfte gleich ansteckend

In der britischen Branchenbibel *The Lancet* wird bestätigt, dass Ungeimpfte wie Geimpfte dieselbe Virenlast tragen und Letztere somit ebenso ansteckend sind.[83]

▶ November 2021: Zunehmende Ausgrenzung Ungeimpfter

Mithilfe ganzseitiger Anzeigen, bezahlt vom Steuerzahler, wird der Druck auf die noch nicht Geimpften erhöht. Nun sollen sogar Schwangere und Kinder geimpft werden können.

Am 8. November 2021 beschließt nach Hamburg, Rheinland-Pfalz und Sachsen auch Berlin die Einführung der 2-G-Regel: Gastronomiebetreiber und Veranstalter dürfen seither nur Genesenen und Geimpften Zutritt gewähren.

Am 30. November spricht sich der designierte neue Bundeskanzler Olaf Scholz für eine allgemeine Impfpflicht aus, obwohl er sich vor der Bundestagswahl, wie alle anderen Kanzlerkandidaten, klar gegen eine Impfpflicht positioniert hatte.

▶ 1. Dezember 2021: Corona-Krisenstab im Kanzleramt eingerichtet

Generalmajor Carsten Breuer übernimmt die Leitung des neu eingerichteten Corona-Krisenstabs im Kanzleramt. Zeichen einer baldigen Militarisierung der Zivilgesellschaft?

▶ 1. Dezember 2021: Dreh nur noch mit Geimpften?

Corona-Maßnahmen für EB-Außenproduktionen

Maßnahmen für den Infektionsschutz an Drehorten

1. Wenn es die Situation erlaubt: Drehorte nach draußen verlegen
2. Dringende Empfehlung: Möglichst nur Wahl von Protagonisten, die geimpft sind (außer wenn z.B. nicht geimpft zu sein thematisch relevant ist)
3. Vermeidung von Drehsituationen, in denen keine Kontrolle über Impfstatus und Verhalten der Anwesenden besteht (z.B. viele Menschen in Innenräumen)
4. Information an die Protagonisten im Vorfeld, dass FFP2-Masken zu tragen sind. Abnahme der Maske nur, wenn filmisch erforderlich.

Interne Anweisung des BR vom 1. Dezember 2021 (Ausschnitt)

Nach einer internen Anweisung des Bayerischen Rundfunks, die per E-Mail umlief, sollen möglichst nur noch Geimpfte zu Wort kommen dürfen.[84] Ungeimpften wird folglich die Möglichkeit genommen, sich zu äußern, das Meinungsbild also noch einseitiger werden. Wäre es da nicht konsequent, Ungeimpfte von den GEZ-Gebühren zu befreien?

▶ 10. Dezember 2022: Impfpflicht für Pflege- und Gesundheitspersonal kommt

Der Bundestag beschließt die Impfpflicht für bestimmte Berufsgruppen, nämlich in den Bereichen Pflege und Klinik, mit Wirkung zum 16. März 2022.

▶ Mitte Dezember 2021: Montagsspaziergänge mit stark wachsenden Teilnehmerzahlen

Die Montagsspaziergänge von Kritikern der Corona-Politik finden regen Zulauf, die Teilnehmerzahlen explodieren regelrecht. Ein Phänomen dabei ist, dass es keine Organisatoren gibt; die Spaziergänger finden sich quasi aus eigenem Antrieb zusammen – darunter immer mehr Geimpfte, die ebenfalls ein Ende der Grundrechtseinschränkungen fordern. Mitte Januar gibt es bundesweit knapp 1900 Spaziergänge mit mindestens 500 000 Teilnehmern wöchentlich. Auch die Zahl der Demonstrationen nimmt wieder zu.

▶ Januar 2022: Impfzwang hier … Freiheit anderswo

Am 4. Januar meldet die US-Versicherungsfirma OneAmerica einen massiven Anstieg der Todesfälle bei den 18- bis 64-Jährigen. Der Vorstandsvorsitzende J. Scott Davison führt aus: *»Wir erleben im Moment die höchsten Sterberaten, die wir in der Geschichte dieses Geschäfts je gesehen haben.«*[85]

Am 5. Januar betont der französische Staatspräsident Emmanuel Macron, er wolle Ungeimpfte *»bis zum bitteren Ende nerven«.*[86]

Markus Söder, Ministerpräsident von Bayern, meint, die Impfpflicht sei eine »Hilfe für alle«.

Am 7. Januar ist Bremen trotz Impfrekord – vollständig geimpft 84,7 Prozent – die Stadt mit der deutschlandweit höchsten Inzidenz.

Am 10. Januar meldet die Oxford University, Deutschland habe weltweit die striktesten Maßnahmen zur Eindämmung des Coronavirus ergriffen.[87] Am gleichen Tag schaltet sich der Linken-Politiker Oskar Lafontaine in die Debatte um eine Impflicht ein: »*Wir haben … eine Impfnötigung seit vielen Monaten.*«[88] Absolut inakzeptabel sei es, wenn Leute, die sich nicht impfen lassen wollen, ihren Arbeitsplatz verlieren.

Am 12. Januar spricht sich Kanzler Olaf Scholz für eine Impfpflicht für alle Erwachsenen aus. Damit wolle man gegenüber der alten Bundesregierung »*eine Kurskorrektur vornehmen*«.[89]

Am 13. Januar schreibt der Publizist Paul Craig Roberts: »*In Florida, wo ich lebe, können wir Partys geben und besuchen, wen immer wir wollen. Es gibt keine Abriegelungen, keine Masken, keine Impfvorschriften. … Wenn man der Covid-Propaganda Glauben schenkt, müsste jeder in Florida tot sein. Stattdessen sind wir glücklich und normal. Der Rest der Welt ist tot, hat Angst vor seinem Schatten, versteckt sich in verschlossenen Räumen, und die Krankenhäuser sind voll mit Menschen, die an den Folgen der Impfung sterben.*«[90]

Am 16. Januar schürt Bundesgesundheitsminister Karl Lauterbach in der *Bild am Sonntag* erneut die Angst: »*Uns drohen in Deutschland sehr schwere Wochen. Wir dürfen uns mit Blick auf die aktuell sinkenden Krankenhauszahlen insbesondere auf den Intensivstationen nicht in Sicherheit wiegen.*«

▶ 19. Januar 2022: Bundesregierung bestellt 554 Mio. Impfdosen

Wie aus der Antwort auf eine kleine Anfrage der AfD bekannt wird, bestellte die Bundesregierung 2021 – angeblich aus vertraglichen Verpflichtungen mit der EU – rund 554 Mio. Impfdosen, davon allein ca. 287 Mio. bei Biontech.[91] Eine erstaunliche Menge, wo doch Deutschland lediglich 83 Mio. Einwohner aufweist und die Impfdosen nur begrenzt haltbar sind. Wurde die Bestellung wenigstens mit den 375 Mio. Euro verrechnet, welche die Bundesregierung bislang in das Unternehmen investierte?[92]

▶ 20. Januar 2022: Corona-Impfpflicht in Österreich beschlossen

Mit einem deutlichen Ergebnis von 137 zu 33 haben die Abgeordneten in Österreich für die Impfpflicht in Österreich gestimmt – die bislang weitreichendste Regelung in der EU.

Neben Österreich gibt es weltweit sechs weitere Länder mit einer Impfpflicht: Ecuador, Indonesien, Mikronesien, Tadschikistan, Turkmenistan und der Vatikan.

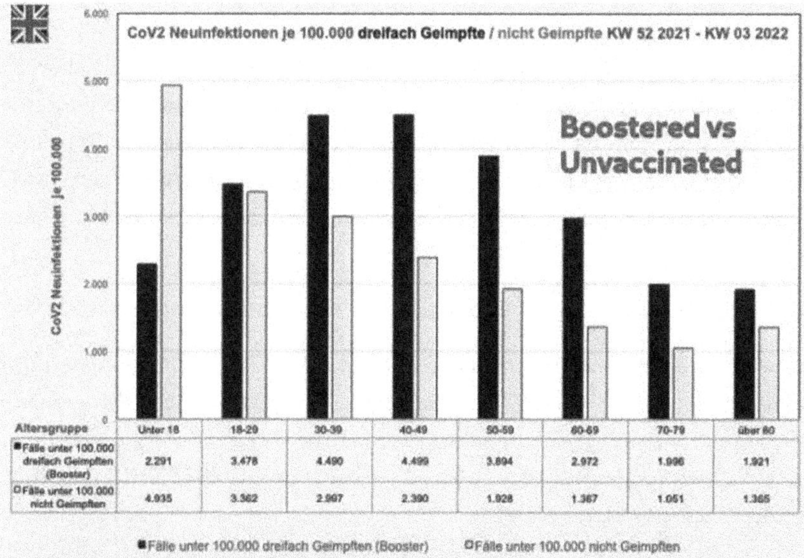

Auswertung der UKHSA, die zeigt, dass dreifach Geimpfte sich häufiger infizieren als Ungeimpfte

▶ 27. Januar 2022: UK und Israel: Wirkung der Impfung immer mehr hinterfragt

Aktuelle Zahlen der britischen Gesundheitsbehörde UKHSA zeigen, dass sich dreifach Geimpfte im Alter von 18 bis 80 und älter häufiger infizieren als Ungeimpfte.[93]

In Israel, dem Land mit der höchsten Booster-Rate (55 Prozent nach der Kampagne im Januar) schnellen in der harmlosen Omikronphase die Todeszahlen hoch. Das Land bewegt die Frage: Wie hoch ist die tägliche Zahl der bestätigten Todesfälle? Sterben Menschen trotz oder an dem Booster?

▶ 1. Februar 2022: Fallen die Corona-Maßnahmen?

In Dänemark entfallen alle Restriktionen wie Maskenpflicht, Kontaktbeschränkungen, Coronapass und Sperrstunden. Covid-19 wird nicht mehr als gesellschaftskritische Krankheit eingestuft.

Paul Craig Roberts notiert auf seiner Website: *»Wir können keiner Regierung, keiner Gesundheitsbehörde trauen, auch nicht den Medien.«*[94] Die Behörden hätten überall gezeigt, dass ihnen der Wille des Volkes, der in Massenprotesten zum Ausdruck kommt, völlig gleichgültig ist. So hat die Canadian Broadcasting Corporation den massiven Protest der Trucker absurderweise auf »russische Agenten« geschoben. Roberts fordert ein sofortiges Ende dieser Willkür.

▶ 18. Februar 2022: Bill Gates auf der Münchner Sicherheitskonferenz

In seinem Redebeitrag äußert sich Gates wie folgt: *»Leider [sadly] ist das Virus selbst – insbesondere Omikron – eine Art Impfstoff, schafft sowohl B-Zellen- als auch T-Zellen-Immunität und hat es besser geschafft, die Weltbevölkerung zu erreichen, als wir es mit Impfstoffen getan haben.«* Gates war bereits 2017, 2018 und 2021 gerngesehener Gast auf der MSC.

▶ 21. Februar 2022: Ethikratvorsitzende im Verdacht der Befangenheit

Alena Buyx, Vorsitzende des Ethikrates, erhielt offenbar Fördermittel vom Wellcome Trust, wie *Tichys Einblick* berichtet.[95] Die Stiftung hält direkte und indirekte Beteiligungen etwa an Johnson & Johnson, Roche, Novartis, Merck und anderen.

▶ 21. Februar 2022: BKK Provita alarmiert wegen hoher Zahl an Impfnebenwirkungen

Der Präsident der Betriebskrankenkasse BKK Provita, Andreas Schöfbeck, wendet sich in einem Offenen Brief an das Paul-Ehrlich-Institut. Darin weist er auf auffällig viele Behandlungen hin, die Ärzte 2021 in seiner Krankenkasse als Impfnebenwirkungen abgerechnet hatten: eine Steigerung um das 27-Fache gegenüber dem Vorjahr! Dazu hatte er knapp elf Millionen anonymisierte Patientendaten auswerten lassen. Rechne man dies nun auf das Gesamtjahr und auf die Bevölkerung hoch, so Schöfbeck, seien *»vermutlich 2,5-3 Millionen Menschen in Deutschland wegen Impfnebenwirkungen nach Corona-Impfung in ärztlicher Behandlung gewesen«.*[96]

Das Institut wie auch das Gesundheitsministerium zeigen indes wenig Interesse an einer Prüfung. Stattdessen wird Andreas Schöfbeck am 1. März 2022 seines Amtes enthoben, das er mehr als 20 Jahre bekleidet hatte.[97]

▶ 23. Februar 2022: WHO beauftragt staatenübergreifenden digitalen Impfpass

Der digitale Pass soll nicht nur als Nachweis der Corona-Impfungen dienen, sondern auch für andere Impfungen. Das technische Rahmenwerk wird von der Telekom-Tochter T-Systems programmiert (vgl. auch S. 277).

▶ Februar 2022: Whistleblowerin: Machtübernahme der WHO geplant

Die ehemalige WHO-Mitarbeiterin Astrid Stuckelberger bringt ans Licht, dass ein völkerrechtlich bindendes Abkommen vorbereitet wird, das alle 194 Mitgliedstaaten zwinge, von der Weltgesundheitsorganisation beschlossenen Maßnahmen wie Lockdowns oder eine allgemeine Impfpflicht umzusetzen. (siehe auch S. 277).[98]

Deutschlands dunkle Zukunft

(veröffentlicht am 29. September 2021 auf World-economy.eu)

Am Sonntag, dem 26. September 2021, konnten 61 168 234 Wahlberechtigte ihr Kreuzchen machen. 14 329 469 blieben gleich daheim, und fast eine halbe Million machten ihren Stimmzettel ungültig.[1]

Dieses Verhalten ist angesichts der platten Wahlkampfaussagen durchaus nachvollziehbar:

SPD	**CDU**
Jetzt stabile Renten wählen	Für ein gutes Leben im Alter
Jetzt faire Mieten wählen	Für bezahlbares Wohnen
Jetzt sicher Arbeit & Klimaschutz wählen	Klima schützen, Jobs schaffen
Grüne	**FDP**
Klima retten, Menschen schützen	Christian Lindner:
Bereit, weil ihr es seid	Nie gab es mehr zu tun

Im Vordergrund: Klima schützen bzw. Klimaschutz wählen. Doch was ist unter Klima zu verstehen? Klima ist geografisch festgelegt und gibt genau für dieses Gebiet den typischen Ablauf der Witterung an. Die Umwelt dagegen bezeichnet etwas, mit dem ein Lebewesen in kausaler Beziehung steht. Dass in einem verschmutzten Wasser die Fische sterben, kann man sogar Sechsjährigen klarmachen. Und in einer intakten Umwelt sind auch Klimaschäden vermeidbar. Die größten Schäden für Umwelt, Mensch und Tier werden allerdings durch die nicht enden wollenden Kriege des Westens (einschließlich des Einsatzes von Geoengineering) verursacht – das ist aber für die Grünen und auch für die Fridays-for-Future-Bewegung kein Thema!

Ohne Frieden ist alles andere Nichts! Doch der Frieden und die Ächtung des Krieges waren kein Wahlkampfthema.

Ein direktes Wahlvotum haben somit nur drei Viertel der Bevölkerung abgegeben. Absolut betrachtet, können sich also die Kanzlerkandidaten Armin Laschet (CDU/CSU) und Olaf Scholz (SPD) nur jeweils auf weniger als ein

Fünftel der Bevölkerung berufen. Grüne und FDP kommen absolut zusammen auch nicht über 20 Prozent und werden das Zünglein an der Waage sein. Schon am Tag nach der Wahl haben die Grünenvorsitzenden Annalena Baerbock – als Kanzlerkandidatin weit abgeschlagen auf Platz drei – und Robert Habeck geklärt, *»wer Vizekanzler(in) wird«*[2], wobei nun alles auf Habeck hindeutet.

Auch Scholz und Laschet sind nicht in der Lage, das desolate Wahlergebnis für die etablierten Parteien – sie haben in den letzten Jahren die Hälfte ihrer Wähler verloren – ehrlich einzuordnen. Wie können sie beide von einem Regierungsauftrag durch die Wähler sprechen? Hier scheint ein umfassender Realitätsverlust vorzuherrschen, vor allem, wenn man bedenkt, dass die fast 9 Prozent Sonstigen noch herausgefallen sind und das Votum der AfD-Wähler und -Wählerinnen bei der Regierungsbildung keine Berücksichtigung finden wird. So sind die arrivierten Parteien, die bei der Regierungsbildung mitmischen werden oder zumindest mitmischen könnten, nur von rund 60 Prozent der Wahlberechtigten gewählt worden. In den kommenden Wochen oder Monaten wird hinter verschlossenen Türen ausgekungelt, wer mit wem koalieren, wer Bundeskanzler oder Minister wird. Die 60 Prozent werden darauf keinen Einfluss haben. Es braucht also wenig Prophetie, um vorauszusagen, dass die künftige Koalition – entweder Jamaika (Schwarz-Gelb-Grün) oder Ampel (Rot-Gelb-Grün) – nur von einer Minderheit gewählt wird. Das verspricht eine unsichere Zukunft, ähnlich den italienischen oder israelischen Verhältnissen. Noch 2015 hat der Börsenspekulant und »Staatsmann ohne Staat« George Soros in der Ukraine-Krise Kanzlerin Merkel als wahre Staatsfrau gepriesen, *»die Deutschlands Rolle als wohlwollender Hegemon in Europa geschickt ausfüllt«.*[3] Nun, das mit dem »wohlwollenden Hegemon« sei dahingestellt. Nach der jetzigen Wahl wird Deutschland jedenfalls in Europa keine tragende Rolle mehr spielen und in der Welt zur Bedeutungslosigkeit herabsinken. War Deutschland unter Merkel schon stark transatlantisch eingebunden, so wird diese Abhängigkeit nun noch weiter zunehmen.

Ein Indiz dafür ist, dass im Wahlkampf die Außenpolitik nur eine untergeordnete Rolle spielte und die erste außenpolitische Debatte zwischen den drei Kanzlerkandidaten (»Triell«) von Wolfgang Ischinger, dem Leiter der Münchner Sicherheitskonferenz (MSC), organisiert wurde. Auf dieser seit 1963 stattfindenden internationalen Tagung trifft sich die sicherheitsrelevante, transatlantisch vernetzte Elite.[4] Finanziert wird dieses Treffen neben der deutschen

Regierung auch von Linde, Allianz SE, Hensoldt, Krauss-Maffei, Siemens Energy, der Bill & Melinda Gates Foundation, der Robert Bosch Stiftung und dem Wellcome Trust. Im Beirat finden sich weitere bekannte Namen, z. B. George Soros und Fedrica Mogherini, Hohe Vertreterin der EU für Außen- und Sicherheitspolitik.

Die Konferenz 2020 beschäftigte sich mit dem weit verbreiteten *»Gefühl des Unbehagens und der Rastlosigkeit angesichts wachsender Unsicherheit über die Zukunft und Bestimmung des Westens (›Westlessness‹)«.*[5] Armin Laschet und Annalena Baerbock waren als Gäste geladen. 2021 fand die Konferenz als TV-Veranstaltung u. a. mit Angela Merkel, António Guterres, Emmanuel Macron und Joe Biden statt, der hier verkündete, dass Amerika zurück sei. Damit signalisierte Biden, dass die transatlantischen Beziehungen wieder eine außenpolitische Priorität für die USA sind.

»Deutschland steht vor einer Zeitenwende«[6], betonte Wolfgang Ischinger gleich zu Beginn angesichts der vielen internationalen Konflikte. Während Scholz den welterfahrenen Staatsmann spielte, versuchte Laschet als »Merkel 2.0« zu punkten, und Baerbock betonte wie ihre Konkurrenten die transatlantische Wertegemeinschaft mit den USA. Differenzen zeigten sich beim künftigen Umgang mit den »Systemrivalen« China und Russland. Der Merkel-Linie treu, forderte Laschet bei allen Werteunterschieden die Gesprächsbereitschaft mit dem Wirtschaftspartner Peking. Baerbock dagegen verlangte neben dem Dialog mehr »Härte«, zum Beispiel ein Importverbot für Produkte, die in China durch Zwangsarbeit gefertigt werden. Mit ihrer Formel »Dialog und Härte« blieb sie jedoch die Antwort schuldig, wie China unter diesen Umständen für mehr Klimaschutz gewonnen werden kann. Im Gegensatz zu Laschet und Scholz sprach sich Baerbock strikt gegen den Weiterbau der russischen Gaspipeline Nord Stream 2 aus; sie will das Projekt auf den letzten Metern noch stoppen. Dabei gibt es keinen umweltfreundlicheren Transport als in einer Pipeline. Auch hier steht die transatlantische Hörigkeit weit über dem propagierten Klimaschutz.

Unmittelbar nach der Kür von Annalena Baerbock zur Kanzlerkandidatin hatte Oskar Lafontaine vor einer Kanzlerin Baerbock gewarnt. Sie sei eine *»führende Vertreterin dieser kriegsfreudigen grünen Partei«.* Baerbock bejahe *»völkerrechtswidrige Kriege, weitere Aufrüstung, Waffenlieferungen, die Einkreisung Russlands durch die USA und ist selbstverständlich gegen Nord Stream 2«.*[7] Für Lafontaine ist es ein Horror, sich die *»US-gesteuerten Grünen«* unter einer Kanzlerin Baerbock beispielsweise in einer verschärften Ukraine-Krise mit Russland vorzustellen. Obwohl die Medien keine Gelegenheit ausgelassen haben, Annalena Baerbock und den Grünen die Steigbügel zu halten und Armin Laschet zu demontieren, scheint die Warnung Lafontaines gefruchtet zu haben – die Grünen haben ihr Wahlziel nicht erreicht. Vor allem die Kampagnenbewegung Campact, *»mit der über 2 Millionen Menschen für progressive Politik streiten«*[8], hatte für Baerbock agitiert: Am 10. September 2021wurde folgende Rundmail verschickt: *»Der 26. September ist ein Schicksalstag – dann entscheidet sich, wie es in Deutschland beim Klimaschutz weitergeht. SPD, Union und Grüne liegen dicht beieinander. Es kommt auf jede einzelne Stimme an.«* Wählbar sind nach Campact nur die Grünen und mit Einschränkung die Linke:

Campact baut mithilfe von Appellen politischen Druck auf. Einen Tag nachdem sich Baerbocks Pläne in Luft auflösten, verschickte Campact folgenden Appell: *»Auswechseln, bitte! Wir Wähler*innen haben entschieden – und Armin Laschets Union abgewählt. Doch der will trotzdem Kanzler werden. Dafür muss er FDP und Grüne von einer gemeinsamen Koalition überzeugen. Wir appellieren an die Parteivorsitzenden: Schickt die Union in die Opposition!«*

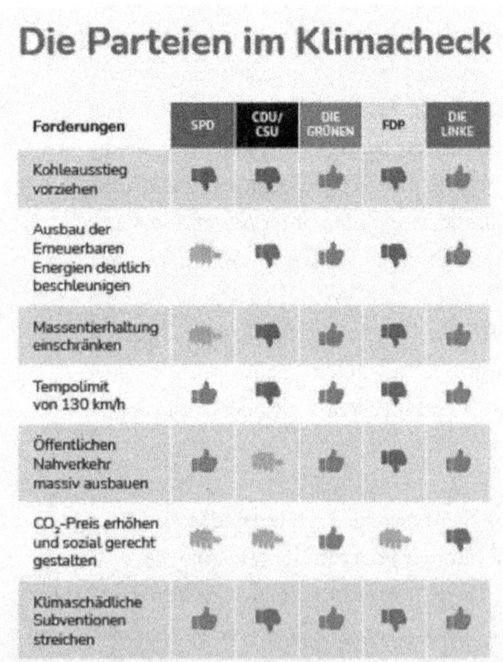

Tendenziöse Wahlanalyse von Campact

Da die Grünen sowohl in einer Jamaica- als auch in einer Ampelkoalition vertreten sein werden, droht ein wahres Horrorszenario: Versorgungsunsicherheit und Blackouts werden die Deindustrialisierung beschleunigen. Das ist ganz im Sinn von WEF-Gründer und »Great Reset«-Verkünder Klaus Schwab, der zugleich überzeugter Kapitalist, Transhumanist, Technokrat und Ökonom neoklassischer Ausprägung ist. Die Rettung der Welt soll nun mithilfe ökologischer Naivität ausgerechnet von der Elite ausgehen, die mit ihrem grenzenlosen

Wachstum und der globalen Ausplünderung des Planeten für den heutigen Zustand verantwortlich ist. Das sind vor allem die altbekannten US-Finanzdynastien, die sich mit den neuen BigTechs – Google, Amazon, Apple – sowie mit Elon Musk und Bill Gates verbunden haben.

Klaus Schwab hat mit seinem Nachwuchsprogramm des Weltwirtschaftsforums, den »Young Global Leaders«, viele Absolventen in die Regierungen auf dem Globus entsenden können, darunter auch Angela Merkel, Tony Blair oder Emmanuel Macron. Die grüne Kanzlerkandidatin Annalena Baerbock gehört dem aktuellen Jahrgang an. Schwabs technokratisch-digitale Utopie wird seit Anfang Juni 2020 vom WEF unter dem Namen »The Great Reset« mit einer aufwendigen internationalen Propagandakampagne als Lösung aller Probleme »verkauft«, in einem Zeitrahmen, in dem die Welt von einer angeblich alles infrage stellenden Pandemie gebannt wurde. Die entsprechenden Lockdowns führten in vielen Ländern zur »kontrollierten« Zerstörung großer Teile der Weltwirtschaft und ermöglichten dem Konzernkapitalismus, aus dem Untergang zusammenbrechender oder »stillgelegter« Unternehmen ungeahnte Gewinne zu erwirtschaften. Und das alles mit breiter öffentlicher Akzeptanz – ein erstaunliches Phänomen freiwilliger Knechtschaft.

Während Laschet und die CDU/CSU bei der transatlantischen Presse in Ungnade gefallen zu sein scheinen, stieg die SPD mit einem staatsmännisch aufbereiteten Olaf Scholz wie ein Phönix aus der Asche. Die Linkspartei, immer noch in Teilen gegen die NATO, landet bei 4,9 Prozent und fällt damit für die Regierungsbildung aus. Die *»US-gesteuerten Grünen«* (Lafontaine) erreichten zwar nur den dritten Platz, werden aber den »grün-gelben« Block der 100-prozentig Washington-Treuen dominieren. Er wird dafür sorgen, dass ein Kanzler Scholz nicht von der US-Linie abweichen kann. Flankensicherung gibt dann die FDP. Von ihr wurden in der Geschichte der Bundesrepublik fast immer die im Interesse der USA liegenden Kanzlerwechsel ausgelöst.

Der Handlungsspielraum einer kommenden Regierungskoalition wird ohnehin nur klein sein. Dafür hat schon Angela Merkel mit der gemeinsamen deutsch-amerikanischen Erklärung zur Unterstützung der Ukraine vom 21. Juli 2021 gesorgt.[9] In dieser Erklärung unterstützen die Vereinigten Staaten und Deutschland mit Nachdruck die Souveränität der Ukraine, deren territoriale Unversehrtheit und Unabhängigkeit sowie den von ihr eingeschlagenen europäischen Weg. Dreimal wird in der Erklärung das Bekenntnis abgegeben, *»gegen russische Aggression und russische destruktive Aktivitäten«* in der Ukraine und darüber hinaus vorzugehen und Russland zur Rechenschaft zu ziehen. Außerdem betonen die Vereinigten Staaten und Deutschland nachdrücklich ihre Unterstützung der Drei-Meere-Initiative und ihre Bemühungen zur Stärkung der Konnektivität von Infrastrukturen und der Energiesicherheit in Mittel- und Osteuropa. Deutschland sagt zu, seine Zusammenarbeit mit dieser Initiative auch im Hinblick auf die finanzielle Unterstützung von Vorhaben in den Bereichen regionale Energiesicherheit und erneuerbare Energien auszuweiten. Die Drei-Meere-Initiative besteht aus zwölf mittel- und ostmitteleuropäischen Staaten der Europäischen Union, vom Baltikum bis Kroatien und Bulgarien. Sie wurde nach dem Ersten Weltkrieg vom polnischen Diktator Josef Piłsudski als »Zwischenmeer« angedacht, als ein polnisches Einflussgebiet, welches von der Ostsee bis hin zum Schwarzen Meer reichen sollte, wie einst zur Zeit des polnisch-litauischen Großreichs. Nach dem Ersten Weltkrieg wurde das »Zwischenmeer« auch als »Cordon sanitaire« propagiert, um zwischen Deutschland und der Sowjetunion einen Puffer zu schaffen.

Es scheint, als würden diese alten Pläne wieder aus der Schublade gezogen. Nun versuchen die USA mit dieser Initiative ihre politischen, vor allem aber wirtschaftlichen Zielsetzungen rücksichtslos auf dem Rücken ihrer angeblichen osteuropäischen Verbündeten durchzusetzen. *»Ziel ist es offenbar, zwischen Ostsee und Adria einen geographischen US-Riegel zu legen, der sowohl gegen Berlin-Brüssel, wie auch gegen Moskau gerichtet sein soll. … Ein neuer ›Eiserner Vorhang‹* würde sich dann über Europa legen, so wie es Churchill 1946 prognostizierte. Doch dieses Mal, 30 Jahre nach dem Fall der Mauer in Berlin, würde der Eiserne Vorhang dann von den Amerikanern gelegt«[10], hieß es vor knapp einem Jahr dazu bei Dirk Müller. Mitte September 2021 gründeten die USA, Australien und Großbritannien dann einen gegen Peking gerichteten Pakt. Die Zeichen stehen also auf Krieg! Und eine washingtonhörige deutsche Regierung wird diesen Krieg mittragen.

Das in der Präambel zur UNO-Charta am 26. Juni 1945 in San Francisco im Namen der Völker abgegebene feierliche Versprechen, Toleranz zu üben und miteinander in guter Nachbarschaft zu leben, scheint heute vergessen zu sein. Die UN von 1945 wie auch der Völkerbund von 1919 sind aus dem strategischen Denken der Sieger entstanden. Im Gegensatz zum Westfälischen Frieden von 1648 fehlte nach beiden Weltkriegen der Wille zum Frieden und zur Versöhnung. So wundert es nicht, dass nach über hundert Jahren die nicht verheilten Wunden des Ersten Weltkriegs überall wieder aufbrechen. Es ist an der Zeit, endlich eine aus dem Willen zum Frieden erwachsene Völkergemeinschaft zu bilden.

Versuch einer Analyse nach acht Jahren Krieg in Afghanistan

(veröffentlicht am 26. August 2009 in der Neue Rheinische Zeitung, Nrhz.de)

Vor fast acht Jahren, am 7. Oktober 2001, eröffneten die USA und ihre Verbündeten ihren Angriff auf Afghanistan als Teil der »Operation Enduring Freedom« (OEF)[1] – »Operation Andauernde Freiheit«[2]. Diese erste militärische Großoperation des von den Vereinigten Staaten als Reaktion auf die Terroranschläge vom 11. September ausgerufenen Krieges gegen den Terrorismus sollte ursprünglich »Operation Infinite Justice« – »Operation Grenzenlose Gerechtigkeit« – heißen. Der Protest islamischer Länder zwang jedoch am 25. September 2001 zur Namensänderung, weil aus islamischer Sicht Gerechtigkeit allein bei Allah anzusiedeln ist.

Der Krieg gegen den Terrorismus wird ja angeblich geführt, um die Zivilisation gegen islamistische Barbarei zu verteidigen und in diesen Regionen den Menschenrechten zum Durchbruch zu verhelfen. Für den früheren Verteidigungsminister Peter Struck wurde sogar die Freiheit der Bundesrepublik Deutschland am Hindukusch verteidigt.

Anfang August 2009 unterbrach Verteidigungsminister Volker Jung die Frage eines Reporters der *Bild am Sonntag*, was in Afghanistan falsch gemacht wird, mit: *»Moment! Wir haben die terroristischen Aktivitäten und al-Qaida zurückgedrängt. 6,5 Millionen Kinder gehen wieder zur Schule. Es gibt 19 Universitäten, 600 Zeitungen, 90 Radio- und 20 Fernsehstationen. Trotz alledem bleibt die Lage kritisch. Aber mit der ›Operation Adler‹ haben wir die Taliban Ende Juli im Raum Kundus zurückgeschlagen.«*[3] Der prompte Einwurf des Reporters, dass die Taliban nur Stunden später wieder ihre alten Stellungen übernehmen konnten, ließ Jungs Aussage kläglich zusammenbrechen: *»Wie das Gefecht vom Freitag [7. August 2009] zeigt, ist das leider wahr«*, gab der Verteidigungsminister zu, um dann trotzig fortzufahren: *»Deshalb werden auch in Zukunft derartige Operationen notwendig sein. Aber ich bleibe dabei: Grundsätzlich ist der Afgha-*

nistan-Einsatz ein Erfolg.«[4] Dass die seit 2001 versprochenen Fortschritte bei »Demokratie, Wohlstand, Menschenrechten« nicht erkennbar sind, sagte er vorsichtshalber nicht.

Die »islamistische Karte«

Mit solchen Leerformeln wird in den meisten westlichen Ländern um Verständnis und Unterstützung der Menschen geworben. Und immer wieder lässt sich bei westlichen Regierungen Verständnis für Regime ausmachen, die nicht gerade als Vorbilder in Sachen Demokratie oder Menschenrechte dienen können. So wird der Terrorismus der saudi-arabischen Herrscherfamilie geduldet, weil das Regime ein wichtiger Verbündeter im ölreichen Nahen Osten ist. Schon vor dem Einmarsch der Sowjets in Afghanistan hatte man seit Juli 1979 in der moslemischen Welt Desperados angeworben, die später als Mudschaheddin oder Afghansi bekannt wurden. Der bekannteste unter ihnen, der Saudi Osama bin Laden, wurde von den britischen und amerikanischen Geheimdiensten schon unter George Bush senior als Aktivposten der USA für die Operation in Afghanistan aufgebaut. Wenn solche Afghansi auf der »richtigen« Seite kämpften, scheute sich der Westen nirgendwo, die »islamistische Karte« zu spielen – von den Söldnergruppen in Bosnien bis hin zur UCK im Kosovo.

Doch als nach dem ersten Krieg gegen Saddam Hussein der Irak weiter bombardiert wurde und die USA keine Anstalten machten, aus Saudi-Arabien wieder abzuziehen, wandte sich die erste Generation der Afghansi gegen den Westen. Kurzerhand strich die Weltbank der Regierung in Kabul die Kredite.[5] Pakistan und die USA ließen ihren bis dahin Verbündeten Gulbuddin Hekmatjar fallen und setzten auf die Taliban. Diese Jünger islamistischer Koranschulen waren seit 1991 in Pakistan ausgebildet worden. Ab 1994 nahmen die Taliban mit massiver US-Finanz- und Militärhilfe den Kampf um Afghanistan auf.[6] Desinteressiert an sozialrevolutionären Botschaften, aber radikal im Auftreten für einen islamischen Staat, erschienen sie auch den US-Konzernen als brauchbare Partner. Vier Jahre später allerdings – kurz vor dem endgültigen Sieg der Taliban – war der internationale und inneramerikanische Druck gegen deren Unterstützung so stark angewachsen, dass im Dezember 1998 die US-Ölfirma Unocal den Bau der favorisierten Pipeline Turkmenistan-Afghanistan-Pakistan vorerst auf Eis legte, Ende 1999 die internationalen Bankguthaben der Taliban eingefroren wurden und der UN-Sicherheitsrat ein Embargo verhängte.[7] Nun brauchte man Ersatz für die Taliban.

World Trade Center nur ein Vorwand

Hier dürften die wahren Gründe für den »Krieg gegen den Terror« liegen. Der Anschlag auf das World Trade Center lieferte dafür anscheinend den Vorwand. Den wahren Grund nannte ein Regierungspapier der Clinton-Administration bereits im Dezember 2000: *»Aus energiepolitischer Sicht erhält Afghanistan eine große Bedeutung aufgrund seiner geographischen Lage als potentielle Transitroute für Öl- und Erdgas-Transporte aus Zentralasien hin zum Arabischen Meer.«*[8]

In Zentralasien, dem Hinterhof und traditionellen Interessengebiet von Russland, China und dem Iran, lagern die zweitgrößten Öl- und Erdgasvorräte der Welt. Ohne einen Vorwand hätten die USA hier militärisch nicht Fuß fassen können. Der Anschlag vom 11. September 2001 lieferte die Gründe für die Beseitigung unzuverlässig gewordener Taliban-Regimes und zugleich für den weiteren Aufbau von US-Militärbasen in Zentralasien. Das Ergebnis darf sich sehen lassen: Der Iran ist eingekreist, Chinas Zugang nach Westen abgeschnitten und das bisherige russische Monopol über die Öl-Transportwege gebrochen. Ist also der »Krieg gegen den Terror« tatsächlich nur ein Krieg um die Macht über die ölreichsten Regionen der Welt?

Wall Street Journal sagte Bush, wo es lang geht

Keine 24 Stunden nach den Explosionen in Manhattan hatten US-Sicherheitskräfte den ursprünglich verbündeten saudischen Terroristen Osama bin Laden als mutmaßlichen Drahtzieher der Anschläge ausgemacht und seinen Aufenthalt in Afghanistan vermutet.[9]

Unter diesem Eindruck erschien am 14. September 2001 im *Wall Street Journal* ein Artikel von Bruce Herschensohn unter der Überschrift »What President Bush Should Say Now«. Darin wurde Bush aufgefordert, umgehend eine Sitzung von beiden Häusern des Kongress einzuberufen und dort festzustellen: *»Wir befinden uns im Krieg mit dem Terrorismus ... Wir müssen erkennen, dass die*

Nation des Terrorismus den Vereinigten Staaten bereits den Krieg erklärt hat.« Sodann sollte der Terrorismus definiert werden: *»Die Nation des Terrorismus stellt eine Kette von Basislagern, Übungscamps, Kommandozentralen, sicheren Häusern und anderen Kapazitäten dar, die sich wie Punkte über große Teile des Globus ausgebreitet haben.«*

Tatsächlich berief George W. Bush sechs Tage später Senat und Repräsentantenhaus ein, um »die lieben Mitbürger« auf einen langen Feldzug einzustimmen: *»Am 11. September haben Feinde der Freiheit eine kriegerische Handlung gegen unser Volk verübt.«* Da Millionen von US-Bürgern der neue Film »Pearl Harbor« präsent war, deutete Bush einen nicht haltbaren Bezug an: *»Amerikaner haben Kriege erlebt, aber in den vergangenen 136 Jahren waren es Kriege auf fremden Boden, außer an einem Sonntag im Jahr 1941.«* Heute werde ein Krieg gegen *»unsere Gesellschaft«*, somit gegen »die Zivilisation« geführt: *»Die Terroristen töten, um einen Lebensstil zu zerstören und zu beenden ... Dies ist der Kampf der Zivilisation. Dies ist der Kampf aller, die an Fortschritt und Pluralismus. Toleranz und Freiheit glauben.«* Doch man werde *»Gewalt mit geduldiger Justiz begegnen«*, versprach er, denn zu diesem Zeitpunkt hieß die geplante Operation noch »Infinitive Justice«. Und während Bush der internationalen Staatengemeinschaft für ihre Unterstützung dankte, forderte er das Taliban-Regime in Afghanistan unter Kriegsandrohung zur Auslieferung Osama bin Ladens auf und nannte den *»uneingeschränkten Zugang zu den terroristischen Ausbildungslagern«* und die Auslieferung *»jeder Person im Umfeld solcher Lager«* nicht verhandelbare, ultimative Forderungen. *»In allem was vor uns liegt, möge uns Gott Weisheit gewähren, und über die Vereinigten Staaten von Amerika wachen.«*[10] Mit dieser *»zivilreligiösen«*[11] Bekundung schloss der Präsident seine Rede, in der viele Passagen den Vorschlägen von Herschensohn verblüffend ähnlich sind. Sollte hier das führende und rechte Wirtschafts- und Börsenblatt der US-Politik die Marschroute vorgegeben haben?

Die wahren Gründe

In dem Ultimatum an die Taliban-Regierung wurden vergleichbare unannehmbare Bedingungen gestellt wie nur zweieinhalb Jahre zuvor anlässlich des Jugoslawien-Krieges im berüchtigten »Annex B« des Rambouillet-Vertrages.[12] Jedenfalls ähneln sich die damaligen Vertragsforderungen und die hier zitierte Passage der Bush-Rede verblüffend.13 Und so bekommt auch die Aussage Steinmeiers vom 7. Oktober 2008 einen hintergründigen Sinn: *»Die Gründe, die uns 2001 nach Afghanistan geführt haben, gelten!«*[14] Das gilt sicherlich für die wahren Gründe. Denn bis 1998 erhofften sich die amerikanischen Ölproduzenten und Diplomaten den vollständigen Sieg der Taliban, der ihnen eine »Stabilisierung« Afghanistans versprach. Nachdem sich diese Hoffnungen nicht erfüllten, standen sich amerikanisch-pakistanische Interessen auf der einen und russisch-iranisch-indische auf der anderen Seite im Weg.[15] Und im Oktober 2008 kündigte der deutsche Außenminister an, die Nachbarn Afghanistans in den Blick zu nehmen: *»Ich meine hier vor allem Pakistan, das ein Schlüsselland für den Frieden in der Region ist«*; Steinmeiers Erkenntnis: *»Es muss uns gelingen, Pakistan in die Lage zu versetzen, eine positive Rolle bei der Stabilisierung und beim Wiederaufbau der Region zu spielen.«*[16]

So richten sich seit Obamas Amtsantritt alle Hoffnungen auf die neue Politik der US-Regierung, die Afghanistan und Pakistan gemeinsam als ein Problem behandeln will. Pakistan jedoch steht mit seinem Präsidenten Zardari vor dem Staatsbankrott, wird von Selbstmordattentaten erschüttert und hat über weite Teile der Grenzprovinzen die Kontrolle verloren. Unter dem oberflächlichen Kürzel »AfPak-Strategie« – das neue Codewort der Obama-Strategie für die beiden Länder – soll nun der verheerende Krieg am Hindukusch noch intensiviert und auf Pakistan ausgeweitet werden. Das wirklich Neue an der »AfPak-Strategie« Obamas wird vom linearen Denken geprägt: mehr Soldaten[17], mehr Schulen, mehr Bomben, mehr Straßen. Dementsprechend gibt es mehr Krieg und die übliche Zugaben in Form von finanziellen Angeboten für die nun stärker bombardierten Länder: 1,5 Milliarden Dollar für Pakistan, weitere ungezählte Milliarden für Afghanistan.

Schon als Präsidentschaftskandidat hatte Obama Anfang August 2007 Islamabad gewarnt, dass er als Präsident militärische Schläge gegen Ziele der al-Qaida in den Grenzgebieten des Landes befehlen werde. Das sorgte zumindest in Pakistan für Aufregung und im Westen für ungläubiges Erstaunen. Nun wollte der Gegner des Irakkrieges Bomben auf Pakistan werfen? Keine zwei Jahre später ist es grausame Realität.

Die »AfPak«-Politik unterschlägt den wesentlichen Unterschied zwischen Taliban und al-Qaida. Die Taliban waren und sind eine nationalistische Bewegung mit dem Ziel, die fremden Truppen aus dem Land zu werfen. Al-Qaida tritt dagegen internationalistisch auf und möchte das Kalifat wieder errichten. Obama hat sich auf den von Bush begonnenen »Long War« gegen beide eingelassen – auf einen Krieg ohne Ende. In Afghanistan wurde er begonnen und geht jetzt in Pakistan weiter. *»Obama hat das schlimmste aller Erbstücke Bushs nicht von sich gewiesen, er hat es angenommen«*, schreibt Ulrich Ladurner in der *Zeit* vom 2. April 2009. Pakistan als nuklear gerüsteten Staat – politisch ohnehin fragil – so noch weiter zu destabilisieren, erscheint mehr als verantwortungslos. Der Krieg tobt nun im pakistanischen Swat-Tal und hat dort zwei Millionen Menschen fliehen lassen.

Auch nach acht Jahren Krieg ist die Demokratie nicht in Afghanistan angekommen. Mit Hamid Karsai stellte sich am 20. August 2009 ein durch und durch korrumpierter Präsident zur Wiederwahl, dessen Autorität kaum über die Stadtgrenzen von Kabul hinausreicht. Unter seiner Präsidentschaft ist die Lage im Land instabiler geworden. Im Rest des Landes regieren autokratische Stammesführer oder wahlweise die vormarschierenden Taliban als immerwährende Terrorgefahr.

Mit dem Zerfall Afghanistans wie Pakistans wäre der Westen gescheitert. Die Lage ist trostlos – und die Aussicht gering, dass die AfPak-Strategie trotz ständig steigender Militärpräsenz Erfolg haben kann.[18] Müssen die gleichen leidvollen Erfahrungen, wie sie die Engländer im 19. und die Russen im 20. Jahrhundert machten, im 21. Jahrhundert wiederholt werden? *»Die deutsche Regierung sollte einmal Mut beweisen, Bilanz ziehen – und abmarschieren.«*[19]

Anhang

Anmerkungen

Einführung

[1] Z. B. der Pazifikpakt zwischen Australien, Neuseeland und USA (ANZUS, 1952), die Südostasiatische Vertragsorganisation (Southeast Asia Treaty Organization, SEATO, 1954) oder der sogenannte Bagdadpakt

[2] Ford 1923, S. 283

[3] Carl von Ossietzky: Offener Brief an Reichswehrminister Groener. In: *Die Weltbühne,* Nr. 49, 8. Dezember 1931

[4] Bereits im Herbst 1945 sah der Plan mit Namen »Totality« (JIC 329/1) einen Atomangriff auf die Sowjetunion mit 20 bis 30 Atombomben vor. Details in Kaku/Axelrod 1987, S. 30-31

[5] Zit. wie www.dradio.de/dkultur/sendungen/kalenderblatt/439652/

[6] Theo Sommer: Krieg ohne Kriegserklärung. Wird aus Vietnam ein zweites Korea? Amerika hat sich unwiderruflich engagiert. In: *Die Zeit,* 23. Februar 1962

[7] Diese militärtheoretische These besagt, dass in bestimmten Abständen der Menschheitsgeschichte Doktrinen, Strategien, Taktiken oder Technologien zu einer unwiderruflichen Umwälzung der Kriegstaktik geführt haben.

[8] Präsident Bushs Rede vor dem Kongress, 6. März 1991; https://millercenter.org/the-presidency/presidential-speeches/march-6-1991-address-joint-session-congress-end-gulf-war (abgerufen am 28.4.21)

[9] www.bundespraesident.de/SharedDocs/Reden/DE/Joachim-Gauck/Interviews/2016/160619-Bericht-aus-Berlin-Interview.html (abgerufen am 16.3.21)

[10] www.rubikon.news/artikel/der-digital-imperialismus

[11] Vgl. Knobloch 2018

[12] Zit. wie https://shop.falter.at/detail/9783593509303 (abgerufen vom 19.3.21)

[13] www.un.org/Depts/german/gv-70/band1/ar70001.pdf

I. Weichenstellung im 18. Jahrhundert

[1] Norbert Trenkle: Kritik der Aufklärung. Acht Thesen; www.streifzuege.org/2012/kritik-der-aufklaerung-acht-thesen

[2] Ebd.

[3] Gunnar Lammert-Türk: Aufklärung in geschlossener Gesellschaft, 30. März 2016; www.deutschlandfunkkultur.de/wie-die-freimaurer-entstanden-aufklae

rung-in-geschlossener.976.de.html?dram:article_id=349779 (abgerufen am 21.3.21)

4 Vgl. Dornberger 2016; www.grin.com/document/346510

5 Vgl. Antimachiavel. In: *Œuvres*,. Bd. 8, S. 66, sowie Mémoires pour servir à l'histoire de la maison de Brandenbourg. In: *Œuvres*, Bd. 1, S. 123

6 Vgl. Effenberger 2005, S. 37

7 Groehler 1990, S. 38

8 Johnson 1997, S. 126

9 Groehler, 1990, S. 149

10 Vgl. Savelle, 1975, S. 168

11 Vgl. Johnson, 1997, S. 141

12 Vgl. Sautter 1976, S. 76

13 Zit. wie Effenberger 2005, S. 40

14 Vgl. Fernau 1999, S. 82

15 Zit. wie Sautter 1976, S. 99

16 https://usa.usembassy.de/etexts/gov/gov-constitutiond.pdf (abgerufen am 22. 3.21)

17 https://americanhistory.si.edu/religion-early-america/presidents-bibles (abgerufen am 22.3.21)

18 Vgl. Krämer/Trenkler 1996, S. 40 f. sowie Prause 1966, S. 113

19 Eckermann 1835, Bd. 2, S. 1450

20 Savelle 1973, S. 270

21 Vgl. Ullrich 2004, S. 47-51

22 Savelle 1973, S. 278

23 https://archive.org/stream/Archiv_der_brandenburgia_gesellschaft_f5-9/Archiv_der_brandenburgia_gesellschaft_f5-9_djvu.txt

24 Internationales Freimaurerrlexikon, S. 582

25 Ebd.

26 Jan Brachmann: Im Geheimdienst der Geheimreligion. *FAZ*, 28.09.2012; www.faz.net/aktuell/feuilleton/buecher/rezensionen/sachbuch/jan-assmann-die-zauberfloete-im-geheimdienst-der-geheimreligion-11897272.html

27 Attila Csampai: Das Geheimnis der Zauberflöte oder Die Folgen der Aufklärung; https://spielzeit-09-10.theater-ulm-archiv.de/documents/internetmaterial_zauberfloete.pdf (abgerufen am 23.8.21)

28 Vgl. Hans Peter Friedli: Das Labyrinth. Der Zauberfloete zweyter Theil, München 2014; www.grin.com/document/457787

29 Vgl. Jan Bachmann: Im Geheimdienst der Geheimreligion, 28. September 2012; www.faz.net/aktuell/feuilleton/buecher/rezensionen/sachbuch/jan-assmann-die-zauberfloete-im-geheimdienst-der-geheimreligion-11897272.html

30 www.amazon.de/Goethes-Zauberflöte-ägyptischen-Faust-Dichtung-Neuinterpretation/dp/3739247991 (abgerufen am 22.3.21)

31 Zit. wie www.freimaurer-wiki.de/index.php/Johann_Wolfgang_von_Goethe (abgerufen am 21.3.21)

32 Vgl. ebd. (abgerufen am 21.3.21)

33 Eckermann: Gespräche mit Goethe, 6. Juni 1831

34 Vgl. dazu Beate Himmelstoß: »Und Fluch vor allem der Geduld!« Zur Aktualität von Goethes Faust. In: *Privatinvestor Politik Spezial*, 13.11.20

[35] Vgl. Fraser 1996

[36] Vgl. Helmut Neubauer: Die russischen Zaren 1547–1917. In: Torke 2005, S. 70-79

[37] Vhl. Franz-Jürgen Römmeler: 400 Jahre Kampf um Mitteleuropa und den »russischen Kulturkeim«. 1621–2021. In: *Ein Nachrichtenblatt.* Nachrichten für Freunde der Anthroposophie und Mitglieder der anthroposophischen Gesellschaft, 11. Jahrgang, Nr. 11, 16. Mai 2021

II. Oligarchen festigen ihren Einfluss

[1] Vgl. Angelika Eberl: Die Zerstörung Deutschlands (Teil I). Wie es britischen Kreisen gelang, Deutsche für britische Interessen kämpfen zu lassen, 6. Mai 2020; www.nrhz.de/flyer/beitrag.php?id=26762&css=print

[2] Vgl. Karte Preußen nach dem Wiener Kongress 1815 von Andreas Kunz, B. Johnen and Joachim Robert Moeschl; www.ieg-maps.uni-mainz.de bzw. https://de.wikipedia.org/wiki/Preußen#/media/Datei:Map-DB-PrussiaProvs-1818.svg (abgerufen am 31.3.21)

[3] Vgl. Nicolson 1946, S. 147

[4] Vgl. Savelle 1975, S. 281

[5] Vgl. Dahms 1983, S. 119

[6] Zit. wie Yamaga 1949, S. 17

[7] Zit. wie American Heritage Bd. 9 Nr. 3. New York 1958, S. 594

[8] Hoggan 1979, S. 224

[9] Zit. wie Winter 1989, S. 57

[10] Savelle 1975, S. 484

[11] Vgl. Census of Population and Housing; www.census.gov/programs-surveys/decennial-census/decade/decennial-publications.1860.html (abgerufen am 25.3.21)

[12] Vgl. McPherson 1988 S. 318

[13] Vgl. Sauter 1976, S. 228

[14] Vgl. Rhodes 1965, S. 1893 ff.

[15] Vgl. Beard 1930

[16] Vgl. Heideking/Mauch 2008, S. 166

[17] Guggisberg 2002, S. 131

[18] https://de.wikipedia.org/wiki/Zeittafel_der_Indianerkriege (abgerufen am 30.11.21)

[19] Matthew Ehret: Die Ära des Chatham House und die britischen Wurzeln der NATO, 19. November 2021; https://dieunbestechlichen.com/2021/11/die-aera-des-chatham-house-und-die-britischen-wurzeln-der-nato/

[20] Vgl. Madsen 1999, S. 180

[21] Manhattan-Projekt: Deckbezeichnung für die Entwicklung bzw. den Bau einer Atombombe ab 1942

[22] Vgl. Carr 1965, Klappentext

[23] DuPont war bis zur Fusion mit Dow Chemical 2017 einer der weltweit größten Konzerne der chemischen Industrie. Seit Juni 2019 firmiert der Konzern als DuPont de Nemours.

[24] Vgl. Alexandra Felts: Die wahren Gatsbys: Rockefeller, Vanderbilt & Co., 21. Juli 2013; www.classicdriver.com/de/

magazine?search_type=advanced&author=39142&page=1 (abgerufen am 27.3.21)

25 Vgl. ebd.

26 Vgl. Effenberger 2005, S. 69

27 Vgl. Winkler 2000, S. 202 f.

28 Vgl. Epkenhans 2020, S. 78

29 Vgl. Winkler 2000, S. 203; vgl. auch Wilfried Radewahn: Europäische Fragen und Konfliktzonen im Kalkül der französischen Außenpolitik vor dem Krieg von 1870. In: Kolb 1987, S. 41

30 Vgl. Kolb 2005, S. 7

31 Zit. wie Ritter 1992, S. 181

32 Vgl. www.dhm.de/lemo/kapitel/kaiserreich/aussenpolitik/berliner-kongress-1878.html (abgerufen am 28.3.21)

33 Rudolf Steiner, Vortrag v. 18. Dezember 1916, S. 238 (Zeitgeschichtl. Betrachtungen, Band 1, Taschenbuchausgabe)

34 www.dhm.de/lemo/kapitel/kaiserreich/aussenpolitik/berliner-kongress-1878.html (abgerufen am 28.3.21)

35 Zit. wie Stead 1902, S. 58

36 Vgl. Osterrieder 2014, S. 802

37 Die Faschoda-Krise fand 1898 zwischen Großbritannien und Frankreich statt. Sie stellte den Höhepunkt der imperialistischen Rivalität beider Mächte während des Wettlaufs um Afrika dar.

38 Zit. wie Charmley 1999, S. 201

39 Zit wie ebd., S. 213

40 Vgl. Angelika Eberl: Die Zerstörung Deutschlands (Teil I). Wie es britischen Kreisen gelang, Deutsche für britische Interessen kämpfen zu lassen, 6. Mai 2020; www.nrhz.de/flyer/beitrag.php?id=26762&css=print

41 https://archive.org/details/arundelhymnsmusi00norfuoft/mode/2up?view=theater (abgerufen am 29.3.21)

42 Zit. wie Lenz/ Marcks 1915, S. 190

43 Vgl. Docherty/Macgregor 2013, S. 362

44 Zit. wie Stead 1902, S. 59

45 Vgl. Dilke 1869; Arendt 1986, S. 397

46 Vgl. Le Cour 2009, S. 18

47 Zit. wie Osterrieder 2014, S. 822

48 Saturday Review, 24. August 1895

49 Vgl. Effenberger/Löw 2004, S. 174 f.

50 Vgl. www.newspapers.com/clip/27331895/admiral-rickover-concludes-in-1976-that/https://www.newspapers.com/clip/27331895/admiral-rickover-concludes-in-1976-that/ (abgerufen am 10.4.21)

51 Vgl. John T. Bethell: A splendid little war. Harvard and the commencement of a new world; https://harvardmagazine.com/sites/default/files/html/1998/nd98/war.html

52 Der Begriff »Yellow Press« geht zurück auf einen Comic mit einer gelb kolorierten Figur, dem Yellow Kid, der ab 1895 in der *New York World* und später im *New York Journal* erschien, beide frühe Vertreter der Sensationspresse.

53 Zit wie Bethell a. a. O.

54 Zit. wie Coffman 2016

55 Der erste Amerikaner, der diese Auszeichnung erhielt, war George Washington. Sie wurde ihm am 3. April 1776 verliehen, nachdem er im März des Jahres die Briten aus Boston vertrieben hatte. Vgl. www.thecrimson.com/article/1937/3/23/george-washington-given-the-first-lld/ (abgerufen am 10.4.21)

[56] Zit. wie Bethell a. a. O.

[57] Vgl. www.medicalmuseum.mil/index.cfm?p=visit.exhibits.past.spanishamericanwar.page_01 (abgerufen am 10.4.21)

[58] Vgl. Bethell a. a. O.

[59] Zit. wie Weilenmann 1953, S. 77

[60] Zit. wie Beale 1956, S. 177 f.

[61] Ebd.

[62] Vgl. »Obama umwirbt Asiens Staaten«; www.spiegel.de/politik/ausland/us-praesident-in-tokioobama-umwirbt-asiens-staaten-a-661256.html

[63] Hillary Clinton: America's Pacific Century, 11. Oktober 2011; https://foreignpolicy.com/2011/10/11/americas-pacific-century/

[64] Nominations before the senate armed services committee. Second session, 112th congress; www.govinfo.gov/content/pkg/CHRG-112shrg80073/html/CHRG-112shrg80073.htm

[65] Zit. wie Pakenham 1979, S. 43

[66] Vgl. Docherty/Macgregor 2014, S. 44

[67] Zit. wie ebd., S. 47

[68] Ebd.

[69] Vgl. Lovell 2011, S. 250-252

[70] Vgl. Platt 2012, S. 28-33

[71] Vgl. Lovell 2011, S. 265 f.

[72] Vgl. Stiglitz 2013, S. XXXIV

[73] Vgl. https://books.google.de/books?id=-szrAAAAMAAJ&pg=PP2&redir_esc=y#v=onepage&q&f=false

[74] Vgl. https://inequality.org/great-divide/updates-billionaire-pandemic (abgerufen am 19.2 21)

III. Plutokraten übernehmen die Herrschaft

[1] Vgl. Morse 1918, S. 198

[2] Vgl. Kindermann 2001, S. 87

[3] Der Philippinisch-Amerikanische Krieg von 1899 bis 1902 wird in manchen Teilen der Forschung als Genozid angesehen. Vgl. Osterhammel 2020, S. 1183

[4] Vgl. Bastid-Brugiére, Marianne: Boxeraufstand. In: Das Große China-Lexikon. Darmstadt 2003, S. 113 f.

[5] Vgl. Hoggan 1979, S. 320

[6] Vgl. Johnson 1977, S. 627

[7] Vgl. Morison/Blum 1951-1954, Bd. II, App. IV, S. 1484-1494

[8] Dollardiplomatie: spezifisch amerikanische Form des Imperialismus mithilfe von Geld- oder Kreditzusagen

[9] Vgl. Effenberger 2005, S.105

[10] Vgl. Weilenmann 1953, S. 55 f.

[11] Maurice Lemoine: Herrliche kleine Kriege, 16. Mai 2003; https://monde-diplomatique.de/artikel/!775249

[12] Vgl. Pringle 1931, S. 409 ff.

[13] Vgl. Sautter 1976, S. 322

[14] Vgl. https://forms.gle/t8RrH4ev56UuHzwZ7, 3. Februar 1907

[15] Zit. wie Chernow 1996, S. 174

[16] Zit. wie Myron T. Herrick: The panic of 1907and some of its Lessons. In: *Annals of the American Academy of Political and Social Science,* Bd. 31 (Januar bis Juni 1908)

[17] Um eine Katastrophe wie 1907 zu vermeiden, wurde den nationalen Banken erlaubt, sich in Gruppen von zehn oder mehr mit einem Gesamtkapital von mindestens 5 000 000 Dollar zusammenzuschließen (National Currency Associations).

[18] Vgl. www.federalreservehistory.org/essays/jekyll-island-conference

[19] Vgl. https://criminalbankingmonopoly.wordpress.com (abgerufen am 10.04.21)

[20] Vgl. B. C. Forbes: How the Federal Reserve Bank Was Evolved by Five Men on Jekyl Island. In: *Current Opinion,* Bd. 61, Nr. 6, Dezember 1916, S. 382-383

[21] Bartholomew, Charles Lewis »Bart«, 1869-1949, 8. Oktober 1911

[22] Zit. wie www.federalreservehistory.org/essays/jekyll-island-conference

[23] Vgl. https://stefanievonjan.medium.com/geldsch%C3%B6pfung-im-fiat-system-eine-bilanzanalyse-von-zentralbanken-und-banken-afd4b9f716f6

[24] Vgl. www.tagesschau.de/wirtschaft/boerse/hr-boerse-story-24857.html

[25] Hearing Congressman Louis MacFaden: To investigate the Bureau of Internal Revenue and certain practices of the Federal Reserve Board, Seventy-second Congress, First Sesson on H. Res. 68 and H. Res. 249, 9. und 11. Juli 1932, S. 23

[26] Zit. wie Brett 1939, S. 46

[27] Zit. wie Marder 2014, S. 379

[28] Vgl. Effenberger/Macgregor 2016, S. 35

[29] Zit. wie Taube 1937, S. 379

[30] Woodrow Wilson: Message to Congress, 63rd Cong., 2d Sess., Senate Doc. No. 566, 1914, S. 3 f.

[31] Vgl. Adams 2008, S. 39

[32] Zit. wie Neilson 1954, S. 250

[33] Zit. wie ebd., S. 251

[34] Zit. wie *Allgemeine Zeitung des Judentums* Nr. 38, 18. September 1914, S. 450 f.

[35] Vgl. www.bundestag.de/resource/blob/407876/db713278e9489485e8d8f47b59723f32/WD-1-021-12-pdf-data.pdf (abgerufen am 16.4.21). Eine anonym publizierte Schrift eines amerikanischen Morgan-Kenners nannte dies in der historischen Rückschau »*The greatest financial arrangement in history*«. Zur Vorgeschichte heißt es, Morgan habe kurz nach Kriegsausbruch 1914 in New York mit dem britischen Botschafter gesprochen. »Downing Street wanted an answer to one question! ›Would Mr. Morgan lend all of his power and force, financial and commercial, actual and potential, to the British Government?‹... ›I will,‹ Mr. Morgan replied.« The Mirrors of Wallstreet, S. 71

[36] Zit. wie Carnegie 1937, S. 89

[37] Zit. wie Weg in den Ersten Weltkrieg Bundestag vom 25. April 2012 unter AZ. WD 1 – 3000/021/12; www.bundestag.de/resource/blob/407876/db713278e9489485e8d8f47b59723f32/WD-1-021-12-pdf-data.pdf (abgerufen am 15.4.21), Fußnote 62: Der Krieg und die amerikanische Wirtschaft. Der Einfluss des Hauses JP Morgan & Co.. (ohne Verfassser). Frankfurt 1916, S. 49

[38] Vgl. Junker, 2003, S. 44

[39] Vgl. Federalizing the National Guard: Preparedness, reserve forces and the National Defense Act of 1916; www.nationalguard.mil/News/Article/789220/federalizing-the-national-guard-preparedness-reserve-forces-and-the-national-de/

[40] Hoggan 1979, S. 454

[41] Vgl. dazu Effenberger/Wimmer 2014, S. 364 f.

[42] Senator Norris Opposes U.S. Entry into the War. In: Congressional Record, 65th Cong., 1st Sess., Vol. LV, pt. I, S. 212 f.

[43] *Allgemeine Zeitung des Judentums,* Nr. 15, 13. April 1917

[44] Ebd.

[45] Görlitz 1976, S. 71

[46] Ebd., S. 84

[47] Vgl. Allen 1974

[48] Griffin 1986, S. 66

[49] MEW, Bd. 21, S. 351

[50] Zit. wie Hughes 1986, S. 37

[51] Chairman of the War Industries Board

[52] Osborne 2004, S. 189

[53] Hoover/Gibson 1943. In: Preface to Peace: A Symposium. New York 1943. S. 227 f.

[54] Zit. wie Schultze-Rhonhof 2003, S. 69. Keynes hielt es nicht für richtig, die gesamte Verantwortung für den Kriegsausbruch einer einzigen Nation aufzuerlegen. Er betont, dass z. T. auch politische Begebenheiten am Ende des 19. Jahrhunderts wie Militarismus und Imperialismus die Voraussetzungen mitlieferten.

[55] Keynes 1920, S. III. In seinem Buch »Die wirtschaftlichen Folgen des Friedensvertrages« nahm Keynes die Siegermächte ins Gebet: Indem sie Deutschland auf unabsehbare Zeit zu Reparationszahlungen zwangen, würden sie den Boden für einen neuen Krieg bereiten. Vgl. auch Keynes 1922

[56] In der Mantelnote zum Vertrag stellten die Sieger ihre Sichtweise dar: *»Nach Ansicht der alliierten und assoziierten Mächte war der Krieg, der am 1. August 1914 zum Ausbruch kam, das größte Verbrechen gegen die Menschheit und gegen die Freiheit der Völker, das eine sich für zivilisiert ausgebende Nation jemals mit Bewusstsein begangen hat. Während langer Jahre haben die Regierenden in Deutschland getreu der preußischen Tradition die Vorherrschaft in Europa angestrebt ... Das Verhalten Deutschlands ist in der Geschichte der Menschheit fast beispiellos. Die furchtbare Verantwortung, die auf ihm lastet, lässt sich in der Tatsache zusammenfassen, dass wenigstens sieben Millionen Tote in Europa begraben liegen, ... Darum haben die alliierten und assoziierten Mächte nachdrücklich erklärt, dass Deutschland als grundlegende Bedingung des Vertrags ein Werk der Wiedergutmachung bis zur äußersten Grenze seiner Leistungsfähigkeit vollbringen muss.«* Zit. wie Schultze-Rhonhof 2003, S. 66

[57] Zit. wie ebd.

[58] Liste der 27 eingeladenen Brüder amerikanischer Großlogen: Arizona, A. A. Johns, P.G.M., Morris Goldwa-

ter, P.G.M.; California, William Rhodes Hervey, P.G.M., John Whicher G.S.; Colorado, C.M. Kellogg, G.M., Charles H. Jacobson, G.S.; District of Columbia, Joseph H. Milans, G.M., A.W. Johnston, G.S.; Florida, T. Picton Warlow, G.M.; Georgia, Robert G. Travis, G.M., Raymond Daniel, A.G.S.; Iowa, George L. Schoonover, P.G.M.; Kentucky, John H. Cowles, P.G.M.; Louisiana Rudolph Krause, G.M., John A. Davilla, G. S., Massachusetts, Frederick W. Hamilton, P.G.M., G.S.; Michigan, Hugh A. McPherson, G.M., Lou B. Winsor, G. S.; Montana Major Dr. R. E. Hathaway, S.G.W.; Nebraska, John Ehrhardt, P.G.M., Francis E. White, G. S.; New Jersey, Austin McGregor, G. M.; New York, W.S. Farmer, G.M., Robert J. Kenworthy, G.S., Townsend Scudder, P.G.M.; West Virginia George S. Laidley, G.M., John M. Collins, P.G.M.

59 Harland-Jacobs 2007, S. 288

60 Fleming 2003, S. 382

61 *Allgemeine Zeitung des Judentums,* Nr. 27 vom 4. Juli 1919, S. 291

62 Der Dawes-Plan erwies sich als erfolglos und wurde 1929 durch den Young-Plan ersetzt.

63 Vgl. Business History Review, Winter 1976, S. 477 ff.

64 Peter Staudenmaier im Interview mit Ansgar Martins, 4. Dez. 2014; https://waldorfblog.wordpress.com/category/erster-weltkrieg/ (abgerufen am 18.5.21)

65 Vgl. Steiner 1961, S. 71

66 Steiner 1999, S. 97 f.

67 Ebd., S. 287

68 Den Hinweis erhielt der Autor vom Kultur- und Sprachphilosophen Roland Ropers (geb. 1945), dem es von seinem Großvater, einem Helden des Ersten Weltkriegs, überliefert wurde. Dieser hatte den Untergang des Kleinen Kreuzers im Süden Chiles überlebt. Unter dessen Führung flohen im November 1916 acht Besatzungsangehörige und weitere internierte Seeleute auf der alten chilenischen Bark Tinto nach Norwegen. 1922 war er mit der Tochter von Ludendorff liiert.

69 Am 30. Oktober 1922 hatte der italienische König Viktor Emanuel III. Mussolini nach dem Marsch auf Rom an die Spitze eines Mitte-Rechts-Koalitionskabinetts berufen.

70 Zit. wie Andrew Nagorski: Truman Smith: The American Who Saw Hitler Coming; www.historynet.com/truman-smith-the-american-who-saw-hitler-coming.htm

71 Ebd.

72 Jim Macgregor schreibt momentan an der Biografie von Ernst Franz Sedgwick Hanfstaengl und hat diese Angaben zu Hanfstaengl als Vorabdruck zur Verfügung gestellt.

73 American I. G. sollte später den unverfänglichen Namen General Aniline & Film erhalten.

74 Vgl. Trepp 1993, S. 17

75 Vgl. Sutton 1976, S. 67 ff.

76 Vgl. ebd., S. 52 f.

77 Vgl. ebd., S. 57 f.

[78] Vgl. Sampson 1982. Sampson weist im Vorwort auf kurz zuvor freigegebene Berichte hin, aus denen die Beziehungen der ITT zu den Nazis und ihren Aktionen in Lateinamerika hervorgehen. Vgl. auch Heinrich 1972

[79] Vgl. Federal Register, 7. November 1942, S. 9097

[80] Bei einem Blanko- oder Leerverkauf spekuliert der Verkäufer mit Papieren, die er noch gar nicht besitzt, auf fallende Kurse.

[81] Dall 1972, S. 169

[82] Vgl. Wall Street: To the Last Drop, 30. September 1966; http://content.time.com/time/subscriber/article/0,33009,836468,00.html

[83] Dall 1972, S. 176 f.

[84] Common Sense, Nov. 1935. Zit. wie Schmidt 1998, S. 231

[85] https://www.eisenhowerlibrary.gov/research/online-documents/farewell-address

[86] Dall 1972

IV. Roosevelts Weg in den Zweiten Weltkrieg

[1] Vgl. Hoggan 1979, S. 429

[2] Vgl. Dall 1972, S. 35

[3] Ninkovich 1999

[4] Vgl. Dall 1972, S. 107

[5] Andere Aktienempfehlungen von Baruch führten 1938 zu Churchills Zahlungsunfähigkeit. Der Bankier Henry Strakosch rettete ihn aber aus der Notlage, beglich die Schulden und übernahm dafür die rapide gesunkenen Aktien. Vgl. Scheil 2008, S. 104

[6] www.federalreservehistory.org/essays/glass-steagall-act

[7] Vgl. Toniolo 2007, S. 30

[8] auch bekannt als Ottawa-Konferenz

[9] Vgl. Jahresbericht der BIZ, April 33 bis März 1934, S. 11 f.; www.bis.org/publ/arpdf/archive/ar1934_de.pdf

[10] New Zealand, Parlamentary Debates, First Session, 24th Parliament, 23. Februar bis 12. April 1932, hier: 12. April 1932, S. 984

[11] New Zealand, Parlamentary Debates, First Session, 24th Parliament, 21. September bis 31 Oktober 1933, hier: 27. Oktober 1933, S. 800

[12] Vgl. Urofsky 2002, S. 674

[13] Vgl. Reginbogin 2006, S. 234 f.

[14] Vgl. Frances Farmer: Bank for International Settlements; www.termpaperwarehouse.com/essay-on/Bank-For-International-Settlements/57580 (abgerufen am 24.4.21)

[15] Vgl. Neilson 1915. Neilson hatte seinen Unterhaussitz in London 1914 als Protest wg. Greys Aggressionen gegen Deutschland aufgegeben und war in die vermeintlich neutralen USA emigriert.

[16] Vgl. Thelen 1976

[17] Vgl. Sullivan 1926-1935

[18] Vgl. Hoggan 1979, S. 452

[19] Vgl. *New York Times*, 19. Juni 1930; www.nytimes.com/1930/06/19/archives/

soviet-celebrates-new-tractor-plant-first-machine-produced-at.html

[20] Vgl. Effenberger/Löw 2004, S. 286

[21] Quigley 1966, S. 250 f.

[22] Vgl. Duthel 2009

[23] Vgl. Mayer 1999, S. 184, Fußnote 160

[24] Vgl. Applebaum 2003, S. 619; Landau/Scherbakowa 2014, S. 92 ff.

[25] Zit. wie Tuchman 1984, S. 333

[26] Zit. wie www.wissenschaft.de/rezensionen/buecher/roosevelt-und-hitler-todfeindschaft-und-totaler-krieg/ (abgerufen am 22.4.21)

[27] Vgl. Miller 2005

[28] Vgl. Gole 2003

[29] Vgl. Office of the Chief of Military History 1960

[30] Vgl. Jack E. Godfrey: Mahan. The Man, his Writings and Philosophy. A Lecture delivered at Naval War College. In: *Naval War College Review*, März 1969

[31] Vgl. Morton, Louis: Germany First: The Basic Concept of Allied Strategy in World War II. In: Office of the Chief of Military History (Hrsg.) 1960

[32] Vgl. Joint Army-Navy Basic War Plan Orange, 1924, Joint Board (JB) 325, Ser. 228. Im September 1924 und in modifizierter Form im Februar 1938 vom Kriegsminister abgezeichnet

[33] Zwischen Oktober 1938 und Pearl Harbor 1941 wuchs die US-Army von 150 000 zu 1,5 Millionen auf und hatte bei Kriegsende die Stärke von über 8 Millionen erreicht.

[34] Die Tschechoslowakei musste die deutsch besiedelten Randgebiete (Sudetenland) an Deutschland und die polnisch besiedelten Gebiete um Teschen/Olsa an Polen abtreten.

[35] Vgl. Morton in: Office of the Chief of Military History (Hrsg.) 1960, S. 21

[36] Vgl. »Isolationism« in Encyclopaedia of American Foreign Relations

[37] Jonas 1966, S. 15-26

[38] Divine 1979 (2. Aufl., 1. Aufl. 1965), S. 9-11; Dallek 1979, S. 95, 102 f.

[39] www.senate.gov/about/powers-procedures/investigations/merchants-of-death.htm (abgerufen am 2.8.21)

[40] Vgl. Schultze-Rhonhof 2003, S. 69

[41] Vgl.www.spiegel.de/panorama/krieg-barack-obama-ist-der-us-praesident-mit-den-meisten-kriegstagen-a-00000000-0003-0001-0000-000000567071 sowie www.diepresse.com/761580/usa-die-todesliste-des-barack-obama

[42] Zit. wie Robinson/Pirog 1997

[43] www.senate.gov/about/powers-procedures/investigations/merchants-of-death.htm (abgerufen am 26.4.21)

[44] Zit. wie ebd.

[45] Zit. wie ebd.

[46] Sutton 1976, S. 15; vgl. Dodd 1941

[47] Skull & Bones, die Elite des Imperiums, 16.April 2017; www.voltairenet.org/article183280.html (abgerufen am 11.5.21)

[48] Vgl.www.welt.de/wirtschaft/article8787160/US-Industrieller-uebernimmt-Magazin-Newsweek.html

[49] Vgl. Sutton 1986

[50] Vgl. Jutta Sommerbauer: Betende Verbindung. *Jüdische Allgemeine,* 31. Juli

2017; www.juedische-allgemeine.de/juedische-welt/betende-verbindung

51 Members of the War Industries Board Organization. In: Government Printing Office (Hrsg.): U.S. War Industries Board, Washington, D. C. 1919, S. 39

52 Ben Aris/Duncan Campbell: How Bush's grandfather helped Hitler's rise to power, 25. September 2004; www.theguardian.com/world/2004/sep/25/usa.secondworldwar_

53 Kurt-Julius Goldstein interviewt von Philipp Gessler: »Der Kapitalismus muss weg«, 22. November 2004; https://taz.de/!671469/

54 Vgl. Aris/Campbell a. a. O._

55 Zit. wie 3sat.de *Kulturzeit,* Sendung vom 2. November 2004

56 Congressional Record, 15. Juni 1940, S. 12606 ff. sowie Johnson 1944, S. 60 f.

57 Kris Dietrich:Taboo Genocide: Holodomor 1933 & the Extermination of Ukraine The Triade FDR, Stalin and Hitler A Stretegy for War and Peace and the New World Order, online (ohne Seitenangabe)

58 Vgl. Rüstungshilfe für die Deutschen vom 24. Juni 1973 aus *Der Spiegel,* 26/1973; www.spiegel.de/politik/ruestungshilfe-fuer-die-deutschen-a-9d22ecdc-0002-0001-0000-000042602483

59 Großbritannien, die UdSSR, China und viele andere Staaten erhielten aufgrund des Leih- und Pachtgesetzes Güter in einem Gesamtwert von knapp 50 Milliarden US-Dollar (ohne Transportkosten). Das Programm lief im August 1945 aus.

60 Zit. wie http://docs.fdrlibrary.marist.edu/odllpc.html (abgerufen am 23.4.21)

61 Vgl.www.npr.org/templates/story/story.php?storyId=4206060&t=1619637824416 sowie www.nsa.gov/Portals/70/documents/news-features/declassified-documents/cryptologic-quarterly/pearlharbor.pdf

62 Vgl. Costello 1994 sowie www.fff.org/freedom/0695f.asp

63 Remarks at the meeting of the office of the Secretary of defense and members of the Kimmel family dealing with the posthumous restoration of the rank of Admiral for Rear Admiral husband E. Kimmel, U. S. Navy, 27. April 1995, Washington, D.C.; vgl auch https://www.govinfo.gov/content/pkg/CRECB-1999-pt8/pdf/CRECB-1999-pt8-Pg10672.pdf

64 Statements on introduced bills and joint resolutions; Congressional Record, Vol. 144, No. 113 (Senate, 1. September 1998); www.congress.gov/congressional-record/1998/09/01/senate-section/article/S9782-7

65 https://artsandculture.google.com/exhibit/day-of-infamy-fdr-s-response-on-december-7-1941/QRXZUqsM

66 Shirley 2013, IX

67 Vgl. Zinn 2005, S 360

68 www.thenews.com.pk/print/595752-the-us-has-been-at-war-225-out-of-243-years-since-1776 (Stand 2019)

69 Mullener 2004, S. 29

70 Vgl. www.sueddeutsche.de/politik/hiroshima-die-kapitulation-der-moral-1.915169-2

[71] Zit. wie Newhouse 1990, S. 72

[72] Vgl. Ernst Woit: Die Gefahr des nuklearen Omnizids und der subjektive Faktor Mensch. In: *DSS-Arbeitspapiere*, Heft 93, 2009, S. 15

[73] Bald 1999, S. 68

[74] Zit. wie Jeff Riggenbach: Power Without Principle. Februar 1985; https://reason.com/1985/02/01/power-without-principle/# (abgerufen am 26.4.21)

[75] Matthew Ehret: For Victory Day: It's Time to Think About Finally Winning WWII, Strategic Culture, 9. Mai 2020; www.strategic-culture.org/news/2020/05/09/for-victory-day-its-time-to-think-about-finally-winning-wwii/

V. Kalter Krieg: Vorstufe zur unipolaren Weltordnung

[1] https://de.statista.com/statistik/daten/studie/252298/umfrage/armeestaerken-im-zweiten-weltkrieg-nach-laendern/

[2] Zit. wie Görtemaker 1990, S. 58

[3] Zit. wie www.academia.edu/32323328/Die_ungarische_Revolution_von_1956_pdf

[4] Vgl. Anton Latzo: Marshall-Plan: Uneigennütziges Hilfsprogramm oder US-Strategie zur Unterwerfung Westeuropas?, 31. Dezember 2019; https://kpf.die-linke.de/mitteilungen/detail/marshall-plan-uneigennuetziges-hilfsprogramm-oder-us-strategie-zur-unterwerfung-westeuropas/ (abgerufen am 21.5.21)

[5] Zit. wie Geschichte der sowjetischen Außenpolitik 1945–1970, Berlin 1971, S. 182

[6] Vgl. ebd.

[7] Vgl. Michelle Cini, From the Marshall Plan to EEC: Direct and Indirect Influences. In: Schain 2001, S. 34

[8] Hofbauer 1992, S. 44 f.

[9] Auch das Clayton-Memorandum vom 27. Mai 1947 dachte eine Europäische Wirtschaftsföderation an. Vgl. Roman Fried: Marshall-Plan und österreichischer Wiederaufbau. Eine Betrachtung vor dem Hintergrund des Kalten Krieges; http://othes.univie.ac.at/10266/1/2010-05-15_0501711.pdf (abgerufen am 21.5.21)

[10] Zit. wie Geschichte der sowjetischen Außenpolitik 1945–1970, S. 184

[11] Rebecca Belvederesi-Kochs und Paul Thomes: Der Marshall-Plan. In: Themenportal Europäische Geschichte, 2010; hwww.europa.clio-online.de/essay/id/fdae-1526

[12] Vgl. Hogan 1987

[13] In der Führungsrolle Frankreich und Großbritannien, dazu die Benelux-Staaten, Dänemark, Griechenland, Irland, Island, Italien, Norwegen, Portugal, Schweden, die Türkei sowie die westlichen Besatzungszonen Deutschlands und Österreich

[14] Hogan 1987, S. 46 ff. und 54

[15] Erich Ott: Die Bedeutung des Marshall-Plans für die Nachkriegsentwick-

lung in Westdeutschland. In: Schröder 1990, S. 73

[16] Vgl. Hogan 1987, S. 46 ff. und 54

[17] Vgl. Rebecca Belvederesi-Kochs/Paul Thomes: Der Marshall-Plan. In: Themenportal Europäische Geschichte, 2010; www.europa.clio-online.de/2010/Article=451

[18] Curt Tarnoff: The Marshall Plan: Design, Accomplishments, and Relevance to the Present. In: Report for Congress. 6. Januar 1997, S. 13 (abgerufen am 24.1.2021)

[19] Westdeutschland wurde bis 1966 etwa 1 Milliarde durch den Bund über den Haushalt direkt abbezahlt und der Rest erlassen. Vgl. www.bpb.de/politik/hintergrund-aktuell/137605/65-jahre-marshallplan-05-06-2012

[20] Der dauerhafte Geldtopf zur Euro-Rettung wurde vom Bundeskabinett beschlossen – dabei sind wichtige Details noch nicht geklärt: Die parlamentarische Kontrolle und die genaue Haftungssumme für Deutschland, 14. März 2012. Vgl. www.handelsblatt.com/politik/deutschland/rettungsschirm-schlimmstenfalls-haftet-deutschland-fuer-400-milliarden-euro/6327118-2.html?ticket=ST-8149832-i1rJVtWdT-c0RacxGBVj2-ap6

[21] Jost Dülffer: Europa im Ost-West-Konflikt 1945-1990. In: Bleicken 2004, S. 144 f.

[22] Vgl. Harold v. B. Cleveland: If There Had Been No Marshall-Plan … In: Hoffmann 1984

[23] Vgl. Geschichte der sowjetischen Außenpolitik 1945–1970, S. 187

[24] Vgl. www.wollheim-memorial.de/en/georg_von_schnitzler_18841962

[25] Anton Latzo: Marshall-Plan: Uneigennütziges Hilfsprogramm oder US-Strategie zur Unterwerfung Westeuropas? 31.12.2019; https://kpf.die-linke.de/mitteilungen/detail/marshall-plan-uneigennuetziges-hilfsprogramm-oder-us-strategie-zur-unterwerfung-westeuropas/

[26] Vgl. Sapolsky 2009, S. 4

[27] Lippmann 1947, S. 29 f.

[28] Vgl. Walter L. Hixson: What Was the Cold War and How Did We Win It? In: Reviews in American History, 1994, 22#3, S. 507-511

[29] Zit. wie https://history.state.gov/milestones/1945-1952/NSC68

[30] Vgl. https://de-academic.com/dic.nsf/dewiki/1052798

[31] Rainer Traub: Im Namen der Demokratie. In: *Spiegel Special Geschichte,* Nr. 3, 29. Juli 2008, S. 57

[32] Weiner 2008, S. 136

[33] https://web.archive.org/web/20080327181230/http://www.nioc.ir/brief_history/page6.html

[34] https://obamawhitehouse.archives.gov/issues/foreign-policy/presidents-speech-cairo-a-new-beginning

[35] Vandenherg 1952, S. 494

[36] Zit. wie House Committee of Foreign Affairs, Hearings, Mutual Defense Assistance Act of 1949, 81th Congress, 1st session, S. 71

[37] Vgl. Kissinger 1959, S. 30

[38] Nordeuropa (Dänemark, Norwegen, Vereinigtes Königreich); Westeuropa (Belgien, Frankreich, Luxemburg, Niederlande, Vereinigtes Königreich); Südeuropa (Westliches Mittelmeer – Frankreich, Italien, Vereinigtes Königreich); Kanada/USA; Nordatlantik (alle Länder außer Italien und Luxemburg); Militärausschusses, NATO Facts and Figures, S. 26 f.

[39] NATO Facts and Figures, S. 27

[40] Lawrence S. Kaplan: Amerika und die Bündnisverstrickungen 1949-1956. In: Wiggershaus/ Heinemann 2000, S. 10

[41] Keesing, Band 1949/50, S. 2123 H

[42] Nach geringfügigen Änderungen wurde das Dokument mit dem Kennzeichen MC 3/1 und MC 3/2 am 19. bzw. 28. November 1949 verteilt.

[43] Gregory, W. Pedlow. Chief, Historical Office. Supreme Headquarters Allied Powers Europe: The evolution of NATO Strategy 1949–1969, in: NATO Strategy Documents 1949-1969 SHAPE 1997, S. XI-XIII. Alle weiteren Texte oder Textausgaben zu Strategiedokumenten der NATO bis 1989 werden dieser Veröffentlichung entnommen, nachfolgend aufgeführt unter der Abkürzung »NATO Strat Doc 1997«.

[44] Vgl. Weigel 2002, S. 29f.; NATO Strat Doc 1997, S. 59

[45] NATO Strat Doc 1997, S. 61

[46] Juni 1946 PINCHER; März 1948 BROILER/BUSHWACKER; Mai 1948 FROLIC; Dezember 1948 SIZZLE/ FLEETWOOD/HALFMOON/DOUBLESTAR, Januar 1949 TROJAN, Oktober 1949 SHAKEDOWN/ OFFTACKLE/CROSSPIERCE; Dezember 1949 DROPSHOT. Nachdem das sowjetische Atombomben-Projekt am 29. August 1949 zur erfolgreichen Zündung der ersten eigenen Atombombe geführt hatte, wurden die Angriffspläne vorerst auf Eis gelegt.

[47] Joint Chiefs of Staff: J.C.S. 1920/5 (Volume II): Long-range plans for war with the USSR – Development of a joint outline plan for use in the event of a war in 1957 (Kurztitel: DROPSHOT) vom 19. Dezember 1949. Der Zeitpunkt für DROPSHOT war zweifellos auf den ursprünglich für diesen Zeitpunkt geplanten Abschluss der Remilitarisierung Westdeutschlands abgestimmt. Aufgrund der Ablehnung der Verträge über die sogenannte »Europäische Verteidigungsgemeinschaft« durch die französische Nationalversammlung 1954, aber auch wegen der Gegner einer Wiederbewaffnung der Bundesrepublik, verzögerte sich der Aufbau der Bundeswehr um einige Jahre. Als dann 1957 der fiepsende Sputnik seine Kreise um die Erde zog, musste der Zeitpunkt für Dropshot vertagt werden.

[48] Politik-Lexikon für junge Leute; www.politik-lexikon.at/nato/

[49] Autzel/Müller 2000, S. 46

[50] Lee Butler: Zwölf Minuten, um über das Schicksal der Menschheit zu entscheiden. In: *Frankfurter Rundschau*, 1. September 1999

51 Zit. in Ernst Woit: Die Gefahr des nuklearen Omnizids und der subjektive Faktor Mensch. In: *DSS-Arbeitspapiere,* Heft 93/2009, S. 14-23, hier S. 19

52 Lee Butler: Sind Atomwaffen notwendig? Vortrag von General a. D. Butler am 11. März 1999 bei einem Runder-Tisch-Gespräch für das Canadian Network to Abolish Nuclear Weapon

53 Vgl. Effenberger 2011, Teil 1: Die verborgenen Seiten des Kalten Krieges

54 Mann 1980, Rückseite

55 Vollständig am 1. Oktober 2001

56 Zbigniew Brzezinski: Les Révélations d'un Ancien Conseiller de Carter: »Oui, la CIA est Entrée en Afghanistan avant les Russes ...«; https://dgibbs.faculty.arizona.edu/brzezinski_interview

57 Zit. wie *Sozialistische Zeitung (SoZ),* Nr. 22, 15. Oktober 2001

58 Zit. wie *The Washington Post,* 9. Januar 1980

59 David N. Gibbs: Afghanistan: The Soviet Invasion in Retrospect. In: *International Politics* Nr. 37, S. 233-246, Juni 2000; https://dgibbs.faculty.arizona.edu/sites/dgibbs.faculty.arizona.edu/files/afghan-ip.pdf

60 Zit. wie www1.wdr.de/daserste/monitor/sendungen/elfter-september-102.html (abgerufen am 11.6.21)

61 Vgl. H. Hofmeister: To harbour or not to harbour? Die Auswirkungen des 11. September auf das Konzept des bewaffneten Angriffs nach Art 51 UN-Charta. In: *ZÖR* 62, 2007, S. 475-500; https://doi.org/10.1007/s00708-007-0195-0 unter https://link.springer.com/article/10.1007%2Fs00708-007-0195-0 (abgerufen am 11.6.21)

62 Nein zu Krieg und Nein zur NATO! www.no-to-nato.org/de/ueber-uns/

63 Jonathan Power: Trump hat recht: Die NATO ist obsolet. Das Militärbündnis kann die aktuellen Probleme Europas nicht lösen. In: I*PG-Journal,* 27. Februar 2017

VI. Die Software der Weltherrschaft

1 Zit. wie Shoup/Minter 1977, S. 6

2 Ebd., S. 94

3 Ebd., S. 104

4 Ebd., S. 108

5 Ebd.

6 Vgl. ebd., S. 4

7 Ebd., S. 96

8 Franz Blei im Hochland-Heft 3, 1915/16

9 Ebd.

10 Eberle 1918, S. 199

11 Ebd., S. 201

12 https://web.archive.org/web/20100601184853/http://www.economichitman.com/pix/veracitymemo.pdf

13 Thomas Schulz: Bekenntnisse eines Killers, 23. März 2005; www.spiegel.de/wirtschaft/bekenntnisse-eines-killers-a-b9ab404f-0002-0001-0000-000039834834

[14] Ebd.

[15] Vgl. https://eineweltdiplomaten.wordpress.com/2014/08/03/bestochen-erpresst-ermordet-bekenntnisse-eines-us-amerikaners-der-als-economic-hitman-weltweit-im-interesse-der-koalition-aus-unternehmen-und-banken-die-politik-beeinflusste-die-staatsverschuldung

[16] https://de.wikipedia.org/wiki/John_Perkins_(Autor)

[17] Gary Younge: A hit man repents, 28. Januar 2006; www.theguardian.com/books/2006/jan/28/usa.politics

[18] Vgl. www.deutschlandfunkkultur.de/guatemala-das-trauma-von-1954.954.de.html?dram:article_id=289488

[19] Gary Younge a. a. O.

[20] Julia Fensterer/Volker Steinhoff/Stephan Stuchlik: Terror im Irak. Erfundene Kriegsgründe und die brutale Realität; https://daserste.ndr.de/panorama/archiv/2004/erste8496.html

[21] Afghanistan, Albanien, Aserbaidschan, Äthiopien, Australien, Dänemark, El Salvador, Eritrea, Estland, Georgien, Großbritannien, Island, Italien, Japan, Kolumbien, Lettland, Litauen, Mazedonien, Nicaragua, die Niederlande, die Philippinen, Polen, Rumänien, die Slowakei, Spanien, Südkorea, Tschechien, die Türkei, Ungarn und Usbekistan.

[22] Vgl. www.fr.de/politik/rumsfeld-nennt-acht-punkte-plan-kriegsziel-11730786.html

[23] https://georgewbush-whitehouse.archives.gov/news/releases/2003/05/print/20030522-15.html

[24] Nafeez Ahmed: Maximising Persian Gulf oil flows to avert a potential global energy crisis motivated Iraq War planners – not WMD or democracy, 20.3.2014; www.theguardian.com/environment/earth-insight/2014/mar/20/iraq-war-oil-resources-energy-peak-scarcity-economy

[25] Landeszentrale für politische Bildung Baden-Württemberg: Der Irak Krieg 2003 (Archiv); www.lpb-bw.de/irak-krieg (abgerufen am 10.6.21)

[26] Johannes Kaiser: Bekenntnisse eines Economic Hit Man (Buchkritik), 20. April 2005; www.deutschlandfunkkultur.de/bekenntnisse-eines-economic-hitman.950.de.html?dram:article_id=132801

[27] https://dudeweblog.wordpress.com/2013/03/29/im-dienst-der-wirtschaftsmafia-ein-geheimagent-packt-aus/

[28] https://web.archive.org/web/20080121090207/http://www.dreamchange.org/index.php?module=pagemaster&PAGE_user_op=view_page&PAGE_id=3&MMN_position=4:4

[29] Steffens 1971, S. 9 ff

[30] Barth 2020, S. 9 (Habilitationsschrift, Universität Köln, 2017)

[31] https://nsarchive2.gwu.edu/NSAEBB/NSAEBB132/index.htm

[32] https://de.usembassy.gov/de/irakische-wahlen-sind-ein-wendepunkt-fur-die-demokratie/

[33] Vgl. Wie globale Nachrichtenagenturen und westliche Medien über Geopolitik berichten (Sommerausgabe 2017); www.basel-express.ch/redaktion/1040-wie-globale-nachrichtenagenturen-und-west

liche-medien-ueber-geopolitik-berichten

34 Thomson Reuters: Annual Report 2011, 29. März 2012; https://web.archive.org/web/20120904154238/http://ar.thomsonreuters.com/_files/pdf/2011-Annual-Report-Regulatory-Filing.pdf

35 https://web.archive.org/web/20120620040945/http://ar.thomsonreuters.com/_files/pdf/IR_FactBook.pdf

36 Vgl. https://corona-transition.org/jim-smith-vorsitzender-und-ehemaliger-ceo-der-nachrichtenagentur-reuters-ist

37 Vgl. https://evidencenotfear.com/facebooks-independent-fact-checker-accused-of-collusion-with-jj-rt-news/ (abgerufen am 16.2.22)

38 https://swprs.org/wp-content/uploads/2017/12/der-propaganda-multiplikator-2016-mt.pdf

39 Ebd.

40 Vgl. Chomsky 2018

41 Zit. wie Segbers 2007

42 Wernicke/van Rossum 2017, S. 370

43 www.psiram.com/de/index.php/Datei:Jens_Wernicke_Rubikon_Suedamerika_20_Maerz_2021.jpg

44 Wernicke/van Rossum 2017, S. 370

45 Mies 2020, S. 12 f. Darin befindet sich auch ein Beitrag von Wolfgang Effenberger: Wie uns transatlantische Herrschaftscliquen in neue Kriege lügen (S. 117-132)

46 https://www.duden.de/rechtschreibung/Propaganda

47 Vgl. Tony Paterson: The Freedom of Information Center U.S. Corps In Iraq The Independent, 19. Dezember 2002; https://web.archive.org/web/20030119114843/http://foi.missouri.edu/terrorbkgd/uscorpsiniraq.html

48 Vgl. Clark 1992, S. 14

49 Vgl. Khan 2005, S. 171

50 Vgl. Salinger 1991, S. 7f.

51 Vgl. Ridgeway 1991, S. 147

52 Vgl. Clark 1992, S. 8 f.

53 Vgl. hierzu Khan 2005, S. 178

54 Ebd.

55 Ebd., S. 190

56 Pizzo 1989, S. 308

57 Vgl. www.faz.net/aktuell/wirtschaft/insiderhandel-nebuloese-aktiengeschaefte-bushs-174269.html

58 Wie George W. Bush zu seinen Millionen kam. In: *Neue Solidarität*, Nr. 10, 8. März 2000, S. 11

59 Smith 1992, S. 53

60 Khan 2005, S. 194

61 Bresheeth 1991, S. 63 f.

62 Zit. wie John MacArthur auf dem Independent Policy Forum: Censorship and Propaganda in the Gulf War: How Government Can Mold Public Opinion, 7. Oktober 1993

63 Vgl. Müller-Ullrich 1998, S. 150

64 Vgl. John MacArthur a. a. O.

65 Vgl. MacArthur 1992, S. 60

66 Kuhn 2003, S. 65f.

67 Kellner 1991, S. 239-242

68 www.bpb.de/gesellschaft/medien-und-sport/krieg-in-den-medien/130697/was-ist-propaganda

69 Bernays 2009, S. 34

70 Ebd., S. 21

71 Vgl. Lippmann 1922. Walter Lippmann lebte von 1889 bis 1974 in den USA. Der Journalist, Schriftsteller und Medienkritiker gründete mit Herbert Croly das politische Magazin *The New Republic*. Sein Buch »Public Opinion« gilt bis heute als Grundlagentext der Medien- und Politikwissenschaft sowie der Sozialpsychologie.

72 Mies 2020

73 Mies 2020, Buchrückseite

74 Ebd., S. 16 f.

75 https://stiftung-gegm.de

76 Vgl. www1.wdr.de/nachrichten/themen/coronavirus/eckart-von-hirschhausen-impfproband-100.html

77 Vgl. www.anti-spiegel.ru/2022/gekaufte-komiker-wofuer-eckard-von-hirschhausen-14-mio-dollar-von-bill-gates-bekommen-hat/

78 Vgl. Rhode 2020 und Scott 2017

79 Vgl. dazu den erhellenden Artikel von Frida Berrigan: Der Militär-Industrie-Komplex: Wie man Firmenverbindungen untersucht, 1. September 2005; https://wri-irg.org/en/story/2005/military-industrial-complex-how-research-corporate-connections?language=de

80 Christian Rickens: Donald Trump und der tiefe Staat: Mehr als eine Verschwörungstheorie?, 16. Mai 2020; www.handelsblatt.com/arts_und_style/literatur/buchrezension-in-deep-donald-trump-und-der-tiefe-staat-mehr-als-eine-verschwoerungstheorie/25826318.html

81 Einzelheiten unter www.focus.de/politik/ausland/praesident-auf-speed-john-f-kennedy_id_2165803.html

82 27. September 2009 - Vor 45 Jahren: Warren-Report zum Kennedy-Mord veröffentlicht; www1.wdr.de/stichtag/stichtag3864.html

83 Final report of the Select Committee to Study Governmental Operations with Respect to Intelligence Activities, United States Senate: Together with additional, supplemental, and separate views vom 26. April 1976, Originalzitat: *»The growth of intelligence abuses reflects a more general failure of our basic institutions«;* www.encyclopedia.com/politics/encyclopedias-almanacs-transcripts-and-maps/church-committee

84 Ebd.

85 www.nbcnews.com/id/wbna10454316

86 www.intelligence.senate.gov/sites/default/files/94755_II.pdf

87 www.history.com/topics/vietnam-war/vietnam-war-history

88 www.jstor.org/stable/1072300

89 www.lrb.co.uk/the-paper/v41/n02/seymour-m.-hersh/the-vice-president-s-men?referrer=https%3A%2F%2Fwww.heise.de%2Ftp%2Ffeatures%2FDer-tiefe-Staat-des-George-H-W-Bush-4282782.html%3Fseite%3Dall;

90 William Blum: Trojan Horse. The National Endowment for Democracy; https://williamblum.org/chapters/rogue-state/trojan-horse-the-national-endowment-for-democracy

[91] Ebd.

[92] Ebd.

[93] Electronic Frontier Foundation: Call on Congress to Create Modern Day Church Committee, 17. März 2014; www.eff.org/files/2014/03/16/church_committee_-_march_17_2014_.pdf

[94] Ebd.

[95] Scott 2004

[96] Vgl. Scott 2017, S. XII

[97] Chris hedges on how the »Deep State« will influence the trump presidency, 18. Januar 2017; www.truthdig.com/articles/chris-hedges-on-how-the-deep-state-will-influence-the-trump-presidency/

[98] Vgl. Lofgrens 2016

[99] Scott 2017, S. 14

[100] Scott a. a. O., S. XXII

[101] Rothkopf 2009, S. 289

[102] Naomi Klein: It Was the Democrats' Embrace of Neoliberalism That won It for Trump. In: *Guardian*, 9. November 2016

[103] Scott 2017, S. XI

[104] Ebd.

[105] Chomsky 2016, S. 320

[106] www.sueddeutsche.de/wirtschaft/george-soros-staatsmann-ohne-staat-1.9204

[107] Bernard-Henri Lévy und George Soros: Aufruf an die EU: Wir müssen der Ukraine helfen. In: *FAZ*, 29. Januar 2015

[108] Paul Harris: They're called the Good Club – and they want to save the world, 31. Mai 2009; www.theguardian.com/world/2009/may/31/new-york-billionaire-philanthropists

[109] Vgl. dazu Karin Leukefeld, Beirut: Obskure Auszeichnung; www.seniora.org/politik-wirtschaft/deutschland/programmbeschwerde-glorifizierung-der-weisshelme-statt-vollstaendiger-information?highlight=WyJ3ZWlzc2hlbG1lIl0= (abgerufen am 22.2.22)

[110] Ebd.

[111] Hartmut Barth-Engelbart: Campact & US-Schwester MoveOn mit Soros-Dollars gegen Trump. Wir haben es satt!, 25. Januar 2017; www.nrhz.de/flyer/beitrag.php?id=23482

[112] Wilhelm von Pax: USA setzen erneut Uranmunition ein: Immer mehr Krebsleidende in Kriegsgebieten, 5. November 2014; www.neopresse.com/politik/usa/usa-setzen-erneut-auf-uranmunition-immer-mehr-krebsleidende-kriegsgebieten/. Vgl. auch den wichtigen Film von Frieder F. Wagner: »Deadly Dust. Todesstaub durch Uranmunition«

[113] Byron York: America Coming Together Comes Apart. The Democrats' Great Hope Goes Away. In: *National Review*, 3. August 2005

[114] Zit. wie Friederike Beck: Avaaz.org und der geheime Informationskrieg um Syrien vom 23. April 2012; https://zeitgeist-online.de/exklusivonline/dossiers-und-analysen/880-Avaazorg-und-der-geheime-informationskrieg-um-syrien.html

[115] Ulrike Putz: Aktivisten-Gruppe Avaaz in Syrien: Die Journalisten-Schmuggler, 29. Februar 2012; www.spiegel.de/politik/ausland/aktivisten-gruppe-avaaz-in-syrien-die-journalisten-schmuggler-a-818361.html

116 www.tagesschau.de/multimedia/video/video-338361.html

117 Zit. wie Silvia Stöber: Gerüchte über US-Milliardär Wer ist George Soros?, 18. Oktober 2017; www.tagesschau.de/faktenfinder/ausland/george-soros-107.html

118 US-Milliardär Soros in Frankreich verurteilt, 14. Juni 2006; www.spiegel.de/wirtschaft/insiderhandel-us-milliardaer-soros-in-frankreich-verurteilt-a-421457.html

119 Engdahl 2017, S. 12

120 Ebd.

121 Trump Vs. Globalism, 22. Dezember 2016. In: *The Globalist;* www.theglobalist.com/trump-vs-globalism/

122 Vgl. https://medium.com/@sudarshansinghhsalaria/george-soros-funded-groups-behind-the-womens-march-on-washington-8305555a457b

123 Carrier 2011 S. 312

124 Mit Indeterminismus wird die Auffassung vertreten, dass nicht alle Ereignisse durch Vorbedingungen eindeutig festgelegt sind.

125 Cramer/Kaempfer 1992, S. 367

126 www.bmbf.de/de/die-akademien-der-wissenschaften-akademienprogramm-418.html (abgerufen am 4.4.21)

127 www.leopoldina.org/ueber-uns/ueber-die-leopoldina/leitbild-der-leopoldina/ (abgerufen am 4.4.21)

128 www.ad-hoc-news.de/wissenschaft/michael-esfeld-professor-fuer-wirtschaftsphilosophie-an-der-universitaet/61244242

129 www.bmi.bund.de/SharedDocs/downloads/DE/veroeffentlichungen/2020/corona/szenarienpapier-covid19.pdf;jsessionid=DDF841D6C4A460CAC219012253D4D6D8.1_cid295?__blob=publicationFile&v=6

130 Medikamente für Corona-Patienten – Wie die Politik Pharmaforscher ausbremst, 16. Dezember 2020; www.daserste.de/information/wirtschaft-boerse/plusminus/sendung/corona-medikamente-politik-100.html (abgerufen am 4.4.21)

131 www.rubikon.news/artikel/das-corona-syndrom-2

132 www.planet-schule.de/tatort-mensch/deutsch/kurse/kurs1/kurs1_1.html

133 Die Impftoten-Bilanz, 1. August 2021; https://marialourdesblog.com/die-impftoten-bilanz/. EudraVigilance, die Datenbank der Europäischen Union für Verdachtsmeldungen von Arzneimittelreaktionen, die auch für die Registrierung von Impf-Nebenwirkungen zuständig ist, meldet – Stand 17. Juli 2021 – die fast unglaubliche Anzahl von 18 928 Todesfällen und 1 823 219 Verletzungen in der EU nach Covid-19-»Impfungen«.

134 Zit. wie www.bundesregierung.de/breg-de/aktuelles/rede-von-bundeskanzlerin-merkel-zum-kongress-der-cdu-csu-bundestagsfraktion-globale-gesundheit-staerken-un-nachhaltigkeitsziel-umsetzen-am-8-mai-2019-in-berlin-1608800 (abgerufen am 4.4.21)

135 Collins/Collins 2020, S. 281

136 Marx/Engels 2012, S. 15

137 Ebd., S. 16

[138] Ebd., S. 17

[139] Ebd., S. 24

[140] Spengler 1921, S. 34

[141] Ebd., S. 45

[142] Ebd., S. 47

[143] Schreyer 2016, Kapitel 13 (Die informelle Regierung)

[144] Nina Pzolla: Differenzierte Selbstaufklärung. Die großen politischen Züge: Warum Nazis und Sozialisten gleichermaßen der internationalen Oligarchie dienen. Unveröffentlichtes Manuskript vom 6. Januar 2017

[145] https://historischerezensionen.wordpress.com/2014/05/21/der-russisch-japanische-krieg-190405-ein-nullter-weltkrieg/

[146] Vgl. Daniel Gutwein: Realpolitik or Jewish Solidarity? Jacob Schiff's Financial Support for Japan Revisited; in: Kowner 2007, S. 123-136

[147] Vgl. Miller, Edward S.: Japan's other Victory: Overseas Financing of the Russo-Japanese War. In: Steinberg 2005, S. 470, 482 f.

[148] Trump's Gettysburg Address; www.theatlantic.com/politics/archive/2016/10/trumps-gettysburg-address/505106/

[149] Zit. wie Schambeck 1993, S. 374 ff.

[150] Johnson 1997, S. 482

[151] www.archives.gov/exhibits/featured-documents/emancipation-proclamation/transcript.html

[152] Dollar auf der Achterbahn. Mit seiner Währung dirigiert Amerika die Wirtschaft der Welt (II), 26. Januar 1987; www.spiegel.de/spiegel/print/d-13522709.html

[153] Effenberger/Löw 2004, S. 227

[154] www.globalresearch.ca/who-are-the-architects-of-economic-collapse/

[155] The Obama-Soros Connection, 9. September 2010; http://humanevents.com/2010/09/09/the-obamasoros-con nection/

[156] Trump's Gettysburg Address; www.theatlantic.com/politics/archive/2016/10/trumps-gettysburg-address/505106/

[157] Ebd.

[158] Lea 1946, S. 24

[159] Diese Krise wird wahrscheinlich dann ausbrechen, wenn die Bedenken im Hinblick auf unser nationales Schuldenniveau immer mehr Drittstaaten dazu veranlassen, den Status des US-Dollars als Weltreservewährung zu überdenken.

[160] Franz-Jürgen Römmeler: BlackRock und die Bots. In: *Der Europäer*, Jg. 4/21 vom Februar 2017, S. 17-21, hier S. 18

[161] Buchter 2015, S. 15

[162] Das Unternehmen hatte nach strategischen Differenzen 1994 die Firmierung geändert.

[163] Franz-Jürgen Römmeler: a. a. O., S. 20

[164] Buchter 2015, S. 21

[165] Franz-Jürgen Römmeler a. a. O., S. 18

[166] Vgl. F. William Engdahl: BlackRock – der unbekannte Riese. *Kopp exklusiv* 26/21

[167] Vgl. ebd.

[168] Vgl. ebd.

[169] Vgl. www.ishares.com/de/privatanleger/de/larry-fink-ceo-letter

[170] Blackrock legt dank Stimulus, Impfkampagne und Börsen-Boom Rekordzah-

len vor; vgl. www.handels blatt.com/finanzen/banken-versicherungen/banken/vermoegensverwalterblackrock-legt-dank-stimulus-impfkam pagne-und-boersen-boom-rekordzahlen-vor/27098782.html?ticket=ST-11384545-mKWhjXc6d9XbCcaMiolA-ap3

[171] Markus Frühauf: Blackrock legt wieder stark zu, 14. Juli 2021; www.faz.net/aktuell/finanzen/vermoegensverwalter-blackrock-legt-wieder-stark-zu-17437304.html

[172] Hanno Mußler: Amerikas Banken vervielfachen ihre Gewinne, 14. April 2021; www.faz.net/aktuell/finanzen/jp-morgan-und-goldman-sachs-vervielfachen-gewinne-17293506.html

[173] Vgl. Henderson 2010

[174] https://viefag.wordpress.com/2013/01/15/ipco-edu05a-das-federal-reserve-kartell-die-acht-familien/

[175] www.amazon.de/Big-Their-Bankers-Persian-Gulf/dp/1453757732 (abgerufen am 6.5.21)

[176] www.advratings.com/banking/worlds-top-banks-by-market-cap

[177] Vgl. Galloway 2020

[178] Vgl. Alexander Demling: »The Four«– was Amazon, Apple, Facebook und Google so erfolgreich macht, 30. August 2018; www.handelsblatt.com/arts_und_style/literatur/wirtschaftsbuchpreis/shortlist-deutscher-wirtschaftsbuchpreis-the-four-was-amazon-apple-facebook-und-google-so-erfolgreich-macht/22965828.html?ticket=ST-609516-J3BeJIiFifrStZibWs00-ap1

[179] How Ordinary Americans Could Pocket Millions from the Most Controversial Economic Experiment Since Communism …, 4. Mai 2021; https://internationalman.com/how-the-wealthy-elite-plan-to-pocket-billions/?vgo_ee=xXiUAUBkZVKygT17ZdrfHw%3D%3D (abgerufen am 4.5.21)

[180] Am 8. Januar 2021 wurde der private Twitter-Account von Donald Trump gesperrt.

[181] www.nzz.ch/technologie/trotz-corona-apple-und-facebook-feiern-rekordgewinne-ld.1598789?reduced=true

[182] www.spiegel.de/wirtschaft/unternehmen/amazon-verdreifacht-gewinn-google-und-facebook-mit-plus-a-24605e3a-101f-4af0-905c-9539409e7334

[183] Vgl. www.spiegel.de/wirtschaft/unternehmen/amazon-verdreifacht-gewinn-google-und-facebook-mit-plus-a-24605e3a-101f-4af0-905c-9539409e7334

VII. Die schöne neue Welt der Eliten und Geostrategen

1 www.loc.gov/item/48034353/

2 https://de.statista.com/infografik/5560/gefangene-pro-100000-einwohner/

3 Immer mehr US-Amerikaner haben nicht genug zu essen. Hunger im reichsten Land der Welt, 3. Dezember 2021; www.domradio.de/themen/corona/2020-12-03/hunger-im-reichsten-land-der-welt-immer-mehr-us-amerikaner-haben-nicht-genug-zu-essen

4 Thomas P. M. Barnett: Project History; http://thomaspmbarnett.com/projects/newrulesset/nrs_index.html

5 Thomas P. M. Barnett: U.S. Naval War College Project Materials unter http://thomaspmbarnett.com/us-naval-war-college-projects/

6 Vgl. Thomas P. M. Barnett: The Pentagon's New Map. In: *Esquire,* 1. März 2003; www.esquire.com/features/ESQ0303-MAR_WARPRIMER

7 Vgl. Orzechowski 2016, S. 20

8 Transcript: Ron Paul's farewell address to Congress; 5. November 2012; www.washingtonexaminer.com/transcript-ron-pauls-farewell-address-to-congress

9 Vgl. Noam Chomsky in einem Interview mit Press TV, 29. Januar 2013

10 Vgl. Gates 2014, S. 157

11 Vgl. Tradoc 525-5. US-Konzept für die strategische Armee des 21. Jahrhundert, 1. August 1994

12 Paul Craig Roberts: Auf den finalen Krieg hinarbeitend, 3. April 2014; www.cashkurs.com/kategorie/wirtschaftsfacts/beitrag/auf-den-finalen-krieg-hinarbeitend/ (abgerufen am 14.4.14)

13 Zit. wie Jacob Jung: Riskieren USA Krieg mit Russland und China durch den Libyeneinsatz?, 1. Mai 2011; www.freitag.de/autoren/aredlin/riskieren-usa-krieg-mit-russland-und-china-durch-den-libyeneinsatz (abgerufen am 12.6.21), Originalquelle: www.presstv.ir/detail/176776.html

14 www.paulcraigroberts.org/2021/12/02/the-kremlins-strategic-blunders-are-leading-to-war/

15 www.faz.net/aktuell/politik/inland/generalinspekteur-zorn-fuer-praesente-bundeswehr-im-alltag-16977307.html

16 www.handelsblatt.com/politik/deutschland/geheime-buendnisuebung-steadfast-noon-bundeswehr-trainiert-mit-nato-partnern-verteidigung-mit-atomwaffen/25129772.html

17 NATO EXERCISES vom 8. März 2021; https://shape.nato.int/nato-exercises (abgerufen am 30.3.21)

18 Infobrief eu & international 4/20, S. 22

19 Türkei will sich an EU-Verteidigungspolitik beteiligen, 16. Mai 2021; www.faz.net/aktuell/politik/ausland/tuerkei-will-sich-an-eu-verteidi gungspolitik-beteiligen-17343535.html ?utm_source=pocket-newtab-global-de-DE

20 www.euractiv.de/section/eu-aussenpolitik/news/georgien-moldawien-und-

ukraine-bekraeftigen-wunsch-nach-staerkerer-eu-integration/

21 NATO needs to focus more on the Black Sea to defend against Russia, report says, 26. Mai 2020; www.stripes.com/news/europe/nato-needs-to-focus-more-on-the-black-sea-to-defend-against-russia-report-says-1.631211

22 Peter Ozechowski: Die Konfliktzonen im Schwarzen Meer. In: *Kopp exklusiv* 20/21, S. 6

23 John Vandiver: Stars and Stripes, 20. Mai 2021: Fifteen countries, 1,800 troops demonstrate NATO's reach in US-led-fires exercise in Germany; www.stripes.com/fifteen-countries-1-800-troops-demonstrate-nato-s-reach-in-us-led-fires-exercise-in-germany-1.674002?

24 Wolfgang Effenberger: Der »Militärisch-Industrielle Komplex« (MIC) oder die »Merchants of Death«; www.nrhz.de/flyer/beitrag.php?id=23092

25 www.janes.com/defence-news/news-detail/us-army-reactivates-56th-artillery-command-in-europe

26 https://sgp.fas.org/crs/natsec/IF11409.pdf

27 Ebd.

28 Colin Spencer Gray: Victory is possible. In: *Foreign Policy*, Sommerausgabe 1980, S. 22

29 www.spiegel.de/geschichte/25-jahre-proteste-gegen-nachruestung-a-947980.html

30 www.theguardian.com/politics/2021/nov/15/west-must-choose-between-russian-gas-and-supporting-ukraine-pm-warns

31 The Chicago Council on Global Affairs

32 Vgl. Krockow 2002, S. 32

33 www.t-online.de/nachrichten/ausland/krisen/id_91198490/die-nerven-liegen-blank-plant-putin-einen-angriff-auf-die-ukraine-.html

34 Scott Peterson: In war, some facts less factual, 6 .September 2002; www.csmonitor.com/2002/0906/p01s02-wosc.html

35 www.president.gov.ua/documents/1172021-37533

36 www.congress.gov/bill/113th-congress/house-resolution/758/titles (abgerufen am 20.2.22)

37 www.ronpaulinstitute.org/archives/featured-articles/2014/december/04/reckless-congress-declares-war-on-russia/ (abgerufen am 20.2.22)

38 Michel Chossudovsky: Amerika auf dem »Kriegspfad«: Repräsentantenhaus ebnet Krieg mit Russland den Weg, 16. Dezember 2014; http://info.kopp-verlag.de/hintergruende/geostrategie/prof-michel-chossudovsky/amerika-auf-dem-kriegspfad-repraesentantenhaus-ebnet-krieg-mit-russland-den-weg.html (abgerufen am 16.12.2014)

39 Paul Craig Roberts: Russia Has Western Enemies, Not Partners vom 5. Dezember 2014; www.paulcraigroberts.org/2014/12/05/russia-western-enemies-partners-paul-craig-roberts/

40 www.paulcraigroberts.org/2021/11/23/the-fake-covid-pandemic-was-orchestrated-in-order-to-impose-tyranny/

41 https://thesaker.is

[42] Der Polnisch-Tschechoslowakische Grenzkrieg (23. bis zum 30. Januar 1919), der Polnisch-Ukrainische Krieg (1918 und 1919), der Polnisch-Litauische Krieg mit der Eroberung von Gebieten um die litauische Hauptstadt Vilnius (Oktober 1920), dann von 1919 bis 1921 Kämpfe in Oberschlesien

[43] 1. Juli 1945 geplante Operation UNTHINKABLE: britischer Angriff gegen die Sowjetunion, Oktober 1945 geplante US-Operation TOTALITY: atomarer Angriff auf die 20 größten Industriestädte, 1949 Kriegsplan DROPSHOT: umfassender Angriff auf die Sowjetunion im Jahr 1957

[44] https://de.rt.com/international/127534-russischer-verteidigungsminister-usa-uebten-einsatz-von-atomwaffen-gegen-russland/

[45] Merkel sichert Polen »volle Solidarität«; www.tagesschau.de/ausland/europa/merkel-polen-belarus-101.html (abgerufen am 25.11.21)

[46] www.auswaertiges-amt.de/de/newsroom/gemeinsame-erklaerung-usa-und-deutschland/2472074 (abgerufen am 22.2.22)

[47] www.opensocietyfoundations.org/who-we-are/our-history (abgerufen am 22.2.22)

[48] www.mdr.de/nachrichten/welt/osteuropa/politik/ukraine-soros-kampagne-100.html

[49] Vgl. www.heise.de/forum/Telepolis/Kommentare/Campact-fuer-harten-Lockdown/Campact-ist-eine-SOROS-FIliale/posting-38660960/show sowie www.handelsblatt.com/unternehmen/it-medien/correctiv-soros-spendet-fuer-kampf-gegen-fake-news/19610750.html?ticket=ST-1763614-pyFdiJASnFimwhLF7XVd-ap6

[50] https://www.zeit.de/politik/ausland/2021-04/russland-europa-aussenpolitik-alexej-nawalny-wladimir-putin/seite-2

[51] »Wieder Krieg in Europa? Nicht in unserem Namen!«; www.zeit.de/politik/2014-12/aufruf-russland-dialog?utm_referrer=https%3A%2F%2Fwww.google.com%2F

[52] www.bundespraesident.de/SharedDocs/Reden/DE/Richard-von-Weizsaecker/Reden/1990/10/19901003_Rede.html (abgerufen am 5.8.21)

[53] Vgl. Wimmer 2018

[54] Zit. wie Nikolay Jolkin: Wie wird man zum Systemkritiker, 1. April 2021; https://snanews.de/20210401/wie-wird-man-zum-systemkritiker-1522254.html

[55] David Vergun: U.S. Facing Increasing Nuclear, Space-Based Threats, Leaders Say, 20. April 2021; www.defense.gov/Explore/News/Article/Article/2579031/us-facing-increasing-nuclear-space-based-threats-leaders-say/ (abgerufen am 29.4.21)

[56] www.bueso.de/groesste-bedrohung-klimawandel-sondern-atomkrieg-gleichgueltigkeit (abgerufen am 29.4.21)

[57] Bill Gertz: Nuclear war with China or Russia 'a very real possibility. U.S. Strategic Command chief warns, 1. Februar 2021; www.washingtontimes.com/news/2021/

feb/1/charles-richard-us-strategic-command-chief-nuclear/ (abgerufen am 2.5.21)

[58] Pressemitteilung zu den Entwürfen russischer Dokumente über rechtliche Sicherheitsgarantien der Vereinigten Staaten und der NATO. Ausführliche Berichterstattung vom 17. Dezember 2021; https://thesaker.is/russian-draft-documents-on-legal-security-guarantees-from-the-united-states-and-nato

[59] https://unric.org/de/charta/

[60] www.nato.int/nato_static_fl2014/assets/pdf/2020/12/pdf/201201-Reflection-Group-Final-Report-Uni.pd

[61] www.wiwo.de/politik/deutschland/bundeswehr-thomas-de-maiziere-ruestet-afghanistan-truppe-auf/5761794.html

[62] www.nato.int/nato_static_fl2014/assets/pdf/2020/12/pdf/201201-Reflection-Group-Final-Report-Uni.pdf

[63] Jürgen Wagner: Konfrontation und kaum Verständigung – Die NATO auf Abwegen?, 3. Dezember 2020; www.darmstaedter-signal.de/meldungen/konfrontation-und-kaum-verstaendigung-die-nato-auf-abwegen/

[64] Heiko Maas im Spiegel-Interview am 4. Dezember 2020: »Darauf haben wir lange gewartet«; www.auswaertiges-amt.de/de/newsroom/maas-spiegel/2423634

[65] www.spiegel.de/ausland/afghanistan-abzug-der-bundeswehr-die-grosse-illusion-a-ce1ca39a-1b03-4bf3-8f1b-3bcf50eda4d2)

[66] Amy Goodman and Wesley Clark: Interview; https://youtu.be/JOtbNC4oJ54

[67] Paul Craig Roberts: The Brexit Vote – What Does it Mean?, 24. Juni 2016; www.paulcraigroberts.org/2016/06/24/the-brexit-vote-paul-craig-roberts/

[68] www.gov.uk/government/publications/human-augmentation-the-dawn-of-a-new-paradigm (abgerufen am 6.7.21)

[69] https://wirtschaftslexikon.gabler.de/definition/wearables-54088

[70] Vgl. www.spartanat.com/2020/10/die-russen-und-ihr-militaerisches-exoskelett/; https://web.archive.org/web/20150905062410/http://www.lockheedmartin.com/us/products/exoskeleton/hulc.html

[71] www.gov.uk/government/publications/human-augmentation-the-dawn-of-a-new-paradigm (abgerufen am 6.7.21)

[72] https://m.augsburger-allgemeine.de/bayern/Chip-fuer-Ueberwachung-und-Toetung-von-Menschen-id5775181.html

[73] Vgl. www.rnd.de/politik/das-sagt-bundespraesident-steinmeier-zur-bundeskanzler-und-minister-ernennung-32Y6QFIDXZHJRJW3TSNYX3KPDE.html

[74] www.welt.de/politik/ausland/plus235444262/Krieg-gegen-das-Virus-was-wir-von-Suedeuropas-Impf-Generaelen-lernen-koennen.html

[75] Zit. wie Georg Etscheit: Die Bundeswehr als »Corona-Ordnungsmacht«, 3. Dezember 2021; www.achgut.com/artikel/die_bundeswehr_als_corona_ordnungsmacht

[76] Birgit Stöger: Gläserne Bürger am digitalen Gängelband. In: *Kopp exklusiv* 50/21

77 www.achgut.com/artikel/die_bundeswehr_als_corona_ordnungsmacht

78 Ebd.

79 Abs. 2) Ist das Land, in dem die Gefahr droht, nicht selbst zur Bekämpfung der Gefahr bereit oder in der Lage, so kann die Bundesregierung die Polizei in diesem Lande und die Polizeikräfte anderer Länder ihren Weisungen unterstellen sowie Einheiten des Bundesgrenzschutzes einsetzen. Die Anordnung ist nach Beseitigung der Gefahr, im Übrigen jederzeit auf Verlangen des Bundesrates aufzuheben. Erstreckt sich die Gefahr auf das Gebiet mehr als eines Landes, so kann die Bundesregierung, soweit es zur wirksamen Bekämpfung erforderlich ist, den Landesregierungen Weisungen erteilen.

80 https://dejure.org/gesetze/GG/87a.html

81 V. Hartmann: »...eine enorm fordernde Aufgabe...«, 30. Dezember 2020. Interview mit GStA Dr. Holtherm, Leiter Abteilung 6, Gesundheitsschutz, Gesundheitssicherheit und Nachhaltigkeit im BMG; https://wehrmed.de/fuehrung-organisation/eine-enorm-fordernde-aufgabe.html

82 www.aerzteblatt.de/archiv/213019/Hans-Ulrich-Holtherm-Neu-im-Bundesgesundheitsministerium

83 www.dw.com/de/corona-in-deutschland-engpässe-in-krankenhäusern-möglich/a-52611107

84 www.sueddeutsche.de/gesundheit/krankheiten-muenchen-arzt-corona-auf-keinen-fall-gefaehrlicher-als-influenza-dpa.urn-newsml-dpa-com-20090101-200206-99-796653

85 www.spiegel.de/wissenschaft/medizin/coronavirus-wir-gehen-davon-aus-dass-es-ein-stresstest-wird-fuer-unser-land-sagt-rki-chef-lothar-wieler-a-86251a54-182c-4bfa-9d60-1dc6084b987d

86 www.thinkadvisor.com/2021/11/05/metlife-has-paid-2-1b-in-u-s-covid-19-death-claims/Two term life insurance issuers are emphasizing that the Covid-19 pandemic has had a terrible effect on workers with term life insurance.

87 www.adac.de/produkte/versicherungen/unfallversicherung/ueberblick/ (abgerufen am 20.1.22)

88 Mitherausgeber des Centre for Research on Globalization und der Website globalresearch.ca

89 www.globalresearch.ca/the-covid-19-vaccine-and-the-nuremberg-code-crimes-against-humanity/5755776

90 www.pravda-tv.com/2022/01/10-mio-menschen-werden-pro-tag-auf-einen-countdown-bis-zum-tod-durch-den-impfstoffs-gesetzt-der-milliarden-vernichten-koennte-wenn-er-nicht-gestoppt-wird/

91 www.thedesertreview.com/opinion/columnists/life-insurance-deaths-up-40---dr-robert-malone-s-chilling-analysis/article_d24bccac-6f38-11ec-912f-1f6d8fc5fac4.html

92 Michel Chossudovsky: The Covid-19 »Vaccine« and the Nuremberg Code. Crimes Against Humanity, Genocide, 16. September 2021; www.globalresearch.

ca/the-covid-19-vaccine-and-the-nuremberg-code-crimes-against-humanity/5755776

93 https://spikeprotein.news/2021-11-02-science-horror-vaccine-spike-protein-enters-cell-nuclei-suppresses-dna-repair-engine-of-the-human-body-cancer-aging.html

94 Pressemitteilung: An Corona Verstorbene sollten obduziert werden, 7. April 2020; www.pathologie-dgp.de/die-dgp/aktuelles/meldung/pressemitteilung-an-corona-verstorbene-sollten-obduziert-werden/

95 ebd.

96 www.bundesanzeiger.de/pub/publication/x6tHxtuQ0pora3FnUEG/content/x6tHxtuQ0pora3FnUEG/BAnz%20AT%2008.05.2021%20V1.pdf?inline

97 https://www.swp.de/panorama/corona-zahlen-deutschland-heute-inzidenz-aktuell-rki-neuinfektionen-14-07-2021-bw-bayern-nrw-brandenburg-berlin-sachsen-58129641.html

98 www.auswaertiges-amt.de/de/quarantaene-einreise/2371468

99 www.n-tv.de/panorama/RKI-will-zusaetzlichen-Leitindikator-einfuehren-article22675951.html?utm_source=pocket-newtab-global-de-DE

100 www.bundesrechnungshof.de/de/veroeffentlichungen/produkte/beratungsberichte/2021/massnahmen-des-bundes-zur-corona-bewaeltigung-im-gesundheitswesen

101 Ebd, S. 40

102 www.freiewelt.net/nachricht/abbau-der-intensivbetten-groesser-als-bisher-bekannt-10087199/

103 Friebel, 27. Dezember 2020, S. 1; www.wie-soll-es-weitergehen.de

104 Ebd., S. 41

105 Zit. wie www.gmx.net/magazine/news/coronavirus/markus-lanz-bleibt-hartnaeckig-sahra-wagenknecht-geimpft-35991056

106 www.bundesregierung.de/breg-de/themen/buerokratieabbau/pressekonferenz-von-kanzlerin-merkel-nach-der-g7-videokonferenz-1860056

107 Vgl. https://deagel.com/country

108 https://limitstogrowth.de/wp-content/uploads/2020/10/deagel-2025.png

109 CRISPR (Clustered Regularly Interspaced Short Palindromic Repeats) sind Abschnitte sich wiederholender DNA, die im Erbgut vieler Bakterien vorkommen. Angespielt wird hier auf das CRISPR/Cas, eine »Genschere« aus Enzym und RNA, die auch bei Corona-Impfstoffen zur Anwendung kommen soll.

110 https://telegra.ph/Doug-Casey-über-die-schockierende-Deagel-Prognose-2025-Krieg-Bevölkerungsrückgang-und-der-Zusammenbruch-des-Westens-04-25 (abgerufen am 22.7.21)

111 Vgl. ebd.

112 https://limitstogrowth.de/2020/10/05/neue-deagel-liste-fuer-2025-covid-krise-als-lebensverlaengerung-des-sterbenden-westlichen-systems-mittels-great-reset/

[113] www.anthroposophie.or.at/kunst-von-peter-noebauer/

[114] www.philosophischer-salon.de

[115] www.youtube.com/watch?v=Yhq3PqEyLyk

[116] Ebd.

[117] Vgl. Marcel Barz: Die Pandemie in den Rohdaten; www.kla.tv/19889 sowie https://www.kla.tv/21129 (jeweils abgerufen am 22.2.22)

[118] Deutsches Ärzteblatt 2021; 118(10): A-504 / B-426

[119] www.youtube.com/watch?v=LaLsPYHiE5o (abgerufen am 22.2.22)

[120] https://correctiv.org/faktencheck/2022/02/01/keine-belege-dass-das-krankenhaus-von-olaf-scholz-bruder-mit-fiktiven-intensivbetten-70-millionen-euro-verdient-hat/

[121] Sabine Weiler: Unstatistik des Monats. Der Impfstoff ist »zu 90 Prozent wirksam«, 2. Februar 2020; https://idw-online.de/de/news759130

[122] Ebd.

[123] https://dpa-factchecking.com/austria/210715-99-397793/

[124] www.mdr.de/nachrichten/deutschland/panorama/impfstoffe-zulassung-verlaengerung-eu-100.html

[125] www.mdr.de/brisant/corona-schutzimpfung-langzeitfolgen-100.html

[126] CDC pushes 3rd Shot for Teens, as Number of Deaths Reported to VAERS After Covid Vaccines Nears 20 000, 10.12.21; https://childrenshealthdefense.org/defender/cdc-vaers-3rd-shot-teens-deaths-injuries-covid-vaccines/

[127] Vgl. www.lifesitenews.com/news/exclusive-former-pfizer-vp-your-government-is-lying-to-you-in-a-way-that-could-lead-to-your-death (abgerufen am 20.7.21)

[128] Vgl. www.bitchute.com/video/y0YJ7IG8yGwF (abgerufen am 22.2.22)

[129] Vgl. www.m-cam.com/about-us/ (abgerufen am 21.7.21)

[130] Timothy J. Miller, Sharon Klepfer, Albert Paul Reed und Elaine V. Jones meldeten das Patent an, was schließlich als US-Patent 6372224 veröffentlicht wurde.

[131] www.bitchute.com/video/y0YJ7IG8yGwF/ (abgerufen am 21.7.21)

[132] An dieser Stelle sei erwähnt, dass eine internationale Forschergruppe herausgefunden hat, dass im SARS-CoV-2-Virus eine 19-Nukletid-Sequenz enthalten ist, auf die der Impfstoffhersteller Moderna ein Patent hält (US-Patent 9,587,003), das am 4. Februar 2016 eingereicht wurde. Die Wahrscheinlichkeit, dass das Zufall ist, geht gegen null. Wie ist das erklärbar? Vgl. https://tkp.at/2022/02/23/moderna-hat-ein-patent-auf-einen-teil-von-sars-cov-2/

[133] Veröffentlicht in den Nationalen Akademien der Presse, 12. Februar 2016

[134] »Bioterrorismus und neu auftretende Infektionskrankheiten: Antimikrobielle Mittel, Therapuetika und Immunmodulatoren« (Bioterrorism and Emerging Infectious Diseases: Antimicrobial, Therapeutics and Immune-Modulators)

[135] www.bundeskanzlerin.de/bkin-de/aktuelles/bund-laender-corona-1744306 (abgerufen am 21.7.21)

[136] https://reliefweb.int/report/world/world-risk-annual-report-global-preparedness-health-emergencies-global-preparedness (abgerufen am 21.7.21)

[137] CELEX 32018H1228(01) DE TXT.pdf

[138] Mitteilung der Kommission über »Bekämpfung von Desinformation im Internet: ein europäisches Konzept«, COM/2018/236

[139] Council of Europe (Europarat): Covid-19 vaccines: ethical, legal and practical considerations (Covid-19-Impfstoffe: ethische, rechtliche und praktische Überlegungen); Resolution (Entschließung) 2361 der Parlamentarischen Versammlung, Debatte vom 27. Januar 2021; https://pace.coe.int/en/files/29004/html

[140] Vgl.www.coe.int/de/web/conventions/full-list/-/conventions/treaty/001 (abgerufen am 29.7.21)

[141] Vgl.https://de.rt.com/europa/115616-entscheidung-europaischen-gerichtshofs-fur-menschenrechte-zwangsimpfung-ok/

[142] *epd*-Meldung, 8. April 2021; www.evangelisch.de/inhalte/184729/08-04-2021/gericht-pflichtimpfungen-fuer-kinder-tschechien-rechtens. Zit. wie Anneliese Fikentscher/Andreas Neumann: Corona-Impfpflicht gerichtlich verboten? Online-Flyer Nr. 774, 28. Juli 2021; www.nrhz.de/flyer/beitrag.php?id=27568

[143] Vgl. ebd., Fußnote 9: Wikipedia über das »American Committee on United Europe« https://de.wikipedia.org/wiki/American_Committee_on_United_Europe (abgerufen am 22.2.22)

[144] Anneliese Fikentscher/Andreas Neumann: Corona-Impfpflicht gerichtlich verboten? Online-Flyer Nr. 774, 28. Juli 2021; www.nrhz.de/flyer/beitrag.php?id=27568

[145] Gekaufte Richter? George Soros und Bill Gates sind zwei der größten Geldgeber des Europarats, 20. April 2021; www.epochtimes.de/politik/ausland/gekaufte-richter-am-egmr-george-soros-und-bill-gates-sind-zwei-der-groessten-geldgeber-des-europarats-a3484703.html; siehe auch Glaubwürdigkeit des Europäischen Gerichtshofs für Menschenrecht angeschlagen, in Effenberger 2020, S. 400-404

[146] Vgl. https://multipolar-magazin.de/artikel/der-impfaktivismus-der-gates-stiftung

[147] Vgl. www.t-online.de/nachrichten/deutschland/gesellschaft/id_91313878/deutscher-kardinal-verbreitet-antisemitische-verschwoerungsmythen-.html

[148] www.nomonoma.de/die-familienwerte-des-klaus-schwab/

[149] Vgl. ebd.

[150] Vgl. www.handelszeitung.ch/politik/klaus-schwab-und-das-schweizer-burgerrecht-ein-berner-irrlauf

[151] www.faz.net/aktuell/wirtschaft/weltwirtschaftsforum/wef-gruender-schwab-zu-hohe-managergehaelter-sind-nicht-mehr-sozial-vertraeglich-12031146.html

[152] www.srf.ch/news/schweiz/geld-fuer-sicherheit-am-wef-knurrende-zustimmung-vom-staenderat-zu-wef-geldern

153 Vgl. www.sueddeutsche.de/wirtschaft/davos-das-weltwirtschaftsforum-ist-zu-einer-geldmaschine-geworden-.3334817#:~:text=Gr%C3%BCnder%20Klaus%20Schwab%2C%20der%20ein,F%C3%A4den%20fest%20in%20der%20Hand

154 Vgl. Rothkopf 2008, S. 272

155 Vgl. www.spiegel.de/wirtschaft/soziales/soros-warnt-vor-waehrungskrieg-durch-deutschen-sparkurs-a-879651.html

156 Vgl. www.t-online.de/finanzen/news/unternehmen-verbraucher/id_65859144/george-soros-fordert-schuldenschnitt-fuer-griechenland.html

157 Vgl. https://dewiki.de/Lexikon/Weltwirtschaftsforum (abgerufen am 13.6.21)

158 Vgl. www.sueddeutsche.de/wirtschaft/us-vorwahlen-starinvestor-soros-donald-trump-erledigt-die-arbeit-des-is-1.2829500

159 www.manager-magazin.de/politik/weltwirtschaft/georges-soros-greift-xi-jinping-in-davos-frontal-an-a-1249871.html

160 Vgl. www.faz.net/aktuell/wirtschaft/weltwirtschaftsforum-2009/weltwirtschaftsforum-putin-warnt-vor-zu-viel-staatlicher-intervention-1754101.html

161 www.zeit.de/online/2009/06/davos-weltwirtschaftsforum-china-russland-usa

162 Vgl. www.tagesschau.de/wirtschaft/weltwirtschaftsforum108.html

163 Davos 2021: Putins Rede im Überblick, 28. Januar 2021; www.russland.news/davos-2021-putins-rede-im-ueberblick/ (abgerufen am 13.6.21)

164 Vgl. www.heise.de/newsticker/meldung/Weltwirtschaftsforum-Mehr-Gestaltungswillen-fuer-Digitalisierung-und-4-industrielle-Revolution-3079851.html

165 »Mittelklassen-Joe« warnt am WEF, 20. Januar 2016; www.bazonline.ch/wirtschaft/wef/mittelklassjoe-fordert-weltweit-progressive-steuersysteme/story/12875729?dossier-id=2521

166 www.heise.de/newsticker/meldung/Weltwirtschaftsforum-Mehr-Gestaltungswillen-fuer-Digitalisierung-und-4-industrielle-Revolution-3079851.html

167 Vgl.www.younggloballeaders.org (abgerufen am 14.6.21)

168 https://web.archive.org/web/20140813024501/http://www.weforum.org/content/pages/ygl-alumni-community (abgerufen am 14.6.21)

169 https://web.archive.org/web/20140808051458/http://www.weforum.org/news/young-global-leaders-%E2%80%93-what-world-will-look-2030 (abgerufen am 14.6.21)

170 www.bitchute.com/video/Md4l9RsMwxr5/ (abgerufen am 16.2.22)

171 www.younggloballeaders.org/community (abgerufen am 22.2.22)

172 https://en.wikipedia.org/wiki/Young_Global_Leaders (abgerufen am 22.2.22)

173 www.younggloballeaders.org/community (abgerufen am 22.2.22)

174 Stand 24. Oktober 2020; https://de.wikipedia.org/wiki/Weltwirtschaftsforum (abgerufen am 23.2.22)

175 Vgl. Young Global Leaders: Wie wird die Welt im Jahr 2030 aussehen?; https://web.archive.org/web/20140808051458/

http://www.weforum.org/news/young-global-leaders-%E2%80%93-what-world-will-look-2030 (abgerufen am 14.6.21)

176 https://de.scribd.com/document/39304972/World-Economic-Forum-FUTURE-MAPPING-for-the-Global-Agenda (abgerufen am 14.6.21)

177 www.handelszeitung.ch/politik/the-great-reset-wie-das-wef-ins-zentrum-aller-verschworungstheorien-geriet

178 https://de.euronews.com/2020/11/17/klaus-schwab-wir-konnen-nicht-zur-alten-normalitat-zuruckkehren

179 Zit. wie Antony P. Mueller: No Privacy, No Property: The World in 2030 According to the WEF unter https://mises.org/wire/no-privacy-no-property-world-2030-according-wef

180 Das Nachfolgewerk mit dem Titel »The Great Narrative«, Untertitel »For a better Future«, ist im Dezember 2021 erschienen. Beide Titel können ausschließlich bei Amazon bestellt werden!

181 https://kenfm.de/the-great-pretext-der-grosse-vorwand-fuer-eine-dystopie-von-diana-johnstone/ (abgerufen am 14.6.21)

182 Zit. wie ebd.

183 Zit. wie https://childrenshealthdefense.org/defender/world-economic-forums-great-reset-plan-for-big-food-benefits-industry-not-people/

184 www.antenne.de/nachrichten/welt/eu-impfpass-beschlossen-so-soll-er-schon-ab-dem-sommer-eingesetzt-werden

185 Vgl. Vorschlag für eine Empfehlung des Rates, 26. April 2018; https://eur-lex.europa.eu/legal-content/DE/TXT/PDF/?uri=CELEX:52018DC0244: *Impfkalender, einen EU-Impfpass und ein Webportal mit verlässlichen und ... gemeinsamen Maßnahme zur Impfung«* (Beginn 2018) und Empfehlung des Rates, 7. Dezember 2018; https://eur-lex.europa.eu/legal-content/DE/TXT/PDF/?uri=CELEX:32018H1228(01): *»Produktionskapazitäten in der EU sind nach wie vor begrenzt und der ... 77 ärmsten Ländern durch die Impfallianz Gavi seit deren Gründung im Jahr 2000. ... und ob es möglich ist, einen einheitlichen Impfpass einzuführen«* sowie www.bundesrat.de/SharedDocs/TO/969/erl/33.pdf?__blob=publicationFile&v=1

186 https://ec.europa.eu/health/sites/health/files/vaccination/docs/2019-2022_roadmap_en.pdf

187 https://ec.europa.eu/health/sites/health/files/vaccination/docs/2018_vaccine_confidence_en.pdf

188 Vgl. WHO, Report of the SAGE Working Group on Vaccine Hesitancy, 2014

189 www.who.int/publications/i/item/WHO-2019-nCoV-Digital_certificates-vaccination-data_dictionary-2021.1 (abgerufen am 23.2.22)

190 Vgl. https://tkp.at/2022/02/23/who-vergibt-auftrag-an-deutsche-firma-global-einheitliche-digitale-impfzertifikate-kommen/ (abgerufen am 23.2.22)

191 https://greatreject.org/who-is-world-government-power-grab/ (abgerufen am 23.2.22)

[192] Vgl. Mücke 2018

[193] Vgl. https://de.statista.com/statistik/daten/studie/1103240/umfrage/entwicklung-der-weltweiten-todesfaelle-aufgrund-des-coronavirus/

[194] Vgl. www.wochenblick.at/soros-und-gates-kaufen-covid-schnelltest-erzeuger-auf/

[195] www.neopresse.com/gesundheit/lafontaine-wuetet-regierung-ist-gegenueber-biontech-pfizer-naiv

[196] Zit. wie https://dejure.org/gesetze/BGB/138.html (abgerufen am 16.8.21)

[197] Mathew Ehret: Wie das Undenkbare denkbar wurde. Es handelt sich um die Übersetzung eines in Strategic Culture (24., 28. und 31. Mai 2021) erschienenen dreiteiligen Artikels durch Ullrich Mies.

[198] Ebd.

[199] Vgl. www.handelsblatt.com/technik/digitale-revolution/digitalisierung-im-kopf-was-gehirnchips-wie-der-von-musks-neuralink-leisten-und-was-nicht/26224812.html?ticket=ST-2456250-kIajczonT7tEqKQKKNwN-ap6

[200] Vgl. www.handelsblatt.com/technik/medizin/blackrock-neurotech-deutscher-tech-finanzier-angermayer-und-facebook-investor-thiel-steigen-bei-hirnchip-entwickler-ein/27205728.html?ticket=ST-347939-7hL6I5Mv7NITIefQduOP-ap6

[201] Vgl. www.merckgroup.com/de/news/bioelectronics-inbrain-08-07-2021.html

[202] www.businesswire.com/news/home/20200311005738/en/Next-Gen-Artificial-Intelligence-AI-Company-Graphen

[203] Graphen-basierte »Neuromodulation«-Technologie ist real: Pressemitteilung von INBRAIN Neuroelectronics beschreibt Gehirn-steuernde Biokreise mit KI-gesteuertem Graphen, März 2021; https://uncutnews.ch/graphen-basierte-neuromodulation-technologie-ist-real-pressemitteilung-von-inbrain-neuroelectronics-beschreibt-gehirn-steuernde-biokreise-mit-ki-gesteuertem-graphen/

[204] Zit. wie Hans-Peter Körner: Eugenik. In: Gerabek 2005, S. 380

[205] Vgl. Wecker 2009

[206] Christoph Zotter: Peking und Washington auf dem Weg in die Falle des Thukydides, 1. März 2021; www.diepresse.com/5949425/peking-und-washington-auf-dem-weg-in-die-falle-des-thukydides

[207] Seine neun Mitglieder waren der Botaniker Joseph Dalton Hooker, der Biologe Thomas Huxley, der Physiker John Tyndall, die Mathematiker Thomas Archer Hirst und William Spottiswoode, der Chemiker Edward Frankland, der Banker und Archäologe John Lubbock, der Arzt und Paläontologe George Busk sowie Herbert Spencer, Soziologe und Evolutionstheoretiker; www.britannica.com/topic/X-Club (abgerufen am 4.8.21)

[208] Vgl. Matthew Ehret: Origins of the Deep State in North America Part 3: What is the Fabian Society and to What End Was it Created?; https://canadianpatriot.org/2019/05/16/what-is-the-

fabian-society-and-to-what-end-was-it-created/

209 Vgl. Matthew Ehret: The Origins of the Deep State in North America Part 1: The Round Table Movement; https://canadianpatriot.org/2018/11/28/origins-of-deep-state-part1/

210 Vgl. Quigley 2016

211 http://mailstar.net/rhodes-will.html

212 https://archive.org/details/huxley-unesco-its-purpose-and-philosophy (abgerufen am 22.2.22)

213 Ebd.

214 www.strategic-culture.org/news/2021/05/24/how-the-unthinkable-became-thinkable-eric-lander-julian-huxley-and-the-awakening-of-sleeping-monsters/

215 Vgl. https://principia-scientific.com/british-psychiatry-from-eugenics-to-assassination/

216 Vgl. https://en.wikipedia.org/wiki/Black_Chamber (abgerufen am 22.2.22)

217 Vgl.www.nationalacademies.org/our-work/international-summit-on-human-gene-editing (abgerufen am 5.8.21)

218 Zit. wie https://axelkra.us/wie-das-undenkbare-denkbar-wurde-eric-lander-julian-huxley-und-das-erwachen-der-schlafenden-ungeheuer-matthew-j-l-ehret/

219 Der EuGH (Europäische Gerichtshof) entschied am 25. Juli 2018, dass die neuen Genom-Editing-Verfahren als Gentechnik anzusehen sind und den gleichen Zulassungs- und Kennzeichnungsvorschriften unterliegen wie gentechnisch veränderte Organismen (GVO).

220 Vgl. Nobelpreis für CRISPR/Cas: Was man dazu wissen sollte; www.transgen.de/forschung/2564.crispr-genome-editing-pflanzen.html (abgerufen am 5.8.21)

221 Vgl. https://bioengineering.stanford.edu/research-impact/prevent-covid-19/new-genetic-method-using-crispr-eliminate-covid-19-virus-genomes

222 Vgl. https://multipolar-magazin.de/artikel/faktencheck-impfungen-oder-gentherapie

223 Vgl. https://thealtworld.com/whitney_webb/developers-of-oxford-astrazeneca-vaccine-tied-to-uk-eugenics-movement (abgerufen am 22.2.22)

224 Vgl. www.nf-farn.de/glossar-malthusianismus-neo-malthusianismus

225 Vgl.www.zeit-fragen.ch/archiv/2015/nr-34-3-februar-2015/zum-tod-von-professor-dr-dr-siegwart-horst-guenther.html

226 Ebd.

227 Sybille Müller: Geo-Engineering – Ausweg oder Irrweg?; www.zentrum-der-gesundheit.de/bibliothek/umwelt/klima/geo-engineering (abgerufen am 5.8.21)

228 Zit. wie ebd.

229 https://zerogeoengineering.com/2018/dod-news-briefing-secretary-of-defense-william-s-cohen/ (abgerufen am 5.8.21)

230 Zit. wie www.artloft.co/eugenik-die-vierte-industrielle-revolution-und-der-zusammenprall-zweier-systeme/

231 Will the Future Be Human? Yuval Noah Harari, 25. Januar 2018; www.you

tube.com/watch?v=hL9uk4hKyg4 (abgerufen am 5.8.21)

232 Zit. wie www.tavinstitute.org/news/adults-in-the-room

233 Zit. wie ebd.

234 Ebd.

235 Evidence and Documents Laid Before the Committee on Alleged German Outrages. Being an Appendix to the Report of the Committee by His Britannic Majesty's Government and Presided over by the Right Hon. Viscount Bryce. MacMillan, New York 1915

236 Vgl. www.nzz.ch/gesellschaft/der-heimliche-verfuehrer-ld.1403103

237 Spengler 1922, Bd. II, S. 404 ff.

238 Coleman 2020, S. 13

239 Zusammen mit Walter Benjamin, Erich Fromm, Siegfried Kracauer, Leo Löwenthal oder Herbert Marcuse

240 www.deutschlandfunk.de/institut-fuer-sozialforschung-die-wiege-der-frankfurter.871.de.html?dram:article_id=289660

241 Vgl. www.bpb.de/apuz/26240/denkmodelle-der-68er-bewegung (abgerufen am 22.2.22)

242 Flankiert von MEDIAOPS (Media Operations), worunter im zivilen Sprachgebrauch Public Relations/Medienarbeit (früher: Propaganda) zu verstehen ist.

243 Coleman 2020, S. 220

244 Vgl. https://foreignpolicy.com/2012/01/03/the-best-international-relations-masters-programs/

245 https://alumni-resources.georgetown.edu/s/1686/alumni/index.aspx?sid=1686&gid=4&pgid=407

246 Vgl.www.politik-kommunikation.de/ressorts/artikel/netzwerk-mit-nutzwert-329065470

247 www.brookings.edu/about-us/

248 Vgl. https://repository.upenn.edu/think_tanks/16/

249 https://de.wikipedia.org/wiki/Massachusetts_Institute_of_Technology (abgerufen am 22.2.22)

250 Battling Urgent Threats; www.nrdc.org

251 Vgl. www.nimh.nih.gov/about/

252 Together, we create world-changing solutions that make people safer, healthier and more productive; www.sri.com/about-us/

253 Coleman 2020, S. 209

254 https://freimaurerei.de/die-forschungsloge-quatuor-coronati-unverzichtbar/ (abgerufen am 18.7.21)

255 Vgl.www.bilderbergmeetings.org (abgerufen am 22.2.22)

256 Snow 2002, S. 17

257 www.tavinstitute.org/who-we-are/ (abgerufen am 22.2.22)

258 www.ipg-journal.de/ipg/was-ist-ipg/

259 www.ipg-journal.de/rubriken/aussen-und-sicherheitspolitik/artikel/fuer-dich-zieh-ich-in-den-krieg-5389/?utm_campaign=de_40_20210831&utm_medium=email&utm_source=newsletter (abgerufen am 4.9.21)

260 www.ipg-journal.de/zitat-der-woche/artikel/frank-walter-steinmeier-moderne-aussenpolitik-braucht-eine-informierte-und-engagierte-debatte-in-deutschland-hat-sie-hier-eine-neue-ad

resse-ich-freue-mich-auf-offene-diskussionen-79/

261 Ebd.

262 E-Mail an den Autor vom 3. September 2021

263 www.voltairenet.org/article204026.html (abgerufen am 4.9.21)

264 Vgl. ebd.

265 Vgl. www.heise.de/tp/features/Globale-US-Militaerpraesenz-und-die-Rolle-Deutschlands-6121113.html?seite=all

266 Garrett M. Graff: Behind the 9/11 White House Order to Shoot Down U. S. Airliners: »It Had to be Done«, 9. September 2019; www.history.com/news/september-11-attacks-shootdown-order-cheney-bush

267 Effenberger/Löw 2004, S. 546 f. Vgl. auch Wolfgang Effenberger: Neue Kriege um Rohstoffe. Friedensfestival am 25. Juli 2009 vor dem Brandenburger Tor; www.nrhz.de/flyer/media/14075/Berlin-Rede-Effenberger-23-07-09.pdf

268 Vgl. www.911-archiv.net/Personalakten/ex-mitarbeiter-von-terrorismusabwehr-und-geheimdiensten-bezweifeln-offizielle-version-des-11-september.html (abgerufen am 5.9.21)

269 Videoaufnahme der Frage und Antwortstunde mit Raymond McGovern und Major Scott Ritter vom 22.7.2006; www.youtube.com/watch?v=Uwu0bNaUcOU

270 Videodokumentation »One Nation Under Siege« – General Albert Stubblebines Erklärung hier: www.undersiegemovie.com/media/stubblebine.wmv

271 Thierry Meyssan: 20. Jahrestag der Anschläge vom 11. September. Heute gibt alles Thierry Meyssan Recht, 31. August 2021; www.voltairenet.org/article213881.html

272 https://at.ert.wiki/wiki/United_States_government_operations_and_exercises_on_September_11,_2001

273 Effenberger 2020, S. 257 f.

274 www.help4you.info/pdf/19940801_TRADOC_Pamphlet_525-5.pdf

275 Gegründet von Donald Rumsfeld, Dick Cheney, Paul Wolfowitz, Scooter Libby, Robert Kagan, Richard Perle und William Kristol

276 www.voltairenet.org/article213881.html

277 www.youtube.com/watch?v=b5UhQ-gqVkg (abgerufen am 4.7.21)

278 USA Patriot Act: Akronym für Uniting and Strengthening America by Providing Appropriate Tools Required to Intercept and Obstruct Terrorism Act von 2001

279 Effenberger 2020, S. 264

280 www.voltairenet.org/article213881.html

281 www.spiegel.de/ausland/kanada-gewaehrt-helfern-von-edward-snowden-asyl-a-68b95ee1-3395-4de2-9c6a-d81c48816a87

282 Vgl. auch Thierry Meyssan: Die Rumsfeld/Cebrowski Doktrin, 25. Mai 2021; www.voltairenet.org/article213167.html

283 www.voltairenet.org/article213881.html

[284] Ebd.

[285] www.sueddeutsche.de/politik/horst-koehler-und-afghanistan-einsatz-eine-verhaengnisvolle-aufnahme-1.952578

[286] www.stern.de/politik/ausland/koehler-empoert-die-spd--wir-wollen-keine-wirtschaftskriege--3095716.html

[287] www.sueddeutsche.de/politik/horst-koehler-ueber-seine-ruecktrittsgruende-die-angriffe-auf-mich-waren-ungeheuerlich-1.1106466

[288] www.voltairenet.org/article215162.html

[289] https://www.spiegel.de/ausland/kasachstan-demonstranten-besetzen-flughafen-in-almaty-a-b6812d2e-3d0a-4450-aaf5-6cfed6e9fb36

[290] https://de.rt.com/asien/129430-live-ticker-zur-krise-in-kasachstan-ausnahmezustand-ganzen-land/

[291] https://www.n-tv.de/der_tag/Kasachstan-Ex-Sicherheitschef-wegen-Landesverrats-festgenommen-article23044603.html; https://azertag.az/de/xeber/Kasachstan_nimmt_ehemaligen_nationalen_Sicherheitschef_wegen_des_Verdachts_des_Hochverrats_fest-1970488

[292] Vgl. https://uncutnews.ch/die-hunter-verbindung-sicherheitschef-von-kasachstan-wegen-verrats-verhaftet-war-eng-befreundet-mit-bidens/

[293] https://de.rt.com/asien/129628-russland-weist-us-kritik-an/

[294] Ebd.

[295] www.nzz.ch/international/putin-laesst-in-den-ukraine-gespraechen-mit-biden-kaum-spielraum-ld.1663573

[296] Ebd.

[297] Ebd.

[298] Ernst Wolff in seiner Rede vor den Ärzten für Aufklärung (Minute 8-12); https://t.me/aerztefueraufklaerungoffiziell

[299] Ebd.

[300] www.freitag.de/autoren/idog/zurueck-in-die-zukunft

[301] Ebd.

[302] George Orwell: Why I Write 1947; www.resort.com/~prime8/Orwell/whywrite.html (abgerufen am 4.7.21)

[303] The Real Room 101. Film auf *BBC*, 10. Juli 2003; https://web.archive.org/web/20070105132434/http://www.bbc.co.uk/bbcfour/documentaries/features/room-101.shtml

[304] Shelden 2007, S. 430-434

[305] Vgl. https://uncutnews.ch/seltenes-video-von-brave-new-world-autor-von-vor-63-jahren-und-was-es-mit-dem-great-reset-zu-tun-hat/

[306] Aldous Huxley interviewed von Mike Wallace, 1958: Aldous Huxley shares his visions and fears for this brave new world; https://invidious.snopyta.org/watch?v=alasBxZsb40_

[307] https://uncutnews.ch/seltenes-video-von-brave-new-world-autor-von-vor-63-jahren-und-was-es-mit-dem-great-reset-zu-tun-hat/

Epilog

1 Zit. wie Rainer Rupp: Ein-Prozent-Diktatur. In: junge Welt, 10. Mai 2014

2 Ebd.

3 Neumann 1881, S. 70 f.

4 Ebd.

5 Vgl. www.deutschlandfunk.de/vor-225-jahren-grundsteinlegung-des-kapitols-in-washington.871.de.html?dram:article_id=428298

6 Niklaus Ramseyer: Trump oder Biden – die USA bleiben ein Land der Gewalt, 3. November 2020; www.infosperber.ch/politik/welt/trump-oder-biden-die-usa-bleiben-ein-land-der-gewalt/

7 Vgl. Ganser 2020

8 Vgl. Effenberger/Löw 2004

9 Horst von Buttlar: Warum wir uns Sorgen um die Demokratie in den USA machen müssen, 22. August 2020; www.capital.de/wirtschaft-politik/warum-wir-uns-sorgen-um-die-demokratie-in-den-usa-machen-muessen

10 Vgl. Phillips 2003

11 Peter Filzmaier: Ist Macht käuflich? Die USA als Plutokratie. In: *Wirtschaft und Gesellschaft,* Heft 3/2004, S. 467-469, hier 467; https://wug.akwien.at/WUG_Archiv/2004_30_3/2004_30_3_0467.pdf

12 Ebd., S. 468

13 Noam Chomsky – Wissenschaftler und Rebell. *Sternstunde Philosophie* auf SRF Kultur, 3. Januar 2014; www.youtube.com/watch?v=6_gS5PV0kZA (abgerufen am 29.6.21)

14 www.buchhandel.de/buch/9783939816522 (abgerufen am 29.6.21)

15 Vgl.https://booksandideas.net/IMG/pdf/20121026_billionaires_politics-haegel.pdf (abgerufen am 14.2.22)

16 Vgl. Rüffer 2016

17 Davos 2021: Putins Rede im Überblick, 28. Januar 2021; www.russland.news/davos-2021-putins-rede-im-ueberblick/

18 Herter Norderstedt 2020, S. 6

19 Rüdiger Suchsland: Der Wind dreht sich, 1. Mai 2021; www.heise.de/tp/features/Der-Wind-dreht-sich-6033646.html

20 Roger Letsch: Frank-Walter Steinmeier rettet das Internet, 3. März 2021; www.achgut.com/artikel/frank_walter_steinmeier_rettet_das_internet

21 Patrick Diekmann: Chaos um Oster-Ruhetage, 24. März 2021; www.t-online.de/nachrichten/deutschland/id_89719400/oster-chaos-um-ruhetage-bankrotterklaerung-fuer-die-deutsche-corona-politik.html

22 https://de.wikipedia.org/wiki/Liste_der_infolge_der_COVID-19-Pandemie_erlassenen_deutschen_Gesetze_und_Verordnungen

23 Ebd.

24 Wolfgang Schäuble: »Die Pandemie ist eine große Chance«. In: *Neue Westfälische,* 20. August 2020

25 Vgl. www.ionos.de/digitalguide/online-marketing/web-analyse/was-ist-das-

social-credit-system/ (abgerufen am 16.2.22)

26 https://en.wikipedia.org/wiki/National_Security_Commission_on_Artificial_Intelligence; vgl. auch www.youtube.com/watch?v=rma9Hg4GUbk (jeweils abgerufen am 16.2.22)

27 Vgl. www.nscai.gov/wp-content/uploads/2021/03/Full-Report-Digital-1.pdf (abgerufen am 16.2.22)

28 Bundeszentrale für politische Bildung; www.bpb.de/gesellschaft/medien-und-sport/medienpolitik/237014/bildungsauftrag-und-informationspflicht-der-medien

29 Ebd.

30 Chomsky 2011, S. 78

31 Mathias Mogge im Gespräch mit Christiane Kaess: Covid-19 bringt den Tod auf Umwegen, 29. Juli 2020; www.deutschlandfunk.de/welthungerhilfe-covid-19-bringt-den-tod-auf-umwegen.694.de.html?dram:article_id=481404 (abgerufen am 8.8.21)

32 Vgl. https://marialourdesblog.com/die-impftoten-bilanz/

33 Vgl. www.tichyseinblick.de/daili-essentials/die-eu-klebt-am-green-deal/

34 www.aphorismen.de/suche?f_autor=2243_Ferdinand+Lassalle&seite=2 (abgerufen 26.2.2021)

35 Ebd.

36 www.un.org/depts/german/gv-72/band1/ar72190.pdf (abgerufen am 7.7.2021)

37 Friedhelm Klinkhammer/Volker Bräutigam: Moskau: »Der nächste Eindringling wird versenkt«, 4. Juli 2021; https://seniora.org/politik-wirtschaft/deutschland/moskau-der-naechste-eindringling-wird-versenkt (abgerufen am 7.7.2021)

38 Willy Wimmer: Die Dimension des nächsten Waffengangs, 6. Juli 2021; www.radio.at/p/kenfm (abgerufen am 8.7.2021)

39 Xis Rede zu 100 Jahren KP. »Wiedergeburt der chinesischen Nation«, 1. Juli 2021; www.tagesschau.de/ausland/asien/china-kp-jubilaeum-xi-101.html (abgerufen am 8.7.2021)

40 Ebd.

41 Stefanie Bolzen: Eine neue Weltordnung nach Corona, 4. Mai 2021; www.welt.de/politik/ausland/plus230875409/G-7-Treffen-Eine-neue-Weltordnung-nach-Corona.html

42 Vgl. www.paulcraigroberts.org/2022/03/07/ukraine-update-6/

43 Fragen der Freiheit. Schriftenreihe für Ordnungsfragen der Wirtschaft, des Staates und des kulturellen Lebens. Folge 23, Juli 1961; http://fragen-der-freiheit.de/hefte/FdF-023.pdf

44 Lenin 1972, S. 45

45 Sozialreform oder Revolution?, S. 42; www.marxists.org/deutsch/archiv/luxemburg/1899/spezrefrev/kap2-4.htm (abgerufen am 30.6.2021)

46 Walter Park: Und keiner sagt, was ist. Gedanken zur Bewältigung unserer Zukunft. Digital rekonstruierter Nachdruck 2018, leicht gekürzt, S. 48

47 Transcript: Ron Paul's farewell address to Congress, 5. November 2012; www.washingtonexaminer.com/transcript-ron-pauls-farewell-address-to-congress

48 Ebd.

49 Noam Chomsky interviewed von Fred Branfman im Februar 1997; https://chomsky.info/199702__/

50 Boëtie o. J., S. 19

Über Covid-19 zur Agenda 2030 – eine Chronik der Transformation

1 https://weathermodificationhistory.com/secretary-of-defense-william-cohen-eco-terrorism-electromagnetic-waves/ (abgerufen am 16.10.21)

2 Subliminal Acoustic Manipulation of Nervous Systems; vgl. https://patents.justia.com/patent/6017302

3 Vgl.https://sca.news/corona-ausschuss-inhaltsverzeichnis-alle-teilnehmer/transkription-60-sitzung-corona-ausschuss/ (abgerufen am 12.10.21)

4 Vgl. Paul Schreyer zu Covid-19: »Es ist an der Zeit, die Notbremse zu ziehen«, 21. September 2020; www.nachdenkseiten.de/?p=64984

5 Fort Detrick wurde im August 2019 geschlossen, kurz darauf gab es die ersten Corona-Infektionen in den USA.

6 Vgl. Stephen Engelberg: New Evidence Adds Doubt to FBI's Case Against Anthrax Suspect, 10.10.2011; www.propublica.org/article/new-evidence-disputes-case-against-bruce-e-ivins

7 Vgl. David E. Martin: The Fauci/Covid-19 Dossier; https://f.hubspotusercontent10.net (abgerufen am 13.10.21)

8 Vgl. Robert Koch-Institut: *Epidemiologisches Bulletin*, 20. Februar 2004

9 Exercise GLOBAL MERCURY, Post Exercise Report

10 Vgl. Daniel S. Hamilton/Bradley T. Smith: Atlantic Storm. In: *EMBO Reports*. Bd. 7, Nr. 1, Januar 2006

11 *TIME-Magazine*, 9. Februar 2004

12 Zit. wie www.forum-csr.net/News/14627/Der-Fall-Corona-im-anderen-Licht.html (abgerufen am 13.10.21)

13 Zit wie www.umwelt-online.de/recht/eu/05_09/06_0507vogs.htm (abgerufen am 22.2.22)

14 *TIME-Magazine*, 24. August 2009

15 Vgl. www.spiegel.de/wissenschaft/medizin/schweinegrippe-laender-vernichten-millionen-dosen-h1n1-impfstoff-a-799993.html

16 Vgl. www.infosperber.ch/wirtschaft/konzerne/impfstoffe-knebelvertraege-sollten-10-jahre-geheim-bleiben/ (abgerufen am 15.10.21)

17 https://uncutnews.ch/wp-content/uploads/2020/10/Unterstuetzt-vom-WEF-Fluggesellschaften-testen-Proof-of-Immunity-Technologie.pdf (abgerufen am 22.2.22)

[18] https://op.europa.eu/de/publication-detail/-/publication/4cc2ea93-d003-417e-9294-1103a6ee877d (abgerufen am 12.10.21)

[19] www.youtube.com/watch?v=5UF28fLl02I Minute 0:08 (abgerufen am 12.10.21)

[20] www.centerforhealthsecurity.org/our-work/events/2018_clade_x_exercise/

[21] Vgl. https://mwi.usma.edu/mwi-video-dr-charles-morgan-neurobiology-war/

[22] https://en.wikipedia.org/wiki/National_Security_Commission_on_Artificial_Intelligence (abgerufen am 22.2.22)

[23] Vgl. https://de.topwar.ru/147956-ssha-gotovjatsja-primenit-biologicheskoe-oruzhie-protiv-rossii-.html

[24] Vgl. www.indianpunchline.com/kazakhstan-turns-into-graveyard-for-us-diplomacy/

[25] Vgl. www.anti-spiegel.ru/2022/nein-die-us-biolabore-in-der-ukraine-sind-keine-russische-propaganda/

[26] Vgl. www.swp.de/politik/ruecktritt-georg-nuesslein-maskenaffaere_-nuesslein-verlaesst-unionsfraktion_-behaelt-aber-mandat-55531948.html (abgerufen am 13.10.21)

[27] www.bis.org/publ/arpdf/ar2019e.pdf (abgerufen am 22.2.2022)

[28] www.bis.org/publ/work804.pdf (abgerufen am 22.2.22)

[29] Vgl. www.blackrock.com/corporate/insights/blackrock-investment-institute/publications/global-macro-outlook/august-2019; vgl. auch www.oval.media/der-going-direct-reset/

[30] www.ft.com/content/360028ba-c702-11e9-af46-b09e8bfe60c0

[31] Vgl. www.bloomberg.com/news/articles/2020-03-24/fed-hires-blackrock-for-agency-cmbs-corporate-debt-programs

[32] www.govinfo.gov/content/pkg/DCPD-201900631/pdf/DCPD-201900631.pdf (abgerufen am 22.2.22)

[33] Vgl. www.businesswire.com/news/home/20191016005962/de/

[34] Vgl. www.gatesfoundation.org/about/committed-grants?q=robert%20koch#committed_grants (abgerufen am 22.2.22)

[35] www.sueddeutsche.de/gesundheit/krankheiten-muenchen-arzt-corona-auf-keinen-fall-gefaehrlicher-als-influenza-dpa.urn-newsml-dpa-com-20090101-200206-99-796653

[36] Vgl. www.aerzteblatt.de/archiv/213019/Hans-Ulrich-Holtherm-Neu-im-Bundesgesundheitsministerium

[37] Vgl. www.zdf.de/nachrichten/heute-sendungen/videos/coronavirus-milde-erkrankung-100.html

[38] Zit. wie www.spiegel.de/wissenschaft/medizin/coronavirus-wir-gehen-davon-aus-dass-es-ein-stresstest-wird-fuer-unser-land-sagt-rki-chef-lothar-wieler-a-86251a54-182c-4bfa-9d60-1dc6084b987d

[39] Vgl. www.bmi.bund.de/SharedDocs/downloads/DE/veroeffentlichungen/2020/corona/szenarienpapier-covid19.pdf?__blob=publicationFile&v=6 S. 5

[40] Ebd., S. 13

[41] Ebd., S. 15

[42] Vgl. www.zdf.de/nachrichten/politik/f21-corona-dokument-innenministerium-100.html

[43] Vgl. https://dserver.bundestag.de/btd/19/203/1920301.pdf

[44] Vgl. https://2020news.de/wp-content/uploads/2021/03/Strategiepapier-BMI-24.03.2020_online.pdf

[45] www.pathologie-dgp.de/die-dgp/aktuelles/meldung/pressemitteilung-an-corona-verstorbene-sollten-obduziert-werden/

[46] Vgl. https://ec.europa.eu/info/live-work-travel-eu/coronavirus-response/fighting-disinformation_de

[47] Vgl. https://global-response.europa.eu/pledge_de

[48] Vgl. www.anti-spiegel.ru/2022/wer-bekommt-eigentlich-all-die-milliarden-die-die-eu-fuer-den-kampf-gegen-covid-19-ausgibt/

[49] www.bundeskanzlerin.de/bkin-de/aktuelles/bund-laender-corona-1744306 (abgerufen am 21.7.21)

[50] Vgl. www.ox.ac.uk/news/2020-06-05-no-clinical-benefit-use-hydroxychloroquine-hospitalised-patients-covid-19

[51] Vgl. https://de.m.wikipedia.org/wiki/Stephan_Harbarth (abgerufen am 22.2.22)

[52] Vgl. www.bild.de/politik/inland/politik-inland/richter-harbarth-merkel-wie-gefaehrlich-ist-diese-freundschaft-fuer-unsere-demok-78404230.bild.html

[53] https://corona-ausschuss.de

[54] Vgl. www.heise.de/tp/features/Was-koennen-750-Millionen-transgene-Muecken-anstellen-4881793.html

[55] Vgl. https://de.wikipedia.org/wiki/Fliegende_Spritze (abgerufen am 22.2.22)

[56] Vgl. https://meedia.de/2020/12/30/werbekampagne-zur-corona-schutzimpfung-startet/

[57] Vgl. www.theguardian.com/business/2020/nov/10/pfizer-and-biontech-could-make-13bn-from-coronavirus-vaccine (abgerufen am 15.10.21)

[58] Zit. wie https://gesetze-ganz-einfach.de/europarat-lehnt-covid-19-impfpflicht-ab/#:~:text=Die%20Parlamentarische%20Versammlung%20als%20Organs%20des%20Europarats%20kann,Versammlung%20setzt%20sich%20aus%20Parlamentariern%20der%20Mitgliedsstaaten%20zusammen.

[59] Vgl. https://correctiv.org/faktencheck/2021/02/09/nein-mit-einer-resolution-des-europarates-ist-ein-impfzwang-nicht-rechtswidrig/

[60] Vgl. www.bundesanzeiger.de/pub/publication/x6tHxtuQ0pora3FnUEG/content/x6tHxtuQ0pora3FnUEG/BAnz%20AT%2008.05.2021%20V1.pdf?inline

[61] Vgl. Pfizer Draft. 1.6.21, Confidential 1. East\177977274.10. Manufacturing and Supply Agreement by and among Pfizer Export B. V., Albania Ministry of Health and Social Protection. Minister of State for Reconstruction and Public Health

[62] Vgl. www.infosperber.ch/wirtschaft/konzerne/impfstoffe-knebelvertraege-sollten-10-jahre-geheim-bleiben/

[63] Vgl. www.zdf.de/nachrichten/wirtschaft/coronavirus-biontech-impfstoff-kosten-finanzen-100.html

[64] Vgl. https://embed.documentcloud.org/documents/20793561-leopold-nih-foia-anthony-fauci-emails/

[65] Vgl. https://eu.usatoday.com/story/opinion/2021/06/17/covid-19-fauci-lab-leaks-wuhan-china-origins/7737494002/

[66] Vgl.www.epochtimes.de/china/die-verschwoerungstheorie-die-keine-ist-peter-daszak-und-seine-kampagne-der-vertuschung-des-virus-ausbruchs-a3530334.html

[67] Zit. wie www.tichyseinblick.de/daili-es-sentials/wiesendanger-labor-theorie-papier-fauci-drosten/

[68] Vgl. www.tichyseinblick.de/daili-es-sentials/drosten-hat-gefaehrliche-experimente-unterstuetzt/

[69] Vgl. www.transparenztest.de/post/ema-datenbank-166-790-der-665-525-verdachtsfaelle-von-covid-impf-nebenwirkungen-sind-schwer, vgl. auch https://impfnebenwirkungen.net/ (abgerufen am 22.2.2022)

[70] https://healthpolicy.duke.edu/sites/default/files/2021-08/USEPCR%20Cover%20letter_FINAL_For%20Distribution.pdf

[71] www.tagesschau.de/ausland/amerika/us-impfkampagne-101.html

[72] Vgl. www.anti-spiegel.ru/2021/die-netzwerke-die-die-pandemie-erschaffen-haben/

[73] Vgl. https://corona-transition.org/uberlebende-des-zweiten-weltkriegs-werfen-der-ema-einen-zweiten-holocaust-vor

[74] Vgl. www.bundesregierung.de/breg-de/aktuelles/epidemische-lage-1953810

[75] Vgl. https://uspto.report/patent/grant/11,107,588 (abgerufen am 15.10.21)

[76] Vgl. Methods and systems of prioritizing treatments, vaccination, testing and/or activities while protecting the privacy of individuals; https://patents.google.com/patent/US11107588B2/en (abgerufen am 15.10.2021)

[77] Vgl.www.globalresearch.ca/the-covid-19-vaccine-and-the-nuremberg-code-crimes-against-humanity/5755776

[78] www.europarl.europa.eu/doceo/document/B-9-2021-0475_DE.html

[79] Vgl. https://multipolar-magazin.de/artikel/ich-kann-nicht-mehr

[80] www.wochenblick.at/ard-redakteur-hoert-wegen-corona-luegen-auf-ich-kann-nicht-mehr/

[81] Vgl. www.finanznachrichten.de/nachrichten-2021-10/54187408-australien-baut-quarantaene-camps-fuer-tausende-menschen-259.htm

[82] www.henrymakow.com/2021/10/yeardom----timetable-to-tyranny.html

[83] Vgl. www.thelancet.com/journals/laninf/article/PIIS1473-3099%2821%2900648-4/fulltext

[84] Vgl. https://clubderklarenworte.de/exklusiv-whistleblow-ard-ueberschreitet-rote-linie/ (abgerufen am 22.2.22)

[85] Zit.wie www.thinkadvisor.com/2021/11/05/metlife-has-paid-2-1b-in-u-s-covid-19-death-claims

[86] Zit. wie www.epochtimes.de/politik/ausland/macron-will-ungeimpfte-bis-zum-bitteren-ende-nerven-2-a3678637.htm

[87] Vgl. https://de.statista.com/statistik/daten/studie/1258499/umfrage/eindaemmungsmassnahmen-gegen-das-coronavirus-nach-laendern/

[88] https://de.rt.com/inland/129922-lafontaine-zur-impfpflicht-debatte-leute/

[89] Zit.wiewww.vorwaerts.de/artikel/impfpflicht-moechte-olaf-scholz (abgerufen am 22.2.22)

[90] www.paulcraigroberts.org/2022/01/13/the-entire-western-world-is-a-bad-joke/

[91] Vgl.www.bundestag.de/presse/hib/kurzmeldungen-878074 (abgerufen am 22.2.22)

[92] Vgl. www.zdf.de/nachrichten/wirtschaft/coronavirus-biontech-impfstoff-kosten-finanzen-100.html (abgerufen am 22.2.22)

[93] Vgl. https://assets.publishing.service.gov.uk/government/uploads/system/uploads/attachment_data/file/1050721/Vaccine-surveillance-report-week-4.pdf (abgerufen am 22.2.22)

[94] www.paulcraigroberts.org/2022/02/01/the-ruling-elites-and-the-governments-they-control-have-shown-conclusively-that-they-are-against-us-the-people/

[95] www.tichyseinblick.de/daili-es-sentials/befangen-alena-buyx/

[96] Zit. wie https://multipolar-magazin.de/media/220224-bkk-brief-pei.pdf

[97] Vgl. https://multipolar-magazin.de/artikel/impfschaeden-tageschau-alarmsignal

[98] Vgl. https://apolut.net/die-weltgesundheitsorganisation-als-weltregierung/

Deutschlands dunkle Zukunft

[1] Sitzverteilung Bundestagswahl 2021, Deutschland, vorläufiges Ergebnis. Vgl. www.bundeswahlleiter.de/bundestagswahlen/2021/ergebnisse/bund-99.html

[2] Zit. wie www.gmx.net/magazine/politik/wahlen/bundestagswahl/baerbock-habeck-geklaert-vizekanzlerin-36212148

[3] Gregor P. Schmitz: Münchner Sicherheitskonferenz. Die Welt dreht sich um ihn, 6. Mai 2015; www.spiegel.de/politik/ausland/muenchner-sicherheitskonferenz-welt-im-chaos-a-1016982.html

[4] Frühere Bezeichnungen waren Wehrkundetagung sowie Münchner Konferenz für Sicherheitspolitik.

[5] https://securityconference.org/publikationen/munich-security-report-2020/

[6] Zit. wie www.handelsblatt.com/politik/international/aussenpolitik-in-90-minuten-um-die-welt-kanzlerkandidaten-streiten-ueber-mali-china-und-orbn/27367456.html?ticket=ST-2526898-Jn9KMhK25s1gRSD3dhPP-ap3

[7] Zit. wie www.derwesten.de/politik/annalena-baerbock-oskar-lafontaine-gruene-kanzlerkandidatin-linke-wagenknecht-habeck-bundestagswahl-cdu-id232093805.html

[8] www.campact.de/campact

[9] Vgl. www.auswaertiges-amt.de/de/newsroom/gemeinsame-erklaerung-usa-und-deutschland/2472074

[10] Zit.wie www.cashkurs.com/gesellschaft-und-politik/beitrag/berlin-besorgt-washingtons-einfluss-zwischen-ostsee-adria-und-dem-schwarzen-meer-waechst

Versuch einer Analyse nach acht Jahren Krieg in Afghanistan

[1] OEF beruht auf Artikel 51 der Charta der Vereinten Nationen, der das Recht zur individuellen und kollektiven Selbstverteidigung garantiert. In seiner Resolution vom 12. September 2001 hat der Sicherheitsrat der Vereinten Nationen die terroristischen Angriffe mit einem Verweis auf das Selbstverteidigungsrecht verurteilt. Die NATO stellte daraufhin den Bündnisfall gemäß Artikel 5 fest.

[2] Die Operation wird in vier Regionen durchgeführt: in Afghanistan, am Horn von Afrika, auf den Philippinen und in Afrika innerhalb und südlich der Sahara. Deutschland beteiligt sich militärisch mit Einheiten der Marine an dem Einsatz im Indischen Ozean. Die Beteiligung an der Teiloperation in Afghanistan wurde beendet.

[3] Roman Eichinger/Martin S. Lambeck: Wieviele Deutsche müssen noch in Afghanistan sterben, Herr Minister? In: *BAMS*, 9. August 2009

[4] Ebd.

[5] Afghanistan wurde auf die Liste der nicht-kreditwürdigen Länder (»non-accrual status«) gesetzt, ebenso wie der Irak oder Jugoslawien 1993 oder Zimbabwe 2000.

[6] Vgl. Rick Rizoff: CIA worked in tandem with Pak to create Taliban.In: *The times of India*, 7. März 2001; www.timesofindia.com/today/07euro1.htm (abgerufen am 20.8.2009)

[7] Afghanistan Fact Sheet, Dezember 2000; www.eia.doe.gov/cabs/afghan.html (abgerufen am 20.8.09)

[8] Zit. wie The U.S. Government Energy Information Fact Sheet on Afghanistan dated December 2000; http://archives.lists.indymedia.org/imc-houston/2001-October/002311.html (abgerufen am 18.8.09)

[9] Von den 19 mutmaßlichen Attentätern kamen nach offiziellen US-Angaben 15 ebenfalls aus Saudi-Arabien.

[10] George W. Bush: Address to a Joint Session of Congress and the American People vom 20. September 2001; www.whitehouse.gov/news/releases/2001/09/20010920-8.html (abgerufen am 19.08.09)

[11] Die amerikanische Civil Religion, die erstmals von dem Soziologen Robert N. Bellah in seinem für diese Disziplin bahnbrechenden Essay von 1967 identifiziert wurde, ist nach wie vor für das

politische System der USA von großer Bedeutung.

[12] Im Fall der Unterzeichnung hätte die NATO jederzeit Zugang zum Gebiet der Bundesrepublik Jugoslawien gehabt und auf diesem auch Manöver durchführen können. Mit dieser unannehmbaren Klausel als integrativer Bestandteil des Rambouillet-Vertrags wurde bewusst auf einen Krieg zugearbeitet.

[13] Winfried Wolf: Afghanistan, der Krieg und die neue Weltordnung. Hamburg 2002, S. 25

[14] Außenminister Steinmeier im Bundestag am 7. Oktober 2008; www.auswaertiges-amt.de/diplo/de/Infoservice/Presse/Reden/2008/081007-Rede-BM-Afg-ISAF-BT.html (abgerufen am 18.8.2009)

[15] Muriel Mirak-Weißbach: Französische Zeitungen enthüllen: Am 11. September begann ein Staatsstreich in Amerika. In: *Neue Solidarität* Nr. 47/2001

[16] Außenminister Steinmeier im Bundestag, 7. Oktober 2008 ; www.auswaertiges-amt.de/diplo/de/Infoservice/Presse/Reden/2008/081007-Rede-BM-Afg-ISAF-BT.html (abgerufen am 18.8.09)

[17] Obama hatte wenig Wochen nach Amtsantritt angeordnet, die US-Truppen um weitere 21 000 Mann auf dann 68 000 zu steigern.

[18] Vgl. Martina Doering: Trostlose Lage in Pakistan und Afghanistan. In: *Berliner Zeitung*, 30. April 2009

[19] Dirk Dasenbrock: Abmarsch. In: *Oldenburgische Volkszeitung*, 7. August 2009, S. 2

Literaturverzeichnis

Adams, Brooks: Economic Supremacy. O. O. 2018

Adams, Willi Paul: Die USA im 20. Jahrhundert. München 2008

Allen, Gary: Die Insider. Wohltäter oder Diktatoren? Wiesbaden 1974

American Heritage. Bd. 9, Nr. 3. New York 1958

Applebaum, Anne: Der Gulag. Berlin 2003

Archiv des öffentlichen Rechts. 1951

Arendt, Hannah: Elemente und Ursprünge totaler Herrschaft. Teil 2: Imperialismus. München 1986

Autzel, Rajan/Müller, Frank: Steintal-Geschichten. Oldenburg 2000

Bald, Detlef: Hiroshima, 6. August 1945. Die nukleare Bedrohung. München 1999

Bamford, James: NSA. Die Anatomie des mächtigsten Geheimdienstes der Welt. München 2001

Barry, John: The Great Influence. New York 2005

Barth, Volker: Wa(h)re Fakten: Wissensproduktionen globaler Nachrichtenagenturen 1835-1939 (Kritische Studien zur Geschichtswissenschaft, Bd. 233). Göttingen 2020

Bass, Gary J.: Freedom´s Battle. The Origins of Humanitarian Intervention. New York 2008

Beale, Howard K.: Theodore Roosevelt and the Rise of America to World Power. Baltimore 1956

Beard, Charles A./Mary R.: The Rise of American Civilization. New York 1930

Bernays, Eduard: Propaganda. Die Kunst der Public Relations. Mit einem Vorwort von Ulrich Kienzle. Freiburg 2009

Bittner, Wolfgang: Der neue West-Ost-Konflikt. Inszenierung einer Krise. Höhr-Grenzhausen 2019

Bleicken, Jochen et al. (Hrsg.): Grundriss der Geschichte, Bd. 18. München 2004

Blum, William: Rogue State. A Guide to the World's Only Superpower. London 2002

Boëtie, Étienne de La: Von der freiwilligen Knechtschaft des Menschen. O. O. u. J.

Böhm, Winfried/Lindauer, Martin (Hrsg.): »Nicht Vielwissen sättigt die Seele«. Wissen, Erkennen, Bildung, Ausbildung heute. Drittes Symposium der Universität Würzburg. Stuttgart 1988

Bonhoeffer, Dietrich: Widerstand und Ergebung: Briefe und Aufzeichnungen aus der Haft. Gütersloh/München 2005

Bower, Tom: Verschwörung Paperclip. NS-Wissenschaftler im Dienst der Siegermächte. München 1987

Bresheeth, Haim/Yuval-Davis, Nira: The Gulf War. London 1991

Brett, M. V. (Hrsg.): Journals and Letters von Lord Esher, Bd. III. London 1939

Brzezinski, Zibigniew: Die einzige Weltmacht. Amerikas Strategie der Vorherrschaft. Frankfurt a. M. 2001

Brzezinski, Zbigniew: Second Chance Three Presidents and the Crisis of American Superpower. New York 2007

Brzezinski, Zbigniew: Strategic Vision: America and the Crisis of Global Power, New York 2012

Buchter, Heike: BlackRock. Eine heimliche Weltmacht greift nach unserem Geld. Frankfurt/NewYork 2015

Burkard, Müller-Ullrich: Medienmärchen. Gesinnungstäter im Journalismus. München 1998

Butler, Smedley D.: War is a Racket. West Chester 1935. Neuauflage 2018

Canfora, Luciano: Democracy in Europe. Making of Europe. Hoboken/NJ 2006

Carnegie, Dale: They Came After Him With Guns And T.N.T. – But He Still Raises Easter Lilies, in: Five-minute biographies, New York 1937

Carr, William H. A.: Die du Ponts. Geschichte einer erfolgreichen Industrie-Dynastie. New York 1965

Carrier, Martin: Lexikon der Philosophie. Stuttgart 2011

Charmley, John: Splendid Isolation? Britain, the balance of power, and the origins of the First World War. London 1999

Chernow, Ron: Die Warburgs. Odyssee einer Familie. München 1996

Chomsky, Noam: Amerika und die neuen Mandarine. Frankfurt a. M. 1969

Chomsky, Noam: How the World Works. London 2011

Chomsky, Noam: Media Control. Wie uns die Medien manipulieren. Frankfurt 2018

Chomsky, Noam: Wer beherrscht die Welt? Die globalen Verwerfungen der amerikanischen Politik. Berlin 2016

Churchill, Winston S.: The World Crisis. London 1931

Clark, Christopher: Die Schlafwandler. Wie Europa in den Ersten Weltkrieg zog. München 2013

Clark, Ramsey: The Fire this Time. U. S. War Crimes in the Gulf. New York 1992

Coffman, Tom: Nation Within. The History of the American Occupation of Hawai'i. Durham/NC 2016

Coleman, John: Das Tavistock Institut. Auftrag: Manipulation. Gelnhausen 2020 (Originaltitel: The Tavistock Institute of Human Relations. Shaping the Moral, Spiritual, Cultural, Political and Economic Decline of the United States of America)

Collins, Phillip Darrell/Collins, Paul David: Der Aufstieg der wissenschaftlichen Diktatur. Eine Untersuchung epistemischer Autokratie vom 19. bis zum 21. Jahrhundert. Norderstedt 2020

Costello, John: Days of Infamy. MacArthur, Roosevelt, Churchill. New York 1994

Cramer, Friedrich/Kaempfer, Wolfgang: Die Natur der Schönheit. Frankfurt a. M./ Leipzig 1992

Currell, Susan/Cogdell, Christina: Popular Eugenics: National Efficiency and American Mass Culture in the 1930s. Athens 2006

Dahms, Hellmut G.: Grundzüge der Geschichte der Vereinigten Staaten. Darmstadt 1983

Dall, Curtis: Amerikas Kriegspolitik. Tübingen 1972

Dallek, Robert: Franklin D. Roosevelt and American Foreign Policy. 1932–1945. New York 1979

DeConde, Alexander (Hrsg.): Encyclopaedia of American Foreign Relations. O. O. 1978

Dilke, Charles W.: Greater Britain. A Record of Travel in English-speaking Countries During 1866 and 1867. London 1869

Dodd, William E./Dodd, Martha (Hrsg.): Ambassador Dodd's Diary. New York 1941

Dornberger, Maik: Friedrich II und Voltaire. Eine Freundschaft? München 2016

Divine, Robert A.: The Reluctant Belligerent. American Entry into World War II. New York 1979

Docherty, Gerry/Macgregor, Jim: Hidden History. The Secret Origins of the first World War. Edinburgh 2013

Docherty, Gerry/Macgregor, Jim: Verborgene Geschichte: Wie eine geheime Elite die Menschheit in den Ersten Weltkrieg stürzte. Rottenburg 2014

Duthel, Heinz: »Globale Geheimlogen und Politik«: »panem et circences«. Mainz 2009 (E-Book)

Eckermann, J. P.: Gespräche mit Goethe in den letzten Jahren seines Lebens, Bd. 2. Leipzig 1835

Effenberger, Wolfgang/Docherty, Gerry: Sie wollten den Krieg. Rottenburg 2016

Effenberger, Wolfgang/Löw, Konrad: Pax Americana. Die Geschichte einer Weltmacht von den Wurzeln bis heute. München 2004

Effenberger, Wolfgang/Wimmer, Willy: Wiederkehr der Hasardeure. Höhr-Grenzhausen 2014

Effenberger, Wolfgang: Das amerikanische Jahrhundert. 2 Bände. Norderstedt 2011

Effenberger, Wolfgang: Europas Verhängnis 14/18. 3 Bände. Höhr-Grenzhausen 2018/2019

Effenberger, Wolfgang: Geo-Imperialismus. Rottenburg 2016

Effenberger, Wolfgang: Pfeiler der US-Macht. Gauting 2005

Effenberger, Wolfgang: Schwarzbuch EU & NATO. Höhr-Grenzhausen 2020

Engdahl, F. William: Geheimakte NGOs. Wie die Tarnorganisationen der CIA Revolutionen, Umstürze und Krieg anzetteln. Rottenburg 2017

Engdahl, William F.: Apokalypse Jetzt! Washingtons geheime Geopolitik. Rottenburg 2007

Engdahl, William F.: Mit der Ölwaffe zur Weltmacht. Der Weg zur neuen Weltordnung. Rottenburg 2006

Engelbrecht, H. C.: Merchants of Death. A Study of the International Armament Industry. New York 1934

Epkenhans, Michael: Die Reichsgründung 1870/71. München 2020

Fernau, Joachim: Halleluja. Die Geschichte der USA. Berlin 1999

Fleming, Thomas: The Illusion of Victory. America in World War I. New York 2003

Ford, Henry: Mein Leben und Werk, 18. Aufl. Leipzig 1923

Fraser, Antonia: Faith and Treason. The Story of the Gunpowder Plot. New York 1996

Friebel, Sebastian: Wie soll es weitergehen, 2. Aufl. München 2020

Friedli, Hans Peter: »Das Labyrinth«. Der Zauberfloete zweyter Theil. München 2014

Gaddis, John Lewis: Der Kalte Krieg. Eine neue Geschichte. Originaltitel: The Cold War. München 2007

Galloway, Scott: The Four. Die geheime DNA von Amazon, Apple, Facebook und Google. Kulmbach 2020

Galton, F.: Eugenics. Its Definition, Scope and Aims. In: Sociological Papers. Bd. 1. O. O. 1905

Ganser, Daniele: Illegale Kriege. Wie die NATO-Länder die UN sabotieren. Eine Chronik von Kuba bis Syrien. Zürich 2016

Ganser, Daniele: Imperium USA. Die skrupellose Weltmacht. Orell Füssli Verlag, Zürich 2020

Garrison, Jim: The Darkness of God: Theology After Hiroshima. London 1982

Garrison, Jim/Shivpuri, Payne: The Russian Threat: Myths and Realities. London 1983

Garrison, Jim: America as Empire: Global Leader or Rogue Power? O. O. 2012

Gates, Robert M.: Duty. Memoirs of a Secretary at War. New York 2014

Gates, Robert M.: From the Shadows. The Ultimate Insider's Story of Five Presidents and How They Won the Cold War. New York 1996

Gerabek, Werner E./Haage, Bernhard D./Keil, Gundolf/Wegner, Wolfgang (Hrsg.): Enzyklopädie Medizingeschichte. Berlin/New York 2005

Gergen, David: Eyewitness to Power. The Essence of Leadership Nixon to Clinton. New York 2000

Gilbert, Martin: Churchill and Eugenics. O. O. 2009

Gole, Henry S.: The Road to Rainbow. Army Planning for Global War. 1934-1940. Annapolis 2003

Goltz, Colmar von der; Das Volk in Waffen. Eine Studie über Heerwesen und Kriegführung unserer Zeit. Berlin 1883

Görlitz, Walter: Geldgeber der Macht. Düsseldorf 1976

Görtemaker, Manfred et al.: Das Ende des Ost-West-Konflikts? Berlin 1990

Greiner, Bernd/Müller, Christian T./Walter, Dierk (Hrsg.): Heiße Kriege im Kalten Krieg. Hamburg 2006

Griffin, Des: Wer regiert die Welt? Leonberg 1986

Groehler, Olaf: Die Kriege Friedrichs II. Berlin 1990

Guggisberg, Hans R.: Geschichte der USA. 4. Aufl. Stuttgart 2002

Harland-Jacobs, Jessica: Builders of Empire. Freemasons and British Imperialism, 1717–1927. Chapel Hill/NC 2007

Hayek, Friedrich A.: Der Weg zur Knechtschaft. München 2003

Heftner, Herbert: Der oligarchische Umsturz des Jahres 411 v. Chr. und die Herrschaft der Vierhundert in Athen. Quellenkritische und historische Untersuchungen. Frankfurt a. M. 2001

Heideking, Jürgen/Mauch, Christof: Geschichte der USA. Tübingen 2008

Heinrich, Brigitte: Die ITT-Dokumente. US-Imperialismus in Lateinamerika. Frankfurt 1972

Henderson, Dean: Big Oil & Their Bankers in The Persian Gulf: Four Horsemen, Eight Families & Their Global Intelligence, Narcotics & Terror Network. O. O. 2010

Herter, Georg: Die Medien. Ihr Einfluss und ihr Wirken auf den Menschen. Norderstedt 2020

Hildermeier, Manfred: Geschichte der Sowjetunion 1917–1991. Entstehung und Niedergang des ersten sozialistischen Staates. München 1998

Hofbauer, Hannes: Westwärts. Österreichs Wirtschaft im Wiederaufbau. Wien 1992

Hoffmann, Stanley/Maier, Charles (Hrsg.): The Marshall Plan. A Retrospective. London 1984

Hogan, Michael J.: America, Britain and the Reconstruction of Western Europe, 1947–1952. Cambridge 1987

Hogan, Michael J.: The Marshall Plan. America, Britain, and the reconstruction of Western Europe, 1947–1952. Cambridge 1987

Hoggan, David L.: Das blinde Jahrhundert. Tübingen 1979

Hoover, Herbert/Gibson, Hugh: The Problems of Lasting Peace. New York 1943

Horowitz, David: The Free World Colossud. New York 1965

Horowitz, David: Kalter Krieg. Hintergründe der US-Außenpolitik von Jalta bis Vietnam, 2 Bände. Berlin 1969

Horstmann, Ulrich: Die Währungsreform kommt! München 2011

Hughes, Emrys: Churchill – ein Mann in seinem Widerspruch. 2. Aufl. Kiel 1986

Isaacson, Walter: The Wise Men: Six Friends and the World They Made. New York 2013

Jeffreys, Diarmuid: Weltkonzern und Kriegskartell. Das zerstörerische Werk der IG Farben. München 2011

Johnson, Paul: A History of the American People. London 1997

Johnson, Walter: The Battle against Isolation. Chicago 1944

Johnstone, Andrew: Against Immediate Evil. American Internationalists and the Four Freedoms on the Eve of World War II. New York 2009

Jolkin, Nikolay: Wie wird man zum Systemkritiker. Wien 2021

Jonas, Manfred: Isolationism in America 1935-1941. Ithaca/N. Y. 1966

Junker, Detlef: Power and Mission. Was Amerika antreibt. Freiburg 2003

Kagan, Robert: Macht und Ohnmacht. Amerika und Europa in der neuen Weltordnung. Berlin 2003

Kaku, Michio/Axelrod, Daniel: To Win a Nuclear War. The Pentagon's Secret War Planes. Boston 1987

Kant, Immanuel: Was ist Aufklärung? Hamburg 1999

Kant, Immanuel: Kritik der reinen Vernunft. Köln 2011

Keesings Archiv der Gegenwart (später Archiv der Gegenwart). Essen 1949

Kellner, Douglas: The Persian Gulf TV War. Colorado 1991

Kennan, George F.: Memoiren eines Diplomaten, Bd. 1. München 1971

Keynes, Edward: Undeclared War: Twilight Zone of Constitutional. Pennsylvania State University Press 1982

Keynes, John M.: Die wirtschaftlichen Folgen des Friedensvertrages. München 1920

Keynes, John M.: Revision des Friedensvertrages. München/Leipzig 1922

Khan, Mansur: Die geheime Geschichte der amerikanischen Kriege. Verschwörung und Krieg in der US-Außenpolitik. Tübingen 1998

Khan, Mansur: Der zweite Golfkrieg (1990–1991). Verteidigung des Völkerrechts oder hegemoniales Bestreben? Eine Kriegsursachenforschung (Diss., 13.11.2005)

Kindermann, Gottfried: Der Aufstieg Ostasiens in der Weltpolitik 1840-2000. Stuttgart/München 2001

Kirchubel, Michael A.: Vile Acts of Evil. Banking in America, Bd. 1. O. O. 2009

Kissinger, Henry A.: Kernwaffen und auswärtige Politik. München 1959

Kissinger, Henry A./Schmidt, Eric/Huttenlocher, Daniel: The Age of AI. And Our Human Future. New York 2021

Knobloch, Clemens: Das sogenannte Gute. Zur Selbstmoralisierung der Meinungsmacht. Siegen 2018

Kolb, Eberhard (Hrsg.): Europa vor dem Krieg von 1870. München 1987

Kolb, Eberhard: Der Frieden von Versailles. München 2005

Kolko, Gabriel: The Politics of War. New York 1968

Kolko, Joyce and Gabriel: The Limits of Power. The World and United States Foreign Policy, 1945–1954. New York 1972

Kowner, Rotem (Hrsg.): Rethinking the Russo-Japanese War, 1904-05. Vol. I. Folkestone 2007

Ku, Hung Ming: Der Geist des Chinesischen Volkes und der Ausweg aus dem Krieg. O. O. 2018

Krämer, Walter/Trenkler, Götz: Lexikon der populären Irrtümer. Frankfurt a. M. 1996

Krockow, Christian Graf von: Einspruch gegen den Zeitgeist. Hamburg 2002

Kuhn, Steven E./Nordhausen, Frank: Soldat im Golfkrieg. Vom Kämpfer zum Zweifler. Berlin 2003

Landau,Julia/Scherbakowa, Irina (Hrsg.): Gulag. Texte und Dokumente. 1929–1956. Göttingen 2014

Lausen, Tom/Rossum, Walter van: Die Intensiv-Mafia: Von den Hirten der Pandemie und ihren Profiten. München 2021

Layne, Christopher: The Peace of Illusions. American Grand Strategy from 1940 to Present. Ithaca/London 2006

Le Cour Grandmaison, Olivier: La République impériale. Politique et racisme d'État. Paris 2009

Lea, Homer: Die Stunde der Angelsachsen. Bern 1946

Lenin, W. I.: Über die Volksfeinde, LW, Bd. 25. Berlin 1972

Lennhoff, Eugen/Posner, Oskar/Binder, Dieter A.: Internationales Freimaurer-Lexikon. München 2011

Lenz, Max/ Marcks, Erich: Das Bismarck-Jahr. Hamburg 1915

Lippmann, W.: The Cold War. New York 1947

Loth, Wilfried: Die Teilung der Welt. Geschichte des Kalten Krieges 1941–1955. München 1980

Lovell, Julia: The Opium War. London 2011

MacArthur, John: Die Schlacht der Lügen. Wie die USA den Golfkrieg verkauften. München 1992

Madsen, Axel: The Deal Maker. How William C. Durant made General Motors. New York 1999

Mann, Thomas: Deutsche Hörer! Europäische Hörer! Darmstadt 1980

Marder, Arthur Jacob: From the Dreadnought to Scapa Flow. Barnsley 2014

Marx, Karl/Engels, Friedrich: Manifest der kommunistischen Partei. Köln 2012

Mausfeld, Rainer: Warum schweigen die Lämmer? Angsterzeugung als Herrschaftstechnik in neoliberalen Demokratien. Frankfurt 2019

Mayer, Karl J.: Zwischen Krise und Krieg. Stuttgart 1999

McPherson, James: Battle Cry of Freedom. New York 1988

Mies, Ullrich (Hrsg.): Mega-Manipulation. Ideologische Konditionierung in der Fassadendemokratie. Frankfurt a. M. 2020

Mies, Ullrich (Hrsg.): Schöne neue Welt 2030. Vom Fall der Demokratie und dem Aufstieg einer totalitären Ordnung. Wien 2021

Miller, Edward S.: War Plan Orange. The U. S. Strategy to Defeat Japan, 1897–1945. Annapolis/MD 2005

Millis, Walter: Road to War 1914-1917. Boston/New York 1935

Morse, Hosea B.: The International Relations of the Chinese Empire. The Period of Subjection 1894–1911, Bd. 3. London 1918

Mücke, Martin (Hrsg.): Fälle Seltene Erkrankungen: Patienten ohne Diagnose. München/Jena 2018

Müller-Ullrich, Burkard: Medienmärchen. Gesinnungstäter im Journalismus, 1. Aufl. München 1998

Mullener, Elizabeth: War Stories. Remembering World War II. Baton Rouge/Los Angeles 2004

Nagorski, Andrew: Hitlerland. American Eyewitnesses to the Nazi Rise to Power. New York 2012

Neilson, Francis: How Diplomats Make War. New York 1915

Neilson, Francis: The Churchill Legend. O. O. 1954

Neumann, Karl Johann Heinrich: Geschichte Roms während des Verfalles der Republik, Bde 1 und 2. O. O. 1881

Newhouse, John: Krieg und Frieden im Atomzeitalter. München 1990

Nicolson, Harold: Der Wiener Kongress oder: Über die Einigkeit unter Verbündeten. Zürich 1946

Ninkovich, Frank: The Wilsonian Century. U. S. Foreign Policy since 1900. Chicago 1999

Nolte, Ernst: Der europäische Bürgerkrieg 1917–1945. Nationalsozialismus und Bolschewismus. München 1997

Orwell, George: 1984. Boston/MA 1983

Orzechowski, Peter: Durch globales Chaos in die Neue Weltordnung. Rottenburg 2016

Osborne, Eric B.: Britain´s Blockade of Germany 1914-1919. London/New York 2004

Osterhammel, Jürgen: Die Verwandlung der Welt. München 2020

Osterrieder, Markus: Welt im Umbruch. Stuttgart 2014

Pakenham, Thomas: The Boer War. London 1979

Park, David W./Pooley, Jefferson (Hrsg.): The History of Media and Communication Research. New York 2008

Park, Walter: Und keiner sagt, was ist. Gedanken zur Bewältigung unserer Zukunft. Tübingen 1998

Paul, Ron: End the Fed. New York 2009

Perkins, John: Bekenntnisse eines Economic Hit Man. München 2005

Phillips, Kevin: Die amerikanische Geldaristokratie. Eine politische Geschichte des Reichtums in den USA. Frankfurt a. M. 2003

Pizzo, Stephen/Fricker, Mary/Muolo, Paul: Inside Job. The Looting of America's Saving and Loans. New York 1989

Platon: Politikos.In: Grassi, E. (Hrsg): Platon. Sämtliche Werke 5. Hamburg 1959

Platt, Stephen R.: Autumn in the Heavenly Kingdom. China, the West, and the Epic Story of the Taiping Civil War. Knopf. New York 2012

Ponomarev, Boris N. et al.: Geschichte der sowjetischen Außenpolitik. 1945–1970. Frankfurt a. M. 1971

Prause, Gerhardt: Niemand hat Kolumbus ausgelacht. Düsseldorf 1966

Pringle, Henry F.: Theodore Roosevelt. A Biography. New York 1931

Quigley, Carrol: Das Anglo-Amerikanische Establishment. Die Geschichte einer geheimen Welt Regierung. Rottenburg 2016

Quigley, Carrol: Tragedy and Hope. New York 1966

Reginbogin, Herbert R.: Der Vergleich. Die Politik der Schweiz zur Zeit des Zweiten Weltkriegs im internationalen Umfeld. Bern 2006

Rhodes, James F.: History of the United States. From the Compromise of 1850 to the McKinley-Bryan Campaign of 1896, Vol. V. New York 2009

Ridgeway, James: The March to War. From Day One to War's End and Beyond. New York 1991

Ritter, Gerhard A. (Hrsg.): Das Deutsche Kaiserreich 1871–1914. Ein historisches Lesebuch, 5. Aufl. Göttingen 1992

Robbins, Alexandra: Secrets of the Tomb: Skull and Bones, The Ivy League, and the Hidden Paths of Power. O. O. 2003

Robinson, Susan B./ Pirog, John: Mabel Dwight. A Catalogue Raisonné of the Lithographs. Washington 1997

Röper, Thomas: Inside Corona. Die Pandemie, das Netzwerk & die Hintermänner. Gelnhausen Hailer 2022

Rohde, David S.: In Deep. The FBI, CIA, and the Truth about America's Deep State. New York 2020

Rothkopf, David: Superclass. The Global Power Elite and the World They Are Making. New York 2008

Rüffer, Jonas: Oligarchie in Amerika. Eine Analyse der Wealth-Defense-Industry. München 2016

Ruffini, Gene: »Press Fails to Challenge the Rush to War.« O. O. 1991

Salinger, Pierre/Laurent, Eric: Krieg am Golf – Das Geheimdossier. Die Katastrophe hätte verhindert werden können. München/Wien 1991

Sampson, Anthony: Die Geldverleiher. Von der Macht der Banken und der Ohnmacht der Politik. Hamburg 1982

Sapolsky, Harvey/Gholz, Eugene/Talmadge, Caitlin: US Defense Politics. The Origins of Security Policy. London/Abingdon 2009

Sauter, Max: Churchills Schweizer Besuch 1946 und die Zürcher Rede. O. O. 1976

Savelle, Max: Die Vereinigten Staaten von Amerika. Von der Kolonie zur Weltmacht. Essen 1975

Schain, Martin (Hrsg.): The Marshall Plan. Fifty Years After. New York 2001

Schambeck, Herbert et al. (Hrsg.): Dokumente zur Geschichte der Vereinigten Staaten von Amerika. Berlin 1993

Scheil, Stefan: Churchill, Hitler und der Antisemitismus. Die deutsche Diktatur, ihre politischen Gegner und die europäische Krise der Jahre 1938/39. Berlin 2008

Schiller, Friedrich: Geschichte des 30-jährigen Krieges. Gütersloh 2015

Schmidt, Hans: Maverick Marine. General Smedley D. Butler and the Contradictions of American Military History. University Press of Kentucky. Lexington/KY 1998

Scholl-Latour, Peter: Russland im Zangengriff. München 2006

Schreyer, Paul: Wer regiert das Geld? Banken, Demokratie und Täuschung. Frankfurt a. Main 2016

Schröder, Hans Jürgen (Hrsg.): Marshallplan und westdeutscher Wiederaufstieg. Stuttgart 1990

Schultze-Rhonhof, Gerd: 1939. Der Krieg, der viele Väter hatte. Der lange Anlauf zum Zweiten Weltkrieg. München 2003

Schwab, Klaus: COVID-19. The Great Reset. Köln/Genf 2020

Schwab, Klaus: The Great Narrative. For a Better Future. Köln/Genf 2021

Schweitzer, Eva: Amerika und der Holocaust. München 2004

Schweizer, Peter: Victory. The Reagan Administration's Secret Strategy that Hastened the Collapse of the Soviet Union. New York 1994

Scott, Peter Dale: The American Deep State: Big Money, Big Oil, and the Struggle for U. S. Democracy. O. O. 2017

Segbers, Michael: Die Ware Nachricht. Wie Nachrichtenagenturen ticken. Konstanz 2007

Shelden, Michael: Orwell. The Authorized Biography. New York 1991

Shirley, Craig: December 1941. 31 Days That Changed America and Saved the World. O. O. 2013

Shoup, Laurence H./Minter, William: Imperial Brain Trust. The Council on Foreign Relations and United States Foreign Policy. New York/London 1977

Simpson, Colin: Die Lousitania. Frankfurt 1972

Siracusa, Joseph M.: The American Revisionists. New Left Diplomatic Histories and Historians. New York/London 1973

Smith, Jean Edward: Mr. Bush's War. O. O. 1992

Snow, Al: Exceptional Profile of Courage. The United Nations Vs. American Liberty, 1. Aufl. O. O. 2002

Spengler, Oswald: Der Untergang des Abendlandes, Bd. II. München 1922

Spengler, Oswald: Preußentum und Sozialismus. München 1921

Spreng, Norman M.: Amerika – Game Over? Norderstedt 2017

Staiger, Brunhild/Friedrich, Stefan/Schütte, Hans-Willm: Das große China-Lexikon. Darmstadt 2003

Stead, William T.: The Last Will and Testament of Cecil Rhodes. London 1902

Steffens, Manfred: Das Geschäft mit der Nachricht. München 1971

Steinberg, John W. et al. (Hrsg.): The Russo-Japanese War in Global Perspective. World War Zero, Vol. I. Leiden 2005

Steiner, Rudolf: Kernpunkte der sozialen Frage. Dornach 1961

Steiner, Rudolf: Vorträge in Dornach vom 29. September bis 28. Oktober 1917. Gesamtausgabe, Bd. 177. Dornach 1999

Steiner, Rudolf: Zeitgeschichtliche Betrachtungen, Bd. 1. Dornach 2011

Stiglitz, Joseph: The Price of Inequality. How Today's Divided Society Endangers Our Future. New York/London 2013

Stone, Oliver/Kuznick, Peter: Amerikas ungeschriebene Geschichte. Die Schattenseiten der Weltmacht. Berlin 2015

Sullivan, Mark: Our Times, 1900–1925, 6 Bände. New York 1926–1935

Sutton, Anthony C.: America's Secret Establishment. An Introduction to the Order of Skull & Bones. O. O. 1986

Sutton, Antony: Wall Street and the Bolshevik Revolution. New York 1974

Sutton, Antony: Wall Street and the Rise of Hitler. Sudbury 1976

Taube, Michael von: Der großen Katastrophe entgegen. Leipzig 1937

Thayer Mahan, Alfred: Der Einfluss der Seemacht auf die Geschichte. München 1967

Thelen, David P.: Robert LaFollette and the Insurgent Spirit. Boston 1976

Toniolo, Gianni: Central Bank Cooperation at the Bank for International Settlements. Cambridge 2007

Torke, Hans-Joachim (Hrsg.): Becksche Reihe, 3. Aufl., Nr. 1305. München 2005

Tradoc Pamphlet 525-5, Force XXI., Operations. »A Concept for the Evolution of Full-Dimensional Operations for the Strategic Army of the Early Twenty-First Century«. O. O. 1994

Trepp, Gian: Bankgeschäfte mit dem Feind. Von Hitlers Europabank zum Instrument des Marshallplans. Zürich 1993

Tromp, H. W./La Rocque, Gene: Nuclear War in Europe. Groningen 1982

Tuchman, Barbara: August 1914. München 1984

Tucker, Robert W: The Radical Left and American Foreign Policy. Baltimore/London 1971

Uhle-Wettler, Reinhard: Vasallen. Das Unbehagen in der Republik. Hohenrain 2015

Ullrich, Volker: Napoleon. Reinbek bei Hamburg 2004

Urofsky, Melvin/Paul Finkelman: A March of Liberty. A Constitutional History of the United States Volume II. From 1877 to the Present, 2. Aufl. Oxford 2002

Vandenberg, Arthur. Jr.: The Private Papers of Senator Vandenherg. Boston 1952

Vandiver, John: Stars and Stripes. O. O. 2021

Vogt, Josef: Homo novus: ein Typus der römischen Republik. Stuttgart 1926

Wachendorff, Elke A.: Philosophieren mit Nietzsche in Zeiten der Pandemie. München 2021

Wecker, Regina: Wie nationalsozialistisch ist die Eugenik? Internationale Debatten zur Geschichte der Eugenik im 20. Jahrhundert. Wien 2009

Wehler, Hans-Ulrich: Deutsche Gesellschaftsgeschichte. Vierter Band: Vom Beginn des Ersten Weltkrieges bis zur Gründung der beiden deutschen Staaten, 1914–1949. München 2008

Weilenmann, Alex: Theodore Roosevelt und die Außenpolitik der Vereinigten Staaten von Amerika. Zürich 1953

Weiner, Tim: CIA. Die ganze Geschichte. Frankfurt a. M. 2008

Welzer, Harald: Die smarte Diktatur. Der Angriff auf unsere Freiheit. Frankfurt a. M. 2016

Wells. H. G.: The Open Conspiracy. What are we to do with our lives? London 1928

Wernicke, Jens/Rossum, Walter van et al: Lügen die Medien? Propaganda, Rudeljournalismus und der Kampf um die öffentliche Meinung. Frankfurt 2017

Wiggershaus, Norbert/Heinemann, Winfried: Nationale Außen- und Bündnispolitik der NATO-Mitgliedstaaten. München 2000

Wimmer, Willy: Deutschland im Umbruch. Vom Diskurs zum Konkurs – eine Republik wird abgewickelt. Höhr-Grenzhausen 2018

Winkler, Heinrich August: Der lange Weg nach Westen, Bd. 1: Deutsche Geschichte vom Ende des Alten Reiches bis zum Untergang der Weimarer Republik. München 2000

Winter, Rolf: Ami go home: Plädoyer für den Abschied von einem gewalttätigen Land. Hamburg 1989

Winters, Jeffrey A.: Oligarchy. Cambridge 2011

Yamaga, Chitoshi: Japan since Perry. New York 1949

Zinn, Howard: A People's History of the United States. New York 2005

Zuboff, Shoshana: Das Zeitalter des Überwachungskapitalismus. Frankfurt a. M. 2018

Personenregister

Bildquellenverzeichnis

Cover	Björn Gschwendtner; KenFm
Seite 12	Alexander Sosnowski
Seite 23	Wikimedia Commons
Seite 26	Case Western Reserve University
Seite 44	US National Archives/Wikimedia Commons
Seite 45	Project Gutenberg/Wikimedia Commons
Seite 49	Picclickimg.com
Seite 52 f.	Truth Magazine
Seite 57	National Archives and Records Administration/Wikimedia Commons
Seite 58	Leon Barritt/Vim Magazine
Seite 59	John T. Bethell: A splendid little war.; harvardmagazine.com
Seite 60	Philadelphia Press/Wikimedia Commons
Seite 64	Charles Bartholomew/Minneapolis Journal; digitalcollections.hclib.org
Seite 64	Bernhard Gillam/Puck/Wikimedia Commons
Seite 65	Udo J. Keppler/Puck/Wikimedia Commons
Seite 71	US Army Center of Military History/Wikimedia Commons
Seite 74	Charles Bartholomew/Minneapolis Journal; digitalcollections.hclib.org
Seite 78	Charles Bartholomew/Minneapolis Journal; digitalcollections.hclib.org
Seite 79	Charles Bartholomew/Minneapolis Journal; digitalcollections.hclib.org
Seite 80	Charles Lanier/Wikimedia Commons
Seite 81	Charles Bartholomew/Minneapolis Journal; digitalcollections.hclib.org
Seite 84	Charles Bartholomew/Minneapolis Journal; digitalcollections.hclib.org
Seite 87	International News Photos 1916
Seite 94	Archiv Wolfgang Effenberger
Seite 101	Bundesarchiv Bild 102-12070/Wikimedia Commons
Seite 102	Archiv Wolfgang Effenberger
Seite 108	Franklin D. Roosevelt Library/Wikimedia Commons
Seite 111	Franklin D. Roosevelt Library and Museum/Wikimedia Commons
Seite 121	Archiv Wolfgang Effenberger
Seite 123	Mabel Dwight
Seite 124	Library of Congress/Wikimedia Commons
Seite 130	Bildarchiv zeitgeist Verlag
Seite 140	Library of Congress/Wikimedia Commons

Seite 143 National Archives Catalog
Seite 156 National Archives and Records Administration/Wikimedia Commons
Seite 165 Wikimedia Commons; Bibliothèque nationale de France/ Wikimedia Commons
Seite 169 Swiss Policy Research; swprs.org
Seite 176 Bain News Service/Wikimedia Commons
Seite 180 U.S. Senate Select Committee on Intelligence/Wikimedia Commons
Seite 184 Robert B. Livingston/Wikimedia Commons
Seite 188 Archiv Wolfgang Effenberger
Seite 201 Wikimedia Commons
Seite 204 National Numismatic Collection/National Museum of American History
Seite 211 Musikmuseum Moskau/Wikimedia Commons
Seite 213 Archiv Wolfgang Effenberger
Seite 217 Jon Hockersmith/Naval War College Public Affairs Office/Wikimedia Commons
Seite 219 Marcello Casal Jr/ABr/Wikimedia Commons; Ron Paul/Wikimedia Commons; Jerry Morrison/U.S. Air Force/Wikimedia Commons; Stiftung Corona Ausschuss, Sitzung 95
Seite 220 Tradoc-Dokument 525-5, Figure 1-2
Seite 227 Bildarchiv zeitgeist Verlag
Seite 228 Heinz Wieseler/picture alliance
Seite 232 Bildarchiv zeitgeist Verlag
Seite 245 KdoTA Presse/Wikimedia Commons; StubenviechatSanAkBwPresse/ Wikimedia Commons
Seite 250 Bundesrechnungshof
Seite 251 Limitstogrowth.de
Seite 253 Deagel.com
Seite 259 Stiftung Corona Ausschuss, Sitzung 60
Seite 265 Europarat (Website)
Seite 270 Sebastian Derung/Swiss-image.ch/Wikimedia Commons
Seite 275 Martin Rutter via Twitter
Seite 276 Gemeinfrei
Seite 277 European Commission (Website)
Seite 281 Gemeinfrei
Seite 283 Wikimedia Commons
Seite 284 J. S. H. Memories/Wikimedia Commons
Seite 291 Mx. Granger/Wikimedia Commons

Seite 293	Library of Congress/Wikimedia Commons
Seite 298	The Tavistock Institute (Website)
Seite 299	Ipg-journal.de
Seite 301	Defenseimagery.mil/Wikimedia Commons
Seite 304	U.S. Department of Defense/Wikimedia Commons
Seite 307	Kazhakhstani Initiative on Asset Recovery
Seite 310	UNRIC/Vereinte Nationen
Seite 312	Gernsback67/Wikimedia Commons
Seite 313	I.imgur.com
Seite 319	Archiv Wolfgang Effenberger
Seite 324	-stk/Wikimedia Commons
Seite 335 f.	Time Magazine
Seite 339	Time Magazine
Seite 340	The Economist
Seite 347	Time Magazine
Seite 350	Time Magazine
Seite 363	UKHSA
Seite 370	Campact

Danksagung

Mein ausdrücklicher Dank gilt Kayvan Soufi-Siavash (Ken Jebsen) für seinen Anfang des Vorjahres gemachten Vorschlag, dieses Buch zu schreiben, dem Verleger Thomas Röttcher für seine Bereitschaft, es zu verlegen, Professor Dr. Alexander Sosnowski für sein luzides Vorwort und meiner Lebensgefährtin Beate Himmelstoß für die Opferung ihres Urlaubs, um dieses Buch akribisch zu lektorieren.

Auch erschienen im Verlag zeitgeist Print & Online:

Schwarzbuch EU & NATO

Warum die Welt keinen Frieden findet

Von Wolfgang Effenberger

Gebunden mit Schutzumschlag, 640 Seiten, 116 Abb.
ISBN 978-3-943007-31-2 (Buch)
ISBN 978-3-943007-40-4 (E-Book)

Deutsche und
Juden
vor 1939
Wolfgang Effenberger
Reuven Moskovitz
Stationen und
Zeugnisse einer
schwierigen Beziehung
zeitgeist